Systemprogrammierung mit Delphi

Devid Espenschied

Systemprogrammierung mit Delphi

Hardwarezugriff über Windows-API und Windows-Kernelmodus-Treiber

Devid Espenschied
Berlin, Deutschland

ISBN 978-3-658-43454-0 ISBN 978-3-658-43455-7 (eBook)
https://doi.org/10.1007/978-3-658-43455-7

Die Deutsche Nationalbibliothek verzeichnet diese Publikation in der Deutschen Nationalbibliografie; detaillierte bibliografische Daten sind im Internet über https://portal.dnb.de abrufbar.

Planung/Lektorat: David Imgrund
Springer Vieweg ist ein Imprint der eingetragenen Gesellschaft Springer Fachmedien Wiesbaden GmbH und ist ein Teil von Springer Nature.
Die Anschrift der Gesellschaft ist: Abraham-Lincoln-Str. 46, 65189 Wiesbaden, Germany

Das Papier dieses Produkts ist recycelbar.

Vorwort

Liebe Leserinnen und Leser,

der Begriff Systemprogrammierung tauchte bereits vor mehreren Jahrzehnten unter dem Gesamtbegriff der Softwareentwicklung auf und beschreibt eine software- und hardwarenahe Entwicklung, die als systemnah bezeichnet werden kann. Auch wenn diese Thematik viel Wissen über die Hardware und deren Schnittstellen erfordert, wird man früher oder später damit konfrontiert – spätestens dann, wenn eine Windows API-Funktion benötigt wird (von denen wirklich sehr viele existieren). Embarcadero's Delphi bietet hierfür eine gute bis sehr gute API-Integration und liefert entsprechende Object Pascal-Implementierungen mit, die man leicht nutzen kann. Die dazugehörige Dokumentation stammt gleichzeitig von Microsoft's sehr umfangreichen Internet-Dokumentationsseiten.

Meine Motivation für dieses Buch ist tatsächlich die über 30jährige Erfahrung in diesem Bereich (damals noch unter DOS) und die Faszination, Hardware direkt mit Software anzusprechen – auf einer der untersten möglichen Zugriffsebenen. Gleichzeitig gab es den Wunsch, diese Art und Weise der Entwicklung dem Leser über verständliche Didaktik zu vermitteln. Ich habe mich bemüht, einige der häufig als trocken und extrem techniklastig bezeichneten Themenblöcke transparent mit flüssigem Schreibstil darzustellen und hoffe, dass mit diesem Wissen und der gleichzeitig entwickelten Beispielapplikation *PC Analyser* eine praxisnahe Umsetzung als Bereicherung für eigene Aufgaben und Projekte ermöglicht wird.

Trotzdem ist mir natürlich bewusst, dass der IT-Markt rasant fortschreitet und die mit diesem Buch aktuelle Speichertechnologie DDR5 bspw. bald durch eine neue Generation ersetzt wird. Deswegen könnte ich einer möglichen Neuauflage in ein paar Jahren sehr wahrscheinlich nicht abgeneigt sein.

Einen großen Dank möchte ich an Matthias Eißing von Embarcadero Deutschland richten, der mir viele Fragen beantwortet und mit seinem Wissen dieses Buch abgerundet hat, sowie eine unterstützende Hilfe während des Schreibprozesses war. Leider hat er die Veröffentlichung nicht mehr erleben dürfen, da er am 14. Februar 2024 plötzlich und unerwartet im Alter von 53 Jahren von uns gegangen ist. Herr Eißing war seit 1997 für Borland/Inprise/CodeGear/Embarcadero tätig und hat Delphi seit Version 1 begleitet.

Dass sein Todestag auf den Valentinstag und damit auf den 29. Geburtstag von Delphi fiel, ist bezeichnend, denn sein Wissen über Delphi hat ihm in der Delphi-Community den Status einer Legende eingebracht.

Für dieses Buch sind Ihre Meinung und Feedback sehr wichtig, weil es mir hilft, neue Auflagen entsprechend noch kundenorientierter zu verfassen. Für eine Kommunikation schreiben Sie mir daher gerne an meine E-Mail-Adresse:

d.espe@gmx.de

und besuchen Sie auch gerne meine Homepage, auf der ich weitere Details zum Buch zusammengestellt habe:

www.pcanalyser.de

Den Quellcode für die begleitende Beispielapplikation ist in meinem GitHub-Repository verfügbar:

https://github.com/DevidEspe/PCAnalyser

Und abschließend folgen einige wenige und wahrscheinlich die einzigen emotionalen Worte in diesem Buch. Dieses Buch widme ich meiner Tochter Catharina als Dank für alles, was ich mit ihr bisher erleben durfte und mich noch möglichst viele Jahre meines Lebens begleiten wird. Du bedeutest mir alles.

Berlin
im Juni 2024

Devid Espenschied

Inhaltsverzeichnis

Teil III Windows Kernelmodus-Treiber

Teil IV Hardwarezugriffe über den Kernelmodus-Treiber

Abbildungsverzeichnis

Tabellenverzeichnis

Abkürzungsverzeichnis

Abkürzung	Bedeutung (Beschreibung)
ACE	Access Control Entry (Eintrag einer Tabelle, der den Zugriff auf ein Objekt kontrolliert oder überwacht und Bestandteil der ACL ist)
ACL	Access Control List (Tabelle, die Windows mitteilt, welche Zugriffsrechte jeder Anwender auf bestimmte Systemobjekte hat)
ACPI	Advanced Configuration and Power Interface (Industriestandard und Schnittstelle für Energieverwaltung)
ADK	Assessment and Deployment Kit (Paketsammlung von Microsoft, um Windows automatisch installieren zu lassen)
AGP	Accelerated Graphics Port (Anschlussnorm auf Hauptplatinen zur direkten Verbindung zwischen Grafikkarte und dem Chipsatz bzw. dessen Northbridge)
ANSI	American National Standards Institute (Private, gemeinnützige und amerikanische Organisation zur Koordinierung der Entwicklung freiwilliger Normen in den Vereinigten Staaten. Der Sitz der Non-Profit-Organisation ist Washington, D.C.)
API	Application Programming Interface (Synonym für eine beliebige Programmierschnittstelle)
APIC	Advanced Programmable Interrupt Controller (Kontroller für die Verteilung von Interrupts)
BCD	Boot Configuration Data (Firmware-unabhängige Datenbank für Konfigurationsdaten, die während des Bootens benötigt werden. Sie ersetzt die Datei „boot.ini“, die ursprünglich vom NT-Loader genutzt wurde)
BIOS	Basic Input/Output System (Firmware für PCs, die während des Kaltstarts die Hardware konfiguriert, über eine GUI die Konfiguration ermöglicht und die Kontrolle ans Betriebssystem abgibt)
BIST	Built In Self Test (Gerätespezifischer Selbsttest, der nach der PCI-Spezifikation ausgelöst und ausgewertet werden kann, wenn das PCI-Gerät diesen Test unterstützt)

BKGD	BIOS and Kernel Developer's Guide (AMD-Dokumentation mit enthaltenen CPUID-Funktionen und Modell-spezifischen Registern (MSR))
CAS	Column Address Strobe (Speicherlatenz die benötigt wird, um eine Spalte im Hauptspeicher des Rechners zu adressieren)
CSIDL	Constant Special Item ID List (Vordefinierte Konstanten für die Ermittlung spezieller Ordner (etwa mit unterschiedlichen Namen und Speicherorten auf unterschiedlichen Systemen))
CPU	Central Processing Unit (Allgemeine Bezeichnung für den Zentralprozessor)
CPUID	Central Processing Unit Identification (Prozessorbefehl zur Ermittlung von Prozessoren mit vielen seiner Eigenschaften)
DDK	Driver Development Kit (Toolsammlung von Microsoft, die eine Entwicklung von Gerätetreibern für die Windows-Plattform ermöglicht. Die Sammlung umfasst Dokumentationen, Beispiele, Build-Umgebungen und Tools für Treiberentwickler)
DDR5	Double Data Rate 5 (Speichertechnologie in der 5. Generation, die im Vergleich zu DDR4 weniger Strom verbraucht und die Bandbreite erhöht)
DIMM	Dual Inline Memory Module (Doppelreihiges Speichermodul, das auf beiden Seiten Signale und Speicherbausteine enthält)
DMI	Desktop Management Interface (Standardverfahren zur Erkennung und Verwaltung von Rechnerkomponenten, das von der Distributed Management Task Force (DMTF) entwickelt wurde)
DMTF	Distributed Management Task Force (Normungsorganisation von Unternehmen der IT-Industrie, der eine Vielzahl von namhaften Unternehmen angehören)
DTS	Digital Thermal Sensor (Digitaler Temperatursensor auf einem Intel Prozessor-Chip, der eine Überwachung ermöglicht. Damit lässt sich erkennen, wie nah das System an der Temperaturgrenze ist, ohne zerstörerische Tests durchzuführen)
ECC	Error Correcting Code (Methode zur Erkennung von Hauptspeicherfehlern, wobei ein Hashwert über die 64 Bits einer Speicherzelle berechnet und in zusätzlichen Bits abgelegt wird)
EMS	Emergency Management Services (Dienstleistungen, die im Zusammenhang mit dem Katastrophenschutz stehen)
GPU	Graphics Processing Unit (Grafikprozessor mit Nutzung von Grafikspeicher und Bildschirmausgabe)
GUID	Globally Unique Identifier (Eindeutiger 16 Byte-Zahlenwert (128 Bit) zur Identifizierung in Computersystemen)
HKCU	HKEY Current User (Windows-Registrierungsschlüssel mit benutzerspezifischen Inhalten)

HKLM	HKEY Local Machine (Windows-Registrierungsschlüssel mit maschinenspezifischen Inhalten)
HWCR	Hardware Configuration Register (Weit verbreitetes AMD MSR mit allgemeinen Details zur Hardware-Konfiguration)
IOCTL	Input/Output Control (Systemaufruf für gerätespezifische Ein- und Ausgabeoperationen)
IRP	I/O Request Package (Kernelmodusstrukturen, die vom Windows-Treibermodell und von Windows NT-basierten Gerätetreibern verwendet werden, um miteinander und mit dem Betriebssystem zu kommunizieren)
KMDF	Kernel-Mode Driver Framework (Microsoft Treiber-Framework, um Treiberentwicklern beim Erstellen und Verwalten von Gerätetreibern im Kernelmodus für Windows 2000 und höher zu helfen)
MDL	Memory Descriptor List (I/O-Puffer, der sich über einen Bereich zusammenhängender virtueller Speicheradressen erstreckt, und über mehrere physische Seiten verteilt sein kann, die nicht zusammenhängend sein müssen. Das Betriebssystem verwendet eine MDL, um das physische Seitenlayout für einen virtuellen Speicherpuffer zu beschreiben)
MMX	Multi Media Extension (Von Intel in 1997 entwickelte Erweiterung des Prozessor-Befehlssatzes)
MSR	Model-specific Register (Modell-spezifische Prozessorregister, die auf Kernel-Ebene des Betriebssystems ausgeführt werden und weitreichende Details liefern bzw. Einstellungen ermöglichen)
Mutex	Mutual Exclusion Object (Methode für die Synchronisierung von Datenzugriffen zwischen mehreren Prozessen)
NDA	Non-Disclosure Agreement (Vertraulichkeitsvereinbarung, die Hersteller mit Geschäftspartnern abschließen, um vertraulichen Informationsfluss zu steuern)
PCH	Platform Controller Hub (Intel-Bezeichnung für Chipsätze und die Anbindung zwischen Northbridge und Southbridge an das System)
PCI	Peripheral Component Interconnect (Bus-Standard zur Verbindung von Peripheriegeräten mit dem Chipsatz eines Prozessors – es existieren zahlreiche Varianten und Einsatzgebiete des Standards)
PEC	Packet Error Checking (Gepackter Fehlercode, der an das Ende einer Transaktion angehangen und berechnet wird)
POST	Power On-Self Test (Initialisierungsprozess des BIOS, bei dem die Hardware angesteuert und konfiguriert wird, und dem Betriebssystem bzw. dem dazugehörigen Bootloader die Kontrolle übergeben wird)
PPR	Processor Programming Reference (AMD-Dokumentation mit enthaltenen CPUID-Funktionen und Modell-spezifischen Registern (MSR))

PSIG	PCI Special Interest Group (Konsortium der Elektronikindustrie, das für die Spezifizierung der Peripheral Component Interconnect-, PCI-X- und PCI Express-Computerbusse verantwortlich ist. Es hat seinen Sitz in Beaverton, Oregon)
SBA	SMB Base Address (SMBus-Basisadresse, die aus dem Konfigurationsbereich des PCI-Gerätes für den SMBus-Kontroller gewonnen wird und die Basis für die SMBus-Kommunikation (inkl. der Ermittlung von Speichermodulen über SPD EEPROM) darstellt)
SDK	Software Development Kit (Toolsammlung von Microsoft, die Dokumentationen, Headerdateien, Kompiler, Programmbibliotheken, Beispiele und Programmierwerkzeuge für die Entwicklung von Microsoft Windows und dem .NET-Framework enthält)
SDRAM	Synchronous Dynamic Random Access Memory (Halbleiterbasierte Speichervariante, bei der sich der Speicher mit dem Systemtakt des PCs synchronisiert)
SID	Security Identifier (Eindeutiger Sicherheits-Identifikator, den Windows automatisch vergibt, um jedes System, jeden Benutzer und jede Gruppe dauerhaft zu identifizieren)
SMART	Self-Monitoring, Analysis and Reporting Technology (Industriestandard zur Überwachung von Festplatten und SSDs mit einer Vorhersagemöglichkeit für einen potenziellen bevorstehenden Ausfall (Fitnesswerte))
SMBIOS	System Management BIOS (Industriestandard zur Erkennung und Verwaltung von Rechnerkomponenten, der von der Distributed Management Task Force (DMTF) entwickelt wurde)
SMBus	System Management Bus (Zweileiterbus für die Kommunikation mit Baugruppen, etwa Sensor-Chips und Konfigurationsdaten von Speichermodulen)
SPD-EEPROM	Serial Presence Detect -Electrically Erasable Programmable Read-Only Memory (Verfahren zur automatischen Konfiguration von Speichermodulen auf einem Nur-Lese-Speicher, der elektrisch gelöscht werden kann)
SPDWD	Serial Presence Detect Write Disable (Intel-Schutzmechanismus ab DDR4-Speichermodulen, bei denen jeder Schreibzugriff auf die Speichermodule bzw. deren Basisadressen 50h–57h unterbunden wird)
SSE	Streaming SIMD Extensions (Von Intel in 1999 entwickelte Erweiterung des Prozessor-Befehlssatzes)
TPM	Trusted Platform Module (Chip auf der Hauptplatine, der einen Computer oder ähnliche Geräte um grundlegende Sicherheitsfunktionen erweitert)

TSC	Time Stamp Counter (Hochauflösende Zeitquelle in Prozessoren, die in einem 64 Bit-Register die Anzahl der Prozessorzyklen seit dem letzten Reset hochzählen)
UAC	User Account Control (Windows-Benutzerkontensteuerung)
UEFI	Unified Extensible Firmware Interface (Neuartige Rechnerfirmware als Nachfolger des BIOS mit Sicherheitsfunktionen wie SecureBoot)
USB	Universal Serial Bus (Datenübertragungstechnologie zur Verbindung von Rechnern mit externen Geräten)
WBEM	Web-Based Enterprise Management (Microsoft-Implementierung des webbasierten Unternehmensmanagements)
WDK	Windows Driver Kit (Software-Toolsammlung von Microsoft, die eine Entwicklung von Gerätetreibern für die Windows-Plattform ermöglicht. Die Sammlung umfasst Dokumentationen, Beispiele, Build-Umgebungen und Tools für Treiberentwickler)
WDM	Windows Driver Model (Framework für Gerätetreiber, das mit Windows 98 und Windows 2000 eingeführt wurde, um VxD zu ersetzen, welches in älteren Windows-Versionen wie Windows 95 und Windows 3.1 sowie dem Windows NT Driver Model verwendet wurde)
WHEA	Windows Hardware Error Architecture (Mechanismus zur Behandlung von Hardwarefehlern des Betriebssystems, der mit Windows Vista SP1 und Windows Server 2008 als Nachfolger der Machine Check Architecture in früheren Windows-Versionen eingeführt wurde)
WMI	Windows Management Instrumentation (Microsoft-Implementierung für die Infrastruktur von Verwaltungsdaten und -vorgängen unter Windows-basierten Betriebssystemen)
WQL	WMI Query Language (SQL-ähnliche Skriptsprache zur Ansteuerung von WMI)
XMP	Extreme Memory Profile (Von Intel eingeführte Zertifizierungen beginnend mit DDR3-Speichermodulen für eine bessere Ausnutzung der Speichergeschwindigkeit und damit stabileren Betrieb)

Teil I
Grundsätzliches

Einführung in die Systemprogrammierung

1

1.1 Was ist Systemprogrammierung?

Dieser Begriff taucht eigentlich schon durchgehend über die letzten 30 Jahre in der Computerindustrie auf und beschreibt im Prinzip die Art und Weise einer Programmierung, die anders als typische Oberflächen, eCommerce und Schnittstellen relativ systemnah und hardwarenah agiert. Vorrangig geht es um den Zugriff auf Systemfunktionen, Konfigurationsparameter und Hardwarekomponenten, was über verschiedene Wege und Schnittstellen geschieht, die jeweils sehr komplex und meistens mehr oder weniger gut dokumentiert sind.

In der Literatur existieren Unmengen an Büchern und Artikeln, die Zugriff auf diese Schnittstellen wie etwa die Windows-Registrierung, WinAPI und WMI beschreiben, und dieses Buch soll ebenfalls einen bescheidenen Beitrag dazu leisten. Darüber hinaus wird durch den echten Hardwarezugriff noch ein wesentlich größeres Themengebiet ermöglicht, weil diese Zugriffsart sich nicht auf Registrierungswerte oder WMI-Ergebnisse stützt, sondern direkte Details der Hardware liefert. Dabei handelt es sich häufig um Rohdaten, welche entsprechend zu interpretieren sind, aber weit über die Ergebnisse bisheriger Schnittstellen hinausgehen. Diese Art der Systemprogrammierung stammt eigentlich aus DOS-Zeiten, als es noch keine Windows-Schnittstellen gab und der Hardwarezugriff direkt stattfinden konnte.

1.2 Historie

Die Historie der Systemprogrammierung geht bis in die frühe DOS-Ära zurück, weil dort oftmals der Bedarf bestand, relativ hardwarenah zu programmieren. Dadurch konnte man seine Hardware optimieren, tunen und aufrüsten, sowie anhand synthetischer

D. Espenschied, *Systemprogrammierung mit Delphi*,
https://doi.org/10.1007/978-3-658-43455-7_1

Benchmarks wie Norton's SystemInfo und Vladimir Afanasiev's SpeedSys miteinander vergleichbar machen. Auf der anderen Seite war dies unter DOS auch sehr einfach möglich, weil Hardware über Interrupts, Ports und Speicheradressen direkt angesprochen werden konnte und keine Sicherheitsmechanismen wie heutzutage unter Windows diese Zugriffe blockierten. Populäre Programmiersprachen wie Pascal und C++ waren eng mit Assembler verbunden und man konnte mit entsprechenden Kenntnissen ziemlich hardwarenah agieren.

Dafür gab es unzählige Bücher, von denen wohl als Standardwerk „PC Intern" von DataBecker genannt werden kann. Aber auch Werke wie „Undocumented DOS" von Addison-Wesley, „Peter Norton's Assemblerbuch" vom Markt&Technik Verlag sowie „VGA- und Super-VGA-Programmierung" von Addison-Wesley sollen nicht unerwähnt bleiben – die Liste lässt sich umfangreich fortsetzen. Eine extrem umfassende Liste aller Interrupts fand man in der „Interrupt List" von Ralph Brown, die als reines Textwerk daherkam, auf mehrere großen Dateien aufgeteilt wurde und akribisch die verschiedenen Interrupts mit deren Eingabe- und Ausgaberegistern auflistete. Zusätzlich enthielt es Listen etwa für CMOS, Ports und Speicherbereiche.

Damit hatte man damals schon eine extrem breite Wissensbasis, die sich mit einer beliebigen Programmiersprache und dem hardwarenahen Zugriff umsetzen ließ. Dann kam Windows als Betriebssystemaufsatz, und es änderte sich erst einmal nicht viel, auch im damaligen erweiterten Modus. Erst ab Windows 95 kamen Gerätetreiber ins Spiel, und der Hardwarezugriff wurde im bestimmten Maße unterbunden.

1.3 Nutzen & Notwendigkeit

Es existieren viele mögliche Szenarien für den Einsatz von Systemprogrammierung, die häufig dann notwendig sind, wenn Informationen über Hardware oder Software erforderlich sind. Das betrifft zum Beispiel die Prüfung von Systemvoraussetzungen, etwa vor oder während der Programminstallation, oder auch während der Programmausführung. Hierbei lässt sich komfortabel erkennen, ob die Voraussetzungen ausreichend sind oder nicht. Ebenfalls denkbar sind Systemdetails für den Support bzw. die Hotline, die man zwar mit Windows-Boardmitteln (bspw. mit der App Systeminformationen) ermitteln kann, aber in einem eigenen Modul/Fenster direkt innerhalb der eigenen Applikation einen professionellen Eindruck hinterlassen.

Sollte es Inkompatibilitäten mit bestimmter Software oder Hardware geben, redet man bei der Erkennung dieses Szenarios ebenfalls von Systemprogrammierung.

1.4 Herangehensweise & Windows-Architektur

Die entscheidende Frage lautet häufig direkt am Anfang, welche Informationen benötigt werden und wie man diese ermittelt?

Die benötigten Informationen hängen oftmals vom Einsatzszenario ab, aber wichtige Eckpunkte sind die Größe des freien und gesamten Arbeitsspeichers, Prozessorkerne, Grafikkarten bzw. Grafikspeicher, sowie softwarebasierte Punkte. Zu letzteren gehören etwa die Windows-Version, die Architektur (etwa 32 oder 64 Bit), ein potenzielles Service Pack oder verschiedene .NET-Versionen.

Wir werden zuverlässige Wege zur Erkennung dieser Eckdaten besprechen, dafür Quellcode und Klassen implementieren und alles in einer Demo-Applikation zusammenführen. Damit haben wir den theoretischen Ansatz der Besprechung sowie den praktischen der Implementierung, die von jedem getestet werden kann.

In den fortlaufenden Kapiteln reden wir daher nicht nur über Windows API-Funktionen auf der höheren Softwareebene, sondern auch Registern und Ports auf der untersten Hardwareebene. Auf letztere kann man nur zugreifen, wenn ein Kernelmodus-Treiber zum Einsatz kommt – und auch hier werden wir einen Prototyp von Grunde auf neu entwickeln und besprechen, wie er auf der höheren Softwareebene angebunden wird.

1.5 Warum Delphi?

Grundsätzlich mag man sich die Frage stellen, warum ausgerechnet Embarcadero's Delphi für die Systemprogrammierung herangezogen wird, wo es doch so viele und auch gute Alternativen gibt? Diese Entscheidung hängt sicherlich rein emotional damit zusammen, dass zur damaligen DOS-Zeit viele Entwickler ihre ersten Programmierkenntnisse in Turbo/Borland Pascal sammelten, weil der Kompiler populär und die Sprache leicht zu lernen war. Lässt man diese emotionale Komponente weg, bleiben nach wie vor die Fakten. Es wird mit Delphi eine echte und visuelle Entwicklung mit VCL (Visual Component Library) und FMX (FireMonkey) ermöglicht, sowie die Cross-Plattform-Entwicklung für 32/64 Bit Windows, macOS, Android, iOS und Linux anhand eines gemeinsamen Quelltextes. Durch die native Entwicklung und mit Zugriff auf die komplette API des Betriebssystems wird gleichzeitig eine Technologiekonstanz ermöglicht, bei der auch Altanwendungen über Jahre und gar Jahrzehnte immer auf die neueste Version migrierbar sind. Das bedeutet, dass eine in Delphi 1 entwickelte Applikation aus dem Jahr 1995 relativ einfach auf Windows 11 portiert werden kann, und dies spricht wiederum für Kompatibilität und Investitionssicherheit für Unternehmen. Ebenfalls nicht vergessen werden sollte die starke Community, die durch eine Vielzahl von Technologiepartnern, MVPs (Most Valuable Professional), Trainern, Autoren und Entwicklern geprägt ist.

Diese Punkte gemeinsam sind die Basis der Entscheidung, ausgerechnet die beiden Themen Systemprogrammierung und Delphi zusammenzuführen.

Mit der Community Edition (CE) besteht auch lizenzrechtlich eine kostenlose Grundlage für eigene Entwicklungen. Nach einer Registrierung darf man Delphi kostenlos verwenden, wenn bestimmte Restriktionen nicht überschritten werden. Dazu gehört eine

Umsatzgrenze von 5000 US$ pro Jahr sowie maximal 4 Entwickler – das ist für viele Zwecke völlig ausreichend.

Nach wie vor muss man erwähnen, dass bestimmte Aspekte der Systemprogrammierung mit Delphi (noch) nicht abbildbar sind, wozu zweifelsohne die Entwicklung des Kernelmodus-Treibers gehört. Dieser wird mit C++ entwickelt, kompiliert und anschließend als binäre SYS-Datei von der Delphi-Applikation installiert bzw. eingebunden. Für diese recht spezielle Entwicklung kommt Microsoft Visual Studio zum Einsatz.

1.6 Voraussetzungen

In diesem Buch werden fundierte Kenntnisse über die Windows-Architektur vorausgesetzt, sowie ebenfalls gute bis sehr gute Kenntnisse im Pascal-Dialekt und objektorientierter Programmierung (Object Pascal). Delphi mit seinen Entwicklungsmöglichkeiten wie etwa der Code- und Design-Ansicht, dem Objektinspektor und dem Debugger, sollten allgemein vertraut sein.

Diese Voraussetzungen hängen damit zusammen, da dieses Buch kein Einsteigerwissen vermittelt, sondern dieses im weitesten Sinn voraussetzt und die Systemprogrammierung darauf basiert.

Der Leser sollte fundierte Kenntnisse der PC-Architektur besitzen und das Zusammenspiel der Systemkomponenten verstehen, sowie der englischen Sprache mächtig sein. Diese Voraussetzung ist zwar heutzutage weitestgehend gängig, bedeutet aber bei der Systemprogrammierung eine noch intensivere Ausprägung. Das hängt vor allem damit zusammen, dass viele Dokumentationen, Spezifikationen und Datenblätter durchweg in Englisch verfügbar sind und es sich dabei um sehr techniklastige Formulierungen handelt, die auch schwer zu übersetzen sind.

1.7 Datenblätter, Spezifikationen und weitere Quellen

Die Grundlage der Systemprogrammierung ist eine verständliche und vollständige Dokumentation der Schnittstellen oder Datenströme, die durch Windows-Aufrufe oder vom Kernelmodus-Treiber übermittelt werden. Ohne die korrekte Interpretation dieser Daten erhält der Anwender Rohdaten, die praktisch wertlos sind. Daher wird die Benutzung der richtigen Quellen auch immer wieder mit einbezogen und die Quellen in den dazugehörigen Literaturverzeichnissen aufgeführt.

Es wird an dieser Stelle ausdrücklich darauf hingewiesen, dass sämtliche in diesem Buch verwendeten Informationen aus öffentlichen und frei zugänglichen Quellen stammen, die entweder direkt oder nach einer kostenfreien Online-Anmeldung bezogen werden können. Dazu zählen sämtliche Datenblätter, Spezifikationen, Internetseiten und andere Bücher bzw. Veröffentlichungen.

Hintergrundinformation
Viele Hersteller geben bestimmte Informationen nicht für die Allgemeinheit frei, um Geschäftspartnern einen zeitlichen und technologischen Vorsprung zu verschaffen, und auch um eigene Marketingpläne besser zu platzieren. Technologiepartner können dafür häufig eine Geheimhaltungsvereinbarung unterzeichnen (NDA, Non-Disclosure Agreement) und verpflichten sich dazu, die als vertraulich eingestuften Informationen nicht der Öffentlichkeit freizugeben, sondern vorrangig in die Entwicklung eigener Produkte zu integrieren. Dies spielt insbesondere beim direkten Ansprechen der Hardware eine Rolle, wie es in diesem Buch mit dem Kernelmodus-Treiber beschrieben wird.

Daher arbeiten wir mit dem Wissensstand der Allgemeinheit und nicht der als vertrauensvoll eingestuften Technologiepartner, und verwenden ausschließlich frei erhältliche Informationsquellen.

In den jeweiligen Kapiteln werden daher die notwendigen Datenblätter besprochen und im Literaturverzeichnis verlinkt.

Hinzu kommt der Umstand, dass viele API-Funktionen ursprünglich von Microsoft auf deren Internetseiten beschrieben werden, und Embarcadero diese zwar weitestgehend als eigene Implementierung bereitstellt, aber nur bedingt eine entsprechende Dokumentation dazu mitliefert. Das hängt maßgeblich damit zusammen, dass die API-Dokumentation (lokal oder per Embarcadero DocWiki) automatisiert erzeugt wird. Daher sollte die verlässlichere Quelle für API-Aufrufe neben der Object Pascal-Implementierung in der entsprechenden Delphi-Unit immer die Microsoft-Homepage mit der originalen Beschreibung sein. Wir verlinken im Literaturverzeichnis daher ausschließlich diese Microsoft-Seiten.

1.8 Zusammenfassung

Systemprogrammierung beschreibt eine Art der Programmierung, die Schnittstellen oder direkte Hardwarezugriffe zur Gewinnung und Steuerung von Daten definiert. Vorgefertigte Schnittstellen wie die Windows API, WMI oder auch SMBIOS sind obere Schnittstellen, auf die man häufig ohne größere Systemrechte zugreifen kann. Speicheradressen, Ports und Register sind untere Zugriffsmöglichkeiten, um direkt mit der Hardware zu kommunizieren und die ermittelten Rohdaten anhand einer Spezifikation zu interpretieren.

Wir benutzen Embarcadero's Delphi für die Entwicklung einer Beispielapplikation, die viele Teile der Systemprogrammierung umsetzt und in einer Oberfläche visualisiert. Zusätzlich entwickeln wir einen Kernelmodus-Treiber unter Microsoft's Visual Studio, der direkt im Kernel installiert wird und der Delphi-Applikation für den echten Hardwarezugriff dient.

Dieses Zusammenspiel, die verschiedenen Schnittstellen und Spezifikationen und eine durchgehende und verständliche Besprechung der Themen sind Bestandteil dieses Buches.

Erstellung einer begleitenden Beispielapplikation

2

2.1 Überblick, Struktur und Konzeption

Im Verlauf dieses Buches und den fortlaufenden Themen werden wir eine Beispielapplikation erstellen, die thematisch alle behandelten Bereiche der Systemprogrammierung abbildet. Diese Beispielapplikation heißt

PC Analyser

und wird im Hauptformular in der Unit Mainform.pas mit der Formularklasse *TPCAnalyserForm* repräsentiert:

```
type
  TPCAnalyserForm = class(TForm)
    ...
  end;
var
  PCAnalyserForm: TPCAnalyserForm;
```

Die globale Variable *PCAnalyserForm* erlaubt den Formularzugriff auch von außerhalb des Formulars.

2.2 Syntaktische Elemente

Bevor wir mit der Konzeption und dem Design sowie der Entwicklung der Beispielapplikation beginnen, definieren wir ein paar einleitende Regeln zum Stil und den Namespaces.

D. Espenschied, *Systemprogrammierung mit Delphi*,
https://doi.org/10.1007/978-3-658-43455-7_2

Auch wenn vieles in der Systemprogrammierung in Englisch verfasst und beschrieben ist, handelt es sich hierbei um ein deutsches Buch und daher wird die Programmoberfläche auch in deutscher Sprache aufgebaut sein. Der Quellcode wiederum, der syntaktisch in Pascal- und damit Delphi-üblicher Form in englischer Sprache aufgebaut ist, wird ebenfalls in englischer Sprache geschrieben. Dies betrifft alle Namen wie etwa für Formulare, Units, Klassen, Prozeduren/Funktionen, Komponenten und Variablen sowie Konstanten. Die Namen sind aufgrund eindeutiger Bezeichner gut zuzuordnen.

Kommentare im Quellcode kommen zwar vor, aber in einem gesunden Maße und stets an den Stellen, die besondere Bedeutung verdienen.

Grundsätzlich kommen die in Delphi definierten Vorgaben für Einzüge, Leerzeichen, Zeilenumbrüche, Schreibweisen und Ausrichtungen zum Einsatz.

2.3 Erstellung der Klasse TSystemAccess für den Hardwarezugriff

Im weiteren Verlauf dieses Buches und als Basis für unsere Entwicklungen wird eine Delphi-Klasse erstellt, die weitestgehend alle Routinen für die Systemprogrammierung kapselt. Dazu gehört vor allem auch die Anbindung des später in Kap. 7 entwickelten Kernelmodus-Treibers mit den dazugehörigen Treiberfunktionen.

Diese Klasse nennen wir *TSystemAccess* und erstellen dafür eine neue Unit SystemAccess.pas. In der ersten Rohform sieht die Klassendefinition wie folgt aus:

```
type
  TSystemAccess = class(TObject)
  private
  public
    constructor Create;
    destructor Destroy; override;
  end;
```

Konstruktor und Destruktor definieren wir auch zunächst mit den Standardwerten, die von TObject als Basisklasse vorgegeben sind:

```
constructor TSystemAccess.Create;
begin
  inherited Create;
end;

destructor TSystemAccess.Destroy;
begin
  inherited Destroy;
end;
```

Nachdem diese Klasse und Unit erzeugt wurden, geht es um die Einbindung in das Hauptformular unserer Delphi-Applikation. Dazu fügen wir SystemAccess.pas in der Uses-Klausel hinzu und definieren im Private-Abschnitt unserer Formularklasse *TPCAnalyserForm* die Klasseninstanz:

```
SystemAccessClass : TSystemAccess;
```

Abschließend wird diese Klasse im OnCreate-Event des Hauptformulars erstellt (FormCreate):

```
//Systemzugriffsklasse erstellen
SystemAccessClass := TSystemAccess.Create;
```

Im OnClose-Event wird die Klasse wieder freigegeben (FormClose):

```
//Klasseninstanz für Systemzugriffsklasse auflösen
SystemAccessClass.Free;
```

Damit hätten wir zunächst die grundsätzliche Anbindung geschaffen, und unsere Klasse wird im Laufe dieses Buches noch enorm anwachsen und erweitert.

In einer weiteren Unit mit dem Namen SystemDefinitions.pas werden wir verschiedene Definitionen auslagern, die im Bereich der Systemprogrammierung recht umfangreich werden können, und die wir aus Gründen der Übersichtlichkeit von der Hauptklasse *TSystemAccess* separieren möchten. Daher wird die Unit SystemDefinitions jeweils in den Uses-Klauseln des Hauptformulars und auch der Unit SystemAccess eingebunden.

2.3.1 Erstellung von zusätzlichen Klassen für die Hauptklasse

Unsere zuvor erstellte Hauptklasse *TSystemAccess* wird im Laufe dieses Buches weiter anwachsen, weil sehr viele Informationen vom Windows-Kernel und den Geräten ermittelbar sind, und bei diesen vielen Funktionen und Definitionen schnell der Überblick verloren gehen kann. Deswegen wählen wir eine Struktur, bestimmte Themenbereiche in separate Klassen auszulagern, die dann in der Hauptklasse eingebunden und verwendet werden. Das Delphi-Konzept der Hilfsklassen (oder englisch Class Helper) funktioniert hier leider nur bedingt, weil sich pro Hauptklasse nur eine Hilfsklasse zuweisen lässt. Daher erstellen wir separate Klassen, die jeweils von TObject abgeleitet sind und sämtliche zum jeweiligen Themenbereich gehörenden Funktionen und Definitionen kapseln.

Folgende Klassen werden in den nachfolgenden Kapiteln implementiert und die Klassenübersicht in Abb. 2.1 visualisiert diese Hierarchie:

- *TWindows* für die Erkennung von Windows-Informationen (Kap. 4)
- *TSMBIOS* für den Zugriff auf den SMBIOS-Bereich des BIOS (Kap. 5)

- *TProcessor* für die Erkennung der vorhandenen Prozessoren (Kap. 6 und 9)
- *TPCIBus* für die Ermittlung der installierten PCI-Geräte (Kap. 10)
- *TSMBus* für die Ermittlung der verbauten Speichermodule (Kap. 11)

Wir beschreiben exemplarisch die aktuell noch leere Klasse *TWindows,* die inhaltlich Details zur Windows-Installation liefern soll, und deren Definition in die separate Unit WindowsClass.pas ausgelagert wird:

```
unit WindowsClass;

interface

type
  TWindows = class(TObject)
    public
      constructor Create;
      destructor Destroy; override;
    end;
```

Der Konstruktor sowie Destruktor enthalten jeweils ein einfaches *Inherited,* um eine Referenz zur Basisklasse TObject herzustellen.

Unsere Hauptklasse *TSystemAccess* ist dann für die Erstellung und Freigabe dieser zusätzlichen Klassen verantwortlich, was automatisch im dazugehörigen Konstruktor und Destruktor geschieht:

```
constructor TSystemAccess.Create;
begin
  inherited;
  WindowsClass := TWindows.Create;
  ...
end;

destructor TSystemAccess.Destroy;
begin
  ...
  WindowsClass.Destroy;
  inherited;
end;
```

Die Instanz der Klasse wird im Public-Bereich der Hauptklasse definiert:

```
  public
    WindowsClass : TWindows;
```

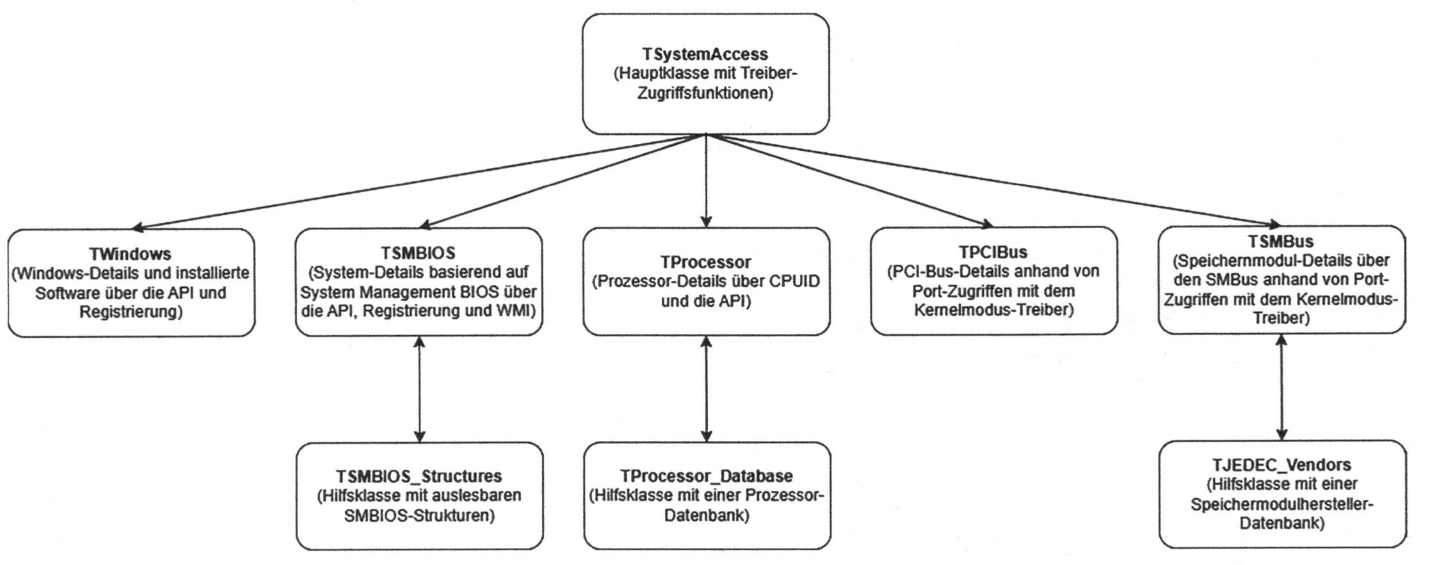

Abb. 2.1 Klassenübersicht der im Verlauf dieses Buches entwickelten Haupt- und Unterklassen, die allesamt auf TObject basieren und per Instanzen zugreifbar gemacht werden (ohne Vererbung im klassischen Sinne)

Eine Besonderheit kommt für bestimmte Klassen zum Einsatz, die wiederum auf Kernelmodus-Treiber-Funktionen der Hauptklasse angewiesen sind. Das gestaltet sich auf den ersten Blick recht schwierig, da wir die Klassen nicht untereinander vererben und das Konzept der Class Functions als Alternative nicht funktioniert. Denn mit Class Functions lassen sich keine klassenfremden Felder, Eigenschaften oder Methoden dieser Klasse in der Class Function verwenden, da dafür die Instanz der Klasse benötigt wird.

Ein gutes Beispiel für diese Besonderheit ist die Prozessorklasse *TProcessor*. Diese Klasse kapselt alle Funktionen, Eigenschaften und Methoden für die Prozessorerkennung, ist aber für weitergehende Details auf den Zugriff der Modell-spezifischen Register (MSR) angewiesen. Diese Routinen sind wiederum in der Hauptklasse *TSystemAccess* vorhanden. Die Hauptklasse definiert also eine Instanz von *TProcessor* und innerhalb von *TProcessor* benötigen wir ebenfalls eine Instanz zu *TSystemAccess* – beide Kassen referenzieren sich miteinander.

Die Implementierung von *TProcessor* muss daher direkt unterhalb der *TSystemAccess*-Klasse in derselben Unit SystemAccess.pas geschehen, weil man *TProcessor* nicht in eine separate Unit auslagern kann. In einem solchen Fall würden wir eine sog. zirkuläre Unit-Referenz erzeugen – also von der Unit SystemAccess.pas auf die Prozessor-Unit referenzieren, und umgekehrt. Das würde als Kompiler-Fehler nicht kompilierbar sein.

Nachdem wir die Position der Implementierung besprochen haben, wird als Lösung im privaten Bereich der Klasse *TProcessor* eine Instanz der Hauptklasse definiert, die wir *FParent* nennen:

```
TProcessor = class(TObject)
  private
    FParent : TSystemAccess;
  public
    constructor Create(Parent : TSystemAccess);
    destructor Destroy; override;
  end;
```

Gleichzeitig wird über den Konstruktor die Parent-Klasse übergeben und im Konstruktor selbst dem *inherited* ein Create angefügt:

```
constructor TProcessor.Create(Parent: TSystemAccess);
begin
  inherited Create;
end;
```

Erstellt wird die *TProcessor*-Klasse wiederum im Konstruktor der Hauptklasse *TSystemAccess* und dort wird dem Create mit *Self* die Hauptklasse übergeben:

```
constructor TSystemAccess.Create;
begin
  inherited Create;
  ...
  ProcessorClass := TProcessor.Create(Self);
```

Grundsätzlich entsteht dadurch noch das zusätzliche Problem, das bei der Definition der Prozessorklasse in *TSystemAccess* auftritt:

```
  public
    ProcessorClass : TProcessor;
```

Weil die Implementierung von *TProcessor* erst unterhalb dieses Codes und somit der Hauptklasse stattfindet, ist *TProcessor* an dieser Stelle noch unbekannt. Auch hier existiert eine Lösung, indem vor der Hauptklasse *TSystemAccess* statt der Definition der *TProcessor*-Klasse eine Deklaration der *TProcessor*-Klasse eingefügt wird:

```
type
  TProcessor = class;
```

Diese Vorgehensweise ist immer dann nötig, wenn sich zwei Klassen miteinander referenzieren. Das klassische Object Pascal definiert, dass man kein Symbol benutzen kann, solange es nicht definiert ist. Für eine Referenz zu einer noch nicht definierten Klasse benötigen wir daher diese Deklaration. Diese Vorgehensweise ist an sich nicht besonders, sondern eine normale Vorgehensweise in der Object Pascal-Entwicklung.

Damit haben wir die Möglichkeit geschaffen, direkt innerhalb von *TProcessor* über das *FParent* auf die Hauptklasse *TSystemAccess* zuzugreifen. Sämtliche Treiber-Zugriffsfunktionen sind dort als öffentlich (public) definiert und man könnte beispielsweise auf die Prozessor-MSRs zugreifen, was in späteren Kapiteln noch genauer beschrieben wird.

2.4 Oberflächengestaltung

Die Oberflächengestaltung fällt im Vergleich zu heutzutage verfügbaren GUI-starken Applikationen eher schlicht aus. Keine grafisch aufwendigen Komponenten oder optischen Elemente werden verwendet, ebenfalls keine Komponenten von Drittherstellern, die bekannte Delphi-Komponenten funktional aufwerten. Wir wollen den Fokus ganz klar auf die Systemprogrammierung setzen und uns dem Zugriff sowie der Ermittlung der vielen Systemdaten widmen.

Es sind in bestimmten Themengebieten und natürlich in der Summe unserer Beispielapplikation so viele Informationen ermittelbar, dass wir diese nicht einfach in einem

Memo-Feld oder eine Listbox ausgeben können. Der Überblick soll stets gewahrt bleiben und eine strukturierte Darstellung ermöglicht sein. Daher werden wir diesem Thema ebenfalls Bedeutung zukommen lassen.

Die Applikation besteht aus einem einzigen Formular, und im Kopfbereich wird eine GroupBox platziert, die im oberen Formularbereich ausgerichtet ist und als *ProgramControlGroupBox* bezeichnet wird. Sie enthält zur Laufzeit einen Kurzstatus für Programmdetails, den gestarteten Programmkontext sowie den Ladestatus des Kernelmodus-Treibers. Die Inhalte dieser einzelnen Elemente werden später in diesem Kapitel genauer beschrieben.

Die im unteren Formularbereich ausgerichtete weitere GroupBox wird *ProgramLogGroupBox* bezeichnet und enthält für sämtliche Log-Ausgaben ein einfaches Memofeld. Hier werden später zusätzliche Ermittlungsdetails sowie Debugdaten ausgegeben, ohne den Hauptbereich zu beeinflussen.

Der Füllbereich zwischen oberer und unterer GroupBox wird durch die zentrale Darstellungskomponente verwendet, die man auch als Hauptbereich bezeichnen kann. Die als *SystemAccessGroupBox* benannte GroupBox ist an das Formular ausgerichtet und besteht aus einem TTreeView (links), TSplitter (Mitte) und TListView (rechts). Dadurch soll eine spätere Navigation und optimale Ergebnisdarstellung erreicht werden, bei der links im TreeView das Thema und auch einzelne eingegliederte Komponenten ausgewählt werden, und rechts dazu die ermittelten Ergebnisse. Die ListView-Komponente rechts enthält 2 Spalten jeweils für Informationen und Ergebnisse.

Zu den 3 Hauptkomponenten, die durch GroupBoxen repräsentiert werden, folgen in den nächsten Unterkapiteln weitere Detailinformationen.

2.4.1 Programmsteuerungskomponente (obere GroupBox)

Die Daten der Programmsteuerungskomponente sind relativ schnell ermittelt und werden daher direkt innerhalb von FormCreate implementiert. Anhand der nächsten 3 Unterkapitel werden die dazugehörigen GroupBoxen beschrieben und sollen direkt nach dem Programmstart einen Überblick über die wichtigsten Parameter geben.

2.4.1.1 Programminfos

Enthält einfache Programminformationen, da wir auf ein klassisches „About"-Fenster verzichten. In Tab. 2.1 werden diese Informationen aufgeführt und Tab. 2.2 enthält die möglichen Architekturen.

Die Programminfos werden direkt in FormCreate ermittelt und könnten beispielhaft wie in Abb. 2.2 dargestellt werden.

Tab. 2.1 Programminfos in der linken oberen Programmsteuerungskomponente

Bezeichner	Inhalt
Name & Version	Programmname mit Version (diese Daten stammen aus einfachen Variablen des Hauptformulars)
Ziel-Kompilierung	Angabe, ob das Projekt für die 32- oder 64 Bit-Windows-Plattform kompiliert wurde (diese Daten stammen aus einer Prüfung, ob das vordefinierte Symbol WIN64 gesetzt ist [1])
Ziel-Betriebssystem	Angabe, ob das Projekt auf einem 32- oder 64 Bit-Windows gestartet wurde. Diese Angabe kann über verschiedene Wege ermittelt werden, wovon wir den seit Delphi XE2 implementierten Record *TOSVersion* verwenden. Dieser Record enthält statische Daten zum aktuellen Betriebssystem, mehr Details befinden sich in [2]. Wir wollen an dieser Stelle anfänglich ermitteln, ob der Programmstart auf einem 32- oder 64 Bit-Windows erfolgt – weil das für den später behandelten Kernelmodus-Treiber relevant ist. Die in *TOSVersion* enthaltene Eigenschaft *Architecture* stammt von *TArchitecture* ab, und die Werte *arIntelX64* sowie *arARM64* definieren ein 64 Bit-Windows. In Tab. 2.2 werden die möglichen Werte aufgelistet. Genauere und umfangreichere Informationen sind mit direkten Windows API-Funktionen möglich, die ebenfalls in Kap. 4 behandelt werden

Tab. 2.2 Mögliche Werte der Eigenschaft *Architecture* von *TOSVersion*

Bezeichner	Bedeutung
arIntelX86	x86 – 32 Bit
arIntelX64	x64 für AMD oder Intel – 64 Bit
arARM32	ARM – 32 Bit
arARM64	ARM – 64 Bit

Programminfo

Name & Version: PC Analyser x64 V1.0

Ziel-Kompilierung: Windows 64 Bit

Ziel-Betriebssystem: Windows 64 Bit

Abb. 2.2 Beispielhafte Darstellung der Programminfos

2.4.1.2 Programmkontext

Diese Kategorie enthält Details zum aktuellen Benutzer mit seinen Rechten, in dessen Kontext *PC Analyser* gestartet wurde. Unter Kontext werden in diesem Fall das angemeldete Benutzerkonto sowie dessen Zugriffsrechte verstanden. Wie im späteren Abschn. 2.5 noch detaillierter beschrieben wird, gibt es vereinfacht ausgedrückt die normalen Benutzerrechte und Administratorrechte. Beide funktionieren für die Programmausführung, aber letztere ermöglichen erst die Installation sowie Nutzung des Kernelmodus-Treibers. Auch wenn der Benutzer über Administratorrechte verfügt, startet die mit Windows Vista eingeführte Benutzerkontensteuerung (UAC, User Account Control) eine Applikation standardmäßig mit normalen Rechten. Daher wird in diesem Bereich die Möglichkeit geschaffen, Administratorrechte nachträglich anzufordern, wenn diese nicht vorliegen bzw. gewünscht sind (Tab. 2.3).

Die Details zum Programmkontext werden direkt in FormCreate ermittelt und könnten wie in Abb. 2.3 dargestellt werden.

Tab. 2.3 Programmkontext in der mittleren oberen Programmsteuerungskomponente

Bezeichner	Inhalt
Aktueller Benutzer	Enthält den Namen des aktuell angemeldeten Benutzers, der mittels der Funktion *GetUserName* aus der Delphi-Unit Winapi.Windows.pas ermittelt wird. Unsere Funktion *GetCurrentUserName* in der Klasse *TSystemAccess* führt die Ermittlung durch
Benutzerrechte	Ermittelt die Benutzerrechte für den aktuellen Benutzer anhand sogenannter Sicherheitsbezeichner (SID, Security Identifier) und TokenGroups, die in der Delphi-Unit Winapi.Windows.pas definiert sind. Mögliche Rückgabewerte sind *Administrator* und *Standardbenutzer*. Unsere Funktion *IsAdmin* in der Klasse *TSystemAccess* führt die entsprechende Ermittlung durch (weitere Details dazu in Abschn. 3.3)
Benutzerkontext	Ermittelt den Benutzerkontext anhand sogenannter Process Token für den aktuellen Prozess. Hier wird im speziellen abgefragt, ob das Token *TokenElevation* gesetzt ist. Diese Werte sind in der Delphi-Unit Winapi.Windows.pas definiert. Mögliche Rückgabewerte sind *Eingeschränkter Kontext* und *Erweiterter Kontext*. Unsere Funktion *IsElevated* in der Klasse *TSystemAccess* führt die entsprechende Ermittlung durch (weitere Details dazu in Abschn. 3.4)
Administratorrechte anfordern	Dieser Schalter ist nur aktiviert und anklickbar, wenn der Programmstart im eingeschränkten Benutzerkontext erfolgt ist, und darüber hinaus Administratorrechte angefordert werden sollen. Dies wäre für die Installation und Benutzung des Kernelmodus-Treibers zwingend notwendig. Unsere Funktion *RunAsAdmin* aus der Klasse *TSystemAccess* führt die entsprechende Aktion durch, und übernimmt dafür das aktuelle Applikations-Handle sowie den aktuellen Exe-Dateinamen als optionalen Parameter. Intern wird die Funktion *ShellExecuteEx* aus der Delphi-Unit Winapi.ShellAPI.pas in Verbindung mit dem Operationsbezeichner *runas* aufgerufen. Dadurch wird versucht, die aktuelle Programminstanz erneut zu starten und dafür Administratorrechte anzufordern. Die Benutzerkontensteuerung fordert demzufolge den Benutzer auf, der Anwendungsausführung in erhöhter Form zuzustimmen oder die Anmeldeinformationen eines Administratorkontos einzugeben, das zur Ausführung der Anwendung verwendet wird. Wenn der Aufruf von *ShellExecuteEx* erfolgreich ist und True zurückliefert, wird die aktuelle Programminstanz, die im eingeschränkten Benutzerkontext gestartet wurde, mittels TForm.Close geschlossen, da die zweite Programminstanz mit erhöhtem Benutzerkontext nun geöffnet wurde. Weitere Informationen zu diesem Thema werden in Abschn. 2.5 behandelt

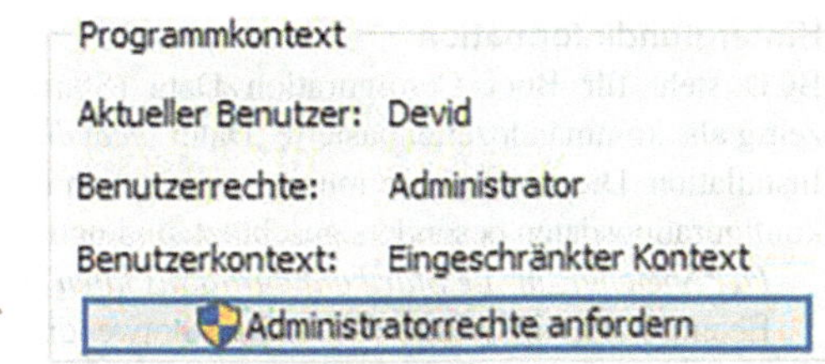

Abb. 2.3 Beispielhafte Darstellung des Programmkontextes

2.4.1.3 Kernelmodus-Treiber

Diese GroupBox enthält alle notwendigen Informationen und Einstellungen zum Kernelmodus-Treiber und wird mit einem separaten Timer namens *KernelModeDriver* im 1 Sekunden-Intervall aktualisiert, falls sich Änderungen am Treiberzustand bzw. –Status ergeben.

Im oberen StaticText-Feld wird der Treiberstatus ermittelt, sprich ob er geladen wurde oder nicht. Unterschieden wird dabei zwischen den Statuswerten *nicht installiert, wird gestartet, installiert & gestartet, wird pausiert, pausiert, wird fortgesetzt, wird gestoppt* und *gestoppt.* Der dritte Statuswert *installiert & gestartet* ist der Idealfall, sprich er definiert einen funktionsfähigen Kernelmodus-Treiber, den wir benutzen können. Im darunter befindlichen StaticText-Feld werden Treiberdetails ermittelt, die aus der Treiberversion und dem Treiberdatum bestehen – beide Werte werden direkt aus dem Treiber mit einer separaten Treiberfunktion ermittelt.

Dann folgen die beiden wichtigsten Funktionen zum Laden und Entladen des Treibers. Dafür müssen verschiedene Voraussetzungen erfüllt sein, wozu Administratorrechte und der aktive Windows-Testmodus zählen. Ohne allzu viel aus den späteren Kapiteln vorwegnehmen zu wollen (vor allem Abschn. 7.8.1), wird ab Windows Vista ×64 nur ein digital signierter Kernelmodus-Treiber akzeptiert. Für Testzwecke kann man jedoch auf ein Testzertifikat zurückgreifen, das in Visual Studio und dem dazugehörigen WDK mit der Einstellung *Sign Mode* und dem dazugehörigen Wert *Test Sign* in den Projekteigenschaften aktivierbar ist und dem kompilierten Treiber hinzugefügt wird. Dieses Zertifikat kann in Windows verwendet werden, indem der Windows-Testmodus aktiviert wird, was wiederum mit dem Aufruf

bcdedit /set testsigning on

bewerkstelligt wird (Administratorrechte notwendig, UEFI SecureBoot muss abgeschaltet sein) und einen Windows-Neustart erfordert. Anschließend wird im rechten unteren Desktop-Bereich der Testmodus angezeigt, und Treiber mit dem zuvor signierten Testzertifikat können problemlos geladen werden – alles konform zu Microsofts eigener Driver Signing Policy.

Hintergrundinformation

BCD steht für Boot Configuration Data (Startkonfigurationsdaten) und befindet sich gleichzeitig als kommandozeilenbasierte Datei *bcdedit.exe* im System32-Verzeichnis jeder Windows-Installation. Die Ausführung muss grundsätzlich mit Administratorrechten erfolgen, weil die Startkonfigurationsdaten besonders geschützt sind und sonst diese Fehlermeldung erscheint:

Der Speicher für die Startkonfigurationsdaten konnte nicht geöffnet werden.

Ebenfalls ist ein Windows-Neustart notwendig, um sicherzustellen, dass geänderte BCDEdit-Einstellungen auf den Datenträger geleert werden.

Mit BCDEdit können umfangreiche Starteinstellungen vorgenommen werden, wozu bspw. die Startsequenz gehört, das Verwalten von Partitionen, die Steuerung des Startmanagers, Notverwaltungsdienste (Emergency Management Services, EMS), Start- und Kerneldebugger sowie die Remoteereignisprotokollierung.

Die offizielle Microsoft-Homepage beschreibt die gültigen und vielfältigen BCDEdit-Befehlszeilenoptionen und zusätzlich lassen sich mit dem Parameter /? weitere Details zu speziellen BCDEdit-Befehlen darstellen [3] (Abb. 2.4).

Wir erstellen zunächst eine Prozedur, die je nach Abhängigkeiten alle Schalterzustände steuert. Diese Prozedur nennen wir *CheckKernelDriverButtonState* und prüfen zunächst, ob Administratorrechte vorliegen und der aktuelle Programmstart aus dem erweiterten Benutzerkontext heraus durchgeführt wurde. Sollte dies beides der Fall sein, geht es weiter mit den nächsten Unterscheidungen.

Primär überprüft wird hierbei, ob der Kernelmodus-Treiber bereits geladen wurde. Sollte dies noch nicht der Fall sein, wie es nach dem Programmstart sein sollte, wird der Schalter *Treiber laden* aktiviert und erlaubt das Laden und Starten des *PC Analyser* Kernelmodus-Treibers. Sollte der Treiber bereits geladen und gestartet sein, wird wiederum der Schalter *Treiber entladen* aktiviert, mit dem der Treiber wieder gestoppt und aus dem Windows-Kernel entladen werden kann. Die Routinen für die Prüfung des Treiberstatus, sowie das Laden und Entladen des Treibers, werden durch die neu entwickelte Klasse *TSystemAccess* aus der Unit SystemAccess.pas umgesetzt, deren Aufbau in Abschn. 2.3 genauer beschrieben wird.

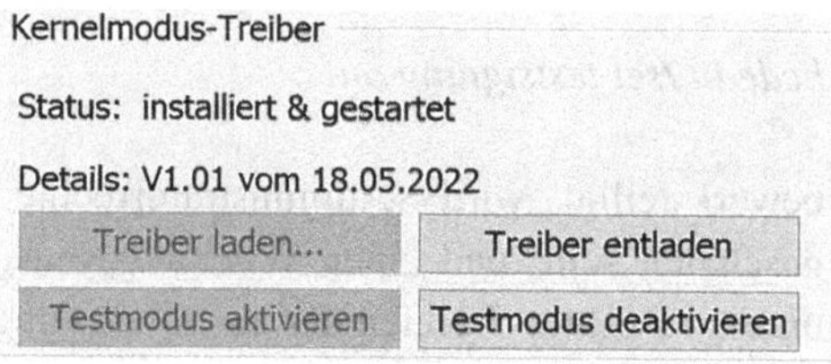

Abb. 2.4 Details und Steuerung des Kernelmodus-Treibers

Ebenfalls zählt zu den Schalterfunktionen die Prüfung, ob der Windows-Testmodus aktiv ist, was wir wiederum mit der Funktion *IsTestSigningModeEnabled* in unserer Klasse *TSystemAccess* umsetzen. Diese verwendet die Windows-API Funktion *NtQuerySystemInformation* in Kombination mit dem Aufrufparameter *SystemCodeIntegrity-Information.* Im zurückgelieferten *TSystemCodeIntegrityInformation*-Record wird dann geprüft, ob in der Record-Variable *CodeIntegrityOptions* das Flag *CODEINTEGRITY_OPTION_TESTSIGN* gesetzt ist. Grundsätzlich gibt es noch viele weitere Flags (etwa *CODEINTEGRITY_OPTION_ENABLED* für die Prüfung der System-Code-Integrität), die allesamt im Const-Abschnitt der Unit SystemDefinitions mitsamt kurzem Kommentar beschrieben sind.

Die Aktivierung bzw. Deaktivierung des Testmodus wird mit einer Abfrage beendet, ob der Vorgang erfolgreich war und falls ja, ob direkt ein Windows-Neustart durchgeführt werden soll. Dies ist notwendig, um die Änderung von BCDEdit zu aktivieren. Umgesetzt wird der Neustart mit der Funktion *WindowsExit* in unserer Klasse *TSystemAccess,* der man einen Parameter für die Aktion übergibt. Gültige Parameter sind:

- EWX_POWEROFF – Windows herunterfahren
- EWX_REBOOT – Windows neu starten
- EWX_LOGOFF – Aktuellen Benutzer abmelden

Ein Boolean-Parameter als Rückgabewert definiert, ob die Aktion erfolgreich war.

Wenn entgegengesetzt zu den vorhandenen Administratorrechten jedoch keine Administratorrechte vorliegen und der Programmstart aus dem eingeschränkten Benutzerkontext heraus erfolgt ist, werden alle Schalterzustände auf inaktiv gesetzt, weil diese Rechte letztendlich dafür notwendig sind.

Für die genauen Implementierungen der Treiber-Anbindung, also das Installieren und Starten des Treibers, werden in Kap. 8 eigene Funktionen und die verwendete API dafür vorgestellt.

2.4.2 Systemzugriffskomponente (mittlere GroupBox)

Die links angeordnete TreeView-Komponente enthält in hierarchischer Form die Kategorien der Systemkomponenten, auf die zugegriffen wird. Diese sind exemplarisch in verschiedene Untergruppen aufgeteilt (Abb. 2.5 und Tab. 2.4).

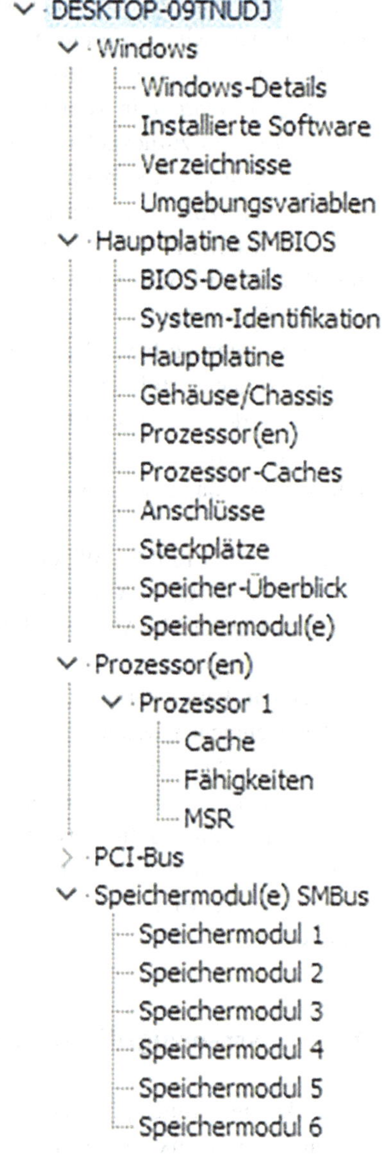

Abb. 2.5 Exemplarische Darstellung der linken TreeView-Komponente mit den Kategorien und Untergruppen (die Kategorie PCI-Bus enthält eine Auflistung aller PCI-Geräte, die hier aus Gründen der Übersicht eingeklappt wurden)

Tab. 2.4 Systemkomponenten-Überblick

Systemzugriff-Kategorien	Beschreibung
Überblick (Computername)	Details zum angemeldeten Benutzer und diversen Statuswerten
Windows	Details zu Windows, installierter Software, Verzeichnissen und Umgebungsvariablen
Hauptplatine SMBIOS	Details der SMBIOS-Tabellen, etwa zur System-Identifikation, dem BIOS, den Prozessoren & Caches, Anschlüssen, Steckplätzen, Speichermodulen, Sensoren und TPM-Geräten
Prozessor(en)	Details zu verbauten Prozessoren inkl. Cache, Fähigkeiten und MSR (letzteres mithilfe des Kernelmodus-Treibers)
PCI-Bus	Details zu vorhandenen PCI-Geräten inkl. Identifikationsdetails, Statusdetails und Dump des Konfigurationsbereiches
Speichermodul(e) SMBus	Details zu vorhandenen Speichermodulen anhand des SPD-EEPROMs inkl. Modulnamen und -Größen, Seriennummern, Geschwindigkeiten, Herstellungsdaten und Dump des SPD-EEPROMs

2.4.3 Programmprotokollkomponente (untere GroupBox)

Die untere GroupBox soll ein Protokoll enthalten, welches aktuelle Programmoperationen oder Zusatzdetails beinhaltet, die keinen Platz in der normalen Programmnavigation finden. Einträge in dieses Protokollmemo geschehen vorrangig über die im Hauptformular gesteuerten Ermittlungen. Für die Darstellung wird im Public-Bereich die Prozedur *AddLog* hinzugefügt, die den Ausgabetext sowie einen Boolean-Parameter übernimmt:

```
procedure TPCAnalyserForm.AddLog(AStr : String; CreateNewLine :
Boolean);
begin
  if CreateNewLine then
    LogMemo.Lines.Add(AStr)
  else
    if LogMemo.Lines.Count > 0 then
    begin
      LogMemo.Lines[LogMemo.Lines.Count - 1] :=
      LogMemo.Lines[LogMemo.Lines.Count - 1] +
      AStr;
    end;
end;
```

Übergeben wird zunächst der im Memo auszugebende String, sowie der Boolean-Parameter *CreateNewLine*. Dieser legt fest, ob der Ausgabetext in einer neuen Memo-Zeile ausgegeben werden soll (True), oder an die letzte Memozeile angefügt werden soll

(False). Letzteres eignet sich dafür, dass der Beginn einer Ermittlung am Anfang ausgegeben werden kann, und ein Status am Ende der Ermittlung in derselben Zeile folgt:

```
AddLog('Beginne Prozessorerkennung...', True);
...
AddLog('...fertig', False);
```

Ansonsten gelten für dieses Memo die gleichen Bearbeitungsmöglichkeiten wie für viele Textelemente, wie etwa Kopieren und alles markieren. Wir aktivieren zusätzlich noch die Memo-Eigenschaft *ReadOnly,* da wir keine Editorfunktionalität benötigen, sondern das Memo lediglich als Log-Ausgabe verwenden möchten.

2.5 Benutzerrechte oder Administratorrechte

Bei der Systemprogrammierung herrscht oftmals die Annahme, dass zwingend Administratorrechte notwendig sind, was nicht immer stimmt und auch nicht pauschal beantwortet werden kann. Es hängt extrem stark von den Systemzugriffen ab, und auf welcher Systemebene diese möglich sind.

Viele Systemzugriffe lassen sich mit einfachen Benutzerrechten umsetzen, und das beweist das nächste Kapitel durchaus effektiv. Delphi bietet gut implementierte APIs an, und es ist erstaunlich, wie viele Systemdetails ermittelt werden können. Diese Informationen reichen in vielen Fällen für eine Einschätzung der Systemkonfiguration oder eines Problemfalls aus.

Sobald wir jedoch über Kernelmodus-Treiber sprechen, reichen Benutzerrechte nicht mehr aus und es sind zwingend Administratorrechte erforderlich, um den Treiber im Kernel zu installieren und mit ihm zu interagieren, sowie danach wieder zu deinstallieren.

Was bei der Programmentwicklung relativ überschaubar zwischen Benutzer- und Administratorrechten unterscheidbar ist, basiert im Hintergrund auf dem sogenannten Ring-Modell. Dieses kommt auf allen Windows-Versionen der ×86-Architektur und darauf basierten Systemen zum Einsatz. Ring 3 als oberste Ebene mit den niedrigsten Benutzerrechten stellt die normale Ausführungsebene dar. Die Zwischenringe 1 und 2 finden derzeit keine Verwendung, wurden aber ursprünglich für Systemdienste und Treiber konzipiert. Ring 0 stellt das entsprechende Gegenteil zu Ring 3 dar. Diese als innerer Ring bezeichnete Ebene hat die höchste Berechtigungsstufe und definiert die Ausführung des eigentlichen Betriebssystems und Kernels.

Durch diese strikte Ring-Trennung wird gewährleistet, dass keine Anwendung im Benutzermodus-Ring 3 (einschließlich bösartiger Anwendungen) Zugriff auf sensible Daten erhält, die vom Kernel in der Ring-Ebene 0 bereitgestellt werden (Tab. 2.5).

Innerhalb unserer Beispielapplikation *PC Analyser* sowie auch über die gesamte Entwicklung mit Delphi hinweg verwenden wir normale Benutzerrechte basierend auf Ring

Tab. 2.5 Windows Ring-Modell der ×86-Architektur

Ring-Ebene	Bezeichnung	Berechtigungsstufe	Hinweis
3	Benutzermodus (User Mode)	niedrig	üblicherweise der Standard-Ring für Anwendungen
2	Treiber	mittel	derzeit keine Verwendung dieser Zwischenstufe
1	Systemdienste	mittel	derzeit keine Verwendung dieser Zwischenstufe
0	Kernelmodus (Kernel Mode)	hoch	Ausführungsebene des Betriebssystems, Kernels und der Verwaltungen für Geräte, Speicher, Prozesse, Dateisysteme usw

3. In dieser Ebene werden die Systemdetails ohne den Kernelmodus-Treiber ermittelt und dargestellt. Erst durch den oben mittig befindlichen Schalter *Administratorrechte anfordern* werden erhöhte Rechte angefordert, woraufhin die rechts befindliche Sektion für den Kernelmodus-Treiber zugänglich wird. Dort kann schließlich der Kernelmodus-Treiber installiert werden und *PC Analyser* erweitert dann die Analysebereiche durch die zusätzlichen Möglichkeiten des Treibers. Tab. 2.6 zeigt im Überblick, welche Details der linken TreeView-Komponente in welchem Programmkontext ausführbar sind.

Nun gibt es ab Windows Vista die Benutzerkontensteuerung (UAC, User Access Control), die davor warnt, wenn Applikationen mit Administratorrechten gestartet werden sollen. Dieser Mechanismus wurde mit Windows 7 ein wenig gelockert, da die Abfragen

Tab. 2.6 Verfügbare Systemzugriffe für den aktiven Programmkontext

TreeView-Komponente	Benutzermodus/Benutzer-Rechte	Kernelmodus/Administrator-Rechte
Überblick	vollständig nutzbar, da für eine übersichtliche Darstellung noch kein Kernel-Treiber und Administratorrechte notwendig sind	vollständig nutzbar
Windows	vollständig nutzbar	vollständig nutzbar
Hauptplatine SMBIOS	vollständig nutzbar	vollständig nutzbar
Prozessor(en)	vollständig nutzbar mit Ausnahme der Modell-spezifischen Register (MSR)	vollständig nutzbar inkl. MSR-Zugriff
PCI-Bus	nicht nutzbar	vollständige PCI-Daten inkl. Dump
Speichermodul(e) SMBus	nicht nutzbar	vollständige SPD-EEPROM-Details inkl. Dump

unter Windows Vista für jede Applikation erfolgten, und ab Windows 7 nur noch für die meisten Applikationen. Die Stufe der Benachrichtigungen lässt sich in den Einstellungen der Benutzerkontensteuerung festlegen. Im Grundsatz wird eine Applikation im Standardkontext ohne Administratorrechte gestartet, auch wenn der aktuell angemeldete Benutzer über Administratorrechte verfügt. Das macht die Ausführung im Administratorkontext schwieriger, der aber trotzdem möglich und für unsere Installation sowie Nutzung des Kernelmodus-Treibers zwingend notwendig ist.

Eine Applikation kann über mehrere Wege direkt im Administratorkontext gestartet werden, zum Beispiel mit der rechten Maustaste, und über *Als Administrator ausführen,* oder über eine Eingabeaufforderung bzw. einen beliebigen Dateimanager, der ebenfalls im Administratorkontext gestartet wurde. Ebenfalls möglich ist die Aktivierung der Kompatibilitätsoption *Programm als Administrator ausführen,* die über die Eigenschaften der Exe-Datei mit der rechten Maustaste und der Registerkarte *Kompatibilität* erreichbar ist.

Ein vergleichbares Szenario gilt direkt für die Entwicklung aus Delphi heraus. Für den Delphi-Start aus dem Standardkontext heraus wird dieser Kontext für alle kompilierten und aus der IDE gestarteten Applikationen vererbt, gleiches gilt für den Administratorkontext. Nicht möglich ist hingegen das Debuggen einer Anwendung aus der IDE heraus, die Administratorrechte benötigt, obwohl Delphi im Standardkontext gestartet wurde. In diesen Fällen sollte man Delphi ebenfalls im Administratorkontext starten, mit dem dieser Kontext für die zu debuggende Applikation übernommen wird.

2.5.1 Rechte-Steuerung über Anwendungsmanifest

Man muss im Einzelfall abwägen, ob man direkt beim Programmstart Administratorrechte benötigt, oder erst später bei bestimmten Programmoperationen wie etwa der Installation eines Kernelmodus-Treibers. Dieser Entscheidung sollten einige Überlegungen vorangehen.

Grundsätzlich muss man davon ausgehen, dass der Standardkontext häufiger vorzufinden ist, weswegen Administratorrechte eher selten voreingestellt sind. Die Anzeige der Benutzerkontensteuerung unterscheidet sich zudem dadurch, ob die ausführbare Exe-Datei mit einem digitalen Zertifikat versehen ist. Sollte dies nicht der Fall sein, stuft Windows die Applikation automatisch als potenziell schädlich ein und die UAC-Abfrage erscheint gelb mit entsprechendem Hinweis *(Möchten Sie zulassen, dass durch diese App von einem unbekannten Herausgeber Änderungen an Ihrem PC vorgenommen werden?).* Diese Meldung kann verständlicherweise irritierend sein und unterstreicht nicht gerade die Seriosität einer Applikation mit benötigten Ring 0-Rechten. Wenn die Datei digital signiert ist, erscheint die UAC-Abfrage hingegen in blau *(Möchten Sie zulassen, dass durch diese App Änderungen an Ihrem Gerät vorgenommen werden?)* und wirkt seriöser, weil über die Schaltfläche *Weitere Details anzeigen* in der Regel das digitale Zertifikat einsehbar ist (Abb. 2.6 und 2.7).

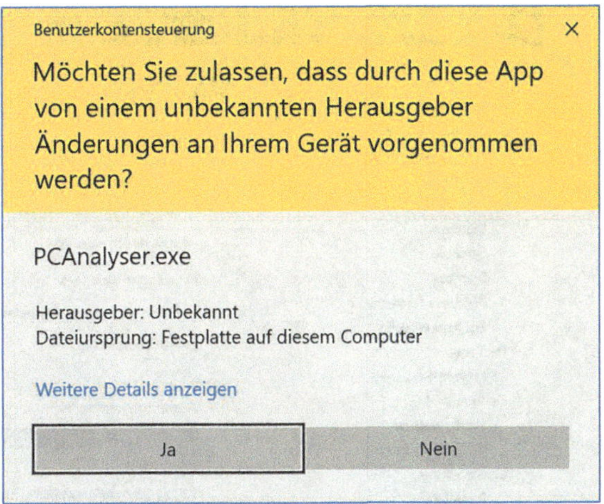

Abb. 2.6 Windows-Benutzerkontensteuerung mit unsignierter Applikation

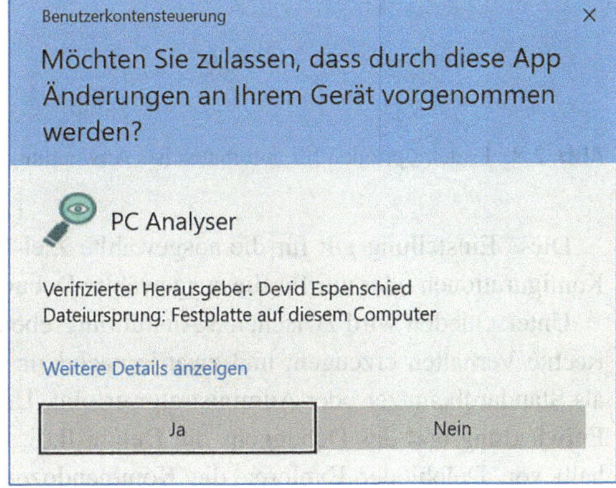

Abb. 2.7 Windows-Benutzerkontensteuerung mit signierter Applikation

Daher soll auch eine Möglichkeit vorgestellt werden, wie man einer Applikation ohne irgendwelche Kompatibilitätseinstellungen in normalen Schritten Administratorrechte zuweisen kann, die direkt beim Programmstart abgefragt werden. Dafür kommt ein Manifest zum Einsatz, das entweder direkt von Delphi mit entsprechenden Einstellungen erzeugt wird oder manuell von Hand erstellt und dann eingebunden werden kann.

Hierfür öffnet man das Projekt in Delphi und navigiert über das Menü *Projekt -> Optionen* in die Projektoptionen, und dort auf der linken Seite zu den Einträgen *Anwendung -> Manifest*. Die Einstellung *Manifestdatei* ist standardseitig auf *Automatisch erzeugen* festgelegt, was wir durchaus beibehalten können. Das Feld *Ausführungsebene* steuert letztendlich, in welcher Ebene die Applikation ohne besondere Rechtevergaben gestartet wird (Abb. 2.8).

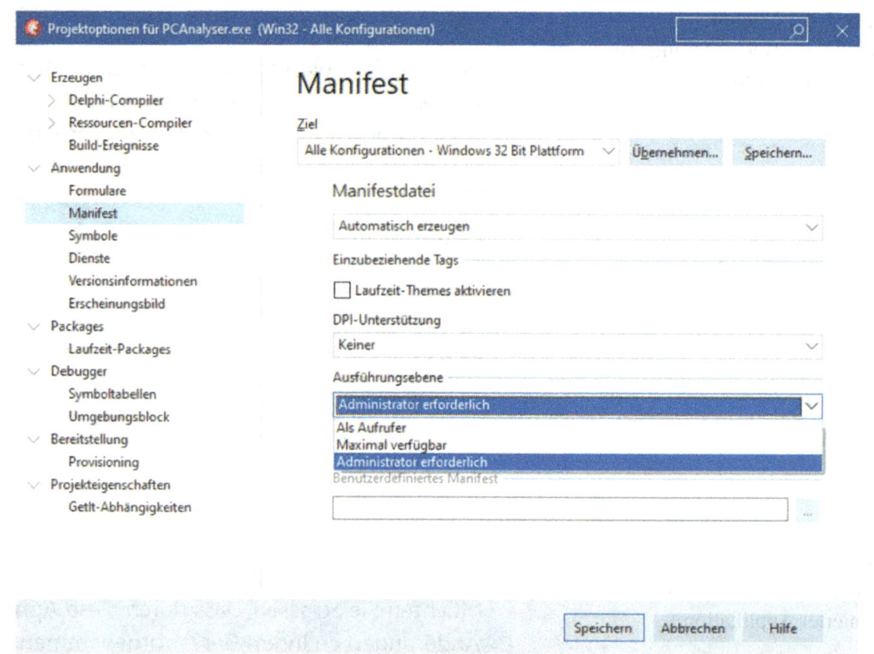

Abb. 2.8 Projektoptionen für automatisches Anwendungsmanifest

Diese Einstellung gilt für die ausgewählte Ziel-Plattform, und dort entweder für alle Konfigurationen oder nur für die ausgewählte Debug- oder Release-Konfiguration.

Unterschieden wird zwischen 3 Ausführungsebenen, die jeweils ein unterschiedliches Rechte-Verhalten erzeugen, und zwar je nachdem, ob der übergeordnete Aufrufprozess als Standardbenutzer oder Administrator erfolgt. Unter Aufrufprozess kann während der Entwicklung und des Debuggens die Delphi-IDE, sowie nach der Kompilierung außerhalb von Delphi der Explorer, die Kommandozeile oder ein Dritthersteller-Tool verstanden werden. Tab. 2.7 stellt einen Gesamtüberblick dieser Ebenen dar.

Für durchgehende Administratorrechte sollte die Einstellung der Ausführungsebene auf *Administrator erforderlich* eingestellt sein.

In den Optionen lassen sich zusätzliche Einstellungen festlegen, etwa die Aktivierung der Laufzeit-Themes, DPI-Unterstützung und der UI-Zugriff. Letzterer kann dann zum Einsatz kommen, wenn die Anwendung Schutzebenen der Benutzeroberfläche umgehen und Eingaben in Fenstern mit höheren Berechtigungen auf dem Desktop steuern soll. Diese sind aber für unsere Zwecke nicht notwendig und sollen daher nicht weiter behandelt werden.

Die Manifest-Einstellungen gelten für die ausgewählte Ziel-Plattform, und dort entweder für alle Konfigurationen oder nur für die ausgewählte Debug- oder Release-Konfiguration. Weitere Informationen zur Anwendungsmanifestdatei befinden sich in [4].

Tab. 2.7 Rechte-Übersicht der Ausführungsebene im Anwendungsmanifest

Ausführungsebene	Technische Benennung	Übergeordneter Aufrufprozess	Rechte-Verhalten
Als Aufrufer	asInvoker	Standardbenutzer	Applikationsstart als Standardbenutzer
Als Aufrufer	asInvoker	Administrator	Applikationsstart mit vollständigem administrativem Zugriff
Maximal verfügbar	highestAvailable	Standardbenutzer	Applikationsstart als Standardbenutzer
Maximal verfügbar	highestAvailable	Administrator	Applikationsstart mit vollständigem administrativem Zugriff
Administrator erforderlich	requireAdministrator	Standardbenutzer	vor dem Applikationsstart erfolgt eine Anforderung der Administrator-Anmeldeinformationen
Administrator erforderlich	requireAdministrator	Administrator	Applikationsstart mit vollständigem administrativem Zugriff

2.6 Programmnavigation

Die Hauptnavigation in unserer Delphi-Applikation befindet sich in der GroupBox *SystemAccessGroupBox,* die wiederum in die 3 Elemente *CategoryTreeView* (TTreeView), *Splitter* (TSplitter) und *ResultsListView* (TListView) unterteilt ist. Dies hängt damit zusammen, dass wir bei der Kategorie und damit TTreeView nicht einfach festlegen wollen, dass alle Prozessor-Details ermittelt und angezeigt werden, sondern eine bessere Abstufung bzw. Hierarchie erreichbar sein muss. „Besser" in diesem Sinne, dass jeder Prozessor nummeriert erscheinen soll (falls mehrere physikalische Prozessoren existieren), und Unterdetails ermöglicht werden sollen. Im Falle von Prozessoren wären dies allgemeine Details, Cache-Details, die einzelnen Prozessor-Fähigkeiten und Modell-spezifische Register (MSR).

Die Erstellung des linken Navigationsbaumes wird mit der Prozedur *CreateCategoryTree* durchgeführt, die zugleich am Ende von FormCreate aufgerufen wird. Innerhalb von *CreateCategoryTree* wird basierend auf dem Computernamen ein neues Root-Objekt erstellt, und der Funktion *AddObjekt* dafür 3 Parameter mitgegeben:

- der erste Parameter *Sibling* vom Typ TTreeNode definiert den übergeordneten Baumknoten, der beim Root verständlicherweise als nil bezeichnet wird

- der zweite Parameter *S* vom Typ String ist die dargestellte Bezeichnung des Knotens und
- der dritte Parameter *Ptr* vom Typ TCustomData ist unsere interne Verknüpfung, weil diese anhand des zweiten Parameters zu ungenau ist. Dafür definieren wir für jeden Knoten eine Kategorie, die in der Definition von TCategory zusammengefasst sind (etwa CatMachine, CatWindows, CatSMBIOS, CatProcessor, CatPCIBus, CatSMBus usw).

```
procedure TPCAnalyserForm.CreateCategoryTree;
var
  Root : TTreeNode;
  PInt : PInteger;
begin
  Root := nil;
  with CategoryTreeView, Items do
  begin
    BeginUpdate;
    try
      Clear;

      New(PInt);
      PInt^ := Join(0, Word(CatMachine));
      if SystemAccessClass.GetCurrentComputerName = '' then
        Root := AddObject(nil, 'Computer', PInt)
      else
        Root := AddObject(nil,
                          SystemAccessClass.GetCurrentComputerName,
                          PInt);

      Screen.Cursor := crHourGlass;
      CreateWindowsTree(Root);
      CreateSMBIOSTree(Root);
      CreateProcessorTree(Root);
      CreatePCIBusTree(Root);
      CreateSMBusTree(Root);
      Screen.Cursor := crDefault;
    finally
      EndUpdate;
      Root.Expand(False);
      CategoryTreeView.Selected := CategoryTreeView.Items.GetFirstNode;
      CategoryTreeView.OnChange(CategoryTreeView,
                                CategoryTreeView.Selected);
    end;
  end;
end;
```

Nach der Erstellung des Root-Knotens folgen die Unterzweige mit jeweiligen Prozeduren. Diesen Unterprozeduren wird der Root-Knoten vom Typ TTreeNode übergeben und es existieren bspw. Prozeduren für die Bereiche:

- *CreateWindowsTree* – erzeugt den Knoten *Windows* und die Unterknoten *Windows-Details, Installierte Software, Verzeichnisse* und *Umgebungsvariablen*
- *CreateSMBIOSTree* – erzeugt den Knoten *Hauptplatine SMBIOS* und erzeugt für diesen Knoten verschiedene Unterknoten, je nachdem, welche SMBIOS-Tabellentypen gefunden wurden. Hierbei versuchen wir eine Auswahl der wichtigsten Tabellentypen abzubilden:
  - Tabelle 0 – BIOS-Details
  - Tabelle 1 – System-Identifikation
  - Tabelle 2 – Hauptplatine
  - Tabelle 3 – Gehäuse/Chassis
  - Tabelle 4 – Prozessor(en)
  - Tabelle 7 – Prozessor-Caches
  - Tabelle 8 – Anschlüsse
  - Tabelle 9 – Steckplätze
  - Tabelle 16 – Speicher-Überblick
  - Tabelle 17 – Speichermodul(e)
  - Tabelle 26 – Spannungssensoren
  - Tabelle 27 – Kühlungssensoren
  - Tabelle 28 – Temperatursensoren
  - Tabelle 29 – Stromstärkesensoren
  - Tabelle 43 – TPM-Geräte
- *CreateProcessorTree* – erzeugt den Knoten *Hauptprozessor(en),* der für jeden physikalisch vorhandenen Prozessor einen eigenen Knoten erzeugt. Die Anzahl der physikalischen Prozessoren wird über die später noch implementierte Funktion *GetCPU-PhysicalCount* aus unserer *TSystemAccess*-Klasse ermittelt. Jedem Hauptprozessor werden diverse Unterknoten zugeordnet, wie bspw. *Allgemeine Details, Cache, Fähigkeiten* und *MSR*.
- *CreatePCIBusTree* – erzeugt für jedes PCI-Gerät ein eigenes Objekt, das die dazugehörigen PCI-Details beinhaltet. Hierfür kommt die später implementierte Funktion *DetectPCIDevices* aus unserer *TPCIBus*-Klasse zum Einsatz, und jedes PCI-Gerät wird mit einer laufenden Nummer sowie der dazugehörigen Hersteller- und Geräte-Kennung dargestellt.
- *CreateSMBusTree* – erzeugt für jedes Speichermodul mit SPD-EEPROM einen eigenen Knoten, der die dazugehörigen Moduldetails beinhaltet. Hierfür kommt die später implementierte Funktion *GetSMBusMemoryModules* aus unserer *TSMBus*-Klasse zum Einsatz, und jedes Speichermodul wird mit einer laufenden Nummer dargestellt.

Für die Erstellung der Baumstruktur kommen ebenfalls die in Abschn. 2.3.1 genannten zusätzlichen Klassen zum Einsatz. Das Ende von *CreateCategoryTree* wird durch ein Erweitern aller Baumknoten definiert, der Markierung des ersten Baumknotens und einem manuellen Ausführen des OnChange-Ereignisses, das direkt die dazugehörige Funktion *CategoryTreeViewChange* aufruft.

Nachdem die linke Baumstruktur erzeugt wurde, steuert das OnChange-Ereignis und damit zusammenhängend die Prozedur *CategoryTreeViewChange* die Ergebnisdarstellung. Dafür werden aus dem übergebenen Node-Parameter vom Typ TTreeNode wieder die Daten ermittelt, die mit dem Baumknoten verbunden sind und unsere in *TCategory* definierte Kategorie darstellt. Für die entsprechenden Zuordnungen kommen dann dazugehörige Darstellungsfunktionen zum Einsatz, die in den späteren Kapiteln genauer beschrieben werden.

```
procedure TPCAnalyserForm.CategoryTreeViewChange(Sender: TObject;
                                                  Node: TTreeNode);
begin
  if Assigned(Node) then
  begin
    if Assigned(Node.Data) then
    begin
      case HiWord(PInteger(Node.Data)^) of
        //Machine Section
        Integer(CatMachine)                :
            DisplayMachineInfo;

        //Windows Section
        Integer(CatWindowsDetails)         :
            DisplayWindowsDetails;
        Integer(CatWindowsSoftware)        :
            DisplaySoftwareInstalled;
        Integer(CatWindowsDirectories)     :
            DisplayWindowsDirectories;
        Integer(CatWindowsEnvVariables)    :
            DisplayEnvVariables;

        //SMBIOS Section
        Integer(CatSMBIOS)                 :
            DisplaySMBIOSInfo;
        Integer(CatSMBIOS_BIOS)            :
            DisplaySMBIOSStructureDetails(SMB_BIOSINFO);
        Integer(CatSMBIOS_SystemInfo)      :
            DisplaySMBIOSStructureDetails(SMB_SYSINFO);
        Integer(CatSMBIOS_Mainboard)       :
            DisplaySMBIOSStructureDetails(SMB_BASEINFO);
        Integer(CatSMBIOS_Chassis)         :
            DisplaySMBIOSStructureDetails(SMB_SYSENC);
```

```
Integer(CatSMBIOS_Processors)         :
    DisplaySMBIOSStructureDetails(SMB_CPU);
Integer(CatSMBIOS_Caches)             :
    DisplaySMBIOSStructureDetails(SMB_CACHE);
Integer(CatSMBIOS_Ports)              :
    DisplaySMBIOSStructureDetails(SMB_PORTCON);
Integer(CatSMBIOS_Slots)              :
    DisplaySMBIOSStructureDetails(SMB_SLOTS);
Integer(CatSMBIOS_MemoryController)   :
    DisplaySMBIOSStructureDetails(SMB_PHYSMEM);
Integer(CatSMBIOS_MemoryModules)      :
    DisplaySMBIOSStructureDetails(SMB_MEMDEV);
Integer(CatSMBIOS_VoltageSensor)      :
    DisplaySMBIOSStructureDetails(SMB_VOLTAGE);
Integer(CatSMBIOS_CoolingSensor)      :
    DisplaySMBIOSStructureDetails(SMB_COOL);
Integer(CatSMBIOS_TemperatureSensor)  :
    DisplaySMBIOSStructureDetails(SMB_TEMP);
Integer(CatSMBIOS_CurrentSensor)      :
    DisplaySMBIOSStructureDetails(SMB_CURRENT);
Integer(CatSMBIOS_TPMDevice)          :
    DisplaySMBIOSStructureDetails(SMB_TPMDEV);

//Processor Section
Integer(CatProcessorDetails)          :
    DisplayCPUDetail(LoWord(PInteger(Node.Data)^) - 1);
Integer(CatCPUCache)                  :
    DisplayCPUCache(LoWord(PInteger(Node.Data)^) - 1);
Integer(CatProcessorFeatures)         :
    DisplayCPUFeatures(LoWord(PInteger(Node.Data)^) - 1);
Integer(CatProcessorMSR)              :
    DisplayCPUMSR(LoWord(PInteger(Node.Data)^) - 1);

//PCI Bus Section
Integer(CatPCIBus)                    :
    DisplayPCIDevices;
Integer(CatPCIDevice)                 :
    DisplayPCIDevice(LoWord(PInteger(Node.Data)^) - 1);

//SMBus Section
Integer(CatSMBus)                     :
    DisplaySMBus_MemoryDevices;
Integer(CatSMBus_MemoryDevice)        :
   DisplaySMBus_MemoryDevice(LoWord(PInteger(Node.Data)^) - 1);
else
```

```
          DisplayNodeInfo;
        end;
      end;
    end;
end;
```

Für den Fall, dass für den markierten Knoten keine Darstellungsfunktion zugewiesen wurde oder an einigen Stellen eventuell auch nicht geplant ist, kommt in der Else-Verzweigung die *DisplayNodeInfo*-Prozedur zum Einsatz. Diese leert zunächst die rechte *ResultsListView*-Komponente und fügt die Anzahl der Unterknoten hinzu – ermittelbar über die Count-Eigenschaft. Danach werden die Knoten namentlich je Zeile aufgelistet. Diese Darstellung soll nochmals den Überblick und die Navigation innerhalb der vielen Knoten verbessern. In Abb. 2.9 wird die beispielhafte Darstellung der Programmoberfläche visualisiert.

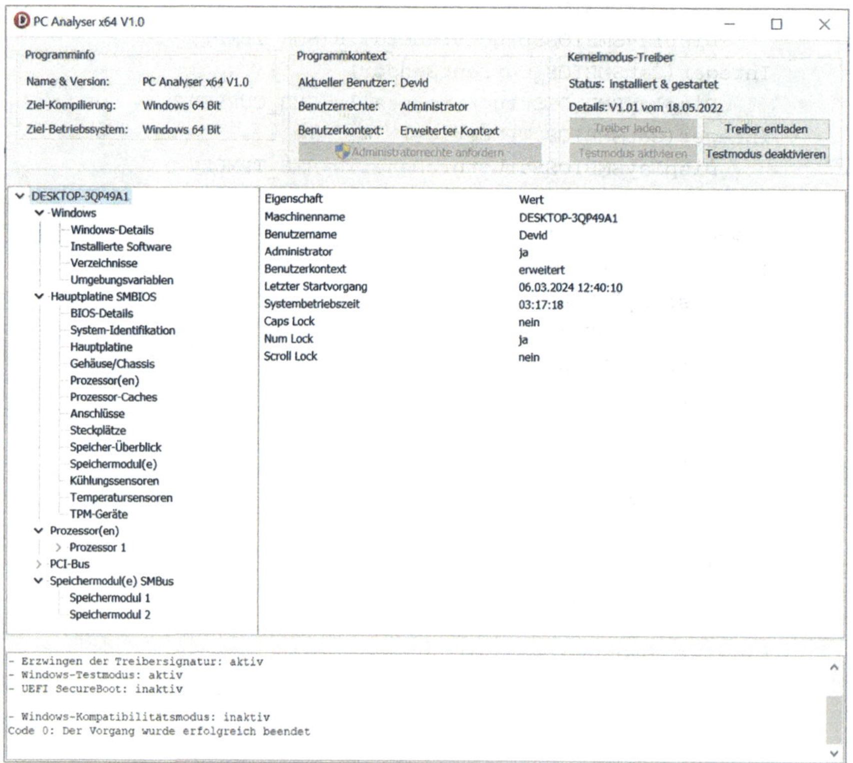

Abb. 2.9 Beispielhafte Darstellung der gesamten Programmoberfläche mit allen VCL-Komponenten und geladenem Kernelmodus-Treiber

```
procedure TPCAnalyserForm.DisplayNodeInfo;
var
  Node : TTreeNode;
begin
  with ResultsListView, Items do
  begin
    BeginUpdate;
    try
      Clear;

      with Add do
      begin
        Caption := 'Anzahl der Knoten';
        SubItems.Add(Format('%d',[CategoryTreeView.Selected.Count]));
      end;

      Node := CategoryTreeView.Selected.GetFirstChild;
      while Assigned(Node) do
      begin
        with Add do
          Caption := Node.Text;

        if Node = CategoryTreeView.Selected.GetLastChild then
          Break;
        Node := Node.GetNextSibling;
      end;
    finally
      EndUpdate;
    end;
  end;
end;
```

2.7 Zusammenfassung

Wir erstellen die Beispielapplikation *PC Analyser* als Delphi-Projekt, um alle im Buch besprochenen Themen der Systemprogrammierung in die Praxis umzusetzen.

Der Kopfbereich enthält Details zur Programmversion, den Programmkontext (inkl. der Anforderung von Administratorrechten) sowie die Steuerungsfunktionen für den Kernelmodus-Treiber.

Mittig links befindet sich die TreeView-Komponente, in der alle Knoten und Objekte der erkannten Systemkomponenten und Kategorien angeordnet sind. Getrennt durch einen Splitter befindet sich mittig rechts die ListView-Komponente, die für die Darstellung der Ergebnisse in 2 Spalten verantwortlich ist.

Unten positioniert befindet sich ein Log-Memo für die Ausgabe von Statusmeldungen.

Diese Beispielapplikation wird mit jedem weiteren Kapitel fortwährend ausgebaut, und als Quellcode bereitgestellt.

Literatur

1. Delphi-Symbol für bedingte Kompilierung und Plattformprüfung: https://docwiki.embarcadero.com/RADStudio/de/Bedingte_Compilierung_(Delphi)
2. Plattform- und Betriebssystemdetails über die Klasse TOSVersion: https://docwiki.embarcadero.com/Libraries/de/System.SysUtils.TOSVersion
3. BCDEdit-Befehlszeilenoptionen: https://docs.microsoft.com/de-de/windows-hardware/manufacture/desktop/bcdedit-command-line-options
4. Anpassen der Windows-Anwendungsmanifestdatei: https://docwiki.embarcadero.com/RADStudio/de/Anpassen_der_Windows-Anwendungsmanifestdatei

Teil II
Systemprogrammierung mit Delphi

3 Maschinen-Details über die API

Grundsätzlich sollen die Maschinen-Details einen schnellen Überblick über bestimmte Merkmale der aktuellen Maschine und des Benutzers sowie einiger Systeminterna bieten. Diese Details sind natürlich noch beliebig ausbaubar - wir wollen hier als Einstieg jedoch nicht unzählige Informationen ermitteln, sondern einen kurzen Überblick bieten. Trotzdem behandelt dieses Kapitel bereits einige systeminterne Windows-Konzepte (insbesondere bei der Ermittlung vonAdministrator-Berechtigungen) und wir versuchen stets, den für unseren Einsatzzweck notwendigen Umfang zu besprechen, um den Gesamtumfang nicht zu sprengen und gleichzeitig den Fokus auf das wesentliche zu behalten.

Eine mögliche Darstellung je nach Benutzer und Maschine kann wie in Abb. 3.1 aussehen.

Der Root-Knoten der linken TreeView-Komponente wird mit dem Namen des aktuellen Computer- oder Maschinennamens benannt, und beim Programmstart automatisch selektiert. Mit dieser Selektion wird gleichzeitig das OnChange-Ereignis mit der dazugehörigen Prozedur *CategoryTreeViewChange* ausgeführt und die Kategorie des Maschinennamens (CatMachine) mit der Anzeigeprozedur *DisplayMachineInfo* verknüpft.

Letztere führt die eigentlichen Ermittlungen durch und stellt diese in der rechten ListView *ResultsListView* dar.

Daher beginnen wir die Prozedur *DisplayMachineInfo* mit der Variablendefinition, einer With-Anweisung für die rechte ListView und dazugehörige Elemente (Items), der Verhinderung der Listenansicht-Aktualisierung mit BeginUpdate (bis die Methode EndUpdate aufgerufen wird) und einem Löschen aller Listeneinträge:

D. Espenschied, *Systemprogrammierung mit Delphi*,
https://doi.org/10.1007/978-3-658-43455-7_3

Maschinenname	DESKTOP-3QP49A1
Benutzername	Devid
Administrator	ja
Benutzerkontext	erweitert
Letzter Startvorgang	12.03.2024 11:59:37
Systembetriebszeit	00:02:23
Caps Lock	nein
Num Lock	ja
Scroll Lock	nein

Abb. 3.1 Beispielhafte Darstellung der Maschinen-Details

```
procedure TPCAnalyserForm.DisplayMachineInfo;
var
  LastBoot : TDateTime;
  SystemUpTime : Int64;
  KeyState : TKeyboardState;
begin
  with ResultsListView, Items do
  begin
    BeginUpdate;
    try
      Clear;
```

3.1 Maschinenname

Der Maschinenname oder auch Computername, kommt jeweils als oberster Knoten der linken TreeView sowie als Ergebnis der Maschinen-Details in der rechten ListView zum Einsatz. Die Implementierung im Hauptformular erfolgt anhand der With-Anweisung und Add sowie dem Aufruf der Klassenfunktion *SystemAccessClass.GetCurrentComputerName:*

```
with Add do
begin
  Caption := 'Maschinenname';
  SubItems.Add(SystemAccessClass.GetCurrentComputerName);
end;
```

Die Funktion *GetCurrentComputerName* implementieren wir in der Klasse *TSystemAccess* und verwenden dafür die Windows API-Funktion *GetComputerName* [1], die von Embarcadero in der Delphi-Unit Winapi.Windows.pas übersetzt wurde. Die Funktion erwartet jeweils einen Eingabe- und Ausgabeparameter. Wenn die Funktion fehlerfrei

Tab. 3.1 Eingabe- und Ausgabeparameter der API-Funktion *GetComputerName*

Parametername	Parametertyp	Beschreibung
lpBuffer	PWideChar (Eingabe)	Zeiger auf Char-Puffer mit ausreichender Größe
nSize	DWord (Eingabe & Ausgabe)	bei Eingabe die zuvor festgelegte Puffergröße, bei Ausgabe die in den Puffer kopierte Zeichenanzahl

durchgeführt wurde, liefert sie True und den Maschinennamen im übergebenen Puffer zurück (siehe hierzu Tab. 3.1).

Daher beginnen wir die Implementierung von *GetCurrentComputerName* zunächst mit den Variablen für Puffergröße und Puffer:

```
function TSystemAccess.GetCurrentComputerName : String;
var
  ComputerName : Cardinal;
  Buffer : PChar;
```

Anschließend beginnen die Vorbereitungen im Funktionsrumpf, zu denen das Setzen eines Standardergebnisses, die Festlegung der maximalen Computernamenslänge und die Reservierung des Puffers mit der Delphi-Funktion StrAlloc (Delphi-Unit System.SysUtils.pas) gehören:

```
begin
  Result := '';
  ComputerName := 255;
  Buffer := StrAlloc(ComputerName);
```

Im eigentlichen Ermittlungsaufruf wird direkt das Funktionsergebnis geprüft, und wenn dieses True zurückliefert, wird der Puffer anhand der Delphi-Funktion StrPas in einen String konvertiert und dem Funktionsergebnis zugewiesen:

```
  if GetComputerName(Buffer, ComputerName) then
    Result := StrPas(Buffer);
```

Der abschließende Schritt stellt die Freigabe des zuvor reservierten Puffers dar, wofür die Delphi-Funktion StrDispose zum Einsatz kommt:

```
  StrDispose(Buffer);
end;
```

3.2 Benutzername

Der Benutzername wird vergleichbar mit dem Maschinennamen über eine Windows API-Funktion ermittelt. Die Implementierung im Hauptformular erfolgt anhand der With-Anweisung und Add sowie dem Aufruf der Klassenfunktion *SystemAccessClass. GetCurrentUserName:*

```
with Add do
begin
  Caption := 'Benutzername';
  SubItems.Add(SystemAccessClass.GetCurrentUserName);
end;
```

Die Funktion *GetCurrentUserName* implementieren wir in der Klasse *TSystemAccess* und verwenden dafür die Windows API-Funktion *GetUserName* [2], die von Embarcadero in der Delphi-Unit Winapi.Windows.pas übersetzt wurde. Die Funktion erwartet jeweils einen Eingabe- und Ausgabeparameter. Wenn die Funktion fehlerfrei durchgeführt wurde, liefert sie True und den Benutzernamen im übergebenen Puffer zurück (siehe hierzu Tab. 3.2).

Daher beginnen wir die Implementierung von *GetCurrentUserName* zunächst mit den Variablen für Puffergröße und Puffer:

```
function TSystemAccess.GetCurrentUserName : String;
var
  UserName : Cardinal;
  Buffer : PChar;
```

Dann folgen weitere Vorbereitungen, zu denen das Setzen eines Standardergebnisses, die Festlegung der maximalen Benutzernamenslänge und die Reservierung des Puffers mit der Delphi-Funktion StrAlloc (Unit System.SysUtils.pas) gehören:

```
begin
  Result := '';
  UserName := 255;
  Buffer := StrAlloc(UserName);
```

Tab. 3.2 Eingabe- und Ausgabeparameter der API-Funktion *GetUserName*

Parametername	Parametertyp	Beschreibung
lpBuffer	PWideChar (Eingabe)	Zeiger auf Char-Puffer mit ausreichender Größe
nSize	DWord (Eingabe & Ausgabe)	bei Eingabe die zuvor festgelegte Puffergröße, bei Ausgabe die in den Puffer kopierte Zeichenanzahl

Die eigentliche Ermittlung prüft direkt das Funktionsergebnis, und wenn dieses True zurückliefert, wird der Puffer anhand der Delphi-Funktion StrPas in einen String konvertiert und dem Funktionsergebnis zugewiesen:

```
  if GetUserName(Buffer, UserName) then
    Result := StrPas(Buffer);
```

Der abschließende Schritt stellt die Freigabe des zuvor reservierten Puffers mit der Delphi-Funktion StrDispose dar:

```
  StrDispose(Buffer);
end;
```

3.3 Administrator

Die Ermittlung auf vorhandene Administrator-Berechtigungen kommt bereits bei der Oberflächendarstellung zum Einsatz, bei der die Berechtigung einerseits angezeigt wird und andererseits im Fall von einfachen Benutzerrechten der Schalter *Administratorrechte anfordern* eingeblendet wird. In den Abschn. 2.4.1.2 und 2.5 wird dieses Thema ausführlich beschrieben.

Die Implementierung im Hauptformular erfolgt anhand der With-Anweisung und Add sowie dem Aufruf der Klassenfunktion *SystemAccessClass.IsAdmin*:

```
with Add do
begin
  Caption := 'Administrator';
  if SystemAccessClass.IsAdmin then
    SubItems.Add('ja')
  else
    SubItems.Add('nein')
end;
```

Die Funktion *IsAdmin* wiederum wird in unserer Klasse *TSystemAccess* implementiert und beginnt mit dem Funktionskopf sowie verschiedenen Konstanten und lokalen Variablen:

```
function TSystemAccess.IsAdmin : Boolean;
const
  SECURITY_NT_AUTHORITY : TSIDIdentifierAuthority =
                          (Value: (0, 0, 0, 0, 0, 5));
  SECURITY_BUILTIN_DOMAIN_RID = $00000020;
  DOMAIN_ALIAS_RID_ADMINS     = $00000220;
```

```
var
  Handle : THandle;
  PTG : PTokenGroups;
  ReturnedLength : Cardinal;
  psidAdmins : PSID;
  GroupCounter : Integer;
  BoolResult : Bool;
  AttributeChar : PAnsiChar;
  SIDAndAttr : TSIDAndAttributes;
```

Wir beginnen die Funktion mit dem Setzen eines Standardergebnisses:

```
begin
  Result := False;
```

Fortgefahren wird mit einer Windows API-Funktion, die das mit einem Thread verbundene Zugriffstoken öffnet. Hierfür kommt die Funktion *OpenThreadToken* [3] zum Einsatz, die im erfolgreichen Fall einen Zeiger auf eine Variable zurückliefert, die wiederum das Handle des neu geöffneten Zugriffstokens erhält (siehe hierzu Tab. 3.3).

Für den Eingabeparameter *DesiredAccess* können folgende Werte verwendet werden [4], die in der Delphi-Unit Winapi.Windows.pas definiert sind (siehe hierzu Tab. 3.4).

Damit haben wir alles Nötige für die Ermittlung des Zugriffstoken des aktuellen Threads beisammen, wobei wir das Thread-Handle wiederum mit der API-Funktion *GetCurrentThread* [5] ermitteln. Wir benutzen für die Abfrage das Zugriffsrecht *TOKEN_QUERY.*

Tab. 3.3 Eingabe- und Ausgabeparameter der API-Funktion *OpenThreadToken*

Parametername	Parametertyp	Beschreibung
ThreadHandle	Handle (Eingabe)	Handle zu dem Thread, dessen Zugriffstoken geöffnet ist
DesiredAccess	DWord (Eingabe)	Zugriffsmaske, in der die angeforderten Zugriffsarten auf das Zugriffstoken angegeben sind. Diese angeforderten Zugriffsarten werden mit der sog. DACL (Discretionary Access Control List) des Tokens abgeglichen, um zu bestimmen, welche Zugriffe gewährt oder verweigert werden. Mögliche Zugriffsmasken sind in der nachfolgenden Tab. 3.4 aufgelistet
OpenAsSelf	Boolean (Eingabe)	Dieser Parameter muss True sein, wenn die Zugriffsprüfung anhand des Sicherheitskontextes auf Prozessebene durchgeführt werden soll Dieser Parameter muss False sein, wenn die Zugriffsprüfung anhand des aktuellen Sicherheitskontextes des Threads erfolgen soll, der die Funktion *OpenThreadToken* aufruft
TokenHandle	Zeiger auf Handle (Ausgabe)	Zeiger auf eine Variable, die das Handle des neu geöffneten Zugriffstokens erhält

Tab. 3.4 Zugriffsrechte für Access-Token-Objekte

Zugriffsrecht	Bedeutung
TOKEN_ADJUST_DEFAULT	Erforderlich, um den Standardbesitzer zu ändern, die Primärgruppe oder die DACL (Discretionary Access Control List) in einem Zugriffstoken
TOKEN_ADJUST_GROUPS	Erforderlich zur Anpassung der Attribute der Gruppen in einem Zugriffstoken
TOKEN_ADJUST_PRIVILEGES	Erforderlich zum Aktivieren oder Deaktivieren der Berechtigungen in einem Zugriffstoken
TOKEN_ADJUST_SESSIONID	Erforderlich für die Anpassung der Sitzungs-ID eines Zugriffstokens
TOKEN_ASSIGN_PRIMARY	Erforderlich, um ein primäres Token an einen Prozess anzuhängen
TOKEN_DUPLICATE	Erforderlich zum Duplizieren eines Zugriffstokens
TOKEN_EXECUTE	Erforderlich zum Ausführen eines Zugriffstokens
TOKEN_IMPERSONATE	Erforderlich, um ein Nachahmungs-Zugriffstoken an einen Prozess anzuhängen. Dabei handelt es sich um ein Zugriffstoken, das erstellt wurde, um die Sicherheitsinformationen eines Client-Prozesses zu erfassen, sodass sich ein Server bei Sicherheitsoperationen als der Client-Prozess ausgeben kann
TOKEN_QUERY	Erforderlich für die Abfrage eines Zugriffstokens
TOKEN_QUERY_SOURCE	Erforderlich für die Abfrage der Quelle eines Zugriffstokens
TOKEN_READ	Kombiniert Standard-Leserechte und TOKEN_QUERY
TOKEN_WRITE	Kombiniert Standard-Schreibrechte sowie die Rechte TOKEN_ADJUST_PRIVILEGES, TOKEN_ADJUST_GROUPS und TOKEN_ADJUST_DEFAULT
TOKEN_ALL_ACCESS	Kombiniert alle möglichen Zugriffsrechte für ein Token

Sollte die Funktion ein False zurückliefern und damit nicht erfolgreich sein, wird anhand der GetLastError-Funktion geprüft, ob es sich um die Meldung *ERROR_NO_TOKEN* handelt. Diese sagt aus, dass versucht wurde, auf ein Token zu verweisen, das nicht existiert. In diesem Fall wird ein erneuter Versuch unternommen, der allerdings nicht die Zugriffsrechte des Thread-Token ermittelt, sondern des Prozess-Token. Das geschieht mit der API-Funktion *OpenProcessToken* [6] und mit Ausnahme des dort fehlenden *OpenAsSelf*-Übergabeparameters mit dem identischen Parameterkonstrukt:

```
BoolResult := OpenThreadToken(GetCurrentThread, TOKEN_QUERY,
                True, Handle);
if not BoolResult then
```

```
begin
  if GetLastError = ERROR_NO_TOKEN then
    BoolResult := OpenProcessToken(GetCurrentProcess,
                      TOKEN_QUERY, Handle);
end;
```

Nach dieser Vorbereitung setzen wir die Cardinal-Variable für die Rückgabelänge auf null und beginnen im erfolgreichen Fall der gerade durchgeführten Token-Ermittlung mit dem größeren Auswertungsblock:

```
ReturnedLength := 0;
if BoolResult then
begin
```

Als weitere Vorarbeit für die Auswertung benutzen wir einen try...finally-Block, der für die Ermittlung von Token-Details verantwortlich ist. Hierfür kommt die API-Funktion *GetTokenInformation* [7] zum Einsatz (siehe hierzu Tab. 3.5).

Für den Eingabeparameter *TokenInformationClass* können verschiedene Werte verwendet werden [8], die in der Delphi-Unit Winapi.Windows.pas definiert sind und die wichtigsten davon in Tab. 3.6 aufgelistet werden (eine vollständige Auflistung befindet sich in der offiziellen Microsoft-Dokumentation).

Für unseren Fall ist der *TokenGroups*-Informationswert relevant und wir beginnen die Implementierung der *GetTokenInformation*-Funktion zunächst als Prozedur-Aufruf:

```
try
  GetTokenInformation(Handle, TokenGroups, nil, 0,
                      ReturnedLength);
  GetMem(PTG, ReturnedLength);
  BoolResult := GetTokenInformation(Handle,
                                    TokenGroups,
                                    PTG,
                                    ReturnedLength,
                                    ReturnedLength);
finally
  CloseHandle(Handle);
end;
```

Nach dem Aufruf verwenden wir den letzten Parameter *ReturnedLength* als Byte-Länge der PTokenGroups-Struktur (sprich ein Zeiger auf die TTokenGroups-Struktur) und weisen mit GetMem einen Speicherblock der im zweiten Parameter angegebenen Größe auf dem Heap zu. Die Adresse des Speichers wird dann im ersten Parameter zurückgeliefert, wobei die Bytes des zugewiesenen Puffers nicht auf null gesetzt werden.

Nach dieser Zuweisung führen wir *GetTokenInformation* erneut aus und übergeben dieses Mal als dritten Parameter (*TokenInformation*) die gerade zugewiesene Variable mit der korrekten Größe im vierten Parameter *(TokenInformationLength)*. Der erste Aufruf

Tab. 3.5 Eingabe- und Ausgabeparameter der API-Funktion *GetTokenInformation*

Parametername	Parametertyp	Beschreibung
TokenHandle	Handle (Eingabe)	Handle zu einem bereits geöffneten Token basierend auf einem Thread oder Prozess
TokenInformationClass	TOKEN_INFORMATION_CLASS (Eingabe)	Wert des Aufzählungstyps TOKEN_INFORMATION_CLASS, der definiert, welche Art der Informationen abgerufen werden sollen. Mögliche Aufzählungstypen sind in der nachfolgenden Tabelle aufgelistet
TokenInformation	Zeiger (Ausgabe)	Zeiger auf einen Puffer, den die Funktion mit den angeforderten Informationen füllt. Die Struktur, die in diesem Puffer abgelegt wird, hängt von der Art der Information ab, die durch den Parameter *TokenInformationClass* angegeben wird
TokenInformationLength	DWord (Eingabe)	Puffergröße in Bytes, auf den der Parameter *TokenInformation* zeigt. Wenn *TokenInformation* nil ist, muss dieser Parameter null sein
ReturnLength	DWord (Ausgabe)	Zeiger auf eine Variable, die eine für den Puffer benötigte Byte-Anzahl enthält, auf den der Parameter *TokenInformation* verweist. Ist dieser Wert größer als der im Parameter *TokenInformationLength* angegebene Wert, schlägt die Funktion fehl und speichert keine Daten im Puffer Hinweis: diese Variable ist laut API-Dokumentation als PDWord definiert, also als Zeiger auf einen DWord. Die Delphi-Übersetzung lautet aber nur DWord, dafür aber als Variablenparameter mit *var*. Intern wird *var* daher als Zeiger auf eine statische Variable interpretiert

von *GetTokenInformation* kann daher als Vorbereitung für den zweiten Aufruf verstanden werden, den wir letztendlich auch an die lokale Boolean-Ergebnisvariable *BoolResult* binden. Im Finally-Block wird das zuvor über *OpenThreadToken* bzw. *OpenProcessToken* geöffnete Handle wieder freigegeben.

Die Definition des zweiten Parameters *TokenInformationClass* basiert auf der PTokenGroups-Struktur [9] und ist ebenfalls in der Delphi-Unit Winapi.Windows.pas enthalten:

```
PTokenGroups = ^TTokenGroups;
_TOKEN_GROUPS = record
  GroupCount: DWORD;
  Groups: array[0..0] of TSIDAndAttributes;
end;
TTokenGroups = _TOKEN_GROUPS;
```

Tab. 3.6 Informationswerte, die einem Zugriffstoken zugewiesen oder von ihm abgefragt werden können

Informationswert	Bedeutung (Der Rückgabepuffer enthält eine…)
TokenUser	TOKEN_USER-Struktur, die das Benutzerkonto des Tokens enthält
TokenGroups	TOKEN_GROUPS-Struktur, die die mit dem Token verbundenen Gruppenkonten enthält
TokenPrivileges	TOKEN_PRIVILEGES-Struktur, die die Privilegien des Tokens enthält
TokenSource	TOKEN_SOURCE-Struktur, die die Quelle des Tokens enthält
TokenType	TOKEN_TYPE-Struktur, der angibt, ob es sich bei dem Token um ein Primär-Token oder nachgeahmtes Token handelt
TokenStatistics	TOKEN_STATISTICS-Struktur, die verschiedene Token-Statistiken enthält
TokenAccessInformation	TOKEN_ACCESS_INFORMATION-Struktur, die die im Token enthaltenen Sicherheitsinformationen angibt

Hierbei stellt der Record *TSIDAndAttributes* [10] wiederum eine Sicherheitskennung (SID, Security Identifier) und ihre Attribute dar, die zur eindeutigen Identifizierung von Benutzern oder Gruppen verwendet werden.

```
PSIDAndAttributes = ^TSIDAndAttributes;
_SID_AND_ATTRIBUTES = record
  Sid: PSID;
  Attributes: DWORD;
end;
```

Hintergrundinformation

Eine SID (Security Identifier) oder zu Deutsch auch Sicherheitskennung oder Sicherheitsbezeichner, ist eine Datenstruktur mit variabler Länge, die Benutzer-, Gruppen- und Computerkonten identifiziert. Jedem Konto in einem Netzwerk wird eine eindeutige SID zugewiesen, wenn das Konto zum ersten Mal erstellt wird. Interne Prozesse in Windows beziehen sich auf die SID eines Kontos und nicht auf den Benutzer- oder Gruppennamen des Kontos. Dadurch ist eine eindeutige Identifizierung auch nach Namensänderungen hinweg möglich.

Microsoft definiert den Aufbau der SID mit festem Startbereich und danach folgendem variablen Bereich für sog. Unterauthoritäten. Der relativ umfangreiche Microsoft-Artikel [13] liefert viele Details zum Aufbau und Verständnis von Sicherheitsbezeichnern. Anhand der Beispiel-SID **S-1-5-32-544** wird die integrierte Administratorgruppe mit der standardisierten SID-Notation beschrieben:

- S ist das Kurzzeichen für SID, also Security Identifier oder Sicherheitskennung/-Bezeichner
- 1 ist die Revisionsnummer der SID-Struktur, die in einer bestimmten SID verwendet wird
- 5 ist die höchste Autoritätsebene, die SIDs für einen bestimmten Sicherheitstyp ausstellen können. Dieser Wert ist etwa 1 für die Gruppe „Jeder" (auch Weltautorität genannt) sowie 5 für ein bestimmtes Windows Server-Konto oder eine Gruppe (NT-Autorität genannt).

- 32 ist der Domänenbezeichnerwert, der immer für integrierte Konten und Gruppen zum Einsatz kommt. Dieser Wert identifiziert die Domäne (Builtin), die auf jedem Computer vorhanden ist, auf dem eine Version des Windows Server-Betriebssystems ausgeführt wird.
- 544 ist die eindeutige Bezeichnung für die integrierte Administratorgruppe. Das hängt damit zusammen, dass integrierte Konten und Gruppen innerhalb des Bereichs der integrierten Domäne von einem anderen unterschieden werden müssen. Daher verfügt die SID für jedes Konto und jede Gruppe über einen eindeutigen relativen Bezeichner, kurz RID. Ein relativer Bezeichnerwert von 544 ist für die integrierte Administratorgruppe eindeutig und kein anderes Konto oder eine Gruppe in der integrierten Domäne verfügt über eine SID mit einem Endwert von 544.

Der gesamte Themenblock der Sicherheitskennungen mit allen Möglichkeiten und API-Funktionen würde an dieser Stelle den Umfang sprengen, weil hier nur ein bestimmter Aspekt in Verbindung mit der Ermittlung von Administratorrechten behandelt wird. Daher wird hier neben der offiziellen Microsoft-Literatur [13, 14] und [15] das Buch *Windows Internals Part 1* [19] und darin insbesondere Kap. 7, *Security,* Unterkapitel *Protecting Objects -> Security identifiers* empfohlen.

Mit diesen Voraussetzungen beginnen wir die Kernermittlung innerhalb eines weiteren try...finally-Blocks, die anhand der lokalen Boolean-Ergebnisvariable die erfolgreiche Ausführung von *GetTokenInformation* sicherstellt. Dann ist es notwendig, anhand der API-Funktion *AllocateAndInitializeSid* [11] eine Sicherheitskennung zu allokieren und initialisieren, was durch diese Funktion mit bis zu acht Unterberechtigungen möglich ist. Der letzte Parameter ist ein Zeiger auf die zugewiesene und initialisierte SID-Struktur (siehe hierfür Tab. 3.7).

Wir allokieren und initialisieren daher eine Sicherheitskennung mit den beiden Unterberechtigungen *SECURITY_BUILTIN_DOMAIN_RID* (die integrierte Systemdomäne) und *DOMAIN_ALIAS_RID_ADMINS* (Administratoren der Domäne). Viele bekannte und häufig verwendete weitere Sicherheitsbezeichner hat Microsoft in einem umfangreichen Artikel [14] zusammengefasst.

Der erste Parameter enthält die *SID_IDENTIFIER_AUTHORITY*-Struktur, die in der Delphi-Unit Winapi.Windows.pas als *TSIDIdentifierAuthority* definiert ist und aus einem Byte-Feld mit 6 Einträgen (0 bis 5) besteht. Diese Struktur wird in [12] genauer beschrieben und für unsere Notwendigkeit der Administratorprüfung kommt die Autoritätsebene *SECURITY_NT_AUTHORITY* zum Einsatz. Diese legt die SID-Autorität des Windows NT-Betriebssystems fest und definiert alle anderen SIDs in der Gesamtstruktur. Laut der Microsoft-Beschreibung [15] muss das Byte-Feld mit den Werten 0, 0, 0, 0, 0 und 5 gefüllt sein.

Im Erfolgsfall liefert die Funktion *AllocateAndInitializeSid* schließlich einen Zeiger in der Variable *psidAdmins* zurück. Außerdem prüfen wir direkt in diesem Zusammenhang, ob wenigstens eine Token-Gruppe vorhanden ist (das Attribut *GroupCount* beginnt bei 0):

```
try
  if BoolResult and
     AllocateAndInitializeSid(SECURITY_NT_AUTHORITY, 2,
                              SECURITY_BUILTIN_DOMAIN_RID,
                              DOMAIN_ALIAS_RID_ADMINS,
```

```
0,
0,
0,
0,
0,
0,
psidAdmins) and
(PTG.GroupCount > 0) then
```

Sobald das geschehen ist, gilt die Ermittlung als abgeschlossen und es werden die Token-Gruppen iteriert. Hierfür kommt eine weitere Struktur aus der Windows-API mit dem Namen *SID_AND_ATTRIBUTES* [17] zum Einsatz, welche die eigentliche Sicherheitskennung mit einem zusätzlichen DWord für die Attribute enthält. Der Attributwert

Tab. 3.7 Eingabe- und Ausgabeparameter der API-Funktion *AllocateAndInitializeSid*

Parametername	Parametertyp	Beschreibung
pIdentifierAuthority	PSID_IDENTIFIER_AUTHORITY (Eingabe)	Zeiger auf eine *SID_IDENTIFIER_AUTHORITY*-Struktur [12], die wiederum den Wert der Identifizierungsauthorität der obersten Ebene liefert, die in der SID festzulegen ist. Der Aufbau der *SID_IDENTIFIER_AUTHORITY*-Struktur besteht aus einem Byte-Feld mit 6 Einträgen (0 bis 5)
nSubAuthorityCount	Byte (Eingabe)	Anzahl der Unterberechtigungen, die in die Sicherheitskennung aufgenommen werden sollen. Dieser Parameter gibt auch an, wie viele der Unterberechtigungen sinnvolle Werte haben (mögliche Werte sind 1 bis 8) Beispiel: Ein Wert von 3 bedeutet, dass die durch die Parameter *nSubAuthority0*, *nSubAuthority1* und *nSubAuthority2* angegebene Werte der Unterberechtigungen sinnvolle Werte enthalten und der Rest ignoriert werden soll
nSubAuthority0	DWord (Eingabe)	Wert der Unterberechtigung, der in die Sicherheitskennung eingetragen werden soll
nSubAuthority1	DWord (Eingabe)	Identisch mit dem Parameter *nSubAuthority0*
nSubAuthority2	DWord (Eingabe)	Identisch mit dem Parameter *nSubAuthority0*
nSubAuthority3	DWord (Eingabe)	Identisch mit dem Parameter *nSubAuthority0*
nSubAuthority4	DWord (Eingabe)	Identisch mit dem Parameter *nSubAuthority0*
nSubAuthority5	DWord (Eingabe)	Identisch mit dem Parameter *nSubAuthority0*
nSubAuthority6	DWord (Eingabe)	Identisch mit dem Parameter *nSubAuthority0*
nSubAuthority7	DWord (Eingabe)	Identisch mit dem Parameter *nSubAuthority0*
pSid	Zeiger (Ausgabe)	Zeiger auf eine Variable, die den Zeiger auf die zugewiesene und initialisierte Sicherheitskennung-Struktur erhält

enthält bis zu 32 einzelne Bit-Flags und seine Bedeutung hängt von der Definition und Verwendung der Sicherheitskennung ab.

Wir speichern zunächst die Adresse des ersten *TSIDAndAttributes*-Elements in der PAnsiChar-Variable *AttributeChar.* Das hängt damit zusammen, weil der ursprüngliche Zeiger nicht verschoben werden kann, während er freigegeben wird (der verschobene Zeiger kann nicht erfolgreich freigegeben werden, da er auf einen anderen Teil des Speichers zeigt):

```
try
  AttributeChar := @(PTG.Groups[0]);
```

Dann beginnen wir mit der For-Schleife und gehen von null beginnend alle Token-Gruppen durch. *AttributeChar* ist ein Zeiger, der auf das Element *TSIDAndAttributes* zeigt, und die Dereferenz dieses Zeigers wird *SIDAndAttr* zugewiesen.

Mithilfe der API-Funktion *EqualSid* [16] prüfen wir, ob die Sicherheitskennung der gerade über *AllocateAndInitializeSid* ermittelten Funktion mit der Sicherheitskennung der jeweiligen Token-Gruppe übereinstimmt. Falls dies der Fall ist, weisen wir dem Funktionsergebnis True zu und springen mit Break aus der Schleife heraus:

```
  for GroupCounter := 0 to PTG.GroupCount - 1 do
  begin
    SIDAndAttr := PSIDAndAttributes(AttributeChar)^;
    if EqualSid(psidAdmins, SIDAndAttr.Sid) then
    begin
      Result := True;
      Break;
    end;
    Inc(AttributeChar, SizeOf(SIDAndAttr));
  end;
finally
  FreeSid(psidAdmins);
end;
```

Für den Fall, dass wir keine Übereinstimmung mit *EqualSid* erkannt haben, verschieben wir mittels *Inc* den Zeiger auf das nächste Feld-Element um die Anzahl der Bytes (oder AnsiChars, was gleich ist). Hierbei ist zu beachten, dass *PTG.Groups* ein Feld beliebiger Größe darstellt ([0.0]), sodass es nicht durch Indexerhöhung hochgezählt werden kann. Das wäre unzulässig und würde die Bereichsüberprüfung des Delphi-Compilers auf den Plan rufen – daher unser Ansatz mit *Inc* und dem Verschieben des Zeigers auf das nächste Feld-Element.

Im darauffolgenden inneren Finally-Block geben wir den zuvor über *AllocateAndInitializeSid* allokierten Sicherheitsbezeichner wieder frei, was mit der API-Funktion *FreeSid* [18] geschieht.

Abschließend folgt noch der äußere Finally-Block mit einer Freigabe des Anfangs durch GetMem allokierten Token-Gruppe:

```
    finally
      FreeMem(PTG);
    end;
  end;
end;
```

3.4 Benutzerkontext

Vergleichbar mit den Administratorrechten kommt die Ermittlung des Benutzerkontextes bereits schon bei der Oberflächendarstellung zum Einsatz, bei der zwischen einfachem und erweitertem Kontext unterschieden wird. Neben dieser Darstellung beeinflusst das Ergebnis ebenfalls die Sichtbarkeit des Schalters *Administratorrechte anfordern*. In den Abschn. 2.4.1.2 und 2.5 wird das recht ausführlich beschrieben.

Die Implementierung im Hauptformular erfolgt anhand der With-Anweisung und Add sowie dem Aufruf der Klassenfunktion *SystemAccessClass.IsElevated.*

```
with Add do
begin
  Caption := 'Benutzerkontext';
  if SystemAccessClass.IsElevated then
    SubItems.Add('erweitert')
  else
    SubItems.Add('eingeschränkt')
end;
```

Die Funktion *IsElevated* wiederum wird in unserer Klasse *TSystemAccess* implementiert und ähnelt zumindest in seiner kompakten Form der Herangehensweise der Funktion *IsAdmin.* Begonnen wird mit dem Funktionskopf sowie 3 lokalen Variablen:

```
function TSystemAccess.IsElevated : Boolean;
var
  Handle : THandle;
  TokenIsElevated,
  ReturnedLength : DWord;
```

Wir beginnen den Funktionsrumpf mit dem Öffnen eines Zugriffstokens für den aktuellen Prozess anhand der API-Funktion *OpenProcessToken* [6] und benutzen als Zugriffsrecht den Wert *TOKEN_QUERY* für die Abfrage eines Zugriffstokens:

```
begin
  OpenProcessToken(GetCurrentProcess, TOKEN_QUERY, Handle);
```

Dann beginnen wir einen try...finally-Block, der mit dem Setzen der Rückgabelänge auf null beginnt und mit der Ermittlung der Token-Informationen anhand der API-Funktion *GetTokenInformation* fortgesetzt wird. Die beiden API-Funktionen *OpenProcessToken* [6] und *GetTokenInformationen* [7] wurden bereits in Abschn. 3.3 ausführlich behandelt.

Wir übergeben hier verschiedene Parameter:

- zuvor geöffnetes Token *(Handle)*
- Abfragewert des Tokens *(TokenElevation)*, wodurch der Puffer eine *TOKEN_ELEVATION-Struktur* [20] enthält, die angibt, ob das Token im erhöhten Benutzerkontext existiert
- Zeiger auf die *TOKEN_ELEVATION*-Struktur bzw. aufgrund der einzigen darin enthaltenen DWord-Variable verwenden wir hier ebenfalls eine lokal deklarierte DWord-Variable *(TokenIsElevated)*
- Größenangabe der *TOKEN_ELEVATION*-Struktur bzw. der DWord-Variable
- Rückgabelänge des Funktionsaufrufes

```
  try
    ReturnedLength := 0;
    GetTokenInformation(Handle,
                        TokenElevation,
                        @TokenIsElevated,
                        SizeOf(TokenIsElevated),
                        ReturnedLength);
```

Im Finally-Block wird das ursprünglich geöffnete Token wieder mit *CloseHandle* freigegeben:

```
  finally
    CloseHandle(Handle);
  end;
```

Abschließend muss noch das Funktionsergebnis zugewiesen werden, was wir anhand der Prüfung der zurückgelieferten *TOKEN_ELEVATION*-Struktur bzw. unserer lokalen DWord-Variable *TokenIsElevated* durchführen. Laut Microsoft-Dokumentation enthält das Ergebnis einen Wert ungleich null, wenn das Token über erhöhte Rechte verfügt, und andernfalls einen Nullwert.

```
  Result := TokenIsElevated <> 0;
end;
```

3.5 Letzter Startvorgang

Die Ermittlung des letzten Startvorgangs basiert auf einer Berechnung und dem Umgang mit der lokal definierten TDateTime-Variable *LastBoot.* Bei der Berechnung wird die aktuelle Zeit verwendet und es kommt die API-Funktion *GetTickCount64* [21] zum Einsatz. Letztere existiert seit Windows Vista (Windows-Versionen davor müssen *GetTickCount* benutzen) und gibt die Anzahl der Millisekunden zurück, die seit dem Start des Systems verstrichen sind (dividiert durch 1000 ergibt das dann Sekunden). Dieses Ergebnis wird in ein Tagesfragment umgewandelt sowie dann von der aktuellen Zeit subtrahiert – wodurch man die letzte Startzeit des Systems erhält.

Die Berechnung wird in einen try...except-Block gesetzt, damit im Fehlerfall dem Ergebnis eine null zugewiesen werden kann:

```
with Add do
begin
  Caption := 'Letzter Startvorgang';
  try
    LastBoot := Now - (GetTickCount64 / 1000) / (24 * 3600);
  except
    LastBoot := 0;
  end;
```

Danach wird *LastBoot* mit der String-Konvertierungsfunktion *DateTimeToStr* ausgegeben:

```
  if LastBoot <> 0 then
    SubItems.Add(DateTimeToStr(LastBoot))
  else
    SubItems.Add('unbekannt')
end;
```

3.6 Systembetriebszeit

Nach dieser Information über den letzten Startvorgang wird die Systembetriebszeit dargestellt, die auch hier wieder mit *GetTickCount64* [21] geteilt durch 1000 ermittelt wird. Anhand der Division durch 1000 konvertieren wir von Millisekunden nach Sekunden seit dem Systemstart und *GetTickCount64* liefert einen vorzeichenlosen 64 Bit-Wert (UInt64) zurück bzw. ist in der Delphi-Unit Winapi.Windows.pas definiert:

```
with Add do
begin
  Caption := 'Systembetriebszeit';
```

```
    try
      SystemUpTime := Round(GetTickCount64 / 1000);
    except
      SystemUpTime := 0;
    end;
    if LastBoot <> 0 then
      SubItems.Add(FormatSeconds(SystemUpTime))
    else
      SubItems.Add('unbekannt')
  end;
```

Wir implementieren eine zusätzliche Funktion zur Ausgabe der Sekunden, wobei eine vernünftige Darstellung von Stunden, Minuten und Sekunden erreicht wird. Unter dem Namen *FormatSeconds* wird im Kurz- oder Langformat ein Sekundenwert übergeben und mittels *TTimeSpan* die Zeitspanne berechnet, und dann über die Format-Funktion zurückgeliefert.

TTimeSpan ist in der Delphi-Unit System.TimeSpan.pas definiert und liefert eine komfortable Möglichkeit für das Ermitteln von Zeitspannen, und in unserem Fall für Stunden, Minuten und Sekunden – im Langformat zusätzlich mit Tagen:

```
function TPCAnalyserForm.FormatSeconds(AValue : Int64;
                                       AShort : Boolean = True) :
                                       String;
var
  ts : TTimeSpan;
begin
  ts := TTimeSpan.Create(0, 0, 0, AValue);
  if AShort and (ts.Days = 0) then
    Result := Format('%2.2d:%2.2d:%2.2d',
                     [ts.Hours, ts.Minutes, ts.Seconds])
  else
    Result := Format('%3.3d %2.2d:%2.2d:%2.2d',
                     [ts.Days, ts.Huier, ts.Minutes, ts.Seconds]);
end;
```

3.7 Caps/Num/Scroll Lock

Abschließender Weise ermitteln wir die Zustände der Tastaturmodi Caps Lock, Num Lock und Scroll Lock, was wiederum über die API-Funktion *GetKeyboardState* [22] (enthalten in der Delphi-Unit Winapi.Windows.pas) geschieht.

Technisch betrachtet kopiert *GetKeyboardState* den Status der 256 virtuellen Tasten in den angegebenen Puffer, und dieser Puffer ist ein Feld mit 256 Byte-Einträgen, die man beliebig auswerten kann. Im lokalen Funktionskopf wird dieser Puffer bereits definiert:

```
var
  KeyState : TKeyboardState;
```

Und die dazugehörige Definition von *TKeyboardState* befindet sich wiederum in der Delphi-Unit Winapi.Windows.pas:

```
type
  PKeyboardState = ^TKeyboardState;
  TKeyboardState = array[0..255] of Byte;
```

Daher wird für die Ermittlung einmalig der Puffer gefüllt und *GetKeyboardState* ausgeführt:

```
    ...
    GetKeyboardState(KeyState);
```

Danach folgen die Abfragen der einzelnen Statuswerte für die Tasten Caps Lock (VK_CAPITAL), Num Lock (VK_NUMLOCK) und Scroll Lock (VK_SCROLL):

```
    with Add do
    begin
      Caption := 'Caps Lock';
      if KeyState[VK_CAPITAL] = 1 then
        SubItems.Add('ja')
      else
        SubItems.Add('nein');
    end;

    with Add do
    begin
      Caption := 'Num Lock';
      if KeyState[VK_NUMLOCK] = 1 then
        SubItems.Add('ja')
      else
        SubItems.Add('nein');
    end;

    with Add do
    begin
      Caption := 'Scroll Lock';
      if KeyState[VK_SCROLL] = 1 then
        SubItems.Add('ja')
      else
        SubItems.Add('nein');
    end;
```

Microsoft dokumentiert eine umfassende Aufstellung der virtuellen Tasten-Kennungen auf einer separaten Homepage [22]. Die häufigsten haben wir in Tab. 3.8 aufgelistet.

Tab. 3.8 Auszug der häufigsten virtuellen Tasten-Kennungen

Konstante in Winapi.Windows.pas	Dezimalwert	Beschreibung
VK_LBUTTON	1	linke Maustaste
VK_RBUTTON	2	rechte Maustaste
VK_CANCEL	3	Verarbeitung von Strg+Break
VK_MBUTTON	4	mittlere Maustaste (3 Tasten-Maus)
VK_BACK	8	Backspace-Taste
VK_TAB	9	Tabulator-Taste
VK_RETURN	11	Enter- / Eingabe-Taste
VK_SHIFT	16	Shift-Taste
VK_CONTROL	17	Strg-Taste
VK_MENU	18	Alt-Taste
VK_PAUSE	19	Pause-Taste
VK_CAPITAL	20	Caps Lock-Taste
VK_SPACE	32	Leertaste
VK_PRIOR	33	Bild Auf-Taste
VK_NEXT	34	Bild Unten-Taste
VK_END	35	Ende-Taste
VK_HOME	36	Pos1-Taste
VK_LEFT	37	linke Pfeil-Taste
VK_UP	38	obere Pfeil-taste
VK_RIGHT	39	rechte Pfeil-taste
VK_DOWN	40	untere Pfeil-Taste
VK_PRINT	42	Druck-Taste
VK_INSERT	45	Einf-Taste
VK_DELETE	46	Entf-Taste
VK_NUMLOCK	144	Num Lock-Taste
VK_SCROLL	145	Scroll Lock-Taste
VK_LSHIFT	160	linke Shift-Taste
VK_RSHIFT	161	rechte Shift-Taste
VK_LCONTROL	162	linke Strg-Taste
VK_RCONTROL	163	rechte Strg-Taste
VK_LMENU	164	linke Alt-Taste
VK_RMENU	165	rechte Alt-Taste

Abschließend sei noch erwähnt, dass die Windows-API auch eine Gegenfunktion zum Setzen von virtuellen Tasten-Kennungen zur Verfügung stellt. Die Funktion *SetKeyboardState* [24] kopiert ein Feld von Tastenzuständen in die Tastatur-Eingabe-Zustandstabelle des aufrufenden Threads. Dies ist die gleiche Tabelle, auf die die Funktion *GetKeyboardState* zugreift. Änderungen an dieser Tabelle haben ausschließlich Einfluss auf die Tastatureingabe im aktuellen Thread.

3.8 Zusammenfassung

Der Maschinenname wird über die API-Funktion *GetComputerName* ermittelt, während für den Benutzernamen die API-Funktion *GetUserName* zum Einsatz kommt.

Bei der Prüfung auf vorhandene Administratorberechtigungen wird zunächst ein Zugriffstoken für einen Thread oder Prozess geöffnet, dann die Token-Details ermittelt, dann mit der API-Funktion *AllocateAndInitializeSid* eine Sicherheitskennung (SID) allokiert und abschließend in einer Iteration geprüft, ob die Sicherheitskennungen der einzelnen Token-Gruppen der Administrator-Kennung entsprechen.

Den Benutzerkontext, also die Angabe ob einfacher oder erweiterter Kontext, ermittelt man ebenfalls über ein Zugriffstoken, das zuvor allokiert und abgefragt wird. Mit dem Abfragewert *TokenElevation* liefert die Funktion die entsprechende Information zurück.

Für den letzten Startvorgang kommt die API-Funktion *GetTickCount64* zum Einsatz, welche die Anzahl der Millisekunden zurückliefert, die seit dem Start des Systems verstrichen sind, und dann in ein Tagesfragment umgewandelt sowie dann von der aktuellen Zeit subtrahiert wird. Das Ergebnis ist die letzte Startzeit des Systems.

Bei der Systembetriebszeit wird das Ergebnis der API-Funktion *GetTickCount64* durch 1000 dividiert (Millisekunden nach Sekunden) und in einer speziellen Darstellungsfunktion basierend auf einer Zeitspannenberechnung mit *TTimeSpan* ausgegeben.

Die Tastenzustände für Caps Lock, Num Lock und Scroll Lock werden über die API-Funktion *GetKeyboardState* ermittelt, die wiederum den Status der 256 virtuellen Tasten in den angegebenen Puffer kopiert, den man entsprechend auswerten kann.

Literatur

1. API-Funktion GetComputerName zur Ermittlung des Maschinennamens: https://learn.microsoft.com/en-us/windows/win32/api/winbase/nf-winbase-getcomputernamea
2. API-Funktion GetUserName zur Ermittlung des Benutzernamens: https://learn.microsoft.com/en-us/windows/win32/api/winbase/nf-winbase-getusernamea
3. API-Funktion OpenThreadToken zum Öffnen eines Zugriffstokens für einen zugewiesenen Thread: https://learn.microsoft.com/en-us/windows/win32/api/processthreadsapi/nf-processthreadsapi-openthreadtoken

4. Verwendbare Zugriffsrechte für Access-Token-Objekte: https://learn.microsoft.com/en-us/windows/win32/secauthz/access-rights-for-access-token-objects
5. API-Funktion GetCurrentThread für die Ermittlung des aktuellen Thread-Handles: https://learn.microsoft.com/en-us/windows/win32/api/processthreadsapi/nf-processthreadsapi-getcurrentthread
6. API-Funktion OpenProcessToken zum Öffnen eines Zugriffstokens für einen zugewiesenen Prozess: https://learn.microsoft.com/en-us/windows/win32/api/processthreadsapi/nf-processthreadsapi-openprocesstoken
7. API-Funktion GetTokenInformation zur Ermittlung von Token-Informationen: https://learn.microsoft.com/en-us/windows/win32/api/securitybaseapi/nf-securitybaseapi-gettokeninformation
8. Verwendbare Werte für die Art der Informationen, die einem Zugriffstoken zugewiesen oder von ihm abgefragt werden können: https://learn.microsoft.com/en-us/windows/win32/api/winnt/ne-winnt-token_information_class
9. API-Struktur TOKEN_GROUPS enthält Informationen über die Gruppensicherheitskennungen (SIDs) in einem Zugriffstoken: https://learn.microsoft.com/en-us/windows/win32/api/winnt/ns-winnt-token_groups
10. API-Struktur SID_AND_ATTRIBUTES stellt eine Sicherheitskennung (SID) und ihre Attribute dar: https://learn.microsoft.com/en-us/windows/win32/api/winnt/ns-winnt-sid_and_attributes
11. API-Funktion AllocateAndInitializeSid zur Allokation und Initialisierung einer Sicherheitskennung mit max. 8 Unterberechtigungen: https://learn.microsoft.com/en-us/windows/win32/api/securitybaseapi/nf-securitybaseapi-allocateandinitializesid
12. API-Struktur SID_IDENTIFIER_AUTHORITY zur Repräsentation der obersten Autorität einer Sicherheitskennung: https://learn.microsoft.com/en-us/windows/win32/api/winnt/ns-winnt-sid_identifier_authority
13. Microsoft-Dokumentation zum Verständnis von Sicherheitsbezeichnern: https://learn.microsoft.com/en-us/windows-server/identity/ad-ds/manage/understand-security-identifiers
14. Microsoft-Dokumentation für bekannte und häufig verwendete Sicherheitsbezeichner: https://learn.microsoft.com/en-us/windows/win32/secauthz/well-known-sids
15. Microsoft-Dokumentation für die Identifizierungsauthoritäten und SID_IDENTIFIER_AUTHORITY-Struktur: https://learn.microsoft.com/en-us/openspecs/windows_protocols/ms-dtyp/c6ce4275-3d90-4890-ab3a-514745e4637e
16. API-Funktion EqualSid zur Prüfung auf Gleichheit von 2 Sicherheitskennungen: https://learn.microsoft.com/en-us/windows/win32/api/securitybaseapi/nf-securitybaseapi-equalsid
17. API-Struktur SID_AND_ATTRIBUTES enthält die Sicherheitskennung und ihre Attribute dar: https://learn.microsoft.com/en-us/windows/win32/api/winnt/ns-winnt-sid_and_attributes
18. API-Funktion FreeSid zur Freigabe eines zuvor allokierten Sicherheitsbezeichners: https://learn.microsoft.com/en-us/windows/win32/api/securitybaseapi/nf-securitybaseapi-freesid
19. Windows Internals, Part 1: User Mode, Microsoft Press, 7. Edition von 2017, ISBN: 978–0–7356–8418–8
20. API-Struktur TOKEN_ELEVATION enthält die Information, ob das Token im höheren Benutzerkontext existiert: https://learn.microsoft.com/en-us/windows/win32/api/winnt/ns-winnt-token_elevation
21. API-Funktion GetTickCount64 gibt die Anzahl der Millisekunden seit dem Systemstart zurück: https://learn.microsoft.com/en-us/windows/win32/api/sysinfoapi/nf-sysinfoapi-gettickcount64
22. API-Funktion GetKeyboardState für die Ermittlung der Tastaturstatus: https://learn.microsoft.com/en-us/windows/win32/api/winuser/nf-winuser-getkeyboardstate

23. Microsoft-Dokumentation und Auflistung zu den virtuellen Tasten-Kennungen: https://learn.microsoft.com/en-us/windows/win32/inputdev/virtual-key-codes
24. API-Funktion SetKeyboardState für das Setzen des Tastaturstatus: https://learn.microsoft.com/en-us/windows/win32/api/winuser/nf-winuser-setkeyboardstate

4 Windows-Details und installierte Software über die API

Für die Windows-Details können unzählige Informationen aus unterschiedlichen Quellen zusammengetragen werden, die wir folglich filtern müssen, um den Überblick nicht zu verlieren und alles weitestgehend kompakt zu implementieren.

Grundsätzlich kann die installierte Windows-Version mit dem von Delphi standardseitig bereitgestellten *TOSVersion*-Record sehr umfangreich abgefragt werden und Abschn. 2.4.1.1 beschreibt diese Vorgehensweise genauer. Dieser Record und die dazugehörigen Funktionen basieren größtenteils auf Windows API-Funktionen und sind in der Delphi-Unit System.SysUtils.pas enthalten.

Wir möchten hier trotzdem gerne unsere eigene Implementierung vorstellen, weil *TOSVersion* durch den sog. Windows-Kompatibilitätsmodus beeinträchtigt wird. Diesen kann man aktivieren, indem man die Windows-Eigenschaften einer ausführbaren Applikationsdatei öffnet (z. B. unsere Datei PCANALYS.EXE) und den oberen Karteireiter *Kompatibilität* öffnet. Dort lässt sich – übrigens vollständig ohne Administratorrechte – die Option *Programm im Kompatibilitätsmodus ausführen für:* aktivieren und dann aus einer Liste eine ältere Windows-Version auswählen. Dazu sollte man erwähnen, dass der Funktionsumfang der Liste je nach kompilierter Zielplattform der Applikation variiert. Für 32 Bit kompilierte Applikationen wird hier eine Auswahl ab Windows 95 beginnend bis hin zu Windows 8 bereitgestellt, und für 64 Bit kompilierte Applikationen ab Windows Vista beginnend bis hin zu Windows 8 (siehe auch Abb. 4.1).

Sobald der Kompatibilitätsmodus aktiviert ist, liefert *TOSVersion* die Details dieser eingestellten Windows-Version (z. B. liefert *TOSVersion.Name* dann *Windows Vista*). Dies gilt übrigens auch für die bisher bekannten Windows API-Funktionen *GetVersion,*

D. Espenschied, *Systemprogrammierung mit Delphi*,
https://doi.org/10.1007/978-3-658-43455-7_4

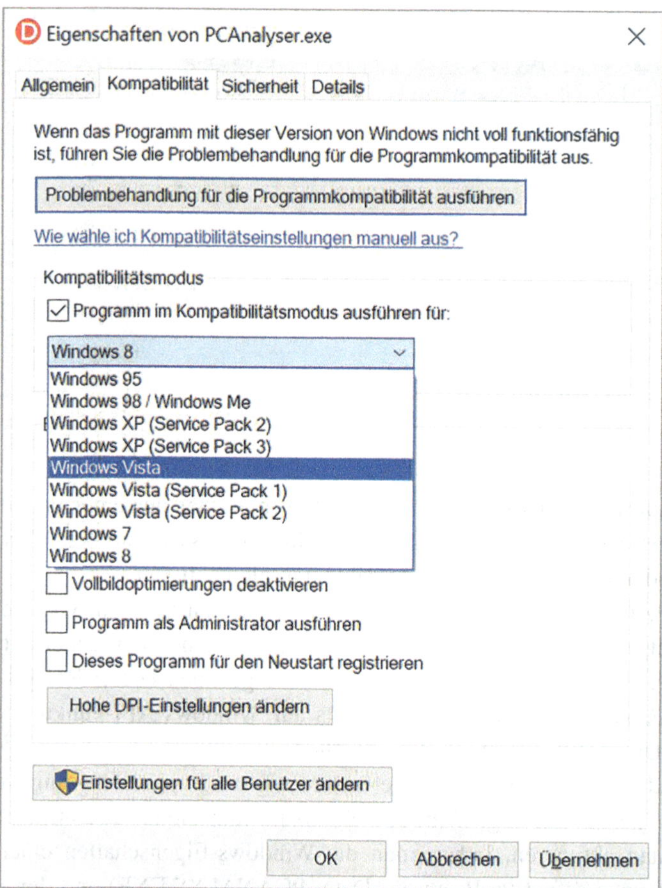

Abb. 4.1 Aktivierung und Optionen des Windows-Kompatibilitätsmodus

GetVersionEx und *RtlGetVersion*. Das mag auf den ersten Blick nachvollziehbar sein, ist für unseren speziellen Fall – bei dem die genaue Windows-Version und -Plattform für den Kernelmodus-Treiber entscheidend ist – aber hinderlich.

Das ist einer der Hauptgründe, eine eigene Implementierung der Windows-Erkennung zu entwickeln und es wird später auch ein Weg vorgestellt, den Windows-Kompatibilitätsmodus zu erkennen.

Eine mögliche Darstellung innerhalb unserer Beispielapplikation je nach installierter Windows-Version kann wie in Abb. 4.2 aussehen.

Windows-Name	Windows 10 Pro x64
Windows-Version	10.0.19045
Service Pack	-
Codename	August 2022 Update (Version 22H2)
Kompatibilitätsmodus	deaktiviert
Installationszeitpunkt	23.11.2022 21:38:30
Windows-Verzeichnis	C:\Windows
System-Verzeichnis	C:\Windows\system32

Abb. 4.2 Beispielhafte Darstellung der Windows-Details

4.1 Windows-Details

Für die Darstellung der Windows-Details implementieren wir eine neue Prozedur im Hauptformular mit dem Namen *DisplayWindowsDetails*. Gleichzeitig erzeugen wir eine neue Unit mit dem Namen WindowsClass.pas und implementieren dort die neue Klasse *TWindows*. Von unserer Hauptklasse *TSystemAccess* und der dazugehörigen Public-Definition greifen wir entsprechend darauf zu.

Im Konstruktor der *TWindows*-Klasse werden verschiedene Vorbereitungen für die Windows-Details vorgenommen. Dazu gehört die Ermittlung der grundlegenden Windows-Versionsdaten über die API-Funktion *GetVersionEx*, die wiederum in der Delphi-Unit Winapi.Windows.pas definiert ist. Zurückgeliefert wird eine Struktur mit der Bezeichnung OSVersionInfoEx [1]:

```
ResetMemory(OSVIX, SizeOf(OSVIX));
OSVIX.dwOSVersionInfoSize := SizeOf(OSVIX);
GetVersionEx(OSVIX);
```

Unsere im Public-Bereich der Klasse definierte Strukturinstanz *OSVIX* enthält daraufhin folgende Werte in Tab. 4.1, mit denen an weiteren Stellen der Klasse gearbeitet wird.

Nach dieser grundlegenden Ermittlung wird geprüft, ob die aktuelle Applikation im WOW64-Kontext läuft. WOW64 steht für *Windows-On-Windows 64 Bit* und beginnend mit den 64 Bit-Versionen von Windows 2000 wird eine 32 Bit-Applikation in diesem Kontext ausgeführt. Als Übersetzungsschicht wird dabei eine 32 Bit-Umgebung unter einem 64 Bit-Windows geschaffen, und dabei alle nötigen Schnittstellen bereitgestellt, ohne die eigentliche 32 Bit-Applikation separat auf 64 Bit anpassen zu müssen. Dies betrifft z. B. Anpassungen am Dateisystem und der Registrierung.

Aus Sicht der Systemprogrammierung ist z. B. der Registrierungszugriff deswegen wichtig, weil eine 32 Bit-Applikation normalerweise auf eine 32 Bit-Registrierungsansicht zugreift und eine 64 Bit-Applikation wiederum auf eine 64 Bit-Registrierungsansicht. WOW64 sorgt dafür, dass Zugriffe auf den Registrierungsschlüssel *HKEY_LOCAL_MACHINE\Software* nach *HKEY_LOCAL_MACHINE\Software\WOW6432Node* umgeleitet werden. Diesen Umstand sollte man erkennbar gestalten, sowie

Tab. 4.1 Strukturinhalt von OSVERSIONINFOEX für die Verwendung von GetVersionEx

Name	Datentyp	Beschreibung
dwOSVersionInfoSize	DWord	Größe dieser Datenstruktur
dwMajorVersion	DWord	Hauptversion des Betriebssystems
dwMinorVersion	DWord	Nebenversion des Betriebssystems
dwBuildNumber	DWord	Build-Nummer
dwPlatformId	DWord	Plattformkennung
szCSDVersion	Feld mit 128 WideChars	Zusatzkennung z. B. für vorhandenes Service Pack
wServicePackMajor	Word	Hauptversion des Service Packs
wServicePackMinor	Word	Nebenversion des Service Packs
wSuiteMask	Word	Bitmaske für die vorhandenen Produkt-Suiten, auch miteinander kombinierbar
wProductType	Byte	Produkttyp des Betriebssystems wie etwa Workstation, Server oder Domänen-Kontroller
wReserved	Byte	Reserviert für zukünftige Verwendung

das Szenario, in denen eine 32 Bit-Applikation auf eine 64 Bit-Registrierungsansicht zugreifen muss. Daher führen wir einmalig beim Erstellen der TWindows-Klasse eine WOW64-Erkennung durch und speichern das Ergebnis in der Boolean-Variable *IsWow64*. Für die Erkennung kommt die API-Funktion *IsWow64Process* [2] zum Einsatz, die als Parameter ein Handle des abzufragenden Prozesses erfordert (wir verwenden den aktuellen Prozess, der über die API-Funktion *GetCurrentProcess* zurückgeliefert wird), und nach dem Aufruf das Ergebnis in der LongBool-Rückgabevariable liefert. Wenn *IsWow64Process* True zurückgibt, funktionierte der Aufruf, anderenfalls setzen wir unser Boolean-Ergebnis manuell auf False:

```
if not IsWow64Process(GetCurrentProcess, IsWow64) then
  IsWow64 := False;
```

Im letzten Block der Vorbereitung ermitteln wir noch das Handle der Windows API-DLL (NTDLL.DLL) sowie die Funktionsadressen von zwei Windows-API-Funktionen. Letztere sind in diesem Fall nicht in den Delphi-Units enthalten, da sie von Microsoft nicht dokumentiert sind, aber in unseren Funktionen trotzdem zum Einsatz kommen:

```
NTDLLHandle := GetModuleHandle(PChar('NTDLL.DLL'));
@RtlGetNtVersionNumbers := GetProcAddress(NTDLLHandle,
                                'RtlGetNtVersionNumbers');
@RtlGetVersion := GetProcAddress(NTDLLHandle, 'RtlGetVersion');
```

Nachdem nun die Voraussetzungen im Konstruktor geschaffen wurden, können in den nachfolgenden Kapiteln die implementierten Funktionen zur Ermittlung von Windows-Details genauer beschrieben werden.

4.1.1 Windows-Name

Die Ermittlung der Windows-Namensbezeichnung kann auf vielfältige Weise geschehen, und wir wollen einen relativ zuverlässigen Ansatz beschreiben, der nicht nur irgendwo einen Text ausliest und darstellt, sondern den Namen aus mehreren Bausteinen zuverlässig zusammenstellt. Dafür implementieren wir die Funktion *GetTrueWindowsName* in unserer Klasse *TWindows* und wie das Wort *True* in der Namensbezeichnung suggeriert, lassen wir uns nicht vom Windows-Kompatibilitätsmodus beeinflussen.

Hintergrundinformation
Zu den wichtigsten Details der Windows-Erkennung zählen die Hauptversion (Major), Nebenversion (Minor) und Build. Auf einem Windows 10 liefert der Kommandozeilenaufruf von *ver* bspw. die folgende Ausgabe:

Microsoft Windows [Version 10.0.19045.2193].

Davon stellt 10 die Hauptversion dar, 0 die Nebenversion, 19045 die Build und 2193 das Patchlevel. Während letzterer vernachlässigbar ist, können die ersten 3 Felder über die API-Funktion *GetVersionEx* oder auch über die Delphi-eigene Implementierung *TOSVersion* ermittelt werden. Diese Bezugsquellen unterliegen aber den Veränderungen, die durch den Kompatibilitätsmodus herbeigeführt werden. Wir würden bspw. die Versionsnummer 6.1 ermitteln, wenn Windows 7 als Kompatibilitätsmodus aktiviert ist, obwohl wir auf einem Windows 10-System arbeiten.

Daher benötigen wir einen zuverlässigeren Ansatz, der korrekte Versionsnummern liefert und doppelt gegeneinander abgesichert sein sollte. Eine Möglichkeit ist eine von Microsoft nicht dokumentierte und seit Windows XP enthaltene API-Funktion, die genau unsere 3 benötigten Versionsfelder zurückliefert. Die Funktion *RtlGetNtVersionNumbers* wird genauer von Geoff Chappell [3] beschrieben und da sie nicht offiziell von Microsoft dokumentiert ist, hat Embarcadero dafür auch keine Implementierung in den Delphi-Units bereitgestellt. Diese Notwendigkeit müssen wir folglich manuell hinzufügen. Für den seltenen Fall, dass die Funktion doch nicht implementiert ist oder aus anderen Gründen fehlschlägt, kann man alternativ die Versionsangaben der Datei *kernel32.dll* ermitteln. Diese Systemdatei befindet sich bei jeder Windows-Installation im System32-Unterverzeichnis und stellt den Anwendungen die meisten Win32-Basis-APIs zur Verfügung, z. B. Speicherverwaltung, Ein-/Ausgabeoperationen (E/A bzw. I/O), Prozess- und Thread-Erstellung sowie weitere Funktionen zur Synchronisierung.

Wir beginnen die Implementierung von *GetTrueWindowsName* mit dem Funktionskopf:

```
function TWindows.GetTrueWindowsName : String;
var
  Edition : String;
  ProductType,
  Major, Minor,
  Build : Cardinal;
begin
```

In *Edition* wird später die Windows-Edition gespeichert, also etwa Home, Professional oder eine der unzähligen anderen Möglichkeiten. Letztlich werden die 3 Versionsdetails *Hauptversion, Nebenversion* und *Build* in den 3 Variablen *Major, Minor* und *Build* gespeichert, unabhängig davon, über welche Quelle sie ermittelt werden.

Vor der eigentlichen Versionserkennung muss ein Umstand abgefangen werden, der sich in dieser Hinsicht anders verhält, als normale Windows-Versionen: Windows Preinstallation Environment (oder kurz Windows PE). Unsere nachfolgenden API-Funktionen funktionieren dort nur bedingt, weil Windows PE als eingeschränktes Windows mit weniger Funktionsumfang konzipiert ist.

Hintergrundinformation
Windows PE wurde ursprünglich als Mini-Windows für Systemintegratoren und Systemhäuser positioniert, mit dem man vollwertige Windows-Editionen installieren, bereitstellen und vorbereiten kann. Ursprünglich als Version 1.0 auf Basis von Windows XP auf den Markt gebracht, wurde nach Version 5.1 (auf Basis von Windows 8.1 Update 1) die erste Version 10 (auf Basis von Windows 10 Version 1511) freigegeben. Zusätzliche Details zur Entstehung, Historie und den Versionen befinden sich in [4].

Im kostenlos herunterladbaren *Windows Assessment and Deployment Kit* (ADK) mit dem zusätzlichen Windows PE-Add-On kann man ein bootfähiges Windows PE für einen USB-Stick oder als ISO erstellen. Microsofts offizielle Anleitungen mit den Downloadlinks befinden sich in [5].

Daher ermitteln wir zunächst mit der separaten Funktion *IsWinPE,* ob Windows PE erkannt wurde, und zeigen im positiven Fall die Versionsnummer an bzw. beenden den Ablauf von *GetTrueWindowsName* an dieser Stelle:

```
if IsWinPE then
begin
  Result := 'Windows PE ' + GetWinPEVersion;
  Exit;
end;
```

Die Erkennung selbst wird zuverlässig durchgeführt, indem die Windows-Registrierung geöffnet und dann geprüft wird, ob der Schlüssel *HKEY_LOCAL_MACHINE\SOFTWARE\Microsoft\Windows NT\CurrentVersion\WinPE* existiert und dieser den String-Eintrag *Version* enthält. Die zweite Funktion *GetWinPEVersion* liefert folglich den Inhalt dieses String-Eintrags und kann beispielsweise *10.0.19041.1* zurückliefern, was der Codebasis von Windows 10 Version 2004 entspricht (siehe auch Abb. 4.3).

Die grundlegende Ermittlung des Produkttyps wird mit der API-Funktion *GetProductType* durchgeführt. Diese ist wieder in der Delphi-Unit Winapi.Windows.pas enthalten und erwartet 4 Eingabeparameter, die zuvor zusammengestellt werden müssen. Wenn die Funktion fehlerfrei durchgeführt wurde, liefert sie True und den Produkttyp im 5. Parameter zurück (siehe auch Tab. 4.2).

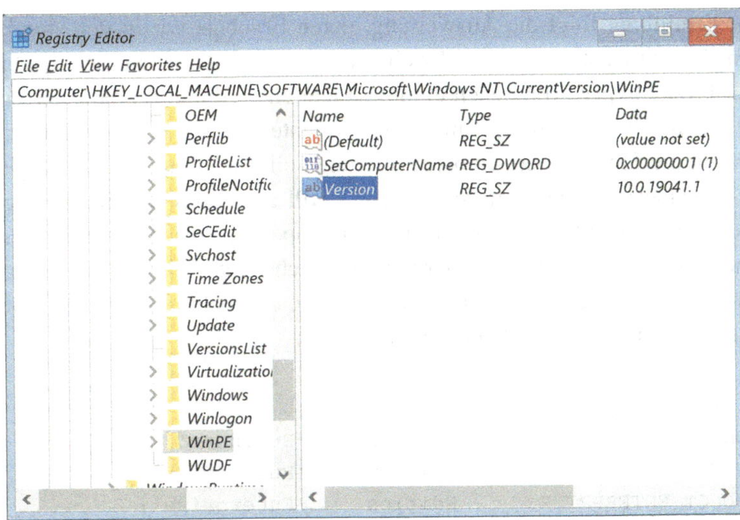

Abb. 4.3 Windows PE Registrierungs-Editor mit dem WinPE-Schlüssel und Versionsdetails

Tab. 4.2 Eingabe- und Ausgabeparameter der API-Funktion GetProductType, Details in [6]

Parametername	Parametertyp	Beschreibung
dwOSMajorVersion	DWord (Eingabe)	Windows-Hauptversion
dwOSMinorVersion	DWord (Eingabe)	Windows-Nebenversion
dwSpMajorVersion	DWord (Eingabe)	Service Pack-Hauptversion
dwSpMinorVersion	DWord (Eingabe)	Service Pack-Nebenversion
pdwReturnedProductType	DWord (Ausgabe)	Produkttyp

Für die Vorbereitung ermitteln wir zunächst die Windows Haupt- und Nebenversion sowie die Build, und verwenden dafür unsere im nächsten Unterkapitel vorgestellte Funktion *GetTrueWindowsVersion*. Danach folgt die eigentliche Ermittlung des Windows-Produkttyps. Zur Sicherheit setzen wir den Rückgabeparameter auf null, falls der Funktionsaufruf scheitert und False zurückliefert:

```
if not GetProductInfo(Major,
                      Minor,
                      OSVIX.wServicePackMajor,
                      OSVIX.wServicePackMinor,
                      ProductType) then
  ProductType := 0;
```

Nach der Ermittlung folgt die Auswertung, deren Ergebnis wir in der Variable *Edition* speichern. Hierzu existieren laut offizieller Microsoft-Dokumentation [7] verschiedene Werte der Produkttypen, von denen einige – nicht alle – durch Embarcadero in der Delphi-Unit Winapi.Windows.pas definiert sind. Möchte man nur die Standardeditionen abbilden, reicht die Embarcadero-Implementierung vollständig aus. Da ein Abgleich dieser eigenen Implementierungen mit der Windows API aber offenbar eine geringe Priorität hat, spricht an dieser Stelle mehr für eine Entkoppelung dieser vordefinierten Produkttypen und einer eigenen Implementierung. Die wichtigsten Editionen werden daher wie folgt ermittelt (die Liste ist nur ein kleiner Auszug, um nicht alle 100 Editionen hier abzubilden, der Quellcode enthält alle Produkttypen):

```
case ProductType of
  PRODUCT_BUSINESS        : Edition := 'Business';
  PRODUCT_BUSINESS_N      : Edition := 'Business N';
  PRODUCT_ENTERPRISE      : Edition := 'Enterprise';
  PRODUCT_HOME_BASIC      : Edition := 'Home Basic';
  PRODUCT_HOME_PREMIUM    : Edition := 'Home Premium';
  PRODUCT_PROFESSIONAL    : Edition := 'Professional';
  PRODUCT_STARTER         : Edition := 'Starter';
  PRODUCT_ULTIMATE        : Edition := 'Ultimate';
  ...
  else                      Edition := '';
end;
```

Die Entkopplung findet insofern statt, dass sämtliche Editionswerte – egal ob bereits durch Embarcadero vordefiniert oder nicht, im Const-Bereich unterhalb von Implementation der gleichen Unit definiert sind. Dadurch lassen sich auch die fehlenden Exoten erkennen, die zum Zeitpunkt des Schreibens dieser Zeilen 16 Editionen umfasste, etwa *Windows IoT Enterprise, Windows 10 Pro for Workstations* und *Windows 10 Education.*

Wenn keine Edition ermittelbar ist, folgt noch ein zusätzlicher Versuch der Editionsermittlung anhand der sog. *SuiteMask*, die zuvor über die API-Funktion *GetVersionEx* ermittelt wurde, und die sich in der zurückgelieferten Struktur OSVERSIONINFOEX [1] befindet:

```
if Edition = '' then
begin
  if OSVIX.wSuiteMask and VER_SUITE_EMBEDDEDNT <> 0 then
    Edition := 'Embedded';
  if OSVIX.wSuiteMask and VER_SUITE_BLADE <> 0 then
    Edition := Edition + ' Web Edition';
  if OSVIX.wSuiteMask and VER_SUITE_COMPUTE_SERVER <> 0 then
    Edition := Edition + ' Compute Cluster';
  if OSVIX.wSuiteMask and VER_SUITE_DATACENTER <> 0 then
```

```
    Edition := Edition + ' Datacenter';
  if (OSVIX.wSuiteMask and VER_SUITE_SMALLBUSINESS <> 0) or
     (OSVIX.wSuiteMask and VER_SUITE_SMALLBUSINESS_RESTRICTED <> 0) then
    Edition := Edition + ' Small Business';
  if OSVIX.wSuiteMask and VER_SUITE_STORAGE_SERVER <> 0 then
    Edition := Edition + ' Storage Server';
  if OSVIX.wSuiteMask and VER_SUITE_ENTERPRISE <> 0 then
    Edition := Edition + ' Enterprise';
  Edition := Trim(Edition);
end;
```

Damit können wir zumindest eine Auswahl verschiedener Editionen erkennen (z. B. Embedded, Datacenter und Enterprise), auch wenn der eigentliche Aufruf mit *GetProductInfo* scheitern sollte.

Nach der Ermittlung der Edition beginnt der eigentliche Kern mit der Auswertung der Windows-Version. Hierfür definiert Microsoft historisch bedingt verschiedene Kombinationen aus Haupt- und Nebenversion [7], die in Tab. 4.3 abgebildet jeweils in die Desktop- und Server-Linie unterteilt werden.

Hintergrundinformation
Wenn man sich die Versionsnummern für Windows 10 und 11 ansieht, wird man möglicherweise eine Abweichung vom bisherigen Versionsschema feststellen: die Hauptversion wurde bei Windows 11 nicht auf 11 erhöht (siehe auch Abb. 4.4).

Das mag auf den ersten Blick nach einem Fehler aussehen, ist es aber nicht. Obwohl den Grund dafür wahrscheinlich nur Microsoft selbst kennt, kann man im Internet [8] von einer bewussten Design-Entscheidung lesen, und dass es sich bei Windows 11 nur um einen Produktnamen handelt, und nicht um die technische Version des Produktes. Das mag nicht unbedingt konsequent oder

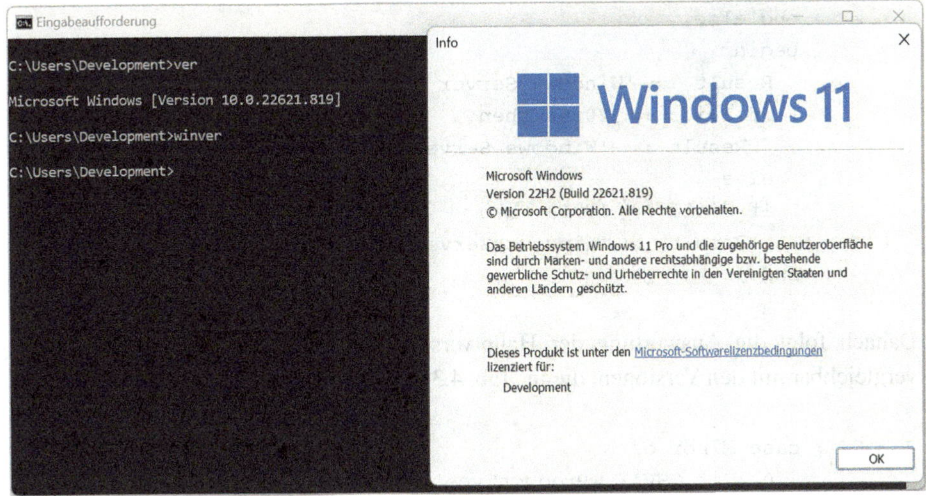

Abb. 4.4 Versionsangaben bei Windows 11 mit einer internen Version von 10.0

nachvollziehbar sein, stellt aber die Unterscheidung zwischen Windows 10 und 11 vor eine besondere Herausforderung. Das c't Magazin hat diese Frage damit beantwortet, dass das einzige zuverlässige Identifizierungsmerkmal die Build ist, und dass Windows 11 eine Build ab 22000 verwendet [9].

Wir benötigen ebenso eine zusätzliche Unterscheidung, ob wir eine Windows-Version der Desktop- oder Server-Linie gefunden haben, um die Erkennung entsprechend zu steuern. Diese Unterscheidung gelingt über die bereits ermittelte *OSVERSIONINFOEX*-Struktur, die im Konstruktor unserer *TWindows*-Klasse mit der API-Funktion *GetVersionEx* ermittelt wurde. Mögliche Rückgabewerte der darin vorhandenen Byte-Variablen *wProductType* sind in Tab. 4.4 aufgeführt.

Die Implementierungen der dazugehörigen Konstanten (in Klammern) befinden sich ebenfalls in der Delphi-Unit Winapi.Windows.pas.

Begonnen wird mit der Auswertung der Hauptversion 10. Im Fall für die Desktop-Linie wird die Build geprüft und bei gleich oder mehr als 22000 von Windows 11 ausgegangen, sowie anderenfalls von Windows 10. Für die Server-Linie definiert die Build 17763 den Schwellwert für die Unterscheidung zwischen Windows Server 2016 und 2019. Sollte die Build größer oder gleich 20000 sein, handelt es sich um einen Windows Server 2022.

```
case Major of
  10 : if OSVIX.wProductType = VER_NT_WORKSTATION then
       begin
         if Build >= 22000 then
           Result := 'Windows 11'
         else
           Result := 'Windows 10';
       end else
       begin
         Result := 'Windows Server 2016';
         if Build >= 20000 then
           Result := 'Windows Server 2022'
         else
         if Build >= 17763 then
           Result := 'Windows Server 2019';
       end;
```

Danach folgt die Auswertung der Hauptversion 6. Im Prinzip ist diese Auswertung vergleichbar mit den Versionen, die in Tab. 4.3 aufgelistet sind.

```
  6  : case Minor of
         0 : if OSVIX.wProductType = VER_NT_WORKSTATION then
               Result := 'Windows Vista'
```

Tab. 4.3 Übersicht der Windows-Versionsnummern mit dazugehörigen Windows-Varianten

Haupt- & Nebenversion	Desktop-Linie	Server-Linie
5.0	Windows 2000	Windows 2000 Server & Advanced Server & Datacenter Server
5.1	Windows XP	–
5.2	Windows XP 64 Bit Edition	Windows Server 2003 & 2003 R2
6.0	Windows Vista	Windows Server 2008
6.1	Windows 7	Windows Server 2008 R2
6.2	Windows 8	Windows Server 2012
6.3	Windows 8.1	Windows Server 2012 R2
10.0	Windows 10 & 11	Windows Server 2016 & 2019 & 2022

Tab. 4.4 Windows-Linienunterscheidung anhand wProductType

1 (VER_NT_WORKSTATION)	Desktop-Linie
2 (VER_NT_DOMAIN_CONTROLLER)	Server-Linie
3 (VER_NT_SERVER)	Server-Linie

```
        else
          Result := 'Windows Server 2008';
    1 : if OSVIX.wProductType = VER_NT_WORKSTATION then
          Result := 'Windows 7'
        else
          Result := 'Windows Server 2008 R2';
    2 : if OSVIX.wProductType = VER_NT_WORKSTATION then
          Result := 'Windows 8'
        else
          Result := 'Windows Server 2012';
    3 : if OSVIX.wProductType = VER_NT_WORKSTATION then
          Result := 'Windows 8.1'
        else
          Result := 'Windows Server 2012 R2';
  end;
```

Fortgesetzt wird die Erkennung mit der bisher umfangreichsten Hauptversion 5.

Zusätzlich zu der Byte-Variable *wProductType* verwenden wir die Variable *wSuiteMask,* um eine Erkennung des Datacenter Server und Advanced Server zu ermöglichen. Weiterhin verwenden wir *TOSVersion.Architecture* für die Erkennung von Windows XP in der 64 Bit-Variante (die Variable *Architecture* wird vom Windows-Kompatibilitätsmodus nicht beeinträchtigt).

Und es kommt eine weitere API-Funktion mit dem Namen *GetSystemMetrics* [10] zum Einsatz, die eine Erkennung der Windows-Editionen ermöglicht – z. B. Starter, Tablet PC und Media Center:

```
5 : case Minor of
    0 : begin
          Result := 'Windows 2000';
          if OSVIX.wProductType = VER_NT_WORKSTATION then
            Result := Result + ' Professional'
          else if (OSVIX.wSuiteMask and VER_SUITE_DATACENTER) =
                    VER_SUITE_DATACENTER then
            Result := Result + ' Datacenter Server'
          else if (OSVIX.wSuiteMask and VER_SUITE_ENTERPRISE) =
                    VER_SUITE_ENTERPRISE then
            Result := Result + ' Advanced Server'
          else
            Result := Result + ' Server';
        end;
    1 : begin
          Result := 'Windows XP';
          if (OSVIX.wSuiteMask and VER_SUITE_PERSONAL) =
               VER_SUITE_PERSONAL then
            Result := Result + ' Home'
          else
            Result := Result + ' Professional';
          if (GetSystemMetrics(SM_STARTER) > 0) then
            Result := Result + ' Starter'
          else if (GetSystemMetrics(SM_TABLETPC) > 0) then
            Result := Result + ' Tablet PC'
          else if (GetSystemMetrics(SM_MEDIACENTER) > 0) then
            Result := Result + ' Media Center';
        end;
    2 : begin
          if (OSVIX.wProductType = VER_NT_WORKSTATION) and
             (TOSVersion.Architecture in [arIntelX64, arARM64])
          then
            Result := 'Windows XP Professional'
          else if (GetSystemMetrics(SM_SERVERR2) > 0) then
            Result := 'Windows Server 2003 R2'
          else if (OSVIX.wSuiteMask and
                  VER_SUITE_STORAGE_SERVER) =
                  VER_SUITE_STORAGE_SERVER then
            Result := 'Windows Storage Server 2003'
          else if (OSVIX.wSuiteMask and VER_SUITE_WH_SERVER) =
                   VER_SUITE_WH_SERVER then
```

```
                Result := 'Windows Home Server'
              else
                Result := 'Windows Server 2003';
            end;
        end;
    end;
```

Nach dieser Ermittlung folgt das finale Zusammensetzen der Namensbezeichnung. Wenn eine Edition ermittelt werden konnte und der Editionstext nicht bereits im bisherigen Windows-Namen vorhanden ist, wird die Edition dem Windows-Namen hinten angefügt.

Weiterhin wird diesem Gesamtnamen die Bezeichnung $\times 64$ angefügt, wenn in *TOSVersion.Architecture* ein 64 Bit-Flag gefunden wurde. *TOSVersion* wird zwar vom Windows-Kompatibilitätsmodus beeinträchtigt, aber nicht die Architektur, weil nur die Betriebssystemvariante unabhängig von 32 oder 64 Bit auswählbar ist:

```
  if (Edition <> '') and (Pos(Edition, Result) = 0) then
    Result := Result + ' ' + Edition;

  if TOSVersion.Architecture in [arIntelX64, arARM64] then
    Result := Result + ' x64';

  Result := FormatOSName(Result);
end;
```

Bevor unsere Funktion beendet ist, wird abschließend noch einmal der Ergebnistext durch eine Art Filter geschickt, bei dem eventuelle Namensanpassungen erfolgen. Diese erlauben eine flüssigere Darstellung des Textes, bei dem etwa auch Sonderzeichen entfernt werden oder störende Wörter, die einer kompakten Schreibweise des Windows-Namens widersprechen. Dafür implementieren wir die Funktion *FormatOSName,* deren Aufgabe ausschließlich der Ersetzung bestimmter Textpassagen ist. Innerhalb dieser Funktion kommt die Funktion StringReplace aus der Delphi-Unit System.SysUtils.pas zum Einsatz:

```
function TWindows.FormatOSName(const AName : String) : String;
begin
  Result := AName;
  Result := StringReplace(Result, 'Service Pack ', 'SP',
                          [rfReplaceAll, rfIgnoreCase]);
  Result := StringReplace(Result, 'Standard', 'Std',
                          [rfReplaceAll, rfIgnoreCase]);
  Result := StringReplace(Result, 'Professional', 'Pro',
                          [rfReplaceAll, rfIgnoreCase]);
  Result := StringReplace(Result, 'Enterprise', 'Ent',
                          [rfReplaceAll, rfIgnoreCase]);
```

```
  Result := StringReplace(Result, 'Edition', '',
                          [rfReplaceAll, rfIgnoreCase]);
  Result := StringReplace(Result, '(R)', '',
                          [rfReplaceAll, rfIgnoreCase]);
  Result := StringReplace(Result, 'NULL', '',
                          [rfReplaceAll, rfIgnoreCase]);
  Result := StringReplace(Result, '®', '',
                          [rfReplaceAll, rfIgnoreCase]);
  Result := StringReplace(Result, '(TM)', ' ',
                          [rfReplaceAll, rfIgnoreCase]);
  Result := StringReplace(Result, 'Microsoft', '',
                          [rfReplaceAll, rfIgnoreCase]);
  Result := StringReplace(Result, 'Seven', '7',
                          [rfReplaceAll, rfIgnoreCase]);
  Result := Trim(StripSpaces(Result));
end;
```

Damit hätten wir ein Grundgerüst für die Ermittlung des Windows-Namens aufgebaut, das natürlich noch beliebig erweiterbar ist, auch im Hinblick auf neue Windows-Betriebssysteme und –Editionen.

4.1.2 Windows-Version

Zur Windows-Version haben wir ja bereits im vorherigen Kapitel einiges gesagt, und möchten diese in diesem Kapitel direkt ermitteln und anzeigen. Hierfür existieren mehrere Ansätze, die jedoch teilweise durch den Windows-Kompatibilitätsmodus beeinflusst werden. Daher benötigen wir einen davon unabhängigen Ansatz, den wir in der Funktion *GetTrueWindowsVersion* implementieren.

Als Definition für die Windows-Version verwenden wir die Hauptversion, gefolgt von einem Punkt, dann die Nebenversion, sowie gefolgt von einem weiteren Punkt die Build. Unsere Implementierung *GetTrueWindowsVersion* liefert einerseits diese 3 Werte als Zahlen zurück, sowie einen vollständigen zusammengesetzten String.

Der Funktionskopf sowie die Variablendeklaration sehen wie folgt aus:

```
function TWindows.GetTrueWindowsVersion(var
  AMajor, AMinor, ABuild : Cardinal) : String;
var
  vi : TVersionInfo;
begin
  AMajor := 0; AMinor := 0; ABuild := 0;
```

Die Variable *vi* von der Struktur *TVersionInfo* dient der Speicherung von Datei-Versionseigenschaften und *TVersionInfo* ist im Public-Bereich unserer *TWindows*-Klasse definiert:

```
type
  TVersionInfo = record
    FileName,
    FileVersion,
    ProductVersion : String;
    Major,
    Minor,
    Release,
    Build : Cardinal;
    ProductMajor,
    ProductMinor,
    ProductRelease,
    ProductBuild : Cardinal;
    PreReleaseBuild,
    DebugBuild,
    PrivateBuild : Boolean;
  end;
```

Für die Ermittlung kommt primär die API-Funktion *RtlGetNtVersionNumbers* zum Einsatz, die von Microsoft jedoch nicht dokumentiert ist und bereits in [3] beschrieben wurde. Sekundär und quasi als Fallback verwenden wir eine Versionsermittlung über die Systemdatei *kernel32.dll.* Diese Datei existiert in jeder Windows-Installation im System32-Unterverzeichnis und stellt den Anwendungen die meisten Win32-Basis-APIs zur Verfügung, z. B. Speicherverwaltung, Ein-/Ausgabeoperationen (E/A bzw. I/O), Prozess- und Thread-Erstellung sowie weitere Funktionen zur Synchronisierung.

Die Struktur wird zunächst mit der implementierten Funktion *GetFileVerInfo* ermittelt, und erwartet als Parameter den Pfad sowie Dateinamen unserer Systemdatei *kernel32.dll* sowie die zuvor deklarierte Strukturvariable. Wir geben als Pfad allerdings nicht einen festen Pfad an, sondern suchen nach der Datei im Windows-Systemverzeichnis (deren Name ist übrigens in der Konstante *Winapi.Windows.kernel32* definiert).

Dafür kommt wiederum die Delphi-Funktion *FileSearch* aus der Delphi-Unit System. SysUtils.pas zum Einsatz, der man den Dateinamen sowie die Verzeichnisliste übergeben muss. Wir ermitteln mit der eigenen Funktion *GetWinSysDir* und darin den beiden Delphi-Funktionen *GetWindowsDirectory* [11] sowie *GetSystemDirectory* [12] jeweils das Windows- und System-Verzeichnis. Diese werden durch ein Semikolon getrennt nacheinander in einem String zurückgeliefert und direkt an *FileSearch* weitergeleitet.

Begonnen wird dann die eigentliche Versionsermittlung mit einer Prüfung, ob die API-Funktion *RtlGetNtVersionNumbers* überhaupt zugewiesen wurde, was damit zusammenhängt, dass Embarcadero diese Funktion aufgrund der nicht existierenden Dokumentation ebenfalls nicht implementiert hat und eine manuelle Implementierung innerhalb unserer *TWindows*-Klasse notwendig macht.

```
GetFileVerInfo(FileSearch(Winapi.Windows.kernel32, GetWinSysDir), vi);
if Assigned(RtlGetNtVersionNumbers) then
begin
  RtlGetNtVersionNumbers(AMajor, AMinor, ABuild);
  if ABuild > 0 then
    ABuild := LoWord(ABuild);
end else
begin
  AMajor := vi.ProductMajor;
  AMinor := vi.ProductMinor;
  ABuild := Max(OSVIX.dwBuildNumber, vi.ProductRelease);
end;
```

Nach dem Aufruf der eigentlichen Funktion wird weiterhin geprüft, ob die Build größer null ist, und falls dies der Fall ist, repräsentieren die ersten 16 Bits (LoWord) die eigentliche Build.

Sollte die API-Funktion *RtlGetNtVersionNumbers* nicht zugewiesen worden sein, verwenden wir die Versionsinformationen der zuvor ermittelten Systemdatei *kernel32.dll* und weisen die Haupt- sowie Nebenversion den Variablen *AMajor* und *AMinor* zu. Bei der Build-Zuweisung der Variable *ABuild* wird die höhere Build verwendet, die entweder aus dem zuvor ermittelten Strukturinhalt von *OSVERSIONINFOEX* mit *GetVersionEx* ermittelt wurde, oder aus der *kernel32.dll*-Version *ProductRelease*.

Sollte die Build immer noch null sein, was häufig ein Anzeichen dafür ist, dass die Ermittlung nicht funktioniert hat, kommt ein weiterer Fallback zum Einsatz. Dieser stellt die Ermittlung der Build über die Windows Registrierung dar, wobei aus dem Schlüssel:

HKEY_CURRENT_USER\SOFTWARE\Microsoft\Windows NT\CurrentVersion\Winlogon.

der DWord-Eintrag mit dem Namen *BuildNumber* ausgelesen wird:

```
if ABuild = 0 then
  with TRegistry.Create do
    try
      RootKey := HKEY_CURRENT_USER;
      if OpenKeyReadOnly('\SOFTWARE\Microsoft\Windows' +
                         'NT\CurrentVersion\Winlogon') then
      begin
        if ValueExists('BuildNumber') then
          ABuild := ReadInteger('BuildNumber');
        CloseKey;
      end;
    finally
      Free;
    end;
```

Da an mehreren Stellen versucht wurde, die korrekte Build zu ermitteln, folgt eine weitere Abfrage, die im Falle einer nicht vorhandenen Build wieder diejenige höhere Build verwendet, die entweder aus dem zuvor ermittelten Strukturinhalt von *OSVERSIONINFOEX* mit *GetVersionEx* ermittelt wurde, oder aus der *kernel32.dll*-Version und dem Feld *ProductRelease*:

```
  if ABuild = 0 then
    ABuild := Max(OSVIX.dwBuildNumber, vi.ProductRelease);
```

Abgeschlossen wird *GetTrueWindowsVersion* mit der Zusammensetzung der Versionselemente zu einer Gesamtversion, wie sie auch in Windows selbst verwendet wird:

```
  Result := Format('%d.%d.%d', [AMajor, AMinor, ABuild]);
end;
```

Damit haben wir die Erkennung der Windows-Version abgeschlossen, und zwar unabhängig davon, welche Windows-Version gerade im Kompatibilitätsmodus festgelegt ist.

4.1.3 Service Pack

Sollte für das installierte Windows ein Service Pack verfügbar und installiert worden sein, geht es in diesem Kapitel um die dazugehörige Ermittlung. Diese Information gewinnen wir aus der bereits im Konstruktor unserer *TWindows*-Klasse ermittelten OSVIX-Versionsstruktur, die mit der API-Funktion *GetVersionEx* ermittelt wurde. Die darin enthaltenen Variablen *wServicePackMajor* und *wServicePackMinor* enthalten dann die Haupt- und Nebenversion eines potenziell installierten Service Packs. Sollte kein Service Pack installiert sein, enthaltenen diese Werte Nullen, wovon allerdings die Hauptversion ausschlaggebend ist:

```
function TWindows.GetServicePack : String;
begin
  if OSVIX.wServicePackMajor > 0 then
    Result := IntToStr(OSVIX.wServicePackMajor) + '.' +
              IntToStr(OSVIX.wServicePackMinor)
  else
    Result := '-'
end;
```

4.1.4 Codename

Der Windows-Codename ist eine Versionseigenschaft, die ab Windows 10 neu eingeführt wurde. Grund dieser Neuerung war die Aussage Microsofts, ab Windows 10 ständig neue Versionen nachzuliefern, anstatt nur einfache Service Packs für Fehlerkorrekturen bereitzustellen. Daher begannen die Versionen ab Windows 10 anders benannt zu sein, und die neue Version bestand aus 4 Ziffern, wovon die ersten beiden das Jahr und die letzten beiden den Monat repräsentierten. Diese Nummerierung wurde dann Ende 2020 verändert, sodass das Jahr mit den ersten beiden Ziffern und das Halbjahr mit den letzten beiden Zeichen repräsentiert wurden (z. B. 20H2 oder 21H1).

Anhand der Build lässt sich dieser Codename mit der neuen Version relativ zuverlässig ermitteln, und unsere Implementierung findet mit der Funktion *GetWindowsCodename* statt. Der Funktionskopf besteht aus den 3 lokalen Basisvariablen *Major, Minor* und *Build:*

```
function TWindows.GetWindowsCodename : String;
var
  Major, Minor,
  Build : Cardinal;
begin
  Result := '-';
```

Vor der Auswertung der Build müssen wir diese zunächst ermitteln, und verwenden dafür unsere in Abschn. 4.1.2 vorgestellte Funktion *GetTrueWindowsVersion:*

```
GetTrueWindowsVersion(Major, Minor, Build);
```

Anschließend beginnt die Auswertung der Build mit einer einfachen Case-Anweisung:

```
  if Build <> 0 then
    case Build of
      10240 : Result := 'RTM (Threshold 1, Version 1507)';
      10586 : Result := 'November Update (Threshold 2, Version 1511)';
      14393 : Result := 'Anniversary Update (Redstone 1, Version 1607)';
      15063 : Result := 'Creators Update (Redstone 2, Version 1703)';
      16299 : Result := 'Fall Creators Update (Redstone 3, Version 1709)';
      17134 : Result := 'April 2018 Update (Redstone 4, Version 1803)';
      17763 : Result := 'October 2018 Update (Redstone 5, Version 1809)';
      18362 : Result := 'May 2019 Update (Version 1903)';
```

```
    18363 : Result := 'November 2019 Update (Version 1909)';
    19041 : Result := 'May 2020 Update (Version 2004)';
    19042 : Result := 'October 2020 Update (Version 20H2)';
    19043 : Result := 'May 2021 Update (Version 21H1)';
    19044,
    22000 : Result := 'November 2021 Update (Version 21H2)';
    19045,
    22621 : Result := 'August 2022 Update (Version 22H2)';
  end;
```

Die im unteren Bereich vorhandenen Builds größer als 22000 gelten für Windows 11, weil *GetWindowsCodename* Windows 10 sowohl als auch Windows 11 abdecken soll.

4.1.5 Kompatibilitätsmodus

Wir sprechen an so vielen Stellen dieses Kapitels über den Windows-Kompatibilitätsmodus, und dass bestimmte Systemfunktionen davon beeinträchtigt sind – daher möchten wir diesen ebenfalls zuverlässig erkennen.

Windows erlaubt hier unterschiedliche Vorgaben, je nachdem, ob es sich um eine Applikation auf 32- oder 64 Bit-Ebene handelt. Nicht veränderbar ist jedoch die Bit-Ebene und damit Architektur und es ist ebenfalls auffällig, dass auf einem Windows 11 kein Windows 10 auswählbar ist (siehe Abb. 4.5).

Diesen Hintergrund hatten wir bereits in Abschn. 4.1.1 kurz angesprochen und er basiert auf dem Umstand, dass es sich bei Windows 11 nur um einen Produktnamen handelt, und nicht um die technische Version des Produktes. Letztere scheint auch bei Windows 11 letztendlich Windows 10 zu sein, weswegen kein separater Eintrag für den Windows 10 Kompatibilitätsmodus existiert.

Bei der Erkennung des Kompatibilitätsmodus kann man grundsätzlich unterschiedlich an die Sache herangehen, sodass wir zwei Möglichkeiten behandeln werden.

In der ersten Möglichkeit geht es um die reine Erkennung, ob der Kompatibilitätsmodus aktiv ist, und dafür implementieren wir eine neue Funktion *IsWindowsCompatibilityMode* in unserer *TWindows*-Klasse. Der theoretische Hintergrund ist ein Vergleich der Versionsnummern des Betriebssystems (Haupt- und Nebenversion), die auf unterschiedliche Art und Weise ermittelt werden. Die erste Versionsquelle könnte bspw. über die API-Funktion *GetVersionEx* (oder auch die Delphi-eigene Klasse *TOSVersion*) stattfinden, weil diese Quellen durch den Kompatibilitätsmodus beeinträchtigt werden. Als zweite sog. Referenzquelle sollte dann die nicht dokumentierte API-Funktion *RtlGetNtVersionNumbers* dienen, weil diese nicht vom Kompatibilitätsmodus beeinträchtigt wird. Somit hat man zwei Versionsquellen, die eindeutig unterschiedlich sind, sobald der Kompatibilitätsmodus aktiv ist:

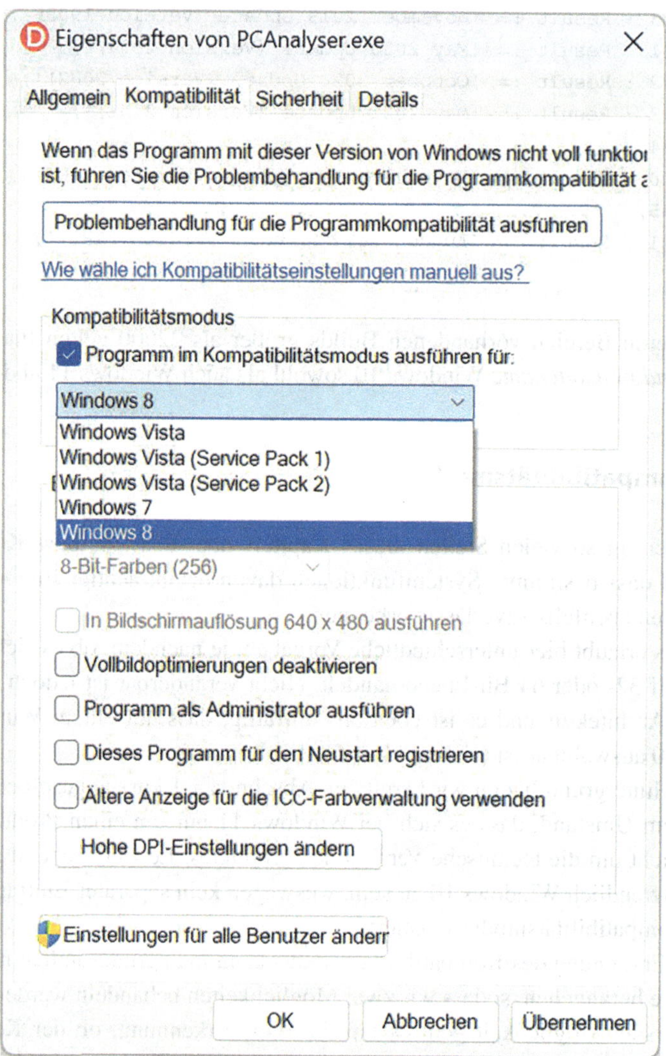

Abb. 4.5 Einstellungen für den Kompatibilitätsmodus unter Windows 11

```
function TWindows.IsWindowsCompatibilityMode : Boolean;
var
  Major,
  Minor,
  Build : Cardinal;
begin
  Result := not SameText(GetTrueWindowsVersion(Major, Minor, Build),
                         Format('%d.%d.%d', [OSVIX.dwMajorVersion,
```

```
                        OSVIX.dwMinorVersion,
                        OSVIX.dwBuildNumber]));
end;
```

Wie man bei der eigentlichen Vergleichsoperation sehen kann, werden die Versionen zunächst in einen String umgewandelt, und zwar über die nicht dokumentierte API-Version *RtlGetNtVersionNumbers,* die in *GetTrueWindowsVersion* implementiert wurde. Diese wird mit der OSVIX-Struktur verglichen, die im Konstruktor unserer *TWindows*-Klasse mit *GetVersionEx* ermittelt wurde.

SameText ist daher eine einfache Delphi-Vergleichsfunktion für Strings und liefert True oder False zurück.

Unser zweiter Ansatz ist ein wenig detaillierter, weil sich dadurch die eingestellte Windows-Version ermitteln lässt, die über den Kompatibilitätsmodus ausgewählt ist. Für den Fall, dass der Kompatibilitätsmodus aktiviert ist, befindet sich im Kontext der entsprechenden Applikation die Umgebungsvariable *__COMPAT_LAYER* (Hinweis: mit zwei Unterstrichen beginnend), die jeweils eine Kennung für die ausgewählte Windows-Version enthält. Delphi bietet wiederum mit der Funktion *GetEnvironmentVariable* aus der Unit System.SysUtils.pas eine einfache Möglichkeit, diese Variable abzufragen.

In Tab. 4.5 sind die Inhalte der Umgebungsvariablen mit den dazugehörigen Windows-Versionen aufgelistet, wobei auffällt, dass nicht alle Service Packs von bestimmten Betriebssystemen enthalten sind. Den Grund dafür wird wahrscheinlich nur Microsoft kennen, denkbar ist jedoch, dass die aufgeführten Windows-Versionen mit dazugehörigen Service Packs bestimmte kompatibilitätsrelevante Funktionen nachrüsten.

Wir beginnen daher die Implementierung unserer neuen Funktion *GetWindowsCompatibilityMode* mit dem Kopfbereich:

Tab. 4.5 Kennungen und Windows-Versionen der Umgebungsvariable __COMPAT_LAYER

Variableninhalt	Windows-Version
WIN95	Windows 95
WIN98	Windows 98/ME
NT4SP5	Windows NT 4.0 SP5
WIN2000	Windows 2000
WINXPSP2	Windows XP SP2
WINXPSP3	Windows XP SP3
WINSRV03SP1	Windows Server 2003 SP1
WINSRV08SP1	Windows Server 2008 SP1
VISTARTM	Windows Vista
VISTASP1	Windows Vista SP1
VISTASP2	Windows Vista SP2
WIN7RTM	Windows 7
WIN8RTM	Windows 8

```
function TWindows.GetWindowsCompatibilityMode : String;
var
  CompatLayerEnv : String;
begin
  Result := '-';
  CompatLayerEnv := GetEnvironmentVariable('__COMPAT_LAYER');
```

Die String-Variable *CompatLayerEnv* soll im weiteren Verlauf den Inhalt der Umgebungsvariablen enthalten, und über *GetEnvironmentVariable* wird diese letztendlich ausgelesen. Danach folgen inhaltliche Abfragen mit der Delphi-Vergleichsfunktion *SameText* aus der Delphi-Unit System.SysUtils.pas:

```
  if SameText('WIN95', CompatLayerEnv) then
    Result := 'Windows 95' else
  if SameText('WIN98', CompatLayerEnv) then
    Result := 'Windows 98/ME' else
  if SameText('NT4SP5', CompatLayerEnv) then
    Result := 'Windows NT 4.0 SP5' else
  if SameText('WIN2000', CompatLayerEnv) then
    Result := 'Windows 2000' else
  if SameText('WINXPSP2', CompatLayerEnv) then
    Result := 'Windows XP SP2' else
  if SameText('WINXPSP3', CompatLayerEnv) then
    Result := 'Windows XP SP3' else
  if SameText('WINSRV03SP1', CompatLayerEnv) then
    Result := 'Windows Server 2003 SP1' else
  if SameText('WINSRV08SP1', CompatLayerEnv) then
    Result := 'Windows Server 2008 SP1' else
  if SameText('VISTARTM', CompatLayerEnv) then
    Result := 'Windows Vista' else
  if SameText('VISTASP1', CompatLayerEnv) then
    Result := 'Windows Vista SP1' else
  if SameText('VISTASP2', CompatLayerEnv) then
    Result := 'Windows Vista SP2' else
  if SameText('WIN7RTM', CompatLayerEnv) then
    Result := 'Windows 7' else
  if SameText('WIN8RTM', CompatLayerEnv) then
    Result := 'Windows 8';
end;
```

4.1.6 Installationszeitpunkt

An dieser Stelle wollen wir den Zeitpunkt der Windows-Installation in Erfahrung bringen, was über verschiedene Wege funktioniert, von denen wir die Windows-Registrierung wählen. Hierbei legt Windows die beiden Einträge *InstallDate* und *InstallTime* im Schlüssel *HKEY_LOCAL_MACHINE\SOFTWARE\Microsoft\Windows NT\CurrentVersion* ab, erwartet nach dem Auslesen aber eine Berechnung, um daraus einen gültigen Datums- und Zeitstempel zu generieren.

Wir implementieren die Ermittlung des Installationszeitpunktes in der Funktion *GetWindowsInstallDate* innerhalb unserer *TWindows*-Klasse, die als Rückgabeparameter ein TDateTime-Ergebnis zurückliefert:

```
function TWindows.GetWindowsInstallDate : TDateTime;
var
  Reg : TRegistry;
  IntValue : Cardinal;
```

Definiert werden hier Variablen für die TRegistry-Instanz, über die Delphi verschiedene Registrierungszugriffe ermöglicht, sowie eine Integer-Variable für die ausgelesene Datumsangabe.

Grundsätzlich sind die beiden Registrierungseinträge *InstallDate* und *InstallDate* vom Ergebnis her gleich, sehen aber völlig unterschiedlich aus. Das liegt an deren Implementierung, da *InstallDate* als DoubleWord aus der Unix-Welt kommt und einen 32 Bit-Zeitstempel repräsentiert, *InstallTime* hingegen als QuadWord aus der Windows-Welt einen 64 Bit-Zeitstempel darstellt [13].

```
begin
  Result := 0;
  try
    Reg := OpenRegistryReadOnly;
    if Reg.OpenKey('SOFTWARE\Microsoft\Windows NT\CurrentVersion',
                   False) then
    begin
```

Nachdem das Funktionsergebnis auf null gesetzt wurde, folgt das Öffnen der Registrierung, wobei unsere Implementierung innerhalb *OpenRegistryReadOnly* vorsieht, dass ohne übergebenem Root-Schlüssel automatisch *HKEY_LOCAL_MACHINE* verwendet wird. Ebenfalls wird in derselben Implementierung die Instanz von TRegistry erstellt und bei Erkennung von WOW64 *(Windows-On-Windows 64 Bit)* eine spezielle Zugriffseigenschaft aktiviert. Weiter oben zum Kapitelbeginn hatten wir kurz aufgeführt, dass WOW64 die Windows-Emulation von 32 Bit-Anwendungen im 64 Bit-Betriebssystemkontext darstellt. Diese Unterscheidung ist notwendig, weil eine 32 Bit-Applikation auf eine 32 Bit-Registrierungsansicht zugreift und eine 64 Bit-Applikation auf eine 64 Bit-Registrierungsansicht. Mit WOW64 werden Zugriffe auf den Registrierungsschlüssel *HKEY_LOCAL_MACHINE\Software* nach *HKEY_LOCAL_MACHINE\Software\WOW-6432Node* umgeleitet, was erkannt werden muss und anhand der Zugriffseigenschaft *KEY_WOW64_64KEY* verhindert wird.

Es wird der Schlüssel *HKEY_LOCAL_MACHINE\SOFTWARE\Microsoft\Windows NT\CurrentVersion* geöffnet und wenn das erfolgreich war, mit dem Auslesen fortgefahren:

```
    IntValue := Reg.ReadInteger('InstallDate');
    if IntValue > 0 then
    begin
      Result := Int(EncodeDate(1970, 1, 1));
      Result := ((Result * SecsPerDay) + IntValue) / SecsPerDay;
    end;
```

Wir verwenden für unsere Ermittlung den Wert *InstallDate*, müssen aber noch eine dazugehörige Besonderheit bei der Berechnung berücksichtigen. Und zwar repräsentiert *InstallDate* die Anzahl der Sekunden, die seit dem 1. Januar 1970 verstrichen sind. Wir weisen also dem Funktionsergebnis zunächst dieses Ausgangsdatum zu, das mit *EncodeDate* aus der Delphi-Unit System.SysUtils.pas kodiert wird.

Anschließend beginnt die Berechnung, bei der dieses Ausgangsdatum mit den Sekunden pro Tag multipliziert wird (*SecsPerDay* ist eine Konstante in der Delphi-Unit System.SysUtils.pas und sollte 86.400 betragen) und anschließend wird der ausgelesene InstallDate-Rohwert addiert. Dieses Ergebnis wird abschließend durch die Sekunden pro Tag dividiert.

Nach der Berechnung wird die zuvor erstellte TRegistry-Instanz wieder geschlossen und danach freigegeben:

```
    Reg.CloseKey;
  end;
finally
  FreeAndNil(Reg);
end;
end;
```

4.1.7 Windows- und Systemverzeichnis

Für die Ermittlung von Pfadangaben existieren in Delphi mehrere Möglichkeiten, die wir in Abschn. 4.3 noch genauer beschreiben werden.

Delphi implementiert unabhängig davon zwei API-Funktionen, mit denen die Verzeichnisnamen des Windows-Verzeichnis und System-Verzeichnis ermittelt werden können. Beide Funktionen sind in der Delphi-Unit Winapi.Windows.pas verfügbar und sind nach dem gleichen Schema aufgebaut – übergeben werden zwei Parameter und zurückgeliefert wird ein Ergebnis.

Der erste Parameter wird als *lpBuffer* bezeichnet und ist ein Zeiger auf einen Char-Datentyp, der vor der Verwendung jedoch allokiert werden muss. Über diesen Zeiger wird beim erfolgreichen Aufruf der Funktion das Ergebnis zurückgeliefert. Als zweiter Parameter mit der Bezeichnung *uSize* wird die maximale Größe des Puffers definiert.

Die beiden API-Funktionen *GetWindowsDirectory* [11] und *GetSystemDirectory* [12] implementieren wir in den entsprechenden Funktionen *GetWindowsDir* und *GetSystemDir* in unserer *TWindows*-Klasse. Nachfolgend beginnen wir die exemplarische Beschreibung von *GetWindowsDir*, weil sich *GetSystemDir* nur durch einen zentralen Aufruf unterscheidet:

```
function TWindows.GetWindowsDir : String;
var
  PathSize : Integer;
  PathName : PChar;
begin
```

Eingeleitet wird *GetWindowsDir* mit der Variablendefinition der beiden Parameter – sprich einmal die Puffergröße und dann den eigentlichen Zeiger auf einen Puffer.

Begonnen wird die Vorbereitung dieser Variablen, indem die maximale Pfadgröße anhand der Delphi-Konstante *MAX_PATH* zugewiesen wurde. Letztere ist ebenfalls in der Delphi-Unit Winapi.Windows.pas mit dem Wert von 260 Zeichen definiert.

Danach folgt die Speicherreservierung mittels *StrAlloc* aus der Delphi-Unit System. SysUtils.pas, die Speicher für einen nullterminierten String allokiert und einen Zeiger auf die Adresse des ersten Zeichens zurückliefert:

```
  PathSize := MAX_PATH;
  PathName := StrAlloc(PathSize);
```

Anschließend folgt der eigentliche Aufruf der Verzeichnisermittlung mit der Angabe der beiden Parameter:

```
  GetWindowsDirectory(PathName, PathSize);
```

Im Falle der Ermittlung des System-Verzeichnisses lautet der Aufruf entsprechend für *GetSystemDirectory*. Danach folgt noch die Behandlung des Ergebnisses und die Freigabe des zuvor allokierten Speichers:

```
  Result := String(PathName);
  StrDispose(PathName);
end;
```

Dabei wird dem Funktionsergebnis der Char-Zeiger zugewiesen und mit dem String-Bezeichner davor die Umwandlung in einen String durchgeführt. Abgeschlossen wird die Funktion mit StrDispose und dem zuvor über StrAlloc reservierten Puffer *PathName*.

Bei einer Windows-Standardinstallation sollte der Pfad dann *C:\Windows* sowie für das System-Verzeichnis *C:\Windows\system32* lauten.

4.2 Installierte Software

In diesem Unterkapitel geht es um die Ermittlung der installierten Software, und wie bei vielen Systeminterna gibt es auch hier verschiedene Herangehensweisen. Als zuverlässigste und über viele Windows-Versionen hinweg gleichbleibende Informationsquelle hat sich die Windows-Registrierung bewährt, und hier werden letztlich diejenigen Applikationen während ihrer Installation eingetragen, die später auch über die Deinstallationsfunktion der Systemsteuerung bzw. der Option *Programme hinzufügen oder entfernen* der Systemeinstellungen bereitgestellt werden.

Die Registrierungsschlüssel selbst befinden sich an unterschiedlichen Stellen. Hinzu kommt die Berücksichtigung des Umstandes, dass Applikationen im Root-Schlüssel *HKEY_LOCAL_MACHINE* sowie als auch in *HKEY_CURRENT_USER* des angemeldeten Benutzerkontextes vorhanden sind. Eine weitere Besonderheit ist die Handhabung von WOW64, bei dem der Zugriff einer 32 Bit-Applikation auf den Registrierungsschlüssel *HKEY_LOCAL_MACHINE\Software* nach *HKEY_LOCAL_MACHINE\Software\WOW6432Node* umgeleitet wird. Unsere Funktion für die Ermittlung der installierten Software setzt den Zielknoten mitsamt -Schlüssel entsprechend zusammen.

Somit ergeben sich verschiedene Registrierungsschlüssel, die nacheinander durchsucht werden und dafür entsprechende Bedingungen zu setzen sind. Alle in Tab. 4.6 genannten Registrierungsschlüssel werden durchsucht, wenn es sich um die Zielplattform WIN32 handelt und kein WOW64 aktiv ist.

Alle in Tab. 4.7 genannten Registrierungsschlüssel werden durchsucht, wenn es sich um die Zielplattform WIN64 handelt und wenn WIN32 in Verbindung mit WOW64 zum Einsatz kommt.

Tab. 4.6 Durchsuchte Registrierungsschlüssel, wenn WIN32 aktiv ist und WOW64 inaktiv (also ein 32 Bit-Windows zum Einsatz kommt)

Konstantenname	Registrierungsschlüssel
RKey0	HKEY_LOCAL_MACHINE\ SOFTWARE\Microsoft\Windows\CurrentVersion\Uninstall
RKey1	HKEY_LOCAL_MACHINE\ SOFTWARE\Microsoft\Windows\CurrentVersion\Installer\UserData
RKey2	HKEY_LOCAL_MACHINE\ SOFTWARE\Microsoft\Active Setup\Installed Components
RKey0	HKEY_CURRENT_USER\ SOFTWARE\Microsoft\Windows\CurrentVersion\Uninstall

Tab. 4.7 Durchsuchte Registrierungsschlüssel, wenn WIN64 aktiv ist oder WIN32 mit aktivem WOW64 (also ein 64 Bit-Windows zum Einsatz kommt)

Konstantenname	Registrierungsschlüssel
RKey0 (Durchlauf 1)	HKEY_LOCAL_MACHINE\ SOFTWARE\Microsoft\Windows\CurrentVersion\Uninstall
RKey1 (Durchlauf 1)	HKEY_LOCAL_MACHINE\ SOFTWARE\Microsoft\Windows\CurrentVersion\Installer\UserData
RKey2 (Durchlauf 1)	HKEY_LOCAL_MACHINE\ SOFTWARE\Microsoft\Active Setup\Installed Components
RKey0 (Durchlauf 1)	HKEY_CURRENT_USER\ SOFTWARE\Microsoft\Windows\CurrentVersion\Uninstall
RKey0 (Durchlauf 2)	HKEY_LOCAL_MACHINE\ SOFTWARE\Microsoft\Windows\CurrentVersion\Uninstall
RKey1 (Durchlauf 2)	HKEY_LOCAL_MACHINE\ SOFTWARE\Microsoft\Windows\CurrentVersion\Installer\UserData
RKey2 (Durchlauf 2)	HKEY_LOCAL_MACHINE\ SOFTWARE\Microsoft\Active Setup\Installed Components
RKey0 (Durchlauf 2)	HKEY_CURRENT_USER\ SOFTWARE\Microsoft\Windows\CurrentVersion\Uninstall

Unsere Implementierung findet in einer Funktion mit dem Namen *DetectInstalled-Software* statt, und liefert ein dynamisches Feld auf einen Record zurück. Der Record selbst soll nur die Basisdetails einer installierten Software aufnehmen und kann beliebig erweitert werden. Als Namen verwenden wir *TInstallRecord* und definieren ihn im Public-Abschnitt unserer *TWindows*-Klasse. Direkt darunter folgt dann die Definition des dynamischen Feldes mit dem Namen *TInstallData:*

```
TInstallRecord = record
  Name,
  Version,
  Company,
  Uninstall : String;
  HideFromControlPanel : Boolean;
end;
TInstallData = Array of TInstallRecord;
```

Die Record-Felder sollen später folgende Daten aufnehmen und über das Hauptformular zugänglich machen:

Der in diesem Fall zum RAD Studio zugehörige Uninstall-Schlüssel innerhalb der Registrierung sieht ebenfalls recht überschaubar aus, enthält jedoch noch mehr Details, die bei Bedarf unserer Implementierung hinzugefügt werden können (siehe auch Abb. 4.6).

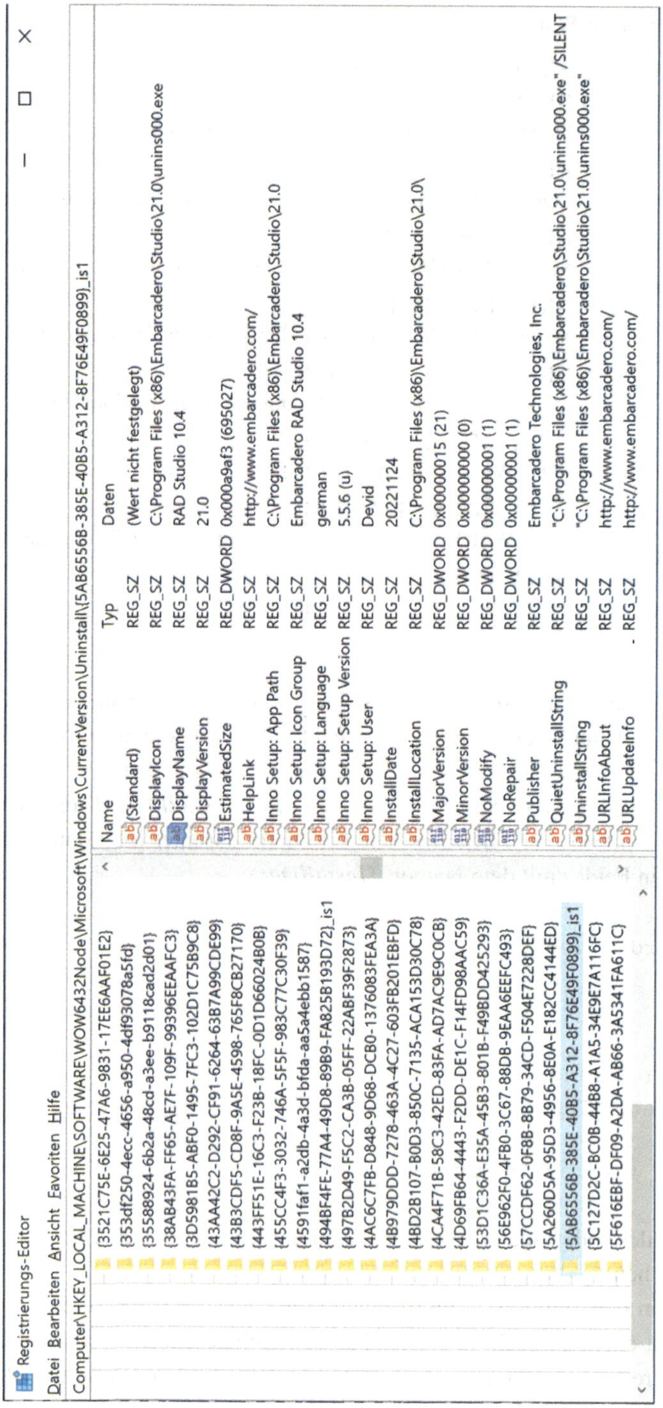

Registrierungs-Editor

Datei Bearbeiten Ansicht Favoriten Hilfe

Computer\HKEY_LOCAL_MACHINE\SOFTWARE\WOW6432Node\Microsoft\Windows\CurrentVersion\Uninstall\{5AB6556B-385E-40B5-A312-8F76E49F0899}_is1

{3521C75E-6E25-47A6-9831-17EE6AAF01E2}
{353df250-4ecc-4656-a950-4df93078a5fd}
{35588924-6b2a-48cd-a3ee-b9118cad2d01}
{38AB43FA-FF65-AE7F-109F-99396EEAAFC3}
{3D5981B5-ABF0-1495-7FC3-102D1C75B9C8}
{43AA42C2-D292-CF91-6264-63B7A99CDE99}
{43B3CDF5-CD8F-9A5E-4598-765F8CB27170}
{443FF51E-16C3-F23B-18FC-0D1D66024B0B}
{455CC4F3-3032-746A-5F5F-983C77C30F39}
{4591faf1-a2db-4a3d-bfda-aa5a4ebb1587}
{494BF4FE-77A4-49D8-89B9-FA825B193D72}_is1
{497B2D49-F5C2-CA3B-05FF-22ABF39F2873}
{4AC6C7FB-D848-9D68-DCB0-1376083FEA3A}
{4B979DDD-7278-463A-4C27-603FB201EBFD}
{4BD2B107-B0D3-850C-7135-ACA153D30C78}
{4CA4F71B-58C3-42ED-83FA-AD7AC9E9C0CB}
{4D69FB64-4443-F2DD-DE1C-F14FD98AAC59}
{53D1C36A-E35A-45B3-801B-F49BDD425293}
{56E962F0-4FB0-3C67-88DB-9EAA6EEFC493}
{57CCDF62-0F8B-8B79-34CD-F504E7228DEF}
{5A260D5A-95D3-4956-8E0A-E182CC4144ED}
{5AB6556B-385E-40B5-A312-8F76E49F0899}_is1
{5C127D2C-BC0B-44B8-A1A5-34E9E7A116FC}
{5F616EBF-DF09-A2DA-AB66-3A5341FA611C}

Name	Typ	Daten
(Standard)	REG_SZ	(Wert nicht festgelegt)
DisplayIcon	REG_SZ	C:\Program Files (x86)\Embarcadero\Studio\21.0\unins000.exe
DisplayName	REG_SZ	RAD Studio 10.4
DisplayVersion	REG_SZ	21.0
EstimatedSize	REG_DWORD	0x000a9af3 (695027)
HelpLink	REG_SZ	http://www.embarcadero.com/
Inno Setup: App Path	REG_SZ	C:\Program Files (x86)\Embarcadero\Studio\21.0
Inno Setup: Icon Group	REG_SZ	Embarcadero RAD Studio 10.4
Inno Setup: Language	REG_SZ	german
Inno Setup: Setup Version	REG_SZ	5.5.6 (u)
Inno Setup: User	REG_SZ	Devid
InstallDate	REG_SZ	20221124
InstallLocation	REG_SZ	C:\Program Files (x86)\Embarcadero\Studio\21.0\
MajorVersion	REG_DWORD	0x00000015 (21)
MinorVersion	REG_DWORD	0x00000000 (0)
NoModify	REG_DWORD	0x00000001 (1)
NoRepair	REG_DWORD	0x00000001 (1)
Publisher	REG_SZ	Embarcadero Technologies, Inc.
QuietUninstallString	REG_SZ	"C:\Program Files (x86)\Embarcadero\Studio\21.0\unins000.exe" /SILENT
UninstallString	REG_SZ	"C:\Program Files (x86)\Embarcadero\Studio\21.0\unins000.exe"
URLInfoAbout	REG_SZ	http://www.embarcadero.com/
URLUpdateInfo	REG_SZ	http://www.embarcadero.com/

Abb. 4.6 Uninstall-Schlüssel aus der Windows-Registrierung für RAD Studio

Tab. 4.8 Record-Felder und deren Inhalt für jede gefundene installierte Applikation

Record-Feldname	Gespeicherter Inhalt	Beispiel
Name	Dargestellter Name	RAD Studio 10.4
Version	Versionsbezeichnung	21.0
Company	Herstellerbezeichnung (Firma, Privat, Team)	Embarcadero Technologies, Inc
Uninstall	Eingetragene Deinstallationsroutine mitsamt Pfad	"C:\Program Files (×86)\Embarcadero\Studio\21.0\unins000.exe"
HideFromControlPanel	Wird die Software in der Systemsteuerung oder in den Systemeinstellungen versteckt?	False

Tab. 4.9 Zugriffsrechte für das Öffnen der TRegistry-Klasse

Zugriffsrecht	Beschreibung
KEY_ALL_ACCESS	Vollständige Berechtigung und Kombination der Rechte KEY_READ, KEY_WRITE und KEY_CREATE_LINK
KEY_READ	Leseberechtigung und Kombination der Rechte KEY_QUERY_VALUE, KEY_ENUMERATE_SUB_KEYS und KEY_NOTIFY
KEY_WRITE	Schreibberechtigung und Kombination der Rechte KEY_SET_VALUE und KEY_CREATE_SUB_KEY
KEY_QUERY_VALUE	Abfragen von Unterschlüsseldaten
KEY_ENUMERATE_SUB_KEYS	Zählen von Unterschlüsseln
KEY_NOTIFY	Empfangen von Änderungsbotschaften
KEY_SET_VALUE	Setzen von Unterschlüsseldaten
KEY_CREATE_SUB_KEY	Erzeugen von Unterschlüsseln
KEY_CREATE_LINK	Erzeugen von symbolischen Verknüpfungen
KEY_EXECUTE	Nur einen Lesezugriff ermöglichen
KEY_WOW64_32KEY	Zugreifen auf einen 32 Bit-Schlüssel aus einer 32 Bit- oder 64 Bit-Anwendung Für Windows 10 auf der ARM-Plattform gilt zusätzlich, dass sich diese Berechtigung auf die 32 Bit-ARM-Registrierungsansicht für 32 Bit-ARM-Prozesse und die 32 Bit- ×86-Registrierungsansicht für 32 Bit- ×86- und 64 Bit-ARM64-Prozesse bezieht
KEY_WOW64_64KEY	Zugreifen auf einen 64 Bit-Schlüssel aus einer 32 Bit- oder 64 Bit-Applikation
KEY_WOW64_RES	Zugreifen auf alle Registrierungsansichten und Kombination der Rechte KEY_WOW64_32KEY und KEY_WOW64_64KEY

Tab. 4.10 Mögliche Typen von Datenwerten, die mit TRegistry.GetDataType ermittelbar sind

Typ des Datenwertes (TRegDataType)	Beschreibung
rdUnknown	Nicht definierter Typ
rdString	Nullterminierter String und abhängig davon, ob die Anwendung die Unicode- oder die ANSI-String-Funktionen verwendet, ein Unicode- oder ein ANSI-String
rdExpandString	Nullterminierter String mit nicht erweiterten Referenzen auf Umgebungsvariablen (z. B. „%PATH%"). Abhängig davon, ob die Anwendung die Unicode- oder die ANSI-String-Funktionen verwendet, ist er ein Unicode- oder ein ANSI-String
rdInteger	32 Bit Zahl
rdBinary	Beliebige binäre Form

Tab. 4.11 Parameter für die Windows API-Funktion *SHGetSpecialFolderLocation*

Variable	Art	Datentyp	Beschreibung
hwnd	Eingabe	Hwnd	Handle des Desktop-Fensters, das den gesamten Bildschirm bedeckt und der Bereich ist, über dem andere Fenster gezeichnet werden (plattformabhängiger vorzeichenloser Integer auf Basis von System.UIntPtr)
csidl	Eingabe	Integer	CSIDL (Constant Special Item ID List) für die Definition des zu ermittelnden Verzeichnisses
*ppidl	Ausgabe	Zeiger auf TItemIDList	Liste der Element-IDs kombiniert mit einem 0-Terminator

Wir beginnen unsere Implementierung mit dem Funktionskopf und der Deklaration einiger wiederkehrender Konstanten. Die Konstante *RKeyRoot* beinhaltet die beiden Einträge für den Software-Unterknoten bzw. die per WOW64 durchgeführte Registrierungsweiterleitung an *Wow6432Node*. Die Konstanten *RKey0, RKey1* und *RKey2* beinhalten die Unterknoten, in denen die Softwareeinträge gesucht werden, und anhand des Platzhalters *%s* wird an dieser Stelle später der jeweilige Feld-Eintrag von *RKeyRoot* eingesetzt.

Dann folgen die Namen der einzelnen Schlüssel-Einträge:

```
function TWindows.DetectInstalledSoftware : TInstallData;
const
  RKeyRoot : Array [0..1] of String = ('SOFTWARE','SOFTWARE\Wow6432Node');
  RKey0 = '\%s\Microsoft\Windows\CurrentVersion\Uninstall';
  RKey1 = '\%s\Microsoft\Windows\CurrentVersion\Installer\UserData';
  RKey2 = '\%s\Microsoft\Active Setup\Installed Components';
```

```
  rvDN = 'DisplayName';
  rvDV = 'DisplayVersion';
  rvUS = 'UninstallString';
  rvCompany = 'Publisher';
  rvKFN = 'KeyFileName';
  rvVer = 'Version';
```

Ebenfalls gehört zum Funktionskopf die Definition der notwendigen Variablen, wobei wir diverse Zugriffs- und Zählvariablen definieren, zwei Stringlisten (für Schlüsselnamen), eine Registrierungsinstanz für den Registrierungszugriff sowie unsere gerade eben definierte Record-Struktur mit den Softwaredetails. Wir arbeiten bereits an dieser Stelle mit der bedingten Kompilierung, um je nach Zielplattform während der Kompilierung entsprechend reagieren zu können. Dafür kommen die beiden Kompilersymbole WIN32 und WIN64 zum Einsatz:

```
var
  KeyCount,
  KeyCount2,
  RKCount
  {$IFDEF WIN32}, x64{$ENDIF} : Integer;
  RKey, Str : String;
  StringList,
  KeyList : TStringList;
  Reg : TRegistry;
  IR : TInstallRecord;
```

Vor dem Funktionsrumpf erfolgt noch die Implementation einer internen Prozedur mit dem Namen *AddEntry,* die später komfortabel aus dem Funktionsrumpf den Softwareeintrag in das dynamische Feld hinzufügen soll. Ebenfalls wird eine interne Funktion mit dem Namen *ReadEntry* implementiert, die alle für unsere Auswertung elementaren Schlüssel ausliest und ebenfalls komfortabel während der Ermittlung im Funktionsrumpf ausgeführt wird. Die Beschreibung dieser internen Prozedur und Funktion erfolgt weiter unten, weil dafür zunächst die Arbeitsweise der Softwareermittlung hilfreich ist.

Der eigentliche Funktionsrumpf beginnt mit der Erstellung der beiden Stringlisten und dem Einstieg in einen try...finally-Block, der im Finally-Abschnitt die Freigabe der soeben erstellten Stringlisten enthalten wird:

```
begin
  StringList := TStringList.Create;
  KeyList := TStringList.Create;
  try
```

Wir beginnen die Ermittlung mit einer For-Zählschleife, deren Kopfbedingung anhand der bedingten Kompilierung und dem WIN64-Symbol gesteuert wird. Sollte die 64 Bit-Zielplattform erkannt werden, durchlaufen wir die For-Zählschleife zweimal jeweils für einen Eintrag des RKeyRoot-Feldes (*SOFTWARE* und *SOFTWARE\Wow6432Node*). Ebenfalls wird dann für jeden Schleifendurchlauf die Reg-Instanz vom Typ TRegistry neu erstellt, sowie der entsprechende Root-Schlüsselname zusammengesetzt.

Für den Fall einer 32 Bit-Zielplattform im $ELSE-Abschnitt wird zunächst die x64-Variable in Abhängigkeit eines vorhandenen WOW64-Kontextes gesetzt. Diese Variable ist gleichzeitig der Finalwert der For-Zählschleife (also 0 oder 1), wobei der Initialwert mit 0 fest definiert wird. Die Schleife läuft also entweder einmal ohne WOW64, oder zweimal mit WOW64. Nach dem Einleiten der Schleife wird der Root-Schlüsselname mithilfe des RKeyRoot-Feldes zusammengesetzt, und danach die Reg-Instanz vom Typ TRegistry neu erstellt:

```
{$IFDEF WIN64}
for RKCount := 0 to 1 do
begin
  Reg := TRegistry.Create(KEY_READ);
  RKey := Format(RKey0, [RKeyRoot[RKCount]]);
{$ELSE}
if not IsWow64 then
  x64 := 0
else
  x64 := 1;
for RKCount := 0 to x64 do
begin
  RKey := Format(RKey0, [RKeyRoot[0]]);
  if RKCount = 0 then
    Reg := TRegistry.Create(KEY_READ)
  else
    Reg := TRegistry.Create(KEY_READ or KEY_WOW64_64KEY);
{$ENDIF}
```

Bei der Erstellung der TRegistry-Instanz wird zusätzlich geprüft, ob wir uns im ersten Schleifendurchlauf (RKCount enthält als Zähler 0) befinden, oder im zweiten Schleifendurchlauf (RKCount enthält 1). Letzteres bedeutet, dass eine Applikation mit der Zielplattform für 32 Bit kompiliert wurde, und WOW64 erkannt wurde. In diesem Fall wird die TRegistry-Instanz mit einem veränderten Zugriffsparameter für 64 Bit geöffnet.

Hintergrundinformation

Der Konstruktor *Create* der TRegistry-Klasse erlaubt die Angabe eines Zugriffsparameters, der optional betrachtet wird. Ohne die Angabe dieses Parameters wird die Registrierung automatisch mit dem Zugriffsrecht *KEY_ALL_ACCESS* geöffnet, was lesen sowie schreiben einschließt. Wenn man nicht schreiben muss, reicht das Öffnen mit „Nur-Leserechten", wobei die Zugriffsrechte in der Delphi-Unit Winapi.Windows.pas definiert sind.

Während die Zugriffsrechte *KEY_ALL_ACCESS, KEY_READ, KEY_WRITE* und *KEY_WOW64_RES* vordefinierte Zusammenstellungen verschiedener Zugriffsrechte darstellen, sind andere Zugriffsrechte für sich selbst alleinstehend. Hinzu kommt der Umstand, dass 3 Zugriffsrechte für WOW64 existieren, die den Zugriff auf alternative Registrierungsansichten steuern. Diese Zugriffsrechte sind von Embarcadero auch korrekt implementiert, aber in deren Online-Hilfe und Wiki nicht dokumentiert. Die offiziellen Microsoft-Seiten [14, 15] sind hier eine zuverlässige Quelle und in Tab. 4.9 werden die vollständigen Zugriffsrechte aufgelistet.

Nachdem nun der Kopfbereich der For-Zählschleife definiert und bereits die TRegistry-Instanz erstellt wurde, geht es in 4 Blöcken um das Auslesen und Auswerten der Softwareeinträge. Blockübergreifend kommt eine try...finally-Verschachtelung zum Einsatz, weil im Finally-Abschnitt die zuvor erstellte TRegistry-Instanz mit *Reg.Free* wieder freigegeben wird.

Zuerst wird der RootKey der TRegistry-Instanz auf *HKEY_LOCAL_MACHINE* gesetzt, und dann der in *RKey* enthaltene Registrierungsschlüssel geöffnet. Die Funktion *OpenKey* liefert True zurück, wenn dieser Vorgang erfolgreich war. Zusätzlich wird *OpenKey* noch ein weiterer Boolean-Parameter übergeben, der als *CanCreate* bezeichnet wird und steuert, ob der zu öffnende Schlüssel erstellt wird, wenn er nicht vorhanden ist – das wollen wir natürlich nicht und setzen diesen Parameter daher auf False.

Wenn das Öffnen erfolgreich war, liest die Delphi-Funktion *GetKeyNames* die Schlüsselnamen in die übergebene Stringliste *StringList* ein, die wir zuvor erstellt haben. Danach wurde die nötige Vorarbeit geleistet, indem die Schlüsselliste erstellt wurde, und wir können die TRegistry-Instanz wieder schließen:

```
try
  Reg.RootKey := HKEY_LOCAL_MACHINE;
  if Reg.OpenKey(RKey, False) then
  begin
    Reg.GetKeyNames(StringList);
    Reg.CloseKey;
```

Mit einer weiteren For-Zählschleife gehen wir jeden Schlüssel aus der Stringliste durch und sobald das Öffnen des jeweiligen Schlüssels mit *OpenKey* erfolgreich war, greifen wir auf die Instanz des Records *TInstallRecord* zu und setzen für diesen Standardwerte. Unsere Instanz *IR* repräsentiert daher eine ermittelte Software, die wir im weiteren Verlauf in das dynamische Feld einfügen:

```
for KeyCount := 0 to StringList.Count - 1 do
  if Reg.OpenKey(RKey + '\' + StringList[KeyCount], False) then
  begin
    ResetMemory(IR, SizeOf(IR));
```

Hintergrundinformation
Die zum Einsatz kommende Funktion *ResetMemory* setzt eine beliebige Struktur auf Standardwerte und erwartet dafür die Strukturinstanz sowie die dazugehörige Größe. Letztere lässt sich über *SizeOf* ermitteln:

```
procedure TWindows.ResetMemory(out P; Size : Longint);
begin
  if Size > 0 then
  begin
    Byte(P) := 0;
    FillChar(P, Size, 0);
  end;
end;
```

Der erste Parameter wird mit dem reservierten Wort *out* als untypisierter Ausgabeparameter gekennzeichnet, und danach folgt die Größe als LongInt-Parameter.

Der Funktionsrumpf beginnt mit einer Prüfung, ob die Größenangabe größer als null ist, und setzt dann das erste Byte der übergebenen untypisierten Variable auf 0. Dieses Vorgehen ist von Bedeutung, wenn verwaltbare Typen wie z. B. Strings und dynamische Felder zum Einsatz kommen.

Anschließend wird mit *FillChar* der Inhalt der untypisierten Variable auf 0 gesetzt – als Parameter kommen hier die Variable, die Größe sowie der Wert zum Einsatz.

Der eigentliche Kern des Erkennungsblocks ist der Aufruf der Funktion *ReadEntry*, gefolgt von *AddEntry*. Erstere Funktion liest die Softwaredetails in die Softwareinstanz *IR* ein, und letztere überträgt diese Instanz in das dynamische Feld (die Beschreibungen für *ReadEntry* und *AddEntry* befinden sich weiter hinten in diesem Unterkapitel).

```
          if ReadEntry(IR) then
            AddEntry(IR);
          Reg.CloseKey;
        end;
    end;
```

Beendet wird dieser Funktionsblock durch das Schließen der TRegistry-Instanz *Reg* mit der Prozedur *CloseKey*.

Nach diesem Schema geht es weiter mit denjenigen Registrierungsschlüsseln, die in den Konstanten *RKey1* und *RKey2* definiert sind (für den Root-Schlüssel *HKEY_LOCAL_MACHINE*) sowie erneut für den Registrierungsschlüssel aus *RKey0* mit dem Root-Schlüssel *HKEY_CURRENT_USER*. Durch diesen Mechanismus werden die relevanten Stellen in der Registrierung durchgearbeitet, jeweils abhängig von der 32/64 Bit-Zielplattform und WOW64.

Eine leicht modifizierte Durchführung kommt bei der Konstante *RKey2* zum Einsatz, weil in den dazugehörigen Registrierungsschlüsseln nicht alle Softwaredetails auslesbar sind, und die Software auch nicht in der Windows-Systemsteuerung (Programme und Features) oder den Systemeinstellungen (Apps und Features) sichtbar ist. Hier werden die Ergebnisse manuell zugewiesen – soweit verfügbar – und diese dann mit *AddEntry* dem dynamischen Feld hinzugefügt.

Wie bereits weiter oben beschrieben, implementieren wir eine interne Funktion mit dem Namen *ReadEntry,* die ein komfortables Auslesen der Registrierungsdetails einer entsprechenden Software in den dazugehörigen Software-Record ermöglicht. Diese Funktion befindet sich als Unterfunktion innerhalb von *TWindows.DetectInstalledSoftware,* und liefert einerseits ein Boolean-Ergebnis über den Erfolg zurück, sowie andererseits einen Rückgabeparameter, der eine Instanz von *TInstallRecord* darstellt:

```
function ReadEntry(var AEntry : TInstallRecord) : Boolean;
```

Diese Funktion greift ebenfalls auf die TRegistry-Instanz der übergeordneten Funktion zurück, die zum Zeitpunkt des Funktionsaufrufes geöffnet ist. Begonnen wird direkt mit dem Auslesen des Registrierungswertes *SystemComponent,* der aussagt, ob eine Software in der Windows-Systemsteuerung (Programme und Features) oder den Systemeinstellungen (Apps und Features) sichtbar ist. Wenn der Wert *SystemComponent* vorhanden ist und den Wert 1 enthält, ist die Software versteckt. Sollte der Wert nicht vorhanden sein oder vorhanden mit einer null als Ergebnis, ist die Software sichtbar.

Auch wenn der Wert in der Registrierung als REG_DWORD vorhanden sein soll, kann man sich nicht immer darauf verlassen, weil jede Software während der Installation oder auch mit schreibendem Registrierungszugriff hier Änderungen bewirken kann. Daher sind Szenarien zu beobachten gewesen, wo dieser Wert als String mit dem Text „1" implementiert war. In einem solchen Fall würde die TRegistry-Funktion *ReadInteger* eine Exception auslösen, die man zwar in einem try...except-Block abfangen kann, aber diese Prüfung schon bereits vor dem Auslesen durchführen sollte.

Es wird daher an dieser Stelle erst dann ausgelesen, wenn *SystemComponent* überhaupt existiert, und der dazugehörige Datentyp ein Integer ist:

```
if Reg.ValueExists('SystemComponent') and
   (Reg.GetDataType('SystemComponent') = rdInteger) then
  AEntry.HideFromControlPanel :=
    Reg.ReadInteger('SystemComponent') = 1;
```

Die TRegistry-Funktion *GetDataType* liefert ein Ergebnis vom Typ *TRegDataType* [16] zurück, wovon man die weitere Vorgehensweise abhängig machen kann. Mögliche Typen von Datenwerten sind:

Wenn der Datenwert dem Typ *rdInteger* entspricht, wird mit *ReadInteger* der TRegistry-Instanz das eigentliche Lesen durchgeführt. Es folgt eine boolesche Abfrage, ob dieser gelesene Wert einer 1 entspricht und die Boolean-Eigenschaft *HideFromControlPanel* damit entsprechend gesetzt.

Weiterhin besteht der Funktionsrumpf aus einer Abfrage, ob im gleichen geöffneten Registrierungsschlüssel der Wert *DisplayName* (Konstante *rvDN*) existiert. Wenn dies der Fall ist, beginnt ein weiterer Ermittlungsblock, der zunächst mit dem Einlesen des Wertes *DisplayName* mit der TRegistry-Funktion *ReadString* beginnt.

Danach folgt die Abfrage für den Wert *DisplayVersion,* der vorhanden sein und dem Datentyp *rdString* entsprechen muss – anschließend wird auch dieser Wert mit *ReadString* gelesen. Das gleiche gilt für die Werte *Publisher* und *UninstallString:*

```
if Reg.ValueExists(rvDN) then
begin
  AEntry.Name := Reg.ReadString(rvDN);

  if Reg.ValueExists(rvDV) and
     (Reg.GetDataType(rvDV) = rdString) then
    AEntry.Version := Reg.ReadString(rvDV);

  if Reg.ValueExists(rvCompany) and
     (Reg.GetDataType(rvCompany) = rdString) then
    AEntry.Company := Reg.ReadString(rvCompany);

  if Reg.ValueExists(rvUS) and
    (Reg.GetDataType(rvUS) = rdString) then
    AEntry.Uninstall := Reg.ReadString(rvUS);
end;
```

In der letzten Zeile der Funktion *ReadEntry* wird noch das Boolean-Ergebnis definiert, wobei der Wert *DisplayName* einen gültigen Inhalt aufweisen muss, was dadurch als primäres Darstellungsmerkmal festgelegt wird:

```
  Result := (AEntry.Name <> '');
end;
```

Vergleichbar mit der Funktion *ReadEntry* für das Einlesen einer Software, soll die Prozedur *AddEntry* eine zuvor ausgelesene Software basierend auf einer Instanz von *TInstallRecord* dem dynamischen Feld hinzufügen. Wir erinnern uns, dass dieses dynamische Feld das Ergebnis der übergeordneten Funktion *TWindows.DetectInstalledSoftware* darstellt und mit dem Ergebnis vom Typ *TInstallData* implementiert ist *(Array of TInstallRecord).*

Daher beginnen wir die interne Prozedur mit der Definition des Parameters und jeweils einer Zähler- und Indexvariable vom Typ Integer:

```
procedure AddEntry(AEntry : TInstallRecord);
var
  EntryCnt, Idx : Integer;
begin
```

Im ersten Schritt setzen wir die Indexvariable auf den Negativwert -1, um später zu ermitteln, an welche Position der neue Softwareeintrag hinzugefügt werden soll. Danach folgt eine For-Schleife, die von null beginnend bis zum höchsten Eintrag des dynamischen Feldes jeden einzelnen Eintrag iteriert und prüft, ob der hinzuzufügende Softwarename bereits existiert (Funktion *SameText* aus der Delphi-Unit System.SysUtils.pas). Sollte dies der Fall sein, dann wird der Indexvariable genau dieser Indexeintrag zugeordnet und mit *Break* aus der Schleife herausgesprungen. Wenn die Software nicht in der Liste gefunden wurde, wird sie vollständig durchlaufen, die Indexvariable behält jedoch den anfangs zugewiesenen Startwert von -1:

```
Idx := -1;
for EntryCnt := 0 to High(Result) do
  if SameText(Result[EntryCnt].Name, AEntry.Name) then
  begin
    Idx := EntryCnt;
    Break;
  end;
```

Weiter geht es mit dem Vergrößern des dynamischen Feldes, und zwar nur dann, wenn die hinzuzufügende Software noch nicht in der Liste existiert – dies wird zuvor mit dem Startwert -1 ermittelt. Das dynamische Feld wird in diesem Fall mit der Funktion *SetLength* um einen weiteren Eintrag erweitert, und die Indexvariable entsprechend auf diesen neuen Eintrag gesetzt:

```
if Idx = -1 then
begin
  SetLength(Result, Length(Result) + 1);
  Idx := High(Result);
end;
```

Zum Abschluss erfolgt eine Gültigkeitsabfrage, ob das Namensfeld des neuen Feldindex leer ist. Wenn dies der Fall ist, können wir tatsächlich von einem neuen leeren Feldeintrag ausgehen und weisen die per Funktionsparameter übergebene Software basierend auf einer Instanz von *TInstallRecord* zu:

```
  if Result[Idx].Name = '' then
    Result[Idx] := AEntry;
end;
```

Mit diesen Implementierungen haben wir die Ermittlung der installierten Software abgeschlossen und erhalten eine je nach Windows-Installation mehr oder weniger umfangreiche Softwareliste, die für jeden Eintrag über ausgewählte Eigenschaften verfügt. Die Beschaffenheit der Implementierung und der verwendete *TInstallRecord* sollen hier nur ein Grundgerüst darstellen, und lassen sich beliebig je nach Anforderungen erweitern (siehe Abb. 4.7).

Nachdem nun die Implementierung vollständig besprochen wurde, muss innerhalb unseres Hauptformulars beim Anklicken des entsprechenden TreeView-Eintrages die Ermittlung und Auswertung durchgeführt werden. Die Prozedur *DisplaySoftwareInstalled* sorgt für die notwendigen Schritte, sobald der TreeView-Eintrag selektiert wird:

```
procedure TPCAnalyserForm.DisplaySoftwareInstalled;
var
  SoftwareCounter : Integer;
begin
```

Als lokale Variable wird eine Integer-Zählvariable definiert, die später für die Iteration durch die Softwareliste Verwendung findet. Anschließend beginnen die Vorbereitungen im Rumpf der Prozedur, wozu die With-Anweisung der rechts befindlichen ListView zählt, sowie das Aussetzen der ListView-Aktualisierung mittels BeginUpdate. Dann folgt in einem try...finally-Block zunächst das Leeren der Liste:

```
  with ResultsListView, Items do
  begin
    BeginUpdate;
    try
      Clear;
```

Der folgende Aufruf stellt sozusagen die eigentliche Ermittlung dar. Hierbei wird die Prozedur *DetectInstalledSoftware* aus der instanziierten Klasse *TWindows* der übergeordneten Klasse *TSystemAccess* aufgerufen. Die Ergebnisse werden wiederum der Public-Variable *SWList* zugewiesen, die in *TWindows* vom Typ *TInstallData* definiert ist. Letzteres stellt das dynamische Feld dar, das wir mehrfach in diesem Kapitel besprochen haben:

```
      SystemAccessClass.WindowsClass.SWList :=
        SystemAccessClass.WindowsClass.DetectInstalledSoftware;
```

Danach folgt die Iteration der Softwareliste, wobei anhand von *High* geprüft wird, ob überhaupt Einträge vorhanden sind. In diesem Fall wird zunächst die Sortierung der Listenkomponente verändert, weil wir die Softwareeinträge nicht nach deren Speicherungsreihenfolge in der Liste, sondern alphabetisch darstellen möchten. Diese

Abb. 4.7 Beispielhafte Darstellung der installierten Software

Documentation Manager	22.240.0.6
Dynamic HTML Data Binding	11,3393,19041,0
EditPad Pro 8 v.8.4.2	v.8.4.2
Entity Framework 6.2.0 Tools for Visual Studio...	6.2.0.0
Eraser 6.2.0.2990	6.2.2990
Everything 1.4.1.1024 (x64)	1.4.1.1024
Fingerprint Sensor Driver	21.9.0.504
Fusion Service	2.2.14.0
Google Chrome	43,0,0,0
HelpScribble 8.3.1	8.3.1
HTML Help	10,0,19041,3393
icecap_collection_neutral	16.10.31306
icecap_collection_x64	16.10.31306
icecap_collectionresources	16.10.31306
icecap_collectionresourcesx64	16.10.31306
iCloud Outlook	14.2.0.108
Imaging And Configuration Designer	10.1.19041.1
Imaging Designer	10.1.19041.1
Imaging Tools Support	10.1.19041.1
Intel Driver && Support Assistant	23.3.25.6
Intel(R) Computing Improvement Program	2.4.10577
Intel(R) Wireless Bluetooth(R)	22.240.0.2
Intel® Driver & Support Assistant	23.3.25.6
Intel® Integrated Sensor Solution	3.10.100.4572
Intel® Software Installer	22.240.0.6
IntelliTraceProfilerProxy	15.0.18198.01
Internet Explorer Core Fonts	11,3393,19041,0
Internet Explorer Help	11,3393,19041,0
Internet Explorer Setup Tools	11,3393,19041,0
IrfanView 4.60 (64-bit)	4.60
ISS_Drivers_x64	3.10.100.4572
iTunes	12.12.9.4
Kits Configuration Installer	10.1.19041.1
Kumulatives Microsoft .NET Framework Intellis...	4.8.03761
Logi Options+	1.50.447400
Microsoft .NET AppHost Pack - 5.0.17 (x64)	40.68.31213
Microsoft .NET AppHost Pack - 5.0.17 (x64_arm)	40.68.31213
Microsoft .NET AppHost Pack - 5.0.17 (x64_ar...	40.68.31213
Microsoft .NET AppHost Pack - 5.0.17 (x64_x86)	40.68.31213
Microsoft .NET Core 3.1 Templates 5.0.416 (x64)	12.29.30342
Microsoft .NET Core 5.0 Templates 5.0.416 (x64)	20.5.30342
Microsoft .NET Core AppHost Pack - 3.1.32 (x64)	24.192.31915
Microsoft .NET Core AppHost Pack - 3.1.32 (x6...	24.192.31915
Microsoft .NET Core AppHost Pack - 3.1.32 (x6...	24.192.31915
Microsoft .NET Core AppHost Pack - 3.1.32 (x6...	24.192.31915
Microsoft .NET Core Host - 3.1.32 (x64)	24.192.31915
Microsoft .NET Core Host FX Resolver - 3.1.32 ...	24.192.31915
Microsoft .NET Core Runtime - 3.1.32 (x64)	24.192.31915
Microsoft .NET Core Runtime - 3.1.32 (x86)	24.192.31915
Microsoft .NET Core Targeting Pack - 3.1.0 (x64)	24.64.28315
Microsoft .NET Framework 4 Multi-Targeting P...	4.0.30319
Microsoft .NET Framework 4.5 Multi-Targeting ...	4.5.50710
Microsoft .NET Framework 4.5.1 Multi-Targetin...	4.5.50932
Microsoft .NET Framework 4.5.2 Multi-Targetin...	4.5.51209
Microsoft .NET Framework 4.6 Targeting Pack	4.6.00081
Microsoft .NET Framework 4.6.1 Targeting Pack	4.6.01055
Microsoft .NET Framework 4.7.2 Targeting Pack	4.7.03062
Microsoft .NET Framework 4.8 SDK	4.8.04084
Microsoft .NET Framework 4.8 SDK (Deutsch)	4.8.03761
Microsoft .NET Framework 4.8 Targeting Pack	4.8.04084
Microsoft .NET Host - 5.0.17 (x64)	40.68.31213
Microsoft .NET Host - 6.0.21 (x64)	48.87.64667
Microsoft .NET Host FX Resolver - 5.0.17 (x64)	40.68.31213
Microsoft .NET Host FX Resolver - 5.0.17 (x86)	40.68.31213
Microsoft .NET Host FX Resolver - 6.0.21 (x64)	48.87.64667

Verhaltensweise wird erreicht, indem der Listeneigenschaft *SortType* der Wert *stText* zugewiesen wird.

Dann beginnt eine For-Zählschleife, die jeden einzelnen Eintrag durchläuft, und mittels der With-Anweisung und *Add* den Namen der Software in der ersten Caption-Spalte hinzufügt. Sollte für die Software eine Version gespeichert worden sein, wird per *SubItems.Add* die zweite Spalte mit der Version gefüllt:

```
if High(SystemAccessClass.WindowsClass.SWList) > 0 then
begin
  ResultsListView.SortType := stText;
  for SoftwareCounter := 0 to
    High(SystemAccessClass.WindowsClass.SWList) do
    with Add do
    begin
      Caption :=
        SystemAccessClass.
        WindowsClass.
        SWList[SoftwareCounter].Name;
      if SystemAccessClass.
         WindowsClass.
         SWList[SoftwareCounter].Version <> '' then
        SubItems.Add(SystemAccessClass.
                     WindowsClass.
                     SWList[SoftwareCounter].Version)
      else
        SubItems.Add('-');
    end;
end
else
  Caption := 'Keine Software gefunden';
```

Den Abschluss der Auswertung stellt der Finally-Abschnitt des zuvor über Try eingeleiteten Blocks dar, indem zunächst die normale Sortierung der Listenansicht wiederhergestellt wird. Das ist deswegen notwendig, weil die vor der Iteration erzwungene alphabetische Sortierung für einen Großteil der anderen Listendarstellungen hinderlich ist. Wir möchten die Reihenfolge gerne selbst festlegen, wie etwa bei den Windows-Details in Abschn. 4.1. Daher kann die alphabetische Sortierung an dieser Stelle als temporär betrachtet werden, was durch das Zuweisen des Wertes *stNone* zur Listeneigenschaft *SortType* wieder rückgängig gemacht wird. Danach wird die Aktualisierung der Liste wieder mit der Listenprozedur EndUpdate aktiviert:

```
    finally
      ResultsListView.SortType := stNone;
      EndUpdate;
    end;
  end;
end;
```

4.3 Windows-Verzeichnisse

Die Verwendung der beiden API-Funktionen *GetWindowsDirectory* und *GetSystem-Directory* aus der Delphi-Unit Winapi.Windows.pas haben wir weiter oben bereits beschrieben und implementiert. Darüber hinaus gibt es Szenarien, in denen andere Verzeichnisse ermittelt werden müssen, etwa zur Ablage von Dokumenten und temporären Dateien.

Hierfür bietet Delphi in der Unit System.IOUtils.pas den TPath-Record mit vielen Erkennungsfunktionen an, etwa für Dokumente:

```
Result := TPath.GetDocumentsPath;
```

Eine vollständige Liste befindet sich in der offiziellen Delphi-Dokumentation [17]. Auch wenn diese Implementierung für viele Szenarien völlig ausreichend ist, hat sie dennoch den Nachteil, auf Embarcadero und deren möglichst vollständiger Implementierung angewiesen zu sein. Daher möchten wir in diesem Unterkapitel eine zusätzliche Methode vorstellen, die von der Implementierung her flexibler aufgebaut ist und sich vorrangig an der Windows-API orientiert.

Wir werden uns die Windows API-Funktion *SHGetSpecialFolderLocation* [18] genauer ansehen, die von Embarcadero in der Delphi-Unit Winapi.ShlObj.pas (Win32 API Shell Objects Interface Unit) enthalten ist. Die Funktion erwartet zwei Eingabe- sowie einen Ausgabeparameter, und liefert einen als *HResult* definierten Rückgabewert zurück:

Der Rückgabewert ist im Prinzip ein LongInt-Wert, der laut API-Dokumentation im Erfolgsfall den Wert *S_OK* (definiert als $00000000) enthält, sodass hier eine einfache Prüfung möglich ist.

Bei den Eingabeparametern wird zunächst das Handle des Desktop-Fensters ermittelt, was über die API-Funktion *GetDesktopWindow* [19] durchgeführt wird. Diese befindet sich in der Delphi-Unit Winapi.Windows.pas und liefert direkt das entsprechende Handle zurück.

Ebenfalls wird als Eingabeparameter eine sog. CSIDL (Constant Special Item ID List) erwartet, wobei es sich um eine eindeutige von Microsoft definierte Kennung handelt, die definiert, welches Verzeichnis eigentlich gemeint ist. Diese IDs findet man in der Microsoft-Dokumentation [20] und auch in den von Embarcadero übersetzten API-Konstanten in der Delphi-Unit Winapi.ShlObj.pas.

Tab. 4.12 Auswahl der wichtigsten CSIDL-Werte für häufig benutzte Verzeichnisermittlungen

CSIDL-Konstante	Beschreibung
CSIDL_COMMON_DESKTOPDIRECTORY	Das Dateisystemverzeichnis, das Dateien und Ordner enthält, die für alle Benutzer auf dem Desktop angezeigt werden
CSIDL_DESKTOPDIRECTORY	Das Dateisystemverzeichnis, das Dokumente enthält, die für alle Benutzer gleich sind
CSIDL_COMMON_DOCUMENTS	Das Dateisystemverzeichnis, das Dokumente enthält, die für alle Benutzer gleich sind
CSIDL_MYDOCUMENTS	Der virtuelle Ordner, der das Desktop-Element *Eigene Dateien* darstellt
CSIDL_FAVORITES	Das Dateisystemverzeichnis, das als gemeinsamer Speicherort für die bevorzugten Elemente des Benutzers dient
CSIDL_LOCAL_APPDATA	Das Dateisystemverzeichnis, das als Datenspeicher für lokale Anwendungen dient
CSIDL_PROFILE	Der Profilordner des Benutzers, z. B. *C:\Users\Benutzername*
CSIDL_PROGRAM_FILES	Der Programmdateiordner
CSIDL_SYSTEM	Der Windows-Systemordner
CSIDL_WINDOWS	Das Windows-Verzeichnis oder SYSROOT. Dies entspricht den Umgebungsvariablen %windir% oder %SYSTEMROOT%. Der typische Pfad lautet *C:\Windows*

Hintergrundinformation
Über CSIDL-Werte wird ein eindeutiger systemunabhängiger Weg bereitgestellt, um spezielle Verzeichnispositionen abzufragen, die auf unterschiedlichen Systemen unterschiedliche Namen haben können. Eine gute Orientierung stellt der offizielle Microsoft-Artikel dar [20], und die übersetzten API-Konstanten erlauben eine komfortable Abfrage aus Delphi heraus. Eine Auswahl der wichtigsten CSIDL-Werte enthält die Tab. 4.12.

Der Ausgabeparameter ist ein Zeiger auf eine *TItemIDList,* also ein *PItemIDList*. Diese ist definiert als Record:

```
_ITEMIDLIST = record
   mkid: TSHItemID;
 end;
```

Der Typ *TSHItemID* wiederum ist ebenfalls als Record definiert und enthält eine Word-Größenangabe sowie die Item-ID in variabler Byte-Länge:

Tab. 4.13 Parameter für die Windows API-Funktion *SHGetPathFromIDList*

Name	Art	Datentyp	Beschreibung
pidl	Eingabe	Zeiger auf TItemIDList	Zuvor ermittelte Liste der Element-IDs kombiniert mit einem 0-Terminator
pszPath	Ausgabe	Zeiger auf WideChar (PWideChar)	Adresse eines Puffers, der den Dateisystempfad aufnehmen soll. Dieser Puffer muss mindestens so groß sein wie MAX_PATH

```
_SHITEMID = record
  cb: Word;
  abID: array[0..0] of Byte;
end;
```

Die Frage der Auswertung dieser Struktur wird durch die API-Funktion *SHGetPathFromIDList* [21] beantwortet, die als Eingabeparameter die zuvor ermittelte *PItemIDList*-Zeigervariable erwartet, und als Ausgabeparameter einen Zeiger auf den Pufferbereich, der den Dateisystempfad enthält (Tab. 4.13).

Der Rückgabeparameter definiert als Boolean, ob der Aufruf erfolgreich war und ob der Dateisystempfad in der Ausgabevariable vorhanden ist.

Somit haben wir alle theoretischen Vorbereitungen besprochen und beginnen mit der Implementierung der Verzeichnisermittlung anhand der *TWindows*-Funktion *GetWindowsDirectories*. Diese liefert als Ergebnis eine Stringliste vom Typ *TStringList* zurück, die durch ein Gleichheitszeichen getrennt jeweils die Beschreibung und den Verzeichnisnamen enthält:

```
function TWindows.GetWindowsDirectories : TStringList;
```

Direkt vor dem Funktionsrumpf und den Variablendeklarationen implementieren wir eine Hilfsfunktion mit dem Namen *GetSpecialFolder*, die wie oben beschrieben anhand des Handles vom Desktop-Fenster und der CSIDL den entsprechenden Pfad zurückliefert:

Tab. 4.14 Implementierte API-Funktion zur Behandlung von Windows-Umgebungsvariablen

API-Funktion	Bedeutung
GetEnvironmentVariable	Ermittelt den Inhalt der angegebenen Umgebungsvariable aus dem Umgebungsblock des aufrufenden Prozesses
SetEnvironmentVariable	Setzt den Inhalt der angegebenen Umgebungsvariable für den aktuellen Prozess
GetEnvironmentStrings	Ermittelt die Umgebungsvariablen für den aktuellen Prozess
FreeEnvironmentStrings	Gibt einen Umgebungsblock aus Strings bestehend frei
ExpandEnvironmentStrings	Erweitert Strings von Umgebungsvariablen und ersetzt sie mit den Werten, die für den aktuellen Benutzer definiert sind

```
function GetSpecialFolder(Handle : Hwnd;
                          nFolder : Integer) : String;
var
  PIDL : PItemIDList;
  Path : PWideChar;
  Malloc : IMalloc;
```

Die Funktion deklariert lokale Variablen für einen Zeiger auf die TItemIDList, den Zeiger auf einen WideChar-Puffer für die Speicherung des Pfades sowie die Adresse eines Zeigers, der den IMalloc-Schnittstellenzeiger der Shell erhält. Letztere ist notwendig, um die zuvor ermittelte TItemList wieder korrekt freizugeben.

Zu den Vorbereitungen gehört das Setzen eines leeren Ergebnisses, falls aus der Funktion unerwartet herausgesprungen werden muss, sowie die Reservierung von Speicher für einen nullterminierten String. Die Funktion *StrAlloc* aus der Delphi-Unit System.SysUtils.pas erledigt diese Aufgabe und gibt einen Zeiger auf die Adresse des ersten Zeichens zurück. MAX_PATH wiederum ist definiert als Wert von 260 innerhalb der Delphi-Unit Winapi.Windows.pas:

```
begin
  Result := '';
  Path := StrAlloc(MAX_PATH);
```

Die eigentliche Ermittlung erfolgt durch den Aufruf von *SHGetSpecialFolderLocation* mit den notwendigen Parametern, und wenn als Rückgabewert *S_OK* erkannt wurde, folgt im begin.end-Block die weitere Auswertung.

Diese besteht wiederum aus dem Aufruf von *SHGetPathFromIDList,* und bei einem True als Rückgabewert wird dem Funktionsergebnis der Inhalt der Path-Variable zugewiesen:

```
  if SHGetSpecialFolderLocation(Handle, nFolder, PIDL) = S_OK then
  begin
    if SHGetPathFromIDList(PIDL, Path) then
      Result := Path;
  end;
  StrDispose(Path);
```

Direkt danach erfolgt die Freigabe des zuvor mit *StrAlloc* reservierten Speichers anhand von *StrDispose*, der in der Variable *Path* enthalten ist.

Den Abschluss der Funktion *GetSpecialFolder* bildet die Freigabe der TItemIDList, die über einen Zeiger auf Basis von PItemIDList angesprochen wird. Hierfür kommt die API-Funktion *SHGetMalloc* [22] zum Einsatz, die als Parameter die Adresse des IMalloc-Schnittstellenzeigers der Shell erwartet. Anhand der Hilfsfunktion Succeeded (definiert in der Delphi-Unit Winapi.ActiveX.pas) wird geprüft, ob die Adresse des Zeigers erfolgreich ermittelt werden konnte. Falls ja, wird mittels *Malloc.Free* die TItemList freigegeben:

```
    if Succeeded(SHGetMalloc(Malloc)) then
      Malloc.Free(PIDL);
  end;
```

Das MAlloc-Interface ist grundsätzlich in der Delphi-Unit Winapi.ActiveX.pas definiert und enthält Funktionen zum allokieren (Alloc) und freigeben (Free) von Speicherblöcken, sowie verschiedene Verwaltungsfunktionen. Weitere Hinweise dazu befinden sich in der offiziellen API-Dokumentation [23].

Nachdem wir nun die Kernfunktion *GetSpecialFolder* vollständig implementiert haben, geht es weiter mit der bereits eingeleiteten *TWindows*-Funktion *GetWindowsDirectories*. Diese enthält als lokale Variable eine Handle-Variable vom Typ HWND, wobei es sich um einen plattformabhängigen vorzeichenlosen Integer auf Basis von System. UIntPtr handelt:

```
var
  DWHandle : HWND;
```

Begonnen wird mit der Erstellung der TStringList-Instanz, die gleichzeitig das Ergebnis unserer Funktion darstellt. Ebenfalls folgt die Handle-Ermittlung des Desktop-Fensters, das den gesamten Bildschirm bedeckt und den Bereich darstellt, über dem andere Fenster gezeichnet werden:

```
begin
  Result := TStringList.Create;
  DWHandle := GetDesktopWindow;
```

Dann haben wir alle Voraussetzungen geschaffen, um die eigentliche Ermittlung durchzuführen. Das Ergebnis unserer Ermittlung weisen wir direkt der Stringliste zu, die wir mit Add um jeweils einen Eintrag erweitern.

Übergeben wird zunächst eine Kurzbezeichnung der Verzeichnisbeschreibung, wie etwa *CommonDesktopDir, Desktop* oder *MyDocuments*. Die Beschreibungen verwenden wir direkt aus der Description-Spalte der CSIDL-Dokumentation [20].

Zu beachten ist dabei, dass mit Ausnahme von CSIDL-Werten wie *CommonDesktopDir,* die in diesem Fall ein öffentliches Verzeichnis beschreiben, ohne den Common-Zusatz immer der aktuelle Benutzerkontext gemeint ist. Der Wert *MyDocuments* definiert also das Dokumentverzeichnis des aktuell angemeldeten Benutzers. Nach der Angabe der Kurzbezeichnung folgt der Ergebnisseparator, den wir später benutzen, um die Kurzbezeichnung vom Ergebnis im selben String der Stringliste zu trennen. Wichtig hierbei ist, dass dies kein potenzielles Zeichen des Ergebnisses sein darf, weswegen die Wahl auf das Gleichheitszeichen fiel.

Dann folgt der Aufruf unserer weiter oben besprochenen eigentlichen Ermittlungsfunktion *GetSpecialFolder*, die wiederum das Desktop-Fensterhandle sowie die CSIDL-Konstante aus der Delphi-Unit Winapi.ShlObj.pas erwartet. Folgende 5 Beispielaufrufe sollen exemplarisch für die knapp 50 Verzeichnistypen dienen (die vollständige Liste befindet sich im Quellcode):

```
Result.Add('CommonDocuments=' +
  GetSpecialFolder(DWHandle, CSIDL_COMMON_DOCUMENTS));
Result.Add('Desktop=' +
  GetSpecialFolder(DWHandle, CSIDL_DESKTOP));
Result.Add('MyDocuments=' +
  GetSpecialFolder(DWHandle, CSIDL_PERSONAL));
Result.Add('ProgramFiles=' +
  GetSpecialFolder(DWHandle, CSIDL_PROGRAM_FILES));
Result.Add('Windows=' +
  GetSpecialFolder(DWHandle, CSIDL_WINDOWS));
```

Damit haben wir die *TWindows*-Funktion *GetWindowsDirectories* zum Ermitteln der Verzeichnisse vollständig fertiggestellt und implementieren darüber hinaus noch zwei weitere Funktionen, die den zusammenhängenden String in seine Einzelteile aufteilen, also vor und nach dem Gleichheitszeichen jeweils den Typ und Namen des Verzeichnisses ermitteln. Dies ist notwendig, weil die Darstellung in unterschiedlichen Spalten der ListView im Hauptformular erfolgt. Diese beiden Funktionen kommen darüber hinaus auch im nächsten Abschn. 4.4 zum Einsatz, in dem der Typ und Name von Umgebungsvariablen aus einem zusammengesetzten String aufgeteilt werden.

Wir benennen die Funktionen folglich *GetNameFromStr* und *GetValueFromStr*, die jeweils den Quellstring mit Teiler erwarten. Wird kein Teiler angegeben, verwenden die Funktionen automatisch das Gleichheitszeichen. Inhaltlich werden einfach die Teilstrings vor und hinter dem Gleichheitszeichen kopiert und als Ergebnis zurückgeliefert:

```
function TWindows.GetNameFromStr(ASource : String;
                                 ASep : String = '=') :
                                 String;
var
  Position : Integer;
begin
  Position := Pos(ASep, ASource);
  if Position > 0 then
    Result := Trim(Copy(ASource, 1, Position - 1))
  else
    Result := ASource;
end;
```

```
function TWindows.GetValueFromStr(ASource : String;
                                  ASep : String = '=') :
                                  String;
var
  Position : Integer;
begin
  Position := Pos(ASep, ASource);
  if Position > 0 then
    Result := Copy(ASource, Position + Length(ASep), 1024)
  else
    Result := '';
end;
```

Die Ermittlung und Darstellung der Verzeichnisse wird im Hauptformular über die Prozedur *DisplayWindowsDirectories* gesteuert, die zunächst 2 lokale Variablen deklariert. Während die Verzeichnisse über die Stringliste *DirectoryList* ermittelt und verarbeitet werden, dient *DirectoryCount* als Integer-Zählvariable:

```
procedure TPCAnalyserForm.DisplayWindowsDirectories;
var
  DirectoryList : TStrings;
  DirectoryCount : Integer;
```

Der Prozedur-Rumpf beginnt mit der Initialisierung der Instanz der Stringliste:

```
begin
  DirectoryList := TStringList.Create;
```

Danach folgt ein try...finally-Block, der die zuvor in *TWindows* implementierte Funktion *GetWindowsDirectories* aufruft und das Ergebnis unserer lokalen Stringliste zuweist:

```
  try
    DirectoryList := SystemAccessClass.WindowsClass.GetWindowsDirec-
tories;
```

Weiter geht es mit einer With-Anweisung für die rechts befindliche Ergebnisliste vom Typ *TListView* sowie dessen Items, sowie der Verhinderung der Listenansicht-Aktualisierung mit BeginUpdate, bis die Methode EndUpdate aufgerufen wird, und einem Löschen aller Listeneinträge:

```
    with ResultsListView, Items do
    begin
      BeginUpdate;
      try
        Clear;
```

Die Auswertung beginnt mit einer Abfrage, ob überhaupt Verzeichnisse ermittelt werden konnten, also die Stringliste mindestens einen Eintrag enthält. Falls das zutrifft, durchläuft eine For-Schleife die gesamte Stringliste und verwendet dafür die zuvor definierte Zählervariable *DirectoryCount*. Für jeden gefundenen Listeneintrag wird mittels Add (basierend auf der With-Anweisung mit *ResultsListView.Items.Add*) ein neuer Listeneintrag hinzugefügt und dessen Spalten gefüllt.

Für die Ergebnisse müssen wir unseren per Separator (Gleichheitszeichen) zusammengesetzten Stringlisten-Eintrag wieder splitten, und verwenden dafür die bereits implementierten Hilfsfunktionen *GetNameFromStr* und *GetValueFromStr*.

```
if DirectoryList.Count > 0 then
  for DirectoryCount := 0 to DirectoryList.Count - 1 do
  begin
    with Add do
    begin
      Caption :=
          SystemAccessClass.WindowsClass.
          GetNameFromStr(DirectoryList.Strings[DirectoryCount],
          '=');
      if SystemAccessClass.WindowsClass.
         GetValueFromStr(DirectoryList.Strings[DirectoryCount])
                              <> '' then
        SubItems.Add(
            SystemAccessClass.WindowsClass.
            GetValueFromStr(DirectoryList.Strings[DirectoryCount],
                              '='))
      else
        SubItems.Add('-');
    end;
  end else
  begin
    with Add do
      Caption := 'Keine Verzeichnisse ermittelbar';
  end;
```

In den abschließenden Finally-Bereichen wird mittels EndUpdate die fortlaufende Aktualisierung der Liste wieder aktiviert, sowie die verwendete lokale Stringliste wieder freigegeben (siehe auch Abb. 4.8):

```
      finally
        EndUpdate;
      end;
    end;
  finally
    DirectoryList.Free;
  end;
end;
```

AdminTools	C:\Users\Devid\AppData\Roaming\Microsoft\Windows\Start Menu\Programs\Administrative Tools
AltStartup	C:\Users\Devid\AppData\Roaming\Microsoft\Windows\Start Menu\Programs\Startup
AppData	C:\Users\Devid\AppData\Roaming
CDBurnArea	C:\Users\Devid\AppData\Local\Microsoft\Windows\Burn\Burn
CommonAdminTools	C:\ProgramData\Microsoft\Windows\Start Menu\Programs\Administrative Tools
CommonDesktopDir	C:\Users\Public\Desktop
CommonAltStartUp	C:\ProgramData\Microsoft\Windows\Start Menu\Programs\StartUp
CommonAppData	C:\ProgramData
CommonDocuments	C:\Users\Public\Documents
CommonFavorites	C:\Users\Devid\Favorites
CommonMusic	C:\Users\Public\Music
CommonPictures	C:\Users\Public\Pictures
CommonStartMenu	C:\ProgramData\Microsoft\Windows\Start Menu
CommonStartup	C:\ProgramData\Microsoft\Windows\Start Menu\Programs\StartUp
CommonTemplates	C:\ProgramData\Microsoft\Windows\Templates
CommonVideo	C:\Users\Public\Videos
Cookies	C:\Users\Devid\AppData\Local\Microsoft\Windows\INetCookies
Controls	-
Desktop	C:\Users\Devid\Desktop
DesktopDir	C:\Users\Devid\Desktop
Favorites	C:\Users\Devid\Favorites
Drives	-
Fonts	C:\Windows\Fonts
History	C:\Users\Devid\AppData\Local\Microsoft\Windows\History
Internet	-
InternetCache	C:\Users\Devid\AppData\Local\Microsoft\Windows\INetCache
LocalAppData	C:\Users\Devid\AppData\Local
NetWork	-
NetHood	C:\Users\Devid\AppData\Roaming\Microsoft\Windows\Network Shortcuts
MyDocuments	C:\Users\Devid\Documents
MyMusic	C:\Users\Devid\Music
MyPictures	C:\Users\Devid\Pictures
MyVideo	C:\Users\Devid\Videos
Personal	C:\Users\Devid\Documents
PrintHood	C:\Users\Devid\AppData\Roaming\Microsoft\Windows\Printer Shortcuts
Printers	-
Programs	C:\Users\Devid\AppData\Roaming\Microsoft\Windows\Start Menu\Programs
Profile	C:\Users\Devid
ProgramFiles	C:\Program Files
ProgramFilesCommon	C:\Program Files\Common Files
RecycleBin	-
Recent	C:\Users\Devid\AppData\Roaming\Microsoft\Windows\Recent
SendTo	C:\Users\Devid\AppData\Roaming\Microsoft\Windows\SendTo
StartMenu	C:\Users\Devid\AppData\Roaming\Microsoft\Windows\Start Menu
StartUp	C:\Users\Devid\AppData\Roaming\Microsoft\Windows\Start Menu\Programs\Startup
System	C:\Windows\System32
Windows	C:\Windows
Templates	C:\Users\Devid\AppData\Roaming\Microsoft\Windows\Templates

Abb. 4.8 Exemplarische Darstellung der ermittelten Windows-Verzeichnisse (hier Windows 10 × 64 Pro)

4.4 Umgebungsvariablen

Umgebungsvariablen sind seit vielen Windows-Versionen vorhanden und ermöglichen eine Bereitstellung von Daten auf Betriebssystemebene. Auch wenn das Konzept der Umgebungsvariablen heutzutage nicht mehr zeitgemäß sein mag, weil es andere Wege des Datenbereitstellung etwa über die Registrierung gibt, sollen sie trotzdem an dieser Stelle ermittelt und dargestellt werden.

Unterschieden wird zwischen Systemvariablen und Benutzervariablen, wovon erstere systemweit unabhängig vom jeweils angemeldeten Benutzer gelten, und letztere nur für den Kontext des angemeldeten Benutzers.

Die Darstellung und Bearbeitung aus Sicht eines Nicht-Entwicklers kann komfortabel über die erweiterten Systemeinstellungen und dem unten befindlichen Schalter *Umgebungsvariablen* erfolgen, wobei eine saubere Trennung zwischen Benutzer- und Systemvariablen gewährleistet ist (siehe auch Abb. 4.9).

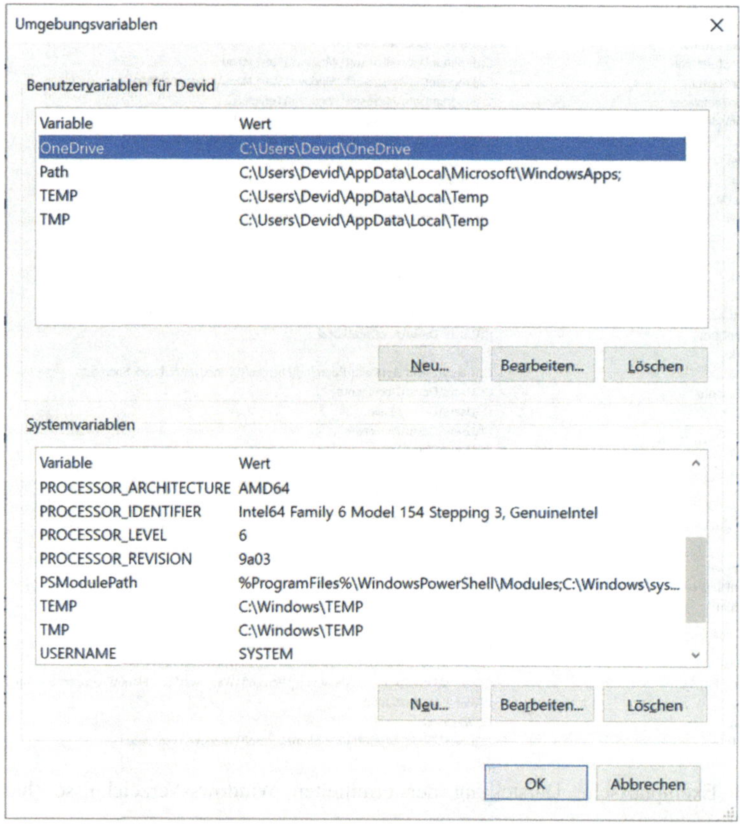

Abb. 4.9 Die Bearbeitung der Windows-Umgebungsvariablen mit sauberer Trennung zwischen Benutzer- und Systemvariablen

Die klassische Darstellung und Bearbeitung findet über die Eingabeaufforderung mit dem SET-Befehl statt. Allerdings werden hier die Variablentypen miteinander vermischt, da die gesamte Darstellung alphabetisch erfolgt.

Aus Sicht eines Entwicklers wird mit der Delphi-Unit System.SysUtils.pas die Funktion *GetEnvironmentVariable* bereitgestellt, die die Umgebungsvariable als String-Parameter übernimmt (Groß- und Kleinschrift spielen keine Rolle) und den Inhalt als Ergebnis zurückliefert. Man muss hierbei jedoch den Namen der Umgebungsvariablen kennen, was wir bei einer Auflistung aller verfügbaren Umgebungsvariablen nicht wissen. Daher führt uns der Weg weiter zur Delphi-Unit Winapi.Windows.pas, die verschiede API-Funktionen als Delphi-Implementierung bereithält:

Da die ersten beiden API-Funktionen genaue Kenntnisse über den Namen der Umgebungsvariablen erfordern, arbeiten wir mit Umgebungsblöcken und den Funktionen *GetEnvironmentStrings* und *FreeEnvironmentStrings*.

Innerhalb unserer *TWindows*-Klasse definieren wir daher eine neue Prozedur mit dem Namen *GetEnvironmentVariables,* die sich um die Ermittlung der Umgebungsvariablen kümmert und diese in einer Stringliste zurückliefert.

Beim Parameter *EnvList* mag man sich wundern, warum dieser Parameter als Wertparameter und nicht als Variablenparameter deklariert ist. Normalerweise sind Variablenparameter mit einem Zeiger vergleichbar, und Änderungen im Rumpf der Prozedur/Funktion bleiben erhalten, wenn die Ausführung danach wieder an den Aufrufer übergeben wird. Dieses Vorgehen wird auch in Embarcadero's Wiki genau beschrieben [24].

Bei Wertparametern gilt jedoch dann das gleiche, wenn der Wertparameter anstatt eines normalen Datentyps (wie etwa Integer, String oder Boolean) ein Objekt darstellt. Dann wird er genauso wie eine Art Zeiger und damit Variablenparameter behandelt, wovon wir an dieser Stelle Gebrauch machen:

```
procedure TWindows.GetEnvironmentVariables(EnvList : TStrings);
var
  EnvCount : Cardinal;
  EnvBlock : PChar;
  EnvString : String;
begin
```

Begonnen wird die Prozedur mit den Variablendefinitionen, wozu die Index-Variable *EnvCount* vom Typ Cardinal gehört, dann ein Zeiger auf den Umgebungsblock des aktuellen Prozesses (Variable *EnvBlock* vom Typ Zeiger basierend auf Char) sowie die String-Variable *EnvString,* die eine einzelne Umgebungsvariable aufnimmt und für die Ergebniszusammenstellung verwendet wird.

Begonnen wird der eigentliche Auslesevorgang des Blocks zunächst mit dem Leeren der Ergebnis-Stringliste, und direkt danach mit dem Aufruf der API-Funktion *GetEnvironmentStrings* [25]:

```
EnvList.Clear;
EnvBlock := GetEnvironmentStrings;
```

Nach diesem Aufruf befindet sich der Zeiger auf dem Umgebungsblock in der Variablen *EnvBlock*, die nun ausgewertet werden muss. Zuvor werden noch die beiden Hilfsvariablen initialisiert:

```
EnvCount := 0;
EnvString := '';
```

Danach beginnt die eigentliche Auswertung in einer While-Schleife. Der Zeiger auf den Umgebungsblock kann wie ein Stringfeld angesprochen werden und im Falle eines nullbasierten Strings (#0) wissen wir, dass kein Eintrag vorhanden ist. Folglich beginnt die While-Schleife mit der Bedingung, dass sie solange durchlaufen wird, bis der aktuelle und vorherige Blockeintrag kein nullbasierter String ist:

```
while (EnvBlock[EnvCount] <> #0) or (EnvBlock[EnvCount - 1] <> #0) do
begin
  ...
end;
```

Im Schleifenbereich prüfen wir ebenfalls, ob der aktuelle Blockeintrag kein nullbasierter String ist, also gültigen Inhalt enthält. Sollte dies der Fall sein, wird dem zu diesem Zeitpunkt leeren Umgebungs-String (EnvString) der Blockeintrag hinten angefügt. Für den Fall, dass kein gültiger Blockeintrag gefunden wurde (also #0), greift die Else-Verzweigung. Innerhalb dieser wird geprüft, ob der bisherige Umgebungs-String leer ist, und wenn das der Fall ist, wird mit Break aus der Schleifenverarbeitung herausgesprungen. Anderenfalls geht es mit der inhaltlichen Gültigkeitsprüfung weiter.

Inhaltlich ist der Aufbau eines Eintrags für eine Umgebungsvariable durch ein Gleichheitszeichen getrennt:

VariablennameGleichheitszeichenVariableninhalt

Final sieht das beispielsweise für die Umgebungsvariable *SystemRoot* so aus:

SystemRoot=C:\Windows

Die Gültigkeitsprüfung verifiziert, dass sich das Gleichheitszeichen nicht an Position 1 befindet (was bedeuten würde, dass der Variablenname leer ist), und fügt in diesem Fall den Eintrag in die Ergebnisliste ein. Ebenfalls wird danach der Umgebungs-String für den nächsten Durchlauf geleert und die Index-Variable *EnvCount* um 1 erhöht:

```
if EnvBlock[EnvCount] <> #0 then
  EnvString := EnvString + EnvBlock[EnvCount]
else
```

```
    begin
      if EnvString = '' then
        Break;
      if Pos('=', EnvString) <> 1 then
        EnvList.Add(Trim(EnvString));
      EnvString := '';
    end;
    Inc(EnvCount);
  end;
```

Nachdem in der While-Schleife der Umgebungsblock in einzelne Strings einer Stringliste aufgeteilt wird, beenden wir die Prozedur *GetEnvironmentVariables* mit dem Freigeben des ursprünglich über *GetEnvironmentStrings* zugewiesenen Block-Zeigers. Dies wird mit der API-Funktion *FreeEnvironmentStrings* [26] und der Übergabe der PChar-Variable als Parameter bewerkstelligt:

```
  FreeEnvironmentStrings(EnvBlock);
end;
```

Nachdem nun die Implementierung vollständig vorhanden ist, muss innerhalb unseres Hauptformulars beim Anklicken des entsprechenden TreeView-Eintrages die Ermittlung und Auswertung durchgeführt werden. Die Prozedur *DisplayEnvVariables* sorgt für die notwendigen Schritte, sobald der TreeView-Eintrag selektiert wird:

```
procedure TPCAnalyserForm.DisplayEnvVariables;
var
  EnvVars : TStrings;
  EnvCnt : Integer;
begin
  EnvVars := TStringList.Create;
```

Als Parameter kommen die Stringliste der Umgebungsvariablen und eine Indexvariable zum Einsatz. Die Stringliste wird zuerst erstellt und direkt danach die Ermittlung durchgeführt:

```
  try
    SystemAccessClass.WindowsClass.GetEnvironmentVariables(EnvVars);
```

Danach wird mit einer With-Anweisung auf die ListView und Items zugegriffen, sowie danach die Listen-Aktualisierung unterbunden, indem BeginUpdate die Aktualisierung kennzeichnet. Clear löscht die bisherigen Listeneinträge, falls vorhanden:

```
    with ResultsListView, Items do
    begin
      BeginUpdate;
      try
        Clear;
```

Wenn die Stringliste Einträge enthält, erfolgt die Auswertung dieser Einträge, anderenfalls wird ein Hinweistext angezeigt.

Bei der Auswertung kommen für jeden Eintrag der Stringliste die beiden Klassenfunktionen *GetNameFromStr* und *GetValueFromStr* zum Einsatz, die Einträge aus der Stringliste getrennt durch einen Separator voneinander aufteilen. Durch diese Trennung ist eine Darstellung in unterschiedlichen Spalten möglich. Beide Funktionen wurden bereits im Abschn. 4.3 implementiert sowie besprochen und finden nun für die Handhabung der Umgebungsvariablen eine wiederholte Bedeutung:

```
        if EnvVars.Count > 0 then
        begin
          for EnvCnt := 0 to EnvVars.Count-1 do
            with Add do
            begin
              Caption :=
                SystemAccessClass.WindowsClass.
                GetNameFromStr(EnvVars.Strings[EnvCnt], '=');
              SubItems.Add(
                SystemAccessClass.WindowsClass.
                GetValueFromStr(EnvVars.Strings[EnvCnt], '='));
            end;
        end else
        begin
          with Add do
            Caption := 'Keine Umgebungsvariablen ermittelbar.';
        end;
```

Zu den abschließenden Aufgaben gehören danach mit EndUpdate das Kenntlichmachen vom Aktualisierungsende der ListView, sowie danach das Freigeben der StringListe (Abb. 4.10).

```
      finally
        EndUpdate;
      end;
    end;
  finally
    EnvVars.Free;
  end;
end;
```

ALLUSERSPROFILE	C:\ProgramData
APPDATA	C:\Users\Devid\AppData\Roaming
asl.log	Destination=file
BDS	c:\program files (x86)\embarcadero\studio\22.0
BDSAppDataBaseDir	BDS
BDSBIN	c:\program files (x86)\embarcadero\studio\22.0\bin
BDSCatalogRepository	C:\Users\Devid\Documents\Embarcadero\Studio\22.0\CatalogRepository
BDSCatalogRepositoryAllUsers	C:\Users\Public\Documents\Embarcadero\Studio\22.0\CatalogRepository
BDSCOMMONDIR	C:\Users\Public\Documents\Embarcadero\Studio\22.0
BDSINCLUDE	c:\program files (x86)\embarcadero\studio\22.0\include
BDSLIB	c:\program files (x86)\embarcadero\studio\22.0\lib
BDSPLATFORMSDKSDIR	C:\Users\Devid\Documents\Embarcadero\Studio\SDKs
BDSPROFILESDIR	C:\Users\Devid\Documents\Embarcadero\Studio\Profiles
BDSPROJECTSDIR	C:\Users\Devid\Documents\Embarcadero\Studio\Projekte
BDSUSERDIR	C:\Users\Devid\Documents\Embarcadero\Studio\22.0
CommonProgramFiles	C:\Program Files\Common Files
CommonProgramFiles(x86)	C:\Program Files (x86)\Common Files
CommonProgramW6432	C:\Program Files\Common Files
COMPUTERNAME	DESKTOP-3QP49A1
ComSpec	C:\Windows\system32\cmd.exe
DELPHI	c:\program files (x86)\embarcadero\studio\22.0
DEMOSDIR	C:\Users\Public\Documents\Embarcadero\Studio\22.0\Samples
DriverData	C:\Windows\System32\Drivers\DriverData
FPS_BROWSER_APP_PROFILE_STRING	Internet Explorer
FPS_BROWSER_USER_PROFILE_STRING	Default
HOMEDRIVE	C:
HOMEPATH	\Users\Devid
IBREDISTDIR	C:\Users\Public\Documents\Embarcadero\InterBase\redist\InterBase2020
IGCCSVC_DB	AQAAANCMnd8BFdERjHoAwE/Cl+sBAAAAumzwmcrNJEeoDtfRJz32vwQAAAAC
LANGDIR	DE
LOCALAPPDATA	C:\Users\Devid\AppData\Local
LOGONSERVER	\\DESKTOP-3QP49A1
NUMBER_OF_PROCESSORS	20
OneDrive	C:\Users\Devid\OneDrive
OS	Windows_NT
Path	C:\Users\Public\Documents\Embarcadero\InterBase\redist\InterBase2020\IDE_
PATHEXT	.COM;.EXE;.BAT;.CMD;.VBS;.VBE;.JS;.JSE;.WSF;.WSH;.MSC
PROCESSOR_ARCHITECTURE	AMD64
PROCESSOR_IDENTIFIER	Intel64 Family 6 Model 154 Stepping 3, GenuineIntel
PROCESSOR_LEVEL	6
PROCESSOR_REVISION	9a03
ProductVersion	22.0
ProgramData	C:\ProgramData
ProgramFiles	C:\Program Files
ProgramFiles(x86)	C:\Program Files (x86)
ProgramW6432	C:\Program Files
PSModulePath	C:\Program Files\WindowsPowerShell\Modules;C:\Windows\system32\Windows
PUBLIC	C:\Users\Public
SystemDrive	C:
SystemRoot	C:\Windows
TEMP	C:\Users\Devid\AppData\Local\Temp
TMP	C:\Users\Devid\AppData\Local\Temp
USERDOMAIN	DESKTOP-3QP49A1
USERDOMAIN_ROAMINGPROFILE	DESKTOP-3QP49A1
USERNAME	Devid
USERPROFILE	C:\Users\Devid
windir	C:\Windows
ZES_ENABLE_SYSMAN	1
__COMPAT_LAYER	RunAsAdmin

Abb. 4.10 Exemplarische Darstellung der ermittelten Windows-Umgebungsvariablen (hier Windows 10 × 64 Pro)

4.5 Zusammenfassung

Windows-Details werden entweder über den *TOSVersion*-Record ermittelt, sind dann aber durch den Windows Kompatibilitätsmodus beeinflussbar. Ein alternativer Ansatz ist die Verwendung der API-Funktion *GetProductInfo* in Verbindung mit der anschließenden Auswertung von Haupt- und Nebenversion sowie Build. Letztere kann man über die undokumentierte API-Funktion *RtlGetNtVersionNumbers* sehr zuverlässig ermitteln.

Installierte Software ist beispielsweise über die Windows-Registrierung ermittelbar, wobei verschiedene Registrierungsschlüssel, auch in Abhängigkeit von einem 32 oder 64 Bit-Kompilat sowie WOW64, durchsucht werden. Für jede gefundene Applikation existieren verschiedene Werte etwa für den Namen, die Version, den Hersteller und dutzender anderen Eigenschaften.

Windows-Verzeichnisse lassen sich über den *TPath*-Record aus der Delphi-Unit System.IOUtils.pas ermitteln, oder alternativ mit der etwas flexibleren API-Funktion *SHGetSpecialFolderLocation*. Letztere erwartet eine CSIDL (Constant Special Item ID List) für die Definition des zu ermittelnden Verzeichnisses.

Umgebungsvariablen werden einzeln mit *GetEnvironmentVariable* und *SetEnvironmentVariable* verwaltet, wenn der Name der Umgebungsvariablen bekannt ist. Auf ganze Blöcke wird mit den API-Funktionen *GetEnvironmentStrings* und *FreeEnvironmentStrings* zugegriffen, und anschließend ist noch etwas Auswertungsarbeit notwendig, um das Gleichheitszeichen als Separator zwischen dem Namen und Inhalt der Umgebungsvariablen zu verwenden. Wesentlich umfangreichere Windows-Details sind mit der Delphi-Komponente *MiTeC System Information Component Suite* ermittelbar, die wir in Abschn. 12.1 genauer vorstellen. Es lassen sich detaillierte Informationen über Windows ermitteln, etwa die Aktivierungsdetails und den Produktschlüssel, sowie Details zur Lokalisierung und dem Windows-Leistungsindex.

Literatur

1. Versionsstruktur für die Verwendung mit GetVersionEx: https://learn.microsoft.com/en-us/windows/win32/api/winnt/ns-winnt-osversioninfoexa
2. API-Funktion zur Ermittlung des Programmstarts im WOW64-Kontext: https://learn.microsoft.com/en-us/windows/win32/api/wow64apiset/nf-wow64apiset-iswow64process
3. Beschreibung der undokumentierten API-Funktion RtlGetNtVersionNumbers von Geoff Chappell: https://www.geoffchappell.com/studies/windows/win32/ntdll/api/ldrinit/getntversionnumbers.htm
4. Historie und Versionen von Windows Preinstallation Environment (PE): https://de.wikipedia.org/wiki/Microsoft_Windows_PE
5. Bezugsquellen und Installationsanweisungen für die Installation des ADK und Windows PE-Add-Ons: https://learn.microsoft.com/de-de/windows-hardware/get-started/adk-install
6. API-Funktion zur Ermittlung des Windows-Produkttyps: https://learn.microsoft.com/en-us/windows/win32/api/sysinfoapi/nf-sysinfoapi-getproductinfo

7. Windows-Varianten mit deren Haupt- und Nebenversion: https://learn.microsoft.com/de-de/windows/win32/sysinfo/operating-system-version
8. Microsoft-Forum mit einer möglichen Erklärung für Version 10.0 bei Windows 11: https://learn.microsoft.com/en-us/answers/questions/586619/windows-11-build-ver-is-still-10022000194.html
9. Vahldiek A „Was läuft?, Windows-Version und -Edition identifizieren", c't Magazin für Computertechnik, 14/2022, S 172–177
10. API-Funktion zur Ermittlung eines bestimmten System-Metrik: https://learn.microsoft.com/en-us/windows/win32/api/winuser/nf-winuser-getsystemmetrics
11. API-Funktion zur Ermittlung des Windows-Verzeichnisses: https://learn.microsoft.com/en-us/windows/win32/api/sysinfoapi/nf-sysinfoapi-getwindowsdirectorya
12. API-Funktion zur Ermittlung des System-Verzeichnisses: https://learn.microsoft.com/en-us/windows/win32/api/sysinfoapi/nf-sysinfoapi-getsystemdirectorya
13. Vergleich der Windows Registrierungswerte InstallTime und InstallDate: https://www.binary-zone.com/2019/05/31/windows-installtime-vs-installdate-registry-values
14. Microsoft-Dokumentation zur Registrierungsumleitung und alternativen Registrierungsansicht: https://learn.microsoft.com/de-de/windows/win32/winprog64/registry-redirector
15. Microsoft-Dokumentation mit den notwendigen Zugriffsrechten auf die alternative Registrierungsansichten: https://learn.microsoft.com/de-de/windows/win32/winprog64/accessing-an-alternate-registry-view
16. Microsoft-Dokumentation zu den Registrierungswertetypen, die mit TRegistry.GetDataType ermittelbar sind: https://docwiki.embarcadero.com/Libraries/de/System.Win.Registry.TRegDataType
17. Delphi-Dokumentation zum TPath-Record aus der Unit System.IOUtils.pas: https://docwiki.embarcadero.com/Libraries/de/System.IOUtils.TPath
18. API-Funktion SHGetSpecialFolderLocation für die Ermittlung von Verzeichnissen: https://learn.microsoft.com/en-us/windows/win32/api/shlobj_core/nf-shlobj_core-shgetspecialfolderlocation
19. API-Funktion GetDesktopWindow zur Ermittlung des Handles vom Desktop-Fenster: https://learn.microsoft.com/en-us/windows/win32/api/winuser/nf-winuser-getdesktopwindow
20. Microsoft-Beschreibung zur Verwendung von CSIDLs mitsamt deren Auflistung: https://learn.microsoft.com/en-us/windows/win32/shell/csidl
21. API-Funktion SHGetPathFromIDListA zur Ermittlung eines Dateisystempfades aus einer Item-ID Liste: https://learn.microsoft.com/en-us/windows/win32/api/shlobj_core/nf-shlobj_core-shgetpathfromidlista
22. API-Funktion SHGetMalloc zum Ermitteln eines Zeigers auf die IMalloc-Schnittstelle der Shell: https://learn.microsoft.com/en-us/windows/win32/api/shlobj_core/nf-shlobj_core-shgetmalloc
23. API-Dokumentation zum IMalloc-Interface für Speicherblöcke: https://learn.microsoft.com/en-us/windows/win32/api/objidl/nn-objidl-imalloc
24. Delphi-Dokumentation zu Wert- und Variablenparametern: https://docwiki.embarcadero.com/RADStudio/de/Parameter_(Delphi)#Wert-_und_Variablenparameter
25. API-Funktion zur Ermittlung der Umgebungsvariablen in einem Block für den aktuellen Prozess: https://learn.microsoft.com/en-us/windows/win32/api/processenv/nf-processenv-getenvironmentstrings
26. API-Funktion zum Freigeben eines Umgebungsblocks für den aktuellen Prozess: https://learn.microsoft.com/en-us/windows/win32/api/processenv/nf-processenv-freeenvironmentstringsa

5 System-Details über System Management BIOS

Das System Management BIOS oder kurz SMBIOS geht in seinen Anfängen bis ins Jahr 1992 zurück. Damals schlossen sich mehrere namhafte BIOS-Hersteller (mitunter American Megatrends und Phoenix/Award) sowie einige Firmen aus der IT-Branche (etwa Intel, HP, Dell und Compaq) zu einer Arbeitsgruppe zusammen, die sich Distributed Management Task Force (DMTF) nannte. Ziel dieser Arbeitsgruppe war von Anfang an, undurchschaubare Hardwarestrukturen mit einer geordneten Datenbank verwaltbar zu machen, und dies bei gleichzeitiger Transparenz und Wartbarkeit.

Damals wurde als Arbeitsergebnis das Desktop Management Interface (kurz DMI) vorgestellt, aus dem das System Management BIOS (kurz SMBIOS) als Bestandteil hervorging. Der Sinn und Zweck besteht vor allem im unternehmensweiten Einsatz von Netzwerken, bei dem Administratoren mit entsprechender Software die Hardware der Clients inventarisieren können – von jeder beliebigen zentralen Stelle im Netzwerk aus. Für den Privatbereich besteht der Nutzen vor allem in der schnellen Ermittlung von Hardwaredetails, die über verschiedene Wege aus dem BIOS auslesbar sind.

Die Inhalte des SMBIOS-Bereiches enthalten grundsätzlich statische Systeminformationen, und keine dynamischen Details. Auch wenn einige Bereiche andere Vermutungen suggerieren, wie etwa die Sensoren für Spannungen, Kühlung und Temperaturen, handelt es sich um Systeminformationen, die einmalig während des Power On-Self Test (kurz POST) des BIOS ermittelt bzw. aktualisiert werden.

Einige Bereiche lassen sich ebenfalls manuell verändern, was damals relativ universell durch den Einsatz sog. Plug & Play-Funktionen gelang, heutzutage jedoch nicht mehr ohne Spezialtools vom BIOS- oder Hauptplatinen- bzw. Systemhersteller möglich ist. Und genau dort zeigt sich das Problem der Vollständigkeit, weil einerseits für die netzwerkweite Inventarisierung vollständige Daten notwendig sind, die Hersteller hier jedoch nicht immer diesen Anspruch auf Vollständigkeit teilen.

D. Espenschied, *Systemprogrammierung mit Delphi*,
https://doi.org/10.1007/978-3-658-43455-7_5

So kommt es häufig vor, dass Felder für Seriennummern mit Dummy-Werten wie „1234567890“ oder Texten wie „To Be Filled By O.E.M.“ vorbelegt sind, was mit separaten Prüfungen abzufragen ist. Die Glaubhaftigkeit der SMBIOS-Daten sollte daher immer mit einer gewissen Vorsicht betrachtet werden, was insbesondere alle vom Hersteller frei definierbaren Textfelder betrifft.

5.1 Spezifikation

Als Basis für SMBIOS dient die frei zugängliche *System Management BIOS (SMBIOS) Reference Specification,* die kostenlos unter [1] von der Distributed Management Task Force heruntergeladen werden kann. Diese Spezifikation ist historisch gewachsen, was man insbesondere weiter hinten im Anhang C „Change log“ sehen kann. Da einige neue Bereiche überholte ältere Bereiche ersetzen, werden diese älteren Bereiche als veraltet (obsolete) gekennzeichnet. Die verwendete SMBIOS-Version spielt daher eine essentielle Rolle, um eine zuverlässige Auswertung vornehmen zu können.

Die Strukturdefinition basiert auf einzelnen Tabellen, die einem festgelegten Schema folgen. Jede Tabelle enthält einen Typ-Wert, der eine Identifikation ermöglicht, sowie in einem sog. Header oder Kopfbereich mit drei immer identischen Datenfeldern für den Typ, die Länge und Kennung bzw. Handle.

Während des Schreibens dieser Zeilen ist die Spezifikation in der Version 3.7.0 die aktuellste Ausführung, und die nachfolgende Version 3.8.0 wurde bereits angekündigt und wird wieder aktualisierte Hardwarekomponenten beinhalten. Die Auflistung in Tab. 5.1 gibt einen Überblick über die einzelnen Tabellen, die je nach Tabellentyp auch mehrfach in einem SMBIOS-Bereich existieren können.

Die obige Auflistung beinhaltet die offiziellen SMBIOS-Tabellen, wobei es zusätzliche von den Herstellern entwickelte Tabellen gibt, die jedoch nicht Bestandteil der öffentlichen Spezifikation sind. Dazu gehören mitunter die Hersteller Intel, HP und Dell.

Jede einzelne Tabelle definiert einen Kopfbereich (Header), der in seinem Aufbau fest vorgegeben ist und insgesamt 4 Byte umfasst (siehe hierfür Tab. 5.2).

Sollte eine Tabelle Texte (Strings) enthalten, werden diese direkt nach dem formatierten Tabellenteil angehängt. Durch diese Methode der Rückgabe von String-Informationen entfällt für die Anwendungssoftware die Notwendigkeit, mit Zeigern umgehen zu müssen, die in die SMBIOS-Tabelle eingebettet sind. Jeder String wird mit einem Nullbyte abgeschlossen, und der Satz von Zeichenketten wird mit einem weiteren zusätzlichen Nullbyte abgeschlossen.

Wenn der formatierte Teil einer SMBIOS-Tabelle auf eine Zeichenkette verweist, geschieht dies durch Angabe einer Zeichenkettennummer (ungleich null) innerhalb der Zeichenkettenmenge der Tabelle. Wenn ein String-Feld in einer SMBIOS-Tabelle beispielsweise den Byte-Wert 05h enthält, verweist es auf den fünften String nach dem formatierten Tabellenteil. Sollte ein String-Feld auf keinen String verweisen, wird eine null in dieses String-Feld gesetzt. Wir werden später die Strings von ausgewählten SMBIOS-Tabellen ermitteln und diese Vorgehensweise genauer besprechen.

Tab. 5.1 Übersicht der SMBIOS-Tabellen in der Spezifikationsversion 3.7.0

Strukturtyp	Aktuell/Veraltet	Strukturname
0	Aktuell	BIOS
1	Aktuell	System
2	Aktuell	Hauptplatine
3	Aktuell	Gehäuse
4	Aktuell	Prozessor
5	Veraltet ab Version 2.1.0	Speicherkontroller
6	Veraltet ab Version 2.1.0	Speichermodul
7	Aktuell	Cache
8	Aktuell	Anschluss
9	Aktuell	Steckplatz
10	Veraltet ab Version 2.6.0	On-Board-Gerät
11	Aktuell	OEM-Zeichenketten
12	Aktuell	System-Konfigurationsoptionen
13	Aktuell	BIOS-Sprache
14	Aktuell	Gruppenzugehörigkeiten
15	Aktuell	System-Ereignislog
16	Aktuell	Physikalisches Speicherfeld
17	Aktuell	Speichergerät
18	Aktuell	32 Bit Speicher-Fehler-Informationen
19	Aktuell	Gemappte Speicherfeldadresse
20	Aktuell	Gemappte Speichergerätadresse
21	Aktuell	Eingebautes Zeigegerät
22	Aktuell	Tragbare Batterie
23	Aktuell	System-Reset
24	Aktuell	Hardware-Sicherheit
25	Aktuell	System-Stromkontrolle
26	Aktuell	Spannungssensor
27	Aktuell	Lüftersensor
28	Aktuell	Temperatursensor
29	Aktuell	Stromstärkesensor
30	Aktuell	Fernzugriff ohne Betriebssystem
31	Aktuell	Einsprungspunkt für Boot-Integritätsdienste
32	Aktuell	Systemstart-Information
33	Aktuell	64 Bit Speicher-Fehler-Informationen
34	Aktuell	Verwaltungsgerät

(Fortsetzung)

Tab. 5.1 (Fortsetzung)

Strukturtyp	Aktuell/Veraltet	Strukturname
35	Aktuell	Verwaltungsgerät-Komponente
36	Aktuell	Verwaltungsgerät-Schwellwertdaten
37	Aktuell	Speicherkanal
38	Aktuell	IPMI-Gerät-Informationen
39	Aktuell	System-Stromversorgung
40	Aktuell	Zusätzliche Informationen
41	Aktuell	Erweitertes On-Board-Gerät
42	Aktuell	Verwaltungskontroller Host-Schnittstelle
43	Aktuell	TPM-Gerät
44	Aktuell	Zusätzliche Prozessor-Informationen
45	Aktuell	Firmware-Inventur-Informationen
46	Aktuell	Zeichenketten-Eigenschaft für andere Strukturen
126	Aktuell	Inaktiv
127	Aktuell	Tabellenende

Tab. 5.2 Basisvariablen eines SMBIOS-Tabellen-Headers (Kopfbereich)

Offset	Name	Länge	Beschreibung
00h	Typ	Byte	Enthält den Typ der Tabelle. Die Typen 0 bis 127 (7Fh) sind reserviert für die offizielle Spezifikation, während die Typen 128 bis 256 (80 h bis FFh) verfügbar für system- und OEM-spezifische Informationen sind
01h	Länge	Byte	Enthält die Länge des formatierten Bereichs der Tabelle, beginnend mit dem Typ-Feld. Die Länge zusätzlicher String-Felder der Tabelle wird nicht berücksichtigt
02h	Handle	Word	Gibt das Handle der Struktur an, eine eindeutige 16 Bit-Nummer im Bereich von 0 bis 0FFFEh (für Version 2.0) oder 0 bis 0FEFFh (für Version 2.1 und später). Die Handle-Nummern müssen nicht unbedingt zusammenhängend sein und können eine willkürliche Reihenfolge haben. Für Version 2.1 und spätere Versionen sind Handle-Werte im Bereich 0FF00h bis 0FFFFh für die Verwendung durch die Spezifikation reserviert

5.2 Datenerhebung damals und heute

Ursprünglich konnte man unter DOS auf den SMBIOS-Bereich zugreifen, indem man nach einer vordefinierten Einsprungssignatur gesucht und davon eine Einstiegsadresse abgeleitet hat – daraufhin konnte man die SMBIOS-Tabellen einfach per Speicherlesefunktionen auslesen. Parallel existierten alternative Plug & Play-Funktionen für das Auslesen und Schreiben, die man per Interrupt aufrufen konnte. Der Hardwarezugriff war unter DOS vollständig möglich und die Datenerhebung war dementsprechend einfach.

Mit dem Einzug von Windows wurde alles ein wenig erschwert, und aus Sicherheitsgründen funktionierten diese Wege nicht mehr. Aus heutiger Sicht gibt es daher 4 Möglichkeiten für die Ermittlung von SMBIOS-Details, die jeweils Vor- und Nachteile mit sich bringen.

Eine Zugriffsmethode definiert das direkte Lesen des Speichers anhand eines sog. Objektes mit dem Namen *\Device\PhysicalMemory* [2]. Dieser Zugriff wurde allerdings von Microsoft für den Benutzerkontext gesperrt, und zwar beginnend ab Windows Server 2003 Service Pack 1, sodass diese Möglichkeit nur über den Zugriff per Kernelmodus-Treiber funktioniert. Wir möchten jedoch Zugriffswege implementieren, die auch im Benutzermodus verwendbar sind, weswegen wir den anderen Möglichkeiten eine höhere Priorität einräumen.

Die wichtigste und universell einsatzfähigste Möglichkeit mit den meisten Vorteilen ist die Windows API-Funktion *GetSystemFirmwareTable* [3], die eine spezielle Firmware-Tabelle – in unserem Fall die SMBIOS-Struktur – vom sog. Firmware-Tabellen-Bereitsteller ausliest. Als Voraussetzung gilt hier eine Windows-Edition ab Windows Vista. Leider ist diese API-Funktion nicht in den Delphi-Units enthalten, obwohl sie fester Bestandteil der Windows-API ist, sodass wir entsprechend nachhelfen müssen. In Bezug auf Geschwindigkeit, Zuverlässigkeit und Vollständigkeit ist diese Methode ideal. Wir implementieren allerdings zwei Fallbacks, falls es doch aus unerklärlichen Gründen nicht funktionieren sollte.

Der erste Fallback ist der Zugriff über das sog. Windows Management Instrumentation (kurz WMI) [4], das als Infrastruktur für Verwaltungsdaten dient und viele Systemdetails liefert. Über WMI kann man verschiedene Klassen und Eigenschaften abrufen, wovon wir im Namensbereich *\root\WMI* die Klasse *MSSmBios_RawSMBiosTables* verwenden, die wiederum die SMBIOS-Rohdaten in einem einzelnen Puffer zurückliefert. Über diesen Fallback ist nach bisheriger Kenntnis kein Nachteil bekannt. Einige WMI-Anfragen nehmen relativ viel Zeit in Anspruch, sodass das Thema Performance ein Kriterium sein könnte. Für unseren Einsatzzweck spielt das jedoch keine Rolle, da die WMI-Datenermittlung je nach Hardware- und Softwarekonstellation nicht länger benötigt, als die Hauptermittlung via API-Funktion.

Hintergrundinformation

Windows Management Instrumentation – WMI

WMI ist Microsoft's Implementierung des webbasiertes Unternehmensmanagements, auch als Web-Based Enterprise Management oder kurz WBEM bezeichnet. Damit wurde eine Möglichkeit geschaffen, über das Netzwerk verschiedene Ressourcen und Prozesse zu überwachen und umfangreiche Details abzurufen. Hierzu zählen nicht nur Laufwerke und Dateisysteme, sondern auch Eigenschaften des Betriebssystems, Prozesse/Dienste, Ereignisprotokolle, Benutzer/Gruppen, Netzwerkkomponenten, Freigaben, die Registrierung und sog. Performance Counter (Leistungszähler). Letztere stellen eine Abstraktionsschicht auf hoher Ebene dar, die eine konsistente Schnittstelle für die Erfassung verschiedener Arten von Systemdaten wie Prozessor-, Speicher- und Festplattennutzung bietet. Als Einsatzbereiche dienen diese Leistungszähler häufig Systemadministratoren, um Systeme auf Leistungs- oder Verhaltensprobleme zu überwachen, und Softwareentwickler verwenden sie vorrangig, um die Ressourcennutzung ihrer Programme zu untersuchen.

An dieser Stelle ist eventuell erkennbar, dass WMI eine Komplexität erreicht, die in einem Kapitel oder Buch nur schwer vollständig zu beschreiben ist – zumal wir in diesem Kapitel WMI nur für das Auslesen der binären SMBIOS-Eigenschaften verwenden. Den Fokus für verschiedene Datenabfragen sollte daher der sog. Win32-Bereitsteller (auch als Provider bezeichnet) darstellen. Dieser enthält die Unterklassen für Objekte der Hardware, des Betriebssystems, der Leistungszähler und der Dienstverwaltung, wobei jede Kategorie wiederum verschiedene Unterkategorien enthält. Abgefragt werden die Werte anhand der WMI Query Language (WQL), die eine Untermenge der American National Standards Institute Structured Query Language (ANSI SQL) mit geringfügigen semantischen Änderungen darstellt. Die Abfrage unserer SMBIOS-Rohdaten wird folglich über den Befehl:

*select * from MSSmBios_RawSMBiosTables*

durchgeführt. Weitere Sprachdetails sind in der offiziellen SQL-Dokumentation für WMI nachlesbar [5].

Daher sind zur weiteren Einarbeitung die Microsoft-Dokumentationen [6–10] hilfreich sowie ein WMI-Browser (etwa [11] oder [12]), der die verfügbaren Klassen abfragt und einen Überblick verschafft (Abb. 5.1).

Der zweite Fallback wird über den Zugriff auf die Windows-Registrierung durchgeführt, wobei Microsoft einen sog. System Management BIOS-Treiber mit dem

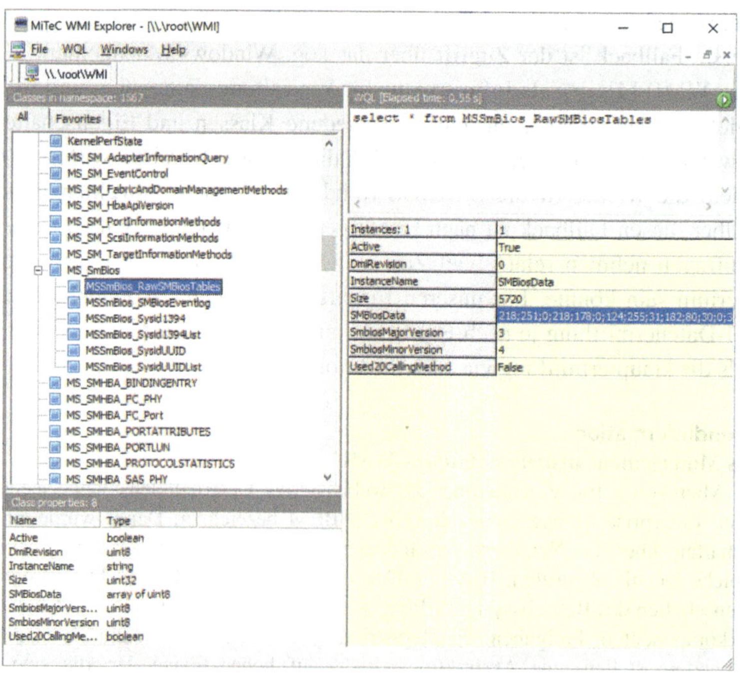

Abb. 5.1 MiTeC WMI Explorer mit einer WMI-Abfrage der SMBIOS-Rohdaten

Namen *mssmbios.sys* im Verzeichnis *\SystemRoot\System32\drivers* verwendet, um die SMBIOS-Daten zu ermitteln und über WMI sowie die Registrierung bereitzustellen. Innerhalb der Registrierung liefert der Binärwert *SMBiosData* im Schlüssel *HKEY_LOCAL_MACHINE\SYSTEM\CurrentControlSet\Services\mssmbios\Data* die Rohdaten, wobei Windows allerdings sensible Details und vorrangig Seriennummern herausfiltert.

5.2.1 Interpretation der Rohdaten

Je nachdem, welche Zugriffsmethode zum Einsatz kommt, erhält man im besten Fall einen wenigen Kilobyte kleinen Datenblock zurück, der anhand der Spezifikation zu interpretieren ist. Gängige Größen für diesen Datenblock betragen normalerweise ca. 3 bis 10 Kilobyte, was jedoch von der Anzahl der Tabellen und darin enthaltenen Daten – etwa Tabellenmengen und dazugehörigen Texten – abhängt.

Bevor man sich direkt mit der Entwicklung beschäftigt, kann es helfen, den SMBIOS-Rohdatenblock und den Aufbau der Tabellen besser zu verstehen. Hierfür existieren mehrere Tools, wie bspw. DMIScope von APSoft [13], lxSmBios von Mikron Software [14] und der SMBIOS Explorer von MiTeC [15], von denen alle und insbesondere letzteres eine Empfehlung verdienen. Das betrifft vor allem die Leistungsfähigkeit, weil man die Datenquelle gezielt auswählen kann und je nach SMBIOS-Tabelle genau eine Markierung im Datenblock stattfindet. Hinzu kommt ein vielfältiger Dateninterpreter, der Ergebnisse in unterschiedlichen Formaten darstellt, sowie Zusatzfunktionen wie Identifikationsdetails, ein Dateiscanner für SMBIOS-Dumps inkl. Selektion der zu findenden enthaltenen Tabellen sowie das Laden & Speichern von SMBIOS-Dumps. Exemplarisch verwenden wir daher nachfolgend dieses Tool, wobei man fairerweise dazu erwähnen sollte, dass die vollständige Debugger-Funktionalität erst mit einer sog. Single Lizenz möglich ist, die mit rund 30 € jedoch relativ günstig ist und eine 14 Tage-Testphase mit dem vollständigen Funktionsumfang ermöglicht.

Nach dem Programmstart werden zunächst noch keine SMBIOS-Daten geladen, und man kann die entsprechenden Funktionen entweder über das Menü (die drei Striche oben links) oder alternativ über die Toolbar-Symbole erreichen. Im Menü *Load from* hat man daher die Möglichkeit, einen Dump aus einer Datei zu laden, oder vom aktuellen System – in diesem Fall werden nacheinander die Datenquellen API, WMI und Registrierung geprüft sowie die jeweils erste funktionierende Quelle verwendet. Der Dump wird anschließend optisch aufbereitet und analysiert (Abb. 5.2).

Der obere mittlere Bereich (durch die Nummer 1 gekennzeichnet) beinhaltet einen Überblick der wichtigsten Systemdetails. Während im linken oberen Tabellenbereich alle gefundenen Tabellen mitsamt ID, Name, Offset (also Startadresse) sowie Länge aufgelistet werden (Nummer 2), passen sich die Bereiche 3 und 4 jeweils automatisch an, sobald eine Tabelle per Doppelklick selektiert wird. Zur Daten-Interpretation gehören

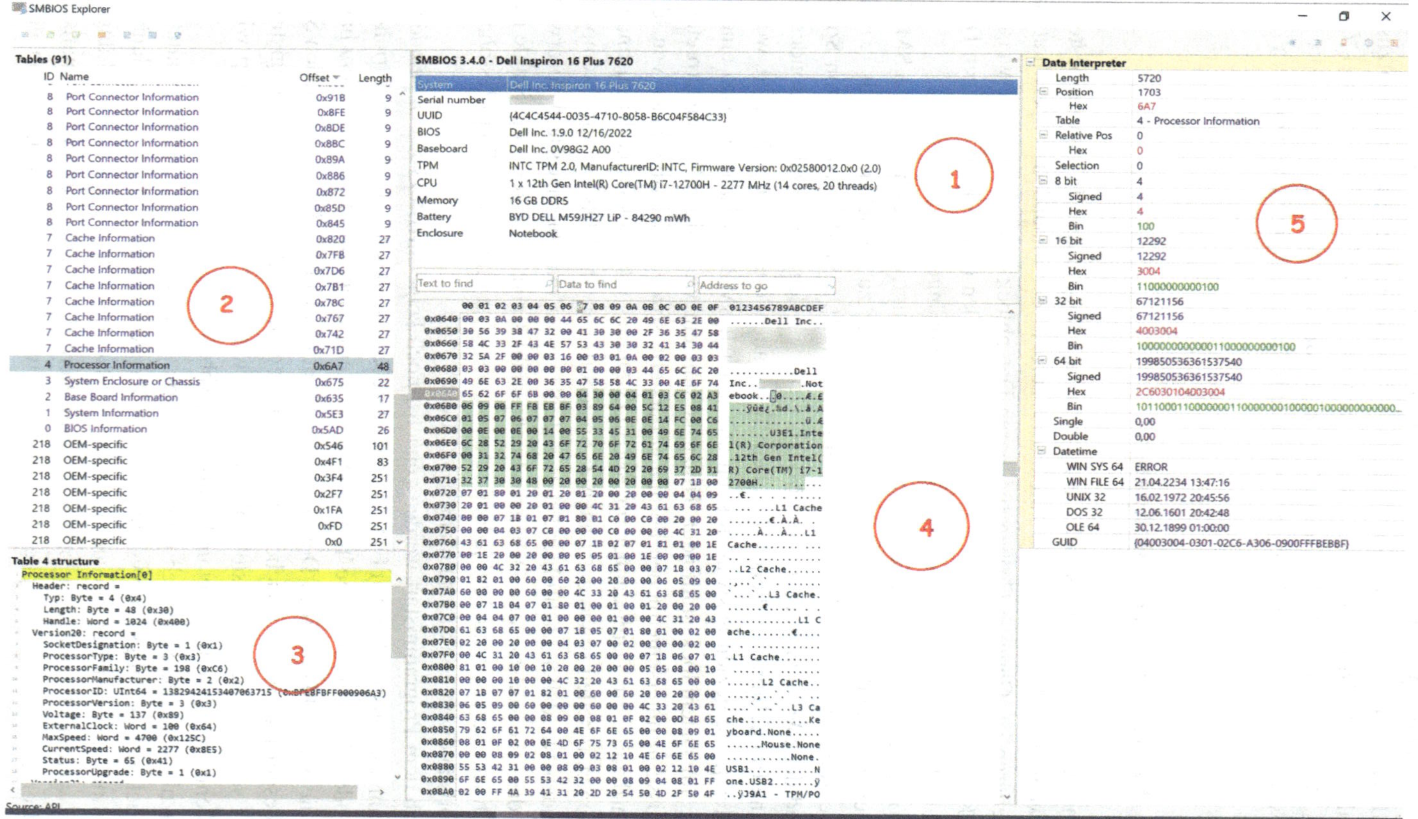

Abb. 5.2 Exemplarische SMBIOS-Auswertung mit MiTeC SMBIOS Explorer

dann unten links die Struktur-Details (Nummer 3), die direkt aus der Spezifikation mit den vorhandenen Rohdaten dargestellt werden. Der mittlere untere Hauptblock (Nummer 4) enthält wiederum den Roh-Dump mit einer Darstellung des Offsets sowie den Inhalten in hexadezimaler und ausgeschriebener Schreibweise. Diesen Bereich kann man ebenfalls durchsuchen, entweder nach Text, Daten oder einer direkten Adresse. Je nachdem, welcher Wert im Roh-Dump ausgewählt ist, wird der rechts befindliche Dateninterpreter (Nummer 5) angepasst. Durch diese übersichtliche Navigation kann man durch einzelne Tabellen navigieren und sich jede Tabelle in ihrem Aufbau ansehen, um nachzuvollziehen, wie die Daten letztendlich zu interpretieren sind.

Das funktioniert auch geräteübergreifend, weil ein SMBIOS-Dump beliebig als Report im programmeigenen SMBIOS-Format gespeichert und woanders geladen werden kann. Zum Auffinden bestimmter Dumps mit auswählbaren Kriterien ist der eingebaute File Scanner hilfreich, in dem ein Suchverzeichnis (optional mit enthaltenen Unterverzeichnissen) festgelegt wird, sowie eventuelle Pflichttabellen oder enthaltene Texte. Sollten Dumps mit den ausgewählten Kriterien gefunden werden, lassen sich diese direkt in die Oberfläche und damit Auswertung hineinladen. Die Statuszeile zeigt zu jedem Zeitpunkt an, welche Datenquelle verwendet wird (Abb. 5.3).

Diese Auswertungsmöglichkeit in Kombination mit der Spezifikation erlaubt schon im Vorfeld sehr genaue Recherchen und Auswertungen, bevor auch nur eine Zeile Code programmiert ist. Letzteres wollen wir an dieser Stelle aber trotzdem beginnen und werden uns ab dem nächsten Unterkapitel darum kümmern.

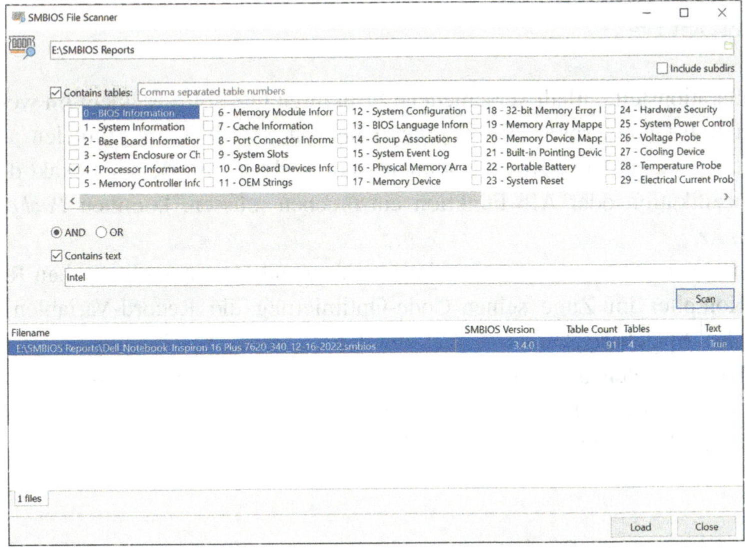

Abb. 5.3 File Scanner-Funktionalität zur komfortablen Suche nach SMBIOS-Dumps

5.3 Entwicklung einer Basisklasse

Im Prinzip gibt es mehrere Möglichkeiten, wie der SMBIOS-Zugriff implementiert werden kann und noch viel mehr Möglichkeiten, wie sich die gewonnenen Daten visualisieren lassen. Daher versuchen wir einen bescheidenen Ansatz, der hierfür 2 Klassen verwendet und eine Visualisierung der aus Sicht des Autors wichtigsten Strukturen und Informationen darstellt.

In einer Basisklasse wollen wir daher die gesamte Erkennung behandeln, und nennen die Unit *SMBIOSClass.pas* sowie die Klasse *TSMBIOS*. Diese ist von TObject abgeleitet und wird in unserer übergeordneten *TSystemAccess*-Klasse verwendet, lässt sich aber auch unabhängig in jedem Programmteil benutzen.

Wir beginnen mit dem Unit-Kopfbereich sowie der Einbindung verschiedener Units. Hierbei handelt es sich überwiegend um Standard-Units, die von Embarcadero zur Verfügung gestellt werden, etwa für den Zugriff auf die Registrierung und Strings:

```
unit SMBIOSClass;

interface

uses
  WinAPI.Windows, System.Classes, System.SysUtils,
  System.WideStrUtils,
  System.Win.Registry, System.Variants, System.Math,
  System.Win.ComObj,
  WinAPI.ActiveX;
```

Der Deklarationsteil enthält verschiedene Strukturen und soll vor allem im weiteren Verlauf den Roh-Dump, sowie die Kopfbereiche von SMBIOS und Tabellen aufnehmen. Immer dann, wenn Datengrößen essentiell sind, weil sie zum Beispiel exakt den Größen einer Spezifikation oder API-Funktion entsprechen müssen, kommen *Packed Records* zum Einsatz.

Das hängt damit zusammen, dass bei der Verwendung eines klassischen Records der Delphi-Kompiler im Zuge seiner Code-Optimierung die Record-Variablen an unterschiedlichen Speicherstellen ausrichtet, um den Zugriff zu beschleunigen – zu Lasten der Größe. Die Variablenausrichtung wird durch die Verwendung von *Packed Records* umgangen und wir werden dieses Thema noch ausführlicher im Zuge der Anbindung des Kernelmodus-Treiber in Kap. 8 behandeln.

```
type
  //Contains a SMBIOS dump including some additional version details
  TRawSMBIOSData = packed record
    Used20CallingMethod : Byte;
```

```
    SMBIOSMajorVersion : Byte;
    SMBIOSMinorVersion : Byte;
    DmiRevision : Byte;
    Length : Cardinal;
    SMBIOSTableData : Array[0..0] of Byte;
  end;
  PRawSMBIOSData = ^TRawSMBIOSData;

  //Contains an SMBIOS header with version and length details
  TSMBIOSHeader = record
    MajorVersion : Byte;
    MinorVersion : Byte;
    DmiRevision : Byte;
    Length : Cardinal;
  end;

  //Contains the SMBIOS table header area
  TSMBIOSTableHeader = packed record
    &Type : Byte;
    Length : Byte;
    Handle : Word;
  end;
  PSMBIOSTableHeader = ^TSMBIOSTableHeader;

  //Contains all data of a SMBIOS table with control details,
  //which are later addressed via a generic array
  TSMBIOSTable = record
    Header : TSMBIOSTableHeader;
    Offset : Cardinal;
    Name : String;
    Index : Integer;
    TotalLength : Cardinal;
  end;
```

Hintergrundinformation

Bei der Record-Definition von *TSMBIOSTableHeader* fällt möglicherweise die erste Typ-Variable vom Datentyp Byte auf, die mit einem Und-Zeichen beginnt (*&Type*). Dieses Zeichen wird auch als Ampersandoperator bezeichnet. Hierzu muss man ein wenig historisch zurückgehen, weil normalerweise ein *Type* hier stehen müsste, diese Benennung allerdings mit dem reservierten Wort *Type* kollidiert.

Die Delphi-Hilfe zitiert hierfür den sog. Ampersand-Operator:

> Der Ampersandoperator (&) kann als eine kürzere Alternative zum Auflösen der Doppeldeutigkeit zwischen Bezeichnern und reservierten Delphi-Wörtern verwendet werden. Das & verhindert, dass ein Schlüsselwort als Schlüsselwort (d. h., als reserviertes Wort) behandelt wird. Wenn Sie auf eine Methode oder einen Typ mit demselben Namen wie ein

Delphi-Schlüsselwort stoßen, können Sie die Namespace-Spezifikation weglassen. Sie müssen dann aber dem Bezeichnernamen ein Ampersand voranstellen. Wenn Sie aber einen Bezeichner mit demselben Namen wie ein Schlüsselwort deklarieren, dann müssen Sie das & verwenden.

Historisch betrachtet wurde der Ampersandoperator mit Delphi 8 im Dezember 2003 eingeführt. Dieses Release wurde als reines .NET-Release verkauft und zusammen mit einem Delphi 7 als Win32/VCL-Produkt ausgeliefert. Aufgrund der Kompatibilität und des sog. Name Mangling zu .NET gab es das Problem, dass man eine Unterscheidung der reservierten Wörter zwischen .NET und Win32/VCL treffen musste. Mit der nächsten regulären Win32/VCL-Version von Delphi (Version 2005) wurde es dann dauerhaft implementiert, und wir machen davon hin und wieder Gebrauch, wo es sich nicht vermeiden lässt (häufig bei Typ-Variablen, die in der englischen Sprache als *Type* bezeichnet werden).

Danach beginnt direkt die Definition unserer Klasse *TSMBIOS*, deren private Typ-Definitionen mit dem manuellen Einbinden der API-Funktion *GetSystemFirmwareTable* [3] beginnt. Wir erinnern uns, dass Embarcadero diese Funktion nicht in den Delphi-Units aufführt, obwohl sie Bestandteil der Windows-API ist – weswegen wir sie manuell deklarieren müssen. Weiter später in diesem Kapitel werden wir diese Funktion genauer mit den dazugehörigen Parametern behandeln:

```
TSMBIOS = class(TObject)
private
  type
    TGetSystemFirmwareTable = function(FirmwareTableProviderSignature :
                                        DWord;
                                        FirmwareTableID : DWord;
                                        out pFirmwareTableBuffer;
                                        BufferSize    :    DWord):   UInt;
                                        stdcall;
```

Weiter geht es mit den privaten Variablen-Deklarationen, etwa für ein Handle der *kernel32.dll*, weil die API-Funktion *GetSystemFirmwareTable* in dieser Windows-DLL enthalten ist, sowie die API-Funktion selbst, dann ein Byte-Feld für die Rohdaten, eine Headervariable, Tabellen innerhalb eines generischen Feldes und den Namen der Datenquelle, die wir während der Ermittlung noch benennen werden. Dem generischen Feld kommt später noch die wichtige Bedeutung zu, dass es die gesamten Tabellendaten enthält und für die Auswertung sehr hilfreich sein wird:

```
var
   Kernel32Handle : THandle;
   GetSystemFirmwareTable :
   TGetSystemFirmwareTable;
   FData : TBytes;
   FHeader : TSMBIOSHeader;
```

```
FTables : TArray<TSMBIOSTable>;
FDataSource : String;
```

Im privaten Konstantenbereich definieren wir ein Trennzeichen für die Aufteilung zwischen Feld-Einträgen, die später während der WMI-Ermittlung zum Einsatz kommen:

```
const
  ArrayDelimiter = '|';
```

Weiter geht es mit den öffentlichen Funktionen, Prozeduren und Eigenschaften, die außerhalb der *TSMBIOS*-Klasse erreichbar sind. Auch hier findet eine Kategorisierung statt:

- Basisklassenfunktionen
- Kernladefunktionen
- allgemeine Hilfsfunktionen
- Binär- und Texthilfsfunktionen
- veröffentlichte Eigenschaften und
- eigentliche Auswertung der Rohdaten.

```
public
  //Class basic functions
  constructor Create;
  destructor Destroy; override;
  procedure Clear;

  //Core loading functions
  function  LoadFromSystem : Boolean;
  function  LoadFromAPI : Boolean;
  function  LoadFromWMI : Boolean;
  function  LoadFromRegistry : Boolean;

  //General helper functions
  function  GetSMBIOS(out AHeader : TSMBIOSHeader;
                      out AData : TBytes) : Boolean;
  function  DumpSystemFirmwareTable(ATableSignature,
                                    ATableID :  Cardinal;
                                    out AData : TBytes) : Boolean;
  procedure Load(AHeader : TSMBIOSHeader; AData : TBytes);
  function  GetTableCount : Integer;
  function  GetTableName(ATyp : Byte) : String;
  function  GetTable(AIndex: Integer) : TSMBIOSTable;
  function  GetTableByType(ATyp : Byte; AIndex : Integer = 0) :
                         Integer;
```

```
    function  IsTableAvailable(ATyp : Byte) : Boolean;
    function  ReadSMBIOSString(AOffset : Cardinal; AIndex : Byte) :
                                String;
    function  GetNameFromStr(ASource : String; ASep : String = '=') :
                               String;
    function  GetValueFromStr(ASource : String; ASep : String = '=') :
                                String;
    function  GetSize : Cardinal;
    function  GetDMIRev : Byte;
    function  GetMajor : Byte;
    function  GetMinor : Byte;
    function  IsDDR4MemoryAvailable : Boolean;
    function  IsDDR5MemoryAvailable : Boolean;

    //Binary and Text helper functions
    function  HiDWord(AValue : UInt64) : Cardinal;
    function  LoDWord(AValue : UInt64) : Cardinal;
    function  IsBitOn(Value : UInt64; Bit : Byte) : Boolean;
    function  YesNo(ABool : Boolean) : String;
    function  GetCapacity(AValue : UInt64) : String;
    function  CheckIfEmptyString(AStr : String) : String;

    //Published properties
    property Data : TBytes read FData;
    property MajorVersion : Byte read GetMajor;
    property MinorVersion : Byte read GetMinor;
    property DMIRevision : Byte read GetDMIRev;
    property Size : Cardinal read GetSize;
    property DataSource : String read FDataSource;
    property TableCount : Integer read GetTableCount;
    property Tables[AIndex : Integer] : TSMBIOSTable read GetTable;

    //Main evaluation for raw data
    procedure GetSMBIOSStructureDetails(ATableNum : Byte;
                                        SMBIOSData : TStrings);
  end;
```

Nach diesen Definitionen und Festlegungen beginnen wir den Implementationsbereich, in den die separate Unit SMBIOSStructures.pas mit den SMBIOS-Strukturen hinzugefügt wird:

```
implementation

uses
  SMBIOSStructures;
```

5.3.1 Basisklassenfunktionen

Im Konstruktor unserer Klasse werden Initialisierungen vorgenommen, die in weiteren Funktionen der Klasse notwendig sind. Dazu gehört in erster Linie die Einbindung der API-Funktion *GetSystemFirmwareTable*, für die zunächst das entsprechende Modul-Handle aus der Datei *kernel32.dll* mit *GetModuleHandle* ermittelt wird, und wir anschließend unserer Funktionsvariable die entsprechende Funktionsadresse aus der Windows-DLL zuweisen:

```
constructor TSMBIOS.Create;
begin
  inherited;

  Kernel32Handle := GetModuleHandle(PChar(Winapi.Windows.kernel32));
  GetSystemFirmwareTable :=
    TGetSystemFirmwareTable(
      GetProcAddress(Kernel32Handle, 'GetSystemFirmwareTable'));
end;
```

Im Destruktor wird vergleichbar mit dem Konstruktor einfach die überordnete Behandlungsmethode mit *inherited* aufgerufen:

```
destructor TSMBIOS.Destroy;
begin
  inherited;
end;
```

Die dritte Basisklassenfunktion bereinigt einen potenziell gefüllten Dump (den wir als Byte-Feld implementiert haben), und setzt den intern verwendeten SMBIOS-Kopfbereich auf Standardwerte zurück. Letzteres wird durch das Default-Schlüsselwort erreicht:

```
procedure TSMBIOS.Clear;
begin
  Finalize(FData);
  FHeader := Default(TSMBIOSHeader);
end;
```

Clear wird immer dann aufgerufen, bevor SMBIOS-Daten etwa über die API, WMI oder Registrierung ermittelt werden.

5.3.2 Kernladefunktionen

Die Kernladefunktionen beinhalten Code zum Laden der SMBIOS-Rohdaten und speichern diese im dynamischen Byte-Feld *FData*, wobei jede einzelne Funktion ein Boolean-Ergebnis zurückliefert. Ausgeführt werden die 3 Ermittlungsfunktionen durch eine Steuerfunktion, die *LoadFromSystem* lautet und neben dem Weiterleiten des Rückgabeergebnisses auch das Benennen der Datenquelle in der privaten String-Variable *FDataSource* berücksichtigt – letztere wird durch die veröffentlichte Eigenschaft *DataSource* dann nach außen geführt:

```
function TSMBIOS.LoadFromSystem : Boolean;
begin
  FDataSource := 'unbekannt';
  Result := LoadFromAPI;
  if Result then
    FDataSource := 'Windows API'
  else
  begin
    Result := LoadFromWMI;
    if Result then
      FDataSource := 'Windows Management Instrumentation (WMI)'
    else
    begin
      Result := LoadFromRegistry;
      if Result then
        FDataSource := 'Windows Registrierung';
    end;
  end;
end;
```

Hierbei wird zunächst versucht, die SMBIOS-Rohdaten über die Windows-API mittels *LoadFromAPI* zu lesen, und falls das nicht erfolgreich ist, kommen die beiden besprochenen Fallbacks zum Einsatz. Der erste ist das Lesen über WMI mittels *LoadFromWMI*, und der zweite über das Lesen der Registrierung mittels *LoadFromRegistry*.

5.3.2.1 Laden über die Windows-API

Die Funktion *LoadFromAPI* wird relativ kompakt implementiert und bedient sich an einigen wenigen internen Funktionen. Zunächst wird mit *Clear* ein eventuell vorhandener SMBIOS-Pufferbereich geleert, und dann kommt die interne Funktion *GetSMBIOS* zum Einsatz. Diese liefert den SMBIOS-Header sowie den Datenpuffer zurück und wir leiten diese Rückgaben direkt in die privaten Variablen *FHeader* sowie *FData* weiter. Wenn *GetSMBIOS* erfolgreich ist, wird mit *Load* der Pufferbereich aufgeschlüsselt und das generische Feld *FTables* entsprechend gefüllt. Dieses Vorgehen besprechen wir noch später in Abschn. 5.3.2.4.

```
function TSMBIOS.LoadFromAPI : Boolean;
begin
  Clear;
  Result := GetSMBIOS(FHeader, FData);
  if Result then
    Load(FHeader, FData);
end;
```

Die Aufgabe der Funktion *GetSMBIOS* ist der Aufruf der internen Funktion *DumpSystemFirmwareTable,* die den vollständigen SMBIOS-Rohdatenpuffer zurückliefert. Daher trennt *GetSMBIOS* die zurückgelieferten Rohdaten in Header und Datenpuffer auf und gibt diese als Ausgabeparameter zurück. Begonnen wird mit der Definition eines Puffers vom Typ *TBytes* (Byte-Feld) sowie einer lokalen Rohdatenvariable vom Typ *TRawSMBIOSData*. Letzterer wurde als Packed Record im Typ-Bereich der aktuellen Unit definiert.

Dann folgt noch eine Signatur, die festlegt, welche Firmware-Daten ermittelt werden sollen. Diese Signatur kommt später noch beim Aufruf der API-Funktion *GetSystemFirmwareTable* in unserer Funktion *DumpSystemFirmwareTable* zum Einsatz. Wir wollen folglich den SMBIOS-Datenbereich auslesen und definieren daher die Konstante *sigRSMB* mit einem hexadezimalen Wert von 52534D42h:

```
function TSMBIOS.GetSMBIOS(out AHeader : TSMBIOSHeader;
                           out AData : TBytes) : Boolean;
var
  Buffer : TBytes;
  SMBIOSData : TRawSMBIOSData;
const
  sigRSMB = $52534D42;
begin
```

Begonnen wird die Ermittlung, indem die Ausgabevariablen auf Standardwerte gesetzt werden. Bei *AHeader* geschieht das mit dem Default-Schlüsselwort und beim Byte-Feld *AData* durch den Aufruf von *Finalize*:

```
  AHeader := Default(TSMBIOSHeader);
  Finalize(AData);
```

Weiter geht es mit dem direkten Aufruf der internen Funktion *DumpSystemFirmwareTables*, wobei das Boolean-Rückgabeergebnis an das Ergebnis von *GetSMBIOS* durchgeleitet wird. Übergeben wird die Firmware-Konstante, danach eine potenzielle Tabellen-ID (für uns jedoch nicht notwendig, da wir keine einzelne Tabelle, sondern den gesamten Dump auslesen möchten), sowie abschließend der Puffer:

```
  Result := DumpSystemFirmwareTable(sigRSMB, 0, Buffer);
```

Danach erfolgt die Auswertung der Rohdaten, wenn das Rückgabeergebnis positiv ist. Hierbei wird zunächst der Puffer aus der lokalen Puffervariable in die lokalen Rohdatenvariable vom Typ *TRawSMBIOSData* mittels Move übertragen. Darauf folgt die Größenfestlegung der Rückgabevariable *AData* anhand der Größe der Rohdatenvariable. Abschließend wird der Inhalt des Puffers in die Rohdatenvariable übertragen:

```
  if Result then
  begin
    Move(Buffer[0], SMBIOSData, SizeOf(SMBIOSData));
    SetLength(AData, SMBIOSData.Length);
    Move(Buffer[SizeOf(SMBIOSData) - 1], AData[0], SMBIOSData.Length);
```

Wir beenden die Funktion *GetSMBIOS* durch das manuelle Übertragen der wenigen Headerdetails vom SMBIOS-Header in die Header-Rückgabevariable:

```
    AHeader.MajorVersion := SMBIOSData.SMBIOSMajorVersion;
    AHeader.MinorVersion := SMBIOSData.SMBIOSMinorVersion;
    AHeader.DmiRevision := SMBIOSData.DmiRevision;
    AHeader.Length := SMBIOSData.Length;
  end;
end;
```

Da wir unsere interne Funktion *DumpSystemFirmwareTable* nun bereits verwendet haben, soll hier ebenfalls die Umsetzung beschrieben werden – das ist insofern wichtig, weil hier die API-Funktion *GetSystemFirmwareTable* tatsächlich verwendet wird.

Begonnen wird nach der Funktionsdefinition (Firmware-Signatur, Tabellenkennung sowie zurückgelieferte Rohdaten) mit der Variablendeklaration, die wir als Rückgabevariable der API-Funktion benötigen. Zunächst wird das Rückgabeergebnis auf False gesetzt, weil wir später durch eine aktive Prüfung der geschriebenen Bytemenge in den Puffer diese Eigenschaft festlegen.

Sollte die API-Funktion nicht zugewiesen worden sein, was wir über den Konstruktor bereits vorbereitet haben, dann würde sie nicht zur Verfügung stehen und wir würden an dieser Stelle per Exit aus der Funktion ergebnislos herausspringen:

```
function TSMBIOS.DumpSystemFirmwareTable(ATableSignature,
                                         ATableID : Cardinal;
                                         out AData : TBytes) : Boolean;
var
```

```
  BytesWrittenInBuffer : Cardinal;
begin
  Result := False;
  if not Assigned(GetSystemFirmwareTable) then
    Exit;
```

Dann folgt bereits der erste von zwei Aufrufen von *GetSystemFirmwareTable,* wobei wir nachfolgend in Tab. 5.3 auf die Ein- und Ausgabeparameter eingehen – weitere Details befinden sich in [3].

Wir führen insgesamt zwei Aufrufe durch, weil *GetSystemFirmwareTable* eine Art Testfunktionalität beinhaltet. Normalerweise gilt die Funktion als erfolgreich aufgerufen, indem der Rückgabewert die Anzahl geschriebener Bytes in den Puffer repräsentiert. Da man die Puffergröße aber gleichzeitig als letzten Parameter *BufferSize* angeben muss, kann man diese Information vor dem ersten Aufruf überhaupt nicht wissen.

Daher ruft man *GetSystemFirmwareTable* im ersten Anlauf mit einem leeren Pufferzeiger *nil* und der Puffergröße null auf, was dazu führt, dass der Rückgabeparameter der Funktion nicht die geschriebenen Bytes enthält, sondern die benötigte Puffergröße:

```
  BytesWrittenInBuffer := GetSystemFirmwareTable(ATableSignature, ATableID,
                                                 nil^, 0);
```

Tab. 5.3 Eingabe- und Ausgabeparameter der API-Funktion GetSystemFirmwareTable

Parametername	Parametertyp	Beschreibung
FirmwareTableProviderSignature	DWord (Eingabe)	Kennung des Firmwaretabellen-Anbieters, an den die Abfrage gerichtet werden soll: – "RSMB" oder 52534D42h für den Anbieter der Rohdaten-Tabelle von SMBIOS – "ACPI" oder 41435049h für den Anbieter der ACPI-Tabellen – "FIRM" oder 4649524Dh für den Anbieter der Roh-Firmware-Tabelle (veraltet und nicht unterstützt für UEFI-Systeme)
FirmwareTableID	DWord (Eingabe)	Bezeichner der Firmware-Tabelle, falls nicht die Daten in gesamter Form, sondern einzelne Tabellen ausgelesen werden sollen
pFirmwareTableBuffer	Zeiger auf Byte-Feld (Ausgabe)	Zeiger auf einen Puffer, der die angeforderte Firmware-Tabelle aufnimmt. Wenn dieser Parameter nil ist, wird als Rückgabewert die erforderliche Puffergröße zurückgeliefert
BufferSize	DWord (Eingabe)	Größe des Puffers, die bei einer null als Rückgabewert die erforderliche Puffergröße zurückgeliefert

Danach können wir die benötigte Puffergröße basierend auf dem Rückgabeergebnis abfragen, und sobald diese größer als null ist, setzen wir zunächst diese Größe für das Byte-Feld, das wir als Ausgabevariable definiert haben.

Im zweiten Anlauf erfolgt der korrekte Aufruf von *GetSystemFirmwareTable,* der wir nun als Puffer die Ausgabevariable sowie die vorher ermittelte benötigte Puffergröße übergeben:

```
  if BytesWrittenInBuffer > 0 then
  begin
    SetLength(AData, BytesWrittenInBuffer);
    BytesWrittenInBuffer := GetSystemFirmwareTable(ATableSignature,
                                                   ATableID, AData[0],
                                                BytesWrittenInBuffer);
    Result := BytesWrittenInBuffer > 0;
  end;
end;
```

Abgeschlossen wird die Funktion mit der Zuweisung des Rückgabeergebnisses, das dann positiv ist, wenn die in den Puffer geschriebenen Daten größer als 0 Bytes sind.

Zu diesem Zeitpunkt haben wir die SMBIOS-Rohdaten bereits ermittelt und müssen diese noch in das generische Feld laden – über dieses kann später komfortabel auf die einzelnen Tabellen zugegriffen werden. Anfangs wurde in der Hauptfunktion *LoadFromAPI* die interne Funktion *Load* angesprochen, die genau diese Aufnahme übernimmt und in Abschn. 5.3.2.4 besprochen wird.

5.3.2.2 Laden über WMI

Als ersten Fallback verwenden wir den Zugriff über das Windows Management Interface, und einen grundlegenden Überblick haben wir weiter vorne in diesem Kapitel bereits gegeben. Der Rohdatenblock ist als Byte-Feld *SMBiosData* in der Tabelle *MSSmBios_RawSMBiosTables* enthalten, die sich im Namespace *Root\WMI* befindet (Abb. 5.4).

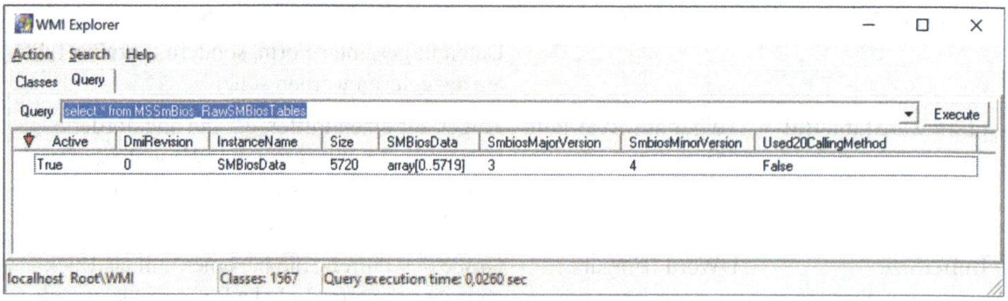

Abb. 5.4 Byte-Feld SMBiosData in der WMI-Tabelle MSSmBios_RawSMBiosTables

Wir beginnen unsere Funktion *LoadFromWMI* mit der Variablendeklaration, wozu verschiedene OLE-kompatible Variant-Variablen und Hilfsvariablen gehören:

```
function TSMBIOS.LoadFromWMI : Boolean;
var
  WbemLocator,
  WMIService,
  WbemObjectSet,
  WbemObject : OLEVariant;
  LEnum : IEnumVariant;
  LongValue : LongWord;
  Counter : Integer;
  LVariant : Variant;
```

Wir fahren mit vorbereitenden Maßnahmen für den WMI-Zugriff fort, wozu das Setzen eines Standardergebnisses sowie das Leeren eines potenziellen Rohdatenpuffers gehören. Ebenfalls wird mit *CoInitialize* die COM-Bibliothek im aktuellen Thread initialisiert:

```
begin
  Result := False;
  Clear;
  CoInitialize(nil);
```

Für eine Verbindungsherstellung zu WMI müssen wir zunächst ein OLE-Objekt erstellen, und verwenden dafür den Bezeichner *WbemScripting.SWbemLocator*:

```
  WbemLocator := CreateOleObject('WbemScripting.SWbemLocator');
```

Danach verbinden wir dieses Objekt mit dem WMI-Dienst auf dem lokalen Computer unter Angabe des WMI-Namespaces *root\WMI:*

```
  WMIService := WbemLocator.ConnectServer('localhost',
                                          'root\WMI',
                                          '', '');
```

Direkt danach folgt der Aufruf der WMI-Abfrage, deren Ergebnis der Objekt-Menge *WbemObjectSet* zugewiesen wird:

```
  WbemObjectSet := WMIService.ExecQuery('SELECT * FROM
                                        MSSmBios_RawSMBiosTables',
                                       'WQL', $00000020);
```

Anschließend beginnt der Funktionsbereich der Iteration und Auswertung, wozu wir zunächst unser Iterationsobjekt vorbereiten:

```
LEnum := IUnknown(WbemObjectSet._NewEnum) as IEnumVariant;
```

Die Iteration überträgt den SMBIOS-Kopfbereich *(FHeader)* sowie Rohdatenbereich *(FData)*. Nach diesem Prozess wird das Iterationsobjekt wieder freigegeben, das Funktionsergebnis auf True gesetzt und aus der Schleife mit Break herausgesprungen:

```
while LEnum.Next(1, WbemObject, LongValue) = 0 do
begin
  FHeader.MajorVersion := WbemObject.SmbiosMajorVersion;
  FHeader.MinorVersion := WbemObject.SmbiosMinorVersion;
  FHeader.DmiRevision := WbemObject.DmiRevision;
  FHeader.Length := WbemObject.Size;
  LVariant := WbemObject.SMBiosData;
  SetLength(FData, VarArrayHighBound(LVariant, 1) + 1);
  for Counter := VarArrayLowBound(LVariant, 1) to
                 VarArrayHighBound(LVariant, 1) do
    FData[Counter] := LVariant[Counter];
  WbemObject := Unassigned;
  Result := True;
  Break;
end;
```

Eine zusätzliche Sicherheitsabfrage prüft, ob das Funktionsergebnis positiv ist, und springt im negativen Fall aus der Funktion heraus:

```
if not Result then
  Exit;
```

Der SMBIOS-Kopfbereich bzw. dessen Längenfeld wird zum Abschluss noch gesetzt:

```
FHeader.Length := Length(FData);
```

Genau wie bei der Datenquelle der Windows-API kommt nach der Datengewinnung die Prozedur *Load* zu Einsatz, um das generische Feld der *TSMBIOS*-Klasse mit Tabellendaten zu füllen:

```
  Load(FHeader, FData);
end;
```

5.3.2.3 Laden über die Registrierung

Die Funktion *LoadFromRegistry* liest den SMBIOS-Rohdatenbereich aus der Windows-Registrierung aus, der dort von Windows allerdings um einige sensible Daten wie Seriennummern gekürzt wird. Diese Datenquelle stellt daher ein solides Fallback dar, das aber aufgrund der Datenkürzung nur zum Einsatz kommen sollte, wenn die anderen Quellen scheitern. Enthalten ist der Rohdatenblock im Binärwert *SMBiosData* des Schlüssels *HKEY_LOCAL_MACHINE\SYSTEM\CurrentControlSet\Services\mssmbios\Data* (Abb. 5.5).

Wir beginnen unsere Funktion mit der Variablendeklaration, wobei wir mit recht wenigen Variablen auskommen. Dazu gehören ein Datenwert vom Typ *TRegDataInfo,* unser Puffer auf Basis eines Byte-Feldes und die SMBIOS-Rohdaten vom Typ *TRawSMBIOSData:*

```
function TSMBIOS.LoadFromRegistry : Boolean;
var
  RegDataInfo : TRegDataInfo;
  Buffer : TBytes;
  SMBRawData : TRawSMBIOSData;
```

Begonnen wird mit einigen Vorbereitungen, wozu das Leeren eines potenziell gefüllten SMBIOS-Puffers gehört sowie die Festlegung des Standard-Rückgabeergebnisses:

```
  Clear;
  Result := False;
```

Dann starten wir mit der Erzeugung einer Instanz vom Typ *TRegistry* und der einfachen lesenden Zugriffsebene, die wir mit *KEY_READ* angeben. Innerhalb eines try...finally-

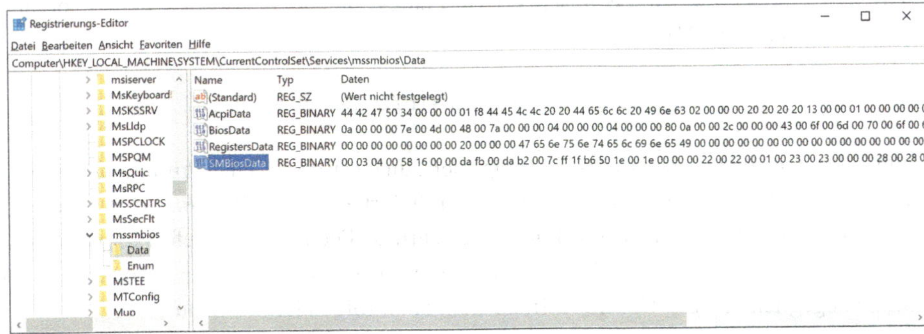

Abb. 5.5 Binärwert SMBiosData in der Windows-Registrierung

Blocks legen wir zunächst den Hauptschlüssel (auch als Rootkey bezeichnet) fest, der folglich *HKEY_LOCAL_MACHINE* lautet:

```
with TRegistry.Create(KEY_READ) do
  try
    Rootkey := HKEY_LOCAL_MACHINE;
```

Direkt danach beginnt der Leseversuch des Schlüssels *SYSTEM\CurrentControlSet\Services\mssmbios\Data,* den wir mit *TRegistry.OpenKey* durchführen. Der zweite Boolean-Parameter *CanCreate* wird auf False gesetzt, weil wir den Schlüssel nicht erstellen wollen, falls er nicht existiert – das würde anhand unserer Instanzerzeugung mit lesender Zugriffsebene sowieso nicht funktionieren:

```
if OpenKey('SYSTEM\CurrentControlSet\Services\mssmbios\Data',
           False) then
begin
```

Sollte das Öffnen erfolgreich gewesen sein, prüfen wir anhand von *TRegistry.ValueExists,* ob der Wert *SMBiosData* vorhanden ist. Wenn das ebenfalls erfolgreich war, ermitteln wir mit *TRegistry.GetDataInfo* diesen Wert samt Inhalt in unsere Datenwert-Variable *RegDataInfo*. Hiermit gelingt dann eine Ermittlung des Typs (Feld *RegData*) und der Datengröße (Feld *DataSize*):

```
if ValueExists('SMBiosData') then
begin
  GetDataInfo('SMBiosData', RegDataInfo);
  if RegDataInfo.RegData = rdBinary then
  begin
```

Wir setzen daher die Größe unseres Byte-Feldes anhand der Größe der zuvor ausgelesenen Datenwert-Variable:

```
SetLength(Buffer, RegDataInfo.DataSize);
```

Nun folgt der eigentliche Auslesevorgang, der zunächst durch eine Prüfung abgesichert wird, ob die Datengröße größer als 0 ist. Dann liefert *TRegistry.ReadBinaryData* den Inhalt des Feldes direkt in unseren Byte-Puffer zurück. Die Funktion liefert im Erfolgsfall die Anzahl der geschriebenen Bytes zurück, die ebenfalls mit unserer zuvor ermittelten Größe abgeglichen wird. Unsere Abfrage sieht dann folgendermaßen aus:

```
if (RegDataInfo.DataSize > 0) and
   (ReadBinaryData('SMBiosData', Buffer[0],
                   RegDataInfo.DataSize) =
```

```
            RegDataInfo.DataSize) then
        begin
```

Der mit *begin* startende Kernblock verschiebt den Puffer des Byte-Feldes in unsere SMBIOS-Rohdatenstruktur, und setzt danach die Länge des Rohdatenpuffers *FData*. Die zweite Move-Anweisung bewirkt, dass die Bytes aus dem Puffer ab der Position *SizeOf(SMBRawData) – 1* in *FData* an der Position 0 eingefügt werden. Dadurch wird der rohe Header aus *FData* entfernt, sodass hier nur SMBIOS-Daten verbleiben.

Danach folgen die Zuweisungen der Versions- und Längendaten vom SMBIOS-Rohdatenblock für die private *FHeader*-Struktur, die den SMBIOS-Kopfbereich enthält.

Die Prozedur *Load* lädt die ausgelesenen Daten folglich in die Tabellen, die als generisches Feld *FTables* in der privaten Klassendeklaration enthalten ist. Danach wird das Funktionsergebnis von *LoadFromRegistry* entsprechend auf True gesetzt:

```
Move(Buffer[0], SMBRawData, SizeOf(SMBRawData));
SetLength(FData, SMBRawData.Length);
Move(Buffer[SizeOf(SMBRawData) - 1], FData[0],
     SMBRawData.Length);
FHeader.MajorVersion := SMBRawData.SMBIOSMajorVersion;
FHeader.MinorVersion := SMBRawData.SMBIOSMinorVersion;
FHeader.DmiRevision := SMBRawData.DmiRevision;
FHeader.Length := SMBRawData.Length;
Load(FHeader, FData);
Result := True;
```

Zu den Aufräumarbeiten dieser Funktion gehören das Schließen des zuvor mit *OpenKey* geöffneten Registrierungsschlüssels, was dann mit *CloseKey* geschieht. Danach folgt das Freigeben der erzeugten TRegistry-Instanz mit *Free* im Finally-Block:

```
          end;
        end;
      end;
      CloseKey;
    end;
  finally
    Free;
  end;
end;
```

5.3.2.4 Ermitteln der Tabellen anhand der Rohdaten

In den vorherigen Kapiteln wurden die SMBIOS-Rohdaten über verschiedene Quellen ermittelt und liegen nun idealerweise in einem Byte-Feld vom Typ *TBytes* vor, sodass wir für die komfortable Auswertung eine Möglichkeit schaffen wollen, darin enthaltene Tabellendetails zu ermitteln.

Hierfür kommt unser generisches Feld *FTables* zum Einsatz, dass im privaten Deklarationsbereich unserer *TSMBIOS*-Klasse vom Typ *TSMBIOSTable* deklariert wurde.

Die Prozedur *Load* wird folglich nach jeder SMBIOS-Rohdatenermittlung in den Funktionen *LoadFromAPI*, *LoadFromWMI* sowie *LoadFromRegistry* aufgerufen und benötigt als Parameter den zuvor ermittelten SMBIOS-Header sowie das Byte-Feld.

Für die Indexierung werden ebenfalls diverse Variablen deklariert, etwa ein String für den Tabellennamen, verschiedene Integer-Indexvariablen, einen Positionszähler und einen Tabellen-Header. Diesen haben wir in Tab. 5.2 bereits aufgeschlüsselt und er besteht aus dem Tabellentyp, der Länge und einem Handle.

```
procedure TSMBIOS.Load(AHeader : TSMBIOSHeader; AData : TBytes);
var
  TableName : String;
  TableCount,
  IndexOfSameTable,
  CharZeroCount,
  TableIndex : Integer;
  Position : Cardinal;
  TableHeader : TSMBIOSTableHeader;
begin
```

Zu den vorbereitenden Maßnahmen gehören das Zurücksetzen eines potenziellen Rohpuffers, die Zuweisung von Header und Rohdaten, die Größenprüfung des Rohpuffers sowie verschiedene Variableninitialisierungen:

```
  Clear;
  FHeader := AHeader;
  FData := AData;
  if Length(FData) = 0 then
    Exit;
  Position := 0;
  CharZeroCount := 2;
```

Dann beginnt die Iteration der Rohdaten, wobei *Position* zu jedem Zeitpunkt unsere Positionsmarkierung repräsentiert. Die Position muss daher immer kleiner als der gesamte Rohdatenbereich sein, was wir anhand einer While-Schleife sicherstellen:

```
  while Position < Cardinal(Length(FData)) do
  begin
```

```
if CharZeroCount = 2 then
begin
  Move(FData[Position], TableHeader, SizeOf(TableHeader));
```

Die Integer-Variable *CharZeroCount* enthält die Anzahl gefundener #0-Einträge pro Tabelle, wobei jede Tabelle immer durch zwei nacheinander folgende #0-Einträge endet und wir diese Variable daher am Anfang direkt abfragen. Pro Schleifendurchlauf wird diese Variable mit jedem #0-Eintrag hochgezählt und vor einem erneuten Schleifendurchlauf wieder auf null gesetzt.

Wir fragen also ab, ob bereits zwei #0-Einträge vorliegen, was für das Ende derjenigen Tabelle spricht, die wir auswerten wollen. In diesem Fall wird mit *Move* der Tabellen-Kopfbereich aus den Rohdaten in die *TableHeader*-Variable kopiert.

Weiter geht es mit der Namensermittlung, weil jede Tabelle einen Namen in Textform enthält und wir zumindest die in der SMBIOS-Spezifikation enthaltenen öffentlichen Namen ausgeben wollen. Alle Tabellen im Bereich von 128 bis 255 können von den Herstellern individuell vergeben werden, so dass hier ein allgemeiner Hinweis dazu erscheint (*SMB_OEM_BEGIN* ist mit 128 definiert). Anhand der internen Funktion *GetTableName* wird dieser Name ermittelt und später in die Tabellendaten des generischen Feldes eingetragen, wobei wir diese Funktion vollständiger Weise noch im nächsten Unterkapitel besprechen werden:

```
if TableHeader.&Type >= SMB_OEM_BEGIN then
  TableName := 'OEM-spezifisch'
else
  TableName := GetTableName(TableHeader.&Type);
```

Weiter geht es mit der Bestimmung eines Index-Wertes, wobei es Tabellen gibt, die mehrfach vorkommen, und wo eine Index-Unterscheidung hilfreich ist. Das würde bedeuten, dass nur einmal vorkommende Tabellen einen Index von 0 erhalten, und mehrfach vorkommende Tabellen aufsteigend nummeriert werden. Dafür kommt unsere Integer-Variable *IndexOfSameTable* zum Einsatz, die wir einmal pro Tabelle auf 0 setzen und dann durch die bisher gespeicherten Tabellen des generischen Feldes iterieren. Wenn der Tabellentyp unserem aktuellen Tabellentyp entspricht, wird die Variable mit *Inc* um 1 hochgezählt:

```
IndexOfSameTable := 0;
for TableCount := 0 to High(FTables) do
  if FTables[TableCount].Header.&Type = TableHeader.&Type then
    Inc(IndexOfSameTable);
```

Wir erweitern nun das generische Feld um einen Tabelleneintrag, indem wir den höchsten Tabellenindex ermitteln und diesen um 1 erhöhen, sowie das Feld dann mit *SetLength* erweitern:

```
TableIndex := Length(FTables);
SetLength(FTables, TableIndex + 1);
```

Danach weisen wir den neuen Einträgen die verschiedene Werte zu, etwa den Tabellenheader, die aktuelle Position (auch als Offset bezeichnet), den zuvor ermittelten Tabellennamen, den Index und die Länge:

```
FTables[TableIndex].Header := TableHeader;
FTables[TableIndex].Offset := Position;
FTables[TableIndex].Name := TableName;
FTables[TableIndex].Index := IndexOfSameTable;
FTables[TableIndex].TotalLength := TableHeader.Length;
```

Der Block der Prüfung auf zwei #0-Einträge wird beendet, indem die Positionsmarkierung um die Tabellenlänge erhöht wird, der Zähler für #0-Einträge wieder zurückgesetzt wird und eine Abbruchbedingung. Letztere trifft dann zu, wenn der Tabellentyp 127 lautet. Dieser Typ (den wir als Konstante *SMB_EOT* mit 127 definiert haben), signalisiert das Ende des SMBIOS-Bereiches:

```
      Inc(Position, TableHeader.Length);
      CharZeroCount := 0;
      if TableHeader.&Type = SMB_EOT then
        Break;
    end; //of CharZeroCount = 2
```

Die While-Schleife wird beendet, indem geprüft wird, ob die aktuelle Position einen #0-Eintrag enthält, und falls ja, wird *CharZeroCount* um 1 erhöht, anderenfalls wird *CharZeroCount* auf 0 zurückgesetzt. Weiterhin wird zum Schluss die Position um 1 erhöht, bevor die Schleife wieder an den Kopf für den nächsten Durchlauf springt:

```
    if FData[Position] = 0 then
      Inc(CharZeroCount)
    else
      CharZeroCount := 0;
    Inc(Position);
  end;
```

Den Abschluss unserer Ladefunktion führen wir durch, wobei wir zunächst die Anzahl der Tabellen ermitteln – das wird dadurch erreicht, indem wir die Nummer der Abschlusstabelle 127 ermitteln. Danach schneiden wir alle potenziell falschen Tabellen von den Rohdaten ab, die nach der Abschlusstabelle 127 gefunden werden, weil nach dieser Abschlusstabelle laut Spezifikation keine weiteren Nutzdaten mehr folgen:

```
  TableCount := GetTableByType(SMB_EOT);
  if (TableCount > -1) and
     (Cardinal(Length(FData)) >
      FTables[TableCount].Offset + FTables[TableCount].Header.Length + 2)
  then
    SetLength(FData, FTables[TableCount].Offset +
                     FTables[TableCount].Header.Length + 2);
end;
```

5.3.3 Allgemeine Hilfsfunktionen

Die beiden Funktionen *GetSMBIOS* und *DumpSystemFirmwareTable* haben wir bereits weiter vorne beschrieben, da sie unmittelbar zur SMBIOS-Kernladefunktion der Windows-API *LoadFromAPI* gehören, aber übersichtlicher Weise innerhalb der Hilfsfunktionen kategorisiert sind. Das gleiche gilt für die Prozedur *Load*, die nach dem Ermitteln der SMBIOS-Rohdaten entweder über die Windows API, WMI oder die Registrierung zum Einsatz kommt – sie wertet die Rohdaten aus und befüllt das klasseninterne generische Feld *FTables* mit den korrekten Tabellendaten.

Daher fahren wir direkt mit der Funktion *GetTableCount* fort, welche die Anzahl der SMBIOS-Tabellen zurückliefert und für die veröffentlichte Klasseneigenschaft *TableCount* zum Einsatz kommt. Dafür wird einfach mit *Length* die Länge des generischen Feldes ermittelt, das zuvor mit *Load* gefüllt wurde:

```
function TSMBIOS.GetTableCount : Integer;
begin
  Result := Length(FTables);
end;
```

Für die Ermittlung der Tabellennamen kommt die Hilfsfunktion *GetTableName* zum Einsatz, die anhand einer SMBIOS-Tabellennummer den dazugehörigen Namen ermittelt. Dafür wird die Tabellennummer vom Typ Byte als Parameter übergeben und innerhalb der Funktion eine Zählvariable deklariert:

```
function TSMBIOS.GetTableName(ATyp : Byte) : String;
var
  Counter : Integer;
begin
```

Nachdem das Standardergebnis zugewiesen wurde, iteriert eine For-Schleife durch alle definierten SMBIOS-Tabellen, die sich in einem Feld (*SMB_TableTypes*) bestehend aus der Tabellennummer (*Typ*) und Name (*String*) befinden und im Abschn. 5.4 noch genauer aufgeführt werden. Es wird geprüft, ob die Tabellennummer übereinstimmt und falls dies zutrifft, wird der dazugehörige Tabellenname dem Funktionsergebnis zugewiesen und per Break aus der Schleife herausgesprungen:

```
  Result := 'unbekannt';
  for Counter := 0 to High(SMB_TableTypes) do
    if SMB_TableTypes[Counter].&Type = ATyp then
    begin
      Result := SMB_TableTypes[Counter].Name;
      Break;
    end;
end;
```

Für die Ermittlung einer gezielten SMBIOS-Tabelle implementieren wir die Funktion *GetTable*, die anhand einer Tabellennummer den entsprechenden Tabelleneintrag aus dem generischen Feld *FTables* als Typ *TSMBIOSTable* zurückliefert. Diese Funktion kommt etwa in der veröffentlichten Eigenschaft *Tables* zum Einsatz:

```
function TSMBIOS.GetTable(AIndex : Integer) : TSMBIOSTable;
begin
  Result := FTables[AIndex];
end;
```

Weiter geht es mit der Hilfsfunktion *GetTableByType*, die eine Tabellenposition innerhalb der Tabellenliste *FTables* zurückliefert. Übergeben werden der Tabellentyp als Byte *(ATyp)* und die Indexposition als Integer *(AIndex)*:

```
function TSMBIOS.GetTableByType(ATyp : Byte; AIndex : Integer) : Integer;
var
  Counter : Integer;
begin
  Result := -1;
```

Als Standardrückgabeergebnis wird -1 festgelegt, was keinem Fund entspricht, oder später dann die entsprechende gefundene Tabellenposition. Anhand einer For-Schleife wird durch die Tabellen iteriert und jeweils geprüft, ob der Tabellentyp und die Position übereinstimmen:

```
  for Counter := 0 to High(FTables) do
    if (FTables[Counter].Header.&Type = ATyp) and
```

```
      (FTables[Counter].Index = AIndex) then
    begin
      Result := Counter;
      Break;
    end;
end;
```

Bei einer Übereinstimmung wird die Position dem Funktionsergebnis zugewiesen und mit Break aus der Schleife herausgesprungen.

Eine weitere wichtige Tabellenfunktion heißt *IsTableAvailable* und ermittelt, ob eine bestimmte Tabelle vorhanden ist. Das spielt etwa in der grafischen Oberfläche eine Rolle, weil dort die Listeneinträge entsprechend bei vorhandenen Tabellen freigeschaltet werden.

Dafür wird der Tabellentyp als Parameter übergeben und nach der Definition einer Zähler-Variable ein Standard-Funktionsergebnis gesetzt. Anschließend wird mit einer For-Schleife durch die gefundenen Tabellen (öffentliche Klasseneigenschaft *TableCount*) iteriert und für jede Tabelle (öffentliche Klasseneigenschaft *Tables*) der übergebene Typ-Parameter geprüft. Sollte er erstmalig gefunden worden sein, setzen wir das Funktionsergebnis und springen per Break aus der Schleife heraus:

```
function TSMBIOS.IsTableAvailable(ATyp : Byte) : Boolean;
var
  Counter : Integer;
begin
  Result := False;
  for Counter := 0 to TableCount - 1 do
    if Tables[Counter].Header.&Type = ATyp then
    begin
      Result := True;
      Break;
    end;
end;
```

Eine weitere Hilfsfunktion soll für das komfortable Auslesen von Strings implementiert werden. Wir erinnern uns, dass Strings in sehr vielen SMBIOS-Tabellen zum Einsatz kommen und direkt nach dem formatierten Tabellenteil angehängt werden. Dadurch entfällt für Anwendungssoftware die Notwendigkeit, mit Zeigern umgehen zu müssen, die in den Tabellen vorhanden sind. Jeder String wird mit einem Nullbyte abgeschlossen und der Satz von Strings wird mit einem weiteren zusätzlichem Nullbyte abgeschlossen.

Wenn im formatierten Teil der SMBIOS-Tabelle auf einen String verwiesen wird, geschieht dies durch Angabe einer Stringnummer innerhalb der Stringmenge der Struktur, die ungleich null sein muss. Alle Strings müssen als UTF-8 ohne Byte Order Mark (BOM) kodiert sein.

Beispiel

Wenn eine SMBIOS-Tabelle etwa 3 Strings enthält, wird nach dem Ende des formatierten Teils ein Nullbyte angefügt, und dann die 3 Strings jeweils mit einem abschließenden Nullbyte angehangen. Nach allen Strings erscheint ein weiteres Nullbyte, um den Abschluss der Tabelle zu markieren.

Innerhalb des formatierten Teils existieren dann Stringfelder, die als Byte mit einer Nummer implementiert sind, die der Nummer der Stringmenge nach dem formatierten Teil entspricht. Stringnummer 2 entspricht daher dem zweiten angehangenen String.

Diese Stringnummer muss größer als null sein und kann daher quasi als Positionsmarkierung der Stringmenge am Ende jeder SMBIOS-Tabelle verstanden werden. Eine null würde daher keinen Bezug zu einer Stringposition signalisieren. ◄

Anhand einer komfortablen Funktion soll das Auslesen eines Strings aus der Stringmenge ermöglicht werden, und der Funktion *ReadSMBIOSString* wird dabei eine Startposition der Strings übergeben *(AOffset),* die wir während der Auswertung für jede Tabelle ermitteln und die nach dem formatierten Teil beginnt. Ebenfalls notwendig ist die Übergabe der Positionsmarkierung des Strings *(AIndex),* die größer als null sein muss:

```
function TSMBIOS.ReadSMBIOSString(AOffset : Cardinal; AIndex : Byte) :
                                   String;
var
  Count : Byte;
begin
```

Wir beginnen die Funktionsvorbereitung mit dem Setzen eines Standardergebnisses sowie einer Prüfung, ob die Positionsmarkierung null ist – in diesem Fall wird direkt per Exit aus der Funktion herausgesprungen:

```
  Result := '';
  if AIndex = 0 then
    Exit;
```

Anschließend beginnt eine While-Schleife, die mit der internen Zählvariable *Count* die Anzahl der Stringfelder iteriert, und dies solange, bis die gewünschte Stringposition erreicht ist und sich das Offset innerhalb der Rohdatenmenge befindet:

```
  Count := 1;
  while (Count <= AIndex) and (AOffset < Cardinal(Length(FData))) do
  begin
```

Innerhalb der Schleife prüfen wir, ob die aktuelle Position einem Nullbyte entspricht, und falls dies der Fall ist, wird die Zählvariable *Count* um eins inkrementiert. In der Else-Verzweigung folgt eine weitere Prüfung, ob die Zählvariable der als Parameter übergebenen Stringposition entspricht und falls ja, wird dem Funktionsergebnis dieses Zeichen als String angefügt:

```
    if FData[AOffset] = 0 then
      Inc(Count)
    else if (Count = AIndex) then
      Result := Result + Chr(FData[AOffset]);
```

Abgeschlossen wird die Schleife mit dem Inkrementieren der Zählvariable *Count* um eins, weil diese maßgeblich für den weiteren Schleifendurchlauf ist. Und damit hätten wir die Funktion bereits fertig implementiert:

```
    Inc(AOffset);
  end;
end;
```

Weiter geht es mit den Funktionen *GetNameFromStr* und *GetValueFromStr*, die bereits in Abschn. 4.3 und der *TWindows*-Klasse zum Einsatz kommen. Für eine kurze Auffrischung lässt sich festhalten, dass wir die SMBIOS-Ergebnisse in einer Stringliste dem Hauptformular übergeben, und die beiden ListView-Spalten *Eigenschaft* und *Wert* in einem Stringlisteneintrag separiert durch ein Trennzeichen (in unserem Fall durch ein Gleichheitszeichen) aufteilbar sind. Diese Aufteilung wird mit *GetNameFromStr* und *GetValueFromStr* durchgeführt, wobei *GetNameFromStr* den vorderen Eintrag (also die Eigenschaften-Spalte) ermittelt, und *GetValueFromStr* den hinteren Eintrag (also die Wert-Spalte).

Als Parameter wird der String sowie das Trennzeichen übergeben, wobei letzteres standardseitig durch ein Gleichheitszeichen festgelegt wird:

```
function TSMBIOS.GetNameFromStr(ASource : String; ASep : String = '=') :
                              String;
var
  Position : Integer;
begin
  Position := Pos(ASep, ASource);
  if Position > 0 then
    Result := Trim(Copy(ASource, 1, Position - 1))
  else
    Result := ASource;
end;
```

Es wird zunächst die Position des Trennzeichens im String ermittelt und in der Variable *Position* gespeichert. Wenn diese Position größer als null ist, kopieren wir mittels *Copy* den Stringteil ab dem ersten Zeichen bis zum Trennzeichen und weisen ihn dem Funktionsergebnis zu. Falls kein Trennzeichen gefunden wurde, wird dem Funktionsergebnis automatisch der übergebene Stringparameter zugewiesen.

Bei der Funktion *GetValueFromString* verhält es sich genau umgekehrt, weil dort der Teilstring nach dem Trennzeichen bis zum Stringende in das Funktionsergebnis kopiert wird:

```
function TSMBIOS.GetValueFromStr(ASource : String; ASep : String = '=') :
                                          String;
var
  Position : Integer;
begin
  Position := Pos(ASep, ASource);
  if Position > 0 then
    Result := Copy(ASource, Position + Length(ASep), 1024)
  else
    Result := '';
end;
```

Vier weitere kleinere Funktionen sind vor allem für die Ermittlung der SMBIOS-Version, -Revision- und -Größe relevant – sie kommen vorrangig in den veröffentlichen Klasseneigenschaften zum Einsatz.

Die Funktion *GetSize* ermittelt die Größe des Rohdatenbereiches, was anhand von *Length* für das Byte-Feld *FData* erreicht wird:

```
function TSMBIOS.GetSize : Cardinal;
begin
  Result := Length(FData);
end;
```

Die DMI-Revision aus dem Kopfbereich *FHeader* wird mit unserer Implementierung *GetDMIRev* zurückgeliefert. Auf einigen Systemen gibt es Revisionen innerhalb einer bestehenden SMBIOS-Version und diese leiten wir aus der entsprechenden Kernladefunktion in die Kopfbereichsvariable (Header) weiter:

```
function TSMBIOS.GetDMIRev : Byte;
begin
  Result := FHeader.DmiRevision;
end;
```

Für die Ermittlung von Haupt- und Nebenversion, was auch hier wieder aus dem Kopfbereich und der Variable *FHeader* bezogen wird, kommen die Funktionen *GetMajor* und *GetMinor* zum Einsatz:

```
function TSMBIOS.GetMajor : Byte;
begin
  Result := FHeader.MajorVersion;
end;

function TSMBIOS.GetMinor : Byte;
begin
  Result := FHeader.MinorVersion;
end;
```

Wir benötigen im späteren Verlauf der Programmentwicklung unserer Beispielapplikation die Möglichkeit, anhand einer Funktion den vorhandenen Speichertyp DDR4 bzw. DDR5 erkennen zu können. Dieses Detail ist vorrangig im Zuge der Speichermodulerkennung in Kap. 11 notwendig.

Wir implementieren daher zwei Funktionen mit den Namen *IsDDR4MemoryAvailable* und *IsDDR5MemoryAvailable*, die jeweils einen Boolean zurückliefern und anhand der SMBIOS-Tabellen und der Tab. 17 *(Memory Device)* den Speichertyp nach DDR4 oder DDR5 durchsuchen. Da beide Funktionen mit Ausnahme des Speichertyps identisch aufgebaut sind, zeigen wir nachfolgend exemplarisch die Implementierung der Funktion *IsDDR5MemoryAvailable:*

```
function TSMBIOS.IsDDR5MemoryAvailable : Boolean;
var
  TableCount : Cardinal;
  SMBIOSTable017 : PSMBIOS_MemoryDevice;
begin
  Result := False;
  for TableCount := 0 to High(FTables) do
    case FTables[TableCount].Header.&Type of
      SMB_MEMDEV : //Memory Device
        begin
          SMBIOSTable017 := @FData[FTables[TableCount].Offset];
          if (FHeader.MajorVersion * 10 +
              FHeader.MinorVersion >= 21)
          then
          begin
            if Pos('DDR5',
              GetSMBIOS017_MemoryType(SMBIOSTable017.
                                       MemoryType)) <> 0
            then
```

```
              begin
               Result := True;
               Break;
              end;
            end;
          end;
    end;
end;
```

Die Suche per Pos-Funktion in der Typbezeichnung nach „DDR5" hat den Vorteil, dass wir auch Speicheruntertypen damit erkennen (z. B. LPDDR5), ohne die entsprechende IDs bzw. Kennungen wissen zu müssen.

5.3.4 Binär- und Texthilfsfunktionen

Wir benötigen für die komfortable Auswertung weitere Hilfsfunktionen, die uns auf binärer und textbasierter Ebene unterstützen, um den eigentlichen Auswertungscode möglichst kompakt zu implementieren.

Dazu gehören das Abfragen von einzelnen Bits, die Rückgabe von Standardtexten anhand von Boolean-Variablen, Umrechnungen von Dezimalwerten in Hexadezimalwerten, sowie die saubere Darstellung von Kapazitäten und eine Prüfung auf leere Strings.

Wir beginnen mit den binären Hilfsfunktionen und für das Abfragen von Bits ist es nötig, eine 64 Bit Variable in den Low- und High-Teil mit jeweils 32 Bit aufzuteilen. Das hängt damit zusammen, weil wir bei der Bitabfrage mit *shl* (Shift-Left) arbeiten, und dort 32 Stellen die Obergrenze sind.

Hintergrundinformation

Leider muss man ergänzen, dass *shl* auch problemlos mit Werten größer als 32 funktioniert, und der Delphi-Kompiler keinerlei Warnung und auch keinen Hinweis anzeigt, das Ergebnis aber trotzdem falsch ist.

Daher kommt das sog. Typecasting zum Einsatz, bei dem ein 64 Bit Wert zunächst in 2 separate 32 Bit-Werte aufgesplittet wird und dann *shl* innerhalb der funktionierenden 32 Stellen zum Einsatz kommt.

Wir implementieren daher für die Bitabfrage zunächst eine Funktion, die das High-DWord eines 64 Bit Wertes zurückliefert (Cardinal ist ein vorzeichenloser 32 Bit Rückgabewert). Dies wird erreicht, indem der 64 Bit-Wert um 32 Stellen nach rechts verschoben wird, und dadurch der untere 32 Bit-Bereich mit dem höheren 32 Bit-Bereich überschrieben wird:

```
function TSMBIOS.HiDWord(AValue : UInt64) : Cardinal;
begin
  Result := AValue shr 32;
end;
```

Die Ermittlung des Low-DWord eines 64 Bit-Wertes erreichen wir, indem wir den 64 Bit-Wert als Cardinal casten und ihn als Funktionsergebnis zurückliefern. Dadurch wird der höhere 32 Bit-Bereich abgeschnitten und der untere 32 Bit-Bereich verbleibt:

```
function TSMBIOS.LoDWord(AValue : UInt64) : Cardinal;
begin
  Result := Cardinal(AValue);
end;
```

Mit diesen beiden Hilfsfunktionen können wir nun unsere Bit-Abfrage komplettieren und die Funktion *IsBitOn* implementieren. Die Funktion erwartet einen vorzeichenlosen 64 Bit-Wert, der bei kleineren Datentypen (z. B. Byte oder Word) entsprechend intern abgeschnitten wird. Ebenfalls notwendig ist die Angabe der zu prüfenden Bitnummer. Als Funktionsergebnis wird ein Boolean zurückgeliefert, der gesetzt wird, wenn auch das Bit gesetzt ist.

Innerhalb *IsBitOn* wird zunächst geprüft, ob das abzufragende Bit größer als 31 ist (die Zählung beginnt ab 0, also das höherwertige DWord eines 64 Bit-Wertes), und falls dies der Fall ist, kommt die Funktion *HiDWord* zum Einsatz, ansonsten die Funktion *LoDWord*. Der logische Operator *and* gefolgt von *1 shl Bit* führt dann die eigentliche Bitprüfung aus:

```
function TSMBIOS.IsBitOn(Value : UInt64; Bit : Byte) : Boolean;
begin
  if Bit > 31 then
    Result := (HiDWord(Value) and (1 shl (Bit - 32))) <> 0
  else
    Result := (LoDWord(Value) and (1 shl Bit)) <> 0;
end;
```

Weiterhin benötigen wir eine einfache Funktion, die den Zustand einer Eigenschaft mit „ja" und „nein" beantwortet, ohne dass wir dafür eine separate Case- oder If-Abfrage in der eigentlichen Auswertungsroutine implementieren wollen. Damit verbessern wir den Überblick und unsere Funktion *YesNo* erwartet folglich einen simplen Boolean-Parameter und liefert das Ergebnis dann als String zurück:

```
function TSMBIOS.YesNo(ABool : Boolean) : String;
begin
  case ABool of
    True  : Result := 'ja';
    False : Result := 'nein';
  end;
end;
```

Für die Umwandlung von Kapazitätswerten in gut lesbare Ergebnisse implementieren wir die Funktion *GetCapacity*, da bestimmte Größenangaben wie etwa die Größe von Speichermodulen oder die maximale Speicherkapazität in Byte oder MByte zurückgeliefert werden, und hier eine Umrechnung der Ergebnisse besser lesbar ist.

Als Parameter wird die Kapazität in der Maßeinheit Bytes übergeben *(AValue)* und falls das entsprechende SMBIOS-Feld etwa einen MByte-Wert zurückliefert, müsste dieser zwei Mal mit 1024 multipliziert werden:

```
function TSMBIOS.GetCapacity(AValue : UInt64) : String;
```

Wir definieren eine Konstante mit dem Namen *ByteShortUnits* und fügen dort die Kurzbezeichnungen der Kapazitäten beginnend mit Byte, KByte, MByte, GByte usw. ein:

```
const
  ByteShortUnits : array[0..8] of String =
                 ('B', 'KB', 'MB', 'GB', 'TB', 'PB', 'EB', 'ZB', 'YB');
```

Die deklarierten Variablen bestehen aus einer Integer-Zählvariable und einer String-Ausgabevariable, wobei letztere später die Größeneinheit aus dem Feld aufnehmen wird:

```
var
  Counter    : Integer;
  OutputUnit : String;
```

Wir beginnen direkt mit einer For-Schleife, in der für jeden Eintrag des Feldes geprüft wird, ob die Potenz aus der Basis (2) und dem Exponent (Feld-Position multipliziert mit 10) größer als der übergebene Byte-Größenparameter ist. Dies geschieht durch die Funktion *Power*, die in der Delphi-Unit System.Math.pas enthalten ist. Wenn dies der Fall ist, wird per *Break* aus der Schleife herausgesprungen und der Zähler um 1 dekrementiert, sodass wir der String-Variable *OutputUnit* genau diesen Feld-Eintrag als Größenangabe zuweisen können.

Abschließend wird das Funktionsergebnis zusammengesetzt, was wir anhand von *FloatToStr* und der Größenangabe durchführen:

```
begin
  for Counter := 1 to Length(ByteShortUnits) - 1 do
    if Power(2, Counter * 10) > AValue then
      Break;
  Dec(Counter);
  OutputUnit := ByteShortUnits[Counter];
  Result := FloatToStr(RoundTo(AValue / Power(2, Counter * 10), 0)) +
                      ' ' + OutputUnit;
end;
```

Unsere letzte Hilfsfunktion soll eine Prüfung darstellen, ob ein String leer ist, weil wir diese Abfrage mit allen dazugehörigen Facetten nicht für jeden String manuell durchführen möchten und die Abfrage auch nicht mit einer einfachen Prüfung für ein Leerstring erledigt ist.

Hierfür sollte man wissen, dass Strings in den SMBIOS-Tabellen einerseits durch das BIOS erstellt werden, andere Strings aber durch den Hauptplatinen- oder Systemhersteller manuell anpassbar sind. So kommt es teilweise vor, dass Strings wie „To Be Filled“ oder „Default String“ enthalten sind, oder Seriennummern den Inhalt „123456789“ aufweisen. Wenn man diese Angaben eins zu eins an den Anwender durchleitet, wird schnell klar, dass hier jemand korrekte Daten hätte eintragen müssen. Und genau diese Art von Füllstrings sind der Grund, warum dem SMBIOS eine nur durchschnittliche Zuverlässigkeit eingeräumt wird. Überwiegend findet man bei Komplettsystemen oder Hauptplatinen im Premium-Segment vollständigere Angaben, aber auch das hängt vom jeweiligen Hersteller ab.

Daher implementieren wir von der Logik her unsere Funktion *CheckIfEmptyString* so, dass bei korrekten Strings der String wieder als Ergebnis zurückgegeben wird, und bei ungültigen Strings der Text „(leer)“. Dadurch haben wir den Vorteil, *CheckIfEmptyString* einfach zwischen die Ermittlung und Ausgabe zu setzen, und entweder wird der String im Erfolgsfall vollständig durchgeleitet, oder durch „(leer)“ ersetzt.

Daher wird zunächst der String-Parameter in den Funktionskopf integriert und das Standardergebnis gesetzt:

```
function TSMBIOS.CheckIfEmptyString(AStr : String) : String;
begin
  Result := '(leer)';
```

Bei der Prüfung der ungültigen Strings berücksichtigen wir auch Strings, die nur aus Leerzeichen bestehen, weil die Funktion *Trim* aus der Delphi-Unit System.SysUtils.pas diese Strings entsprechend kürzt. Außerdem müssen wir sicherstellen, dass die Groß- und Kleinschreibung kein Kriterium darstellt – deswegen werden die Strings per *UpperCase* in die Großschreibung überführt und diese Werte verglichen. Sollte ein ungültiger String gefunden worden sei, springt die Routine per Exit aus der Funktion heraus und „(leer)“ verbleibt als das ursprüngliche Rückgabeergebnis:

```
  if (Trim(AStr) = '') or
     (AStr = '123456789') OR
     (UpperCase(AStr) = 'TO BE FILLED') OR
     (UpperCase(AStr) = 'DEFAULT STRING') then
    Exit else
```

Weiterhin prüfen wir, ob das erste Zeichen im String leer ist, oder ein Leerzeichen oder Nullzeichen darstellt, und springen ebenfalls mit Exit aus der Funktion heraus:

```
  if (Astr[1] = '') or (Astr[1] = ' ') or (Astr[1] = #0) then
    Exit;
```

Sollte bis zu dieser Stelle noch nicht aus der Funktion herausgesprungen worden sein, leiten wir den Übergabeparameter wieder zum Rückgabeergebnis der Funktion durch:

```
  Result := AStr;
end;
```

5.3.5 Veröffentlichte Eigenschaften

Unsere *TSMBIOS*-Klasse enthält natürlich auch einige veröffentlichte Eigenschaften, auf die von außerhalb der Klasse zugegriffen werden kann. Diese Eigenschaften können je nach Anforderung und gewünschtem Einsatz beliebig erweitert oder gekürzt werden – unsere Implementierung soll daher zunächst eine brauchbare Basisvariante darstellen.

Innerhalb der Tab. 5.4 werden alle veröffentlichten Eigenschaften mitsamt deren Leseoperatoren aufgeführt – Schreiboperatoren werden zum aktuellen Zeitpunkt noch nicht benötigt und implementiert.

Tab. 5.4 Veröffentlichte Eigenschaften der TSMBIOS-Klasse

Name	Datentyp	Leseoperator (read)	Beschreibung
Data	TBytes	FData	Byte-Feld mit den SMBIOS-Rohdaten
MajorVersion	Byte	Funktion GetMajor	SMBIOS-Hauptversion aus dem Kopfbereich *FHeader*
MinorVersion	Byte	Funktion GetMinor	SMBIOS-Unterversion aus dem Kopfbereich *FHeader*
DMIRevision	Byte	Funktion GetDMIRev	SMBIOS-Revision aus dem Kopfbereich *FHeader*
Size	Cardinal	Funktion GetSize	Größe der SMBIOS-Rohdaten in Byte
DataSource	String	Variable FDataSource	Wird in der Funktion *LoadFromSystem* gesetzt und enthält die Quelle der SMBIOS-Daten
TableCount	Integer	Funktion GetTableCount	Enthält die Anzahl der SMBIOS-Tabellen basierend auf dem generischen Feld *FTables*
Tables	TSMBIOSTable	Funktion GetTable	Enthält eine Tabelle vom Typ *TSMBIOSTable*, deren Index über *AIndex* spezifiziert wird

5.3.6 Hauptauswertung der Rohdaten

Für die Hauptauswertung der Rohdaten kommt die Prozedur *GetSMBIOSStructureDetails* zum Einsatz, die relativ umfangreich ist und die gewünschte SMBIOS-Tabelle als Parameter benötigt, sowie dann die Daten in einer Stringliste wieder zurückliefert.

Vor der Beschreibung dieser Prozedur, die wir in mehrere Unterkapitel in Abschn. 5.5 aufteilen, ist noch die Hilfsklasse *TSMBIOS_Structures* wichtig, die innerhalb der Unit SMBIOSStructures.pas für jede SMBIOS-Tabelle einen dazugehörigen Record bereitstellt.

Daher beschreiben wir die Hauptauswertung und Ermittlung der SMBIOS-Details (Prozedur *GetSMBIOSStructureDetails*) nach der Erstellung der Hilfsklasse, was in den nachfolgenden Kapiteln geschieht.

5.4 Entwicklung einer Hilfsklasse

Die Auswertung der SMBIOS-Tabellen kann entweder manuell durch das Ansprechen der TByte-Felder *(FData)* geschehen, oder komfortabler durch die Zuweisung eines Records, der auf die Strukturadresse (Offset) gemappt und dann folglich ausgewertet wird. Das funktioniert für einen Großteil der SMBIOS-Daten bis auf wenige Ausnahmen, wo ein direkter Zugriff auf TByte-Felder notwendig ist.

Für das Record-Mapping benötigen wir daher für jede SMBIOS-Tabelle einen Record, den wir irgendwo definieren und mit den Feldern der Tabellenstruktur füllen müssen. Allerdings benötigen wir je nach Umfang der SMBIOS-Implementierung und Tabellen so viele Records, deren Deklaration in der sowieso schon sehr umfangreichen Hauptklasse nicht wesentlich zur besseren Übersicht beiträgt. Weiterhin wollen wir die Listen bestimmter SMBIOS-Tabellen in Hilfsfunktionen auslagern, damit die eigentliche Auswertung möglichst kompakt implementiert werden kann.

Wir verlagern daher alle Definitionen der SMBIOS-Tabellen und Listenfunktionen in eine Hilfsklasse. Das Konzept der Class Helper wurde bereits mit Delphi 2005 eingeführt und erlaubt genau einer einzigen Klasse, im Kontext einer Hauptklasse für diese verschiedene Funktionen und Definitionen zur Verfügung zu stellen.

Begonnen wird unsere neu erstellte Unit SMBIOSStructures.pas mit dem Unit-Kopf sowie der Einbindung der Delphi-Unit System.SysUtils.pas sowie unserer eigenen Klassenunit SMBIOSClass.pas:

```
unit SMBIOSStructures;

interface

uses
  System.SysUtils, SMBIOSClass;
```

5.4.1 Tabellendefinitionen

Im Konstantenbereich definieren wir für jede SMBIOS-Tabelle einen Bezeichner und die dazugehörige Tabellentypnummer, die programmweit in verschiedenen Routinen zum Einsatz kommt. Ebenfalls enthalten sind Bezeichner für inaktive Tabellen (126), das Tabellenende (127), den Beginn der OEM-spezifischen Tabellentypen (128) und das Ende dieser Typen (255). Da der Tabellentyp in einem Byte gespeichert wird, sind dabei mit 0 beginnend alle Möglichkeiten erreicht:

```
const SMB_BIOSINFO  = 0;  // BIOS Information
      SMB_SYSINFO   = 1;  // System Information
      SMB_BASEINFO  = 2;  // Base Board Information
      SMB_SYSENC    = 3;  // System Enclosure or Chassis
      SMB_CPU       = 4;  // Processor Information
      SMB_MEMCTRL   = 5;  // Memory Controller Information
      SMB_MEMMOD    = 6;  // Memory Module Information
      SMB_CACHE     = 7;  // Cache Information
      SMB_PORTCON   = 8;  // Port Connector Information
      SMB_SLOTS     = 9;  // System Slots
      SMB_ONBOARD   = 10; // On Board Devices Information
      SMB_OEMSTR    = 11; // OEM Strings
      SMB_SYSCFG    = 12; // System Configuration Options
      SMB_LANG      = 13; // BIOS Language Information
      SMB_GRP       = 14; // Group Associations
      SMB_EVENT     = 15; // System Event Log
      SMB_PHYSMEM   = 16; // Physical Memory Array
      SMB_MEMDEV    = 17; // Memory Device
      SMB_MEMERR32  = 18; // 32-bit Memory Error Information
      SMB_MEMMAP    = 19; // Memory Array Mapped Address
      SMB_MEMDEVMAP = 20; // Memory Device Mapped Address
      SMB_POINTER   = 21; // Built-in Pointing Device
      SMB_BATTERY   = 22; // Portable Battery
      SMB_RESET     = 23; // System Reset
      SMB_SECURITY  = 24; // Hardware Security
      SMB_POWER     = 25; // System Power Controls
      SMB_VOLTAGE   = 26; // Voltage Probe
      SMB_COOL      = 27; // Cooling Device
      SMB_TEMP      = 28; // Temperature Probe
      SMB_CURRENT   = 29; // Electrical Current Probe
      SMB_OOBREM    = 30; // Out-of-Band Remote Access
      SMB_BIS       = 31; // Boot Integrity Services (BIS) Entry Point
      SMB_SYSBOOT   = 32; // System Boot Information
      SMB_MEMERR64  = 33; // 64-bit Memory Error Information
      SMB_MGT       = 34; // Management Device
```

```
    SMB_MGTCMP    = 35;  // Management Device Component
    SMB_MGTTHR    = 36;  // Management Device Threshold Data
    SMB_MEMCHAN   = 37;  // Memory Channel
    SMB_IPMI      = 38;  // IPMI Device Information
    SMB_SPS       = 39;  // System Power Supply
    SMB_ADD       = 40;  // Additional  Information
    SMB_ONBOARDX  = 41;  // On Board Devices Extended Information
    SMB_MGMTCTRL  = 42;  // Management Controller Host Interface
    SMB_TPMDEV    = 43;  // TPM Devices
    SMB_PAI       = 44;  // Processor Additional Information
    SMB_FIRM      = 45;  // Firmware Inventory Information
    SMB_STRP      = 46;  // String Property

    SMB_INACTIVE  = 126; // Inactive
    SMB_EOT       = 127; // End-of-Table

    SMB_OEM_BEGIN = 128; // Begin of OEM-specific Tables
    SMB_OEM_END   = 255; // End of OEM-specific Tables
```

Wir implementieren ebenfalls ein Feld mit den Namen der Tabellen, die wir etwa für die Funktion *GetTableName* benötigen, und anders als in der englischen Spezifikation werden wir die Tabellennamen und auch die Inhalte in die deutsche Sprache übersetzen. Der Einsatzzweck entscheidet letztendlich über Deutsch oder Englisch – unsere Delphi-Beispielapplikation soll aber vollständig in deutscher Sprache vorliegen. Die reine Feld-Definition enthält aktuell 49 SMBIOS-Tabellen und definiert für jede Tabelle jeweils einen Byte-Typ sowie String-Namen:

```
SMB_TableTypes : Array[0..48] of
record
  &Type: Byte;
  Name : String
end = (
```

Direkt danach folgt die Zuweisung der einzelnen Tabellendaten mithilfe der zuvor definierten Tabellentypbezeichner:

```
    (&Type : SMB_BIOSINFO;  Name : 'BIOS-Information'),
    (&Type : SMB_SYSINFO;   Name : 'System-Information'),
    (&Type : SMB_BASEINFO;  Name : 'Hauptplatine'),
    (&Type : SMB_SYSENC;    Name : 'Gehäuse'),
    (&Type : SMB_CPU;       Name : 'Prozessor'),
    (&Type : SMB_MEMCTRL;   Name : 'Speicherkontroller'),
    (&Type : SMB_MEMMOD;    Name : 'Speichermodul'),
```

```
(&Type : SMB_CACHE;      Name : 'Cache'),
(&Type : SMB_PORTCON;    Name : 'Anschluss'),
(&Type : SMB_SLOTS;      Name : 'Steckplatz'),
(&Type : SMB_ONBOARD;    Name : 'On-Board-Gerät'),
(&Type : SMB_OEMSTR;     Name : 'OEM-Zeichenketten'),
(&Type : SMB_SYSCFG;     Name : 'System-Konfigurationsoptionen'),
(&Type : SMB_LANG;       Name : 'BIOS-Sprache'),
(&Type : SMB_GRP;        Name : 'Gruppenzugehörigkeiten'),
(&Type : SMB_EVENT;      Name : 'System-Ereignislog'),
(&Type : SMB_PHYSMEM;    Name : 'Physikalisches Speicherfeld'),
(&Type : SMB_MEMDEV;     Name : 'Speichergerät'),
(&Type : SMB_MEMERR32;   Name : '32 Bit Speicher-Fehler-
                                 Informationen'),
(&Type : SMB_MEMMAP;     Name : 'Gemappte Speicherfeldadresse'),
(&Type : SMB_MEMDEVMAP;  Name : 'Gemappte Speichergerätadresse'),
(&Type : SMB_POINTER;    Name : 'Eingebautes Zeigegerät'),
(&Type : SMB_BATTERY;    Name : 'Tragbare Batterie'),
(&Type : SMB_RESET;      Name : 'System-Reset'),
(&Type : SMB_SECURITY;   Name : 'Hardware-Sicherheit'),
(&Type : SMB_POWER;      Name : 'System-Stromkontrolle'),
(&Type : SMB_VOLTAGE;    Name : 'Spannungssensor'),
(&Type : SMB_COOL;       Name : 'Lüftersensor'),
(&Type : SMB_TEMP;       Name : 'Temperatursensor'),
(&Type : SMB_CURRENT;    Name : 'Stromstärkesensor'),
(&Type : SMB_OOBREM;     Name : 'Fernzugriff ohne Betriebssystem'),
(&Type : SMB_BIS;        Name : 'Einsprungspunkt für Boot-
                                 Integritätsdienste'),
(&Type : SMB_SYSBOOT;    Name : 'Systemstart-Information'),
(&Type : SMB_MEMERR64;   Name : '64 Bit Speicher-Fehler-
                                 Informationen'),
(&Type : SMB_MGT;        Name : 'Verwaltungsgerat'),
(&Type : SMB_MGTCMP;     Name : 'Verwaltungsgerät-Komponente'),
(&Type : SMB_MGTTHR;     Name : 'Verwaltungsgerät-Schwellwert-
                                 daten'),
(&Type : SMB_MEMCHAN;    Name : 'Speicherkanal'),
(&Type : SMB_IPMI;       Name : 'IPMI-Gerät-Informationen'),
(&Type : SMB_SPS;        Name : 'System-Stromversorgung'),
(&Type : SMB_ADD;        Name : 'Zusätzliche Informationen'),
(&Type : SMB_ONBOARDX;   Name : 'Erweitertes On-Board-Gerät'),
(&Type : SMB_MGMTCTRL;   Name : 'Verwaltungskontroller Host-
                                 Schnittstelle'),
(&Type : SMB_TPMDEV;     Name : 'TPM-Gerät'),
(&Type : SMB_PAI;        Name : 'Zusätzliche Prozessor-
                                 Informationen'),
(&Type : SMB_FIRM;       Name : 'Firmware-Inventur-Informationen'),
(&Type : SMB_STRP;       Name : 'Zeichenketten-Eigenschaft für
```

```
                                    andere Strukturen'),
    (&Type : SMB_INACTIVE;  Name : 'Inaktiv'),
    (&Type : SMB_EOT;       Name : 'Tabellenende')
    );
```

5.4.2 Tabellenrecords

Im Typ-Bereich unserer Unit beginnen wir mit der Klassendefinition *TSMBIOS_Structures* als Hilfsklasse zu *TSMBIOS:*

```
type
  TSMBIOS_Structures = class helper for TSMBIOS
```

Im Typenbereich unserer Hilfsklasse beginnen wir mit der Definition der Records für jede Struktur, die wir in unserer Implementierung umsetzen. Für die Einhaltung der identischen Größenangaben verwenden wir *Packed Records* und auch die verwendeten Datentypen müssen vorzeichenlos sein und in ihrer Größe genau der Spezifikation entsprechen. In Tab. 5.5 vergleichen wir die Größen der Spezifikation mit den entsprechenden Delphi-Äquivalenten.

Strings werden wie schon besprochen als Byte-Felder implementiert, wobei der Eintrag eine Index-Position darstellt für diejenigen Strings, die sich am jeweiligen Tabellenende befinden.

Es gibt einige wenige Tabellen mit dynamischen Inhalten, die also je nach SMBIOS-Implementierung unterschiedliche große Feldgruppen enthalten. Hierbei handelt es sich insbesondere für unsere nachfolgend verwendeten Tabellen um die Tabellentypen 2 (Hauptplatine), 3 (Gehäuse) und 9 (Steckplatz) – bei diesen Tabellen funktioniert das Record-Mapping nur bis zu dem Punkt, der statisch ist. Der dynamische Bereich muss daher individuell berechnet und manuell angesprochen werden – was wir später noch im Detail besprechen.

Daher beginnen wir zunächst mit den Records der Tabellen 0 (BIOS-Information) und 1 (System-Information):

```
type
  TSMBIOS_BIOS = packed record //Table Type 0
```

Tab. 5.5 Spezifikationsfelder versus Delphi-Variablentypen

Spezifikationsgröße	Delphi-Äquivalent
Byte	Byte
Word	Word
DWord	Cardinal oder Array [0,1] of Byte
QWord	UInt64 oder Array [0,3] of Byte

```
    Header                                 : TSMBIOSTableHeader;
    VendorStr                              : Byte;
    BIOSVersionStr                         : Byte;
    BIOSStartingAddressSegment             : Word;
    BIOSReleaseDateStr                     : Byte;
    BIOSROMSize                            : Byte;
    BIOSCharacteristics                    : UInt64;
    BIOSCharacteristicsExtensionBytes      : Array [0..1] of Byte;
    SystemBIOSMajorRelease                 : Byte;
    SystemBIOSMinorRelease                 : Byte;
    EmbeddedControllerFirmwareMajorRelease : Byte;
    EmbeddedControllerFirmwareMinorRelease : Byte;
    ExtendedBIOSROMSize                    : Word;
  end;
  PSMBIOS_BIOS = ^TSMBIOS_BIOS;

  TSMBIOS_System = packed record //Table Type 1
    Header          : TSMBIOSTableHeader;
    ManufacturerStr : Byte;
    ProductNameStr  : Byte;
    VersionStr      : Byte;
    SerialNumberStr : Byte;
    UUID            : Array [0..15] of Byte;
    WakeUpType      : Byte;
    SKUNumberStr    : Byte;
    FamilyStr       : Byte;
  end;
  PSMBIOS_System = ^TSMBIOS_System;
```

Wie man hier bereits erkennen kann, existiert für jeden Record ein separater Zeiger, der im Record-Mapping zum Einsatz kommt.

Die Tabelle 2 (Hauptplatine) enthält den ersten dynamischen Bereich am Tabellenende, die sog. *Contained Object Handles* – dabei handelt es sich verschiedene Objekthandles von SMBIOS-Tabellen, die auf der entsprechenden Hauptplatine enthalten sein können (etwa Prozessoren, Anschlüsse, System-Steckplätze und Speicher). Wenn dieser dynamische Bereich gefüllt ist, enthält das Feld *Number of Contained Object Handles (n)* an Offset 0Eh die Anzahl der Handles, sowie ein danach folgendes dynamisches Feld die eigentlichen Handles. Da dynamische Felder mit dem Record Mapping nicht kombinierbar sind, wird unser Record bis inklusive des letzten statischen Feldes implementiert und die dynamischen Inhalte berechnen wir in der Auswertungsroutine selbst (diesen Vorgang besprechen wir im Abschn. 5.5 noch genauer):

```
  TSMBIOS_Baseboard = packed record //Table Type 2
    Header                         : TSMBIOSTableHeader;
```

```
    ManufacturerStr               : Byte;
    ProductStr                    : Byte;
    VersionStr                    : Byte;
    SerialNumberStr               : Byte;
    AssetTagStr                   : Byte;
    FeatureFlags                  : Byte;
    LocationInChassisStr          : Byte;
    ChassisHandle                 : Word;
    BoardType                     : Byte;
    NumberOfContainedObjectHandles : Byte;
  end;
  PSMBIOS_Baseboard = ^TSMBIOS_Baseboard;
```

Weiter geht es mit dem Tabellentyp 3 (Gehäuse), der ebenfalls über einen dynamischen Bereich verfügen kann. Es handelt sich dabei um die sog. *Contained Elements*, also im Gehäuse enthaltene Elemente. Das Feld *Contained Element Count (n)* an Offset 13h definiert die Anzahl der enthaltenen Elemente und das Feld *Contained Element Record Length (m)* an Offset 14h die Größe je Element in Bytes – woraus sich direkt danach ab Offset 15h ein dynamisches Feld ergibt. Die Größe an Offset 14h ist in der Regel auf 3 Byte festgelegt (Typ, Minimum und Maximum) und erlaubt dadurch die Erstellung einer eigenen Struktur, die wir außerhalb unserer Tabellenstruktur mappen werden.

Auch das Feld *SKU Number*, das sich nach dem dynamischen Bereich befindet, stellt eine String-Index für die Stringliste am Tabellenende dar und muss manuell je nach den dynamischen Inhalten berechnet werden:

```
  //Extension for Table Type 3
  TSMBIOS_ContainedElements = packed record
    ContainedElementType    : Byte;
    ContainedElementMinimum : Byte;
    ContainedElementMaximum : Byte;
  end;
  PSMBIOS_ContainedElements = ^TSMBIOS_ContainedElements;

  TSMBIOS_SystemEnclosure = packed record //Table Type 3
    Header                  : TSMBIOSTableHeader;
    ManufacturerStr         : Byte;
    &Type                   : Byte;
    VersionStr              : Byte;
    SerialNumberStr         : Byte;
    AssetTagNumberStr       : Byte;
    BootUpState             : Byte;
    PowerSupplyState        : Byte;
    ThermalState            : Byte;
    SecurityStatus          : Byte;
```

```
    OEMDefined                      : Cardinal;
    Height                          : Byte;
    NumberOfPowerCords              : Byte;
    ContainedElementCount           : Byte;
    ContainedElementRecordLength : Byte;
    //must be calculated manually
    SKUNumberStr                    : Byte;
  end;
  PSMBIOS_SystemEnclosure = ^TSMBIOS_SystemEnclosure;
```

Weiter geht es mit den Records der Tabellentypen 4 (Prozessor), 7 (Cache) und 8 (Anschluss):

```
  TSMBIOS_Processor = packed record //Table Type 4
   Header                      : TSMBIOSTableHeader;
   SocketDesignationStr        : Byte;
   ProcessorType               : Byte;
   ProcessorFamily             : Byte;
   ProcessorManufacturerStr : Byte;
   ProcessorID                 : UInt64;
   ProcessorVersionStr         : Byte;
   Voltage                     : Byte;
   ExternalClock               : Word;
   MaxSpeed                    : Word;
   CurrentSpeed                : Word;
   Status                      : Byte;
   ProcessorUpgrade            : Byte;
   L1CacheHandle               : Word;
   L2CacheHandle               : Word;
   L3CacheHandle               : Word;
   SerialNumberStr             : Byte;
   AssetTagStr                 : Byte;
   PartNumberStr               : Byte;
   CoreCount                   : Byte;
   CoreEnabled                 : Byte;
   ThreadCount                 : Byte;
   ProcessorCharacteristics : Word;
   ProcessorFamily2            : Word;
   CoreCount2                  : Word;
   CoreEnabled2                : Word;
   ThreadCount2                : Word;
   ThreadEnabled               : Word;
  end;
  PSMBIOS_Processor = ^TSMBIOS_Processor;
```

```
TSMBIOS_Cache = packed record //Table Type 7
  Header                 : TSMBIOSTableHeader;
  SocketDesignationStr : Byte;
  CacheConfiguration   : Word;
  MaximumCacheSize     : Word;
  InstalledSize        : Word;
  SupportedSRAMType    : Word;
  CurrentSRAMType      : Word;
  CacheSpeed           : Byte;
  ErrorCorrectionType  : Byte;
  SystemCacheType      : Byte;
  Associativity        : Byte;
  MaximumCacheSize2    : Cardinal;
  InstalledCacheSize2  : Cardinal;
end;
PSMBIOS_Cache = ^TSMBIOS_Cache;

TSMBIOS_PortConnector = packed record //Table Type 8
  Header                           : TSMBIOSTableHeader;
  InternalReferenceDesignatorStr : Byte;
  InternalConnectorType          : Byte;
  ExternalReferenceDesignatorStr : Byte;
  ExternalConnectorType          : Byte;
  PortType                       : Byte;
end;
PSMBIOS_PortConnector = ^TSMBIOS_PortConnector;
```

Der Tabellentyp 9 (Steckplatz) kann ebenfalls einen dynamischen Bereich enthalten, die sog. *Peer Groups*. Hierbei handelt es sich um eine Gruppe von Eigenschaften, die in die Segmentgruppennummer, Busnummer, Geräte- und Funktionsnummer sowie Datenbusbreite unterteilt sind und insgesamt pro Gruppe aus 5 Byte bestehen.

Das Feld *Peer (S/B/D/F/Width) grouping count (n)* an Offset 12h enthält die Anzahl der Peer-Gruppen und das Feld *Peer (S/B/D/F/Width) groups* an Offset 13h enthält den dynamischen Bereich. Das bedeutet auch hier wieder, dass wir für die Peer-Gruppen einen separaten Record implementieren, den wir separat befüllen, und dass die Felder nach dem dynamischen Bereich manuell berechnet werden müssen:

```
TPeerGroup = packed record //Helper for Table Type 9
  SegmentGroupNumber   : Word;
  BusNumber            : Byte;
  DeviceFunctionNumber : Byte;
  DataBusWidth         : Byte;
end;
```

```
TSMBIOS_SystemSlots = packed record //Table Type 9
  Header                  : TSMBIOSTableHeader;
  SlotDesignationStr      : Byte;
  SlotType                : Byte;
  SlotDataBusWidth        : Byte;
  CurrentUsage            : Byte;
  SlotLength              : Byte;
  SlotID                  : Word;
  SlotCharacteristics1    : Byte;
  SlotCharacteristics2    : Byte;
  SegmentGroupNumber      : Word;
  BusNumber               : Byte;
  DeviceFunctionNumber    : Byte;
  DataBusWidth            : Byte;
  PeerGroupingCount       : Byte;
  SlotInformation         : Byte; //must be calculated manually
  SlotPhysicalWidth       : Byte; //must be calculated manually
  SlotPitch               : Word; //must be calculated manually
  SlotHeight              : Byte; //must be calculated manually
end;
PSMBIOS_SystemSlots = ^TSMBIOS_SystemSlots;
```

Die restlichen Records der Tabellentypen 16 (Physikalisches Speicherfeld), 17 (Speichergerät), 26 (Spannungssensor), 27 (Lüftersensor), 28 (Temperatursensor), 29 (Stromstärkesensor) und 43 (TPM-Gerät) enthalten statische Felder und werden wie folgt implementiert:

```
TSMBIOS_PhysicalMemoryArray = packed record //Table Type 16
  Header                        : TSMBIOSTableHeader;
  Location                      : Byte;
  Use                           : Byte;
  MemoryErrorCorrection         : Byte;
  MaximumCapacity               : Cardinal;
  MemoryErrorInformationHandle  : Word;
  NumberOfMemoryDevices         : Word;
  ExtendedMaximumCapacity       : UInt64;
end;
PSMBIOS_PhysicalMemoryArray = ^TSMBIOS_PhysicalMemoryArray;

TSMBIOS_MemoryDevice = packed record //Table Type 17
  Header                                  : TSMBIOSTableHeader;
  PhysicalMemoryArrayHandle               : Word;
  MemoryErrorInformationHandle            : Word;
  TotalWidth                              : Word;
```

```
    DataWidth                              : Word;
    Size                                   : Word;
    FormFactor                             : Byte;
    DeviceSet                              : Byte;
    DeviceLocatorStr                       : Byte;
    BankLocatorStr                         : Byte;
    MemoryType                             : Byte;
    TypeDetail                             : Word;
    Speed                                  : Word;
    ManufacturerStr                        : Byte;
    SerialNumberStr                        : Byte;
    AssetTagStr                            : Byte;
    PartNumberStr                          : Byte;
    Attributes                             : Byte;
    ExtendedSize                           : Cardinal;
    ConfiguredMemorySpeed                  : Word;
    MinimumVoltage                         : Word;
    MaximumVoltage                         : Word;
    ConfiguredVoltage                      : Word;
    MemoryTechnology                       : Byte;
    MemoryOperatingModeCapability          : Word;
    FirmwareVersionStr                     : Byte;
    ModuleManufacturerID                   : Word;
    ModuleProductID                        : Word;
    MemorySubsystemControllerManufacturerID : Word;
    MemorySubsystemControllerProductID     : Word;
    NonVolatileSize                        : UInt64;
    VolatileSize                           : UInt64;
    CacheSize                              : UInt64;
    LogicalSize                            : UInt64;
    ExtendedSpeed                          : Cardinal;
    ExtendedConfiguredMemorySpeed          : Cardinal;
    PMIC0ManufacturerID                    : Word;
    PMIC0RevisionNumber                    : Word;
    RCDManufacturerID                      : Word;
    RCDRevisionNumber                      : Word;
  end;
  PSMBIOS_MemoryDevice = ^TSMBIOS_MemoryDevice;

  TSMBIOS_VoltageProbe = packed record //Table Type 26
    Header            : TSMBIOSTableHeader;
    DescriptionStr    : Byte;
    LocationAndStatus : Byte;
    MaximumValue      : Word;
    MinimumValue      : Word;
```

```
    Resolution         : Word;
    Tolerance          : Word;
    Accuracy           : Word;
    OEMDefined         : Cardinal;
    NominalValue       : Word;
  end;
  PSMBIOS_VoltageProbe = ^TSMBIOS_VoltageProbe;

  TSMBIOS_CoolingDevice = packed record //Table Type 27
    Header                 : TSMBIOSTableHeader;
    TemperatureProbeHandle : Word;
    DeviceTypeAndStatus    : Byte;
    CoolingUnitGroup       : Byte;
    OEMDefined             : Cardinal;
    NominalSpeed           : Word;
    DescriptionStr         : Byte;
  end;
  PSMBIOS_CoolingDevice = ^TSMBIOS_CoolingDevice;
  TSMBIOS_TemperatureProbe = packed record //Table Type 28
    Header            : TSMBIOSTableHeader;
    DescriptionStr    : Byte;
    LocationAndStatus : Byte;
    MaximumValue      : Word;
    MinimumValue      : Word;
    Resolution        : Word;
    Tolerance         : Word;
    Accuracy          : Word;
    OEMDefined        : Cardinal;
    NominalValue      : Word;
  end;
  PSMBIOS_TemperatureProbe = ^TSMBIOS_TemperatureProbe;

  TSMBIOS_ElectricalCurrentProbe = packed record //Table Type 29
    Header            : TSMBIOSTableHeader;
    DescriptionStr    : Byte;
    LocationAndStatus : Byte;
    MaximumValue      : Word;
    MinimumValue      : Word;
    Resolution        : Word;
    Tolerance         : Word;
    Accuracy          : Word;
    OEMDefined        : Cardinal;
    NominalValue      : Word;
  end;
  PSMBIOS_ElectricalCurrentProbe = ^TSMBIOS_ElectricalCurrentProbe;
```

```
TSMBIOS_TPMDevice = packed record //Table Type 43
  Header            : TSMBIOSTableHeader;
  VendorID          : Array [1..4] of Byte;
  MajorSpecVersion  : Byte;
  MinorSpecVersion  : Byte;
  FirmwareVersion1  : Cardinal;
  FirmwareVersion2  : Cardinal;
  DescriptionStr    : Byte;
  Characteristics   : UInt64;
  OEMDefined        : Cardinal;
end;
PSMBIOS_TPMDevice = ^TSMBIOS_TPMDevice;
```

5.4.3 Listenfunktionen

Abgeschlossen wird unsere Hilfsklasse mit der Implementierung von Listenfunktionen, weil innerhalb von SMBIOS viele Felder eine Liste assoziieren, um einen bestimmten Typ, Status oder eine Eigenschaft zu definieren. Da wir unsere Hauptauswertung möglichst kompakt schreiben wollen, positionieren wir die Listenfunktionen in dieser Hilfsklasse. Vom Aufbau her beschreiben wir im Funktionsnamen den SMBIOS-Tabellentyp, und der übergebene Parameter ist häufig ein Byte oder Word – zurückgeliefert wird der entsprechende Wert aus der Liste:

```
function GetSMBIOS001_WakeUpType(AValue : Byte) : String;
function GetSMBIOS002_BoardType(AValue : Byte) : String;
function GetSMBIOS003_ChassisType(AValue : Byte) : String;
function GetSMBIOS003_State(AValue : Byte) : String;
function GetSMBIOS003_SecurityStatus(AValue : Byte) : String;
function GetSMBIOS004_ProcessorType(AValue : Byte) : String;
function GetSMBIOS004_ProcessorFamily(AValue : Byte) : String;
function GetSMBIOS004_CPUStatus(AValue : Byte) : String;
function GetSMBIOS004_ProcessorUpgrade(AValue : Byte) : String;
function GetSMBIOS004_ProcessorFamily2(AValue : Word) : String;
function GetSMBIOS007_CacheSRAMType(AValue : Word) : String;
function GetSMBIOS007_ErrorCorrectionType(AValue : Byte) : String;
function GetSMBIOS007_SystemCacheType(AValue : Byte) : String;
function GetSMBIOS007_Associativity(AValue : Byte) : String;
function GetSMBIOS008_ConnectorType(AValue : Byte) : String;
function GetSMBIOS008_PortType(AValue : Byte) : String;
function GetSMBIOS009_SlotType(AValue : Byte) : String;
function GetSMBIOS009_SlotDataBusWidth(AValue : Byte) : String;
function GetSMBIOS016_Location(AValue : Byte) : String;
function GetSMBIOS016_Use(AValue : Byte) : String;
function GetSMBIOS016_ErrorCorrectionTypes(AValue : Byte) : String;
```

```
    function GetSMBIOS017_FormFactor(AValue : Byte) : String;
    function GetSMBIOS017_MemoryType(AValue : Byte) : String;
    function GetSMBIOS017_TypeDetail(AValue : Word) : String;
    function GetSMBIOS017_MemoryTechnology(AValue : Byte) : String;
    function GetSMBIOS017_MemoryOperatingModeCapability(AValue : Word) :
                                                              String;
    function GetSMBIOS026_Location(AValue : Byte) : String;
    function GetSMBIOS026_Status(AValue : Byte) : String;
    function GetSMBIOS027_DeviceType(AValue : Byte) : String;
    function GetSMBIOS027_Status(AValue : Byte) : String;
    function GetSMBIOS028_Location(AValue : Byte) : String;
    function GetSMBIOS028_Status(AValue : Byte) : String;
    function GetSMBIOS029_Location(AValue : Byte) : String;
    function GetSMBIOS029_Status(AValue : Byte) : String;
  end;
```

Die Spezifikation beschreibt diese Listen häufig in eigenen Dokument-Tabellen, die in der SMBIOS-Tabelle entsprechend verlinkt sind. Daher werden bei aktualisierten Spezifikationsversionen häufig diese Tabellen erweitert und um aktuelle Werte ergänzt.

Wir beginnen mit der SMBIOS-Tabelle 1 (System-Information) und dem Aufwach-Typ, der in der Funktion *GetSMBIOS001_WakeUpType* implementiert ist:

```
function TSMBIOS_Structures.GetSMBIOS001_WakeUpType(AValue : Byte) : String;
begin
  case AValue of
    $00 : Result := 'reserviert';
    $01 : Result := 'anderer';
    $02 : Result := 'unbekannt';
    $03 : Result := 'APM-Zeitgeber';
    $04 : Result := 'Modem Ring';
    $05 : Result := 'LAN Fernzugriff';
    $06 : Result := 'Stromschalter';
    $07 : Result := 'PCI PME#';
    $08 : Result := 'Strom wiederhergestellt';
    else Result := 'unbekannter Typ (' + IntToHex(AValue, 2) + 'h)';
  end;
end;
```

Sollte unerwartet doch ein nicht aufgeführter Wert abgefragt werden, liefern wir diesen als hexadezimales Ergebnis und der Kennzeichnung „unbekannter Typ“ zurück.

Weiter geht es mit der SMBIOS-Tabelle 2 (Hauptplatine) und dem Platinen-Typ in der Funktion *GetSMBIOS002_BoardType*:

```
function TSMBIOS_Structures.GetSMBIOS002_BoardType(AValue : Byte) :
                                                           String;
begin
  case AValue of
    $01 : Result:='unbekannt';
    $02 : Result:='anderer';
    $03 : Result:='Server Blade';
    $04 : Result:='Connectivity Switch';
    $05 : Result:='Systemverwaltungsmodul';
    $06 : Result:='Prozessormodul';
    $07 : Result:='I/O-Modul';
    $08 : Result:='Speichermodul';
    $09 : Result:='Tochterplatine';
    $0A : Result:='Hauptplatine';
    $0B : Result:='Prozessor / Speichermodul';
    $0C : Result:='Prozessor / I/O-Modul';
    $0D : Result:='Interconnectplatine';
    else  Result:='unbekannter Typ (' + IntToHex(AValue, 2) + 'h)';
  end;
end;
```

Dem Gehäuse oder Chassis in SMBIOS-Tabelle 3 wird ebenfalls ein Typ zugrunde gelegt, den wir in der Funktion *GetSMBIOS003_ChassisType* ermitteln:

```
function TSMBIOS_Structures.GetSMBIOS003_ChassisType(AValue : Byte) :
                                                             String;
begin
  case AValue of
    $01 : Result := 'anderer';
    $02 : Result := 'unbekannt';
    $03 : Result := 'Desktop';
    $04 : Result := 'Desktop (Niedrigprofil)';
    $05 : Result := 'Pizza Box';
    $06 : Result := 'Mini-Turm';
    $07 : Result := 'Turm';
    $08 : Result := 'Tragbar';
    $09 : Result := 'Laptop';
    $0A : Result := 'Notebook';
    $0B : Result := 'Hand Held';
    $0C : Result := 'Docking Station';
    $0D : Result := 'All in One';
    $0E : Result := 'Sub Notebook';
    $0F : Result := 'Platzsparend';
    $10 : Result := 'Lunch Box';
```

```
    $11 : Result := 'Hauptserver-Chassis';
    $12 : Result := 'Erweiterungs-Chassis';
    $13 : Result := 'Unter-Chassis';
    $14 : Result := 'Buserweiterungs-Chassis';
    $15 : Result := 'Peripheral-Chassis';
    $16 : Result := 'RAID-Chassis';
    $17 : Result := 'Rack Mount-Chassis';
    $18 : Result := 'Versiegelter PC';
    $19 : Result := 'Multi-System-Chassis';
    $1A : Result := 'Kompakt-PCI';
    $1B : Result := 'Erweiterter TCA';
    $1C : Result := 'Blade';
    $1D : Result := 'Blade-Gehäuse';
    $1E : Result := 'Tablet';
    $1F : Result := 'Umwandelbar';
    $20 : Result := 'Abnehmbar';
    $21 : Result := 'IoT Gateway';
    $22 : Result := 'Embedded PC';
    $23 : Result := 'Mini PC';
    $24 : Result := 'Stick PC';
    else  Result := 'unbekannter Typ ('+IntToHex(AValue, 2) + 'h)';
  end;
end;
```

Die SMBIOS-Struktur für das Gehäuse enthält verschiedene Statuswerte, namentlich den Boot-Status, Stromversorgungsstatus, thermischen Status und Sicherheitsstatus. Da die ersten 3 Statuswerte mit einer identischen Liste verknüpft sind, implementieren wir dafür nur eine Funktion mit dem Namen *GetSMBIOS003_State:*

```
function TSMBIOS_Structures.GetSMBIOS003_State(AValue : Byte) : String;
begin
  case AValue of
    $01 : Result := 'anderer';
    $02 : Result := 'unbekannt';
    $03 : Result := 'sicher';
    $04 : Result := 'Warnung';
    $05 : Result := 'kritisch';
    $06 : Result := 'nicht wiederherstellbar';
    else  Result := 'unbekannter Status (' + IntToHex(AValue, 2) + 'h)';
  end;
end;
```

Für den Sicherheitsstatus gelten andere Werte als bei den vorherigen Statuswerten, sodass hierfür die Funktion *GetSMBIOS003_SecurityStatus* zum Einsatz kommt:

```
function TSMBIOS_Structures.GetSMBIOS003_SecurityStatus(AValue : Byte)
                                                            : String;

begin
  case AValue of
    $01 : Result := 'anderer';
    $02 : Result := 'unbekannt';
    $03 : Result := 'keiner';
    $04 : Result := 'externe Schnittstelle ausgeschlossen';
    $05 : Result := 'externe Schnittstelle aktiv';
    else  Result := 'unbekannter Status (' + IntToHex(AValue, 2) + 'h)';
  end;
end;
```

Wir bewegen uns weiter durch die Tabellenliste zu den Prozessoren mit dem Tabellentyp 4, wozu die grundlegende Kategorisierung des Prozessortypen gehört. Diesen bilden wir mit der Funktion *GetSMBIOS004_ProcessorType* ab:

```
function TSMBIOS_Structures.GetSMBIOS004_ProcessorType(AValue  :  Byte)
                                                            : String;

begin
  case AValue of
    $01 : Result := 'anderer';
    $02 : Result := 'unbekannt';
    $03 : Result := 'Hauptprozessor';
    $04 : Result := 'Mathematischer Prozessor';
    $05 : Result := 'DSP-Prozessor';
    $06 : Result := 'Video-Prozessor';
    else  Result := 'unbekannter Typ (' + IntToHex(AValue, 2) + 'h)';
  end;
end;
```

Wesentlich umfangreicher wird es dagegen bei der Prozessor-Familie, die allerdings historisch gewachsen bereits beim Intel 8086 beginnt und bei der ursprünglichen Konzeption als Byte irgendwann nicht mehr ausgereicht hat. Daher kommt später noch ein zusätzliches Familienfeld hinzu.

Die klassische Familien-Auswertung wird über die Funktion *GetSMBIOS004_ProcessorFamily* abgebildet:

```
function TSMBIOS_Structures.GetSMBIOS004_ProcessorFamily(AValue : Byte) :
                                                           String;

begin
  case AValue of
    $01 : Result := 'andere';
    $02 : Result := 'unbekannt';
```

```
$03 : Result := '8086';
$04 : Result := '80286';
$05 : Result := 'Intel 386';
$06 : Result := 'Intel 486';
$07 : Result := '8087';
$08 : Result := '80287';
$09 : Result := '80387';
$0A : Result := '80487';
$0B : Result := 'Intel Pentium';
$0C : Result := 'Intel Pentium Pro';
$0D : Result := 'Intel Pentium II';
$0E : Result := 'Intel Pentium MMX';
$0F : Result := 'Intel Celeron';
$10 : Result := 'Intel Pentium II Xeon';
$11 : Result := 'Intel Pentium III';
$12 : Result := 'Cyrix M1';
$13 : Result := 'Cyrix M2';
$14 : Result := 'Intel Celeron M';
$15 : Result := 'Intel Pentium 4 HT';
$16 : Result := 'Intel';
$18 : Result := 'AMD Duron';
$19 : Result := 'AMD K5';
$1A : Result := 'AMD K6';
$1B : Result := 'AMD K6-2';
$1C : Result := 'AMD K6-3';
$1D : Result := 'AMD Athlon';
$1E : Result := 'AMD 29000';
$1F : Result := 'AMD K6-2+';
$20 : Result := 'Power PC';
$21 : Result := 'Power PC 601';
$22 : Result := 'Power PC 603';
$23 : Result := 'Power PC 603+';
$24 : Result := 'Power PC 604';
$25 : Result := 'Power PC 620';
$26 : Result := 'Power PC x704';
$27 : Result := 'Power PC 750';
$28 : Result := 'Intel Core Duo';
$29 : Result := 'Intel Core Duo Mobile';
$2A : Result := 'Intel Core Solo Mobile';
$2B : Result := 'Intel Atom';
$2C : Result := 'Intel Core M';
$2D : Result := 'Intel Core m3';
$2E : Result := 'Intel Core m5';
$2F : Result := 'Intel Core m7';
$30 : Result := 'Alpha';
```

```
$31 : Result := 'Alpha 21064';
$32 : Result := 'Alpha 21066';
$33 : Result := 'Alpha 21164';
$34 : Result := 'Alpha 21164PC';
$35 : Result := 'Alpha 21164a';
$36 : Result := 'Alpha 21264';
$37 : Result := 'Alpha 21364';
$38 : Result := 'AMD Turion II Ultra Dual-Core Mobile M';
$39 : Result := 'AMD Turion II Dual-Core Mobile M';
$3A : Result := 'AMD Athlon II Dual-Core M';
$3B : Result := 'AMD Opteron 6100';
$3C : Result := 'AMD Opteron 4100';
$3D : Result := 'AMD Opteron 6200';
$3E : Result := 'AMD Opteron 4200';
$3F : Result := 'AMD FX';
$40 : Result := 'MIPS';
$41 : Result := 'MIPS R4000';
$42 : Result := 'MIPS R4200';
$43 : Result := 'MIPS R4400';
$44 : Result := 'MIPS R4600';
$45 : Result := 'MIPS R10000';
$46 : Result := 'AMD C';
$47 : Result := 'AMD E';
$48 : Result := 'AMD A';
$49 : Result := 'AMD G';
$4A : Result := 'AMD Z';
$4B : Result := 'AMD R';
$4C : Result := 'AMD Opteron 4300';
$4D : Result := 'AMD Opteron 6300';
$4E : Result := 'AMD Opteron 3300';
$4F : Result := 'AMD FirePro';
$50 : Result := 'SPARC';
$51 : Result := 'SuperSPARC';
$52 : Result := 'microSPARC II';
$53 : Result := 'microSPARC IIep';
$54 : Result := 'UltraSPARC';
$55 : Result := 'UltraSPARC II';
$56 : Result := 'UltraSPARC Iii';
$57 : Result := 'UltraSPARC III';
$58 : Result := 'UltraSPARC IIIi';
$60 : Result := '68040';
$61 : Result := '68xxx';
$62 : Result := '68000';
$63 : Result := '68010';
$64 : Result := '68020';
```

```
$65 : Result := '68030';
$66 : Result := 'AMD Athlon X4 Quad-Core';
$67 : Result := 'AMD Opteron X1000';
$68 : Result := 'AMD Opteron X2000 APU';
$69 : Result := 'AMD Opteron A';
$6A : Result := 'AMD Opteron X3000 APU';
$6B : Result := 'AMD Zen';
$70 : Result := 'Hobbit';
$78 : Result := 'Crusoe TM5000';
$79 : Result := 'Crusoe TM3000';
$7A : Result := 'Efficeon TM8000';
$80 : Result := 'Weitek';
$82 : Result := 'Intel Itanium';
$83 : Result := 'AMD Athlon 64';
$84 : Result := 'AMD Opteron';
$85 : Result := 'AMD Sempron';
$86 : Result := 'AMD Turion 64 Mobile';
$87 : Result := 'Dual-Core AMD Opteron';
$88 : Result := 'AMD Athlon 64 X2 Dual-Core';
$89 : Result := 'AMD Turion 64 X2 Mobile';
$8A : Result := 'Quad-Core AMD Opteron';
$8B : Result := 'AMD Opteron (3. Generation)';
$8C : Result := 'AMD Phenom FX Quad-Core';
$8D : Result := 'AMD Phenom X4 Quad-Core';
$8E : Result := 'AMD Phenom X2 Dual-Core';
$8F : Result := 'AMD Athlon X2 Dual-Core';
$90 : Result := 'PA-RISC';
$91 : Result := 'PA-RISC 8500';
$92 : Result := 'PA-RISC 8000';
$93 : Result := 'PA-RISC 7300LC';
$94 : Result := 'PA-RISC 7200';
$95 : Result := 'PA-RISC 7100LC';
$96 : Result := 'PA-RISC 7100';
$A0 : Result := 'V30';
$A1 : Result := 'Quad-Core Intel Xeon 3200';
$A2 : Result := 'Dual-Core Intel Xeon 3000';
$A3 : Result := 'Quad-Core Intel Xeon 5300';
$A4 : Result := 'Dual-Core Intel Xeon 5100';
$A5 : Result := 'Dual-Core Intel Xeon 5000';
$A6 : Result := 'Dual-Core Intel Xeon LV';
$A7 : Result := 'Dual-Core Intel Xeon ULV';
$A8 : Result := 'Dual-Core Intel Xeon 7100';
$A9 : Result := 'Quad-Core Intel Xeon 5400';
$AA : Result := 'Quad-Core Intel Xeon';
$AB : Result := 'Dual-Core Intel Xeon 5200';
$AC : Result := 'Dual-Core Intel Xeon 7200';
```

```
$AD : Result := 'Quad-Core Intel Xeon 7300';
$AE : Result := 'Quad-Core Intel Xeon 7400';
$AF : Result := 'Multi-Core Intel Xeon 7400';
$B0 : Result := 'Intel Pentium III Xeon';
$B1 : Result := 'Intel Pentium III SpeedStep';
$B2 : Result := 'Intel Pentium 4';
$B3 : Result := 'Intel Xeon';
$B4 : Result := 'AS400';
$B5 : Result := 'Intel Xeon MP';
$B6 : Result := 'AMD Athlon XP';
$B7 : Result := 'AMD Athlon MP';
$B8 : Result := 'Intel Itanium 2';
$B9 : Result := 'Intel Pentium M';
$BA : Result := 'Intel Celeron D';
$BB : Result := 'Intel Pentium D';
$BC : Result := 'Intel Pentium Extreme Edition';
$BD : Result := 'Intel Core Solo';
$BF : Result := 'Intel Core 2 Duo';
$C0 : Result := 'Intel Core 2 Solo';
$C1 : Result := 'Intel Core 2 Extreme';
$C2 : Result := 'Intel Core 2 Quad';
$C3 : Result := 'Intel Core 2 Extreme Mobile';
$C4 : Result := 'Intel Core 2 Duo Mobile';
$C5 : Result := 'Intel Core 2 Solo Mobile';
$C6 : Result := 'Intel Core i7';
$C7 : Result := 'Dual-Core Intel Celeron';
$C8 : Result := 'IBM390';
$C9 : Result := 'G4';
$CA : Result := 'G5';
$CB : Result := 'ESA/390 G6';
$CC : Result := 'z/Architektur-Basis';
$CD : Result := 'Intel Core i5';
$CE : Result := 'Intel Core i3';
$CF : Result := 'Intel Core i9';
$D2 : Result := 'VIA C7-M';
$D3 : Result := 'VIA C7-D';
$D4 : Result := 'VIA C7';
$D5 : Result := 'VIA Eden';
$D6 : Result := 'Multi-Core Intel Xeon';
$D7 : Result := 'Dual-Core Intel Xeon 3xxx';
$D8 : Result := 'Quad-Core Intel Xeon 3xxx';
$D9 : Result := 'VIA Nano';
$DA : Result := 'Dual-Core Intel Xeon 5xxx';
$DB : Result := 'Quad-Core Intel Xeon 5xxx';
$DD : Result := 'Dual-Core Intel Xeon 7xxx';
$DE : Result := 'Quad-Core Intel Xeon 7xxx';
```

```
    $DF : Result := 'Multi-Core Intel Xeon 7xxx';
    $E0 : Result := 'Multi-Core Intel Xeon 3400';
    $E4 : Result := 'AMD Opteron 3000';
    $E5 : Result := 'AMD Sempron II';
    $E6 : Result := 'Embedded AMD Opteron Quad-Core';
    $E7 : Result := 'AMD Phenom Triple-Core';
    $E8 : Result := 'AMD Turion Ultra Dual-Core Mobile';
    $E9 : Result := 'AMD Turion Dual-Core Mobile';
    $EA : Result := 'AMD Athlon Dual-Core';
    $EB : Result := 'AMD Sempron SI';
    $EC : Result := 'AMD Phenom II';
    $ED : Result := 'AMD Athlon II';
    $EE : Result := 'Six-Core AMD Opteron';
    $EF : Result := 'AMD Sempron M';
    $FA : Result := 'Intel i860';
    $FB : Result := 'Intel i960';
    $FE : Result := 'siehe Prozessor Familie 2-Feld';
    else  Result := 'reserviert ( '+ IntToHex(AValue, 2) + 'h)';
  end;
end;
```

Der Prozessorstatus stellt eine im Vergleich dazu relativ kurze Liste dar und definiert den Prozessorzustand basierend auf einem 3 Bit-Wert, der von Delphi in ein Byte konvertiert wird (da es die nächstgrößere Variablengröße darstellt). Unsere Implementierung befindet sich in der Funktion *GetSMBIOS004_CPUStatus*:

```
function TSMBIOS_Structures.GetSMBIOS004_CPUStatus(AValue : Byte) :
                                                         String;
begin
  case AValue of
    $00 : Result := 'unbekannt';
    $01 : Result := 'CPU aktiv';
    $02 : Result := 'CPU inaktiv durch Benutzer im BIOS';
    $03 : Result := 'CPU inaktiv durch BIOS (POST-Fehler)';
    $04 : Result := 'CPU im Leerlauf, wartend auf Aktivierung';
    $05,
    $06 : Result := 'reserviert';
    $07 : Result := 'anderer';
    else  Result := 'unbekannter Status (' + IntToHex(AValue, 2) + 'h)';
  end;
end;
```

In der Spezifikation wird mit *Processor Upgrade* der Sockel oder Steckplatz des Prozessors verstanden, aus dem die Anschlussgröße und Anzahl der Pins resultiert. Auch diese Liste ist historisch gewachsen und wird quasi mit jeder neuen Spezifikationsversion erweitert. Unsere Implementierung findet über die Funktion *GetSMBIOS004_ProcessorUpgrade* statt:

```
function TSMBIOS_Structures.GetSMBIOS004_ProcessorUpgrade
                                        (AValue : Byte) :  String;
begin
  case AValue of
    $01 : Result := 'anderes';
    $02 : Result := 'unbekannt';
    $03 : Result := 'Tochterplatine';
    $04 : Result := 'ZIF-Sockel';
    $05 : Result := 'Ersetzbares Piggy Back';
    $06 : Result := 'kein';
    $07 : Result := 'LIF-Sockel';
    $08 : Result := 'Slot 1';
    $09 : Result := 'Slot 2';
    $0A : Result := '370-Pin-Sockel';
    $0B : Result := 'Slot A';
    $0C : Result := 'Slot M';
    $0D : Result := 'Sockel 423';
    $0E : Result := 'Sockel A (Sockel 462)';
    $0F : Result := 'Sockel 478';
    $10 : Result := 'Sockel 754';
    $11 : Result := 'Sockel 940';
    $12 : Result := 'Sockel 939';
    $13 : Result := 'Sockel mPGA604';
    $14 : Result := 'Sockel LGA771';
    $15 : Result := 'Sockel LGA775';
    $16 : Result := 'Sockel S1';
    $17 : Result := 'Sockel AM2';
    $18 : Result := 'Sockel F (1207)';
    $19 : Result := 'Sockel LGA1366';
    $1A : Result := 'Sockel G34';
    $1B : Result := 'Sockel AM3';
    $1C : Result := 'Sockel C32';
    $1D : Result := 'Sockel LGA1156';
    $1E : Result := 'Sockel LGA1567';
    $1F : Result := 'Sockel PGA988A';
    $20 : Result := 'Sockel BGA1288';
    $21 : Result := 'Sockel rPGA988B';
    $22 : Result := 'Sockel BGA1023';
    $23 : Result := 'Sockel BGA1224';
    $24 : Result := 'Sockel BGA1155';
    $25 : Result := 'Sockel LGA1356';
    $26 : Result := 'Sockel LGA2011';
```

```
    $27 : Result := 'Sockel FS1';
    $28 : Result := 'Sockel FS2';
    $29 : Result := 'Sockel FM1';
    $2A : Result := 'Sockel FM2';
    $2B : Result := 'Sockel LGA2011-3';
    $2C : Result := 'Sockel LGA1356-3';
    $2D : Result := 'Sockel LGA1150';
    $2E : Result := 'Sockel BGA1168';
    $2F : Result := 'Sockel BGA1234';
    $30 : Result := 'Sockel BGA1364';
    $31 : Result := 'Sockel AM4';
    $32 : Result := 'Sockel LGA1151';
    $33 : Result := 'Sockel BGA1356';
    $34 : Result := 'Sockel BGA1440';
    $35 : Result := 'Sockel BGA1515';
    $36 : Result := 'Sockel LGA3647-1';
    $37 : Result := 'Sockel SP3';
    $38 : Result := 'Sockel SP3r2';
    $39 : Result := 'Sockel LGA2066';
    $3A : Result := 'Sockel BGA1392';
    $3B : Result := 'Sockel BGA1510';
    $3C : Result := 'Sockel BGA1528';
    $3D : Result := 'Sockel LGA4189';
    $3E : Result := 'Sockel LGA1200';
    $3F : Result := 'Sockel LGA4677';
    $40 : Result := 'Sockel LGA1700';
    $41 : Result := 'Sockel BGA1744';
    $42 : Result := 'Sockel BGA1781';
    $43 : Result := 'Sockel BGA1211';
    $44 : Result := 'Sockel BGA2422';
    $45 : Result := 'Sockel LGA1211';
    $46 : Result := 'Sockel LGA2422';
    $47 : Result := 'Sockel LGA5773';
    $48 : Result := 'Sockel BGA5773';
    $49 : Result := 'Sockel AM5';
    $4A : Result := 'Sockel SP5';
    $4B : Result := 'Sockel SP6';
    $4C : Result := 'Sockel BGA883';
    $4D : Result := 'Sockel BGA1190';
    $4E : Result := 'Sockel BGA4129';
    $4F : Result := 'Sockel LGA4710';
    $50 : Result := 'Sockel LGA7529';
    else  Result := 'unbekannter Typ (' + IntToHex(AValue, 2) + 'h)';
  end;
end;
```

Wie schon weiter vorne besprochen, reichte das ursprünglich als Byte konzipierte Feld für die Prozessor-Familie irgendwann nicht mehr aus, und ein zweites Feld wurde mit dem Namen *Processor Family 2* geschaffen. Dieses neue Feld mit einer 16 Bit-Breite (Word) wird mit der gleichen Dokumenttabelle verknüpft wie das ursprüngliche Familienfeld.

Daher implementieren wir in der Funktion *GetSMBIOS004_ProcessorFamily2* eine Abfrage, ob der enthaltene Wert im Byte-Bereich 00h bis FDh liegt, und rufen in diesem Fall die bisherige Familien-Listenfunktion *GetSMBIOS004_ProcessorFamily* auf. Sollte der enthaltene Wert größer sein, wird die Liste der Familie 2 ausgewertet. Die Abfrage bis FDh wurde bewusst so gewählt, weil sie einerseits in der Spezifikation vorgeschrieben ist, und andererseits der nachfolgende Wert FEh im ersten Familienfeld signalisiert, dass sich die korrekte Familie im zweiten erweiterten Familienfeld befindet:

```
function TSMBIOS_Structures.GetSMBIOS004_ProcessorFamily2(
                                        AValue : Word) :  String;
begin
  if AValue in [00..$FD] then
    Result := GetSMBIOS004_ProcessorFamily(AValue)
  else
  case AValue of
    $100 : Result:='ARMv7';
    $101 : Result:='ARMv8';
    $102 : Result:='ARMv9';
    $104 : Result:='SH-3';
    $105 : Result:='SH-4';
    $118 : Result:='ARM';
    $119 : Result:='StrongARM';
    $12C : Result:='6x86';
    $12D : Result:='MediaGX';
    $12E : Result:='MII';
    $140 : Result:='WinChip';
    $15E : Result:='DSP';
    $1F4 : Result:='Video';
    $200 : Result:='RISC-V RV32';
    $201 : Result:='RISC-V RV64';
    $202 : Result:='RISC-V RV128';
    $258 : Result:='LoongArch';
    $259 : Result:='Loongson 1';
    $25A : Result:='Loongson 2';
    $25B : Result:='Loongson 3';
    $25C : Result:='Loongson 2K';
    $25D : Result:='Loongson 3A';
    $25E : Result:='Loongson 3B';
```

```
    $25F : Result:='Loongson 3C';
    $260 : Result:='Loongson 3D';
    $261 : Result:='Loongson 3E';
    $262 : Result:='Dual-Core Loongson 2K 2xxx';
    $26C : Result:='Quad-Core Loongson 3A 5xxx';
    $26D : Result:='Multi-Core Loongson 3A 5xxx';
    $26E : Result:='Quad-Core Loongson 3B 5xxx';
    $26F : Result:='Multi-Core Loongson 3B 5xxx';
    $270 : Result:='Multi-Core Loongson 3C 5xxx';
    $271 : Result:='Multi-Core Loongson 3D 5xxx';
    else   Result:='reserviert (' + IntToHex(AValue, 4) + 'h)';
  end;
end;
```

Nach den Prozessoren kümmern wir uns um den Tabellentyp 7 der Prozessor-Caches, die mehrere kleine Listen enthalten. Den Anfang macht die Liste des unterstützten SRAM-Typs, den wir mit der Funktion *GetSMBIOS007_CacheSRAMType* implementieren. Anders als die bisherigen Funktionen mit genau einem einzigen Rückgabeergebnis auf Basis eines Byte- oder Word-Werts existieren hier mehrere Rückgabemöglichkeiten. Wir benutzen daher eine String-Variable, die wir bei entsprechend gesetztem Bit (unsere Funktion *IsBitOn*) um die Eigenschaft erweitern.

Wir fügen mit jeder weiteren Eigenschaft ein Komma an, das wir zum Schluss wieder am Textende entfernen:

```
function TSMBIOS_Structures.GetSMBIOS007_CacheSRAMType(AValue : Word) :
                                                              String;
var
  ReturnStr : String;
begin
  ReturnStr := '';
  if AValue = 0 then ReturnStr := '---' else
  begin
    if IsBitOn(AValue, 6) then ReturnStr := ReturnStr + 'asynchron, ';
    if IsBitOn(AValue, 5) then ReturnStr := ReturnStr + 'synchron, ';
    if IsBitOn(AValue, 4) then ReturnStr := ReturnStr +
                                          'Pipeline Burst, ';
    if IsBitOn(AValue, 3) then ReturnStr := ReturnStr + 'Burst, ';
    if IsBitOn(AValue, 2) then ReturnStr := ReturnStr + 'kein Burst, ';
    if IsBitOn(AValue, 1) then ReturnStr := ReturnStr + 'unbekannt, ';
    if IsBitOn(AValue, 0) then ReturnStr := ReturnStr + 'anderer, ';

    Delete(ReturnStr, Length(ReturnStr) - 1, 255);
  end;
  Result := ReturnStr;
end;
```

Den Fehlerkorrekturtyp – wie bspw. Parität oder ECC – ermitteln wir mit der Funktion *GetSMBIOS007_ErrorCorrectionType:*

```
function TSMBIOS_Structures.GetSMBIOS007_ErrorCorrectionType(
                                            AValue :Byte): String;
begin
  case AValue of
    $01 : Result := 'anderer';
    $02 : Result := 'unbekannt';
    $03 : Result := 'keiner';
    $04 : Result := 'Parität';
    $05 : Result := 'einfaches Bit-ECC';
    $06 : Result := 'multiples Bit-ECC';
    else  Result := 'unbekannter Typ (' + IntToHex(AValue, 2) + 'h)';
  end;
end;
```

Der System Cache-Typ definiert, ob wir einen Instruktions-, Daten- oder kombinierten Cache auswerten und wird mit der Funktion *GetSMBIOS007_SystemCacheType* ermittelt:

```
function TSMBIOS_Structures.GetSMBIOS007_SystemCacheType(
                                            AValue : Byte) : String;
begin
  case AValue of
    $01 : Result := 'anderer';
    $02 : Result := 'unbekannt';
    $03 : Result := 'Instruktion';
    $04 : Result := 'Daten';
    $05 : Result := 'Instruktion + Daten (Unified)';
    else  Result := 'unbekannter Typ (' + IntToHex(AValue, 2) + 'h)';
  end;
end;
```

Die Cache-Assoziativität kommt aus dem Bereich der Organisation von Caches und definiert, ob ein Speicherblock in X Cache-Lines (einem sog. Satz/Set) abgelegt werden kann. Unsere Implementierung findet mit der Funktion *GetSMBIOS007_Associativity* statt:

```
function TSMBIOS_Structures.GetSMBIOS007_Associativity(AValue : Byte) :
                                                        String;
begin
  case AValue of
    $01 : Result := 'andere';
    $02 : Result := 'unbekannt';
    $03 : Result := 'direkt gemappt';
    $04 : Result := '2-Wege Set-Assoziativ';
```

```
    $05 : Result := '4-Wege Set-Assoziativ';
    $06 : Result := 'voll Assoziativ';
    $07 : Result := '8-Wege Set-Assoziativ';
    $08 : Result := '16-Wege Set-Assoziativ';
    $09 : Result := '12-Wege Set-Assoziativ';
    $0A : Result := '24-Wege Set-Assoziativ';
    $0B : Result := '32-Wege Set-Assoziativ';
    $0C : Result := '48-Wege Set-Assoziativ';
    $0D : Result := '64-Wege Set-Assoziativ';
    $0E : Result := '20-Wege Set-Assoziativ';
    else  Result := 'unbekannte Assoziativität (' +
                    IntToHex(AValue, 2) + 'h)';
  end;
end;
```

Für die SMBIOS-Tabelle 8 (Anschluss) existieren für den jeweiligen Anschluss die Listen des Verbindungtyps und Anschlusstyps.

Der Verbindungstyp wird oftmals mit bestimmten Pins oder Anschlussbezeichnungen in Verbindung gebracht und von uns mit der Funktion *GetSMBIOS008_ConnectorType* umgesetzt:

```
function TSMBIOS_Structures.GetSMBIOS008_ConnectorType(AValue : Byte) :
                                                              String;
begin
  case AValue of
    $00 : Result := 'keiner';
    $01 : Result := 'Centronics';
    $02 : Result := 'Mini Centronics';
    $03 : Result := 'veraltet';
    $04 : Result := 'DB-25 Pin männlich';
    $05 : Result := 'DB-25 Pin weiblich';
    $06 : Result := 'DB-15 Pin männlich';
    $07 : Result := 'DB-15 Pin weiblich';
    $08 : Result := 'DB-9 Pin männlich';
    $09 : Result := 'DB-9 Pin weiblich';
    $0A : Result := 'RJ-11';
    $0B : Result := 'RJ-45';
    $0C : Result := '50 Pin MiniSCSI';
    $0D : Result := 'Mini-DIN';
    $0E : Result := 'Micro-DIN';
    $0F : Result := 'PS/2';
    $10 : Result := 'Infrarot';
    $11 : Result := 'HP-HIL';
    $12 : Result := 'Zugriffsbus (USB)';
```

```
    $13 : Result := 'SSA SCSI';
    $14 : Result := 'Zirkulär DIN-8 männlich';
    $15 : Result := 'Zirkulär DIN-8 weiblich';
    $16 : Result := 'OnBoard IDE';
    $17 : Result := 'OnBoard Floppy';
    $18 : Result := '9 Pin doppelt Inline (Pin 10 Schnitt)';
    $19 : Result := '25 Pin doppelt Inline (Pin 26 Schnitt)';
    $1A : Result := '50 Pin doppelt Inline';
    $1B : Result := '68 Pin doppelt Inline';
    $1C : Result := 'OnBoard Soundeingang von CD-ROM';
    $1D : Result := 'Mini-Centronics Typ 14';
    $1E : Result := 'Mini-Centronics Typ 26';
    $1F : Result := 'Mini-Jack (Kopfhörer)';
    $20 : Result := 'BNC';
    $21 : Result := '1394 (Firewire)';
    $22 : Result := 'SAS/SATA Stecker-Steckbuchse';
    $23 : Result := 'USB Typ-C-Steckbuchse';
    $A0 : Result := 'PC-98';
    $A1 : Result := 'PC-98 Hireso';
    $A2 : Result := 'PC-H98';
    $A3 : Result := 'PC-98 Notebook';
    $A4 : Result := 'PC-98 vollständig';
    $FF : Result := 'anderer';
    else  Result := 'unbekannter Typ (' + IntToHex(AValue, 2) + 'h)';
  end;
end;
```

Der Anschlusstyp wiederum definiert den Namen der Schnittstelle und wird mit der Funktion *GetSMBIOS008_PortType* ermittelt:

```
function TSMBIOS_Structures.GetSMBIOS008_PortType(AValue : Byte) :
                                                          String;
begin
  case AValue of
    $00 : Result := 'keiner';
    $01 : Result := 'parallele Schnittstelle XT/AT-kompatibel';
    $02 : Result := 'parallele Schnittstelle PS/2';
    $03 : Result := 'parallele Schnittstelle ECP';
    $04 : Result := 'parallele Schnittstelle EPP';
    $05 : Result := 'parallele Schnittstelle ECP/EPP';
    $06 : Result := 'serielle Schnittstelle XT/AT-kompatibel';
    $07 : Result := 'serielle Schnittstelle 16450-kompatibel';
    $08 : Result := 'serielle Schnittstelle 16550-kompatibel';
    $09 : Result := 'serielle Schnittstelle 16550A-kompatibel';
    $0A : Result := 'SCSI-Schnittstelle';
```

```
      $0B : Result := 'MIDI-Schnittstelle';
      $0C : Result := 'Joystick-Schnittstelle';
      $0D : Result := 'Tastatur-Schnittstelle';
      $0E : Result := 'Maus-Schnittstelle';
      $0F : Result := 'SSA SCSI';
      $10 : Result := 'USB';
      $11 : Result := 'Firewire (IEEE P1394)';
      $12 : Result := 'PCMCIA Typ I2';
      $13 : Result := 'PCMCIA Typ II';
      $14 : Result := 'PCMCIA Typ III';
      $15 : Result := 'Cardbus';
      $16 : Result := 'Zugriffsbus-Schnittstelle';
      $17 : Result := 'SCSI II';
      $18 : Result := 'SCSI Breit';
      $19 : Result := 'PC-98';
      $1A : Result := 'PC-98 Hireso';
      $1B : Result := 'PC-H98';
      $1C : Result := 'Video-Schnittstelle';
      $1D : Result := 'Audio-Schnittstelle';
      $1E : Result := 'Modem-Schnittstelle';
      $1F : Result := 'Netzwerk-Schnittstelle';
      $20 : Result := 'SATA';
      $21 : Result := 'SAS';
      $22 : Result := 'MFDP (Multifunktions-Bildschirmanschluss)';
      $23 : Result := 'Thunderbolt';
      $A0 : Result := '8251-kompatibel';
      $A1 : Result := '8251 FIFO-kompatibel';
      $FF : Result := 'anderer';
      else  Result := 'unbekannter Typ (' + IntToHex(AValue, 2) + 'h)';
    end;
end;
```

Nach den Anschlüssen folgen die Steckplätze, die auch als Slots bezeichnet und über den SMBIOS-Tabellentyp 9 interpretiert werden. Wir beginnen mit dem Steckplatz-Typ, der über die Funktion *GetSMBIOS009_SlotType* ermittelt wird:

```
function TSMBIOS_Structures.GetSMBIOS009_SlotType(AValue : Byte) :
                                                        String;
begin
  case AValue of
    $01 : Result := 'anderer';
    $02 : Result := 'unbekannt';
    $03 : Result := 'ISA';
    $04 : Result := 'MCA';
    $05 : Result := 'EISA';
```

```
$06 : Result := 'PCI';
$07 : Result := 'PC Card (PCMCIA)';
$08 : Result := 'VL-VESA';
$09 : Result := 'veraltet';
$0A : Result := 'Prozessor-Kartensteckplatz';
$0B : Result := 'veralteter Speicherkartensteckplatz';
$0C : Result := 'E/A Riserkartensteckplatz';
$0D : Result := 'NuBus';
$0E : Result := 'PCI (66 MHz fähig)';
$0F : Result := 'AGP';
$10 : Result := 'AGP 2X';
$11 : Result := 'AGP 4X';
$12 : Result := 'PCI-X';
$13 : Result := 'AGP 8X';
$14 : Result := 'M.2 Sockel 1-DP (Mechanischer Schlüssel A)';
$15 : Result := 'M.2 Sockel 1-SD (Mechanischer Schlüssel E)';
$16 : Result := 'M.2 Sockel 2 (Mechanischer Schlüssel B)';
$17 : Result := 'M.2 Sockel 3 (Mechanischer Schlüssel M)';
$18 : Result := 'MXM Typ I';
$19 : Result := 'MXM Typ II';
$1A : Result := 'MXM Typ III (Standard-Verbindung)';
$1B : Result := 'MXM Typ III (HE-Verbindung)';
$1C : Result := 'MXM Typ IV';
$1D : Result := 'MXM 3.0 Typ A';
$1E : Result := 'MXM 3.0 Typ B';
$1F : Result := 'PCI Express Gen 2 SFF-8639';
$20 : Result := 'PCI Express Gen 3 SFF-8639';
$21 : Result := 'PCI Express Mini 52-pin mit Ausgängen an
                 Unterseite';
$22 : Result := 'PCI Express Mini 52-pin ohne Ausgängen an
                 Unterseite';
$23 : Result := 'PCI Express Mini 76-pin';
$24 : Result := 'PCI Express Gen 4 SFF-8639 (U.2)';
$25 : Result := 'PCI Express Gen 5 SFF-8639 (U.2)';
$26 : Result := 'OCP NIC 3.0 Kleiner Formfaktor (SFF)';
$27 : Result := 'OCP NIC 3.0 Großer Formfaktor (LFF)';
$28 : Result := 'OCP NIC vor 3.0';
$30 : Result := 'CXL Flexbus 1.0';
$A0 : Result := 'PC-98/C20';
$A1 : Result := 'PC-98/C24';
$A2 : Result := 'PC-98/E';
$A3 : Result := 'PC-98/Lokaler Bus';
$A4 : Result := 'PC-98/Karte';
$A5 : Result := 'PCI Express';
$A6 : Result := 'PCI Express x1';
```

```
    $A7 : Result := 'PCI Express x2';
    $A8 : Result := 'PCI Express x4';
    $A9 : Result := 'PCI Express x8';
    $AA : Result := 'PCI Express x16';
    $AB : Result := 'PCI Express Gen 2';
    $AC : Result := 'PCI Express Gen 2 x1';
    $AD : Result := 'PCI Express Gen 2 x2';
    $AE : Result := 'PCI Express Gen 2 x4';
    $AF : Result := 'PCI Express Gen 2 x8';
    $B0 : Result := 'PCI Express Gen 2 x16';
    $B1 : Result := 'PCI Express Gen 3';
    $B2 : Result := 'PCI Express Gen 3 x1';
    $B3 : Result := 'PCI Express Gen 3 x2';
    $B4 : Result := 'PCI Express Gen 3 x4';
    $B5 : Result := 'PCI Express Gen 3 x8';
    $B6 : Result := 'PCI Express Gen 3 x16';
    $B8 : Result := 'PCI Express Gen 4';
    $B9 : Result := 'PCI Express Gen 4 x1';
    $BA : Result := 'PCI Express Gen 4 x2';
    $BB : Result := 'PCI Express Gen 4 x4';
    $BC : Result := 'PCI Express Gen 4 x8';
    $BD : Result := 'PCI Express Gen 4 x16';
    $BE : Result := 'PCI Express Gen 5';
    $BF : Result := 'PCI Express Gen 5 x1';
    $C0 : Result := 'PCI Express Gen 5 x2';
    $C1 : Result := 'PCI Express Gen 5 x4';
    $C2 : Result := 'PCI Express Gen 5 x8';
    $C3 : Result := 'PCI Express Gen 5 x16';
    $C4 : Result := 'PCI Express Gen 6 und zukünftig';
    $C5 : Result := 'Enterprise und Datacenter 1U E1
                     Formfaktor-Steckplatz (EDSFF E1.S, E1.L)';
    $C6 : Result := 'Enterprise und Datacenter 3" E3
                     Formfaktor-Steckplatz (EDSFF E3.S, E3.L)';
    else  Result := 'unbekannter Typ (' + IntToHex(AValue, 2) + 'h)';
  end;
end;
```

Die Steckplatz-Datenbusbreite ermitteln wir über die Funktion *GetSMBIOS009_SlotDataBusWidth:*

```
function TSMBIOS_Structures.GetSMBIOS009_SlotDataBusWidth(
                                            AValue : Byte) : String;
begin
```

```
  case AValue of
    $01 : Result := 'andere';
    $02 : Result := 'unbekannt';
    $03 : Result := '8 Bit';
    $04 : Result := '16 Bit';
    $05 : Result := '32 Bit';
    $06 : Result := '64 Bit';
    $07 : Result := '128 Bit';
    $08 : Result := '1x oder x1';
    $09 : Result := '2x oder x2';
    $0A : Result := '4x oder x4';
    $0B : Result := '8x oder x8';
    $0C : Result := '12x oder x12';
    $0D : Result := '16x oder x16';
    $0E : Result := '32x oder x32';
    else  Result := 'unbekannter Typ (' + IntToHex(AValue, 2) + 'h)';
  end;
end;
```

Jedes System verfügt über wenigstens eine Struktur mit der Nummer 16 vom Typ *Physikalisches Speicherfeld,* was als Basisinformation des Speicher-Kontrollers inkl. des maximal einbaubaren Arbeitsspeichers interpretiert werden kann. Dazugehörig gibt es dann mit Struktur 17 die Speichergeräte, also die tatsächlich vorhandenen Speichermodule.

Ursprünglich waren diese beiden Strukturtypen als Struktur 5 (Speicherkontroller) und 6 (Speichermodul) implementiert, diese wurden aber beginnend mit Version 2.1 der Spezifikation für veraltet (obsolete) deklariert, sodass fortan die neuen Typen 16 und 17 zum Einsatz kommen.

Daher starten wir mit dem Typ 16 und der Position des Speicherkontrollers, den wir mit der Funktion *GetSMBIOS016_Location* implementieren:

```
function TSMBIOS_Structures.GetSMBIOS016_Location(
                                         AValue : Byte) : String;
begin
  case AValue of
    $01 : Result := 'andere';
    $02 : Result := 'unbekannt';
    $03 : Result := 'Systemplatine oder Hauptplatine';
    $04 : Result := 'ISA-Zusatzkarte';
    $05 : Result := 'EISA-Zusatzkarte';
    $06 : Result := 'PCI-Zusatzkarte';
    $07 : Result := 'MCA-Zusatzkarte';
    $08 : Result := 'PCMCIA-Zusatzkarte';
    $09 : Result := 'veraltete Zusatzkarte';
    $0A : Result := 'NuBus';
```

```
    $A0 : Result := 'PC-98/C20-Zusatzkarte';
    $A1 : Result := 'PC-98/C24-Zusatzkarte';
    $A2 : Result := 'PC-98/E-Zusatzkarte';
    $A3 : Result := 'PC-98/Lokalbus-Zusatzkarte';
    $A4 : Result := 'CXL Flexbus 1.0-Zusatzkarte';
    else Result := 'unbekannte Position (' +
                    IntToHex(AValue, 2) + 'h)';
  end;
end;
```

Die Benutzung oder der Verwendungszweck des entsprechenden Speicherkontrollers wird mit der Funktion *GetSMBIOS016_Use* ermittelt:

```
function TSMBIOS_Structures.GetSMBIOS016_Use(AValue : Byte) : String;
begin
  case AValue of
    $01 : Result := 'andere';
    $02 : Result := 'unbekannt';
    $03 : Result := 'Systemspeicher';
    $04 : Result := 'Videospeicher';
    $05 : Result := 'Flashspeicher';
    $06 : Result := 'nicht-flüchtiges RAM (NVRAM)';
    $07 : Result := 'Cache-Speicher';
    else Result := 'unbekannte Benutzung (' + IntToHex(AValue, 2) + 'h)';
  end;
end;
```

Die letzte Funktion für den Speicherkontroller ist die Speicherfehlerkorrektur, die wir mit der Funktion *GetSMBIOS016_ErrorCorrectionTypes* ermitteln:

```
function TSMBIOS_Structures.GetSMBIOS016_ErrorCorrectionTypes(
                                  Value : Byte) : String;
begin
  case AValue of
    $01 : Result := 'andere';
    $02 : Result := 'unbekannt';
    $03 : Result := 'keine';
    $04 : Result := 'Parität';
    $05 : Result := 'einfaches Bit-ECC';
    $06 : Result := 'multiples Bit-ECC';
    $07 : Result := 'CRC';
    else Result := 'unbekannte Korrektur (' + IntToHex(AValue, 2) +
'h)';
  end;
end;
```

Einzelne Speichermodule werden über den Tabellentyp 17 dargestellt und hier existieren verschiedene Listen für die Typen und Eigenschaften von Speichermodulen. Begonnen wird mit dem Formfaktor, der über die Größe und Befestigungsmöglichkeiten des Speichermoduls im Speichersockel Auskunft gibt. Wir implementieren diese Liste mit der Funktion *GetSMBIOS017_FormFactor:*

```
function TSMBIOS_Structures.GetSMBIOS017_FormFactor(AValue : Byte) :
                                                          String;
begin
  case AValue of
    $01 : Result := 'anderer';
    $02 : Result := 'unbekannt';
    $03 : Result := 'SIMM';
    $04 : Result := 'SIP';
    $05 : Result := 'Chip';
    $06 : Result := 'DIP';
    $07 : Result := 'ZIP';
    $08 : Result := 'veraltete Karte';
    $09 : Result := 'DIMM';
    $0A : Result := 'TSOP';
    $0B : Result := 'Chipreihe';
    $0C : Result := 'RIMM';
    $0D : Result := 'SODIMM';
    $0E : Result := 'SRIMM';
    $0F : Result := 'FB-DIMM';
    $10 : Result := 'Die';
    else  Result := 'unbekannter Typ (' + IntToHex(AValue, 2) + 'h)';
  end;
end;
```

Der Speichertyp selbst wird über die Funktion *GetSMBIOS017_MemoryType* ermittelt, die auch hier wieder historisch gewachsen ist und sämtliche Speichertypen seit dem Bestehen der Spezifikation enthält:

```
function TSMBIOS_Structures.GetSMBIOS017_MemoryType (AValue : Byte) :
                                                          String;
begin
  case AValue of
    $01 : Result := 'anderer';
    $02 : Result := 'unbekannt';
    $03 : Result := 'DRAM';
    $04 : Result := 'EDRAM';
```

```
    $05 : Result := 'VRAM';
    $06 : Result := 'SRAM';
    $07 : Result := 'RAM';
    $08 : Result := 'ROM';
    $09 : Result := 'FLASH';
    $0A : Result := 'EEPROM';
    $0B : Result := 'FEPROM';
    $0C : Result := 'EPROM';
    $0D : Result := 'CDRAM';
    $0E : Result := '3DRAM';
    $0F : Result := 'SDRAM';
    $10 : Result := 'SGRAM';
    $11 : Result := 'RDRAM';
    $12 : Result := 'DDR';
    $13 : Result := 'DDR2';
    $14 : Result := 'DDR2 FB-DIMM';
    $18 : Result := 'DDR3';
    $19 : Result := 'FBD2';
    $1A : Result := 'DDR4';
    $1B : Result := 'LPDDR';
    $1C : Result := 'LPDDR2';
    $1D : Result := 'LPDDR3';
    $1E : Result := 'LPDDR4';
    $1F : Result := 'Logisches nicht-flüchtiges Gerät';
    $20 : Result := 'HBM (Hoch-Bandbreiten-Speicher)';
    $21 : Result := 'HBM2 (Hoch-Bandbreiten-Speicher Gen 2)';
    $22 : Result := 'DDR5';
    $23 : Result := 'LPDDR5';
    $24 : Result := 'HBM3 (Hoch-Bandbreiten-Speicher Gen 3)';
    else  Result := 'unbekannter Typ (' + IntToHex(AValue, 2) + 'h)';
  end;
end;
```

Bei den Details zum Speichermodul gibt es mehrere Auswahlmöglichkeiten, die je nach Speichermodul unterschiedlich miteinander kombiniert werden können. Die Spezifikation sieht hierfür ein Word-Feld vor, in dem gesetzte Bits jeweils für eine Eigenschaft stehen (Abb. 5.6).

Unsere Implementierung erfolgt mit der Funktion *GetSMBIOS017_TypeDetail*, wobei wir eine zusätzliche String-Variable verwenden, die wir bei entsprechend gesetztem Bit (unsere Funktion *IsBitOn*) um die Eigenschaft erweitern.

Wir fügen mit jeder weiteren Eigenschaft ein Komma an, das wir zum Schluss wieder am Textende entfernen:

7.18.3 Memory Device — Type Detail

Table 79 shows what the word bit positions mean for the Memory Device — Type Detail field.

NOTE Multiple bits are set if more than one attribute applies.

Table 79 – Memory Device: Type Detail field

Word Bit Position	Meaning
Bit 0	Reserved, set to 0
Bit 1	Other
Bit 2	Unknown
Bit 3	Fast-paged
Bit 4	Static column
Bit 5	Pseudo-static
Bit 6	RAMBUS
Bit 7	Synchronous
Bit 8	CMOS
Bit 9	EDO
Bit 10	Window DRAM
Bit 11	Cache DRAM
Bit 12	Non-volatile
Bit 13	Registered (Buffered)
Bit 14	Unbuffered (Unregistered)
Bit 15	LRDIMM

Abb. 5.6 Word-Feld „Memory Device – Type Detail“ der SMBIOS-Spezifikation für Tabellentyp 17

```
function TSMBIOS_Structures.GetSMBIOS017_TypeDetail(AValue : Word) :
                                                          String;
var
  ReturnStr : String;
begin
  ReturnStr := '';
  if AValue = 0 then ReturnStr := '---' else
  begin
    if IsBitOn(AValue, 15) then ReturnStr := ReturnStr +
      'LRDIMM, ';
    if IsBitOn(AValue, 14) then ReturnStr := ReturnStr +
      'ungepuffert (unregistriert), ';
    if IsBitOn(AValue, 13) then ReturnStr := ReturnStr +
      'registriert (gepuffert), ';
    if IsBitOn(AValue, 12) then ReturnStr := ReturnStr +
      'nicht-flüchtig, ';
    if IsBitOn(AValue, 11) then ReturnStr := ReturnStr +
      'Cache DRAM, ';
    if IsBitOn(AValue, 10) then ReturnStr := ReturnStr +
```

```
        'Window DRAM, ';
    if IsBitOn(AValue,  9) then ReturnStr := ReturnStr +
        'EDO, ';
    if IsBitOn(AValue,  8) then ReturnStr := ReturnStr +
        'CMOS, ';
    if IsBitOn(AValue,  7) then ReturnStr := ReturnStr +
        'synchron, ';
    if IsBitOn(AValue,  6) then ReturnStr := ReturnStr +
        'RAMBUS, ';
    if IsBitOn(AValue,  5) then ReturnStr := ReturnStr +
        'Pseudo-statisch, ';
    if IsBitOn(AValue,  4) then ReturnStr := ReturnStr +
        'statische Zeile, ';
    if IsBitOn(AValue,  3) then ReturnStr := ReturnStr +
        'Fast-Paged, ';
    if IsBitOn(AValue,  2) then ReturnStr := ReturnStr +
        'unbekannt, ';
    if IsBitOn(AValue,  1) then ReturnStr := ReturnStr +
        'anderes Detail, ';

    Delete(ReturnStr, Length(ReturnStr) - 1, 255);
  end;
  Result := ReturnStr;
end;
```

Die Speicher-Technologie ist ein relativ neues Feld und wurde mit der Spezifikationsversion 3.2 eingeführt. Eine entsprechende Versionsprüfung muss daher genau wie bei den anderen Feldern in der Auswertung erfolgen.

Die Integration dieser Liste erfolgt über die Funktion *GetSMBIOS017_MemoryTechnology:*

```
function TSMBIOS_Structures.GetSMBIOS017_MemoryTechnology
                                        (AValue : Byte) : String;
begin
  case AValue of
    $01 : Result := 'anderer';
    $02 : Result := 'unbekannt';
    $03 : Result := 'DRAM';
    $04 : Result := 'NVDIMM-N';
    $05 : Result := 'NVDIMM-F';
    $06 : Result := 'NVDIMM-P';
    $07 : Result := 'Intel Optane DC Persistenter Speicher';
    else  Result := 'unbekannter Typ (' + IntToHex(AValue, 2) + 'h)';
  end;
end;
```

Die letzte Liste für Speichermodule und dem Tabellentyp 17 beschreibt den Operationsmodus von Speichermodulen, der auch hier wieder in einem Word-Feld mehrere Möglichkeiten bietet (vergleichbar zum Typ-Detail). Wenn man betrachtet, dass bisher erst wenige Bits verwendet wurden, kann man erahnen, dass noch viel Erweiterungsspielraum für zukünftige Technologien und Spezifikationen geschaffen wurde. Wir implementieren diese Liste mit der Funktion *GetSMBIOS017_MemoryOperatingModeCapability:*

```
function TSMBIOS_Structures.GetSMBIOS017_MemoryOperatingModeCapability(
                                                  AValue : Word) : String;
var
  ReturnStr : String;
begin
  ReturnStr := '';
  if AValue = 0 then ReturnStr := '---' else
  begin
    if IsBitOn(AValue, 5) then ReturnStr := ReturnStr +
      'per Block zugreifbarer persistenter Speicher, ';
    if IsBitOn(AValue, 4) then ReturnStr := ReturnStr +
      'per Byte zugreifbarer persistenter Speicher, ';
    if IsBitOn(AValue, 3) then ReturnStr := ReturnStr +
      'flüchtiger Speicher, ';
    if IsBitOn(AValue, 2) then ReturnStr := ReturnStr +
      'unbekannt, ';
    if IsBitOn(AValue, 1) then ReturnStr := ReturnStr +
      'anderer Modus, ';

    Delete(ReturnStr, Length(ReturnStr) - 1, 255);
  end;
  Result := ReturnStr;
end;
```

Nach diesen mehr oder weniger einstufbaren Hardwaredetails lassen sich über SMBIOS auch Sensorwerte abbilden, was aber weniger als *Echtzeit-Hardware-Monitoring* verstanden werden kann, weil statische Informationen zum Einsatz kommen, die das BIOS während des Power-On Self Test (POST) einmalig anpasst. Daher sind diese Strukturen generell mit besonderer Vorsicht zu betrachten.

Begonnen werden die Sensor-Tabellen mit dem Spannungssensor, der über den Tabellentyp 26 abgebildet wird. Dessen Position und Status wird über ein gemeinsames Byte-Feld ausgewertet, bei dem die Position über die Bits 0 bis 4 und der Status über die Bits 5 bis 7 ausgewertet werden (Abb. 5.7).

7.27.1 Voltage Probe — Location and Status

Table 97 provides details about the Location and Status fields.

Table 97 – Voltage Probe: Location and Status fields

Bit Range	Field Name	Value	Meaning
7:5	Status	001.....	Other
		010.....	Unknown
		011.....	OK
		100.....	Non-critical
		101.....	Critical
		110.....	Non-recoverable
4:0	Location	...00001	Other
		...00010	Unknown
		...00011	Processor
		...00100	Disk
		...00101	Peripheral Bay
		...00110	System Management Module
		...00111	Motherboard
		...01000	Memory Module
		...01001	Processor Module
		...01010	Power Unit
		...01011	Add-in Card

Abb. 5.7 Byte-Feld „Voltage Probe – Location and Status" der SMBIOS-Spezifikation für Tabellentyp 26

Unsere Auswertungsroutinen sorgen dann dafür, dass die Funktionen *GetSMBIOS026_Location* und *GetSMBIOS026_Status* in unserer Hilfsklasse die entsprechenden Bits erhalten und direkt auswerten können:

```
function TSMBIOS_Structures.GetSMBIOS026_Location(AValue : Byte) :
                                                          String;
begin
  case AValue of
    $01 : Result := 'andere';
    $02 : Result := 'unbekannt';
    $03 : Result := 'Prozessor';
    $04 : Result := 'Festplatte';
    $05 : Result := 'Zusatzgeräte';
    $06 : Result := 'Systemverwaltungsmodul';
    $07 : Result := 'Hauptplatine';
    $08 : Result := 'Speichermodul';
    $09 : Result := 'Prozessormodul';
```

```
    $0A : Result := 'Stromeinheit';
    $0B : Result := 'Erweiterungskarte';
    else  Result := 'unbekannte Position (' + IntToHex(AValue, 2) + 'h)';
  end;
end;

function TSMBIOS_Structures.GetSMBIOS026_Status(AValue : Byte) :
                                                        String;
begin
  case AValue of
    $01 : Result := 'anderer';
    $02 : Result := 'unbekannt';
    $03 : Result := 'OK';
    $04 : Result := 'nicht kritisch';
    $05 : Result := 'kritisch';
    $06 : Result := 'nicht wiederherstellbar';
    else  Result := 'unbekannter Status (' +
                    IntToHex(AValue, 2) + 'h)';
  end;
end;
```

Der nächste Sensor wird als Kühlungsgerät bzw. Lüfter bezeichnet und über den Tabellentyp 27 dargestellt. Der Gerätetyp und Status werden über ein gemeinsames Byte-Feld ausgewertet, bei dem der Gerätetyp über die Bits 0 bis 4 und der Status über die Bits 5 bis 7 ausgewertet werden (Abb. 5.8).

Unsere Auswertungsroutinen sorgen dann dafür, dass die Funktionen *GetSMBIOS027_DeviceType* und *GetSMBIOS027_Status* in unserer Hilfsklasse die entsprechenden Bits erhalten und direkt auswerten können:

```
function TSMBIOS_Structures.GetSMBIOS027_DeviceType(AValue : Byte) :
                                                            String;
begin
  case AValue of
    01 : Result := 'anderer';
    02 : Result := 'unbekannt';
    03 : Result := 'Lüfter';
    04 : Result := 'zentrifugales Gebläse';
    05 : Result := 'Chip-Lüfter';
    06 : Result := 'Schaltschrank-Lüfter';
    07 : Result := 'Stromversorgungslüfter';
    08 : Result := 'Hitzerohr';
    09 : Result := 'integrierte Kühlung';
    16 : Result := 'aktive Kühlung';
    17 : Result := 'passive Kühlung';
    else Result := 'unbekannter Typ (' + IntToHex(AValue, 2) + 'h)';
```

7.28.1 Cooling Device — Device Type and Status

Table 99 shows details about the Device Type and Status fields.

Table 99 – Cooling Device: Device Type and Status fields

Bit Range	Field Name	Value	Meaning
7:5	Status	001.....	Other
		010.....	Unknown
		011.....	OK
		100.....	Non-critical
		101.....	Critical
		110.....	Non-recoverable
4:0	Device Type	...00001	Other
		...00010	Unknown
		...00011	Fan
		...00100	Centrifugal Blower
		...00101	Chip Fan
		...00110	Cabinet Fan
		...00111	Power Supply Fan
		...01000	Heat Pipe
		...01001	Integrated Refrigeration
		...10000	Active Cooling
		...10001	Passive Cooling

124 Published Version 3.6.0

DSP0134 System Management BIOS (SMBIOS) Reference Specification

Abb. 5.8 Byte-Feld „Cooling Device – Device Type and Status“ der SMBIOS-Spezifikation für Tabellentyp 27

```
  end;
end;

function TSMBIOS_Structures.GetSMBIOS027_Status(AValue : Byte) :
                                                String;
begin
  case AValue of
    01 : Result := 'anderer';
    02 : Result := 'unbekannt';
    03 : Result := 'OK';
    04 : Result := 'nicht kritisch';
    05 : Result := 'kritisch';
    06 : Result := 'nicht wiederherstellbar';
```

```
    else Result := 'unbekannter Status (' +
                   IntToHex(AValue, 2) + 'h)';
  end;
end;
```

Die nächste Art von Sensoren erfassen Temperaturen von Bauteilen bzw. Geräten und werden über den Tabellentyp 28 dargestellt. Die Position und der Status werden über ein gemeinsames Byte-Feld ausgewertet, bei dem die Position über die Bits 0 bis 4 und der Status über die Bits 5 bis 7 ausgewertet werden (Abb. 5.9).

Unsere Auswertungsroutinen sorgen dann dafür, dass die Funktionen *GetSMBIOS028_Location* und *GetSMBIOS028_Status* in unserer Hilfsklasse die entsprechenden Bits erhalten und direkt auswerten können:

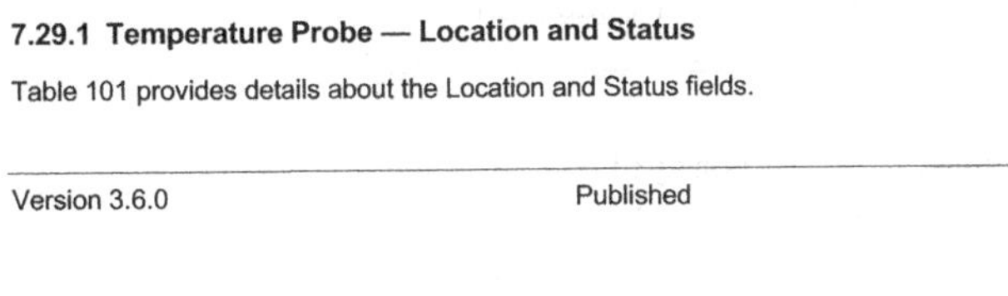

7.29.1 Temperature Probe — Location and Status

Table 101 provides details about the Location and Status fields.

Version 3.6.0 Published

System Management BIOS (SMBIOS) Reference Specification

NOTE See 6.3 for the CIM properties associated with these enumerated values.

Table 101 – Temperature Probe: Location and Status field

Bit Range	Field Name	Value	Meaning
7:5	Status	001.....	Other
		010.....	Unknown
		011.....	OK
		100.....	Non-critical
		101.....	Critical
		110.....	Non-recoverable
4:0	Location	...00001	Other
		...00010	Unknown
		...00011	Processor
		...00100	Disk
		...00101	Peripheral Bay
		...00110	System Management Module
		...00111	Motherboard
		...01000	Memory Module
		...01001	Processor Module
		...01010	Power Unit
		...01011	Add-in Card
		...01100	Front Panel Board
		...01101	Back Panel Board
		...01110	Power System Board
		...01111	Drive Back Plane

Abb. 5.9 Byte-Feld „Temperature Probe – Location and Status" der SMBIOS-Spezifikation für Tabellentyp 28

```
function TSMBIOS_Structures.GetSMBIOS028_Location(AValue : Byte) :
                                                           String;
begin
  case AValue of
    $01 : Result := 'andere';
    $02 : Result := 'unbekannt';
    $03 : Result := 'Prozessor';
    $04 : Result := 'Festplatte';
    $05 : Result := 'Zusatzgeräte';
    $06 : Result := 'Systemverwaltungsmodul';
    $07 : Result := 'Hauptplatine';
    $08 : Result := 'Speichermodul';
    $09 : Result := 'Prozessormodul';
    $0A : Result := 'Stromeinheit';
    $0B : Result := 'Erweiterungskarte';
    $0C : Result := 'Vorderseitenplatine';
    $0D : Result := 'Rückseitenplatine';
    $0E : Result := 'Stromsystemplatine';
    $0F : Result := 'Laufwerksrückseite';
    else  Result := 'unbekannte Position (' +
                    IntToHex(AValue, 2) + 'h)';
  end;
end;

function TSMBIOS_Structures.GetSMBIOS028_Status(AValue : Byte) :
                                                           String;
begin
  case AValue of
    01 : Result := 'anderer';
    02 : Result := 'unbekannt';
    03 : Result := 'OK';
    04 : Result := 'nicht kritisch';
    05 : Result := 'kritisch';
    06 : Result := 'nicht wiederherstellbar';
    else Result := 'unbekannter Status (' +
                   IntToHex(AValue, 2) + 'h)';
  end;
end;
```

Der letzte Sensortyp und auch die letzten Listenfunktionen in unserer Hilfsklasse gehört zu den Stromstärkesensoren, die über den Tabellentyp 29 dargestellt werden. Die Position und der Status werden über ein gemeinsames Byte-Feld ausgewertet, bei dem die Position über die Bits 0 bis 4 und der Status über die Bits 5 bis 7 ausgewertet werden (Abb. 5.10).

7.30.1 Current Probe — Location and Status

Table 103 provides details about the Location and Status fields.

NOTE See 6.3 for the CIM properties associated with these enumerated values.

Table 103 – Current Probe: Location and Status field

Bit Range	Field Name	Value	Meaning
7:5	Status	001.....	Other
		010.....	Unknown
		011.....	OK
		100.....	Non-critical
		101.....	Critical
		110.....	Non-recoverable
4:0	Location	...00001	Other
		...00010	Unknown
		...00011	Processor
		...00100	Disk
		...00101	Peripheral Bay
		...00110	System Management Module
		...00111	Motherboard
		...01000	Memory Module
		...01001	Processor Module
		...01010	Power Unit
		...01011	Add-in Card

Abb. 5.10 Byte-Feld „Current Probe – Location and Status“ der SMBIOS-Spezifikation für Tabellentyp 29

Unsere Auswertungsroutinen sorgen dann dafür, dass die Funktionen *GetSMBIOS029_Location* und *GetSMBIOS029_Status* in unserer Hilfsklasse die entsprechenden Bits erhalten und direkt auswerten können:

```
function TSMBIOS_Structures.GetSMBIOS029_Location(AValue : Byte) :
                                                    String;
begin
  case AValue of
    $01 : Result := 'andere';
    $02 : Result := 'unbekannt';
    $03 : Result := 'Prozessor';
    $04 : Result := 'Festplatte';
    $05 : Result := 'Zusatzgerät';
    $06 : Result := 'Systemverwaltungsmodul';
    $07 : Result := 'Hauptplatine';
```

```
    $08 : Result := 'Speichermodul';
    $09 : Result := 'Prozessormodul';
    $0A : Result := 'Stromeinheit';
    $0B : Result := 'Erweiterungskarte';
    else  Result := 'unbekannte Position (' +
                    IntToHex(AValue, 2) + 'h)';
  end;
end;

function TSMBIOS_Structures.GetSMBIOS029_Status(AValue : Byte) :
                                                          String;
begin
  case AValue of
    01 : Result := 'anderer';
    02 : Result := 'unbekannt';
    03 : Result := 'OK';
    04 : Result := 'nicht kritisch';
    05 : Result := 'kritisch';
    06 : Result := 'nicht wiederherstellbar';
    else Result := 'unbekannter Status (' +
                   IntToHex(AValue, 2) + 'h)';
  end;
end;
```

5.5 Ermittlung der SMBIOS-Details

Bis zu diesem Punkt wurden relativ viele Vorbereitungen getroffen: die SMBIOS-Daten wurden ermittelt, die Tabellen mit der Funktion *Load* in das dynamische Feld *FTables* eingelesen und die Hilfsklasse mitsamt der Tabellenrecords und Listenfunktionen erstellt, sodass nur noch die finale Auswertung der Tabellendaten erfolgen muss.

Hierfür kommt die Prozedur *GetSMBIOSStructureDetails* zum Einsatz, die wiederum vom Hauptformular aufgerufen wird und im ersten Byte-Parameter angibt, welcher Tabellentyp auszuwerten ist, sowie im zweiten Parameter eine Stringliste definiert, die innerhalb der Prozedur mit Ergebnissen gefüllt und vom Hauptformular ausgewertet wird:

```
procedure TSMBIOS.GetSMBIOSStructureDetails(ATableNum : Byte;
                                            SMBIOSData : TStrings);
```

Zu den deklarierten Variablen gehören Wertvariablen, die zur Aufbereitung und Berechnung der Ausgabe dienen (etwa *StringValue* für Strings, *WordValue* für Words, *CardinalValue* für Carinal usw) sowie eine Zählvariable und eine Stringposition. Letztere wird für jede SMBIOS-Tabelle direkt am Anfang berechnet und enthält die Position (Offset) im Rohdatenbereich, wo für die aktuelle Tabelle die Stringliste beginnt. Dies ist wiederum für die interne Funktion *ReadSMBIOSString* notwendig, die wir in Abschn. 5.3.3 besprochen haben:

```
var
  StringValue : String;
  TableCount,
  StringPosition,
  CardinalValue : Cardinal;
  Counter : Integer;
  WordValue : Word;
  Unsigned64BitValue : UInt64;
```

Ebenfalls zur Variablendeklaration gehören die Variablen für die Tabellen-Records, die wir für das Record-Mapping nutzen wollen. Bei Tabellen mit dynamischen Inhalten (Tabellen 2, 3 und 9) definieren wir direkt jeweils ein dynamisches Feld für die dynamischen Inhalte, das wir später korrekt setzen und befüllen werden:

```
  SMBIOSTable000 : PSMBIOS_BIOS;
  SMBIOSTable001 : PSMBIOS_System;
  SMBIOSTable002 : PSMBIOS_Baseboard;
  SMBIOSTable002_ContainedObjectHandles : TArray<Word>;
  SMBIOSTable003 : PSMBIOS_SystemEnclosure;
  SMBIOSTable003_ContainedElements : TArray<TSMBIOS_ContainedElements>;
  SMBIOSTable004 : PSMBIOS_Processor;
  SMBIOSTable007 : PSMBIOS_Cache;
  SMBIOSTable008 : PSMBIOS_PortConnector;
  SMBIOSTable009 : PSMBIOS_SystemSlots;
  SMBIOSTable009_PeerGroups : TArray<TPeerGroup>;
  SMBIOSTable016 : PSMBIOS_PhysicalMemoryArray;
  SMBIOSTable017 : PSMBIOS_MemoryDevice;
  SMBIOSTable026 : PSMBIOS_VoltageProbe;
  SMBIOSTable027 : PSMBIOS_CoolingDevice;
  SMBIOSTable028 : PSMBIOS_TemperatureProbe;
  SMBIOSTable029 : PSMBIOS_ElectricalCurrentProbe;
  SMBIOSTable043 : PSMBIOS_TPMDevice;
```

Als Vorbereitung für die eigentliche Auswertung beginnen wir mit dem Leeren der Stringliste. Dann fahren wir mit einer For-Schleife fort, die *TableCount* als Zähler verwendet und durch alle Tabellen *FTables* iteriert. Es wird für jede Tabelle geprüft, ob deren Tabellentyp mit dem Tabellentyp-Parameter übereinstimmt, da wir nur den im Parameter angegebenen Tabellentyp auswerten wollen. Wenn das der Fall ist, beginnt eine größere Case-Abfrage, die den Tabellentyp abfragt und wie in den nachfolgenden Unterkapiteln beschrieben die Auswertung durchführt:

```
begin
  SMBIOSData.Clear;

  for TableCount := 0 to High(FTables) do
    if FTables[TableCount].Header.&Type = ATableNum then
      case ATableNum of
```

Grundsätzlich ist es empfehlenswert, für die nachfolgenden Unterkapitel die SMBIOS-Spezifikation als Basis heranzuziehen, auch um zu verstehen, wie bestimmte Details ermittelt werden. Bei einigen Bereichen gibt es unterschiedliche Interpretierungen und wir geben zwar eine Möglichkeit vor, die funktioniert, es gibt aber häufig noch andere Wege – alternativ ist auch der parallele Einsatz von MiTeC SMBIOS Explorer [15] hilfreich.

5.5.1 BIOS-Details

Je nachdem, wie der BIOS-Bereich implementiert wurde und welche Spezifikationsversion zum Einsatz kommt, lassen sich sehr detaillierte BIOS-Details in Erfahrung bringen. Der Tabellentyp 0 darf laut Spezifikation nur einmal vorhanden sein und ein mögliches Ergebnis könnte wie in Abb. 5.11 aussehen.

Der Bereich für die BIOS-Details wird mit der Konstante *SMB_BIOSINFO* abgefragt und direkt am Anfang definieren wir die Basis für die fortlaufende Auswertung, indem wir das Record-Mapping durchführen. Dafür verweist unsere Variable *SMBIOSTable000* auf den Zeiger des BIOS-Records, und wir weisen dem Zeiger die Adresse der Rohdaten zu, und zwar das Offset der aktuellen BIOS-Tabelle. Ebenfalls ermitteln wir noch die Variable *StringPosition,* wobei es sich um den Offset der aktuellen Tabelle handelt, ab der die Strings beginnen. Wir erinnern uns, dass Strings am Ende der statischen und dynamischen Daten gespeichert werden, weswegen wir das Tabellenoffset mit der Länge der Tabellenlänge addieren.

Diese beiden Zuweisungen sind für fast jede Tabelle identisch, weil zuerst das Record-Mapping durchgeführt wird und bei den meisten Tabellen mindestens ein String enthalten ist (es gibt aber auch Ausnahmen, wie etwa Tabelle 16, Physikalisches Speicherfeld).

```
SMB_BIOSINFO : //BIOS Information
  begin
    SMBIOSTable000 := @FData[FTables[TableCount].Offset];
    StringPosition := FTables[TableCount].Offset +
                      Tables[TableCount].Header.Length;
```

Hersteller	HP
BIOS-Version	S77 Ver. 01.06.00
BIOS-Startadress-Segment	F000h
BIOS-Veröffentlichungsdatum	07/29/2021
BIOS-ROM-Größe	16320 KByte
BIOS-Eigenschaften Standard	
- BIOS Eigenschaften unterstützt	ja
- ISA wird unterstützt	nein
- MCA wird unterstützt	nein
- EISA wird unterstützt	nein
- PCI wird unterstützt	ja
- PC Card/PCMCIA wird unterstützt	ja
- Plug&Play wird unterstützt	nein
- APM wird unterstützt	nein
- BIOS ist aktualisierbar (Flash)	ja
- BIOS-Schattierung ist erlaubt	ja
- VL-VESA wird unterstützt	nein
- ESCD wird unterstützt	nein
- Start von CD wird unterstützt	ja
- Auswählbarer Start wird unterstützt	ja
- BIOS-ROM ist gesockelt	nein
- Starten von PCMCIA wird unterstützt	nein
- Enhanced Disk Drive wird unterstützt	ja
- Int13h: Japanisches FDD für NEC 9800	nein
- Int13h: Japanisches FDD für Toshiba	nein
- Int13h: 5.25"/360KB FDD-Dienste	nein
- Int13h: 5.25"/1.2MB FDD-Dienste	nein
- Int13h: 3.5"/720KB FDD-Dienste	nein
- Int13h: 3.5"/2.88MB FDD-Dienste	nein
- Int05h: Bildschirmdruck-Dienst	ja
- Int09h: 8042 Tastatur-Dienst	ja
- Int14h: Serieller Dienst	ja
- Int17h: Drucker-Dienst	ja
- Int10h: CGA/Mono Video-Dienst	nein
- NEC PC-98 Spezifikation	nein
BIOS-Eigenschaften Erweitert	
- ACPI wird unterstützt	ja
- Veraltetes USB wird unterstützt	ja
- AGP wird unterstützt	nein
- I2O-Start wird unterstützt	nein
- LS120-Start wird unterstützt	nein
- ATAPI ZIP-Start wird unterstützt	nein
- Firewire/1394-Start wird unterstützt	nein
- Smart Batterie wird unterstützt	nein
- BIOS Boot-Spezifikation unterstützt	ja
- Netzwerk-Dienst-Start wird unterstützt	ja
- Gezielte Inhaltsdistribution aktiv	ja
- UEFI wird unterstützt	ja
- SMBIOS definiert virtuelle Maschine	nein
- Herstellermodus wird unterstützt	nein
- Herstellermodus ist aktiviert	nein
System BIOS-Version	6.0
Integrierte Kontroller-Firmware-Version	7.53
Erweiterte BIOS ROM-Größe	32 MByte

Abb. 5.11 Mögliche BIOS-Details anhand des Tabellentyps 0

Wir beginnen die Auswertung mit dem ersten String, wofür wir bereits alles vorbereitet haben. Das Feld *VendorStr* in unserem Record definiert den Index der Stringliste. Daher fügen wir der Ergebnis-Stringliste einen Eintrag hinzu, trennen die erste Beschreibungsspalte von der Ergebnisspalte mit dem Gleichheitszeichen und ermitteln den String. Die Ermittlung erfolgt anhand der Funktion *ReadSMBIOSString*, der die Stringposition und das Record-Feld übergeben werden. Die String-Hilfsfunktion *CheckIfEmptyString* stellt sicher, dass ein leerer String mit „(leer)" dargestellt wird:

```
SMBIOSData.Add('Hersteller='+
  CheckIfEmptyString(ReadSMBIOSString(StringPosition,
  SMBIOSTable000.VendorStr)));
```

Die gleiche Vorgehensweise erfolgt mit dem nächsten Feld *(BIOSVersionStr)*, welches die BIOS-Version repräsentiert:

```
SMBIOSData.Add('BIOS-Version='+
  CheckIfEmptyString(ReadSMBIOSString(StringPosition,
  SMBIOSTable000.BIOSVersionStr)));
```

Das BIOS-Startadress-Segment wird als reiner Word-Wert hexadezimal ausgegeben:

```
SMBIOSData.Add('BIOS-Startadress-Segment='+
  IntToHex(SMBIOSTable000.BIOSStartingAddressSegment, 4) +
  'h');
```

Auch die Ermittlung des BIOS-Veröffentlichungsdatum erfolgt nach bekannter Weise wie bei den anderen Strings:

```
SMBIOSData.Add('BIOS-Veröffentlichungsdatum='+
  CheckIfEmptyString(ReadSMBIOSString(StringPosition,
  SMBIOSTable000.BIOSReleaseDateStr)));
```

Für die BIOS-ROM-Größe wurde zunächst das Byte-Feld *BIOS ROM Size* in der Spezifikation konzipiert und dieses Feld enthält mit einer Granularität von 64 KByte die entsprechende Größe, kommt aber mit 256 Byte-Möglichkeiten * 64 KByte = 16,384 KByte (16 MByte) an entsprechende Grenzen für heutige BIOS-Implementationen. Dafür wurde dann ab SMBIOS 3.1 das zusätzliche Feld *Extended BIOS ROM Size* eingeführt.

Das klassische Größenfeld ermitteln wir daher anhand einer Multiplikation mit 64 und können KByte als Maßeinheit voraussetzen:

```
SMBIOSData.Add('BIOS-ROM-Größe='+
  IntToStr(SMBIOSTable000.BIOSROMSize * 64) + ' KByte');
```

Die BIOS-Eigenschaften oder auch Characteristics genannt, definieren in einem vorzeichenlosen 64 Bit-Integer-Wert verschiedene Eigenschaften, die per Bitabfrage ermittelt werden. Wichtig ist hierbei die entsprechende Auswertungstabelle in der Spezifikation, die aussagt, welches Bit für welche Eigenschaft steht.

Da auch dieses Feld historisch gewachsen ist und die ersten 32 Bit relativ schnell verbraucht waren, sowie die verbleibenden Bits für BIOS- und Systemhersteller gedacht sind, wurde dann ab der Spezifikationsversion 2.4 die sog. *Extension Bytes* dieser Characteristics eingeführt.

Wir beginnen daher die BIOS-Eigenschaften mit einer Leerzeile und dann mit der Kategorienbeschreibung (diese enthält bewusst nach dem Gleichheitszeichen keinen Text, da nur die erste Spalte gefüllt werden soll). Dann beginnen wir mit der Auswertung der Eigenschaften und verwenden die bereits implementierten Hilfsfunktionen *IsBitOn* und *YesNo*, um das Ergebnis in die Stringliste aufzunehmen:

```
SMBIOSData.Add('');
SMBIOSData.Add('BIOS-Eigenschaften Standard=');

SMBIOSData.Add('- BIOS Eigenschaften unterstützt='+
YesNo(not IsBitOn(SMBIOSTable000.BIOSCharacteristics, 3)));

SMBIOSData.Add('- ISA wird unterstützt='+
  YesNo(IsBitOn(SMBIOSTable000.BIOSCharacteristics, 4)));

SMBIOSData.Add('- MCA wird unterstützt='+
  YesNo(IsBitOn(SMBIOSTable000.BIOSCharacteristics, 5)));

SMBIOSData.Add('- EISA wird unterstützt='+
  YesNo(IsBitOn(SMBIOSTable000.BIOSCharacteristics, 6)));

SMBIOSData.Add('- PCI wird unterstützt='+
  YesNo(IsBitOn(SMBIOSTable000.BIOSCharacteristics, 7)));

SMBIOSData.Add('- PC Card/PCMCIA wird unterstützt='+
  YesNo(IsBitOn(SMBIOSTable000.BIOSCharacteristics, 8)));

SMBIOSData.Add('- Plug&Play wird unterstützt='+
  YesNo(IsBitOn(SMBIOSTable000.BIOSCharacteristics, 9)));

SMBIOSData.Add('- APM wird unterstützt='+
  YesNo(IsBitOn(SMBIOSTable000.BIOSCharacteristics, 10)));

SMBIOSData.Add('- BIOS ist aktualisierbar (Flash)='+
  YesNo(IsBitOn(SMBIOSTable000.BIOSCharacteristics, 11)));
```

```
SMBIOSData.Add('- BIOS-Schattierung ist erlaubt='+
  YesNo(IsBitOn(SMBIOSTable000.BIOSCharacteristics, 12)));

SMBIOSData.Add('- VL-VESA wird unterstützt='+
  YesNo(IsBitOn(SMBIOSTable000.BIOSCharacteristics, 13)));

SMBIOSData.Add('- ESCD wird unterstützt='+
  YesNo(IsBitOn(SMBIOSTable000.BIOSCharacteristics, 14)));

SMBIOSData.Add('- Start von CD wird unterstützt='+
  YesNo(IsBitOn(SMBIOSTable000.BIOSCharacteristics, 15)));

SMBIOSData.Add('- Auswählbarer Start wird unterstützt='+
  YesNo(IsBitOn(SMBIOSTable000.BIOSCharacteristics, 16)));

SMBIOSData.Add('- BIOS-ROM ist gesockelt='+
  YesNo(IsBitOn(SMBIOSTable000.BIOSCharacteristics, 17)));

SMBIOSData.Add('- Starten von PCMCIA wird unterstützt='+
  YesNo(IsBitOn(SMBIOSTable000.BIOSCharacteristics, 18)));

SMBIOSData.Add('- Enhanced Disk Drive wird unterstützt='+
  YesNo(IsBitOn(SMBIOSTable000.BIOSCharacteristics, 19)));

SMBIOSData.Add('- Int13h: Japanisches FDD für NEC 9800='+
  YesNo(IsBitOn(SMBIOSTable000.BIOSCharacteristics, 20)));

SMBIOSData.Add('- Int13h: Japanisches FDD für Toshiba='+
  YesNo(IsBitOn(SMBIOSTable000.BIOSCharacteristics, 21)));

SMBIOSData.Add('- Int13h: 5.25"/360KB FDD-Dienste='+
  YesNo(IsBitOn(SMBIOSTable000.BIOSCharacteristics, 22)));

SMBIOSData.Add('- Int13h: 5.25"/1.2MB FDD-Dienste='+
  YesNo(IsBitOn(SMBIOSTable000.BIOSCharacteristics, 23)));

SMBIOSData.Add('- Int13h: 3.5"/720KB FDD-Dienste='+
  YesNo(IsBitOn(SMBIOSTable000.BIOSCharacteristics, 24)));

SMBIOSData.Add('- Int13h: 3.5"/2.88MB FDD-Dienste='+
  YesNo(IsBitOn(SMBIOSTable000.BIOSCharacteristics, 25)));

SMBIOSData.Add('- Int05h: Bildschirmdruck-Dienst='+
  YesNo(IsBitOn(SMBIOSTable000.BIOSCharacteristics, 26)));
```

```
SMBIOSData.Add('- Int09h: 8042 Tastatur-Dienst='+
  YesNo(IsBitOn(SMBIOSTable000.BIOSCharacteristics, 27)));

SMBIOSData.Add('- Int14h: Serieller Dienst='+
  YesNo(IsBitOn(SMBIOSTable000.BIOSCharacteristics, 28)));

SMBIOSData.Add('- Int17h: Drucker-Dienst='+
  YesNo(IsBitOn(SMBIOSTable000.BIOSCharacteristics, 29)));

SMBIOSData.Add('- Int10h: CGA/Mono Video-Dienst='+
  YesNo(IsBitOn(SMBIOSTable000.BIOSCharacteristics, 30)));

SMBIOSData.Add('- NEC PC-98 Spezifikation='+
  YesNo(IsBitOn(SMBIOSTable000.BIOSCharacteristics, 31)));
```

Fortsetzen wollen wir die BIOS-Details nach diesen Standard-Eigenschaften mit den erweiterten Eigenschaften, für die in der Spezifikation insgesamt 2 Bytes definiert sind und die Mindestversion der Spezifikation 2.4 sein muss. Wir fragen die Version mit einer Berechnung ab, bei der wir nach der mathematischen Operatorrangfolge „Punktrechnung vor Strichrechnung" zunächst die Hauptversion mit 10 multiplizieren und dann die Nebenversion addieren. Damit hätten wir bei Version 2.4 den Wert 24, der für eine erfolgreiche Abfrage gleich oder größer sein muss. Zusätzlich fragen wir die Länge der Tabelle mit ab, was immer ein zusätzliches Hilfsinstrument darstellt, wenn es in der Beschreibung genannt wird:

```
if (FHeader.MajorVersion * 10 +
    FHeader.MinorVersion >= 24) and
   (SMBIOSTable000.Header.Length - $12 > 0) then
begin
```

Dann beginnt die Auswertung der erweiterten Eigenschaften:

```
SMBIOSData.Add('');
SMBIOSData.Add('BIOS-Eigenschaften Erweitert=');

SMBIOSData.Add('- ACPI wird unterstützt='+
             YesNo(IsBitOn(
SMBIOSTable000.BIOSCharacteristicsExtensionBytes[0], 0)));

SMBIOSData.Add('- Veraltetes USB wird unterstützt='+
                        YesNo(IsBitOn(
SMBIOSTable000.BIOSCharacteristicsExtensionBytes[0], 1)));
```

```
SMBIOSData.Add('- AGP wird unterstützt='+
                    YesNo(IsBitOn(
SMBIOSTable000.BIOSCharacteristicsExtensionBytes[0], 2)));

SMBIOSData.Add('- I2O-Start wird unterstützt='+
                    YesNo(IsBitOn(
SMBIOSTable000.BIOSCharacteristicsExtensionBytes[0], 3)));

SMBIOSData.Add('- LS120-Start wird unterstützt='+
                    YesNo(IsBitOn(
SMBIOSTable000.BIOSCharacteristicsExtensionBytes[0], 4)));

SMBIOSData.Add('- ATAPI ZIP-Start wird unterstützt='+
                    YesNo(IsBitOn(
SMBIOSTable000.BIOSCharacteristicsExtensionBytes[0], 5)));

SMBIOSData.Add('- Firewire/1394-Start wird unterstützt='+
                    YesNo(IsBitOn(
SMBIOSTable000.BIOSCharacteristicsExtensionBytes[0], 6)));

SMBIOSData.Add('- Smart Batterie wird unterstützt='+
                    YesNo(IsBitOn(
SMBIOSTable000.BIOSCharacteristicsExtensionBytes[0], 7)));
end;
```

Das zweite Byte der erweiterten Eigenschaften enthält weitere Details darüber, ob vom Netzwerk gestartet werden kann, ob UEFI unterstützt wird und ob ein sog. Herstellermodus unterstützt wird bzw. aktiviert ist:

```
if (FHeader.MajorVersion * 10 +
      FHeader.MinorVersion >= 24) and
     (SMBIOSTable000.Header.Length - $12 > 1) then
begin
  SMBIOSData.Add('- BIOS Boot-Spezifikation unterstützt='+
     YesNo(IsBitOn(
     SMBIOSTable000.
     BIOSCharacteristicsExtensionBytes[1], 0)));
  SMBIOSData.Add('- Netzwerk-Dienst-Start wird unterstützt='+
     YesNo(IsBitOn(
     SMBIOSTable000.
     BIOSCharacteristicsExtensionBytes[1], 1)));
  SMBIOSData.Add('- Gezielte Inhaltsdistribution aktiv='+
     YesNo(IsBitOn(
     SMBIOSTable000.
     BIOSCharacteristicsExtensionBytes[1], 2)));
```

```
    SMBIOSData.Add('- UEFI wird unterstützt='+
      YesNo(IsBitOn(
      SMBIOSTable000.
      BIOSCharacteristicsExtensionBytes[1], 3)));
    SMBIOSData.Add('- SMBIOS definiert virtuelle Maschine='+
      YesNo(IsBitOn(
      SMBIOSTable000.
      BIOSCharacteristicsExtensionBytes[1], 4)));
    SMBIOSData.Add('- Herstellermodus wird unterstützt='+
      YesNo(IsBitOn(
      SMBIOSTable000.
      BIOSCharacteristicsExtensionBytes[1], 5)));
    SMBIOSData.Add('- Herstellermodus ist aktiviert='+
      YesNo(IsBitOn(
      SMBIOSTable000.
BIOSCharacteristicsExtensionBytes[1], 6)));
  end;
```

Weiter geht es mit der System BIOS-Version und der integrierten Kontroller-Firmware-Version, die jeweils als Byte mit Haupt- und Nebenversion implementiert werden. Sollten diese Felder den Maximalwert FFh enthalten, wird die Versionsangabe nicht unterstützt:

```
if (FHeader.MajorVersion * 10 +
    FHeader.MinorVersion >= 24)  then
begin
  SMBIOSData.Add('');

  if (SMBIOSTable000.SystemBIOSMajorRelease = $FF) or
     (SMBIOSTable000.SystemBIOSMinorRelease = $FF) then
    StringValue := 'wird nicht unterstützt'
  else
    StringValue :=
      IntToStr(SMBIOSTable000.SystemBIOSMajorRelease) +
      '.' +
      IntToStr(SMBIOSTable000.SystemBIOSMinorRelease);
  SMBIOSData.Add('System BIOS-Version='+
    StringValue);

  if (SMBIOSTable000.
      EmbeddedControllerFirmwareMajorRelease = $FF)
  or
```

```
      (SMBIOSTable000.
       EmbeddedControllerFirmwareMinorRelease = $FF) then
     StringValue := 'wird nicht unterstützt'
   else
     StringValue :=
       IntToStr(SMBIOSTable000.
       EmbeddedControllerFirmwareMajorRelease) +
       '.' +
       IntToStr(SMBIOSTable000.
       EmbeddedControllerFirmwareMinorRelease);
     SMBIOSData.Add('Integrierte Kontroller-Firmware-Version='+
      StringValue);
   end;
```

Das letzte Detail im Bereich der BIOS-Tabelle ist die erweiterte BIOS ROM-Größe, weil das normale Feld *BIOS ROM-Größe* an Offset 09h nur maximal 16 MByte abbilden kann, und darüber hinaus das erweiterte Feld zum Einsatz kommen sollte.

Dieses Feld ist ab Version 3.1 der Spezifikation verfügbar und wird als Word implementiert, wovon die Bits 14 und 15 die Granularität (also MByte oder GByte) definieren. Die verbleibenden Bits (0 bis 13) enthalten dann den tatsächlichen Wert:

```
if (FHeader.MajorVersion * 10 +
    FHeader.MinorVersion >= 31)
then begin
  case ((SMBIOSTable000.ExtendedBIOSROMSize shr 14) and 3) of
   0  : StringValue :=
          IntToStr(
            SMBIOSTable000.ExtendedBIOSROMSize and $3FFF) +
            ' MByte';
   1  : StringValue :=
          IntToStr(
            SMBIOSTable000.ExtendedBIOSROMSize and $3FFF) +
            ' GByte';
   else StringValue := 'reserviert';
end;
  SMBIOSData.Add('Erweiterte BIOS ROM-Größe='+
    StringValue);
end;
```

5.5.2 System-Identifikation

Über den Tabellentyp 1 (System-Information) werden verschiedene Felder der System-Identifikation gespeichert, die hauptsächlich Strings sind. Aber auch eine UUID und der Aufwachtyp kommen zum Einsatz, wofür wir unsere erste Listenfunktion aus

Hersteller	Dell Inc.
Produktname	Inspiron 16 Plus 7620
Version	(leer)
Seriennummer	[illegible]
Einzigartige ID (UUID)	44454C4C350010478058B6C04F584C33
Aufwachtyp	Stromschalter
SKU-Nummer	0B71
Familie	Inspiron

Abb. 5.12 Mögliche System-Information für die Identifikation anhand des Tabellentyps 1

Abschn. 5.4.3 verwenden. Der Tabellentyp 1 darf laut Spezifikation nur einmal vorhanden sein und ein mögliches Ergebnis könnte wie in Abb. 5.12 aussehen.

Anhand der Konstante *SMB_SYSINFO* beginnen wir den Ermittlungsbereich und führen wieder das Record-Mapping sowie die Ermittlung der Stringposition durch:

```
SMB_SYSINFO : //System Information
  begin
    SMBIOSTable001 := @FData[FTables[TableCount].Offset];
    StringPosition := FTables[TableCount].Offset +
                      FTables[TableCount].Header.Length;
```

Wir beginnen mit den Strings für Hersteller, Produktname, Version und Seriennummer, die über unsere interne Funktion *ReadSMBIOSString* ermittelt werden:

```
SMBIOSData.Add('Hersteller='+
  CheckIfEmptyString(ReadSMBIOSString(StringPosition,
  SMBIOSTable001.ManufacturerStr)));

SMBIOSData.Add('Produktname='+
  CheckIfEmptyString(ReadSMBIOSString(StringPosition,
  SMBIOSTable001.ProductNameStr)));

SMBIOSData.Add('Version='+
  CheckIfEmptyString(ReadSMBIOSString(StringPosition,
  SMBIOSTable001.VersionStr)));

SMBIOSData.Add('Seriennummer='+
  CheckIfEmptyString(ReadSMBIOSString(StringPosition,
  SMBIOSTable001.SerialNumberStr)));
```

Weiter geht es ab der Spezifikationsversion 2.1 mit der Universal Unique ID (UUID), die aus 16 Bytes besteht und per Record-Mapping über ein Byte-Feld angesprochen wird. Wir setzen also zuerst die UUID mit einer For-Schleife zusammen und prüfen dann, ob der Inhalt nicht vorhanden ist (Nullwerte) bzw. aktuell nicht vorhanden ist, aber setzbar (F-Werte).

Weiterhin wird der Aufwachtyp über unsere Listenfunktion *GetSMBIOS001_WakeUpType* ermittelt und hier kann man eventuell erkennen, dass es relativ komfortabel erscheint, einfach diese Listenfunktion mit dem Wert aufzurufen, anstatt hier in der Auswertung mit langen Listen umzugehen:

```
        if (FHeader.MajorVersion * 10 +
            FHeader.MinorVersion >= 21)
        then
        begin
          StringValue := ' ';
          for Counter := 0 to 15 do
              StringValue := StringValue +
              Format('%2.2x', [SMBIOSTable001.UUID[Counter]]);
          if StringValue = 'FFFFFFFFFFFFFFFFFFFFFFFFFFFFFFFF' then
             StringValue := 'aktuell nicht vorhanden, aber setzbar'
          else
          if StringValue = '00000000000000000000000000000000' then
             StringValue := 'nicht vorhanden';
          SMBIOSData.Add('Einzigartige ID (UUID)='+
             StringValue);
          SMBIOSData.Add('Aufwachtyp='+
             GetSMBIOS001_WakeUpType(SMBIOSTable001.WakeUpType));
end;
```

Ab der SMBIOS-Version 2.4 folgen noch zwei weitere Strings, die durch eine SKU-Nummer und Familienkennung definiert sind. Während erstere häufig einer Bezeichnung für eine Verkaufskonfiguration, Produktkennung oder Bestellnummer entspricht, könnte das Feld der Familienkennung als die Bezeichnung einer Produktfamilie interpretierbar sein:

```
if (FHeader.MajorVersion * 10 +
    FHeader.MinorVersion >= 24) then
begin
  SMBIOSData.Add('SKU-Nummer='+
    CheckIfEmptyString(ReadSMBIOSString(StringPosition,
    SMBIOSTable001.SKUNumberStr)));

  SMBIOSData.Add('Familie='+
   CheckIfEmptyString(ReadSMBIOSString(StringPosition,
   SMBIOSTable001.FamilyStr)));
end;
```

5.5.3 Hauptplatine

Über den Tabellentyp 2 (Hauptplatine) werden verschiedene Details für Hauptplatinen, Server-Blades und sonstigen Systemmodulen gespeichert und dieser Tabellentyp darf laut Spezifikation auch mehrfach vorkommen. Ein mögliches Ergebnis könnte wie in Abb. 5.13 aussehen.

Wir beginnen mit der Abfrage des Tabellentyps *SMB_BASEINFO*, führen das Record-Mapping durch, ermitteln die Stringposition und prüfen, ob die Stringliste bereits Einträge enthält, also das Feld *Count* größer als null ist. In diesem Fall gehen wir davon aus, dass die Schleife bereits mindestens einmal durchlaufen ist und bereits Daten einer potenziellen ersten Tabelle vorliegen. Wenn das der Fall ist, trennen wir die Darstellung durch eine Leerzeile, die wir in die Stringliste einfügen:

```
SMB_BASEINFO : //Baseboard (or Module) Information
  begin
    SMBIOSTable002 := @FData[FTables[TableCount].Offset];
    StringPosition := FTables[TableCount].Offset +
                      FTables[TableCount].Header.Length;

    if SMBIOSData.Count > 0 then
      SMBIOSData.Add('');
```

Hersteller	Dell Inc.
Produkt	0V98G2
Version	A00
Seriennummer	
Asset-Kennzeichnung	(leer)
Funktionen	
- Übergreifende Platine	ja
- Platine benötigt min. 1 Tochterplatine	nein
- Platine ist entfernbar	nein
- Platine ist ersetzbar	ja
- Platine ist wechselbar im Betrieb	nein
Position im Gehäuse	(leer)
Gehäuse-Instanz	0300h
Platinentyp	Hauptplatine
Anzahl Objektinstanzen	0

Abb. 5.13 Mögliche Hauptplatinen-Details anhand des Tabellentyps 2

Wir beginnen mit einer Reihe von Strings, die den Hersteller, das Produkt, die Version, Seriennummer und Asset-Kennzeichnung enthalten:

```
SMBIOSData.Add('Hersteller='+
  CheckIfEmptyString(ReadSMBIOSString(StringPosition,
  SMBIOSTable002.ManufacturerStr)));

SMBIOSData.Add('Produkt='+
  CheckIfEmptyString(ReadSMBIOSString(StringPosition,
  SMBIOSTable002.ProductStr)));

SMBIOSData.Add('Version='+
  CheckIfEmptyString(ReadSMBIOSString(StringPosition,
  SMBIOSTable002.VersionStr)));

SMBIOSData.Add('Seriennummer='+
  CheckIfEmptyString(ReadSMBIOSString(StringPosition,
  SMBIOSTable002.SerialNumberStr)));

SMBIOSData.Add('Asset-Kennzeichnung='+
  CheckIfEmptyString(ReadSMBIOSString(StringPosition,
  SMBIOSTable002.AssetTagStr)));
```

Die Funktionen oder sog. *Feature Flags* befinden sich in einem Byte-Feld und erlauben anhand einer Bit-Auswertung die Darstellung einiger Details, die wir mit unseren Hilfsfunktionen *IsBitOn* und *YesNo* ermitteln:

```
SMBIOSData.Add('');
SMBIOSData.Add('Funktionen=');

SMBIOSData.Add('- Übergreifende Platine='+
  YesNo(IsBitOn(SMBIOSTable002.FeatureFlags, 0)));

SMBIOSData.Add('- Platine benötigt min. 1
               Tochterplatine='+
  YesNo(IsBitOn(SMBIOSTable002.FeatureFlags, 1)));

SMBIOSData.Add('- Platine ist entfernbar='+
  YesNo(IsBitOn(SMBIOSTable002.FeatureFlags, 2)));

SMBIOSData.Add('- Platine ist ersetzbar='+
  YesNo(IsBitOn(SMBIOSTable002.FeatureFlags, 3)));
```

```
SMBIOSData.Add('- Platine ist wechselbar im Betrieb='+
  YesNo(IsBitOn(SMBIOSTable002.FeatureFlags, 4)));
```

Weiter geht es mit der Position im Gehäuse, die wieder als String hinterlegt ist:

```
SMBIOSData.Add('');
SMBIOSData.Add('Position im Gehäuse='+
  CheckIfEmptyString(ReadSMBIOSString(StringPosition,
  SMBIOSTable002.LocationInChassisStr)));
```

Die Gehäuse-Instanz oder das sog. *Chassis Handle* erlaubt an dieser Stelle, diese Tabelle und das dahinterstehende Gerät mit dem Handle eines anderen Geräts bzw. dessen Handle zu verknüpfen. Das ergibt dort Sinn, wenn sich die aktuelle Hauptplatine oder das Board in einem Gehäuse befinden, das über den Tabellentyp 3 (Gehäuse) definiert ist:

```
SMBIOSData.Add('Gehäuse-Instanz='+
  IntToHex(SMBIOSTable002.ChassisHandle, 4) + 'h');
```

Für den Platinentyp kommt unsere Listenfunktion *GetSMBIOS002_BoardType* zum Einsatz:

```
SMBIOSData.Add('Platinentyp='+
  GetSMBIOS002_BoardType(SMBIOSTable002.BoardType));
```

Den Abschluss dieser Tabelle definiert ein dynamischer Bereich, wenn er denn implementiert wurde. Es handelt sich dabei um die sog. *Contained Object Handles*, also enthaltene Objektinstanzen. Innerhalb des Record-Mapping stellt die Anzahl dieser Objektinstanzen den letzten Eintrag dar:

```
SMBIOSData.Add('');
SMBIOSData.Add('Anzahl Objektinstanzen='+
  IntToStr(SMBIOSTable002.
           NumberOfContainedObjectHandles));
```

Sobald die Anzahl der Instanzen größer als null ist, beginnt die Auswertung, wofür wir zunächst die Größe unseres dynamischen Feldes *SMBIOSTable002_ContainedObjectHandles* setzen und danach mittels *Move* den entsprechend langen Bereich aus den Rohdaten *FData* übertragen.

Danach folgt eine For-Schleife, mit der die einzelnen Objektinstanzen iteriert und in hexadezimaler Schreibweise angezeigt werden:

```
if SMBIOSTable002.NumberOfContainedObjectHandles > 0 then
begin
 SetLength(SMBIOSTable002_ContainedObjectHandles,
           SMBIOSTable002.NumberOfContainedObjectHandles);
 Move(FData[FTables[TableCount].Offset + $0F],
            SMBIOSTable002_ContainedObjectHandles[0],
           Length(SMBIOSTable002_ContainedObjectHandles));

 for Counter := 0 to
   High(SMBIOSTable002_ContainedObjectHandles) do
   SMBIOSData.Add(' - Objektinstanz ' +
     IntToStr(Counter + 1) +
     '='+
    IntToHex(SMBIOSTable002_ContainedObjectHandles[Counter],
     4)+ 'h');
end;
```

5.5.4 Gehäuse/Chassis

Über den Tabellentyp 3 (Gehäuse) werden alle Details zum Gehäuse oder Chassis definiert und diese Tabelle kann auch mehrfach vorhanden sein. Ein mögliches Ergebnis könnte wie in Abb. 5.14 aussehen.

Dieser Tabellentyp ist insofern anders, da er einen dynamischen Bereich enthält, der jedoch nicht am Tabellenende positioniert ist. Nach dem dynamischen Bereich folgt ein statisches Feld, das einen String repräsentiert – hierfür ist eine manuelle Berechnung der Position notwendig. Genaueres besprechen wir weiter unten an der entsprechenden Stelle.

Wir beginnen mit der Abfrage des Tabellentyps *SMB_ SYSENC*, führen das Record-Mapping durch, ermitteln die Stringposition und prüfen, ob die Stringliste bereits Einträge enthält:

```
SMB_SYSENC : //System Enclosure or Chassis
  begin
    SMBIOSTable003 := @FData[FTables[TableCount].Offset];
    StringPosition := FTables[TableCount].Offset +
                      FTables[TableCount].Header.Length;

    if SMBIOSData.Count > 0 then
      SMBIOSData.Add('');
```

Wir beginnen mit dem ersten String, der den Herstellernamen darstellt:

Hersteller	Dell Inc.
Typ	Notebook
- Gehäuse-Verriegelung vorhanden	nein
Version	(leer)
Seriennummer	
Asset-Kennzeichnung	(leer)
Boot-Status	sicher
Stromversorgungsstatus	sicher
Thermischer Status	sicher
Sicherheitsstatus	keiner
OEM-spezifisch	00000000h
Höhe	nicht spezifiziert
Anzahl Stromkabel	1
Gesamt enthaltene Elemente	keine
Enthaltene Elementgrößenlänge	0 Byte
SKU-Nummer	Notebook

Abb. 5.14 Mögliche Gehäuse- oder Chassis-Details anhand des Tabellentyps 3

```
SMBIOSData.Add('Hersteller=' +
  CheckIfEmptyString(ReadSMBIOSString(StringPosition,
  SMBIOSTable003.ManufacturerStr)));
```

Der Typ wird mit einem Byte-Feld implementiert, wovon Bit 7 aussagt, ob eine Gehäuse-Verriegelung vorhanden ist, und die Bits 0 bis 6 den tatsächlichen Typ darstellen, den wir mit unserer Listenfunktion *GetSMBIOS003_ChassisType* ermitteln:

```
SMBIOSData.Add('Typ=' +
  GetSMBIOS003_ChassisType(SMBIOSTable003.&Type));

SMBIOSData.Add('- Gehäuse-Verriegelung vorhanden=' +
  YesNo(IsBitOn(SMBIOSTable003.&Type, 7)));
```

Weiter geht es mit den Strings für Version, Seriennummer und Asset-Kennzeichnung:

```
SMBIOSData.Add('Version=' +
  CheckIfEmptyString(ReadSMBIOSString(StringPosition,
SMBIOSTable003.VersionStr)));
```

```
SMBIOSData.Add('Seriennummer=' +
  CheckIfEmptyString(ReadSMBIOSString(StringPosition,
  SMBIOSTable003.SerialNumberStr)));

SMBIOSData.Add('Asset-Kennzeichnung=' +
  CheckIfEmptyString(ReadSMBIOSString(StringPosition,
  SMBIOSTable003.AssetTagNumberStr)));
```

Insgesamt 4 verschiedene Statusfelder ab der Spezifikationsversion 2.1 informieren über den Boot-Status, Stromversorgungsstatus, thermischen Status und Sicherheitsstatus. Hierbei verweisen die ersten 3 Statuswerte auf die gleiche Liste und damit auf unsere Listenfunktion *GetSMBIOS003_State*. Der vierte als Sicherheitsstatus benannte Wert wird mittels der Funktion *GetSMBIOS003_SecurityStatus* ermittelt:

```
if (FHeader.MajorVersion * 10 +
    FHeader.MinorVersion >= 21)
then
begin
   SMBIOSData.Add('Boot-Status=' +
      GetSMBIOS003_State(SMBIOSTable003.BootUpState));

   SMBIOSData.Add('Stromversorgungsstatus=' +
      GetSMBIOS003_State(SMBIOSTable003.PowerSupplyState));

   SMBIOSData.Add('Thermischer Status=' +
      GetSMBIOS003_State(SMBIOSTable003.ThermalState));

   SMBIOSData.Add('Sicherheitsstatus=' +
      GetSMBIOS003_SecurityStatus(
      SMBIOSTable003.SecurityStatus));
end;
```

Wir fahren mit der Auswertung fort und beginnen die Sektion der Tabelle, die erst ab Spezifikationsversion 2.3 implementiert wurde. Ein OEM-spezifisches Feld mit 32 Bit-Größe wird zunächst als Hexadezimalwert ausgegeben:

```
if (FHeader.MajorVersion * 10 +
    FHeader.MinorVersion >= 23)
then
begin
  SMBIOSData.Add('OEM-spezifisch=' +
    IntToHex(SMBIOSTable003.OEMDefined, 8) + 'h');
```

Die Höhe wird über ein Byte-Feld interpretiert und in einer als Standard-Einheit (U) benannten Maßeinheit angegeben. Diese lässt sich in Zentimeter umrechnen, indem mit dem Faktor 4,445 multipliziert wird. Ein Nullwert bedeutet, dass die Höhe nicht spezifiziert wurde:

```
if SMBIOSTable003.Height = 0 then
  StringValue := 'nicht spezifiziert'
else
  StringValue := IntToStr(SMBIOSTable003.Height) +
                 ' U' + ' (' +
                 FloatToStrF(SMBIOSTable003.
                             Height * 4.445,
                             ffNumber, 4, 3) +
                 ' cm)';
SMBIOSData.Add('Höhe=' +
  StringValue);
```

Weiter geht es mit der Auswertung der Anzahl Stromkabel und auch hier bedeutet ein Nullwert, dass dieses Detail nicht spezifiziert ist:

```
if SMBIOSTable003.NumberOfPowerCords = 0 then
  StringValue := 'nicht spezifiziert'
else
  StringValue := IntToStr(SMBIOSTable003.
                          NumberOfPowerCords);
SMBIOSData.Add('Anzahl Stromkabel=' +
  StringValue);
```

In der dynamischen Sektion dieser Tabelle geht es um sog. *Contained Elements,* also enthaltene Elemente, deren Anzahl und Länge in separaten Byte-Feldern integriert sind. Daraus ergibt sich eine dynamische Größe einer 3 Byte-Struktur, die wir separat als dynamisches Feld definiert haben und nun befüllen müssen:

```
if SMBIOSTable003.ContainedElementCount = 0 then
  StringValue := 'keine'
else
StringValue :=
    IntToStr(SMBIOSTable003.ContainedElementCount);
SMBIOSData.Add('Gesamt enthaltene Elemente=' +
  StringValue);

SMBIOSData.Add('Enthaltene Elementgrößenlänge=' +
 IntToStr(SMBIOSTable003.ContainedElementRecordLength) +
  ' Byte');
```

Sobald die Anzahl der enthaltenen Elemente größer als null ist, beginnt die Auswertung, wofür wir zunächst die Größe unseres dynamischen Feldes *SMBIOSTable003_ContainedElements* festlegen und danach mittels *Move* den entsprechend langen Bereich aus den Rohdaten *FData* übertragen:

```
if SMBIOSTable003.ContainedElementCount > 0 then
begin
  SetLength(SMBIOSTable003_ContainedElements,
            SMBIOSTable003.ContainedElementCount);
  Move(FData[FTables[TableCount].Offset + $15],
              SMBIOSTable003_ContainedElements[0],
              Length(SMBIOSTable003_ContainedElements));
```

Die Auswertung der enthaltenen Elemente erfolgt über eine For-Schleife, über die alle einzelnen Elemente iteriert und entsprechend ausgewertet werden.

Das erste Byte der enthaltenen Elemente definiert den Element-Typ und Bit 7 sagt aus, ob es sich um eine klassische SMBIOS-Tabellennummerierung handelt (also Typ 0 etwa die BIOS-Details darstellt) oder um eine in Typ 2 (Hauptplatine) enthaltene Nummerierung.

Das zweite Byte stellt die minimal enthaltenen Elemente dar und das dritte Byte die maximal enthaltenen Elemente, wobei jeweils gültige Werte zwischen 0 und 254 anerkannt werden – der Wert 255 sagt aus, dass das Ergebnis unbekannt ist:

```
for Counter := 0 to
  High(SMBIOSTable003_ContainedElements)  do
begin
  SMBIOSData.Add('');
  SMBIOSData.Add('Enthaltenes Element ' +
    IntToStr(Counter + 1) + '=');

  if IsBitOn(
    SMBIOSTable003_ContainedElements[Counter].
    ContainedElementType, 7) then
    StringValue := GetTableName(
                    SMBIOSTable003_ContainedElements
                   [Counter].
                    ContainedElementType and $7F)
  else
    StringValue := GetSMBIOS002_BoardType(
                      SMBIOSTable003_ContainedElements
                      [Counter].
                       ContainedElementType and $7F);
  SMBIOSData.Add('Enthaltener Element-Typ=' +
    StringValue);
```

```
if IsBitOn(SMBIOSTable003_ContainedElements[Counter].
  ContainedElementType, 7) then
  StringValue := 'SMBIOS-Strukturen Typ-Nummerierung'
else
  StringValue := 'SMBIOS-Hauptplatinen '+
                 'Typ-Nummerierung';
SMBIOSData.Add('- Typ=' +
   StringValue);

if SMBIOSTable003_ContainedElements[Counter].
  ContainedElementMinimum = 255 then
  StringValue := 'unbekannt'
else
  StringValue := IntToStr(
     SMBIOSTable003_ContainedElements[Counter].
     ContainedElementMinimum);
  SMBIOSData.Add('- Minimal enthaltene' +
                 'Elemente=' +
                 StringValue);

  if SMBIOSTable003_ContainedElements[Counter].
    ContainedElementMaximum = 255 then
    StringValue := 'unbekannt'
  else
      StringValue := IntToStr(
        SMBIOSTable003_ContainedElements[Counter].
        ContainedElementMaximum)
  SMBIOSData.Add('- Maximal enthaltene
                 'Elemente=' +
                 StringValue);
end;
```

Nach dem Bereich der dynamischen Elemente und ab der Version 2.7 der Spezifikation existiert noch das String-Feld *SKU-Nummer*, dessen Position wir durch den dynamischen Bereich davor manuell selbst berechnen müssen. Bei der Berechnung geht es hier darum, den korrekten String-Index für die am Ende der Tabelle befindliche Stringliste zu ermitteln.

Auch hier gilt wieder der Grundsatz „Punktrechnung geht vor Strichrechnung" und so wird bei der Index-Berechnung zunächst die Größe des dynamischen Bereiches ermittelt, indem die Anzahl der enthaltenen Elemente mit der Größe eines enthaltenen Elements errechnet wird. Danach erfolgt die Addition vom Startoffset der Tabelle und der Position des SKU-Indexfeldes (15h):

```
if (FHeader.MajorVersion * 10 +
   FHeader.MinorVersion >= 27)
```

```
then begin
  SMBIOSTable003.SKUNumberStr :=
     FData[FTables[TableCount].Offset +
     $15 +
     SizeOf(TSMBIOS_ContainedElements) *
     SMBIOSTable003.ContainedElementCount];
  SMBIOSData.Add('SKU-Nummer=' +
     CheckIfEmptyString(ReadSMBIOSString(StringPosition,
      SMBIOSTable003.SKUNumberStr)));
end;
```

5.5.5 Prozessor(en)

Über den Tabellentyp 4 (Prozessor) werden verschiedene Details für verwendete Prozessoren abgebildet, die zum Teil sehr umfangreich sind. Dieser Tabellentyp darf laut Spezifikation auch mehrfach vorkommen und muss für jeden physikalisch vorhandenen Prozessor existieren. Die Anzahl dieser Tabellentypen definieren die maximal im entsprechenden System installierbaren Prozessoren. Ein mögliches Ergebnis könnte wie in Abb. 5.15 aussehen.

Wir beginnen mit der Abfrage des Tabellentyps *SMB_CPU*, führen das Record-Mapping durch, ermitteln die Stringposition und prüfen, ob die Stringliste bereits Einträge enthält, also das Feld *Count* größer als null ist. In diesem Fall gehen wir davon aus, dass die Schleife bereits mindestens einmal durchlaufen ist und bereits Daten einer potenziellen ersten Tabelle vorliegen. Wenn das der Fall ist, trennen wir die Darstellung durch eine Leerzeile, die wir in die Stringliste einfügen:

```
SMB_CPU : //Processor Information
  begin
    SMBIOSTable004  := @FData[FTables[TableCount].Offset];
    StringPosition  := FTables[TableCount].Offset +
                       FTables[TableCount].Header.Length;

    if SMBIOSData.Count > 0 then
      SMBIOSData.Add('');
```

Wir beginnen die Auswertung mit dem String der Sockel-Bezeichnung:

```
SMBIOSData.Add('Sockel-Bezeichnung=' +
  CheckIfEmptyString(ReadSMBIOSString(StringPosition,
  SMBIOSTable004.SocketDesignationStr)));
```

Danach folgen der Prozessor-Typ und die Prozessor-Familie anhand unserer bereits implementierten Listenfunktionen *GetSMBIOS004_ProcessorType* und *GetSMBIOS004_ProcessorFamily:*

Sockel-Bezeichnung	U3E1
Prozessor-Typ	Hauptprozessor
Prozessor-Familie	Intel Core i7
Prozessor-Hersteller	Intel(R) Corporation
Prozessor-ID	BFEBFBFF000906A3h
- Familie	6
- Modell	10
- Stepping	3
- Erweiterte Familie	0
- Erweitertes Modell	9
- Prozessor-Typ	Hauptprozessor
Prozessor-Version	12th Gen Intel(R) Core(TM) i7-12700H
Spannung	
- Legacy-Modus	ja
- Spannungsdetails	0,90V
Externer Takt	100 MHz
Maximale Geschwindigkeit	4700 MHz
Aktuelle Geschwindigkeit	2277 MHz
Status	
CPU-Status	CPU aktiv
- CPU Sockel benutzt	ja
Prozessor-Upgrade	anderes
L1 Cache Objektnummer	0705h
L2 Cache Objektnummer	0706h
L3 Cache Objektnummer	0707h
Seriennummer	(leer)
Asset-Kennzeichnung	(leer)
Teilenummer	(leer)
Anzahl Kerne	14
Aktive Kerne	14
Threads pro Prozessor	20
Prozessor-Charakteristiken	
- 64 Bit Fähigkeit	ja
- Multi-Core	ja
- Hardware Thread	ja
- Ausführungsverhinderung	ja
- Erweiterte Virtualisierung	ja
- Strom-/Geschwindigkeitskontrolle	ja
- 128 Bit Fähigkeit	nein
- Arm64 SoC-Kennung	nein
Prozessor-Familie 2	Intel Core i7
Anzahl Kerne 2	14
Aktive Kerne 2	14
Threads pro Prozessor 2	20 (passend zum Feld "Threads pro Prozessor")

Abb. 5.15 Mögliche Prozessor-Details anhand des Tabellentyps 4

```
SMBIOSData.Add('Prozessor-Typ=' +
  GetSMBIOS004_ProcessorType(SMBIOSTable004.
                              ProcessorType));
SMBIOSData.Add('Prozessor-Familie=' +
 GetSMBIOS004_ProcessorFamily(SMBIOSTable004.
                               ProcessorFamily));
```

Weiter geht es mit dem String des Prozessor-Herstellers sowie der sog. *Prozessor-ID,* die bei ×86-Prozessoren einen Wert enthält, der über den CPUID-Befehl mit dem Eingangsparameter 1 übereinstimmt. Diesen CPUID-Befehl werden wir in Kap. 6 noch ausführlich besprechen und beschränken uns hier deswegen nicht doppelt mit der Auswertung der einzelnen Feature-Bits, sondern zeigen den Wert in hexadezimaler Schreibweise als Rohwert an.

Was wir aber auswerten wollen sind die Basiswerte für Familie, Modell, Stepping, erweiterte Familie & Modell sowie den Prozessor-Typ. Diese Werte werden durch Shiften nach rechts mit einem anschließenden logischen Und ermittelt sowie in dezimaler Schreibweise dargestellt (auch hier ist der Verweis auf Kap. 6 sinnvoll, weil dieses Kapitel CPUID genau beschreibt):

```
SMBIOSData.Add('Prozessor-Hersteller=' +
  CheckIfEmptyString(ReadSMBIOSString(StringPosition,
  SMBIOSTable004.ProcessorManufacturerStr)));

SMBIOSData.Add('Prozessor-ID=' +
  IntToHex(SMBIOSTable004.ProcessorID, 8) + 'h');

SMBIOSData.Add('- Familie=' +
  IntToStr((SMBIOSTable004.ProcessorID shr 8) and $F));

SMBIOSData.Add('- Modell=' +
  IntToStr((SMBIOSTable004.ProcessorID shr 4) and $F));

SMBIOSData.Add('- Stepping=' +
  IntToStr(SMBIOSTable004.ProcessorID and $F));

SMBIOSData.Add('- Erweiterte Familie=' +
  IntToStr((SMBIOSTable004.ProcessorID shr 20) and $FF));

SMBIOSData.Add('- Erweitertes Modell=' +
  IntToStr((SMBIOSTable004.ProcessorID shr 16) and $F));

case (SMBIOSTable004.ProcessorID shr 12) and 3 of
  0  : StringValue := 'Hauptprozessor';
  1  : StringValue := 'Overdrive-Prozessor';
  2  : StringValue := 'Zweiter Prozessor (Multiprozessor)';
  else StringValue := 'unbekannt (' +
IntToStr((SMBIOSTable004.ProcessorID shr 12) and 3) + ')';
end;
SMBIOSData.Add('- Prozessor-Typ=' +
  StringValue);
```

Ebenfalls als String auslesbar ist die Prozessor-Version, die häufig den vollständigen Namen und die Nummer sowie den Takt des Prozessors enthält:

```
SMBIOSData.Add('Prozessor-Version=' +
  CheckIfEmptyString(ReadSMBIOSString(StringPosition,
  SMBIOSTable004.ProcessorVersionStr)));
```

Für die Prozessor-Spannung steht ein Byte-Feld zur Verfügung, das in Bit 7 aussagt, ob der Legacy-Modus aktiv ist. Wenn dies der Fall ist, erlauben die Bit-Felder 0 bis 2 die Ermittlung unterschiedlicher Spannungen (2.9, 3.3 und 5 V). Sollte der Legacy-Modus nicht aktiv sein, lässt sich die Spannung direkt aus den Bit-Feldern 6–0 auslesen, die jedoch mit dem Faktor 10 gespeichert wird, also für die Darstellung noch durch 10 dividiert werden muss.

Dieses Byte-Feld ist ein hervorragendes Beispiel dafür, wie die Spannung auf insgesamt nur 8 Bit abbildbar ist, und zugleich eine alte und neue Darstellungsmethode zum Einsatz kommt, ohne ein neues Feld zu schaffen:

```
SMBIOSData.Add('');
SMBIOSData.Add('Spannung=');

SMBIOSData.Add('- Legacy-Modus=' +
  YesNo(IsBitOn(SMBIOSTable004.Voltage, 7)));

if not IsBitOn(SMBIOSTable004.Voltage, 7) then
begin
  StringValue := '';
  if IsBitOn(SMBIOSTable004.Voltage, 0) then
    StringValue := StringValue + '5V, ';
  if IsBitOn(SMBIOSTable004.Voltage, 1) then
    StringValue := StringValue + '3.3V, ';
  if IsBitOn(SMBIOSTable004.Voltage, 2) then
    StringValue := StringValue + '2.9V, ';
  Delete(StringValue, Length(StringValue) - 1, 255);
  if StringValue = '' then StringValue := 'reserviert';
end else
  StringValue :=
  FloatToStrF((SMBIOSTable004.Voltage and $7F) / 10,
              ffFixed, 0, 2) +
              'V';

SMBIOSData.Add('- Spannungsdetails=' +
  StringValue);
```

Nach der Spannung geht es weiter mit den Prozessor-Geschwindigkeiten, also dem externen Takt sowie der maximalen und aktuellen Geschwindigkeit. Diese drei Word-Felder werden separat auf einen Nullwert geprüft, der aussagt, dass keine gültige Geschwindigkeit auslesbar ist:

```
SMBIOSData.Add('');

if SMBIOSTable004.ExternalClock <> 0 then
  StringValue := IntToStr(SMBIOSTable004.ExternalClock) +
                 ' MHz'
else
  StringValue := 'unbekannt';
SMBIOSData.Add('Externer Takt=' +
  StringValue);

if SMBIOSTable004.MaxSpeed <> 0 then
StringValue := IntToStr(SMBIOSTable004.MaxSpeed) + ' MHz'
else
  StringValue := 'unbekannt';
SMBIOSData.Add('Maximale Geschwindigkeit=' +
  StringValue);

if SMBIOSTable004.CurrentSpeed <> 0 then
  StringValue := IntToStr(SMBIOSTable004.CurrentSpeed) +
                 ' MHz'
else
  StringValue := 'unbekannt';
SMBIOSData.Add('Aktuelle Geschwindigkeit=' +
  StringValue);
```

Der Prozessor-Status wird über unsere Listenfunktion *GetSMBIOS004_CPUStatus* ermittelt, wobei allerdings nur die Bits 2–0 zum Einsatz kommen. Zusätzlich definiert das Bit 6, ob der Prozessor-Sockel benutzt ist:

```
SMBIOSData.Add('');
SMBIOSData.Add('Status=');

SMBIOSData.Add('CPU-Status=' +
  GetSMBIOS004_CPUStatus(SMBIOSTable004.Status and 7));

SMBIOSData.Add('- CPU Sockel benutzt=' +
  YesNo(IsBitOn(SMBIOSTable004.Status, 6)));
```

Das Prozessor-Upgrade-Feld enthält eine Reihe an Sockeltypen und wird über unsere Listenfunktion *GetSMBIOS004_ProcessorUpgrade* angezeigt:

```
SMBIOSData.Add('');

SMBIOSData.Add('Prozessor-Upgrade=' +
  GetSMBIOS004_ProcessorUpgrade(
  SMBIOSTable004.ProcessorUpgrade));
```

Beginnend mit Version 2.1 der SMBIOS-Spezifikation kann jedem der 3 Cache-Ebenen mit separaten Word-Feldern ein entsprechendes Tabellen-Handle zugewiesen werden – damit lässt sich etwa direkt darstellen, welche Cache-Eigenschaften der jeweilige Prozessor hat. Sollte als Handle der Maximalwert FFFFh eingetragen sein, dann ist ein Cache in dieser Ebene nicht vorhanden:

```
if (FHeader.MajorVersion * 10 +
    FHeader.MinorVersion >= 21)
then begin
  if SMBIOSTable004.L1CacheHandle = $FFFF then
    StringValue := 'kein L1 Cache vorhanden'
  else
    StringValue := IntToHex(SMBIOSTable004.
                            L1CacheHandle, 4) + 'h';
  SMBIOSData.Add('L1 Cache Objektnummer=' +
    StringValue);
  if SMBIOSTable004.L2CacheHandle = $FFFF then
    StringValue := 'kein L2 Cache vorhanden'
  else
    StringValue := IntToHex(SMBIOSTable004.
                            L2CacheHandle, 4) +  'h';
  SMBIOSData.Add('L2 Cache Objektnummer=' +
    StringValue);
  if SMBIOSTable004.L3CacheHandle = $FFFF then
    StringValue := 'kein L3 Cache vorhanden'
  else
    StringValue := IntToHex(SMBIOSTable004.
                            L3CacheHandle, 4) +  'h';
  SMBIOSData.Add('L3 Cache Objektnummer=' +
    StringValue);
end;
```

Ab Version 2.3 der SMBIOS-Spezifikation können die 3 Strings für Seriennummer, Asset-Kennzeichnung und Teilenummer implementiert sein:

```
if (FHeader.MajorVersion * 10 +
    FHeader.MinorVersion >= 23)
then begin
  SMBIOSData.Add('Seriennummer=' +
    CheckIfEmptyString(ReadSMBIOSString(StringPosition,
    SMBIOSTable004.SerialNumberStr)));

  SMBIOSData.Add('Asset-Kennzeichnung=' +
    CheckIfEmptyString(ReadSMBIOSString(StringPosition,
    SMBIOSTable004.AssetTagStr)));

  SMBIOSData.Add('Teilenummer=' +
    CheckIfEmptyString(ReadSMBIOSString(StringPosition,
    SMBIOSTable004.PartNumberStr)));
end;
```

Weiter geht es ab Version 2.5 der SMBIOS-Spezifikation mit der Anzahl Kernen, aktiven Kernen und Threads pro Prozessor. Diese 3 Byte-Felder können Nullwerte enthalten, was bedeutet, dass die Werte unbekannt sind. Sollte hingegen der Maximalwert FFh eingetragen sein, gelten zusätzliche erweiterte Word-Felder (vergleichbar mit der Familie und Familie 2), die ab Version 3.0 der Spezifikation verfügbar sein können und die Limitierung der Byte-Felder aufheben:

```
if (FHeader.MajorVersion * 10 +
    FHeader.MinorVersion >= 25)
then begin
  if SMBIOSTable004.CoreCount <> 0 then
    StringValue := IntToStr(SMBIOSTable004.CoreCount)
  else
    StringValue := 'unbekannt';
  SMBIOSData.Add('Anzahl Kerne=' +
    StringValue);

  if SMBIOSTable004.CoreEnabled <> 0 then
    StringValue := IntToStr(SMBIOSTable004.CoreEnabled)
  else
    StringValue := 'unbekannt';
  SMBIOSData.Add('Aktive Kerne=' +
                 StringValue);
```

```
    if SMBIOSTable004.ThreadCount <> 0 then
      StringValue := IntToStr(SMBIOSTable004.ThreadCount)
    else
      StringValue := 'unbekannt';
    SMBIOSData.Add('Threads pro Prozessor=' +
                   StringValue);
```

Für die Prozessor-Charakteristiken existiert ein Word-Feld, bei dem über Bit-Felder die verschiedenen Charakteristiken auswertbar sind. Wir benutzen auch hierfür wieder unsere beiden Hilfsfunktionen *IsBitOn* und *YesNo:*

```
  SMBIOSData.Add('');
  SMBIOSData.Add('Prozessor-Charakteristiken=');

  SMBIOSData.Add('- 64 Bit Fähigkeit=' +
  YesNo(IsBitOn(SMBIOSTable004.ProcessorCharacteristics, 2)));

  SMBIOSData.Add('- Multi-Core=' +
  YesNo(IsBitOn(SMBIOSTable004.ProcessorCharacteristics, 3)));

  SMBIOSData.Add('- Hardware Thread=' +
  YesNo(IsBitOn(SMBIOSTable004.ProcessorCharacteristics, 4)));

  SMBIOSData.Add('- Ausführungsverhinderung=' +
  YesNo(IsBitOn(SMBIOSTable004.ProcessorCharacteristics, 5)));

  SMBIOSData.Add('- Erweiterte Virtualisierung=' +
  YesNo(IsBitOn(SMBIOSTable004.ProcessorCharacteristics, 6)));

  SMBIOSData.Add('- Strom-/Geschwindigkeitskontrolle=' +
  YesNo(IsBitOn(SMBIOSTable004.ProcessorCharacteristics, 7)));

  SMBIOSData.Add('- 128 Bit Fähigkeit=' +
  YesNo(IsBitOn(SMBIOSTable004.ProcessorCharacteristics, 8)));

  SMBIOSData.Add('- Arm64 SoC-Kennung=' +
  YesNo(IsBitOn(SMBIOSTable004.ProcessorCharacteristics, 9)));
end;
```

Das erweiterte Word-Familienfeld (oder auch Familie 2) hatten wir bereits besprochen und es wurde eingeführt, weil die Möglichkeiten des bisherigen Byte-Familienfeldes ausgereizt waren.

Daher rufen wir unsere Listenfunktion *GetSMBIOS004_ProcessorFamily2* auf, die prüft, ob der Wert innerhalb oder außerhalb des Byte-Bereichs existiert. Im ersten Fall wird die bisherige Listenfunktion *GetSMBIOS004_ProcessorFamily* aufgerufen, und im zweiten eine eigene Liste ab dem Wert 100h genutzt. Innerhalb unserer Auswertung haben wir daher den Komfort, einfach nur die Listenfunktion aufzurufen, da die eigentliche Logik in dieser Funktion selbst enthalten ist:

```
if (FHeader.MajorVersion * 10 +
    FHeader.MinorVersion >= 26)
then begin
  SMBIOSData.Add('Prozessor-Familie 2=' +
    GetSMBIOS004_ProcessorFamily2(
    SMBIOSTable004.ProcessorFamily2));
end;
```

Ab der Version 3.0 der Spezifikation können die Word-Felder *Anzahl Kerne 2*, *aktive Kerne 2* und *Threads pro Prozessor 2* implementiert sein, wobei es sich um Erweiterungsfelder zu den bisherigen 3 Byte-Feldern handelt. Wir prüfen daher für jedes Feld, ob die Werte 0 (unbekannt), FFFFh (reserviert) oder 01h bis FFh (passend zum bisherigen Byte-Feld) enthalten sind. Alle Werte dazwischen repräsentieren folglich den tatsächlichen erweiterten Wert, der über das Feld darstellbar ist:

```
if FHeader.MajorVersion >= 3 then
begin
  SMBIOSData.Add('');

  case SMBIOSTable004.CoreCount2 of
    $0000 : StringValue := 'unbekannt';
    $FFFF : StringValue := 'reserviert';
    $0001..
    $00FF : StringValue := IntToStr(
                           SMBIOSTable004.CoreCount2)+
                           ' (passend zum Feld "Anzahl
                            Kerne")';
    else    StringValue := IntToStr(SMBIOSTable004.
                                CoreCount2);
  end;
  SMBIOSData.Add('Anzahl Kerne 2=' +
    StringValue);

  case SMBIOSTable004.CoreEnabled2 of
    $0000 : StringValue := 'unbekannt';
    $FFFF : StringValue := 'reserviert';
```

```
        $0001..
        $00FF : StringValue := IntToStr(
                                SMBIOSTable004.CoreEnabled2)+
                                ' (passend zum Feld "Aktive
                                 Kerne")';
        else    StringValue := IntToStr(
                                SMBIOSTable004.CoreEnabled2);
      end;
      SMBIOSData.Add('Aktive Kerne 2=' +
        StringValue);

      case SMBIOSTable004.ThreadCount2 of
        $0000 : StringValue := 'unbekannt';
        $FFFF : StringValue := 'reserviert';
        $0001..
        $00FF : StringValue := IntToStr(
                                SMBIOSTable004.ThreadCount2) +
                                ' (passend zum Feld "Threads pro
                                Prozessor")';
        else    StringValue := IntToStr(
                                SMBIOSTable004.ThreadCount2);
      end;
      SMBIOSData.Add('Threads pro Prozessor 2=' +
        StringValue);
    end;
```

Den Abschluss der Prozessor-Tabelle und ab Version 3.6 der Spezifikation stellt das Word-Feld für aktive Threads dar:

```
  if (FHeader.MajorVersion * 10 + FHeader.MinorVersion >= 36)
    then
    begin
      case SMBIOSTable004.ThreadEnabled of
        $0000 : StringValue := 'unbekannt';
        $FFFF : StringValue := 'reserviert';
        else    StringValue := IntToStr(
                                SMBIOSTable004.ThreadEnabled);
      end;
      SMBIOSData.Add('Aktive Threads=' +
        StringValue);
    end;
```

Wie man an der Detailfülle dieses Tabellentyps sehen kann, befinden sich in der Prozessor-Tabelle relativ viele Informationen. Dies ist mit dem Tabellentyp 17 für Speichergeräte vergleichbar, und obwohl wir sämtliche Details der Spezifikation vollständiger Weise auswerten, mag der Einsatzzweck oder die Anforderung unterschiedlich sein, und man sollte letztendlich kürzen auf diejenigen Details, die benötigt werden.

5.5.6 Prozessor-Caches

Eng verbunden mit dem Tabellentyp 4 für Prozessoren bildet der Tabellentyp 7 die dazugehörigen Prozessor-Caches ab. Dieser Tabellentyp darf laut Spezifikation auch mehrfach vorkommen und existiert teilweise für bestimmte Cache-Ebenen mehrfach (wie etwa L1), weil der Instruktions- und Daten-Cache abgebildet wird. Ein mögliches Ergebnis könnte wie in Abb. 5.16 aussehen.

Wir beginnen mit der Abfrage des Tabellentyps *SMB_CACHE,* führen das Record-Mapping durch, ermitteln die Stringposition und prüfen, ob die Stringliste bereits Einträge enthält, also das Feld *Count* größer als null ist. In diesem Fall gehen wir davon aus, dass die Schleife bereits mindestens einmal durchlaufen ist und bereits Daten einer potenziellen ersten Tabelle vorliegen. Wenn das der Fall ist, trennen wir die Darstellung durch eine Leerzeile, die wir in die Stringliste einfügen:

```
SMB_CACHE : //Cache Information
  begin
    SMBIOSTable007 := @FData[FTables[TableCount].Offset];
    StringPosition := FTables[TableCount].Offset +
                      FTables[TableCount].Header.Length;

    if SMBIOSData.Count > 0 then
      SMBIOSData.Add('');
```

Begonnen wird mit dem String der Sockel-Bezeichnung:

```
    SMBIOSData.Add('Sockel-Bezeichnung=' +
      CheckIfEmptyString(ReadSMBIOSString(StringPosition,
      SMBIOSTable007.SocketDesignationStr)));
```

Die Cache-Konfiguration wird als Word-Feld implementiert und definiert über verschiedene Felder Merkmale der Konfiguration. Hierbei handelt es sich um die Bits 9 und 8 für den Operationsmodus, Bit 7 für den Aktivierungsstatus während des Bootens, Bit 6 und 5 für die Position relativ zum CPU-Modul, Bit 3 für einen gesockelten Cache und die Bits 2–0 für die Cache-Ebene (Level):

```
    SMBIOSData.Add('');
    SMBIOSData.Add('Cache-Konfiguration=');
```

Abb. 5.16 Mögliche Prozessor-Cache-Details anhand des Tabellentyps 7

Sockel-Bezeichnung	L1 Cache
Cache-Konfiguration	
- Operationsmodus	Write Back-Modus
- Aktiv während Boot	ja
- Position relativ zum CPU-Modul	intern
- Cache gesockelt	nein
- Cache-Level	L1
Maximale Cachegröße	
- Granularität	1 KByte
- Maximale Größe	288 KByte
Installierte Cachegröße	
- Granularität	1 KByte
- Installierte Größe	288 KByte
Unterstützter SRAM-Typ	synchron
Aktueller SRAM-Typ	synchron
Cache-Geschwindigkeit	unbekannt
Fehlerkorrekturtyp	Parität
System Cache-Typ	Daten
Assoziativität	12-Wege Set-Assoziativ
Maximale Cachegröße 2	
- Granularität	1 KByte
- Maximale Größe	288 KByte
Installierte Cachegröße 2	
- Granularität	1 KByte
- Installierte Größe	288 KByte
Sockel-Bezeichnung	L1 Cache
Cache-Konfiguration	
- Operationsmodus	Write Back-Modus
- Aktiv während Boot	ja
- Position relativ zum CPU-Modul	intern
- Cache gesockelt	nein
- Cache-Level	L1
Maximale Cachegröße	
- Granularität	1 KByte
- Maximale Größe	192 KByte
Installierte Cachegröße	
- Granularität	1 KByte
- Installierte Größe	192 KByte
Unterstützter SRAM-Typ	synchron
Aktueller SRAM-Typ	synchron
Cache-Geschwindigkeit	unbekannt
Fehlerkorrekturtyp	Parität
System Cache-Typ	Instruktion
Assoziativität	8-Wege Set-Assoziativ
Maximale Cachegröße 2	
- Granularität	1 KByte
- Maximale Größe	192 KByte
Installierte Cachegröße 2	
- Granularität	1 KByte
- Installierte Größe	192 KByte

```
case ((SMBIOSTable007.CacheConfiguration shr 8) and 3) of
  0 : StringValue := 'Write Through-Modus';
  1 : StringValue := 'Write Back-Modus';
  2 : StringValue := 'variiert mit Speicherzugriff';
  3 : StringValue := 'unbekannt';
end;

SMBIOSData.Add('- Operationsmodus=' +
  StringValue);

SMBIOSData.Add('- Aktiv während Boot=' +
  YesNo(IsBitOn(SMBIOSTable007.CacheConfiguration, 7)));

case ((SMBIOSTable007.CacheConfiguration shr 5) and 3) of
  0 : StringValue := 'intern';
  1 : StringValue := 'extern';
  2 : StringValue := 'reserviert';
  3 : StringValue := 'unbekannt';
end;
SMBIOSData.Add('- Position relativ zum CPU-Modul=' +
  StringValue);

SMBIOSData.Add('- Cache gesockelt=' +
  YesNo(IsBitOn(SMBIOSTable007.CacheConfiguration, 3)));

SMBIOSData.Add('- Cache-Level=' +
  'L' +
  IntToStr((SMBIOSTable007.CacheConfiguration and 7) + 1));
```

Für die maximale Cache-Größe im Word-Feld sagt Bit 15 aus, ob die Granularität in 1 KByte oder 16 KByte vorliegt – die verbleibenden Bits 14–0 werden daher mit dieser Granularität multipliziert. Wir fragen daher zunächst das Bit 15 ab und speichern die entsprechende Granularität in der Word-Variable *WordValue*. Dann ermitteln wir in der Variable *CardinalValue* die Bits 14–0 über ein bitweises Und. Abschließend erfolgt die Multiplikation beider Werte und Ausgabe des Ergebnisses:

```
SMBIOSData.Add('');
SMBIOSData.Add('Maximale Cachegröße=');

if IsBitOn(SMBIOSTable007.MaximumCacheSize, 15) then
begin
  WordValue := 64;
  Stringvalue := '64 KByte';
end
```

```
else
begin
  WordValue := 1;
  Stringvalue := '1 KByte';
end;
SMBIOSData.Add('- Granularität=' +
  StringValue);

CardinalValue := SMBIOSTable007.MaximumCacheSize and $7FFF;
if CardinalValue = 0 then
  StringValue := 'unbekannt'
else
begin
  CardinalValue := CardinalValue * WordValue;
  StringValue := IntToStr(CardinalValue) + ' KByte';
end;
SMBIOSData.Add('- Maximale Größe=' +
  StringValue);
```

Genau wie mit der maximalen Cachegröße fahren wir mit der installierten Cachegröße fort:

```
SMBIOSData.Add('');
SMBIOSData.Add('Installierte Cachegröße=');

if IsBitOn(SMBIOSTable007.InstalledSize, 15) then
begin
  WordValue := 64;
  Stringvalue := '64 KByte';
end
else
begin
  WordValue := 1;
  Stringvalue := '1 KByte';
end;
SMBIOSData.Add('- Granularität=' +
  StringValue);

CardinalValue := SMBIOSTable007.InstalledSize and $7FFF;
if CardinalValue = 0 then
  StringValue := 'unbekannt'
else
begin
  CardinalValue := CardinalValue * WordValue;
  StringValue := IntToStr(CardinalValue) + ' KByte';
end;
```

```
SMBIOSData.Add('- Installierte Größe=' +
  StringValue);
```

Den unterstützten und aktuellen SRAM-Typ ermitteln wir mit der Listenfunktion *GetSMBIOS007_CacheSRAMType,* da beide Word-Felder in der Spezifikation auf dieselbe Tabelle verweisen:

```
SMBIOSData.Add('');

SMBIOSData.Add('Unterstützter SRAM-Typ=' +
  GetSMBIOS007_CacheSRAMType(
  SMBIOSTable007.SupportedSRAMType));

SMBIOSData.Add('Aktueller SRAM-Typ=' +
  GetSMBIOS007_CacheSRAMType(
  SMBIOSTable007.CurrentSRAMType));
```

Ab Version 2.1 der Spezifikation beginnen wir mit der Ermittlung der Cache-Geschwindigkeit, die in Nanosekunden angegeben wird und bei einem Nullwert nicht eingetragen ist:

```
if (FHeader.MajorVersion * 10 +
    FHeader.MinorVersion >= 21)
then begin
  if SMBIOSTable007.CacheSpeed = 0 then
     StringValue := 'unbekannt'
  else
     StringValue := IntToStr(SMBIOSTable007.
                                CacheSpeed) + ' ns';
  SMBIOSData.Add('Cache-Geschwindigkeit=' +
     StringValue);
```

Weiter geht es mit dem Fehlerkorrekturtyp *(GetSMBIOS007_ErrorCorrectionType),* System Cache-Typ *(GetSMBIOS007_SystemCacheType)* und der Assoziativität *(GetSMBIOS007_Associativity).* Aufgrund unserer guten Vorbereitung über die Listenfunktionen ist der Auswertungscode hierfür relativ kurz:

```
SMBIOSData.Add('Fehlerkorrekturtyp=' +
  GetSMBIOS007_ErrorCorrectionType(
  SMBIOSTable007.ErrorCorrectionType));

SMBIOSData.Add('System Cache-Typ=' +
  GetSMBIOS007_SystemCacheType(
  SMBIOSTable007.SystemCacheType));
```

```
        SMBIOSData.Add('Assoziativität=' +
          GetSMBIOS007_Associativity(
          SMBIOSTable007.Associativity));
      end;
```

Für die maximale und installierte Cachegröße wurden auch hier ab Version 3.1 der Spezifikation Erweiterungsfelder geschaffen, weil die bisherigen Felder nur Cache-Größen bis 2047 MByte abbilden können (ein Bit fehlt durch die Auswertung der Granularität, daher nur maximal 2047). Die zusätzlichen Felder der maximalen und installierten Cachegrößen 2 liegen jeweils als DWord/Cardinal vor und funktionieren nach dem gleichen Schema wie die bisherigen Felder. Bit 31 sagt hier aus, ob die Granularität 1 oder 64 KByte beträgt und die Bits 30–0 enthalten den Rohwert (logisches Und mit FFFFFFFEh), der danach mit der Granularität multipliziert wird:

```
    if (FHeader.MajorVersion * 10 +
        FHeader.MinorVersion >= 31)
    then begin
      SMBIOSData.Add('');
      SMBIOSData.Add('Maximale Cachegröße 2=');

        if IsBitOn(SMBIOSTable007.MaximumCacheSize2, 31) then
        begin
          WordValue := 64;
          Stringvalue := '64 KByte';
        end
        else
        begin
          WordValue := 1;
          Stringvalue := '1 KByte';
        end;
        SMBIOSData.Add('- Granularität=' +
          StringValue);

        CardinalValue := SMBIOSTable007.MaximumCacheSize2
                         and $FFFFFFFE;
        if CardinalValue = 0 then
          StringValue := 'unbekannt'
        else
        begin
          CardinalValue := CardinalValue * WordValue;
          StringValue := IntToStr(CardinalValue) + ' KByte';
        end;
        SMBIOSData.Add('- Maximale Größe=' +
          StringValue);
```

```
    SMBIOSData.Add('');
    SMBIOSData.Add('Installierte Cachegröße 2=');

    if IsBitOn(SMBIOSTable007.InstalledCacheSize2, 31) then
    begin
      WordValue := 64;
      Stringvalue := '64 KByte';
    end
    else
    begin
      WordValue := 1;
      Stringvalue := '1 KByte';
    end;
    SMBIOSData.Add('- Granularität=' +
      StringValue);

    CardinalValue := SMBIOSTable007.InstalledCacheSize2
                     and $FFFFFFFE;
    if CardinalValue = 0 then
      StringValue := 'unbekannt'
    else
    begin
      CardinalValue := CardinalValue * WordValue;
      StringValue := IntToStr(CardinalValue) + ' KByte';
    end;
    SMBIOSData.Add('- Installierte Größe=' +
      StringValue);
  end;
```

5.5.7 Anschlüsse

Für jeden Anschluss des Computers (innerhalb und außerhalb) wird eine SMBIOS-Tabelle mit dem Typ 8 (Anschluss) implementiert, die relativ wenige, aber dafür aussagekräftige Felder enthält. Ein mögliches Ergebnis könnte wie in Abb. 5.17 aussehen.

Wir beginnen mit der Abfrage des Tabellentyps *SMB_PORTCON*, führen das Record-Mapping durch, ermitteln die Stringposition und prüfen, ob die Stringliste bereits Einträge enthält, also das Feld *Count* größer als null ist. In diesem Fall gehen wir davon aus, dass die Schleife bereits mindestens einmal durchlaufen ist und bereits Daten einer potenziellen ersten Tabelle vorliegen. Wenn das der Fall ist, trennen wir die Darstellung durch eine Leerzeile, die wir in die Stringliste einfügen:

```
SMB_PORTCON : //Port Connector Information
 begin
```

Interne Referenz-Bezeichnung	Keyboard
Interner Anschlußtyp	PS/2
Externe Referenz-Bezeichnung	None
Externer Anschlußtyp	keiner
Schnittstellentyp	Tastatur-Schnittstelle
Interne Referenz-Bezeichnung	Mouse
Interner Anschlußtyp	PS/2
Externe Referenz-Bezeichnung	None
Externer Anschlußtyp	keiner
Schnittstellentyp	Maus-Schnittstelle
Interne Referenz-Bezeichnung	None
Interner Anschlußtyp	keiner
Externe Referenz-Bezeichnung	USB1
Externer Anschlußtyp	Zugriffsbus (USB)
Schnittstellentyp	USB
Interne Referenz-Bezeichnung	None
Interner Anschlußtyp	keiner
Externe Referenz-Bezeichnung	USB2
Externer Anschlußtyp	Zugriffsbus (USB)
Schnittstellentyp	USB
Interne Referenz-Bezeichnung	J9A1 - TPM/PORT 80
Interner Anschlußtyp	anderer
Externe Referenz-Bezeichnung	None
Externer Anschlußtyp	keiner
Schnittstellentyp	anderer
Interne Referenz-Bezeichnung	J8E1 - SPI Program
Interner Anschlußtyp	anderer
Externe Referenz-Bezeichnung	None
Externer Anschlußtyp	keiner
Schnittstellentyp	anderer

Abb. 5.17 Mögliche Details zum internen/externen Anschluss anhand des Tabellentyps 8

```
SMBIOSTable008 := @FData[FTables[TableCount].Offset];
StringPosition := FTables[TableCount].Offset +
                  FTables[TableCount].Header.Length;
```

```
if SMBIOSData.Count > 0 then
  SMBIOSData.Add('');
```

Wir beginnen mit dem String der interne Referenz-Bezeichnung:

```
SMBIOSData.Add('Interne Referenz-Bezeichnung=' +
  CheckIfEmptyString(ReadSMBIOSString(StringPosition,
  SMBIOSTable008.InternalReferenceDesignatorStr)));
```

Der interne Anschlusstyp wird als Byte-Feld implementiert und über unsere Listenfunktion *GetSMBIOS008_ConnectorType* ausgelesen:

```
SMBIOSData.Add('Interner Anschlußtyp=' +
  GetSMBIOS008_ConnectorType(
  SMBIOSTable008.InternalConnectorType));
```

Vergleichbar mit dem internen Anschluss existieren zwei Felder für die externe Anschlussmöglichkeit. Hierbei handelt es sich um den String der externen Referenz-Bezeichnung:

```
SMBIOSData.Add('Externe Referenz-Bezeichnung=' +
  CheckIfEmptyString(ReadSMBIOSString(StringPosition,
  SMBIOSTable008.ExternalReferenceDesignatorStr)));
```

Dann folgt der externe Anschlusstyp, den wir wieder mit unserer Listenfunktion *GetSMBIOS008_ConnectorType* ermitteln:

```
SMBIOSData.Add('Externer Anschlußtyp=' +
  GetSMBIOS008_ConnectorType(
    SMBIOSTable008.ExternalConnectorType));
```

Den Abschluss dieses Tabellentyps definiert der Schnittstellentyp, den wir mit unserer Listenfunktion *GetSMBIOS008_PortType* ermitteln:

```
SMBIOSData.Add('Schnittstellentyp=' +
  GetSMBIOS008_PortType(SMBIOSTable008.PortType));
```

5.5.8 Steckplätze

Über den Tabellentyp 9 (Steckplätze) werden verschiedene Details für vorhandene Steckplätze bzw. Slots abgebildet. Dieser Tabellentyp muss laut Spezifikation für jeden Steckplatz einmal vorkommen. Ein mögliches Ergebnis könnte wie in Abb. 5.18 aussehen.

Wir beginnen mit der Abfrage des Tabellentyps *SMB_SLOTS,* führen das Record-Mapping durch, ermitteln die Stringposition und prüfen, ob die Stringliste bereits Einträge enthält, also das Feld *Count* größer als null ist. In diesem Fall gehen wir davon aus, dass die Schleife bereits mindestens einmal durchlaufen ist und bereits Daten einer potenziellen ersten Tabelle vorliegen. Wenn das der Fall ist, trennen wir die Darstellung durch eine Leerzeile, die wir in die Stringliste einfügen:

```
SMB_SLOTS : //System Slots
  begin
    SMBIOSTable009 := @FData[FTables[TableCount].Offset];
    StringPosition := FTables[TableCount].Offset +
                      FTables[TableCount].Header.Length;

    if SMBIOSData.Count > 0 then
      SMBIOSData.Add('');
```

Steckplatz-Bezeichnung	PCI-Express 0
Steckplatz-Typ	PCI Express x16
Steckplatz-Datenbusbreite	16x oder x16
Aktuelle Benutzung	benutzt
Steckplatz-Länge	lange Länge
Steckplatz-ID	0000h
Steckplatz-Eigenschaften 1	
- bietet 3.3 Volt	
Steckplatz-Eigenschaften 2	
- PCI Steckplatz unterstützt Power Management...	
- Steckplatz unterstützt Hot-Plug Geräte	
- PCI Steckplatz unterstützt SMBus-Signal	
Segmentgruppennummer (Basis)	0000h
Bus:Gerät:Funktion (Basis)	0:28:0
Datenbusbreite (Basis)	0
Peer-Gruppenanzahl (Basis)	0
Weitere Steckplatz-Details	
Information	0
Physikalische Breite	0
Pitch	nicht vergeben / unbekannt

Abb. 5.18 Mögliche Details zum Steckplatz anhand des Tabellentyps 9

Wir beginnen die Auswertung mit dem String für die Steckplatz-Bezeichnung:

```
SMBIOSData.Add('Steckplatz-Bezeichnung=' +
  CheckIfEmptyString(ReadSMBIOSString(StringPosition,
  SMBIOSTable009.SlotDesignationStr)));
```

Die Details für den Steckplatz-Typ und die Steckplatz-Datenbusbreite werden jeweils in Byte-Feldern abgespeichert und über unsere Listenfunktionen *GetSMBIOS009_SlotType* und *GetSMBIOS009_SlotDataBusWidth* ermittelt:

```
SMBIOSData.Add('Steckplatz-Typ=' +
  GetSMBIOS009_SlotType(SMBIOSTable009.SlotType));

SMBIOSData.Add('Steckplatz-Datenbusbreite=' +
 GetSMBIOS009_SlotDataBusWidth(
  SMBIOSTable009.SlotDataBusWidth));
```

Für die aktuelle Benutzung und Steckplatz-Länge existieren nur relativ wenige Ergebnismöglichkeiten, sodass wir uns in diesem Fall gegen eine Listenfunktion, und für eine eigene Case-Abfrage der beiden Byte-Felder entscheiden. Das kann man – auch im Hinblick auf zukünftige Werte in neuen Versionen der Spezifikation – anders handhaben. Deswegen hatten wir bereits mehrfach besprochen, dass es vielfältige Auswertungsmöglichkeiten und Interpretationen für die Daten gibt:

```
case SMBIOSTable009.CurrentUsage of
  $01 : StringValue := 'andere';
  $02 : StringValue := 'unbekannt';
  $03 : StringValue := 'verfügbar';
  $04 : StringValue := 'benutzt';
  $05 : StringValue := 'nicht verfügbar';
  else  StringValue := 'unbekannter Typ (' +
                       IntToHex(SMBIOSTable009.
                                 CurrentUsage,2)+
                       'h)';
end;
SMBIOSData.Add('Aktuelle Benutzung=' +
  StringValue);

case SMBIOSTable009.SlotLength of
  $01 : StringValue := 'andere';
  $02 : StringValue := 'unbekannt';
  $03 : StringValue := 'kurze Länge';
  $04 : StringValue := 'lange Länge';
  $05 : StringValue := '2.5" Formfaktor für Laufwerke';
```

```
    $06 : StringValue := '3.5" Formfaktor für Laufwerke';
    else  StringValue := 'unbekannter Typ (' +
                         IntToHex(SMBIOSTable009.
                                  SlotLength,2)+
                         'h)';
  end;
  SMBIOSData.Add('Steckplatz-Länge=' +
    StringValue);
```

Die Steckplatz-ID bietet einen Mechanismus, um die physischen Attribute des Steckplatzes mit seiner logischen Zugriffsmethode zu korrelieren (die je nach dem Feld *Steckplatz-Typ* variiert). Das Feld für die Steckplatz-ID ist daher nur für bestimmte Steckplatz-Typen von Bedeutung. Dieses Word-Feld wird als hexadezimaler Wert ausgegeben:

```
SMBIOSData.Add('Steckplatz-ID=' +
  IntToHex(SMBIOSTable009.SlotID, 4) + 'h');
```

Über die Steckplatz-Eigenschaften 1 und 2 lassen sich verschiedene Bitfelder abfragen und darauf basierend die Eigenschaften des jeweiligen Steckplatzes anzeigen. Wichtig ist hierbei, dass das zweite Eigenschaften-Feld erst ab Version 2.1 der Spezifikation implementiert wurde. Für die Auswertungen kommen unsere beiden Hilfsfunktionen *IsBitOn* und *YesNo* zum Einsatz:

```
SMBIOSData.Add('');
SMBIOSData.Add('Steckplatz-Eigenschaften 1=');

if IsBitOn(SMBIOSTable009.SlotCharacteristics1, 0) then
  SMBIOSData.Add('- Eigenschaften unbekannt=');

if IsBitOn(SMBIOSTable009.SlotCharacteristics1, 1) then
  SMBIOSData.Add('- bietet 5.0 Volt=');

if IsBitOn(SMBIOSTable009.SlotCharacteristics1, 2) then
  SMBIOSData.Add('- bietet 3.3 Volt=');

if IsBitOn(SMBIOSTable009.SlotCharacteristics1, 3) then
SMBIOSData.Add('- Steckplatz-Öffnung wird mit anderem ' +
  'Steckplatz geteilt=');

if IsBitOn(SMBIOSTable009.SlotCharacteristics1, 4) then
  SMBIOSData.Add('- PC Card Steckplatz unterstützt ' +
  'PC Card-16=');
```

```
    if IsBitOn(SMBIOSTable009.SlotCharacteristics1, 5) then
      SMBIOSData.Add('- PC Card Steckplatz unterstützt Card-
                       Bus=');

    if IsBitOn(SMBIOSTable009.SlotCharacteristics1, 6) then
      SMBIOSData.Add('- PC Card Steckplatz unterstützt ' +
      'Zoom Video=');

    if IsBitOn(SMBIOSTable009.SlotCharacteristics1, 7) then
      SMBIOSData.Add('- PC Card Steckplatz unterstützt ' +
      'Modem Ring-Fortsetzung=');
```

Für das zweite Eigenschaften-Feld erfolgt direkt danach die Auswertung inklusive der Prüfung der Spezifikationsversion:

```
      if (FHeader.MajorVersion * 10 +
          FHeader.MinorVersion >= 21)
      then begin
        SMBIOSData.Add('');
        SMBIOSData.Add('Steckplatz-Eigenschaften 2=');

        if IsBitOn(SMBIOSTable009.SlotCharacteristics2, 0) then
          SMBIOSData.Add('- PCI Steckplatz unterstützt ' +
          'Power Management-Signal (PME)=');

        if IsBitOn(SMBIOSTable009.SlotCharacteristics2, 1) then
          SMBIOSData.Add('- Steckplatz unterstützt ' +
          'Hot-Plug Geräte=');

        if IsBitOn(SMBIOSTable009.SlotCharacteristics2, 2) then
          SMBIOSData.Add('- PCI Steckplatz unterstützt ' +
          'SMBus-Signal=');

        if IsBitOn(SMBIOSTable009.SlotCharacteristics2, 3) then
          SMBIOSData.Add('- PCIe Steckplatz unterstützt ' +
          'Bifurkation=');

        if IsBitOn(SMBIOSTable009.SlotCharacteristics2, 4) then
          SMBIOSData.Add('- Steckplatz unterstützt ' +
          'asynchrones/überraschendes Entfernen=');

        if IsBitOn(SMBIOSTable009.SlotCharacteristics2, 5) then
          SMBIOSData.Add('- Flexbus Steckplatz, CXL 1.0 fähig=');

      if IsBitOn(SMBIOSTable009.SlotCharacteristics2, 6) then
          SMBIOSData.Add('- Flexbus Steckplatz, CXL 2.0 fähig=');
    end;
```

Mit Version 2.6 der Spezifikation wurden Basisinformationen zur Segmentgruppennummer und Bus, Gerät sowie Funktion eingeführt, wobei diese Angaben vorrangig bei der Hierarchie eines PCI-Bussystems zum Einsatz kommen. Jedes PCI-basierte Gerät (wozu neben PCI auch PCI-X, PCI-Express und AGP gehören) wird über diese 3 Basiswerte auf dem Bus identifiziert.

Während die Segmentgruppennummer als einfaches Word-Feld in hexadezimaler Schreibweise ausgegeben wird, setzen wir die Bus-Daten in dezimaler Schreibweise manuell zusammen. Die Bus-Nummer wird als Byte-Wert abgebildet, und die Geräte- bzw. Funktionsnummer teilen sich ein Byte-Feld. Hierbei benutzt die Gerätenummer die Bits 7–3 und die Funktionsnummer die Bits 2–0:

```
if (FHeader.MajorVersion * 10 +
    FHeader.MinorVersion >= 26)

then begin
   SMBIOSData.Add('');

   SMBIOSData.Add('Segmentgruppennummer (Basis)=' +
     IntToHex(SMBIOSTable009.SegmentGroupNumber, 4) + 'h');

   SMBIOSData.Add('Bus:Gerät:Funktion (Basis)=' +
     IntToStr(SMBIOSTable009.BusNumber) + ':' +
     IntToStr(SMBIOSTable009.DeviceFunctionNumber shr 3) + ':' +
     IntToStr(SMBIOSTable009.DeviceFunctionNumber and 7));
end;
```

Ab Version 3.2 der Spezifikation wurde dann die Datenbusbreite eingeführt, die wir als dezimalen Wert ausgeben:

```
if (FHeader.MajorVersion * 10 +
    FHeader.MinorVersion >= 32)
then begin
  SMBIOSData.Add('Datenbusbreite (Basis)=' +
    IntToStr(SMBIOSTable009.DataBusWidth));
```

Ebenfalls ab dieser Version der Spezifikation wurden sog. *Peer Groups* eingeführt, wobei es sich jeweils um 5 Byte-Gruppen für Geräte handelt. Diese 5 Byte setzen sich zusammen aus der bereits weiter oben ermittelten Segmentgruppennummer (1 Word), der Busnummer (1 Byte), der Geräte- und Funktionsnummer (1 Byte) sowie der Breite (1 Byte). Hierbei handelt es sich um eine dynamische Datenstruktur innerhalb der Tabelle, die zwar relativ selten zu finden ist, aber mit dahinter folgenden statischen Tabellendaten eine gesonderte Tabellenauswertung nötig macht.

Das Byte-Feld der Peer-Gruppenzahl sagt aus, wie viele dieser dynamischen Strukturen innerhalb der Tabelle enthalten sind:

```
SMBIOSData.Add('Peer-Gruppenanzahl (Basis)=' +
  IntToStr(SMBIOSTable009.PeerGroupingCount));
```

Wir prüfen für die Auswertung daher zunächst, ob wenigstens eine Gruppe vorhanden ist, und ob die Tabelle eventuell fehlerhaft sein könnte. Dies erreichen wir, indem die Tabellenlänge gleich oder größer als das Startoffset plus die Anzahl der Gruppen multipliziert mit 5 Byte pro Gruppe sein muss (auch hier gilt wieder, dass Punktrechnung vor Strichrechnung geht). Wenn diese Bedingungen zutreffen, setzen wir die Länge des dynamischen Feldes *SMBIOSTable009_PeerGroups* und kopieren den Inhalt aller Gruppen aus den SMBIOS-Rohdaten *FData* in dieses Feld:

```
if (SMBIOSTable009.PeerGroupingCount > 0) and
   (FTables[TableCount].Header.Length >=
    $13 + SMBIOSTable009.PeerGroupingCount * 5) then
begin
  SetLength(SMBIOSTable009_PeerGroups,
            SMBIOSTable009.PeerGroupingCount);
  Move(FData[FTables[TableCount].Offset + $13],
       SMBIOSTable009_PeerGroups[0],
       SMBIOSTable009.PeerGroupingCount * 5);
```

Dann beginnen wir mit einer Auswertung der Gruppen, indem wir das soeben gesetzte und befüllte dynamische Feld iterieren, und aus diesem Feld wie bereits weiter oben angesprochen die Basiswerte – unterteilt in Segmentgruppennummer, Bus-, Geräte- und Funktionsnummern sowie die Breite – ausgeben:

```
try
  for Counter := 0 to SMBIOSTable009.
                      PeerGroupingCount - 1
  do begin
     SMBIOSData.Add('Peer-Gruppe ' +
     IntToStr(Counter + 1) + '=');

     SMBIOSTable009_PeerGroups[Counter].
     SegmentGroupNumber:=
        FData[FTables[TableCount].Offset + $13 +
        Cardinal(Counter) * SizeOf(TPeerGroup)];
     SMBIOSData.Add('- Segmentgruppennummer=' +
         IntToHex(SMBIOSTable009_PeerGroups[Counter].
         SegmentGroupNumber, 4) + 'h');
```

```
          SMBIOSTable009_PeerGroups[Counter].BusNumber :=
            FData[FTables[TableCount].Offset + $14 +
            Cardinal(Counter) * SizeOf(TPeerGroup)];
          SMBIOSTable009_PeerGroups[Counter].
          DeviceFunctionNumber :=
            FData[FTables[TableCount].Offset + $15 +
            Cardinal(Counter) * SizeOf(TPeerGroup)];
          SMBIOSData.Add('- Bus:Gerät:Funktion=' +
            IntToStr(SMBIOSTable009_PeerGroups[Counter].
            BusNumber) + ':' +
            IntToStr(SMBIOSTable009_PeerGroups[Counter].
            DeviceFunctionNumber shr 3) + ':' +
            IntToStr(SMBIOSTable009_PeerGroups[Counter].
            DeviceFunctionNumber and 7));

          SMBIOSTable009_PeerGroups[Counter].
          DataBusWidth :=
            FData[FTables[TableCount].Offset + $16 +
            Cardinal(Counter) * SizeOf(TPeerGroup)];
          SMBIOSData.Add('- Breite=' +
            IntToStr(SMBIOSTable009_PeerGroups[Counter].
            DataBusWidth));

          SMBIOSData.Add('');
        end;
      except
        SetLength(SMBIOSTable009_PeerGroups, 0);
      end;
    end;
  end;
```

Diese Auswertung wurde in einen try... except-Block verlagert, um im Fehlerfall der Auswertung das dynamische Feld wieder auf eine Ursprungslänge von 0 zurückzusetzen.

Nun kommt die Besonderheit dazu, dass nach diesem dynamischen Tabellenbereich weitere statische Tabellendaten folgen können, die als weitere Steckplatz-Details bezeichnet werden. Das bedeutet, dass wir an dieser Stelle nicht mit unserem Record-Mapping weiterkommen und stattdessen die Positionen manuell berechnen müssen.

Dieser statische Bereich wurde mit der Version 3.4 der Spezifikation eingeführt und wir berechnen die Position der Steckplatz-Information, indem wir das Tabellenoffset mit dem entsprechenden Offset addieren, und zu dieser Position die Multiplikation aus Größe einer Peer-Gruppe und Gesamtzahl der Peer-Gruppen addieren:

```
if (FHeader.MajorVersion * 10 +
    FHeader.MinorVersion >= 34)
then begin
   SMBIOSData.Add('');
```

```
SMBIOSData.Add('Weitere Steckplatz-Details=');
SMBIOSTable009.SlotInformation :=
  FData[FTables[TableCount].Offset + $14 +
  SizeOf(TPeerGroup) * SMBIOSTable009.PeerGroupingCount];
SMBIOSData.Add('Information=' +
  IntToStr(SMBIOSTable009.SlotInformation));
```

Weiter geht es mit der physikalischen Breite und dem Pitch, wobei letzterer bei einem Nullwert aussagt, dass kein Pitch vergeben wurde und das Ergebnis im Erfolgsfall durch 100 dividiert werden muss (Maßeinheit mm):

```
  SMBIOSTable009.SlotPhysicalWidth :=
    FData[FTables[TableCount].Offset + $15 +
    SizeOf(TPeerGroup) *
     SMBIOSTable009.PeerGroupingCount];
  SMBIOSData.Add('Physikalische Breite=' +
    IntToStr(SMBIOSTable009.SlotPhysicalWidth));

  SMBIOSTable009.SlotPitch :=
    FData[FTables[TableCount].Offset + $16 +
    SizeOf(TPeerGroup) * SMBIOSTable009.PeerGroupingCount];
  if SMBIOSTable009.SlotPitch = 0 then
    StringValue := 'nicht vergeben / unbekannt'
  else
    StringValue := FloatToStrF(SMBIOSTable009.
                     SlotPitch / 100,
                     ffNumber, 4, 3) + ' mm';
  SMBIOSData.Add('Pitch=' +
    StringValue);
end;
```

Den Abschluss dieses Tabellentyps bildet ab Version 3.5 der Spezifikation die Höhe des Steckplatzes. Hierfür wird wie im Block zuvor wieder die Position manuell berechnet und da das Byte-Feld nur relativ wenige Auswertungsmöglichkeiten umfasst, verzichten wir bewusst auf die Implementierung einer Listenfunktion, und werten die Ergebnisse mit einer Case-Abfrage aus:

```
if (FHeader.MajorVersion * 10 + FHeader.MinorVersion >= 35)
  then
  begin
```

```
        SMBIOSTable009.SlotHeight :=
      FData[FTables[TableCount].Offset + $18 +
      SizeOf(TPeerGroup) * SMBIOSTable009.PeerGroupingCount];
    case SMBIOSTable009.SlotHeight of
      00 : StringValue := 'nicht verfügbar';
      01 : StringValue := 'andere';
      02 : StringValue := 'unbekannt';
      03 : StringValue := 'vollständige Höhe';
      04 : StringValue := 'Niedrigprofil';
      else StringValue := 'unbekannte Höhe (' +
                   IntToHex(SMBIOSTable009.SlotHeight, 2)+
                        'h)';
    end;
    SMBIOSData.Add('Höhe=' +
      StringValue);
  end;
```

5.5.9 Speicher-Überblick

Für den Speicher-Überblick, der ursprünglich laut Spezifikation *Physikalisches Speicherfeld* heißt, beschreibt dieser Tabellentyp 16 eine Sammlung von Speichergeräten bzw. -Modulen, die zusammen einen Speicheradressraum bilden. Diese Struktur sollte daher mindestens einmal vorhanden sein, kann aber auch in seltenen Fällen mehrmals auftreten. Ein mögliches Ergebnis könnte wie in Abb. 5.19 aussehen.

Wir beginnen mit der Abfrage des Tabellentyps *SMB_PHYSMEM*, führen das Record-Mapping durch und da dieser Tabellentyp erst mit Version 2.1 der Spezifikation eingeführt wurde, prüfen wir direkt am Anfang die Version. Zusätzlich wird geprüft, ob bereits Einträge in den Ergebnissen vorhanden sind, also das Feld *Count* größer als null ist. In diesem Fall gehen wir davon aus, dass die Struktur bereits mindestens einmal ermittelt wurde und bereits Daten einer potenziellen ersten Tabelle vorliegen. Wenn das der Fall ist, trennen wir die Darstellung durch eine Leerzeile, die wir in die Stringliste einfügen:

Position	Systemplatine oder Hauptplatine
Benutzung	Systemspeicher
Speicherfehlerkorrektur	keine
Maximale Kapazität	64 GB
Speicherfehler-Informationsinstanz	nicht unterstützt
Anzahl Speichergeräte	2

Abb. 5.19 Mögliche Details zum gemeinsamen Speicheradressraum anhand des Tabellentyps 16

```
SMB_PHYSMEM : //Physical Memory Array
 begin
   SMBIOSTable016 := @FData[FTables[TableCount].Offset];

   if (FHeader.MajorVersion * 10 +
       FHeader.MinorVersion >= 21)
   then
   begin
     if SMBIOSData.Count > 0 then
     SMBIOSData.Add('');
```

Wir beginnen mit der Position, Benutzung und Speicherfehlerkorrektur, die wir anhand der Listenfunktionen *GetSMBIOS016_Location, GetSMBIOS016_Use* und *GetSMBIOS016_ErrorCorrectionTypes* bereits vorbereitet haben:

```
SMBIOSData.Add('Position=' +
  GetSMBIOS016_Location(SMBIOSTable016.Location));

SMBIOSData.Add('Benutzung=' +
  GetSMBIOS016_Use(SMBIOSTable016.Use));

SMBIOSData.Add('Speicherfehlerkorrektur=' +
 GetSMBIOS016_ErrorCorrectionTypes(
  SMBIOSTable016.MemoryErrorCorrection));
```

Die maximale Kapazität definiert, wie groß der maximale Speicherausbau im jeweiligen System sein darf. Dieser Wert wird normalerweise vom Chipsatz und Speicher-Kontroller vorgegeben, die architekturell nur eine maximale Kapazität adressieren können.

Vor der Ermittlung werden noch alternative Werte abgefragt, weil ein Nullwert eine unbekannte Kapazität bedeutet, sowie der Wert 80000000h aussagt, dass das erweiterte maximale Kapazitätsfeld verwendet werden soll. Hierbei ist wieder erkennbar, dass das aktuelle Kapazitätsfeld inzwischen nicht mehr ausreichend ist (DWord, Cardinal) und ein erweitertes Feld (QWord, UInt64) hinzugefügt wurde.

Die Größenangabe wird in KByte ausgelesen, und wir benutzen unsere Hilfsfunktion *GetCapacity*, die jedoch einen Byte-Wert voraussetzt. Wir multiplizieren das Ergebnis daher mit 1024, um diesen Wert zu berechnen und verwenden grundsätzlich die vorzeichenlose 64 Bit-Variable *Unsigned64BitValue,* um die Berechnung durchzuführen.

> **Wichtig**
> Ein Problem entsteht, wenn wir *GetCapacity* direkt mit *SMBIOSTable016.MaximumCapacity * 1024* aufrufen würden, ohne die vorzeichenlose 64 Bit-Variable als Zwischenpuffer zu verwenden. In diesem Fall würde *GetCapacity* ein Nullwert übergeben und kein Ergebnis berechnet werden.

Daher ist die temporäre Verwendung einer Zwischenvariable für die Berechnung zwingend erforderlich.

```
case SMBIOSTable016.MaximumCapacity of
  0         : StringValue := 'unbekannt';
  $80000000 : StringValue :=
         'siehe Feld "Erweiterte maximale Kapazität"';
  else
  Unsigned64BitValue := SMBIOSTable016.MaximumCapacity;
  StringValue := GetCapacity(Unsigned64BitValue * 1024);
end;
SMBIOSData.Add('Maximale Kapazität=' +
  StringValue);
```

Weiter geht es mit der Speicherfehler-Informationsinstanz, die ein Handle zum Tabellentyp 33 *(64 Bit Speicher-Fehler-Informationen)* darstellt, falls ein Speicherfehler gefunden wurde. Wenn das Word-Feld einen Nullwert enthält, wird diese Funktion nicht unterstützt, und der Wert FFFFh bedeutet, dass kein Fehler erkannt wurde. Alle anderen Werte repräsentieren das Handle der Tabelle vom Typ 33:

```
case SMBIOSTable016.MemoryErrorInformationHandle of
  $FFFE : StringValue := 'nicht unterstützt';
  $FFFF : StringValue := 'kein Fehler erkannt';
  else    StringValue := IntToHex(
       SMBIOSTable016.MemoryErrorInformationHandle, 4) +
          'h';
end;
SMBIOSData.Add('Speicherfehler-Informationsinstanz=' +
  StringValue);
```

Die Anzahl der Speichergeräte definieren die verfügbaren Steckplätze oder Sockel für Speichergeräte in diesem Speicherfeld, und werden daher als Dezimalwert ausgegeben:

```
    SMBIOSData.Add('Anzahl Speichergeräte=' +
      IntToStr(SMBIOSTable016.NumberOfMemoryDevices));
  end;
```

Das letzte Feld für diese Tabelle ist das Erweiterungsfeld der maximalen Kapazität, das als QWord (vorzeichenloser 64 Bit-Wert) implementiert wurde und nur dann gültig ist, wenn es sich mindestens um die Version 2.7 der Spezifikation handelt und das ursprüngliche Feld für die maximale Kapazität den Wert 80000000h enthält – damit wird signalisiert, dass dieses Feld nicht ausreicht und stattdessen das Erweiterungsfeld verwendet werden soll:

```
    if (FHeader.MajorVersion * 10 + FHeader.MinorVersion >= 27)
      then begin
    if SMBIOSTable016.MaximumCapacity = $80000000 then
      SMBIOSData.Add('Erweiterte maximale Kapazität=' +
        GetCapacity(SMBIOSTable016.
        ExtendedMaximumCapacity));
  end;
```

Im nächsten Kapitel besprechen wir die Auswertung der einzelnen Speichermodule, die ebenfalls ein Word-Feld enthalten, in dem das Handle des entsprechenden Speicherfeldes vom Tabellentyp 16 enthalten ist – somit ist eine direkte Zuordnung möglich.

5.5.10 Speicher-Modul(e)

Über den Tabellentyp 17 (Speichergerät) werden Speichermodule abgebildet, die zu einem Speicherfeld vom Tabellentyp 16 gehören. Je Speichermodul ist genau eine Tabelle vom Typ 17 vorgesehen und die maximalen Speichermodule in einem System werden durch die Menge an Tabellen vom Typ 17 definiert.

> **Beispiel**
> Angenommen in einem System existieren 6 Steckplätze für Arbeitsspeicher und 2 Steckplätze sind tatsächlich durch echte Speichermodule belegt.
>
> Das bedeutet, dass insgesamt 6 Tabellen vom Typ 17 existieren, auch wenn nur 2 Speichermodule vorhanden sind. Die nicht belegten 4 Steckplätze werden in den entsprechenden Tabellenfeldern als leer gekennzeichnet.
>
> Diese Art der Implementierung bietet eine einfache Art, um herauszufinden, wieviel Speichermodule maximal installierbar sind, und anhand der in Tabellentyp 16 auslesbaren (erweiterten) maximalen Kapazität hat man gleichzeitig viele Indikatoren für die Systemerweiterung und eine entsprechende Prüfung.
>
> Hinweis: die gleiche Vorgehensweise existiert bei den Prozessoren mit Tabellentyp 4.

Ein mögliches Ergebnis könnte wie in Abb. 5.20 aussehen.

Wir beginnen mit der Abfrage des Tabellentyps *SMB_MEMDEV,* führen das Record-Mapping durch, ermitteln die Stringposition und prüfen, ob mindestens die SMBIOS-Spezifikation in der Version 2.1 vorliegt – dieser Tabellentyp wurde mit dieser Version eingeführt. Ebenfalls wird geprüft, ob die Stringliste bereits Einträge enthält, also das Feld *Count* größer als null ist. In diesem Fall gehen wir davon aus, dass die Schleife bereits mindestens einmal durchlaufen ist und bereits Daten einer potenziellen ersten Tabelle vorliegen. Wenn das der Fall ist, trennen wir die Darstellung durch eine Leerzeile, die wir in die Stringliste einfügen:

Physikalischer Speicherfeldinstanz	1000h
Speicherfehler-Informationsinstanz	nicht unterstützt
Gesamtbreite	64 Bit
Datenbreite	64 Bit
Größe	
- Größe	8192 MByte
- Maßeineinheit	MByte
Formfaktor	SODIMM
Gerätesatz	nein
Geräteposition	DIMM 1
Bankposition	BANK 0
Speichertyp	DDR5
Typdetails	synchron
Geschwindigkeit	4800 MT/s
Hersteller	802C0000802C
Seriennummer	
Asset-Kennzeichnung	
Teilenummer	MTC4C10163S1SC48BA1
Attribute	
- Rang	1
Konfigurierte Speichergeschwindigkeit	4800 MT/s
Minimale Spannung	unbekannt
Maximale Spannung	unbekannt
Konfigurierte Spannung	1100 mVolt
Speicher-Technologie	DRAM
Speicher-Betriebsmodus-Fähigkeit	flüchtiger Speicher
Firmware-Version	(leer)
Modul-Hersteller-ID	2C80h
Modul-Produkt-ID	unbekannt
Speicheruntersystem Kontroller-Hersteller-ID	unbekannt
Speicheruntersystem Kontroller-Produkt-ID	unbekannt
Nicht-flüchtige Größe	nicht vorhanden
Flüchtige Größe	8 GB
Cache-Größe	nicht vorhanden
Logische Größe	nicht vorhanden

Abb. 5.20 Mögliche Speichermodul-Details anhand des Tabellentyps 17

```
SMB_MEMDEV : //Memory Device
  begin
    SMBIOSTable017 := @FData[FTables[TableCount].Offset];
    StringPosition := FTables[TableCount].Offset +
                      FTables[TableCount].Header.Length;
```

```
if (FHeader.MajorVersion * 10 + FHeader.MinorVersion >= 21)
then
begin
  if SMBIOSData.Count > 0 then
    SMBIOSData.Add('');
```

Die Zugehörigkeit des aktuellen Speichermoduls zu einem Speicherfeld des Tabellentyps 16 geschieht über die physikalischer Speicherfeldinstanz, wobei es sich um das Handle der dazugehörigen Tabelle handelt. Daher geben wir diese Informationen als hexadezimalen Wert direkt aus:

```
SMBIOSData.Add('Physikalischer Speicherfeldinstanz=' +
 IntToHex(SMBIOSTable017.PhysicalMemoryArrayHandle, 4) +
  'h');
```

Ebenfalls eine Zuordnung zu einer anderen Tabelle vom Typ 33 (*64-Bit Memory Error Information*, zu Deutsch 64 Bit-Speicherfehlerinformation) wurde geschaffen, indem das dazugehörige Tabellenhandle als Speicherfehler-Informationsinstanz eingetragen wird. Während ein Nullwert bedeutet, dass diese Information nicht unterstützt wird, bedeutet der Wert FFFFh, dass kein Fehler gefunden wurde. Für alle anderen Zustände dieses Word-Feldes gilt, dass es sich um das Handle der Tabelle 33 handelt:

```
case SMBIOSTable017.MemoryErrorInformationHandle of
  $FFFE : StringValue := 'nicht unterstützt';
  $FFFF : StringValue := 'kein Fehler erkannt';
  else    StringValue := IntToHex(
       SMBIOSTable017.MemoryErrorInformationHandle, 4) +
         'h';
end;
SMBIOSData.Add('Speicherfehler-Informationsinstanz=' +
  StringValue);
```

Weiter geht es mit der Breite des Speichermoduls, und zwar jeweils mit der Gesamtbreite und Datenbreite, die jeweils in Word-Felder als Bit-Einheit gespeichert werden. Anhand der Werte FFFFh lässt sich erkennen, ob diese Information korrekt gespeichert wurde:

```
if SMBIOSTable017.TotalWidth = $FFFF then
  StringValue := 'unbekannt'
else
  StringValue := IntToStr(SMBIOSTable017.
                          TotalWidth) +' Bit';
SMBIOSData.Add('Gesamtbreite=' +
   StringValue);
```

```
if SMBIOSTable017.DataWidth = $FFFF then
  StringValue := 'unbekannt'
else
  StringValue := IntToStr(SMBIOSTable017.
  DataWidth) + ' Bit';
SMBIOSData.Add('Datenbreite=' +
  StringValue);
```

Die Größe des Speichermoduls gehört mitunter zu den wichtigsten Details, die hier mit einem Word-Feld ermittelt werden. Zuvor gilt es noch bestimmte Werte zu prüfen, etwa den Nullwert (kein Speichergerät im Sockel installiert), den Wert 7FFFh (die korrekte Größe befindet sich im erweiterten Größenfeld) und den Wert FFFFh (keine Information verfügbar).

Bit 15 definiert die Granularität, und im gesetzten Zustand reden wir von KByte, ansonsten von MByte. Wenn man Bit 15 bei der Größenangabe außen vorlässt, können über dieses Word-Feld maximal knapp (nicht ganz) 32 GByte abgebildet werden – ab Größen von 32 GByte muss daher zwangsweise das Feld der erweiterten Kapazität verwendet werden:

```
SMBIOSData.Add('Größe=');
case SMBIOSTable017.Size of
   $0000 : StringValue := 'kein Speichergerät im Sockel ' +
                          'installiert';
   $7FFF : StringValue := 'siehe Feld "Erweiterte Größe"';
   $FFFF : StringValue := 'unbekannt';
  else
    StringValue := IntToStr(SMBIOSTable017.Size);
    if IsBitOn(SMBIOSTable017.Size, 15) then
       StringValue := StringValue + ' KByte'
    else
      StringValue := StringValue + ' MByte';
end;
SMBIOSData.Add('- Größe=' +
  StringValue);

if IsBitOn(SMBIOSTable017.Size, 15) then
  StringValue := 'KByte'
else
  StringValue := 'MByte';
SMBIOSData.Add('- Maßeineinheit=' +
  StringValue);
```

Den Formfaktor ermitteln wir über unsere Listenfunktion *GetSMBIOS017_FormFactor*:

```
SMBIOSData.Add('Formfaktor=' +
  GetSMBIOS017_FormFactor(SMBIOSTable017.FormFactor));
```

Über das Feld *Device Set* wird identifiziert, ob das Speichermodul zu einer Gruppe von Speichermodulen gehört, die mit allen Geräten desselben Typs und derselben Größe bestückt werden müssen, und zu welchem Satz dieses Gerät gehört. Zuvor werden noch bestimmte Werte gefiltert, etwa der Nullwert (kein Gerätesatz), der Wert FFh (keine Information hinterlegt) sowie alle anderen Werte, die dann die Gerätesatz-Nummer repräsentieren und von uns in hexadezimaler Schreibweise angezeigt werden:

```
case SMBIOSTable017.DeviceSet of
  $00 : StringValue := 'nein';
  $FF : StringValue := 'unbekannt';
  else  StringValue := 'ja, Gerätesatz-Nummer ' +
        IntToHex(SMBIOSTable017.DeviceSet, 2) + 'h';
end;
SMBIOSData.Add('Gerätesatz=' +
  StringValue);
```

Wir fahren mit zwei Strings fort, die Auskunft über die Geräteposition und Bankposition geben:

```
SMBIOSData.Add('Geräteposition=' +
  CheckIfEmptyString(ReadSMBIOSString(StringPosition,
  SMBIOSTable017.DeviceLocatorStr)));

SMBIOSData.Add('Bankposition=' +
  CheckIfEmptyString(ReadSMBIOSString(StringPosition,
  SMBIOSTable017.BankLocatorStr)));
```

Weiter geht es mit dem Speichertyp und den Typdetails, die wir mit unseren Listenfunktionen *GetSMBIOS017_MemoryType* und *GetSMBIOS017_TypeDetail* bereits implementiert haben. Letztere Funktion erlaubt hierbei mehrere Zustände, weil darüber mehrere Eigenschaften (etwa gepuffert/ungepuffert, synchron usw.) abgebildet werden:

```
    SMBIOSData.Add('Speichertyp=' +
      GetSMBIOS017_MemoryType(SMBIOSTable017.MemoryType));

    SMBIOSData.Add('Typdetails=' +
      GetSMBIOS017_TypeDetail(SMBIOSTable017.TypeDetail));
end;
```

Wir fahren mit den Feldern fort, die ab Version 2.3 der Spezifikation eingeführt wurden und vorrangig Strings sind. Begonnen wird mit der Geschwindigkeit des Speichermoduls, die in der Maßeinheit Megatransfers pro Sekunde (MT/s) angegeben wird. Ein Nullwert bedeutet, dass die Geschwindigkeit unbekannt ist.

Ebenfalls implementieren wir die Strings für Hersteller, Seriennummer, Asset-Kennzeichnung und Teilenummer, die je nach Hersteller unterschiedlich zuverlässig vorhanden und plausibel sind:

```
if (FHeader.MajorVersion * 10 +
    FHeader.MinorVersion >= 23)
then begin
  if SMBIOSTable017.Speed = 0 then
    StringValue := 'unbekannt'
  else
    StringValue := IntToStr(SMBIOSTable017.
                                Speed) + ' MT/s';
  SMBIOSData.Add('Geschwindigkeit=' +
    StringValue);

  SMBIOSData.Add('Hersteller=' +
    CheckIfEmptyString(ReadSMBIOSString(StringPosition,
    SMBIOSTable017.ManufacturerStr)));

  SMBIOSData.Add('Seriennummer=' +
    CheckIfEmptyString(ReadSMBIOSString(StringPosition,
    SMBIOSTable017.SerialNumberStr)));

  SMBIOSData.Add('Asset-Kennzeichnung=' +
    CheckIfEmptyString(ReadSMBIOSString(StringPosition,
    SMBIOSTable017.AssetTagStr)));

  SMBIOSData.Add('Teilenummer=' +
    CheckIfEmptyString(ReadSMBIOSString(StringPosition,
    SMBIOSTable017.PartNumberStr)));
end;
```

Ab Version 2.6 der Spezifikation wurde das Attribut-Feld hinzugefügt, das in den Bits 3–0 den Rang darstellt. Ein Nullwert bedeutet, dass keine Ranginformation vorhanden ist:

```
if (FHeader.MajorVersion * 10 +
    FHeader.MinorVersion >= 26)
then
```

```
begin
  SMBIOSData.Add('');
  SMBIOSData.Add('Attribute=');

  if (SMBIOSTable017.Attributes and 15) = 0 then
    StringValue := 'unbekannt'
  else
    StringValue := IntToStr(SMBIOSTable017.
                            Attributes and 15);
  SMBIOSData.Add('- Rang=' +
    StringValue);
end;
```

Ab Version 2.7 der Spezifikation ist die Größenermittlung über das erweiterte Größenfeld möglich, weil man bei Speichermodulen ab 32 GByte aufgrund der architekturellen Beschränkung des bisherigen Feldes an seine Grenzen kommt.

Die Größe wird über die Bits 30–0 ermittelt, und enthält einen Wert in der Maßeinheit MByte. Wir benutzen wie in Abschn. 5.5.9 eine temporäre Cardinal-Variable und lesen die Bits 30–0 aus. Diese Vorgehensweise ist notwendig, damit in *GetCapacity* wiederum korrekte Werte übergeben werden.

Zusätzlich ermitteln wir die konfigurierte Speichergeschwindigkeit in MT/s, wobei Nullwerte eine ungültige Geschwindigkeit darstellen:

```
if (FHeader.MajorVersion * 10 +
    FHeader.MinorVersion >= 27)
then begin

  if SMBIOSTable017.Size = $7FFF then
  begin

    CardinalValue := SMBIOSTable017.
                     ExtendedSize and $7FFFFFFF;
    StringValue := GetCapacity(CardinalValue
                        * 1024 * 1024);
    SMBIOSData.Add('Erweiterte Größe=' +
      StringValue);
end;

if SMBIOSTable017.ConfiguredMemorySpeed = 0 then
  StringValue := 'unbekannt'
else
  StringValue :=
  IntToStr(SMBIOSTable017.
           ConfiguredMemorySpeed) + ' MT/s';
  SMBIOSData.Add('Konfigurierte
                 Speichergeschwindigkeit=' +
                 StringValue);
end;
```

Ab der Version 2.8 der Spezifikation wurden 3 Spannungsfelder implementiert, die als Word-Felder vorliegen und die minimale Spannung, maximale Spannung und konfigurierte Spannung beschreiben. Die Werte liegen in der Maßeinheit mVolt vor und Nullwerte bedeuten, dass kein gültiger Wert auslesbar ist:

```
if (FHeader.MajorVersion * 10 +
    FHeader.MinorVersion >= 28)
then begin
  if SMBIOSTable017.MinimumVoltage = 0 then
    StringValue := 'unbekannt'
  else
    StringValue := IntToStr(SMBIOSTable017.
                            MinimumVoltage) +
                   ' mVolt';
  SMBIOSData.Add('Minimale Spannung=' +
    StringValue);

  IF SMBIOSTable017.MaximumVoltage = 0 then
    StringValue := 'unbekannt'
  else
    StringValue := IntToStr(SMBIOSTable017.
                            MaximumVoltage) +
                   ' mVolt';
  SMBIOSData.Add('Maximale Spannung=' +
    StringValue);

  IF SMBIOSTable017.ConfiguredVoltage = 0 then
    StringValue := 'unbekannt'
  else
    StringValue := IntToStr(SMBIOSTable017.
                   ConfiguredVoltage) +
                   ' mVolt';
  SMBIOSData.Add('Konfigurierte Spannung=' +
    StringValue);
end;
```

In weiteren Schritten arbeiten wir uns zu den Feldern ab der Version 3.2 der Spezifikation vor. Dazu zählt die Speicher-Technologie (Listenfunktion *GetSMBIOS017_MemoryTechnology*), Speicher-Betriebsmodus-Fähigkeit (Listenfunktion *GetSMBIOS017_MemoryOperatingModeCapability*) sowie der String für die Firmware-Version:

```
if (FHeader.MajorVersion * 10 +
    FHeader.MinorVersion >= 32)
then begin
  SMBIOSData.Add('Speicher-Technologie=' +
```

```
    GetSMBIOS017_MemoryTechnology(
    SMBIOSTable017.MemoryTechnology));

  SMBIOSData.Add('Speicher-Betriebsmodus-Fähigkeit=' +
    GetSMBIOS017_MemoryOperatingModeCapability(
    SMBIOSTable017.MemoryOperatingModeCapability));

  SMBIOSData.Add('Firmware-Version=' +
    CheckIfEmptyString(ReadSMBIOSString(StringPosition,
    SMBIOSTable017.FirmwareVersionStr)));
```

Entsprechende Speichermodule verfügen über Kennungen oder IDs, die eine genauere Identifizierung ermöglichen. Dazu gehören die Hersteller-ID, Produkt-ID, Speicheruntersystem Kontroller-Hersteller-ID und Speicheruntersystem Kontroller-Produkt-ID. Diese IDs ermitteln wir und zeigen die Ergebnisse in hexadezimaler Schreibweise an (Nullwerte sagen aus, dass keine ID eingetragen ist):

```
if SMBIOSTable017.ModuleManufacturerID = 0 then
  StringValue := 'unbekannt'
else
  StringValue := IntToHex(SMBIOSTable017.
                             ModuleManufacturerID, 4) +
                   'h';
SMBIOSData.Add('Modul-Hersteller-ID=' +
  StringValue);

if SMBIOSTable017.ModuleProductID = 0 then
  StringValue := 'unbekannt'
else
  StringValue := IntToHex(SMBIOSTable017.
                             ModuleProductID, 4)+
                   'h';
SMBIOSData.Add('Modul-Produkt-ID=' +
  StringValue);

if SMBIOSTable017.
             MemorySubsystemControllerManufacturerID = 0
then
  StringValue := 'unbekannt'
else
  StringValue := IntToHex(
                   SMBIOSTable017.
                  MemorySubsystemControllerManufacturerID,
                   4)+ 'h';
SMBIOSData.Add('Speicheruntersystem
```

```
                    Kontroller-'+
                     'Hersteller-ID=' +
        StringValue);

      if SMBIOSTable017.
      MemorySubsystemControllerProductID = 0 then
        StringValue := 'unbekannt'
      else
        StringValue := IntToHex(SMBIOSTable017.
                      MemorySubsystemControllerProductID,
                       4)+'h';
      SMBIOSData.Add('Speicheruntersystem' +
                     'Kontroller-Produkt-ID=' +
        StringValue);
```

Die nicht-flüchtige Größe definiert einen Bereich, der auch nach dem Abschalten des Stroms erhalten bleibt, und dieses Feld wurde als QWord (also vorzeichenloser 64 Bit-Wert) implementiert, der die Bytes enthält. Ein Nullwert bedeutet, dass kein nicht-flüchtiger Bereich existiert und der Wert FFFFFFFFFFFFFFFFh sagt aus, dass die Größe unbekannt ist:

```
if SMBIOSTable017.NonVolatileSize = 0 then
  StringValue := 'nicht vorhanden' else
if SMBIOSTable017.NonVolatileSize =
   $FFFFFFFFFFFFFFFF  then
  StringValue := 'unbekannt' else
begin
  Unsigned64BitValue := SMBIOSTable017.NonVolatileSize;
  StringValue := GetCapacity(Unsigned64BitValue);
end;
SMBIOSData.Add('Nicht-flüchtige Größe=' +
  StringValue);
```

Auf identische Art und Weise geht es weiter mit der flüchtigen Größe:

```
if SMBIOSTable017.VolatileSize = 0 then
  StringValue := 'nicht vorhanden' else
if SMBIOSTable017.VolatileSize = $FFFFFFFFFFFFFFFF then
  StringValue := 'unbekannt' else
begin
  Unsigned64BitValue := SMBIOSTable017.VolatileSize;
  StringValue := GetCapacity(Unsigned64BitValue);
end;
SMBIOSData.Add('Flüchtige Größe=' +
  StringValue);
```

Weiter geht es mit der Cache-Größe und logischen Größe:

```
    if SMBIOSTable017.CacheSize = 0 then
      StringValue := 'nicht vorhanden' else
    if SMBIOSTable017.CacheSize = $FFFFFFFFFFFFFFFF then
      StringValue := 'unbekannt' else
    begin
      Unsigned64BitValue := SMBIOSTable017.CacheSize;
      StringValue := GetCapacity(Unsigned64BitValue);
    end;
    SMBIOSData.Add('Cache-Größe=' +
      StringValue);

    if SMBIOSTable017.LogicalSize = 0 then
      StringValue := 'nicht vorhanden' else
    if SMBIOSTable017.LogicalSize = $FFFFFFFFFFFFFFFF then
      StringValue := 'unbekannt' else
    begin
      Unsigned64BitValue := SMBIOSTable017.LogicalSize;
      StringValue := GetCapacity(Unsigned64BitValue);
    end;
    SMBIOSData.Add('Logische Größe=' +
      StringValue);
  end;
```

Wir nähern uns langsam dem Abschluss dieses Tabellentyps und stellen die Felder für die erweiterte Geschwindigkeit und die erweiterte konfigurierte Speichergeschwindigkeit dar, die ab Version 3.3 der Spezifikation implementiert wurden. Beide Word-Felder sind nur dann gültig, wenn die bisherigen Felder für Geschwindigkeit und konfigurierte Geschwindigkeit einen Wert von FFFFh enthalten, und dürfen zudem keine Nullwerte enthalten. Die Maßeinheit der Geschwindigkeit wird in Megatransfer pro Sekunde (MT/s) angegeben:

```
    if (FHeader.MajorVersion * 10 +
        FHeader.MinorVersion >= 33)
    then
    begin
      if SMBIOSTable017.Speed = $FFFF then
      begin
        if SMBIOSTable017.ExtendedSpeed = 0 then
          StringValue := 'unbekannt'
        else
          StringValue := IntToStr(
                         SMBIOSTable017.ExtendedSpeed
                         and $7FFFFFFF) +
```

```
                             ' MT/s';
    SMBIOSData.Add('Erweiterte Geschwindigkeit=' +
      StringValue);
  end;
  if SMBIOSTable017.ConfiguredMemorySpeed = $FFFF then
  begin
    if SMBIOSTable017.
    ExtendedConfiguredMemorySpeed = 0 then
      StringValue := 'unbekannt'
    else
      StringValue := IntToStr(SMBIOSTable017.
                        ExtendedConfiguredMemorySpeed
                        and  $7FFFFFFF) +
                 ' MT/s';
    SMBIOSData.Add('Erweiterte konfigurierte ' +
                   'Speichergeschwindigkeit=' +
      StringValue);
  end;
end;
```

Abgeschlossen wird diese Tabelle mit verschiedenen Herstellerkennungen und Revisionen, die als Word-Felder vorliegen und hexadezimal Codesektion mit der identischen Einrückung wie darüber befindlichen Codesektionen:

```
if (FHeader.MajorVersion*10+
    FHeader.MinorVersion >=37) then
begin
   SMBIOSData.Add('PMIC0-Herstellerkennung='+
    IntToHex(SMBIOSTable017.
             PMIC0ManufacturerID, 4) +'h');

   SMBIOSData.Add('PMIC0-Revision='+
    IntToHex(SMBIOSTable017.
             PMIC0RevisionNumber, 4) +'h');

   SMBIOSData.Add('RCD-HHerstellerkennung='+
    IntToHex(SMBIOSTable017.
             RCDManufactureID, 4)+ 'h');

   SMBIOSData.Add('RCD-Revision='+
    IntToHex(SMBIOSTable017.
             RCDRevisionNumber, 4) + 'h');
end;
```

5.5.11 Spannungssensor(en)

Über den Tabellentyp 26 (Spannungssensor) werden Spannungen bestimmter Komponenten oder Bauteile abgebildet, die zwar zur Thematik der Sensorik zählen, aber anders als der Name vermutet, keine dynamischen, sondern statische Werte enthalten – daher können Schwankungen der Spannungen mit SMBIOS grundsätzlich nicht abgebildet werden. Ein mögliches Ergebnis könnte wie in Abb. 5.21 aussehen.

Wir beginnen mit der Abfrage des Tabellentyps *SMB_VOLTAGE,* führen das Record-Mapping durch, ermitteln die Stringposition und prüfen, ob mindestens die SMBIOS-Spezifikation in der Version 2.2 vorliegt – dieser Tabellentyp wurde mit dieser Version eingeführt. Ebenfalls wird geprüft, ob die Stringliste bereits Einträge enthält, also das Feld *Count* größer als null ist. In diesem Fall gehen wir davon aus, dass die Schleife bereits mindestens einmal durchlaufen ist und bereits Daten einer potenziellen ersten Tabelle vorliegen. Wenn das der Fall ist, trennen wir die Darstellung durch eine Leerzeile, die wir in die Stringliste einfügen:

```
SMB_VOLTAGE : //Voltage Probe
  begin
    SMBIOSTable026 := @FData[FTables[TableCount].Offset];
    StringPosition := FTables[TableCount].Offset +
                          FTables[TableCount].Header.Length;

    if (FHeader.MajorVersion * 10 +
        FHeader.MinorVersion >= 22)
    then begin
      if SMBIOSData.Count > 0 then
        SMBIOSData.Add('');
```

Beschreibung	LM78A
Position und Status	
- Position	Hauptplatine
- Status	OK
Maximalwert	unbekannt
Minimalwert	unbekannt
Auflösung	unbekannt
Toleranz	unbekannt
Genauigkeit	unbekannt
OEM-spezifisch	00000000h
Nominalwert	unbekannt

Abb. 5.21 Mögliche Spannungsdaten anhand des Tabellentyps 26

Wir beginnen mit dem String der Sensor-Beschreibung:

```
SMBIOSData.Add('Beschreibung=' +
  CheckIfEmptyString(ReadSMBIOSString(StringPosition,
  SMBIOSTable026.DescriptionStr)));
```

Die Position und der Status werden über ein gemeinsam genutztes Byte-Feld abgebildet, wobei die Position über die Bits 4–0 und der Status über die Bits 7–5 erkannt werden. Wir verwenden unsere Listenfunktionen *GetSMBIOS026_Location* und *GetSMBIOS026_Status,* müssen aber das Byte-Feld entsprechend kürzen, um auch wirklich nur die relevanten Bits als Parameter zu übergeben:

```
SMBIOSData.Add('');
SMBIOSData.Add('Position und Status=');

SMBIOSData.Add('- Position=' +
  GetSMBIOS026_Location(SMBIOSTable026.LocationAndStatus and
  31));

SMBIOSData.Add('- Status=' +
   GetSMBIOS026_Status((SMBIOSTable026.LocationAndStatus shr
    5) and 7));
```

Weiter geht es mit den Werten für Minimalwert, Maximalwert, Auflösung und Toleranz, wobei erstere 3 in der Maßeinheit mVolt angegeben werden und die Toleranz in ± mVolt. Für alle Word-Felder gilt, dass der Wert 8000h aussagt, dass kein Wert ermittelbar ist. Die Auflösung muss zusätzlich mit dem Faktor 10 multipliziert werden:

```
if SMBIOSTable026.MaximumValue = $8000 then
  StringValue := 'unbekannt'
else
  StringValue := IntToStr(SMBIOSTable026.
                  MaximumValue) +
                 ' mVolt';
SMBIOSData.Add('Maximalwert=' +
  StringValue);

if SMBIOSTable026. MinimumValue = $8000 then
  StringValue := 'unbekannt'
else
  StringValue := IntToStr(SMBIOSTable026.MinimumValue) +
                 ' mVolt';
```

```
SMBIOSData.Add('Minimalwert=' +
  StringValue);

if SMBIOSTable026.Resolution = $8000 then
  StringValue := 'unbekannt'
else
  StringValue := IntToStr(SMBIOSTable026.
                          Accuracy * 100) +
                 ' +/-Prozent';
SMBIOSData.Add ('Genauigkeit=' +
  StringValue);

if SMBIOSTable026.Tolerance = $8000 then
  StringValue := 'unbekannt'
else
  StringValue := IntToStr(SMBIOSTable026.Tolerance) +
                 ' +/- mVolt';
SMBIOSData.Add('Toleranz=' +
  StringValue);
```

Die Angabe der Genauigkeit erfolgt in Prozent und muss daher mit dem Faktor 100 multipliziert werden und die Maßeinheit wird dann in ± Prozent ausgegeben:

```
if SMBIOSTable026.Accuracy = $8000 then
  StringValue := 'unbekannt'
else
  StringValue := IntToStr(SMBIOSTable026.
                  Accuracy * 100) +
                 ' +/- Prozent';
SMBIOSData.Add('Genauigkeit=' +
  StringValue);
```

Es folgt noch ein OEM-spezifischer DWord-Wert (Cardinal), den wir in hexadezimaler Schreibweise ausgeben und der Nominalwert. Letzterer soll laut Spezifikation den tatsächlichen Wert darstellen, der jedoch eine Momentaufnahme des Systemstarts ist – weil das BIOS diesen Wert (wenn vorhanden) während des POST (Power-On Self Test) festlegt:

```
SMBIOSData.Add('OEM-spezifisch=' +
  IntToHex(SMBIOSTable026.OEMDefined, 8) + 'h');

if SMBIOSTable026.NominalValue = $8000 then
  StringValue := 'unbekannt'
```

```
else
 StringValue := IntToStr(SMBIOSTable026.NominalValue) +
                ' mVolt';
SMBIOSData.Add('Nominalwert=' +
  StringValue);
```

5.5.12 Kühlungssensor(en)

Als Kühlungssensoren über den Tabellentyp 27 werden Lüfter bezeichnet, die mit rotierenden Bauteilen arbeiten, um eine Kühlung zu erreichen. Auch hier gilt, dass dieser Bereich zur Sensorik zählt, aber statische Werte enthält. Ein mögliches Ergebnis könnte wie in Abb. 5.22 aussehen.

Wir beginnen mit der Abfrage des Tabellentyps *SMB_COOL,* führen das Record-Mapping durch, ermitteln die Stringposition und prüfen, ob mindestens die SMBIOS-Spezifikation in der Version 2.2 vorliegt – dieser Tabellentyp wurde mit dieser Version eingeführt. Ebenfalls wird geprüft, ob bereits Einträge in der Stringliste vorliegen, dieser Sensor also bereits ausgewertet wurde – dann wird eine Leerzeile eingefügt, um die Sensoren voneinander zu trennen:

```
SMB_COOL : //Cooling Device
  begin
    SMBIOSTable027 := @FData[FTables[TableCount].Offset];
    StringPosition := FTables[TableCount].Offset +
                      FTables[TableCount].Header.Length;

    if (FHeader.MajorVersion * 10 +
        FHeader.MinorVersion >= 22)
    then begin
      if SMBIOSData.Count > 0 then
        SMBIOSData.Add('');
```

Temperatur-Sensorinstanz	kein Sensor verfügbar
Gerätetyp und Status	
- Gerätetyp	Lüfter
- Status	OK
Gruppe der Kühlungseinheit	0
OEM-spezifisch	0000DD00h
Nominalgeschwindigkeit	5700 UPM (Umdrehungen pro Minute)
Beschreibung	Processor Fan

Abb. 5.22 Mögliche Kühlungsdaten anhand des Tabellentyps 27

Begonnen wird mit der Temperatur-Sensorinstanz, wobei es sich um ein Handle oder eine Instanznummer des Temperaturfühlers handelt, er dieses Kühlgerät überwacht. Wenn kein Sensor verfügbar oder zugewiesen ist, lautet der Wert FFFFh:

```
if SMBIOSTable027.TemperatureProbeHandle = $FFFF then
  StringValue := 'kein Sensor verfügbar'
else
  StringValue :=
    IntToHex(SMBIOSTable027.
             TemperatureProbeHandle, 4) + 'h';
SMBIOSData.Add('Temperatur-Sensorinstanz=' +
  StringValue);
```

Der Gerätetyp und der Status werden auch hier wieder über ein gemeinsames Byte abgebildet, wobei der Gerätetyp über die Bits 5–0 und der Status über die Bits 7–5 ermittelt werden. Hierfür kommen unsere Listenfunktionen *GetSMBIOS027_DeviceType* und *GetSMBIOS027_Status* zum Einsatz:

```
SMBIOSData.Add('');
SMBIOSData.Add('Gerätetyp und Status=');

SMBIOSData.Add('- Gerätetyp=' +
  GetSMBIOS027_DeviceType(
  SMBIOSTable027.DeviceTypeAndStatus
  and 31));

SMBIOSData.Add('- Status=' +
  GetSMBIOS027_Status(
  (SMBIOSTable027.DeviceTypeAndStatus shr 5) and 7));
```

Weiter geht es mit dem Byte-Wert für die Gruppe der Kühleinheit, zu der dieses Kühlgerät zugeordnet ist. Wenn sich mehrere Kühlgeräte in derselben Kühleinheit befinden, wird damit impliziert, dass eine redundante Konfiguration existiert. Ein Nullwert bedeutet, dass das Kühlgerät nicht Mitglied einer redundanten Kühleinheit ist und Werte ungleich null bedeuten, dass Redundanz vorhanden ist und dass mindestens ein weiteres Kühlgerät mit demselben Wert aufgezählt wird:

```
SMBIOSData.Add('Gruppe der Kühlungseinheit=' +
  IntToStr(SMBIOSTable027.CoolingUnitGroup));
```

Für OEM-spezifische Daten existiert ein DWord-Feld, welches wir in hexadezimaler Schreibweise ausgeben:

```
    SMBIOSData.Add('OEM-spezifisch=' +
      IntToHex(SMBIOSTable027.OEMDefined, 8) + 'h');
```

Abgeschlossen wird dieser Tabellentyp durch die Nominalgeschwindigkeit, die in Umdrehungen pro Minute (UPM) angegeben wird. Ein Wert von 8000h bedeutet, dass keine Geschwindigkeit auslesbar ist:

```
if SMBIOSTable027.NominalSpeed = $8000 then
  StringValue := 'unbekannt'
else
  StringValue := IntToStr(SMBIOSTable027.NominalSpeed) +
                 ' UPM (Umdrehungen pro Minute)';
SMBIOSData.Add('Nominalgeschwindigkeit=' +
  StringValue);
```

5.5.13 Temperatursensor(en)

Weiter geht es mit Temperatursensoren, die sich häufig direkt am oder im Prozessor befinden oder auf der Hauptplatine bzw. anderen Komponenten. Der Tabellentyp 28 bildet diese Temperatursensoren ab und wurde genau wie die anderen Sensor-Tabellen ab Version 2.2 der Spezifikation hinzugefügt. Ein mögliches Ergebnis könnte wie in Abb. 5.23 aussehen.

Wir beginnen mit der Abfrage des Tabellentyps *SMB_TEMP*, führen das Record-Mapping durch, ermitteln die Stringposition und prüfen, ob mindestens die SMBIOS-Spezifikation in der Version 2.2 vorliegt. Ebenfalls wird geprüft, ob bereits Einträge in der Stringliste vorliegen, dieser Sensor also bereits ausgewertet wurde – dann wird eine Leerzeile eingefügt, um die Sensoren voneinander zu trennen:

Beschreibung	CPU
Position und Status	
- Position	Prozessormodul
- Status	OK
Maximalwert	0 Grad C
Minimalwert	0 Grad C
Auflösung	0 Grad C
Toleranz	0 +/- Grad C
Genauigkeit	0 +/- Prozent
OEM-spezifisch	0000DC00h
Nominalwert	0 Grad C

Abb. 5.23 Mögliche Temperaturdaten anhand des Tabellentyps 28

```
SMB_TEMP : //Tempature Probe
  begin
    SMBIOSTable028 := @FData[FTables[TableCount].Offset];
    StringPosition := FTables[TableCount].Offset +
                      FTables[TableCount].Header.Length;
    if (FHeader.MajorVersion * 10 +
        FHeader.MinorVersion >= 22)
    then begin
      if SMBIOSData.Count > 0 then
         SMBIOSData.Add('');
```

Wir beginnen die Auswertung mit dem String für die Sensorbeschreibung:

```
SMBIOSData.Add('Beschreibung=' +
  CheckIfEmptyString(ReadSMBIOSString(StringPosition,
  SMBIOSTable028.DescriptionStr)));
```

Wie bei den vorherigen Sensortabellen teilen sich die Informationen für Position und Status ein gemeinsames Byte-Feld, bei dem die Position über die Bits 4–0 (Listenfunktion *GetSMBIOS028_Location*) und der Status über die Bits 7–5 (Listenfunktion *GetSMBIOS028_Status*) ausgewertet werden:

```
SMBIOSData.Add('');
SMBIOSData.Add('Position und Status=');

SMBIOSData.Add('- Position=' +
  GetSMBIOS028_Location(SMBIOSTable028.LocationAndStatus
  and 31));

SMBIOSData.Add('- Status=' +
  GetSMBIOS028_Status((SMBIOSTable028.LocationAndStatus
  shr 5) and 7));
```

Wir beginnen die Auswertung der Temperatursensoren mit dem Maximalwert und Minimalwert (beide in Grad C und mit dem Faktor 10 multipliziert), sowie die Auflösung, die mit dem Faktor 1000 multipliziert wird:

```
if SMBIOSTable028.MaximumValue = $8000 then
  StringValue := 'unbekannt'
else
  StringValue := IntToStr(SMBIOSTable028.
                  MaximumValue * 10)
                + ' Grad C';
SMBIOSData.Add('Maximalwert=' +
  StringValue);
```

```
if SMBIOSTable028.MinimumValue = $8000 then
  StringValue := 'unbekannt'
else
  StringValue := IntToStr(SMBIOSTable028.
                  MinimumValue * 10)
                 + ' Grad C';
SMBIOSData.Add('Minimalwert=' +
  StringValue);

if SMBIOSTable028.Resolution = $8000 then
  StringValue := 'unbekannt'
else
  StringValue := IntToStr(SMBIOSTable028.Resolution   *
                 1000)
                 + ' Grad C';
SMBIOSData.Add('Auflösung=' +
  StringValue);
```

Direkt danach folgt die Toleranz, die auch hier wieder mit dem Faktor 10 multipliziert wird und in der Maßeinheit ± Grad C vorliegt:

```
if SMBIOSTable028.Tolerance = $8000 then
  StringValue := 'unbekannt'
else
  StringValue := IntToStr(SMBIOSTable028.
                  Tolerance * 10) +
                 ' +/- Grad C';
SMBIOSData.Add('Toleranz=' +
  StringValue);
```

Die Genauigkeit wird in ± Prozent dargestellt und mit dem Faktor 100 multipliziert:

```
if SMBIOSTable028.Accuracy = $8000 then
  StringValue := 'unbekannt'
else
  StringValue := IntToStr(SMBIOSTable028.
                  Accuracy * 100) +
                 ' +/- Prozent';
SMBIOSData.Add('Genauigkeit=' +
  StringValue);
```

Für OEMs und BIOS-Hersteller kann das separate OEM-Feld (DWord) verwendet werden, dass wir in hexadezimaler Schreibweise ausgeben:

```
      SMBIOSData.Add('OEM-spezifisch=' +
        IntToHex(SMBIOSTable028.
                      OEMDefined, 8) + 'h');
```

Abgeschlossen wird auch dieser Sensortyp durch einen Nominalwert, der mit dem Faktor 10 multipliziert wird:

```
      if SMBIOSTable028.NominalValue = $8000 then
        StringValue := 'unbekannt'
      else
        StringValue := IntToStr(SMBIOSTable028.
                         NominalValue * 10) +
                        ' Grad C';
      SMBIOSData.Add('Nominalwert=' +
        StringValue);
    end;
```

5.5.14 Stromstärkesensor(en)

Über den Tabellentyp 29 (Stromstärkesensor) werden Stromstärken bestimmter Komponenten oder Bauteile abgebildet, die eng an die Spannungssensoren angelehnt sind. Ein mögliches Ergebnis könnte wie in Abb. 5.24 aussehen.

Wir beginnen mit der Abfrage des Tabellentyps *SMB_CURRENT,* führen das Record-Mapping durch, ermitteln die Stringposition und prüfen, ob mindestens die SMBIOS-

Beschreibung	ABC
Position und Status	
- Position	Hauptplatine
- Status	OK
Maximalwert	unbekannt
Minimalwert	unbekannt
Auflösung	unbekannt
Toleranz	unbekannt
Genauigkeit	unbekannt
OEM-spezifisch	00000000h
Nominalwert	unbekannt

Abb. 5.24 Mögliche Stromstärken anhand des Tabellentyps 29

Spezifikation in der Version 2.2 vorliegt – dieser Tabellentyp wurde mit dieser Version eingeführt. Ebenfalls wird geprüft, ob bereits Einträge in der Stringliste vorliegen, dieser Sensor also bereits ausgewertet wurde – dann wird eine Leerzeile eingefügt, um die Sensoren voneinander zu trennen:

```
SMB_CURRENT : //Electrical Current Probe
  begin
    SMBIOSTable029 := @FData[FTables[TableCount].Offset];
    StringPosition := FTables[TableCount].Offset +
                      FTables[TableCount].Header.Length;

    if (FHeader.MajorVersion * 10 +
                 FHeader.MinorVersion >= 22)
    then
    begin
      if SMBIOSData.Count > 0 then
        SMBIOSData.Add('');
```

Wir beginnen die Auswertung mit dem String der Sensor-Beschreibung:

```
      SMBIOSData.Add('Beschreibung=' +
        CheckIfEmptyString(ReadSMBIOSString(StringPosition,
        SMBIOSTable029.DescriptionStr)));
```

Die Position und der Status sind auch hier wieder in einem gemeinsamen Byte-Feld untergebracht, das in den Bits 4–0 die Position (Listenfunktion *GetSMBIOS029_Location*) und in den Bits 7–5 den Status (Listenfunktion *GetSMBIOS029_Status*) abbildet:

```
      SMBIOSData.Add('');
      SMBIOSData.Add('Position und Status=');

      SMBIOSData.Add('- Position=' +
        GetSMBIOS029_Location(SMBIOSTable029.LocationAndStatus
        and 31));

      SMBIOSData.Add('- Status=' +
        GetSMBIOS029_Status((SMBIOSTable029.LocationAndStatus
        shr 5) and 7));
```

Zu den auslesbaren Werten zählen der Maximalwert, Minimalwert und die Auflösung, wobei letztere mit dem Faktor 10 multipliziert werden muss. Angegeben werden diese Daten in der Maßeinheit mAmp und ein Wert von 8000h bedeutet, dass keine Daten auslesbar sind:

```
if SMBIOSTable029.MaximumValue = $8000 then
  StringValue := 'unbekannt'
else
  StringValue := IntToStr(SMBIOSTable029.MaximumValue) +
                 ' mAmp';
SMBIOSData.Add('Maximalwert=' +
  StringValue);

if SMBIOSTable029.MinimumValue = $8000 then
  StringValue := 'unbekannt'
else
  StringValue := IntToStr(SMBIOSTable029.MinimumValue) +
                 ' mAmp';
SMBIOSData.Add('Minimalwert=' +
  StringValue);

if SMBIOSTable029.Resolution = $8000 then
  StringValue := 'unbekannt'
else
  StringValue := IntToStr(SMBIOSTable029.
                  Resolution * 10) +
                 ' mAmp';
SMBIOSData.Add('Auflösung=' +
  StringValue);
```

Die Toleranz wird wiederum in der Maßeinheit ± mAmp angegeben:

```
if SMBIOSTable029.Tolerance = $8000 then
  StringValue := 'unbekannt'
else
  StringValue := IntToStr(SMBIOSTable029.Tolerance) +
                 ' +/- mAmp';
SMBIOSData.Add('Toleranz=' +
  StringValue);
```

Bei der Genauigkeit wird in der Maßeinheit ± Prozent ausgelesen und das Ergebnis mit 100 multipliziert:

```
if SMBIOSTable029.Accuracy = $8000 then
  StringValue := 'unbekannt'
else
  StringValue := IntToStr(SMBIOSTable029.
                   Accuracy * 100) +
  ' +/- Prozent';
SMBIOSData.Add('Genauigkeit=' +
  StringValue);
```

Die OEM- und BIOS-Hersteller können das DWord-Feld (Cardinal) für OEM-spezifische Daten verwenden, welches wir in hexadezimaler Schreibweise ausgeben:

```
SMBIOSData.Add('OEM-spezifisch=' +
  IntToHex(SMBIOSTable029.OEMDefined, 8) + 'h');
```

Abgeschlossen wird dieser Tabellentyp mit dem Nominalwert:

```
if SMBIOSTable029.NominalValue = $8000 then
  StringValue := 'unbekannt'
else
  StringValue := IntToStr(SMBIOSTable029.NominalValue) +
                 ' mAmp';
SMBIOSData.Add('Nominalwert=' +
  StringValue);
end;
```

5.5.15 TPM-Gerät(e)

TPM steht für Trusted Platform Module und ist ein separater Baustein/Chip in einem Computer, der Hardware sichert und dafür (integrierte) kryptische Schlüssel verwendet. Ab Windows 11 gilt ein TPM-Chip als Grundvoraussetzung, zumindest wenn man die Installationsanforderungen nicht künstlich aushebelt.

Mit der stärkeren Verbreitung der TPM-Chips war es irgendwann notwendig, diesen Chip mit einer eigenen Struktur in der SMBIOS-Spezifikation abzubilden. Der Tabellentyp 43 (TPM-Gerät) wurde folglich ab Version 3.1 der Spezifikation hinzugefügt. Ein mögliches Ergebnis könnte wie in Abb. 5.25 aussehen.

Hersteller-Kennung	INTC
TPM-Version	2.0
Firmware-Version 1	02580012h
Firmware-Version 2	00000000h
Beschreibung	TPM 2.0, ManufacturerID: INTC, Firmware Version: 0x02580012.0x0
TPM-Geräteeigenschaften	
- TPM-Geräteeigenschaften unterstützt	nein
- Familie konfigurierbar via Firmware-Update	nein
- Familie konfigurierbar via Plattform Software Support	nein
- Familie konfigurierbar via OEM proprietären Mechanismus	nein
OEM-spezifisch	00000000h

Abb. 5.25 Mögliche TPM-Details anhand des Tabellentyps 43

Wir beginnen mit der Abfrage des Tabellentyps *SMB_TPMDEV*, führen das Record-Mapping durch, ermitteln die Stringposition und prüfen, ob mindestens die SMBIOS-Spezifikation in der Version 3.1 vorliegt. Ebenfalls wird geprüft, ob bereits Einträge in der Stringliste vorliegen, dieser Sensor also bereits ausgewertet wurde – dann wird eine Leerzeile eingefügt, um die Sensoren voneinander zu trennen:

```
SMB_TPMDEV : //TPM Device
  begin
    SMBIOSTable043 := @FData[FTables[TableCount].Offset];
    StringPosition := FTables[TableCount].Offset +
                      FTables[TableCount].Header.Length;

    if (FHeader.MajorVersion * 10 +
        FHeader.MinorVersion >= 31)
    then
    begin
      if SMBIOSData.Count > 0 then
        SMBIOSData.Add('');
```

Wir beginnen mit einer Hersteller-Kennung, die aus 4 Bytes besteht, welche wiederum den Zeichen-Positionen in der ASCII-Tabelle entspricht. Die Delphi-Funktion *Chr* wandelt diese in Zeichen um, wobei wir aufgrund der besseren Konvertierung ein Byte-Feld mit 4 Einträgen verwenden:

```
SMBIOSData.Add('Hersteller-Kennung=' +
  Chr(SMBIOSTable043.VendorID[1]) +
  Chr(SMBIOSTable043.VendorID[2]) +
  Chr(SMBIOSTable043.VendorID[3]) +
  Chr(SMBIOSTable043.VendorID[4]));
```

Die TPM-Version wird in separaten Byte-Feldern jeweils für Haupt- und Nebenversion gespeichert und mit einem Punkt getrennt in dezimaler Schreibweise dargestellt:

```
SMBIOSData.Add('TPM-Version=' +
  IntToStr(SMBIOSTable043.MajorSpecVersion) +
  '.' +
  IntToStr(SMBIOSTable043.MinorSpecVersion));
```

In zwei aufeinanderfolgenden DWord-Feldern (Cardinal) wird die Firmware Version 1 und 2 gespeichert, die wir jeweils in hexadezimaler Schreibweise ausgeben:

```
SMBIOSData.Add('Firmware-Version 1=' +
  IntToHex(SMBIOSTable043.FirmwareVersion1, 8) + 'h');
```

```
SMBIOSData.Add('Firmware-Version 2=' +
  IntToHex(SMBIOSTable043.FirmwareVersion2, 8) + 'h');
```

Es folgt ein String für die Beschreibung:

```
SMBIOSData.Add('Beschreibung=' +
  CheckIfEmptyString(ReadSMBIOSString(StringPosition,
  SMBIOSTable043.DescriptionStr)));
```

Die TPM-Geräteeigenschaften werden in einem QWord (vorzeichenloser Int64-Wert) gespeichert, wobei ausgewählte belegte Bits die Information über eine Eigenschaft repräsentieren. Von den möglichen 64 Bits sind aktuell jedoch nur relativ wenige in Verwendung, was im Sinne der potenziellen Erweiterung in zukünftigen Spezifikationen von Vorteil ist.

Wir verwenden auch hierbei wieder unsere Hilfsfunktionen *IsBitOn* und *YesNo* für die komfortable Darstellung:

```
SMBIOSData.Add('');
SMBIOSData.Add('TPM-Geräteeigenschaften=');
SMBIOSData.Add('- TPM-Geräteeigenschaften unterstützt='+
  YesNo(not IsBitOn(SMBIOSTable043.Characteristics, 2)));

SMBIOSData.Add('- Familie konfigurierbar via ' +
                'Firmware-Update='+
  YesNo(IsBitOn(SMBIOSTable043.Characteristics, 3)));

SMBIOSData.Add('- Familie konfigurierbar via ' +
                'Plattform Software Support='+
  YesNo(IsBitOn(SMBIOSTable043.Characteristics, 4)));

SMBIOSData.Add('- Familie konfigurierbar via ' +
                'OEM proprietären Mechanismus='+
  YesNo(IsBitOn(SMBIOSTable043.Characteristics, 5)));
```

Abgeschlossen wird dieser Tabellentyp auch hier wieder mit einem benutzerdefinierten DWord-Feld für OEM- und BIOS-Hersteller, welches wir in hexadezimaler Schreibweise ausgeben:

```
    SMBIOSData.Add('');
    SMBIOSData.Add('OEM-spezifisch=' +
      IntToHex(SMBIOSTable043.OEMDefined, 8) + 'h');
end;
```

5.5.16 Weitere Strukturen und Tabellen

Die Spezifikation definiert natürlich noch weitere Tabellen, wobei wir uns in diesem Kapitel auf die häufigsten und wichtigsten beschränkt haben – dieser Blickwinkel liegt natürlich immer im Auge des Betrachters und den damit einhergehenden Anforderungen. Daher kann es nicht schaden, auch die anderen Strukturen zu bewerten.

In Struktur 11 können Hersteller und OEMs beliebige Strings eintragen, die keinen Regularien folgen müssen. Ebenfalls relativ interessant sind die Strukturen 22 (tragbare Batterie), 44 (zusätzliche Prozessor-Informationen als Erweiterung für Struktur 4) und 45 (Firmware-Inventur-Informationen).

Zusätzlich zu den Tabellen enthält die Spezifikation im hinteren Bereich auch eine vollständige Historie, also ab wann welche Felder hinzugefügt oder als veraltet (obsolete) gekennzeichnet wurden.

Mit den sog. Conformance Guidelines versucht die DMTF grundsätzliche Richtlinien zu definieren, nach welchen Regeln die Hersteller ihre Daten eintragen dürfen. Dies betrifft etwa das Szenario, welche Tabelle nur einmal oder mehrmals implementiert werden darf, welche genauen oder minimalen Angaben für die Tabellenlänge vorhanden sein müssen, welche Strings oder Zahlenfelder mit bestimmten Werten befüllt sein müssen und welche Daten in bestimmten Feldern verboten sind. Diese Regeln wurden ab Version 2.5 der Spezifikation definiert und dienen eher als Orientierung, wobei die Hersteller sich nicht zwangsweise daran halten.

5.6 Darstellung der SMBIOS-Details

Nachdem wir nun alle nötigen Voraussetzungen für das Ermitteln und Auslesen der SMBIOS-Tabellen geschaffen haben, geht es im finalen Schritt darum, diese zum Hauptformular zu übertragen und darzustellen.

Hierfür erstellt die Prozedur *CreateSMBIOSTree* zunächst die Objekte in der linken TreeView, und fragt dafür ab, ob für unsere ausgewählten SMBIOS-Tabellen mindestens jeweils eine Tabelle eines bestimmten Typs vorhanden ist.

Grundsätzlich unterscheidet die TreeView-Komponente, ob die Hauptkategorie oder ein Unterknoten selektiert ist. Während bei der Hauptkategorie die Prozedur *DisplaySMBIOSInfo* aufgerufen wird und allgemeine SMBIOS-Details sowie eine Tabellenauflistung ermittelt werden, wird bei einem Unterknoten die Prozedur *DisplaySMBIOSStructureDetails* mit dem SMBIOS-Tabellentyp aufgerufen und die genaue Detailauswertung durchgeführt. Beide Prozeduren besprechen wir nachfolgend.

Für einen SMBIOS-Überblick und die Auflistung der SMBIOS-Tabellen greift die Prozedur auf vorliegende Datenstrukturen der *TSMBIOS*-Klasseninstanz zurück. Begonnen wird in der Prozedur mit der Definition eines Integer-Zählers, sowie der einleitenden With-Anweisung für die rechts befindliche Ergebnis-ListView. Über BeginUpdate wird die Aktualisierung der ListView kurzzeitig deaktiviert, bis die Ergebnisse übertragen wurden. Alles wird im einem try... finally-Block abgesichert, wobei der Finally-Block mit EndUpdate die Listenaktualisierung wieder einschaltet:

```
procedure TPCAnalyserForm.DisplaySMBIOSInfo;
var
  TblCount : Integer;
begin
  with ResultsListView, Items do
  begin
    BeginUpdate;
    try
      Clear;
```

Aus den vorliegenden Daten beginnen wir mit der Nennung der Datenquelle. Diese befindet sich in der Klasseneigenschaft *DataSource* und wird in der Ermittlungsfunktion *LoadFromSystem* gefüllt – je nachdem, welche Erkennungsmethode zum Einsatz gekommen ist:

```
      with Add do
      begin
        Caption := 'SMBIOS-Datenbasis';
        SubItems.Add(SystemAccessClass.SMBIOSClass.DataSource);
      end;
```

In weiteren Feldern ermitteln wir direkt aus verschiedenen Klasseneigenschaften die SMBIOS-Version, die Revision sowie die Anzahl der Strukturen und Gesamtgröße der Strukturen in Bytes:

```
      with Add do
      begin
        Caption := 'SMBIOS-Version';
        SubItems.Add(IntToStr(SystemAccessClass.SMBIOSClass.
                              MajorVersion) +
                     '.' +
                     IntToStr(SystemAccessClass.SMBIOSClass.
                              MinorVersion));
      end;

      with Add do
      begin
        Caption := 'Revision';
```

```
    SubItems.Add(IntToStr(SystemAccessClass.SMBIOSClass.
                          DMIRevision));
  end;

  with Add do
  begin
    Caption := 'Anzahl der Strukturen';
    SubItems.Add(IntToStr(SystemAccessClass.SMBIOSClass.
                          TableCount));
  end;

  with Add do
  begin
    Caption := 'Gesamtgröße der Strukturen';
    SubItems.Add(IntToStr(SystemAccessClass.SMBIOSClass.Size) +
                 ' Bytes');
  end;
```

Nach diesen eher statistischen Informationen soll diese Überblickdarstellung eine Auflistung der gefundenen SMBIOS-Tabellen enthalten. Dafür ermitteln wir, ob überhaupt Tabellen vorhanden sind, und fügen zunächst eine Leer- und Kopfzeile ein. Danach iteriert eine For-Schleife durch die Tabellen, und ermittelt für jede Tabelle den Strukturtyp sowie den Tabellennamen:

```
  if SystemAccessClass.SMBIOSClass.TableCount > 0 then
  begin
    with Add do
    begin
      Caption := '';
      SubItems.Add('');
    end;
    with Add do
    begin
      Caption := 'SMBIOS-Strukturen';
    end;

    for TblCount := 0 to SystemAccessClass.SMBIOSClass.
                          TableCount-1 do
    with Add do
    begin
      Caption := 'Strukturtyp ' + IntToStr(
        SystemAccessClass.SMBIOSClass.Tables[TblCount].
        Header.&Type);
      SubItems.Add(
```

```
            SystemAccessClass.SMBIOSClass.Tables[TblCount].Name);
        end;
      end;
    finally
      EndUpdate;
    end;
  end;
end;
```

Für die Detailauswertung der SMBIOS-Tabellen kommt die Prozedur *DisplaySMBIOSStructureDetails* zum Einsatz, die einen Byte-Parameter übernimmt. Dieser Parameter ist die Typnummer der SMBIOS-Tabellen, welche wir in Abschn. 5.4.1 mit den Tabellendefinitionen festgelegt haben.

Die Prozedur durchsucht alle vorhandenen Tabellen nach diesem Tabellentyp, und leitet die per Stringliste zurückgelieferten Ergebnisse an die ListView-Komponente weiter.

Wir beginnen im Prozedurkopf mit der Definition einer lokalen Stringliste und Integer-Zählvariablen, und beginnen dann mit der Erstellung der Stringlisten-Instanz:

```
procedure TPCAnalyserForm.DisplaySMBIOSStructureDetails(
  AStructNum : Byte);
var
  SMBIOSDetail : TStrings;
  SMBIOSCnt : Integer;
begin
  SMBIOSDetail := TStringList.Create;
```

Innerhalb eines try...finally-Blocks wird mit der öffentlichen Klassenfunktion *GetSMBIOSStructureDetails*, die wir in Abschn. 5.5 für genau diesen Zweck implementiert haben, die SMBIOS-Details ermittelt. Weiterhin deaktivieren wir mit BeginUpdate die Aktualisierung der ListView-Komponente und leeren die Liste, bevor es gleich um die Übertragung der Ergebnisse geht:

```
  try
    SystemAccessClass.SMBIOSClass.GetSMBIOSStructureDetails(
      AStructNum, SMBIOSDetail);

    with ResultsListView, Items do
    begin
      BeginUpdate;
      try
        Clear;
```

Wenn grundsätzlich SMBIOS-Tabellen gefunden wurden, iterieren wir mit einer For-Schleife durch die Einträge der Stringliste. Wir erinnern uns, dass die 2-Spaltendarstellung innerhalb eines Eintrages der Stringliste dadurch gewährleistet wird, dass ein Gleichheitszeichen als Trenner fungiert – die beiden Klassenfunktionen *GetNameFromStr* und *GetValueFromStr* liefern jeweils den vorderen und hinteren Teil dieser Information zurück:

```
    if SMBIOSDetail.Count > 0 then
    begin
      for SMBIOSCnt := 0 to SMBIOSDetail.Count - 1 do
        with Add do
        begin
          Caption :=
            SystemAccessClass.SMBIOSClass.
            GetNameFromStr(SMBIOSDetail.Strings[SMBIOSCnt], '=');
          SubItems.Add(
            SystemAccessClass.SMBIOSClass.
          GetValueFromStr(SMBIOSDetail.Strings[SMBIOSCnt], '='));
        end;
    end else
    begin
      with Add do
        Caption := 'Keine SMBIOS-Details ermittelbar';
    end;
```

Abgeschlossen wird die Prozedur mit den beiden Finally-Blöcken, die einerseits mit EndUpdate die Listenaktualisierung wieder einschalten und die zuvor erstellte Stringlisteninstanz wieder freigegeben:

```
      finally
        EndUpdate;
      end;
    end;
  finally
    SMBIOSDetail.Free;
  end;
end;
```

5.7 Zusammenfassung

SMBIOS dient als mächtige Quelle verschiedenster Systemdetails und ist seit über 20 Jahren weit verbreitet auf den meisten Computern. Es existieren unterschiedlichste Tabellen für BIOS-Details, System-Identifikation, Hauptplatine, Gehäuse, Prozessoren,

Caches, Speicher, Anschlüsse, Steckplätze, TPM uvm – die anhand einer frei beziehbaren Spezifikation ausgewertet werden können. Jede Tabelle enthält einen Kopfbereich (Header) mit Typnummer, Länge und Handle, gefolgt von statischen und dynamischen Informationen.

Ermittelbar sind diese Details über die API-Funktion *GetSystemFirmwareTable,* eine WMI-Abfrage (SELECT * FROM MSSmBios_RawSMBiosTables) und über die Windows-Registrierung (Schlüssel HKEY_LOCAL_MACHINE\SYSTEM\CurrentControlSet\Services\mssmbios\Data mit dem Feld SMBiosData).

In diesem Kapitel haben wir die Datengewinnung besprochen, sowie die Auswertung und Interpretation der Rohdaten. Dafür implementieren wir eine Hauptklasse, Strukturen für die Tabellen und diverse Hilfsfunktionen, die über eine Hilfsklasse angebunden werden.

Mit zusätzlichen externen SMBIOS-Applikationen wird am Beispiel des MiTeC SMBIOS Explorer die Navigation durch SMBIOS-Tabellen beschrieben.

Literatur

1. SMBIOS-Spezifikation von der Distributed Management Task Force: www.dmtf.org/standards/smbios
2. Microsoft-Beschreibung zur SMBIOS-Zugriffsmethode über das Objekt Device\PhysicalMemory: https://learn.microsoft.com/en-us/previous-versions/windows/it-pro/windows-server-2003/cc787565(v=ws.10)
3. API-Funktion zur Ermittlung der SMBIOS-Rohdaten: https://learn.microsoft.com/en-us/windows/win32/api/sysinfoapi/nf-sysinfoapi-getsystemfirmwaretable
4. Microsoft-Einführung und Beschreibung des Windows Management Instrumentation (WMI): https://learn.microsoft.com/en-us/windows/win32/wmisdk/wmi-start-page
5. Beschreibung der WMI Query Language (WQL): https://learn.microsoft.com/en-us/windows/win32/wmisdk/wql-sql-for-wmi
6. WMI Win32-Bereitsteller mit der dazugehörigen Klassenhierarchie: https://learn.microsoft.com/en-us/windows/win32/cimwin32prov/win32-provider
7. WMI Win32-Bereitsteller – Hardware-Klassen: https://learn.microsoft.com/en-us/windows/win32/cimwin32prov/computer-system-hardware-classes
8. WMI Win32-Bereitsteller – Betriebssystem-Klassen: https://learn.microsoft.com/en-us/windows/win32/cimwin32prov/operating-system-classes
9. WMI Win32-Bereitsteller – Leistungszähler-Klassen: https://learn.microsoft.com/en-us/windows/win32/cimwin32prov/performance-counter-classes
10. WMI Win32-Bereitsteller – Dienstverwaltungs-Klassen: https://learn.microsoft.com/en-us/windows/win32/cimwin32prov/wmi-service-management-classes
11. MiTeC WMI Explorer für die Navigation durch WMI-Klassen: http://mitec.cz/Downloads/WMIExp.zip
12. Advanced Network Software WMI Explorer für die Navigation durch WMI-Klassen: www.ks-soft.net/hostmon.deu/wmi/index.htm

13. APSoft DMIScope für die Evaluierung des SMBIOS: www.tssc.de/site/products/tools/dmiscope
14. Mikron Software lxSmBios für die Evaluierung des SMBIOS: http://mikron.epizy.com/strona-glowna/lxsmbios
15. MiTeC SMBIOS Explorer für die Evaluierung des SMBIOS: https://www.mitec.cz/smbe.html

Prozessor-Informationen über CPUID 6

Die Identifizierung des Prozessors war ursprünglich mit vielen Komplikationen verbunden, weil man unterschiedliche Prozessor-Fähigkeiten testen musste und daran ableiten konnte, welche Prozessorfamilie und welches dazugehörige Modell installiert waren. Dies wurde mit Einführung des Intel Pentium vereinfacht, weil der sogenannte CPUID-Befehl (Central Processor Unit Identification) eingeführt und dieser sogar für die letzten 486er Prozessoren abwärts eingebaut wurde. Die großen Hersteller (vorrangig Intel und AMD) haben sich auf eine Basisstruktur geeinigt, wie Daten ermittelbar sind und bis zu einem bestimmten Punkt war dies alles identisch. Gleichzeitig entstanden im Laufe der Jahre Unterschiede, obwohl die Basis nach wie vor gleich ist.

Ursprünglich konnte man den CPUID-Befehl mittels Assembler-Anweisungen nutzen, und beginnend mit Delphi 10.1 (Codename Berlin) stehen auch endlich API-Implementierungen für die komfortable Nutzung bereit.

Auf technischer Seite werden die 4 Prozessorregister EAX, EBX, ECX und EDX für den Befehl verwendet, die jeweils 32 Bit groß sind. Für den Aufruf wird die Funktionskennung im EAX-Register eingetragen, dann der CPUID-Befehl ausgeführt und dann die Ergebnisse je nach Aufrufwert in den 4 Registern zurückgeliefert – sodass diese ausgewertet werden können.

Über die Delphi-Funktion *GetCPUID* lässt sich der CPUID-Befehl direkt ausführen. Hierfür existieren zwei Parameter, einmal die Funktions-ID als Cardinal (vorzeichenloser 32 Bit-Wert) und die relativ selten zum Einsatz kommende Unterfunktions-ID. Zurückgeliefert wird ein Record vom Typ *TCPUIDRec,* der die Register EAX, EBX, ECX und EDX als Cardinal enthält.

Wie man sehr gut im Intel-Dokument *Intel 64 and IA-32 Architectures Software Developer Manuals* [1] nachlesen kann, existieren die EAX-Funktionsnummern bis in den

D. Espenschied, *Systemprogrammierung mit Delphi,*
https://doi.org/10.1007/978-3-658-43455-7_6

Bereich 1Fh, sowie darüber hinaus mit den sog. *Extended Function CPUID Information* ab 80000000h bis in den Bereich 80000008h, bei AMD sogar noch darüber hinaus.

Eine Kurzübersicht der ersten CPUID-Funktionen liefert die Tab. 6.1 und mit der ersten Funktionsnummer 0 erhält man im EAX-Register die maximale Funktionsnummer zurück, die unterstützt wird. Das hat den Vorteil, nicht beliebig auf unbekannten Prozessoren hochzählen zu müssen, sondern einen Endwert zu kennen.

Wir bauen uns folglich eine eigene Klasse für die Prozessorermittlung, die allerdings nicht vollständig auf CPUID aufsetzt. Das hängt damit zusammen, dass bestimmte Funktionen ab einem bestimmten Punkt so herstellerspezifisch wurden, dass man für Intel, AMD und andere Hersteller jeweils eigene Anpassungen vornehmen müsste. Das kann man umgehen, wenn Abwärtskompatibilität nicht die oberste Priorität darstellt, und man die beiden API-Funktionen *GetLogicalProcessorInformation* [15] und *GetLogicalProcessorInformationEx* [16] näher betrachtet. Erstere ist ab Windows XP verfügbar, letztere ab Windows 7. Anhand definierter Eingabe- und Ausgabeparameter erhält man ebenfalls sehr umfangreiche Prozessor-Details, die herstellerunabhängig sind. Leider hat hier Embarcadero bei der Implementierung der API-Funktion *GetLogicalProcessorInformationEx* nicht korrekt gearbeitet, indem ein falscher Parameter für die Ausgabestruktur verwendet wird – wir umgehen dies ebenfalls durch unsere eigene Implementierung der API-Funktion in der Prozessor-Klasse.

Tab. 6.1 Überblick der ersten CPUID-Funktionen für Intel und AMD

EAX-Funktion	Beschreibung
0h	CPUID-Maximalwert und Herstellersignatur
1h	Versionsinformationen und Fähigkeiten
2h	Intel: Cache-Informationen
3h	Intel: Prozessor-Seriennummer (hauptsächlich Pentium 3)
4h	Intel: Zusätzliche Cache-Parameter
5h	Monitor-/Mwait-Befehle
6h	Wärme- und Energieverwaltung
7h	Strukturierte erweiterte Fähigkeiten
9h	Direkte Cache-Zugriffs-Informationen
Ah	Architekturelle Leistungsüberwachung
Bh	Erweiterte Topologie-Enumerierung
Dh	Erweiterte Prozessorstatus-Enumerierung
Fh	Überwachung der Ressourcendirektor Technologie
ab 80000000h	Erweiterte CPUID-Funktionen mit starker Unterscheidung zwischen Intel und AMD

> **Wichtig**
> Wir werden die Implementierung unserer Prozessor-Klasse in diesem Kapitel nicht bis ins kleinste Detail und mit jeder Codezeile beschreiben, da dies den Umfang des Buches vermutlich sprengen würde. Es handelt sich um mehrere Tausend Zeilen Quellcode und diverse Unterklassen.
>
> Daher wollen wir die wichtigsten Elemente und Klassen sowie Zusammenhänge beschreiben, um ein Bild von der Vorgehensweise und dahinterstehenden Logik zu vermitteln, sowie Vor- und Nachteile beschreiben.
>
> Für genauere Recherchen wird daher der vollständige Quellcode sowie das Literaturverzeichnis empfohlen.
>
> Ebenfalls beschränken wir uns im groben auf die Besonderheiten der beiden Marktführer Intel und AMD, weil diese am häufigsten im Einsatz und gleichzeitig sehr gut dokumentiert sind. Auch hierbei gilt wieder, dass wir ausschließlich öffentliche und frei zugängliche Informationsquellen verwenden.

Das fertige Ergebnis werden wir für jeden einzelnen physikalischen Prozessor im linken TreeView einbinden, und dabei untergeordnet allgemeine Details, Cache-Details, die Fähigkeiten sowie mit Kap. 9 dann die Erweiterung für Modell-spezische Register (MSR) unter Zuhilfenahme des Kernelmodus-Treibers implementieren.

Hintergrundinformation
Vollständigerweise muss man erwähnen, dass ebenfalls über die Windows-Registrierung verschiedene Prozessor-Details auslesbar sind. Diese befinden sich im Schlüssel *HKEY_LOCAL_MACHINE\HARDWARE\DESCRIPTION\System\CentralProcessor* und werden dort in Unterschlüsseln abgespeichert, die nummeriert sind und jeden logischen Kern repräsentieren (Abb. 6.1).

Allerdings ist es so, dass diese Details teilweise beliebig änderbar sind (etwa der Prozessorname im Feld *ProcessorNameString*), und Windows den korrekten Namen während des Windows-Starts wieder neu einträgt. In Bezug auf die Zuverlässigkeit ist diese Änderungsmöglichkeit natürlich nicht förderlich.

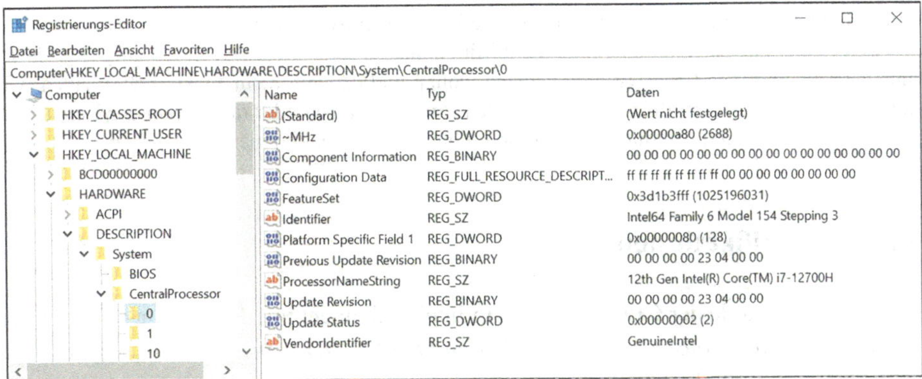

Abb. 6.1 Prozessor-Details über die Windows-Registrierung

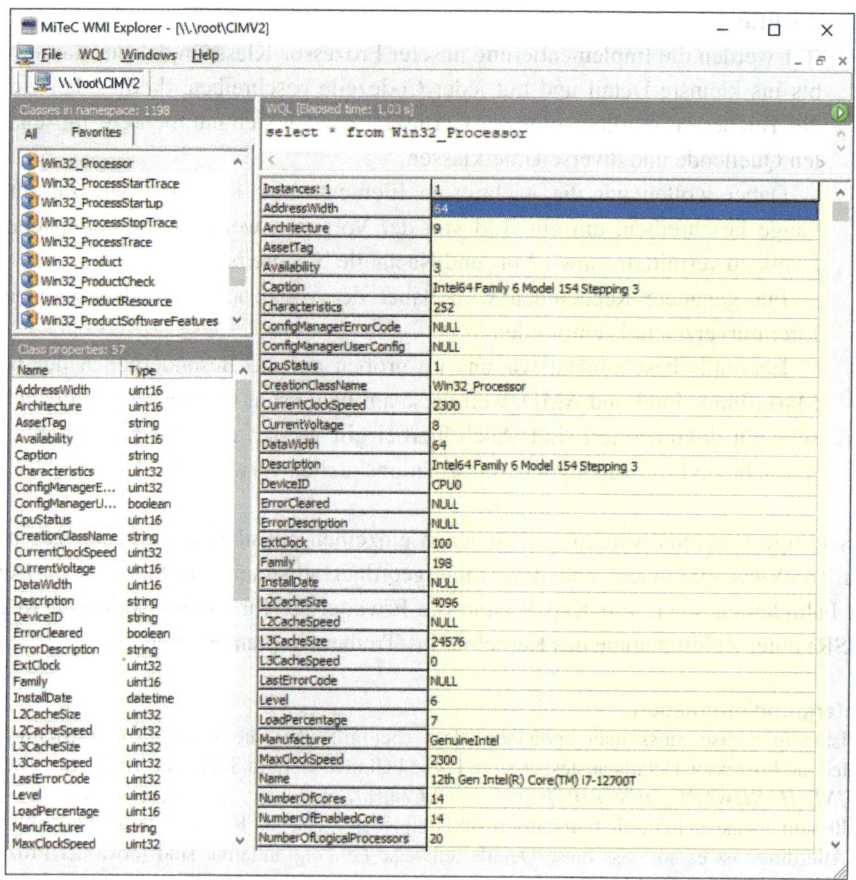

Abb. 6.2 Prozessor-Details über die Windows Management Instrumentation

Alternativ existiert noch ein Weg über die Windows Management Instrumentation (WMI), bei der sich im Namespace *root\CIMV2* die Klasse *Win32_Processor* befindet (Abb. 6.2).

Beide Alternativen sollen hier aber nicht Mittelpunkt unserer Prozessor-Erkennung sein, da wir uns vorrangig auf den CPUID-Befehl stützen wollen und dadurch mehr Flexibilität erhalten. Wer allerdings nur eine Kurzinfo benötigt, etwa den Prozessornamen oder die Anzahl der Kerne, wird mit einer dieser beiden Alternativen sicherlich schneller ans Ziel kommen.

6.1 Spezifikationen

Ursprünglich wurde der CPUID-Befehl im Intel-Dokument mit der Nummer 241618 und dem Namen *Intel Processor Identification and the CPUID Instruction (Application Note 485)* beginnend mit der ersten Veröffentlichung 1993 beschrieben, jedoch findet man dieses Dokument mittlerweile nicht mehr im Internet. Vielmehr wurde der Dokumentinhalt irgendwann in die *Intel 64 and IA-32 Architectures Software Developer's Manuals* überführt. Folglich enthält Volume 2a *(Instruction Set Reference, A-L)* eine ausführliche Beschreibung der CPUID-Instruktion, die von Intel frei zur Verfügung gestellt wird [1].

Bei AMD gab es ursprünglich die beiden Dokumente *AMD Processor Recognition (Application Note) For Processors Prior to AMD Family 0Fh Processors* und danach *CPUID Specification* bis ca. 2008. Dann wurden die CPUID-Details in die sog. *BIOS and Kernel Developer's Guides (BKDG)* überführt, die beginnend mit AMD Athlon 64 & Opteron-Prozessoren jeweils pro CPU-Familie veröffentlicht wurden, und zum freien Download bis inkl. Prozessorfamilie 16h bereitstehen [2]. Im aktuellen Stand sind sie in den sog. *Processor Programming References (PPR)* enthalten, die ab der Prozessorfamilie 17h kostenfrei zur Verfügung gestellt werden [3].

Diese Datenblätter sind an späteren Punkten des Fortschritts notwendig, wenn es um die Unterschiede zwischen Intel und AMD geht, und eignen sich hervorragend, um sich mit CPUID vertraut zu machen.

Auch der englischsprachige Wikipedia-Artikel [4] und die CPUID-Sektion von sandpile.org [5] liefern gute Beschreibungen, die fundierte Details und Herangehensweisen an die Verwendung von CPUID beinhalten.

6.2 Entwicklung einer Basisklasse

Wie schon weiter oben bei der Erstellung der Hauptklasse *TSystemAccess* beschrieben, ist unsere neue Klasse *TProcessor* keine Unterklasse, sondern eigenständig und wird trotzdem von der Hauptklasse im Konstruktor initialisiert sowie im Destruktor wieder freigegeben. Da *TProcessor* jedoch später auf die MSR-Lesefunktionen der Hauptklasse zugreifen soll, übergeben wir dem *TProcessor*-Konstuktor als Parameter das Parent, über das wir den Zugriff herstellen.

Wir beginnen die Implementierung mit der Klassendefinition sowie der Definition der beiden API-Funktionen *TGetLogicalProcessorInformation* und *TGetLogicalProcessorInformationEx* (diese werden wir später noch genauer besprechen):

```
TProcessor = class(TObject)
private
  type
    TGetLogicalProcessorInformation = function(
      Buffer : PSystemLogicalProcessorInformation;
      var ReturnLength : DWord): Bool; stdcall;
    TGetLogicalProcessorInformationEx = function(
      RelationshipType : TLogicalProcessorRelationship;
      Buffer : PSystemLogicalProcessorInformationEx;
      var ReturnLength : DWord) : Bool; stdcall;
```

Weiter geht es mit den privaten Klassenvariablen, zu denen die bereits angesprochene Instanz der Elternklasse gehört, die wir im Konstruktor zuweisen müssen. Weiterhin definieren wir einen DWord-Zeiger für die sog. Affinität (darauf kommen wir später noch genauer zu sprechen), sowie diverse Statistikwerte für Prozessoren und deren Kerne. Abgeschlossen wird die Variablensektion durch ein Handle der Systemdatei *kernel32.dll* sowie die Instanzen der zuvor im Typbereich definierten API-Funktionen:

```
var
FParent : TSystemAccess;
OldAffinity : DWord_Ptr;
FCount,            //CPUCount
FPC,               //CPUPhysicalCount
FTC,               //ThreadCount
FCC,               //CoreCount
FCPP,              //CorePerPackage
FLPP,              //LogicalPerPackage
FLPC,              //LogicalPerCore
FSC : Byte;        //SocketCount
FMCPP,             //MaxCorePerPackage
FMLPP,             //MaxLogicalPerPackage
FMLPC : Cardinal; //MaxLogicalPerCore
Kernel32Handle : THandle;
GetLogicalProcessorInformation :
  TGetLogicalProcessorInformation;
GetLogicalProcessorInformationEx :
  TGetLogicalProcessorInformationEx;
```

Wir definieren Variablen für CPUID-Ergebnisse (die 4 Prozessorregister EAX, EBX, ECX und EDX) und benötigen davon eine Handvoll jeweils für den normalen CPUID-Befehl und die vielen Fähigkeiten (auch als Features bezeichnet), wie etwa Standard-, Erweiterte und Stromsparfähigkeiten:

```
public
  FCPUID,
  FfsStd, FfsStdExt, FfsExt,
  FfsStdPM, FfsExtPM,
  FfsAMDExt, FfsAMDSVM : TCPUIDRec;
```

Weiterhin definieren wir eine Variable vom Typ *TIntelBrands,* die Intel-Marken durch eine weitere Auswahlmöglichkeit beinhaltet. Der gesamte Prozessor-Cache wird durch die Klasse *TCPUCache* abgebildet, sowie dazugehörig die sog. Cache-Desktiptoren über *TCacheDescriptors*. Die Prozessor-Fähigkeiten werden über *TCPUFeatures* abgebildet.

Einige grundlegende System-Details wie etwa die Architektur und die Anzahl der Prozessoren kommen von den API-Funktionen *GetSystemInfo* [6] und *GetNativeSys-*

temInfo [7], die als Ergebnis den Typ *TSystemInfo* erwarten (auch diese Funktionen besprechen wir noch genauer). Während wir die Architektur in einer Word-Variable ablegen, wird der Prozessortyp (also ob Hauptprozessor oder zweiter Prozessor) in einer Integer-Variable gespeichert. Für den Prozessor-Hersteller definieren wir die gängigsten Herstellertypen in der Typendeklaration *TCPUVendor:*

```
FIntelBrand: TIntelBrands;
FCPUCache : TCPUCache;
FCacheDescriptors : TCacheDescriptors;
FCPUFeatures : TCPUFeatures;
FSI : TSystemInfo;
FArch : Word;
FCPUType : Integer;
FVendor : TCPUVendor;
```

Weiter geht es mit diversen Integer-, Cardinal und String-Variablen, die später verschiedene Eigenschaften des Prozessors wie etwa seine grundlegenden Erkennungsmerkmale speichern:

```
FFamily,
FFamilyEx,
FModel,
FModelEx,
FStepping,
FSteppingEx,
FBrand : Integer;
FFreq: Cardinal;
FCPUName,
FCodeName,
FMarketingName,
FGenericName,
FRevision,
FTech : String;
```

Dann folgen die verschiedenen Definitionen für Funktionen und Prozeduren, die allesamt von außerhalb zugreifbar sind. Sie werden in folgende Kategorien unterteilt:

- Basisklassenfunktionen
- Cachefunktionen
- Fähigkeitsfunktionen
- Namensfunktionen
- Zugehörigkeitsfunktionen
- CPUID-Funktionen
- Prozessornummerfunktionen

- Binäre Hilfsfunktionen und
- Haupterkennungsfunktionen.

```
//Class basic functions
constructor Create(Parent : TSystemAccess);
destructor Destroy; override;
procedure Clear;

//Cache functions
function ValidDescriptor(Value : Cardinal) : Boolean;
procedure DecodeDescriptor(Value : Cardinal; Index : Integer);
function DescriptorExists(Value : Cardinal) : Boolean;
function DecodeCacheParams(ACache : TCPUIDRec) : TCacheDetails;
function LookupAssociativity(Value : Byte) : TCacheAssociativity;

//Feature functions
procedure GetAvailableFeatures(AFS : TFeatureSet;
                               var AF : TAvailableFeatures);

//CPU Name functions
function GetCPUCodename(AIndex : Byte;
                        AVendor, AFamily, AModelEx,
                        AStepping : Integer;
                        out AMCA, ACoreDesign, ARevision : String;
                        out ATechProcess : Integer) : Boolean;
function StripSpaces(ASource : String) : String;
function FormatCPUName(const AName : String) : String;
function FormatString(AValue : Cardinal) : String;

//Affinity functions
procedure SetProcAffinity(FIndex : Byte);
procedure RestoreProcAffinity;

//CPUID functions
function GetIntelBrand : TIntelBrands;
function ExecuteCPUID(Cpu : Integer; FunctionID : Cardinal;
                      SubFunctionID : Cardinal = 0) : TCPUIDRec;
function GetCPUIDMaximumCommand(Cpu : Byte;
                                Level : TCPUIDExecutionLevel) :
                                {$IFDEF WIN64}NativeUInt
                                {$ELSE}Cardinal{$ENDIF};
function GetCPUIDCommandLevel(Command : Cardinal) :
                              TCPUIDExecutionLevel;
function IsCPUIDCommandSupported(Cpu : Byte; Command : Cardinal) :
                                 Boolean;
```

```
//Processor number functions
function GetWinCPUNumbers : Byte;
function GetCPUPhysicalCount : Byte;

//Binary helper functions
function HiDWord(AValue : UInt64) : Cardinal;
function LoDWord(AValue : UInt64) : Cardinal;
function IsBitOn(Value : UInt64; Bit : Byte) : Boolean;
function YesNo(ABool : Boolean) : String;
function GetBitsFromDWord(const aval : Cardinal;
                          const afrom, ato : Byte) : Integer;
function CountSetBits(ABitMask : NativeUInt) : DWord;

//Main detection functions
procedure GetProcessorDetails(FIndex : Byte);
```

Nennenswert ist hier ebenfalls eine Delphi-Inkompatibilität des Datentyps NativeUInt, den wir als Rückgabeparameter für die Funktion *GetCPUIDMaximumCommand* verwenden. NativeUInt definiert einen plattformabhängigen vorzeichenlosen Integer und repräsentiert eine Untermenge der natürlichen Zahlen. Der Bereich von NativeUInt ist allerdings von der aktuellen Plattform abhängig. Auf 32 Bit-Plattformen entspricht NativeUInt dem Typ Cardinal und auf 64 Bit-Plattformen dem Typ UInt64. Diese Unterscheidung bauen wir anhand der bedingten Kompilierung und des WIN64-Symbols ein.

Abschließend folgen die öffentlichen Eigenschaften (also Properties), die hauptsächlich Kernstatistiken enthalten und auf die Variablen innerhalb des Private-Bereiches verweisen:

```
  //Properties
  property CPUPhysicalCount : Byte read FPC stored False;
  property CorePerPackage : Byte read FCPP stored False;
  property LogicalPerPackage : Byte read FLPP stored False;
  property LogicalPerCore : Byte read FLPC stored False;
  property ThreadCount : Byte read FTC stored False;
  property CoreCount : Byte read FCC stored False;
  property SocketCount : Byte read FSC;
  property MaxCorePerPackage : Cardinal read FMCPP stored False;
  property MaxLogicalPerCore : Cardinal read FMLPC stored False;
  property MaxLogicalPerPackage : Cardinal read FMLPP stored False;
end;
```

Tipp

Aufgrund der Komplexität der *TProcessor*-Klasse werden wir die verschiedenen Funktionen und Prozeduren in den nachfolgenden Unterkapiteln kurz vorstellen, und ab den Haupterkennungsfunktionen in Abschn. 6.2.9 genauer mit vollständigem Quellcode besprechen.

In jedem Fall sei der Hinweis gegeben, dass für das gesamte Verständnis oder bei Interesse für eine bestimmte Funktion der Quellcode der mitgelieferten Beispielapplikationen studiert werden sollte.

6.2.1 Basisklassenfunktionen

Der Konstruktor unserer Klasse ruft zunächst die vererbte Create-Methode auf und weist dann das übergebene Parent vom Typ *TSystemAccess* der privaten Instanz zu. Diese Vorgehensweise ist notwendig, weil wir später mit der Klassenerweiterung für MSR-Zugriffe auf Funktionen der *TSystemAccess*-Klasse zugreifen wollen, und in unserer Implementierung keine Vererbung benutzen. Folglich findet der Zugriff über die private Klasseninstanz *FParent* von *TSystemAccess* statt.

Weiterhin besteht der Konstruktor aus der Ermittlung des Handles für die Windows-Systemdatei *kernel32.dll,* sowie der Ermittlung der Funktionsadressen für unsere Implementierung der beiden API-Funktionen *GetLogicalProcessorInformation* [15] und *GetLogicalProcessorInformationEx* [16]:

```
constructor TProcessor.Create(Parent : TSystemAccess);
begin
  inherited Create;
  FParent := Parent;

  Kernel32Handle := GetModuleHandle(PChar(Winapi.Windows.kernel32));
  GetLogicalProcessorInformation :=
    TGetLogicalProcessorInformation(
    GetProcAddress(Kernel32Handle, 'GetLogicalProcessorInformation'));
  GetLogicalProcessorInformationEx :=
    TGetLogicalProcessorInformationEx(
    GetProcAddress(Kernel32Handle, 'GetLogicalProcessorInformationEx'));
end;
```

Im Destruktor werden die Instanzen der Unterklassen für Prozessor-Cache und -Fähigkeiten freigegeben, falls sie erzeugt wurden. Ebenfalls wird per *inherited* der darüberliegende Destruktor aufgerufen:

```
destructor TProcessor.Destroy;
begin
  if Assigned(FCPUCache) then
    FCPUCache.Free;
  if Assigned(FCPUFeatures) then
    FCPUFeatures.Free;
  inherited;
end;
```

Die letzte Prozedur der Basisklassenfunktionen lautet *Clear* und setzt alle privaten und öffentlichen Variablen auf Standardwerte zurück, und sorgt auch nach der Prozessor-Erkennung auf Wunsch für eine saubere Ausgangsbasis:

```
procedure TProcessor.Clear;
begin
  FArch := 0;
  FCPUType := 0;
  FIntelBrand := [];
  FFamily := 0;
  FFamilyEx := 0;
  FModel := 0;
  FModelEx := 0;
  FStepping := 0;
  FSteppingEx := 0;
  FBrand := 0;
  FFreq := 0;
  FCPUName := '';
  FCodename := '';
  FMarketingName := '';
  FGenericName := '';
  FRevision := '';
  FTech := '';
  FCount := 0;
  FPC := 0;
  FTC := 0;
  FCC := 0;
  FCPP := 0;
  FLPP := 0;
  FLPC := 0;
  FSC := 0;
  FMCPP := 0;
  FMLPP := 0;
  FMLPC := 0;
end;
```

6.2.2 Cachefunktionen

Die Cachefunktionen beschreiben alle notwendigen Hilfsfunktionen, um sog. Cache-Deskriptoren zu handhaben und Cache-Parameter zu dekodieren.

Die Funktion *ValidDescriptor* prüft anhand eines Cardinal-Wertes, ob es sich um einen gültigen Cache-Deskriptor handelt und liefert entsprechend ein True oder False zurück:

```
function ValidDescriptor(Value : Cardinal) : Boolean;
```

Cache-Deskriptoren spielen bei der Erkennung von Caches eine wichtige Rolle, die wir später im Abschn. 6.2.9.8 noch besprechen werden.

Anhand der Prozedur *DecodeDescriptor* wird ein Deskriptor dekodiert und in der Klassenvariable *FCacheDescriptors* – die auf *TCacheDescriptors* basiert – gespeichert. Übergeben werden ein Prozessor-Register nach dem CPUID-Aufruf (also entweder EAX, EBX, ECX oder EDX) sowie ein Index.

Die Funktion *DescriptorExists* prüft innerhalb der Klassenvariable *FCacheDescriptors* – die auf *TCacheDescriptors* basiert – ob der in *Value* übergebene Cache-Deskriptor existiert, und liefert ein True oder False zurück:

```
function DescriptorExists(Value : Cardinal) : Boolean;
```

Mit der Funktion *DecodeCacheParams* wird ein Prozessor-Registersatz vom Typ *TCPUIDRec* (also EAX, EBX, ECX und EDX) übergeben und im erfolgreichen Fall eine Cache-Detailstruktur vom Typ *TCacheDetails* zurückgeliefert. Intern basiert diese Ermittlung hauptsächlich auf binaren Abfragen der Prozessorregister und logischen Verknüpfungen:

```
function DecodeCacheParams(ACache : TCPUIDRec) : TCacheDetails;
```

Die letzte Funktion der Cachefunktionen ist die Suche nach einer Cache-Assoziativität, die mit der Funktion *LookupAssociativity* umgesetzt wird. Übergeben wird ein Byte-Wert, der die Anzahl der Assoziativitätswege beschreibt (etwa 8-fach oder 24-fach), und wenn die Assoziativität zuzuordnen ist, wird der entsprechende Typ-Wert auf Basis von *TCacheAssociativity* zurückgeliefert:

```
type
  TCacheAssociativity = (caNone, caDirect, ca2Way, ca4Way, ca8Way,
                         ca12Way, ca16Way, caFull, ca6Way, ca24way);
```

6.2.3 Fähigkeitsfunktionen

Die Prozessor-Fähigkeiten sind Bestandteil von Abschn. 6.2.9.9 und definieren, welche Funktionen und Technologien im Prozessor enthalten sind. Es existiert hierfür nur eine Auswertungsprozedur, die *GetAvailableFeatures* lautet und das sog. *FeatureSet* als Parameter erwartet.

Dieses *FeatureSet* basiert auf *TFeatureSet* und kann die Werte *fsStandard, fsExtended, fsPowerManagement* und *fsSecureVirtualMachine* enthalten. Es definiert, welcher Satz von Fähigkeiten überprüft werden soll.

Anhand des Prozessorherstellers und der Fähigkeitenliste *cFeatureDefinitions* (definiert in der Unit ProcessorDB.pas) werden die einzelnen Fähigkeiten iteriert und im zweiten Prozedur-Rückgabeparameter vom Typ *TAvailableFeatures* zurückgegeben:

```
procedure GetAvailableFeatures(AFS : TFeatureSet;
                               var AF : TAvailableFeatures);
```

6.2.4 Namensfunktionen

Der Prozessorname mitsamt Codename, Kerndesign, Revision und technischem Prozess werden über die Funktion *GetCPUCodename* ermittelt. Diese erwartet als Parameter die Indexnummer des gewünschten physikalischen Prozessors (etwa 1 für den ersten Prozessor) und dann die CPUID-Details Hersteller, Familie, erweitertes Modell und Stepping. Zurückgeliefert werden die Namen für den Codenamen, das Kerndesign, die Revision und der technische Prozess.

Ebenfalls zurückgeliefert wird ein Boolen-Wert, der bei einer Übereinstimmung der übergebenen CPUID-Details ein True zurückliefert:

```
function GetCPUCodename(AIndex : Byte;
                        AVendor, AFamily, AModelEx,
                        AStepping : Integer;
                        out AMCA, ACoreDesign, ARevision : String;
                        out ATechProcess : Integer) : Boolean;
```

Die Funktion *GetCPUCodename* wird nur einmal aufgerufen im Zuge der Prozessorermittlung und setzt bereits einige Ermittlungen voraus. Weitere Details zum Einsatz dieser Funktion sind im Abschn. 6.2.9.11 zu finden.

6.2.5 Zugehörigkeitsfunktionen

Unter dem Begriff Zugehörigkeit (englisch *Affinity*) kann der Fokus auf einen bestimmten Prozessor oder auch Prozessorkern verstanden werden. Das hängt damit zusammen, dass der CPUID-Befehl – der die Basis für unsere Implementierung darstellt – nur im Kontext des aktuell gesetzten physikalischen Prozessors arbeitet. Sollte der Computer mit 2 oder mehr physikalischen Prozessoren ausgestattet sein (also ein echtes Multiprozessor-System), muss jeweils vor der Ermittlung jeder einzelne Prozessor fokussiert sein – also seine Zugehörigkeit bzw. Affinität korrekt gesetzt sein.

Die Prozedur *SetProcAffinity* erledigt diese Aufgabe und wird daher an mehreren Positionen unserer Implementierung verwendet. Übergeben wird der physikalische Prozessorindex, der bei Single-Prozessoren immer 1 ist.

Intern sichert die Prozedur die aktuelle Zugehörigkeit mit der API-Funktion *GetProcessAffinityMask* [9] in der Variable *OldAffinity* und setzt danach die neue Zugehörigkeit mit der API-Funktion *SetProcessAffinityMask* [10]:

```
procedure SetProcAffinity(FIndex : Byte);
```

Rückgängig machen lässt sich die Zugehörigkeit mit der Prozedur *RestoreProcAffinity,* die sich der zuvor gespeicherten Variable *OldAffinity* bedient und danach die darin enthaltene Zugehörigkeit mit der API-Funktion *SetProcessAffinityMask* setzt:

```
procedure RestoreProcAffinity;
```

6.2.6 CPUID-Funktionen

Die CPUID-Funktionen stellen sozusagen das Kernstück unserer *TProcessor*-Klasse dar, weil relativ viele Details von diesem Prozessorbefehl kommen und daher komfortable Hilfsfunktionen nötig sind.

Die Funktion *GetIntelBrand* ermittelt auf Basis der sog. *Brand ID* eine mögliche Intel-Marke, die vom Typ *TIntelBrands* abstammt:

```
function GetIntelBrand : TIntelBrands;
```

TIntelBrands definiert wiederum die Marken als Menge, wozu vorrangig ältere Marken gehören. Für uns wird die *ibMobile*-Eigenschaft später noch relevant sein:

```
TIntelBrand = (ibCeleron, ibPentium, ibXeon, ibMP, ibMobile,
               ibM, ibDuoCore, ibP4);
TIntelBrands = set of TIntelBrand;
```

Der eigentliche Aufruf des CPUID-Befehls wird über die Funktion *ExecuteCPUID* durchgeführt. Übergeben wird der Index des physikalischen Prozessors, wobei *ExecuteCPUID* damit die Zugehörigkeit mittels *SetProcAffinity* entsprechend setzt, danach folgt der CPUID-Funktionswert und ein potenzieller CPUID-Unterwert.

Während der Initialwert die eigentliche CPUID-Funktion spezifiziert (z. B. 1 für die Fähigkeiten oder 2 bzw. 4 für die Caches), erlaubt der Unterwert bei einigen ausgewählten CPUID-Funktionen weitergehende Auswertungen.

Zurückgegeben wird ein Record vom Typ *TCPUIDRec,* der die 4 Prozessorregister EAX, EBX, ECX und EDX repräsentiert:

```
function ExecuteCPUID(Cpu : Integer; FunctionID : Cardinal;
                      SubFunctionID : Cardinal = 0) : TCPUIDRec;
```

Mit den 3 Funktionen *GetCPUIDMaximumCommand, GetCPUIDCommandLevel* und *IsCPUIDCommandSupported* ermitteln wir im Prinzip bestimmte maximale CPUID-Funktionen, bevor man fälschlicherweise eine Funktion aufruft, die im aktuellen Prozessor noch gar nicht enthalten ist.

GetCPUIDMaximumCommand ermittelt bspw. für den Prozessorindex und den Level (also Standard-CPUID ab 0h, erweiterter CPUID ab 80000000h oder Transmeta CPUID ab 80860000h) die maximale CPUID-Funktion zurück.

GetCPUIDCommandLevel wiederum dreht diese Ermittlung um und gibt für eine CPUID-Funktion (etwa 80000002h) die dazugehörige Befehlsebene zurück (in diesem Fall *celExtended*). Das Ergebnis basiert auf *TCPUIDExecutionLevel* und erlaubt die Werte *celStandard* (CPUID 0 bis 3), *celExtended* (CPUID 80000000h bis 80000008h) und *celTransmeta* (CPUID 80860000h bis 80860007h).

Die dritte Funktion *IsCPUIDCommandSupported* fragt intern ab, ob die als Parameter übergebene CPUID-Funktion unterstützt wird und verwendet dafür die gerade beschriebenen beiden Funktionen *GetCPUIDMaximumCommand* und *GetCPUIDCommandLevel*:

```
function GetCPUIDMaximumCommand(Cpu : Byte;
                                Level : TCPUIDExecutionLevel) :
                                {$IFDEF WIN64}NativeUInt{$ELSE}
                                Cardinal{$ENDIF};

function GetCPUIDCommandLevel(Command : Cardinal) :
                              TCPUIDExecutionLevel;

function IsCPUIDCommandSupported(Cpu : Byte;
                                 Command : Cardinal) : Boolean;
```

Hintergrundinformation
Der Datentyp NativeUInt definiert einen plattformabhängigen vorzeichenlosen Integer und repräsentiert eine Untermenge der natürlichen Zahlen. Der Bereich von NativeUInt ist von der aktuellen Plattform abhängig (auf 32 Bit-Plattformen der Typ Cardinal und auf 64 Bit-Plattformen der Typ UInt64).

Diese Unterscheidung lösen wir durch die bedingte Kompilierung und Abfrage des WIN64-Symbols.

6.2.7 Prozessornummerfunktionen

Über zwei Hilfsfunktionen ermitteln wir die Anzahl der physikalischen Prozessoren jeweils über Windows API-Funktionen und CPUID.

In der Funktion *GetWinCPUNumbers* wird per API-Funktion *GetSystemInfo* [6] bzw. *GetNativeSystemInfo* [7] die Anzahl der logischen Prozessoren in der aktuellen Prozessorgruppe ermittelt.

Die Funktion *GetCPUPhysicalCount* ermittelt wiederum die Anzahl physikalischer Prozessoren über CPUID, was anhand einer Iteration durch die über *GetWinCPUNumbers* zurückgelieferten logischen Prozessoren geschieht. Für jeden logischen Prozessor wird der CPUID-Befehl mit dem Funktionswert 1 aufgerufen und die Bits 23-16 des EBX-Registers ausgewertet (laut Intel-Spezifikation die maximale Anzahl adressierbarer IDs/Kennungen für logische Prozessoren in diesem physikalischem Paket).

```
function GetCPUPhysicalCount : Byte;
function GetWinCPUNumbers : Byte;
```

6.2.8 Binäre Hilfsfunktionen

Viele Funktionen benutzen binäre Hilfsfunktionen, um entweder komfortabel einzelne Bits zu prüfen, oder auch bestimmte Bits aus einem DWord zurückzuliefern. Diese Möglichkeit lässt sich häufig mit Delphi-Boardmitteln und boolscher Algebra bewerkstelligen, was auch an einigen Stellen geschieht. An anderen Stellen sind die in dieser Sektion verfügbaren Hilfsfunktionen vorteilhaft, weil sie ohne viel zusätzlichen Code Ergebnisse auf komfortable Art und Weise ermöglichen.

Die Funktionen *HiDWord* und *LoDWord* liefern von einem vorzeichenlosen 64 Bit-Wert das höherwertige oder niederwertige DWord als Cardinal zurück. Beide Funktionen kommen als Hilfsfunktionen in der Funktion *IsBitOn* zum Einsatz.

Diese Funktion fragt komfortabel ein bestimmtes Bit eines maximal vorzeichenlosen 64 Bit-Wertes ab, wobei als Parameter der Wert und das Bit übergeben werden. Zurückgeliefert wird ein Boolean, der genau wie das abgefragte Bit entweder True oder False ist:

```
function HiDWord(AValue : UInt64) : Cardinal;
function LoDWord(AValue : UInt64) : Cardinal;
function IsBitOn(Value : UInt64; Bit : Byte) : Boolean;
```

Mit der Funktion *YesNo* wird ein String zurückgeliefert, der „ja“ oder „nein“ lauten kann – jeweils abhängig von dem übergebenen Boolean-Parameter. Verwendet wird diese Funktion direkt im Hauptformular, indem bestimmte Eigenschaften abgefragt werden und das Funktionsergebnis direkt in die ListView-Komponente übertragen wird:

```
function YesNo(ABool : Boolean) : String;
```

Für die Ermittlung bestimmter Bits eines Cardinal-Wertes (hauptsächlich der CPUID-Register EAX, EBX, ECX und EDX) kommt die Funktion *GetBitsFromDWord* zum Einsatz. Übergeben wird der Carinal-Wert wie etwa CPUID.EBX sowie die zu ermittelnden Bits – zuerst das Beginn-Bit (etwa 16) und danach das End-Bit (etwa 23). Zurückgeliefert wird dann als Integer der ausgewählte Bit-Bereich:

```
function GetBitsFromDWord(const aval : Cardinal;
                          const afrom, ato : Byte) : Integer;
```

Die letzte binäre Hilfsfunktion lautet *CountSetBits* und liefert basierend auf einem Übergabewert vom Typ NativeUInt die Anzahl der gesetzten Bits zurück. NativeUInt gilt in der Delphi-Welt als plattformabhängiger vorzeichenloser Integer. Auf 32 Bit-Plattformen entspricht NativeUInt dem Typ Cardinal und auf 64 Bit-Plattformen dem Typ UInt64:

```
function CountSetBits(ABitMask : NativeUInt) : DWord;
```

6.2.9 Haupterkennungsfunktionen

Die Haupterkennungsprozedur *GetProcessorDetails* kombiniert alle Bestandteile in einer Erkennung und benötigt dafür die Nummer des jeweiligen physikalischen Prozessors. Anschließend stehen für das Hauptformular (oder jedem Zugriff von außerhalb der Klasse) die gefüllten Variablen und Details zum Abruf bereit. Der Aufruf dieser Prozedur erfolgt daher immer bei der Auswahl eines physikalischen Prozessors im linken TreeView:

```
procedure TProcessor.GetProcessorDetails(FIndex : Byte);
```

Der Initialisierungsbereich besteht aus diversen Variablen etwa für Zähler, Cache-Details auf Basis von *TCPUIDRec* und *TCacheDetails,* die verfügbaren Fähigkeiten auf Basis von *TAvailableFeatures,* sowie Puffer- und Struktur-Variablen für die beiden API-Funktionen *GetLogicalProcessorInformation* [15] und *GetLogicalProcessorInformationEx* [16]:

```
var
  VID, s, r : String;
  Counter,
  i, c, t, p,
  l, k, m : Integer;
  FAMD,
  FCache : TCPUIDRec;
  cd1 : Array[clLevel1Code..clLevel1Unified] of TCacheDetails;
  cd, cd2, cd3, cd4 : TCacheDetails;
  j : TCacheLevel;
  fs1, fs2, fs3, fs4 : TAvailableFeatures;
  FHTT : Boolean;
  n : Cardinal;
  buf1, slpi : PSystemLogicalProcessorInformation;
  buf2, slpiex : PSystemLogicalProcessorInformationEx;
```

Über die interne Prozedur *SetCache* steuern wir die Zuweisung der Cache-Level basierend auf der temporären Variable *cd* (basierend auf *TCacheDetails*) zu den einzelnen Level-Variablen *cd1, cd2* und *cd3* (Cache-Details für die einzelnen Level 1 bis 3, ebenfalls basierend auf *TCacheDetails*). Hierbei erfolgt eine Abfrage, welches Cache-Level vorhanden ist und zusätzlich beim Level 1-Cache, ob der Cache-Typ ein Daten-, Instruktions- oder Unified-Cache ist:

```
procedure SetCache;
begin
  if (cd.Level = 1) and (cd.&Type = 1) then
    cd1[clLevel1Data] := cd
  else if (cd.Level = 1) and (cd.&Type = 2) then
    cd1[clLevel1Code] := cd
  else if (cd.Level = 1) and (cd.&Type = 3) then
    cd1[clLevel1Unified] := cd
  else if (cd.Level = 2) then
    cd2 := cd
  else if (cd.Level = 3) then
    cd3 := cd;
end;
```

6.2.9.1 Initialisierungen

Begonnen wird die Erkennungsprozedur mit verschiedenen Initialisierungen, wozu der Aufruf von *Clear* gehört, die Erzeugung von Klasseninstanzen für Prozessor-Cache und -Fähigkeiten, der API-Aufruf der Funktion *GetNativeSystemInfo,* sowie die Zuweisung von verschiedenen Variablen und Ergebnissen des zuvor durchgeführten API-Aufrufs.

GetNativeSystemInfo [7] liefert Informationen über das aktuelle System an eine Anwendung, die unter WOW64 läuft. Wenn diese API-Funktion von einer 64 Bit-Anwendung aufgerufen wird, entspricht sie der API-Funktion *GetSystemInfo* [6]. Beide Funktionen verwenden einen Rückgabeparameter vom Typ *TSystemInfo* [8] (Tab. 6.2).

Anhand dieser Struktur lassen sich einige rudimentäre Prozessor-Details ermitteln, ohne herstellerspezifisch agieren zu müssen – da die dazugehörigen API-Funktionen alles vereinheitlichen. Wir verwenden von diesen Details die Architektur, Prozessor-Revision und die Anzahl logischer Prozessoren:

```
begin
  // Initializations
  Clear;
  if Assigned(FCPUCache) then
    FCPUCache.Free;
  if Assigned(FCPUFeatures) then
    FCPUFeatures.Free;
  FCPUCache := TCPUCache.Create;
  FCPUFeatures := TCPUFeatures.Create;
  GetNativeSystemInfo(FSI);
  FArch := FSI.wProcessorArchitecture;
  FModelEx := Hi(FSI.wProcessorRevision);
  FSteppingEx := Lo(FSI.wProcessorRevision);
  FCount := FSI.dwNumberOfProcessors;
  FTC := FSI.dwNumberOfProcessors;
  FPC := 1;
  FSC := 1;
```

6.2.9.2 Prozessor-Hersteller

Nach den Initialisierungen beginnen wir mit der Ermittlung des Prozessor-Herstellers, da auf dieser Basis später Erkennungsunterschiede erfolgen müssen. Hierfür kommt der CPUID-Befehl mit dem EAX-Funktionswert 0 zum Einsatz, der über die Register EBX, ECX und EDX den Herstellernamen zurückliefert. Wir rufen daher *ExecuteCPUID* mit dem physikalischen Prozessor und der in *FIndex* gespeicherten Prozessornummer auf, gefolgt von *CPUID_STD_VendorSignature,* die eine 0 repräsentiert. Danach setzt unsere eigene Namensfunktion *FormatString* diesen Inhalt zu einem vollständigen String zusammen:

```
  // CPU Vendor

  FCPUID := ExecuteCPUID(FIndex, CPUID_STD_VendorSignature);

  VID := FormatString(FCPUID.EBX) +
         FormatString(FCPUID.EDX) +
         FormatString(FCPUID.ECX);
```

Tab. 6.2 Strukturinhalt von SYSTEM_INFO für die Verwendung von GetSystemInfo und GetNativeSystemInfo

Name	Datentyp	Beschreibung
dwOemId	DWord	Veraltete Variable, die aus Kompatibilitätsgründen beibehalten wird
wProcessorArchitecture	Word	Prozessorarchitektur des installierten Betriebssystems, wobei unterschieden wird zwischen: • PROCESSOR_ARCHITECTURE_AMD64 für ×64 • PROCESSOR_ARCHITECTURE_INTEL für ×86 • PROCESSOR_ARCHITECTURE_IA64 für Intel Itanium • PROCESSOR_ARCHITECTURE_ARM für ARM • PROCESSOR_ARCHITECTURE_ARM64 für 64 Bit ARM • PROCESSOR_ARCHITECTURE_UNKNOWN für unbekannte Architekturen
dwPageSize	DWord	Seitengröße und Granularität für die Seitensicherung und Seitenbindung
lpMinimumApplication Address	Zeiger	Zeiger auf die niedrigste für Anwendungen und DLLs zugängliche Speicheradresse
lpMaximumApplication Address	Zeiger	Zeiger auf die höchste für Anwendungen und DLLs zugängliche Speicheradresse
dwActiveProcessor Mask	DWord-Zeiger	Maske, die die Menge der im System konfigurierten Prozessoren darstellt. Bit 0 ist hierbei Prozessor 0; Bit 31 ist Prozessor 31
dwNumberOfProcessors	DWord	Anzahl der logischen Prozessoren in der aktuellen Gruppe
dwProcessorType	DWord	Veraltete Variable, die aus Kompatibilitätsgründen beibehalten wird und den Prozessortyp definiert
dwAllocationGranularity	DWord	Granularität für die Anfangsadresse, ab der virtueller Speicher zugewiesen werden kann
wProcessorLevel	Word	Architekturabhängige Prozessorebene
wProcessorRevision	Word	Architekturabhängige Prozessorrevision

Nachdem wir den String nun fertig zusammengesetzt haben, kommt unsere Variable *FVendor* vom Typ *TCpuVendor* zum Einsatz, wobei durch alle Hersteller iteriert wird und die bekannten Hersteller-Signaturen (*cVendorNames*-Feld) mit der soeben ermittelten Signatur verglichen wird – das Ergebnis wird dann schließlich *FVendor* zugewiesen und danach per Break aus der Schleife herausgesprungen:

```
FVendor := cvUnknown;
for Counter := Integer(cvUnknown) to Integer(cvTransmeta) do
  if cVendorNames[TCPUVendor(Counter)].Signature = VID then
  begin
    FVendor := TCPUVendor(Counter);
    Break;
  end;
```

Vollständigerweise sei noch erwähnt, dass *TCpuVendor* als Typauflistung der Hersteller wiefolgt definiert ist:

```
TCpuVendor = (cvNone, cvUnknown, cvIntel, cvAmd, cvCyrix, cvIDT,
              cvNexGen, cvUMC, cvRise, cvSiS, cvGeode, cvTransmeta);
```

Wir ermitteln daher diejenigen Hersteller, die sich in einem Feld mit dem Namen *cVendorNames* in der Unit ProcessorDB.pas befinden und für jeden Hersteller mehrere Statuswerte zur Erkennung von Fähigkeiten und Cache sowie die Signatur, ein Prefix und den vollständigen Herstellernamen enthalten. Wir ermitteln grundsätzlich die bisher bekannten Prozessorhersteller Intel Corporation, Advanced Micro Devices, Via Technologies Inc, NexGen Inc, United Microelectronics Corp, Rise Technology, SiS, National Semiconductor und Transmeta.

6.2.9.3 Generische Prozessor-Details

Nach dem Prozessorhersteller geht es weiter mit den sogenannten generischen Prozessor-Details, wobei es sich vorrangig um universelle Werte wie Modell, Familie, Stepping und BrandID handelt. Anhand der Funktion *IsCPUIDCommandSupported* prüfen wir, ob der CPUID-Befehl mit dem EAX-Funktionswert von 1 (wird durch *CPUID_STD_Signature* repräsentiert) unterstützt wird, und rufen in diesem Fall die Funktion *ExecuteCPUID* auf:

```
if IsCPUIDCommandSupported(FIndex, CPUID_STD_Signature) then
begin
  // CPU Generic Details
  FCPUID := ExecuteCPUID(FIndex, CPUID_STD_Signature);
```

Wie man der offiziellen Intel-Spezifikation [1] und der Beschreibung des EAX-Registers nach dem CPUID-Aufruf entnehmen kann, enthält das EAX-Register den Prozessortyp (Bits 13-12), das Modell (Bits 7-4), die Familie (Bits 11-8) sowie das Stepping (Bits 3-0). Zusätzlich existieren Werte für das erweiterte Modell und Familie, die wir ebenfalls ermitteln und unter bestimmten Bedingungen den Standardwerten für Modell und Familie hinzuaddieren (Abb. 6.3).

Die BrandID kommt später im Zuge der Intel-Markenerkennung zum Einsatz und wird bei Intel sowie AMD im ersten Byte des EBX-Registers ermittelt, bei Intel

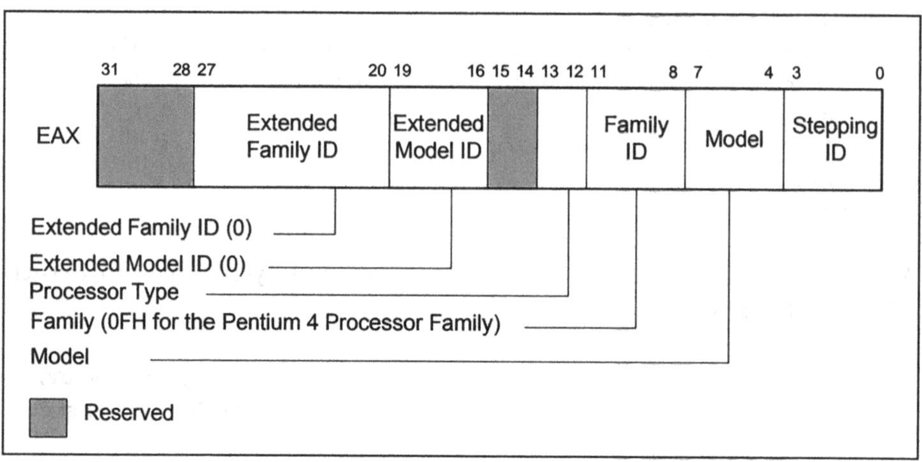

Abb. 6.3 Generische Details im EAX-Register nach dem CPUID-Aufruf mit dem Funktionswert 1

wieder für den CPUID-Funktionswert 1 und bei AMD für den Wert 80000001h. Letzterer Funktionswert wird durch die Konstante *CPUID_EXT_Signature* repräsentiert und kommt ab dem AMD-Modell Opteron zum Einsatz:

```
FCPUType := (FCPUID.EAX shr 12 and 3);
if (FCPUID.EAX shr 8 and $F) >= $F then
  FFamily := (FCPUID.EAX shr 20 and $FF) +
             (FCPUID.EAX shr 8 and $F)
else
  FFamily := FCPUID.EAX shr 8 and $F;
if (FCPUID.EAX shr 4 and $F) >= $F then
  FModel := (FCPUID.EAX shr 16 and $F) +
            (FCPUID.EAX shr 4 and $F)
else
  FModel := FCPUID.EAX shr 4 and $F;
FStepping := FCPUID.EAX and $F;
if (FVendor = cvAmd) and (FFamily = 15) and
   (FModel > 4) and (FCPUID.EBX = 0) then
begin // AMD Opteron
  FAMD := ExecuteCPUID(FIndex, CPUID_EXT_Signature);
  FBrand := LoByte(LoWord(FAMD.EBX));
end else
  FBrand := LoByte(LoWord(FCPUID.EBX));
```

Hier erkennt man bereits, dass relativ viele Auswertungen im binären Bereich erfolgen, also bestimmte Bits eines 32 Bit-Registers ausgewertet werden. Diese Rohwerte werden in lokalen Klassenvariablen gespeichert und einerseits für die Ermittlung, andererseits für die Darstellung in Rohform in der Oberfläche verwendet.

Danach erfolgt die Zusammensetzung des generischen Namens, der jeweils nach Architektur (also 64 Bit, Itanium und sonstige) auf die vordefinierten Stringvorgaben *rsGenericName_x64, rsGenericName_ia64* und *rsGenericName_x86* zugreift. Diese 3 Strings sind in der Unit ProcessorDB.pas wiefolgt deklariert:

```
rsGenericName_x86 = 'x86 Familie %d Modell %d Stepping %d';
rsGenericName_x64 = 'x64 Familie %d Modell %d Stepping %d';
rsGenericName_ia64 = 'ia64 Familie %d Modell %d Stepping %d';
```

Anhand der bisher gewonnenen Daten und mithilfe der Format-Funktion aus der Delphi-Unit System.SysUtils.pas wird der generische Name dann der Klassenvariable *FGeneric-Name* zugewiesen:

```
    case FArch of
       PROCESSOR_ARCHITECTURE_IA64 : FGenericName :=
         Format(rsGenericName_ia64,
         [FSI.wProcessorLevel,
          Hi(FSI.wProcessorRevision),
          Lo(FSI.wProcessorRevision)
         ]);
       PROCESSOR_ARCHITECTURE_AMD64 : FGenericName :=
         Format(rsGenericName_x64,
         [FSI.wProcessorLevel,
          Hi(FSI.wProcessorRevision),
          Lo(FSI.wProcessorRevision)
         ]);
       else FGenericName := Format(rsGenericName_x86,
                                   [FFamily, FModel, FStepping]);
     end;
```

6.2.9.4 Maximale Anzahl logischer Prozessoren pro Paket

Weiter geht es mit der maximalen Anzahl der logischen Prozessoren im Paket, die laut Intel-Spezifikation von Bit 28 der Prozessor-Fähigkeiten abhängt. Sollte dieses Bit nicht gesetzt sein, existiert nur ein logischer Prozessor pro Paket; sollte es gesetzt sein, lässt sich die maximale Anzahl der logischen Prozessoren pro Paket aus dem EBX-Register und den Bits 23-16 auslesen. Die Intel-Spezifikation beschreibt diesen Umstand relativ verständlich:

> Max APIC IDs reserved field is Valid. A value of 0 for HTT indicates there is only a single logical processor in the package and software should assume only a single APIC ID is reserved. A value of 1 for HTT indicates the value in CPUID.1.EBX[23:16] (the Maximum number of addressable IDs for logical processors in this package) is valid for the package.

AMD geht hier einen vergleichbaren Weg und benennt Bit 28 entsprechend *HTT: hyper-threading technology*, wobei ein gesetztes Bit ein Multi-Core Produkt repräsentiert. Das wiederum lässt die Implementierung einer relativ kompakten Sektion zu, bei der wir die binäre Hilfsfunktion *GetBitsFromDWord* verwenden, um komfortabel die Bits 23-16 zu extrahieren. Die lokale Klassenvariable *FMLPP* beinhaltet folglich den gewünschten Wert:

```
// MaxLogicalPerPackage
FHTT := (FCPUID.EDX and (1 shl 28)) <> 0;
if FHTT then
  FMLPP := GetBitsFromDWord(FCPUID.EBX, 16, 23)
else
  FMLPP := 1;
```

6.2.9.5 Kernanzahl-Statistiken

Mit diversen Abfragen und Auswertungen geht es in der nächsten Sektion um die Prozessor-Kerne, womit eine Kernstatistik gemeint ist. Intel verwendet hier andere Felder als AMD, und letztlich werden diese Daten später noch durch eine API-Funktion ergänzt, die unabhängig vom Prozessorhersteller funktioniert.

Die möglichen Kernwerte implementieren wir ebenfalls als veröffentlichte Eigenschaften, und das nachfolgende Kapitel sowie insbesondere Tab. 6.4 stellen einen guten Überblick dafür dar.

Zum Beginn der Ermittlung werden zunächst Standardwerte für bestimmte Felder gesetzt und dann der Prozessorhersteller abgefragt:

```
// Core Number Statistics
FCPP := 1; {CorePerPackage}
FLPP := 1; {LogicalPerPackage}
FLPC := 1; {LogicalPerCore}
case FVendor of
```

Bei Intel wird nach Verfügbarkeitsprüfungen mit *IsCPUIDCommandSupported* zunächst *ExecuteCPUID* mit den beiden Funktionswerten 4 (Konstante *CPUID_STD_CacheParams*) und Bh (Konstante *CPUID_STD_Topology*) aufgerufen. Der erste Parameter von *ExecuteCPUID* wird immer dann auf −1 gesetzt, wenn kein spezieller Prozessorkontext notwendig ist und die Kern-Affinität daher unberührt bleibt.

Den Funktionswert Bh bezeichnet Intel als *Extended Topology Enumeration Leaf* und für maximal 255 logische Prozessoren iterieren wir den Aufruf in einer For-Schleife, die das EBX-Register *(Number of logical processors at this level type)* sowie den sog. Level-Typ selbst über das ECX-Register und die Bits 15-8 auswertet. Aktuell sind die beiden Level-Typen *SMT* und *Kern* dokumentiert.

Abgeschlossen wird die Intel-Kernermittlung durch verschiedene Abfragen, wenn bestimmte Felder Nullwerte zurückliefern oder Formeln zum Einsatz kommen müssen. So wird beispielsweise die Anzahl der logischen Kerne pro Paket (Variable *FLPP* -> LogicalPerPackage) dadurch bestimmt, indem die Kerne pro Paket (Variable *FCPP* -> CorePerPackage) mit den logischen Kernen pro Kern (Variable *FLPC* -> LogicalPerCore) multipliziert werden:

```
cvIntel : if IsCPUIDCommandSupported(FIndex,
                                     CPUID_STD_CacheParams) then
begin
  FCPUID := ExecuteCPUID(-1, CPUID_STD_CacheParams);
  FMCPP := GetBitsFromDWord(FCPUID.EAX, 26, 31) + 1;
  FMLPC := FMLPP div FMCPP;
  if FMCPP = 2 then
    FIntelBrand := FIntelBrand + [ibDuoCore]
  else
    if FFamily = 15 then
      FIntelBrand := FIntelBrand + [ibP4];
  if IsCPUIDCommandSupported(FIndex, CPUID_STD_Topology) then
  begin
    for i := 0 to 254 do
    begin
      FCPUID := ExecuteCPUID(-1, CPUID_STD_Topology, i);
      if GetBitsFromDWord(FCPUID.EBX, 0, 15) > 0 then
      begin
        case GetBitsFromDWord(FCPUID.ECX, 8, 15) of
         1 : {SMT}  FLPC := GetBitsFromDWord(FCPUID.EAX, 0, 4);
         2 : {Core} FCPP := GetBitsFromDWord(FCPUID.EAX, 0, 4);
        end;
      end else
        Break;
    end;
  end;
  if FCPP = 0 then
    FCPP := FMCPP;
  FCPP := FMCPP div FCPP;
  if FCPP = 0 then
    FCPP := FMCPP;
  if FMLPC > FLPC then
    FLPC := FMLPC;
  FLPP := FCPP * FLPC;

  if (FCount div FPC) > FLPP then
  begin
    FCPP := (FCount div FPC) div FLPC;
    FLPP := (FCount div FPC);
  end;
end;
```

Für AMD sieht es wesentlich kompakter aus, da wir hier nur die Anzahl logischer Kerne pro Paket ermitteln und den Rest über die Windows-API-Funktion beziehen. Wir fragen zunächst mittels *IsCPUIDCommandSupported* ab, ob der CPUID-Funktionswert 80000008h (repräsentiert durch die Konstante *CPUID_EXT_AA64Information*) existiert, führen im positiven Fall die CPUID-Funktion aus, und lesen dann im ECX-Register (von AMD bezeichnet als *Size Identifiers*) die Anzahl logischer Kerne pro Paket aus:

```
    cvAMD : if IsCPUIDCommandSupported(FIndex,
                                      CPUID_EXT_AA64Information) then
    begin
      FCPUID := ExecuteCPUID(FIndex, CPUID_EXT_AA64Information);
      FLPP := (FCPUID.ECX and $FF) + 1;
    end;
  end;
```

6.2.9.6 Prozessor-Marketingname

Weiter geht es mit der Sektion für den Prozessor-Marketingnamen, der auch als *Processor Brand String* bezeichnet wird. Diese Ermittlung erfolgt über 3 CPUID-Aufrufe mit den Funktionswerten 80000002h, 80000003h und 80000004h und diese Werte sind jeweils über die Konstanten *CPUID_EXT_MarketingName1, CPUID_EXT_MarketingName2* und *CPUID_EXT_MarketingName3* vordefiniert. Der Prozessor-Hersteller Transmeta weicht hier vom Paradigma der restlichen Hersteller ab, wofür wir eine gesonderte Behandlung implementieren müssen. Statt 3 CPUID-Funktionen kommen hier 4 Funktionen mit den Funktionswerten 80860003h – 80860006h zum Einsatz, die jeweils in den Konstanten *CPUID_TMX_MarketingName1* (sowie dann 2, 3 und 4) vor definiert sind.

Wir prüfen daher zunächst, ob die am weitesten verbreitete Methode zum Einsatz kommt und der Prozessor-Hersteller nicht Transmeta ist. Über die Funktion *IsCPUIDCommandSupported* prüfen wir, ob der jeweilige CPUID-Befehl verfügbar ist und verwenden nach dem CPUID-Aufruf mittels *ExecuteCPUID* unsere Namensfunktion *FormatString* für das Zusammensetzen des Strings.

Das gleiche Verfahren erfolgt dann für den zweiten und dritten CPUID-Funktionswert und die gewonnenen Teilstrings werden der lokalen Klassenvariable *FMarketingName* angefügt. Anschließend sorgt die Delphi-Funktion Trim für das Abschneiden überflüssiger Leerstellen, da die Texte von den Prozessor-Herstellern beliebig änderbar sind:

```
// CPU Marketing Name
if FVendor <> cvTransmeta then
begin
  if IsCPUIDCommandSupported(FIndex, CPUID_EXT_MarketingName1) then
  begin
    FCPUID := ExecuteCPUID(FIndex, CPUID_EXT_MarketingName1);
    FMarketingName := FormatString(FCPUID.EAX) +
                      FormatString(FCPUID.EBX) +
```

```
                            FormatString(FCPUID.ECX) +
                            FormatString(FCPUID.EDX);
        FCPUID := ExecuteCPUID(FIndex, CPUID_EXT_MarketingName2);
        FMarketingName := FMarketingName + FormatString(FCPUID.EAX) +
                                           FormatString(FCPUID.EBX) +
                                           FormatString(FCPUID.ECX) +
                                           FormatString(FCPUID.EDX);
        FCPUID := ExecuteCPUID(FIndex, CPUID_EXT_MarketingName3);
        FMarketingName := FMarketingName + FormatString(FCPUID.EAX) +
                                           FormatString(FCPUID.EBX) +
                                           FormatString(FCPUID.ECX) +
                                           FormatString(FCPUID.EDX);

      end
      else
     if IsCPUIDCommandSupported(FIndex, CPUID_TMX_MarketingName1) then
      begin
        FCPUID := ExecuteCPUID(FIndex, CPUID_TMX_MarketingName1);
        FMarketingName := FormatString(FCPUID.EAX) +
                          FormatString(FCPUID.EBX) +
                          FormatString(FCPUID.ECX) +
                          FormatString(FCPUID.EDX);
        FCPUID := ExecuteCPUID(FIndex, CPUID_TMX_MarketingName2);
        FMarketingName := FMarketingName + FormatString(FCPUID.EAX) +
                                           FormatString(FCPUID.EBX) +
                                           FormatString(FCPUID.ECX) +
                                           FormatString(FCPUID.EDX);
        FCPUID := ExecuteCPUID(FIndex, CPUID_TMX_MarketingName3);
        FMarketingName := FMarketingName + FormatString(FCPUID.EAX) +
                                           FormatString(FCPUID.EBX) +
                                           FormatString(FCPUID.ECX) +
                                          FormatString(FCPUID.EDX);
        FCPUID := ExecuteCPUID(FIndex, CPUID_TMX_MarketingName4);
        FMarketingName := FMarketingName + FormatString(FCPUID.EAX) +
                                           FormatString(FCPUID.EBX) +
                                           FormatString(FCPUID.ECX) +
                                           FormatString(FCPUID.EDX);

      end;
    end;
    FMarketingName := Trim(FMarketingName);
  end;
```

6.2.9.7 Erweiterte Prozessor-Signatur

Wie schon weiter oben im Bereich der generischen Prozessor-Informationen angesprochen, existieren für einige wichtige Felder zusätzliche Erweiterungsfelder, die historisch bedingt eingeführt wurden, um zusätzliche Erkennungsmöglichkeiten zu nutzen und Limitierungen der bisherigen Felder zu erweitern. Dazu gehören vorrangig das erweiterte Modell, die erweiterte Familie und das erweiterte Stepping.

Diese 3 Felder lassen sich über den CPUID-Funktionswert 80000001h, der in der Konstante *CPUID_EXT_Signature* definiert ist, abfragen. Die Bits sind hier identisch wie beim CPUID-Funktionswert 1 und dem zurückgelieferten EAX-Register belegt, nur dass die Felder *FamilyID, ModelID* und *SteppingID* hier als erweiterte Felder kategorisiert sind:

```
// CPU Ext Signature
if IsCPUIDCommandSupported(FIndex, CPUID_EXT_Signature) then
begin
  FCPUID := ExecuteCPUID(FIndex, CPUID_EXT_Signature);
  FFamilyEx := FCPUID.EAX shr 8 and $F;
  FModelEx := FCPUID.EAX shr 4 and $F;
  FSteppingEx := FCPUID.EAX and $F;
end;
```

6.2.9.8 Prozessor-Caches

Die nächste große Sektion beschreibt die Prozessor-Caches, deren Ermittlung wir an dieser Stelle nicht unbedingt bis ins kleinste Detail durchsprechen müssen. Wichtig zu kennen sind die Ermittlungswege und wie die Daten gespeichert und zugreifbar gemacht werden.

Ursprünglich und in den Anfängen des CPUID-Befehls wurde der CPUID-Funktionswert 2 dafür verwendet, um TLB- Cache- und Prefetch-Informationen zu ermitteln. Jedes der 4 Register EAX, EBX, ECX und EDX als reine 32 Bit-Register enthält 4 Bytes, und anhand sogenannter Deskriptoren sowie veröffentlichter Deskriptor-Listen lassen sich dadurch genaue Angaben zum Cache ermitteln. Die Deskriptor-Listen sind hierfür in der Intel-Spezifikation aufgeführt, wobei man dann nacheinander die einzelnen Bytes in den 4 Registern iteriert (Abb. 6.4).

Eine Besonderheit stellt hierbei der Deskriptor mit dem Wert 40h dar, der aussagt, dass kein Level 2-Cache vorhanden ist bzw. alternativ, wenn der Prozessor einen gültigen Level 2-Cache enthält, kein Level 3-Cache vorhanden ist.

Irgendwann kamen diese Deskriptoren mit neueren Prozessoren und größeren Caches an ihre Grenzen, weil durch das architekturelle Design als Byte-Wert letztendlich nur 256 Möglichkeiten abgebildet werden konnten. Daher wurde der CPUID-Funktionswert 4 geschaffen, der wesentlich flexibler und offener ausgelegt ist. Hierfür wird der CPUID-Befehl mit dem Funktionswert 4 ausgeführt und über den zweiten Parameter (SubFunctionID) von 0 beginnend inkrementiert. Was dann folgt ist die Auswertung der Register, wobei die Bits 4-0 im EAX-Register etwa den Cache-Typ klassifizieren (Daten/Instruktionen/Unified) und die Bits 7-5 die Cache-Ebene, also das sog. Level, beschreiben. Über die anderen Register lassen sich dann weitere Cache-Details ermitteln, die recht speziell sind und für eine einfache Darstellung sowie die meisten Szenarien nicht notwendig sind.

Table 3-12. Encoding of CPUID Leaf 2 Descriptors

Value	Type	Description
00H	General	Null descriptor, this byte contains no information
01H	TLB	Instruction TLB: 4 KByte pages, 4-way set associative, 32 entries
02H	TLB	Instruction TLB: 4 MByte pages, fully associative, 2 entries
03H	TLB	Data TLB: 4 KByte pages, 4-way set associative, 64 entries
04H	TLB	Data TLB: 4 MByte pages, 4-way set associative, 8 entries
05H	TLB	Data TLB1: 4 MByte pages, 4-way set associative, 32 entries
06H	Cache	1st-level instruction cache: 8 KBytes, 4-way set associative, 32 byte line size
08H	Cache	1st-level instruction cache: 16 KBytes, 4-way set associative, 32 byte line size
09H	Cache	1st-level instruction cache: 32KBytes, 4-way set associative, 64 byte line size
0AH	Cache	1st-level data cache: 8 KBytes, 2-way set associative, 32 byte line size
0BH	TLB	Instruction TLB: 4 MByte pages, 4-way set associative, 4 entries
0CH	Cache	1st-level data cache: 16 KBytes, 4-way set associative, 32 byte line size
0DH	Cache	1st-level data cache: 16 KBytes, 4-way set associative, 64 byte line size
0EH	Cache	1st-level data cache: 24 KBytes, 6-way set associative, 64 byte line size
1DH	Cache	2nd-level cache: 128 KBytes, 2-way set associative, 64 byte line size
21H	Cache	2nd-level cache: 256 KBytes, 8-way set associative, 64 byte line size
22H	Cache	3rd-level cache: 512 KBytes, 4-way set associative, 64 byte line size, 2 lines per sector
23H	Cache	3rd-level cache: 1 MBytes, 8-way set associative, 64 byte line size, 2 lines per sector
24H	Cache	2nd-level cache: 1 MBytes, 16-way set associative, 64 byte line size
25H	Cache	3rd-level cache: 2 MBytes, 8-way set associative, 64 byte line size, 2 lines per sector
29H	Cache	3rd-level cache: 4 MBytes, 8-way set associative, 64 byte line size, 2 lines per sector
2CH	Cache	1st-level data cache: 32 KBytes, 8-way set associative, 64 byte line size
30H	Cache	1st-level instruction cache: 32 KBytes, 8-way set associative, 64 byte line size
40H	Cache	No 2nd-level cache or, if processor contains a valid 2nd-level cache, no 3rd-level cache
41H	Cache	2nd-level cache: 128 KBytes, 4-way set associative, 32 byte line size
42H	Cache	2nd-level cache: 256 KBytes, 4-way set associative, 32 byte line size

Abb. 6.4 Cache-Deskriptoren nach dem CPUID-Aufruf mit dem Funktionswert 2

Im Quellcode verwenden wir für Cache-Details den Record *TCacheDetails,* der in der Unit ProcessorCacheAndFeatures.pas definiert ist und wiefolgt aussieht:

```
TCacheDetails = record
  &Type : Byte;
  Desc : String;
  Associativity : TCacheAssociativity;
  Ways,
  Partitions,
  Size,
  Shared,
  LineSize,
  Level : Cardinal;
  Descriptors  : TCacheDescriptors;
end;
```

Die Assoziativität ist eine Menge an bekannten Statuswerten und wird in einer Typdefinition mit dem Namen *TCacheAssociativity* dargestellt. Ebenfalls definieren wir ein Feld mit 16 möglichen Cache-Deskriptoren vom Typ Cardinal und nennen es *TCacheDescriptors:*

```
TCacheAssociativity = (caNone, caDirect, ca2Way, ca4Way, ca8Way,
                       ca12Way, ca16Way, caFull, ca6Way, ca24way);
TCacheDescriptors = Array [1..16] of Cardinal;
```

Wir verwenden 3 Variablen vom *TCacheDetails*-Record für die 3 Level (*cd1*, *cd2* und *cd3*), sowie eine vierte Variable *(cd4)* für den Trace-Cache. Über eine zusätzliche neutrale Variable *(cd)* werden die ermittelten Cache-Details mit unserer Funktion *DecodeCacheParams* dekodiert und dann später in die Variablen *cd1, cd2, cd3* und *cd4* übertragen.

Begonnen wird mit dem Vorbereiten der Cache-Detail-Variablen:

```
// CPU cache
for j := clLevel1Code to clLevel1Unified do
begin
  ResetMemory(cd1[j], SizeOf(TCacheDetails));
  cd1[j].Shared := 1;
end;
ResetMemory(cd2, SizeOf(TCacheDetails));
cd2.Shared := 1;
ResetMemory(cd3, SizeOf(TCacheDetails));
cd3.Shared := 1;
ResetMemory(cd4, SizeOf(TCacheDetails));
cd4.Shared := 1;
```

Dann beginnen wir mit dem Ausführen des CPUID-Befehles mit dem Funktionswert 4 (repräsentiert durch die Konstante *CPUID_STD_CacheParams*) und die SubFunktion der Zählervariable, die von 0 bis 9 inkrementiert wird. Über die neutrale Cache-Detail-Variable *cd* werden die Cache-Parameter dekodiert und mit unserer Unterfunktion *SetCache* je nach Cache-Ebene in die entsprechende Cache-Detailvariable für Ebenen (*cd1*, *cd2* oder *cd3*) verschoben. Gültige Werte lassen sich dadurch erkennen, wenn der Cache-Typ ungleich 0 ist, weil dieser Wert laut Spezifikation *No more caches* bedeutet:

```
for i := 0 to 9 do
begin
  FCache := ExecuteCPUID(FIndex, CPUID_STD_CacheParams, i);
  cd := DecodeCacheParams(FCache);
  if cd.Typ = 0 then
    Break;
  SetCache;
end;
```

Dann wird anhand unseres Feld der Prozessor-Hersteller geprüft, ob die Standarderkennung (über Deskriptoren, also über CPUID = 2) verfügbar ist, oder mit der erweiterten Methode (CPUID = 4) auch eine kombinierte Möglichkeit besteht.

Sollte die Standardmethode zum Einsatz kommen, verwenden wir unsere Funktion *DecodeDescriptor* für die Dekodierung und übertragen dann alles in die Cache-Detail-Variablen. Dies geschieht jeweils für alle Ebenen sowie danach für den Trace-Cache. Abschließend sorgt die Funktion *SetContent* der Klasse *TCPUCache* dafür, dass die Cache-Detail-Variablen korrekt in die Klasseninstanz übertragen werden – diese Klasse steht damit von außerhalb zur Verfügung und bildet eine komplette Cache-Konfiguration ab. Sie ist definiert in der Unit ProcessorCacheAndFeatures.pas und sieht wiefolgt aus:

```
TCPUCache = class(TPersistent)
private
  FLevel3 : TCPUCacheDetails;
  FLevel2 : TCPUCacheDetails;
  FLevel1 : TCPUSegmentedCache;
  FTrace : TCPUCacheDetails;
public
  constructor Create;
  destructor Destroy; override;
  procedure Clear;
  procedure AddData(AType : TProcessorCacheType; ALevel, AAssoc : Byte;
                    ALineSize : Word; ASize : Cardinal);
  procedure SetContent(ALevel1Code, ALevel1data, ALevel1Unified,
                       ALevel2, ALevel3, ATrace : TCacheDetails);
published
  property Level1 : TCPUSegmentedCache read FLevel1;
  property Level2 : TCPUCacheDetails read FLevel2;
  property Level3 : TCPUCacheDetails read FLevel3;
  property Trace : TCPUCacheDetails read FTrace;
end;
```

Für eine vollständige Implementierung verweisen wir daher auf unsere Beispielapplikation, die begleitend mit diesem Buch verfügbar ist.

6.2.9.9 Prozessor-Fähigkeiten

Bevor wir die einzelnen Fähigkeiten in einer Schleife mit dem Namen *cFeatureDefinitions* iterieren (basierend auf *TFeatureDefinition*), wollen wir nachfolgend kurz deren Aufbau besprechen. Aufgrund der vielen Fähigkeiten wurde diese Definition in die Unit ProcessorDB.pas ausgelagert und der Aufbau sieht exemplarisch so aus:

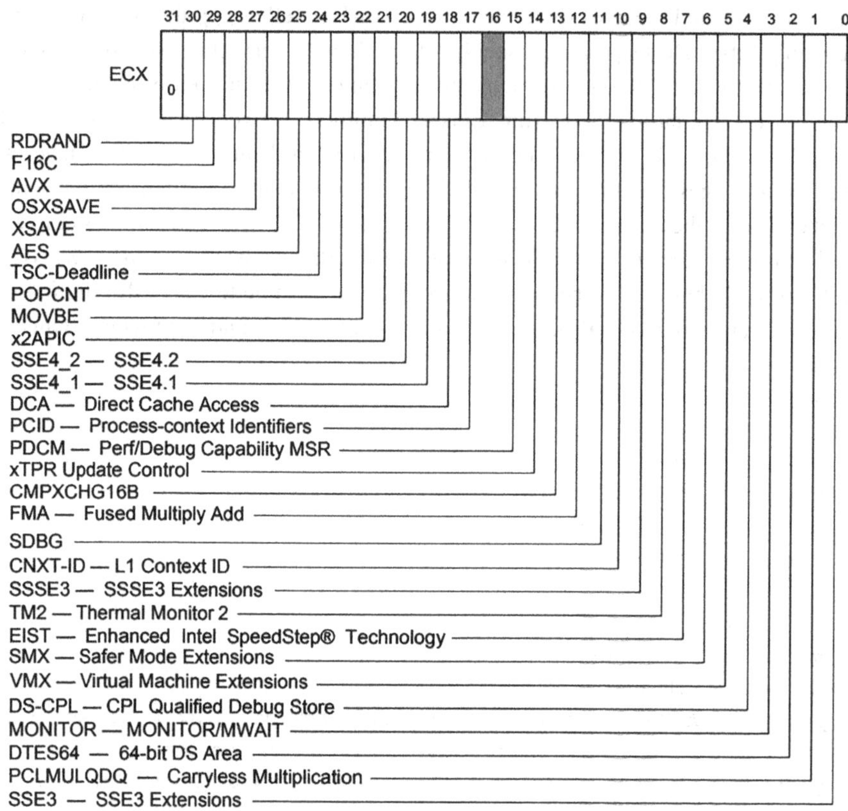

Abb. 6.5 Intel Basis-Fähigkeiten nach dem CPUID-Aufruf mit dem Funktionswert 1 im Register ECX

Diese Fähigkeiten sind genau wie die Prozessor-Caches historisch gewachsen und wurden ursprünglich mit dem CPUID-Funktionswert 1 und einer Auswertung der Register ECX sowie EDX durchgeführt (Abb. 6.5).

Wie das mit zunehmenden Technologien und Innovationen so ist, reichten irgendwann diese beiden Register nicht mehr aus, und es kamen weitere CPUID-Funktionswerte wie etwa 7 (bezeichnet als *Structured Extended Feature Flags Enumeration Leaf*) hinzu, die teilweise mit der CPUID-Unterfunktion arbeiten, welche wir als zweiten Parameter in *ExecuteCPUID* direkt an die Delphi-Funktion System.GetCPUID weiterleiten.

Unsere Implementierung verwendet das dynamische Feld mit dem Namen *TAvailableFeatures,* das von *TCPUFeature* abstammt. Innerhalb von *TCPUFeature* wiederum existiert die Definition, die vom Record *TFeatureDefinition* abstammt:

```
TFeatureAvailability = (faCommon, faIntel, faAmd, faCyrix);
TAvailableFeatures = array of TCPUFeature;
```

```
TFeatureSet = (fsStandard, fsExtended, fsPowerManagement,
               fsSecureVirtualMachine);

TExXRegister = (rEAX, rEBX, rECX, rEDX);

TFeatureDefinition = record
  Func : Cardinal;
  ExX : TExXRegister;
  Index : Byte;
  FeatSet : TFeatureSet;
  Availability : TFeatureAvailability;
  Name : String;
  Desc : String;
end;

TCPUFeature = record
  Definition : TFeatureDefinition;
  Value : Boolean;
end;
```

Innerhalb der Erkennungssektion setzen wir daher die 4 Variablen von *TAvailableFeatures* (*fs1, fs2, fs3* und *fs4*) auf Nullwerte, und setzen ebenfalls die verschiedenen CPUID-Registervariablen auf null. Per *ExecuteCPUID* ermitteln wir nacheinander die CPUID-Ergebnisse folgender Funktionswerte:

- 1 (repräsentiert durch die Konstante *CPUID_STD_FeatureSet*)
- 7 (repräsentiert durch die Konstante *CPUID_STD_ExtFeatureSet*)
- 6 (repräsentiert durch die Konstante *CPUID_STD_ThermalPower*)
- 80000001h (repräsentiert durch die Konstante *CPUID_EXT_FeatureSet*)
- 80000007h (repräsentiert durch die Konstante *CPUID_EXT_PowerManagement*)
- 80000008h (repräsentiert durch die Konstante *CPUID_EXT_AMDExtFeatures*) und
- 8000000Ah (repräsentiert duerch die Konstante *CPUID_EXT_AMDSVMFeatures*).

```
// CPU Features
Finalize(fs1);
Finalize(fs2);
Finalize(fs3);
Finalize(fs4);
ZeroMemory(@FfsStd, SizeOf(TCPUIDRec));
ZeroMemory(@FfsStdExt, SizeOf(TCPUIDRec));
ZeroMemory(@FfsStdPM, SizeOf(TCPUIDRec));
ZeroMemory(@FfsExtPM, SizeOf(TCPUIDRec));
ZeroMemory(@FfsExt, SizeOf(TCPUIDRec));
ZeroMemory(@FfsAMDExt, SizeOf(TCPUIDRec));
```

```
ZeroMemory(@FfsAMDSVM, SizeOf(TCPUIDRec));
FfsStd:=ExecuteCPUID(FIndex, CPUID_STD_FeatureSet);
FfsStdExt:=ExecuteCPUID(FIndex, CPUID_STD_ExtFeatureSet);
FfsStdPM:=ExecuteCPUID(FIndex, CPUID_STD_ThermalPower);
FfsExt:=ExecuteCPUID(FIndex, CPUID_EXT_FeatureSet);
FfsExtPM:=ExecuteCPUID(FIndex, CPUID_EXT_PowerManagement);
FfsAMDExt:=ExecuteCPUID(FIndex, CPUID_EXT_AMDExtFeatures);
FfsAMDSVM:=ExecuteCPUID(FIndex, CPUID_EXT_AMDSVMFeatures);
```

Nach dieser Ermittlung geht es weiter mit der Auswertung, die wir in der Prozedur *GetAvailableFeatures* durchführen. Diese erwartet als Parameter den Typ des FeatureSets vom Typ *TFeatureSet* (also *fsStandard, fsExtended, fsPowerManagement* oder *fsSecureVirtualMachine*) und gibt als Rückgabeparameter die verfügbaren Fähigkeiten vom dynamischen Feld *TAvailableFeatures* zurück. Wir führen das jeweils für die 4 FeatureSets mit den 4 lokalen Variablen *fs1, fs2, fs3* und *fs4* durch:

```
GetAvailableFeatures(fsStandard, fs1);
GetAvailableFeatures(fsExtended, fs2);
GetAvailableFeatures(fsPowerManagement, fs3);
GetAvailableFeatures(fsSecureVirtualMachine, fs4);
```

Die Prozedur *GetAvailableFeatures* definiert einige lokale Variablen und setzt zunächst die FeaturesSets je nach Prozessorhersteller, also etwa Intel-, AMD- oder Cyrix-spezifisch bzw. allgemein:

```
procedure TProcessor.GetAvailableFeatures(AFS : TFeatureSet;
                                          var AF : TAvailableFeatures);
var
  Counter : Integer;
  FeatureSet : TFeatureAvailability;
  CPUID : TCPUIDRec;
  Reg : {$IFDEF WIN64}NativeUInt{$ELSE}Cardinal{$ENDIF};
begin
  Finalize(AF);

  case FVendor of
    cvIntel : FeatureSet := faIntel;
    cvAMD   : FeatureSet := faAMD;
    cvCyrix : FeatureSet := faCyrix;
    else      FeatureSet := faCommon;
  end;
```

Danach wird in einer Schleife das Feld mit dem Namen *cFeatureDefinitions* iteriert, das auf *TFeatureDefinition* basiert und die einzelnen Fähigkeiten mit verschiedenen Eigenschaften in der Unit ProcessorDB.pas enthält:

```
const
  cFeatureDefinitions : Array[0..236] of TFeatureDefinition = (
  (Func:CPUID_STD_FeatureSet; ExX:rEDX; Index:0;  FeatSet:fsStandard;
  Availability:faCommon; Name:'FPU';   Desc:'Floating point unit'),
  (Func:CPUID_STD_FeatureSet; ExX:rEDX; Index:1;  FeatSet:fsStandard;
  Availability:faCommon; Name:'VME';   Desc:'Virtual mode extension'),
  (Func:CPUID_STD_FeatureSet; ExX:rEDX; Index:2;  FeatSet:fsStandard;
  Availability:faCommon; Name:'DE';    Desc:'Debugging extensions'),
  (Func:CPUID_STD_FeatureSet; ExX:rEDX; Index:3;  FeatSet:fsStandard;
  Availability:faCommon; Name:'PSE';   Desc:'Page size extension'),
  (Func:CPUID_STD_FeatureSet; ExX:rEDX; Index:4;  FeatSet:fsStandard;
  Availability:faCommon; Name:'TSC';   Desc:'Time stamp counter'),
  (Func:CPUID_STD_FeatureSet; ExX:rEDX; Index:5;  FeatSet:fsStandard;
      Availability:faCommon; Name:'MSR';   Desc:'Machine specific
                                                registers'),
  (Func:CPUID_STD_FeatureSet; ExX:rEDX; Index:6;  FeatSet:fsStandard;
      Availability:faCommon; Name:'PAE';   Desc:'Physical address
                                                extension'),
  (Func:CPUID_STD_FeatureSet; ExX:rEDX; Index:7;  FeatSet:fsStandard;
  Availability:faCommon; Name:'MCE';   Desc:'Machine check extension'),
  (Func:CPUID_STD_FeatureSet; ExX:rEDX; Index:8;  FeatSet:fsStandard;
  Availability:faCommon; Name:'CX8';   Desc:'CMPXCHG8 instruction
                                                support'),
  (Func:CPUID_STD_FeatureSet; ExX:rEDX; Index:9;  FeatSet:fsStandard;
   Availability:faCommon; Name:'APIC';  Desc:'APIC'),
usw.
```

Wie man in diesem Quellcodeauszug sehen kann, beschreibt hierbei der erste Wert *Func* die Kategorie, der zweite Wert *ExX* in welchem Register sich dieser Wert befindet, der *Index* das zugehörige Bit, das *FeatSet* das entsprechende FeatureSet (also *fsStandard, fsExtended, fsPowerManagement* oder *fsSecureVirtualMachine*), die *Availability* (also Verfügbarkeit) je nach Hersteller oder allgemein, und in weiteren Textfeldern den Kurznamen sowie die Beschreibung. Nachdem wir diese Fähigkeiten-Definition besprochen haben, geht es nun mit der Prozedur *GetAvailableFeatures* weiter, indem mit einer Repeat-Until-Schleife die Ausgabestruktur entsprechend dimensioniert wird und False als Standardwert für jede Fähigkeit zum Einsatz kommt. Dieser Standardwert wird zum Prozedur-Ende durch das tatsächliche Ergebnis ersetzt.

```
Reg := 0;
Counter := 0;
repeat
  if (cFeatureDefinitions[Counter].Availability in
       [faCommon, FeatureSet]) and
      (AFS = cFeatureDefinitions[Counter].FeatSet) then
```

```
    begin
      SetLength(AF, Length(AF) + 1);
      with AF[High(AF)] do
      begin
        Definition := cFeatureDefinitions[Counter];
        Value := False;
      end;
    end;
    Inc(Counter);
  until (Counter > High(cFeatureDefinitions));
```

Danach wird jede Prozessor-Fähigkeit des Feldes geprüft, und die entsprechenden CPUID-Register je nach FeatureSet der lokalen CPUID-Variable zugewiesen. Abschließend bekommt die lokale Variable *Reg* das Register aus der CPUID-Variable zugewiesen und der Fähigkeiten-Wert wird mittels Bit-Abfrage ermittelt sowie anschließend der Boolean-Variable *Value* zugewiesen:

```
for Counter := 0 to High(AF) do
begin
  case AF[Counter].Definition.Func of
    CPUID_STD_FeatureSet       : CPUID := FfsStd;
    CPUID_STD_ExtFeatureSet    : CPUID := FfsStdExt;
    CPUID_STD_ThermalPower     : CPUID := FfsStdPM;
    CPUID_EXT_FeatureSet       : CPUID := FfsExt;
    CPUID_EXT_PowerManagement  : CPUID := FfsExtPM;
    CPUID_EXT_AMDExtFeatures   : CPUID := FfsAMDExt;
    CPUID_EXT_AMDSVMFeatures   : CPUID := FfsAMDSVM;
  end;
  case AF[Counter].Definition.ExX of
    rEAX : Reg := CPUID.EAX;
    rEBX : Reg := CPUID.EBX;
    rECX : Reg := CPUID.ECX;
    rEDX : Reg := CPUID.EDX;
  end;

  AF[Counter].Value :=
    (Reg and (1 shl AF[Counter].Definition.Index)) <> 0;
end;
```

Für einen Abschluss sorgt die Prozedur *SetContent* der Klasse *TCPUFeatures*, indem die Inhalte korrekt geschrieben werden und dadurch von außen verfügbar sind:

```
FCPUFeatures.SetContent(fs1, fs2, fs3, fs4);
```

Durch diese relativ komplexe Vorarbeit gestaltet sich die Auswertung der Fähigkeiten im Hauptformular wiederum relativ einfach, wozu wir später noch kommen werden.

6.2.9.10 Prozessor-Geschwindigkeit

Für die Bestimmung der Geschwindigkeit existieren verschiedene Wege und unser Ansatz funktioniert hierbei relativ zuverlässig unabhängig von der Architektur und den Benutzerrechten.

Innerhalb der Unit ProcessorCacheAndFeatures.pas implementieren wir die Funktion *GetCPUClock,* die als Ergebnis die Taktfrequenz zurückliefert. Grundsätzlich verwenden wir den sog. Time-Stamp-Counter, der bereits seit dem Intel Pentium vorhanden ist und die Anzahl der Prozessor-Zyklen seit dem letzten Prozessorreset zählt.

Diese Ermittlung geschieht im Kontext der aktuellen Prozessor-Affinität, was bedeutet, dass wir mit unserer eigenen Funktion *SetProcAffinity* und der Prozessornummer die Affinität zuvor festlegen müssen. Dann ermitteln wir die Taktfrequenz mittels *GetCPUClock* in einem try...finally-Block und stellen in der Finally-Sektion die ursprüngliche Affinität wieder her:

```
// CPU Speed
SetProcAffinity(FIndex);
try
  FFreq := GetCPUClock;
finally
  RestoreProcAffinity;
end;
```

Auch die Funktion *GetCPUClock* wollen wir nachfolgend vorstellen, wobei der Parameter *ADelay* optional ist und die Wartezeit in Millisekunden darstellt, die für die Ermittlung zum Einsatz kommt. Von der Vorgehensweise her sichern wir die Priorität des aktuellen Prozesses, setzen dann die Priorität auf die höchste Stufe (Echtzeit, Real time), ermitteln dann den Time-Stamp-Counter, warten die Anzahl der Verzögerung, und ermitteln die Differenz des Time-Stamp-Counter. Aus der Differenz errechnen wir die Taktfrequenz, die wir dem Funktionsergebnis zuweisen.

Als Standardwert für die Ermittlung wird *ADelay* auf 1 Sekunde festgelegt, wobei auch kürzere Zeiten wie etwa 500 oder 100 Millisekunden möglich sind. Je kürzer die Ermittlung, desto schneller liegt das Ergebnis vor, desto ungenauer fällt jedoch die Messung aus – 1 Sekunde hat sich als relativ stabile Ermittlungsdauer erwiesen bei gleichzeitig zuverlässigen Ergebnissen:

```
function GetCPUClock(const ADelay : Integer = 1000) : Double;
var
  Timer : Int64;
  PriorityClass,
```

```
  Priority : Integer;
begin
```

Im Funktionskopf kommen wir mit relativ wenigen Variablen aus. Die Variable *Timer* speichert den Wert des Time-Stamp-Counters, und *Priority* sowie *PriorityClass* speichern die Priorität sowie die dazugehörige Klassifizierung.

Begonnen wird damit, indem die Prioritätsklasse und die Priorität mittels der beiden API-Funktionen *GetPriorityClass* [11] und *GetThreadPriority* [12] für den aktuellen Prozess und Thread ermittelt werden:

```
begin
  // Saves thread priority for the process
  PriorityClass := GetPriorityClass(GetCurrentProcess);
  Priority := GetThreadPriority(GetCurrentThread);
```

Danach setzen wir die Prioritätsklasse des aktuellen Prozesses sowie die Thread-Priorität des aktuellen Threads auf Echtzeit, weil dadurch die meisten Systemressourcen durch Windows zugewiesen werden. Dies geschieht mit den beiden API-Funktionen *SetPriorityClass* [13] und *SetThreadPriority* [14]:

```
  // Sets priority to Realtime
  SetPriorityClass(GetCurrentProcess, REALTIME_PRIORITY_CLASS);
  SetThreadPriority(GetCurrentThread, THREAD_PRIORITY_TIME_CRITICAL);
```

Für die Prioritätenveränderung ist eine kurze Verzögerung von 10 Millisekunden notwendig, damit der aktuelle Thread die eingestellte Priorität erreichen kann. Danach lesen wir den Time-Stamp-Counter mit der internen Funktion *ReadTimeStampCounter* aus (diese wird noch genauer weiter unten beschrieben). Das Ergebnis speichern wir in der Int64-Variable *Timer*:

```
  // "delay" for priority effect
  Sleep(10);

  // Read the Time Stamp Counter
  and get the difference for the firstread
  Timer := ReadTimeStampCounter;
```

Direkt danach warten wir die Verzögerungsdauer, die sich in der Übergabekonstante *ADelay* befindet und standardseitig (oder wenn *ADelay* nicht festgelegt wurde) auf 1000 Millisekunden eingestellt ist. Per Sleep-Funktion aus der Delphi-Unit System.SysUtils.pas wird die Programmausführung für eine bestimmte Anzahl von Millisekunden verzögert:

```
  // Wait for calculations
  Sleep(ADelay);
```

Für eine Differenzberechnung ermitteln wir danach wieder den Time-Stamp-Counter und subtrahieren das vorher ermittelte Ergebnis – sodass der Differenzwert in der Variable *Timer* verbleibt:

```
  // Read the Time Stamp Counter and
  // get the difference for the first read
  Timer := ReadTimeStampCounter - Timer;
```

Zu den Abschlussarbeiten zählen das Zurücksetzen der Thread-Priorität und Prozess-Prioritätsklasse, wofür wieder die API-Funktionen *SetThreadPriority* [14] und *SetPriorityClass* [13] zum Einsatz kommen:

```
  // Restores process priority
  SetThreadPriority(GetCurrentThread, Priority);
  SetPriorityClass(GetCurrentProcess, PriorityClass);
```

Final wird die Taktfrequenz errechnet, indem wir den Time-Stamp-Counter Differenzwert dividieren durch die Verzögerungsdauer (Variable *ADelay*) und dieses Ergebnis mit 1000 multiplizieren. Das ist notwendig, weil 1 Megahertz insgesamt 1000000 Hz entsprechen und der Differenzwert die Zyklen, also Hertz enthält:

```
  // Sets the result with CPU clock frequency
  Result := Timer / (1000.0 * ADelay);
end;
```

Die Funktion *ReadTimeStampCounter* möchten wir an dieser Stelle natürlich auch noch besprechen, die recht kompakt implementiert ist und auf reinem Assembler-Code basiert. Das Rückgabeergebnis ist der aktuelle Time-Stamp-Counter, der die Prozessor-Zyklen seit dem letzten Prozessor-Reset repräsentiert und ein Int64-Rückgabeergebnis darstellt. Da es sich um eine reine Assembler-Funktion handelt, müssen wir dies als zusätzlichen Bezeichner entsprechend definieren. Das bedeutet ebenfalls, dass wir keinen Pascal- oder Delphi-Code in der Funktion schreiben dürfen und anstatt *begin…end* deswegen *asm… end* verwenden müssen:

```
function ReadTimeStampCounter : Int64; assembler;
asm
  DW      $310F
  {$IFDEF WIN64}
  SHL     RDX, 32
  OR      RAX, RDX
  {$ENDIF}
end;
```

Die Funktion führt einen sogenannten Operationscode *(Opcode)* für den zuständigen Befehl *RDTSC* aus, der laut Intel-Spezifikation 0F31h lautet – die 2 Byte-Register werden für unseren Aufruf vertauscht und als Word-Wert 310Fh hinterlegt. Auf 64 Bit-Platformen wird zusätzlich noch das Prozessorregister RDX (64 Bit) um 32 Positionen nach links verschoben und mit einem logischen Oder mit dem RAX-Register kombiniert.

6.2.9.11 Prozessor-Name, -Codename, -Revision und -Technology

Die Haupterkennung wird dadurch abgeschlossen, dass Namensdetails auf Basis von bekannten CPUID-Ergebnissen und Prozessor-Eigenschaften in Verbindung mit eigenen Datenbanken ermittelt werden. Hierzu gehören der Prozessorname, der verwendete Codename sowie die Revision und Technologie.

Diese Sektion arbeitet stark herstellerabhängig und in der Unit ProcessorDB.pas befinden sich die sog. Lookup-Prozeduren, die je nach Hersteller die Eigenschaften auf Basis von CPUID-Werten ermitteln.

Begonnen wird daher mit dem am weitesten verbreiteten Hersteller Intel, und mittels unserer Funktion *GetIntelBrand* wird zunächst versucht, anhand der CPUID-BrandID die Marke des Intel-Prozessors zu ermitteln (für uns spielt hierbei die Mobile-Marke eine wichtige Rolle). Sollte der Prozessor-Marketingname bereits ausgelesen worden sein (das ist der bereits besprochene Prozessor-Brand-String), verwenden wir für den Prozessornamen diesen Text und entfernen noch den führenden Herstellernamen, um den Produktnamen zu erhalten. Mit unserer eigenen Namensfunktion *FormatCPUName* entfernen wir noch optisch störende Textpassagen, wie etwa „®", „™" und „Genuine" und fügen den Mobile-Textzusatz hinzu, wenn dies über *GetIntelBrand* zuvor ermittelt wurde.

Sollte der Marketingname leer sein, etwa weil er nicht vorhanden ist oder ermittelt wurde, folgt die Prozessor-Erkennung mit der Prozedur *IntelLookupName*. Diese ermittelt anhand verschiedener CPUID-Werte vor allem für ältere Prozessoren die Namensbezeichnung, sowie den Codenamen, die Revision und die verwendete Technologie:

```
// CPU Name, Codename, Revision, Technology
case FVendor of
  cvIntel    :
    begin
      FIntelBrand := GetIntelBrand;
      if Trim(FMarketingName) <> '' then
      begin
        FCPUName := StringReplace(FMarketingName, 'Intel', '',
                                  [rfReplaceAll, rfIgnoreCase]);
        FCPUName := FormatCPUName(FCPUName);
        if ibMobile in FIntelBrand then
          FCPUName := 'Mobile ' + FCPUName;
      end else
```

```
    IntelLookupName;
  end;
```

Beim Hersteller AMD sieht die Sache ähnlich aus, denn auch hier wird zunächst geprüft, ob die Marketingbezeichnung vorhanden ist und diese übernommen, oder alternativ die Prozedur *AMDLookupName* aufgerufen, die alle Namensfelder anhand von CPUID-Werten versucht zu füllen:

```
cvAmd      :
  if Trim(FMarketingName) <> '' then
  begin
    FCPUName := StringReplace(FMarketingName, 'AMD', '',
                              [rfReplaceAll, rfIgnoreCase]);
    FCPUName := FormatCPUName(FCPUName);
  end else
  AMDLookupName;
```

Mit jeweils eigenen Lookup-Prozeduren folgen dann die Hersteller Cyrix, IDT, NexGen, UMC, Rise, SiS, Geode und Transmeta:

```
  cvCyrix     : CyrixLookupName;
  cvIDT       : IDTLookupName;
  cvNexGen    : NexGenLookupName;
  cvUMC       : UMCLookupName;
  cvRise      : RiseLookupName;
  cvSiS       : SiSLookupName;
  cvGeode     : GeodeLookupName;
  cvTransmeta : TransmetaLookupName;
end;
```

Die Lookup-Funktionen wollen wir in diesem Buch nicht genauer beschreiben, da sie hauptsächlich If- und Case-Abfragen zu verschiedenen CPUID-Werten wie Familie, Modell, Stepping und BrandID enthalten und bei bestimmten Konstellationen die Felder *FCodename, FRevision* und *FTech* füllen. Für eine genauere Recherche wird daher auf die Unit ProcessorDB.pas der mitgelieferten Beispielapplikation verwiesen.

Sollte zum aktuellen Zeitpunkt noch kein Codename erkannt worden sein, kommt unsere Namesprozedur *GetCPUCodename* zum Einsatz. Dieser werden verschiedene Parameter wie die Prozessornummer, Hersteller, und Familie/erweitertes Model/erweitertes Stepping übergeben, woraufhin die Prozedur in der Prozessor-Datenbank und darin enthaltenen Konstante *CPUDB* nachschaut. Zurückgeliefert werden im besten Fall der Codename, das Kerndesign, die Revision sowie der Technologieprozess:

```
if FCodename = '' then
begin
  GetCPUCodename(FIndex, Integer(FVendor), FFamily, FModelEx,
                 FSteppingEx, FCodeName, s, r, t);
  FCodename := Trim(FCodename + ' ' + s);
  if FTech = '' then
    FTech := IntToStr(t) + ' nm';
  if FRevision = '' then
    FRevision := r;
end;
```

An dieser Stelle erfolgen noch einige mathematische Berechnungen der Kernstatistik, etwa für die Gesamtkerne sowie physikalischen und logischen Kerne pro Paket:

```
if FCPP > 1 then
  FCC := FPC * FCPP
else
  FCC := FCount div FLPC;
if FLPP = 0 then
  FLPP := FTC div FPC;
if FLPC = 0 then
  FLPC := FTC div FCC;
```

Ergänzt werden die bisher gewonnenen Prozessor-Details durch zwei API-Funktionen mit dem Namen *GetLogicalProcessorInformation* [15] und *GetLogicalProcessorInformationEx* [16], die wir vollständig implementieren und uns hierbei nicht auf die Delphi-Implementierung von Embarcadero verlassen – die leider nicht korrekt ist.

Im besten Fall und wenn verfügbar, verwenden wir die erweiterte Funktion *GetLogicalProcessorInformationEx* [16], die auch die Beziehungen der logischen Prozessoren abbilden kann (Tab. 6.3).

Wenn die Funktion korrekt zugewiesen wurde, beginnen wir mit dem Setzen einiger Basisvariablen sowie der Ermittlung der notwendigen Puffergröße. Letzteres wird dadurch erreicht, indem der Puffer mit nil angegeben wird, und wir im dritten Parameter *(ReturnedLength)* dann die Puffergröße für den tatsächlichen Aufruf erhalten:

```
if Assigned(GetLogicalProcessorInformationEx) then
begin
  c := 0;
  p := 0;
  l := 0;
  n := 0;
  GetLogicalProcessorInformationEx(RelationAll, nil, n);
```

Tab. 6.3 Eingabe- und Ausgabeparameter der API-Funktion *GetLogicalProcessorInformationEx*

Parametername	Parametertyp	Beschreibung
RelationshipType	Word (Eingabe)	Typ der Zuordnungen, die ermittelt werden sollen, z. B: • RelationProcessorCore (0) – Logische Prozessoren, die sich einen Prozessorkern teilen • RelationCache (2) – Cache-Details • RelationGroup (4) – Logische Prozessoren, die sich eine Prozessorgruppe teilen • RelationalAll (FFFFh) – Prozessordetails für alle Abhängigkeitstypen
Buffer	Zeiger auf Struktur SYSTEM_LOGICAL_PROCESSOR_INFORMATION_EX (Ausgabe)	Ausgabepuffer, der die angeforderten Prozessor-Details repräsentiert [18]
ReturnedLength	Zeiger auf DWord (Eingabe/Ausgabe)	Größe des Puffers

Dies bedeutet, dass wir den Puffer vor dem Aufruf noch allokieren müssen, was wir mit der Delphi-Funktion AllocMem durchführen. Die Variable *buf2* stellt den eigentlichen Puffer der Funktion dar und ist ein Zeiger auf die Struktur *PSystemLogicalProcessorInformationEx* – diese wird in unserer Unit ProcessorCacheAndFeatures.pas wiefolgt definiert:

```
PSystemLogicalProcessorInformationEx =
 ^TSystemLogicalProcessorInformationEx;
TSystemLogicalProcessorInformationEx = record
  Relationship : TLogicalProcessorRelationship;
  Size : DWord;
  case Integer of
    0 : (Processor : TProcessorRelationship);
    1 : (NumaNode : TNUMANodeRelationship);
    2 : (Cache : TCacheRelationship);
    3 : (Group : TGroupRelationship);
end;
```

Wie man mit diesem Aufbau sehen kann, werden die Abhängigkeiten *(Relationships)* durch diesen Puffer abgebildet und je nach Aufrufparameter werden die varianten Teile des Records zurückgeliefert.

Nach der Speicherallokation erfolgt der tatsächliche Funktionsaufruf und im Erfolgsfall wird True zurückgeliefert, woraufhin wir unsere eigene Cache-Klasse leeren, weil sie später durch die API-Funktionsergebnisse neu gefüllt wird.

Für eine Iteration durch die Ergebnisse kopieren wir noch den Puffer in einen zweiten Puffer (Variable *slpiex*), die beide von der Struktur *PSystemLogicalProcessorInformationEx* [18] abstammen:

```
GetLogicalProcessorInformationEx(RelationAll, nil, n);
buf2 := AllocMem(n);
try
  if GetLogicalProcessorInformationEx(RelationAll, buf2, n) then
  begin
    FCPUCache.Clear;
    slpiex := buf2;
```

Nach diesen Vorbereitungen beginnt eine While-Schleife, um durch die Pufferergebnisse zu iterieren. Hierbei repräsentiert *NativeUInt(Zeiger)* grundsätzlich die Adresse des Zeigers.

Während *buf2* die Anfangsadresse der Struktur ist, stellt *slpiex* die um *slpiex.Size* verschobene Struktur dar, um das nächste Element zu erhalten. Die Integer-Variable *n* enthält die Anzahl der Bytes, die alle Elemente darstellen.

Die While-Schleife prüft dann, ob die Adressdifferenz größer als *n* ist, was bedeutet, dass wir uns nach dem letzten Element befinden.

Innerhalb der Schleife werten wir die Abhängigkeit aus, und reagieren entsprechend bei den Werten für *RelationProcessorPackage, RelationProcessorCore* und *RelationCache,* indem wir entsprechende lokale Variablen inkrementieren oder beim Cache direkt per *AddData* der Cache-Klasse Daten übertragen:

```
    while (NativeUInt(slpiex) - NativeUInt(buf2)) < n do
    begin
      case slpiex.Relationship of
        RelationProcessorPackage : begin
          m := 0;
          for k := 0 to slpiex.Processor.GroupCount - 1 do
            Inc(m,
            CountSetBits(slpiex.Processor.GroupMask[k].Mask));
          if m > 0 then
            Inc(p);
        end;
        RelationProcessorCore : begin
          Inc(c);
          for k := 0 to slpiex.Processor.GroupCount - 1 do
            Inc(l,
            CountSetBits(slpiex.Processor.GroupMask[k].Mask));
        end;
        RelationCache : with slpiex.Cache do
          FCPUCache.AddData(&Type, Level, Associativity, LineSize,
                 CacheSize shr 10);
      end;
      slpiex := PSystemLogicalProcessorInformationEx(
                 NativeUInt(slpiex) + slpiex.Size);
    end;
```

Mit der letzten Zeile der While-Schleife erfolgt eine Verschiebung der Struktur zum nächsten Element – die Adresse wird dadurch um die aktuelle Elementgröße *(slpiex.Size)* verschoben.

Nach dieser Auswertung der API-Funktion und dem Inkrementieren bestimmter Register werden diese Daten in die lokalen Variablen unserer *TProcessor*-Klasse übertragen, die später als veröffentlichte Eigenschaften bereitgestellt werden.

Im Finally-Bereich wird der zuvor allokierte Puffer wieder freigegeben:

```
      FCC := Max(c, 1);
      FPC := Max(p, 1);
      FTC := Max(l, 1);
      FLPP := FTC div FPC;
      FCPP := FCC div FPC;
      FLPC := FTC div FCC;
      FSC := FPC;
    end;
  finally
    Freemem(buf2);
  end;
```

Damit ist die Durchführung und Auswertung der API-Funktion *GetLogicalProcessorInformationEx* [16] abgeschlossen, und für den Fall, dass sie nicht verfügbar ist oder False als Ergebnis zurückliefert, wird als Fallback die alternative API-Funktion *GetLogicalProcessorInformation* [15] nach identischem Schema aufgerufen und durchlaufen.

Der Unterschied dieser etwas einfacher implementierten API-Funktion im Vergleich zur gerade besprochenen erweiterten Funktion ist, dass der erste Parameter der Abhängigkeit nicht existiert *(RelationshipType)*, und dass der Puffer nicht von der Struktur *PSystemLogicalProcessorInformationEx* abstammt, sondern von *PSystemLogicalProcessorInformation* [17]. Diese ist ebenfalls in der Unit ProcessorCacheAndFeatures.pas definiert und verwendet variante Record-Bereiche:

```
PSystemLogicalProcessorInformation
  = ^TSystemLogicalProcessorInformation;
TSystemLogicalProcessorInformation = record
  ProcessorMask : ULong_PTR;
  Relationship : TLogicalProcessorRelationship;
  case Integer of
    0 : (Flags : Byte);
    1 : (NodeNumber : DWord);
    2 : (Cache : TCacheDescriptor);
    3 : (Reserved : array [0..1] of ULongLong);
end;
```

Unser Aufruf mitsamt der Iteration durch den Puffer sieht dann folgendermaßen aus:

```
if Assigned(GetLogicalProcessorInformation) then
begin
  l := 0;
  p := 0;
  c := 0;
  n := 0;
  if not GetLogicalProcessorInformation(nil, n) then
  begin
    buf1 := AllocMem(n);
    try
      if GetLogicalProcessorInformation(buf1, n) then
      begin
        FCPUCache.Clear;
        slpi := buf1;
        while (NativeUInt(slpi) - NativeUInt(buf1)) < n do
        begin
          case slpi.Relationship of
            RelationProcessorPackage : Inc(p);
            RelationProcessorCore : begin
              Inc(l, CountSetBits(slpi.ProcessorMask));
              Inc(c);
            end;
            RelationCache : with slpi.Cache do
              FCPUCache.AddData(&Type, Level, Associativity,
                                  LineSize, Size shr 10);
          end;
          slpi :=
            PSystemLogicalProcessorInformation(NativeUInt(slpi) +
            SizeOf(TSystemLogicalProcessorInformation));
        end;
        FCC := Max(c, 1);
        FPC := Max(p, FPC);
        FTC := Max(l, FTC);
        FLPP := FTC div FPC;
        FCPP := FCC div FPC;
        FLPC := FTC div FCC;
        FSC := FPC;
      end;
    finally
```

```
        FreeMem(buf1);
      end;
    end;
  end;
```

6.2.9.12 Finale Cache-Anpassungen

Zum jetzigen Zeitpunkt wissen wir bereits eine Menge über unsere verbauten Prozessoren inkl. der Kernstatistik. Wir müssen noch final einige Anpassungen durchführen. Denn bei den von *GetLogicalProcessorInformation* bzw. *GetLogicalProcessorInformationEx* ermittelten Caches handelt es sich um die Summe aller Caches in allen physischen Prozessoren (Paketen) im System. Das bedeutet, wenn man den Wert für einen Prozessor erhalten möchten, muss man den Gesamtwert durch die Anzahl der Prozessoren dividieren – diese Vorgehensweise wird mit diesen finalen Cache-Anpassungen durchgeführt:

```
  FCPUCache.Trace.SharedWays := FCPUCache.Trace.SharedWays div FPC;
  FCPUCache.Level1.Data.SharedWays := FCPUCache.Level1.Data.SharedWays
                                      div FPC;
  FCPUCache.Level1.Code.SharedWays := FCPUCache.Level1.Code.SharedWays
                                      div FPC;
  FCPUCache.Level1.Unified.SharedWays := FCPUCache.Level1.Unified.
                                         SharedWays div FPC;
  FCPUCache.Level2.SharedWays := FCPUCache.Level2.SharedWays div FPC;
  FCPUCache.Level3.SharedWays := FCPUCache.Level3.SharedWays div FPC;
end;
```

6.2.10 Veröffentlichte Eigenschaften

Unsere *TProcessor*-Klasse enthält natürlich auch einige veröffentlichte Eigenschaften, auf die von außerhalb der Klasse zugegriffen werden kann. Diese Eigenschaften können je nach Anforderung und gewünschtem Einsatz beliebig erweitert oder gekürzt werden – unsere Implementierung soll daher zunächst eine brauchbare Basisvariante darstellen und vorrangig die Prozessornummern inkl. Sockel, Kerne und Threads enthalten.

Innerhalb der nachfolgenden Tabelle werden alle veröffentlichten Eigenschaften mitsamt deren Leseoperatoren aufgeführt – Schreiboperatoren werden zum aktuellen Zeitpunkt noch nicht benötigt und implementiert (Tab. 6.4).

Tab. 6.4 Veröffentlichte Eigenschaften der TProcessor-Klasse

Name	Datentyp	Leseoperator (read)	Beschreibung
CPUPhysicalCount	Byte	Variable FPC	Anzahl der physikalisch vorhandenen Prozessoren
CorePerPackage	Byte	Variable FCPP	Anzahl der Kerne pro Paket
LogicalPerPackage	Byte	Variable FLPP	Anzahl der logischen Kerne pro Paket
LogicalPerCore	Byte	Variable FLPC	Anzahl der logischen Kerne pro physikalischen Kern
ThreadCount	Byte	Variable FTC	Anzahl der Threads
CoreCount	Byte	Variable FCC	Anzahl der Kerne
SocketCount	Byte	Variable FSC	Anzahl der Sockel
MaxCorePerPackage	Cardinal	Variable FMCPP	Anzahl der maximalen Kerne pro Paket
MaxLogicalPerCore	Cardinal	Variable FMLPC	Anzahl der maximalen logischen Kerne pro physikalischen Kern
MaxLogicalPerPackage	Cardinal	Variable FMLPP	Anzahl der maximalen logischen Kerne pro Paket

6.3 Entwicklung der Hilfsunits

6.3.1 Prozessor-Datenbank

Die relativ umfangreiche Prozessor-Datenbank und diverse CPUID-Konstanten haben wir in die Unit ProcessorDB.pas ausgelagert, um die Unit SystemAccess.pas (in der sich *TProcessor* befindet) weitestgehend frei von unnötigem Code zu implementieren.

Im Konstantenbereich definieren wir die vielen Konstanten für CPUID-Funktionen, die überall abrufbar sind. CPUID-Konstanten beginnen mit dem Wort CPUID, gefolgt vom Funktionstyp (Standard, Erweitert oder Transmeta) und der Kurzbeschreibung:

```
const
  CPUID_STD_MaximumLevel      = $00000000;
  CPUID_STD_VendorSignature   = $00000000;
  CPUID_STD_Signature         = $00000001;
  CPUID_STD_FeatureSet        = $00000001;
  CPUID_STD_CacheTlbs         = $00000002;
  CPUID_STD_SerialNumber      = $00000003;
  CPUID_STD_CacheParams       = $00000004;
  ...
  CPUID_EXT_MaximumLevel      = $80000000;
  CPUID_EXT_Signature         = $80000001;
```

```
CPUID_EXT_FeatureSet        = $80000001;
CPUID_EXT_MarketingName1    = $80000002;
CPUID_EXT_MarketingName2    = $80000003;
CPUID_EXT_MarketingName3    = $80000004;
CPUID_EXT_Level1Cache       = $80000005;
CPUID_EXT_Level2Cache       = $80000006;
...
CPUID_TMX_MaximumLevel      = $80860000;
CPUID_TMX_Signature         = $80860001;
CPUID_TMX_SoftwareVersion   = $80860002;
CPUID_TMX_MarketingName1    = $80860003;
CPUID_TMX_MarketingName2    = $80860004;
CPUID_TMX_MarketingName3    = $80860005;
CPUID_TMX_MarketingName4    = $80860006;
CPUID_TMX_Operation         = $80860007;
```

Für die Prozessor-Fähigkeiten haben wir ein Feld mit über 200 Einträgen definiert, das von *TFeatureDefinition* abstammt und einen Großteil der Fähigkeiten abbildet. *TFeatureDefinition* ist wiederum in der Unit ProcessorCacheAndFeatures.pas definiert:

```
TFeatureAvailability = (faCommon, faIntel, faAmd, faCyrix);

TFeatureSet = (fsStandard, fsExtended, fsPowerManagement,
               fsSecureVirtualMachine);

TExXRegister = (rEAX, rEBX, rECX, rEDX);

TFeatureDefinition = record
  Func : Cardinal;
  ExX : TExXRegister;
  Index : Byte;
  FeatSet : TFeatureSet;
  Availability : TFeatureAvailability;
  Name : String;
  Desc : String;
end;
```

Das Feld lautet dann *cFeatureDefinitions* und ist auszugsweise so aufgebaut:

```
const
  cFeatureDefinitions : Array[0..236] of TFeatureDefinition = (
  (Func:CPUID_STD_FeatureSet; ExX:rEDX; Index:0;  FeatSet:fsStandard;
  Availability:faCommon; Name:'FPU';   Desc:'Floating point unit'),
  (Func:CPUID_STD_FeatureSet; ExX:rEDX; Index:1;  FeatSet:fsStandard;
  Availability:faCommon; Name:'VME';   Desc:'Virtual mode extension'),
```

```
(Func:CPUID_STD_FeatureSet; ExX:rEDX; Index:2; FeatSet:fsStandard;
Availability:faCommon; Name:'DE';    Desc:'Debugging extensions'),
usw.
```

Dadurch ist für jeden Fähigkeiten-Eintrag erkennbar, welche CPUID-Funktion die Basis ist, in welchem CPUID-Register er sich befindet (also EAX, EBX, ECX oder EDX), welches Bit für die Abfrage zuständig ist, zu welchem Fähigkeiten-Satz er gehört (also standard, erweitert, Stromsparen oder sichere virtuelle Maschine), ob er bei allen Prozessor-Herstellern zugänglich ist (oder nur bei Intel, AMD bzw. Cyrix), sowie die Kurzbezeichnung und vollständige Bezeichnung.

An dieser Stelle sollte erwähnt werden, dass die Übersetzung in die Deutsche Sprache an Grenzen stößt, weil viele Begriffe so hersteller- oder fachspezifisch sind, dass sie in Deutsch nicht nur seltsam klingen, sondern oft nicht zuzuordnen sind. Intels SpeedStep Technologie ist so ein Beispiel, und wir haben uns daher für die Beibehaltung der englischen Schreibweise an dieser Stelle entschieden.

Die eigentliche Prozessor-Datenbank befindet sich in der Hilfsklasse *TProcessor_Database,* die ein Feld vom Typ *TCPUDBRecord* beinhaltet – dieser ist wiefolgt definiert:

```
type
  TCPUDBRecord = record
    Vendor,
    Family,
    ModelEx,
    Stepping,
    TechProcess : Integer;
    MCA,
    CoreDesign : String;
  end;
  TCPUDB = Array [0..117] of TCPUDBRecord;
```

Dadurch sind für jeden Prozessor in der Datenbank grundlegende Details speicherbar. Innerhalb der Klasse befindet sich dann die Feld-Definition mit realen Ergebnissen für die Hersteller Intel und AMD nach diesem Schema:

```
  TProcessor_Database = class helper for TProcessor
  const
    CPUDB : TCPUDB = (
      // Intel
      ...
     (Vendor:2; Family:$06; ModelEx:$17; Stepping:-1; TechProcess: 45;
      MCA:'Penryn'; CoreDesign:'Wolfdale, Yorkfield'),
     (Vendor:2; Family:$06; ModelEx:$17; Stepping:-1; TechProcess: 45;
      MCA:'Penryn'; CoreDesign:'Harpertown, QC, Wolfdale, Yorkfield'),
```

```
(Vendor:2; Family:$06; ModelEx:$1A; Stepping:-1; TechProcess: 45;
 MCA:'Nehalem'; CoreDesign:'Bloomfield, EP, WS'),
...

 // AMD
(Vendor:3; Family:$15; ModelEx:$00; Stepping:-1; TechProcess: 32;
 MCA:'Bulldozer'; CoreDesign:'Zurich, Valencia'),
(Vendor:3; Family:$15; ModelEx:$01; Stepping:-1; TechProcess: 32;
 MCA:'Bulldozer'; CoreDesign:'Zurich, Valencia'),
(Vendor:3; Family:$15; ModelEx:$10; Stepping:-1; TechProcess: 32;
 MCA:'Piledriver';  CoreDesign:'Richland, Vishera, Delhi, Seoul, Abu
                                              Dhabi'),
 ...
```

Flexibel auslesbar für unsere Prozessor-Erkennung sind hierbei der Prozessor-Hersteller (als Nummer aus der Hersteller-Typdefinition, also 2 für Intel und 3 für AMD), die CPUID-Werte für Familie, erweitertes Modell und Stepping (minus 1 wenn unbekannt), der technische Fertigungsprozess, der Codename und die Kernbezeichnung(en).

Ebenfalls befinden sich in dieser Hilfsklasse die Cache-Deskriptoren im Feld *cDescriptorInfo*, das von *TCacheDescriptorInfo* abstammt:

```
TCacheDescriptorInfo = record
  Descriptor : Byte;
  Level : TCacheLevel;
  Associativity : TCacheAssociativity;
  Size : Integer;
  LineSize : Integer;
  Description : String;
end;
```

Der exemplarische Aufbau definiert dann für jeden Deskriptor aussagekräftige Details, die später in der Erkennung und Darstellung abrufbar sind:

```
cDescriptorInfo: Array[0..103] of TCacheDescriptorInfo = (
  (Descriptor: $01; Level: clCodeTLB; Associativity: ca4Way;
   Size: 4; LineSize: 32;
   Description: 'Code TLB, 4K pages, 4 ways, 32 entries'),
  (Descriptor: $02; Level: clCodeTLB; Associativity: caFull;
   Size: 4096; LineSize: 2;
   Description: 'Code TLB, 4M pages, fullway, 2 entries'),
  (Descriptor: $03; Level: clDataTLB; Associativity: ca4Way;
   Size: 4; LineSize: 64;
   Description: 'Data TLB, 4K pages, 4 ways, 64 entries'),
  ...
```

```
(Descriptor: $06; Level: clLevel1Code; Associativity: ca4Way;
 Size: 8; LineSize: 32;
 Description: 'Code L1 Cache, 8K, 4 ways, 32b lines'),
(Descriptor: $08; Level: clLevel1Code; Associativity: ca4Way;
 Size: 16; LineSize: 32;
 Description: 'Code L1 Cache, 16K, 4 ways, 32b lines'),
(Descriptor: $0A; Level: clLevel1Data; Associativity: ca2Way;
 Size: 8; LineSize: 32;
 Description: 'Data L1 Cache, 8K, 2 ways, 32b lines'),
...
(Descriptor: $1A; Level: clLevel2; Associativity: ca6Way;
 Size: 96; LineSize: 64;
 Description: 'Unified L2 Cache, 96 KB, 6 ways, 64 byte lines
                 (IA-64)'),
(Descriptor: $22; Level: clLevel3; Associativity: ca4Way;
 Size: 512; LineSize: 64;
 Description: 'Unified L3 Cache, 512K, 4 ways, 64b lines'),
...
```

Im letzten Feld *cVendorNames* der Hilfsklasse sind die Prozessor-Hersteller enthalten, und es basiert auf *TCpuVendorInfo:*

```
TVendorCacheDetect = (vcdStandard, vcdExtended, vcdCombined);

TCPUVendorInfo = record
  Signature,
  Prefix,
  Name : String;
  FeatureAvailability : TFeatureAvailability;
  CacheDetect : TVendorCacheDetect;
end;
```

Der Aufbau gestaltet sich dann wie folgt, wobei die Typdefinition *TCpuVendorInfo* mit dem Anfangswert *cvNone* (0) bis *cvTransmeta* 11) die statischen Feld-Grenzen definiert:

```
cVendorNames : Array [cvNone..cvTransmeta] of TCpuVendorInfo = (
 (Signature: ''; Prefix: '';   Name: '';
  FeatureAvailability: faCommon; CacheDetect: vcdStandard),
 (Signature: 'BadCpuVendor'; Prefix: 'Unknown';
  Name: 'Unknown Vendor';
  FeatureAvailability: faCommon; CacheDetect: vcdStandard),
 (Signature: 'GenuineIntel'; Prefix: 'Intel';
  Name: 'Intel Corporation';
  FeatureAvailability: faIntel; CacheDetect: vcdStandard),
 (Signature: 'AuthenticAMD'; Prefix: 'AMD';
```

```
      Name: 'Advanced Micro Devices';
      FeatureAvailability: faAmd; CacheDetect: vcdExtended),
     (Signature: 'CyrixInstead'; Prefix: 'Cyrix';
      Name: 'Via Technologies Inc';
```

Hierbei lässt sich erkennen, dass der erste Eintrag einem Dummy-Eintrag entspricht, der gesetzt ist, wenn kein gültiger Hersteller gefunden wurde oder die Erkennung noch nicht zum Einsatz kam. Danach folgend ist die Verfügbarkeit von Fähigkeiten sichtbar (also entweder allgemein oder Intel, AMD bzw. Cyrix), die Art der Cache-Erkennung (standard, erweitert oder kombiniert), die Signatur, die aus den CPUID-Registern ausgelesen und zusammengesetzt wird, sowie das Kurzprefix und der vollständige Name.

Für den sog. generischen Namen definieren wir noch 3 Basis-Strings, die später mit der Delphi-Funktion Format entsprechend gefüllt und im String-Feld *FGenericName* gespeichert werden:

```
rsGenericName_x86 = 'x86 Familie %d Modell %d Stepping %d';
rsGenericName_x64 = 'x64 Familie %d Modell %d Stepping %d';
rsGenericName_ia64 = 'ia64 Familie %d Modell %d Stepping %d';
```

Diese generische Namensvorlage existiert folglich für die 3 Plattformen ×86 (also 32 Bit), ×64 (klassisches 64 Bit) und ia64 (Intel Itanium).

Abgeschlossen wird die Hilfsklasse durch die sog. LookupName-Prozeduren, die für jeden Hersteller auf Basis der CPUID-Werte den Namen, Codenamen und die Revision ermitteln – diese Funktionen machen einen Großteil der Unit aus und für eine genauere Recherche wird daher auf die zum Buch gehörige Beispielapplikation verwiesen:

```
  procedure IntelLookupName;
  procedure AMDLookupName;
  procedure CyrixLookupName;
  procedure IDTLookupName;
  procedure NexGenLookupName;
  procedure UMCLookupName;
  procedure RiseLookupName;
  procedure SiSLookupName;
  procedure GeodeLookupName;
  procedure TransmetaLookupName;
end;
```

6.3.2 Cache und Fähigkeiten

Die Unit ProcessorCacheAndFeatures.pas enthält im Grunde verschiedene Klassen für das Handling und die Repräsentation der Caches und Fähigkeiten, sowie die Definitionen für die beiden API-Funktionen *GetLogicalProcessorInformation* [15] und *GetLogicalProcessorInformationEx* [16].

Zu den wichtigsten Klassen zählen *TCPUCacheDetails* (abgeleitet von TPersistent), die für einen bestimmten Cache-Typ die vollständigen Details beinhaltet sowie *TCPUSegmentedCache* (ebenfalls von TPersistent abgeleitet). Letztere Klasse kommt für den Level 1-Cache zum Einsatz, weil hier separate Instanzen von *TCPUCacheDetails* für Daten, Code/Instruktionen und Unified (Daten und Instruktionen kombiniert) notwendig sind:

```
TCPUCacheDetails = class(TPersistent)
private
  FLevel, FShared, FLineSize, FSize, FWays, FParts : Integer;
  FAssociativity : TCacheAssociativity;
  FDescriptors : TCacheDescriptors;
  FType : Byte;
  FDesc : string;
public
  constructor Create;
  destructor Destroy; override;

  procedure SetContent(AContent : TCacheDetails);
  procedure Clear;

  property Descriptors : TCacheDescriptors read FDescriptors;
published
  property &Type : Byte read FType write FType;
  property Descriptor : String read FDesc write FDesc;
  property Associativity : TCacheAssociativity read FAssociativity
                                               write FAssociativity;
  property LineSize : Integer read FLineSize write FLineSize;
  property Size : Integer read FSize write FSize;
  property Ways : Integer read FWays write FWays;
  property Partitions : Integer read FParts write FParts;
  property Level : Integer read FLevel write FLevel;
  property SharedWays : Integer read FShared write FShared;
end;

TCPUSegmentedCache = class(TPersistent)
private
  FData : TCPUCacheDetails;
  FUnified : TCPUCacheDetails;
  FCode : TCPUCacheDetails;
public
  constructor Create;
  destructor Destroy; override;
  procedure Clear;
```

```
    procedure SetContent(ACode, AData, AUnified : TCacheDetails);
  published
    property Code : TCPUCacheDetails read FCode;
    property Data : TCPUCacheDetails read FData;
    property Unified : TCPUCacheDetails read FUnified;
  end;
```

Zusammengeführt werden beide Klassen in einer übergeordneten Klasse, die als *TCPU-Cache* bezeichnet wird und die gesamte Cache-Konfiguration repräsentiert. Alle Cache-Typen sind als Klasseninstanzen vorhanden und die Klasse selbst wird per eigener Instanz in *TProcessor* integriert:

```
  TCPUCache = class(TPersistent)
  private
    FLevel3 : TCPUCacheDetails;
    FLevel2 : TCPUCacheDetails;
    FLevel1 : TCPUSegmentedCache;
    FTrace : TCPUCacheDetails;
  public
    constructor Create;
    destructor Destroy; override;
    procedure Clear;
    procedure AddData(AType : TProcessorCacheType;
                      ALevel, AAssoc : Byte;
                      ALineSize : Word;
                      ASize : Cardinal);
    procedure SetContent(ALevel1Code, ALevel1data, ALevel1Unified,
                         ALevel2, ALevel3, ATrace : TCacheDetails);
  published
    property Level1 : TCPUSegmentedCache read FLevel1;
    property Level2 : TCPUCacheDetails read FLevel2;
    property Level3 : TCPUCacheDetails read FLevel3;
    property Trace : TCPUCacheDetails read FTrace;
  end;
```

Letztere Klasse wurde bereits genauer beschrieben in Abschn. 6.2.9.8.

Für die Prozessor-Fähigkeiten existieren zwei Klassen, wovon die Hauptklasse *TCPUFeatures* (abgeleitet von TPersistent) die gesamten Fähigkeiten beinhaltet und als Instanz in der übergeordneten *TProcessor*-Klasse enthalten ist.

Anhand der 4 veröffentlichten Eigenschaften Standard, Extended (erweitert), PowerManagement (Stromsparverwaltung) und SecureVirtualMachine (sichere virtuelle Maschine) können wir Zugriff auf die Fähigkeiten erlangen, die allesamt Klasseninstanzen der Klasse *TCPUFeatureSet* sind (abgeleitet von TPersistent):

```
TCPUFeatures = class(TPersistent)
private
  FStd, FExt, FPM, FSVM : TCPUFeatureSet;
  function GetInstructions : String;
public
  constructor Create;
  destructor Destroy; override;

  procedure SetContent(AStd, AExt, APM, ASVM : TAvailableFeatures);
published
  property Standard : TCPUFeatureSet read FStd;
  property Extended : TCPUFeatureSet read FExt;
  property PowerManagement : TCPUFeatureSet read FPM;
  property SecureVirtualMachine : TCPUFeatureSet read FSVM;

  property Instructions : String read GetInstructions;
end;

TCPUFeatureSet = class(TPersistent)
private
  FAF : TAvailableFeatures;
  function GetCount : Integer;
  function GetFeature(Index : Byte) : TCPUFeature;
  function GetFeatureByName(const AName : String) : TCPUFeature;
public
  destructor Destroy; override;

  procedure SetContent(AAF : TAvailableFeatures);

  property Features[Index : Byte] : TCPUFeature read GetFeature;
  property FeaturesByName[const Name : String] : TCPUFeature
                                              read GetFeatureByName;
published
  property Count : Integer read GetCount;
end;
```

Bei *TCPUFeatureSet* ist anzumerken, dass mit *Count* ein Maximalwert der enthaltenen Fähigkeiten (minus 1 und mit null beginnend) bereitsteht, den wir später in einer For-Schleife in einer Iteration benutzen. Wir stellen den Zugriff über die Eigenschaft *Features* her, die von *TCPUFeature* abstammt und wiederum die *TFeatureDefinition* beinhaltet. Das liest sich auf den ersten Blick alles sehr verschachtelt, trägt aber zur logischen Implementierung der Fähigkeiten-Abbildung bei und kann selbstverständlich beliebig anders umgesetzt werden – denn im Prinzip sind es nur bitweise Auswertungen mit dazugehöriger Funktionalität:

```
TFeatureDefinition = record
  Func : Cardinal;
  ExX : TExXRegister;
  Index : Byte;
  FeatSet : TFeatureSet;
  Availability : TFeatureAvailability;
  Name : String;
  Desc : String;
end;

TCPUFeature = record
  Definition : TFeatureDefinition;
  Value : Boolean;
end;
```

Für uns relevant sind vor allem die Felder *Value* von *TCPUFeature* sowie *Name* und *Desc* von *TFeatureDefinition*.

6.4 Darstellung der Prozessor-Details

Nachdem wir nun alle nötigen Voraussetzungen und die Ermittlung der Prozessoren geschaffen haben, geht es im finalen Schritt darum, diese an das Hauptformular zu übertragen und darzustellen.

Hierfür erstellt die Prozedur *CreateProcessorTree* zunächst die Objekte in der linken TreeView, und fragt dafür die Anzahl der physikalischen Prozessoren mittels der Klassenfunktion *GetCPUPhysicalCount* ab. Für jeden physikalischen Prozessor wird ein neuer Knoten erstellt *(Prozessor X),* und jeder Knoten wird durch die beiden Unterknoten *Cache* und *Features* ergänzt. Später besprechen wir innerhalb von Kap. 9 unter den gegebenen Voraussetzungen eines geladenen Kernelmodus-Treibers zusätzlich den Unterknoten *MSR*.

Grundsätzlich unterscheidet die TreeView-Komponente, ob die Hauptkategorie oder ein Unterknoten selektiert ist. Während bei der Hauptkategorie die Prozedur *DisplayCPUDetail* aufgerufen wird und allgemeine Prozessor-Details ermittelbar sind, werden bei einem Unterknoten die Prozeduren *DisplayCPUCache* und *DisplayCPUFeatures* bzw. in Kap. 9 *DisplayCPUMSR* aufgerufen – jeder Aufruf wird mit einem Parameter ausgeführt, der aus der Position des Hauptknotens besteht und den Index des physikalischen Prozessors repräsentiert (also etwa 1 für Single-Prozessor-Systeme).

6.4.1 Darstellung der Prozessor-Übersicht

Die Prozedur *DisplayCPUDetail* sorgt für die Durchführung der Prozessor-Erkennung und Darstellung der Übersicht – also der wichtigsten Informationen, die weder in die

Kategorie Cache, Fähigkeiten und MSR passt. Übergeben wird der Index des physikalischen Prozessors:

```
procedure TPCAnalyserForm.DisplayCPUDetail(AIndex: Integer);
var
  StringValue : String;
begin
```

Die String-Variable *StringValue* dient uns als Hilfsvariable, um String-Ergebnisse zuzuweisen und diese in der ListView auszugeben.

Begonnen wird mit der eigentlichen Erkennungsfunktion, die wir ausgiebig in Abschn. 6.2.9 besprochen haben und dann zum Einsatz kommt, wenn noch keine Erkennung durchgeführt wurde, also der Hersteller noch unbekannt ist:

```
  if SystemAccessClass.ProcessorClass.FVendor = cvNone then
    SystemAccessClass.ProcessorClass.GetProcessorDetails(AIndex);
```

Dann folgen die Vorbereitungen für das Befüllen der ListView, die mit einer With-Anweisung der ListView und den dazugehörigen Items besteht, sowie mit BeginUpdate dafür sorgt, dass die ListView während des Befüllens nicht aktualisiert wird. Dieser Zustand wird am Prozedurende durch EndUpdate wieder aufgehoben. Per *Clear*-Funktion wird ein potenzieller Listeninhalt geleert:

```
  with ResultsListView, Items do
  begin
    BeginUpdate;
    try
      Clear;
```

Den Prozessorhersteller ermitteln wir über das Feld *cVendorNames,* das alle Prozessorhersteller in der Unit ProcessorDB.pas enthält. Der Indexwert *FVendor* repräsentiert die ermittelten Hersteller in diesem Feld und wird per SubItems.Add in die ListView übertragen:

```
      with Add do
      begin
        Caption := 'Hersteller';
        SubItems.Add(SystemAccessClass.ProcessorClass.cVendorNames[
                     SystemAccessClass.ProcessorClass.FVendor].
                     Name);
      end;
```

Wenn ein gültiger Prozessorname ermittelt werden konnte, ermitteln wir das Hersteller-Prefix (also die Kurzbezeichnung, z. B. *Intel* anstatt *Intel Corporation*) und ergänzen dieses Prefix durch den Prozessornamen. Letzterer wird im String *FCPUName* der Klasse *TProcessor* gespeichert:

```
if SystemAccessClass.ProcessorClass.FCPUName <> '' then
  with Add do
  begin
    Caption := 'Prozessorname';
    SubItems.Add(SystemAccessClass.ProcessorClass.cVendorNames[
                 SystemAccessClass.ProcessorClass.FVendor].
                 Prefix +
                 ' ' +
                 SystemAccessClass.ProcessorClass.FCPUName);
  end;
```

Die Prozessor-Architektur ermitteln wir anhand der Word-Variable *FArch* und verschiedenen vordefinierten Typen, denen wir in einer Case-Abfrage die dazugehörigen Strings zuweisen:

```
case SystemAccessClass.ProcessorClass.FArch of
  PROCESSOR_ARCHITECTURE_AMD64 :
    StringValue := 'x64 (AMD oder Intel)';
  PROCESSOR_ARCHITECTURE_IA32_ON_WIN64 :
    StringValue := 'WOW64';
  PROCESSOR_ARCHITECTURE_IA64 :
    StringValue := 'Intel Itanium Processor Family (IPF)';
  PROCESSOR_ARCHITECTURE_INTEL :
    StringValue := 'x86';
  else
    StringValue := 'unbekannt (' +IntToStr
                   (SystemAccessClass.ProcessorClass.FArch) +
                   ')';
end;
with Add do
begin
  Caption := 'Architektur';
  SubItems.Add(StringValue);
end;
```

Unter dem Prozessor-Typ wird im klassischen Sinne von CPUID verstanden, ob es sich um den Hauptprozessor handelt, oder bei einem Multiprozessor-System um einen Zweitprozessor. Die Auswertung berücksichtigt vollständiger Weise noch einen Overdrive-Prozessor, und hierbei sieht man die historische Implementierung des CPUID-Befehles und wie alt dieser Befehl inzwischen eigentlich ist.

Hindergrundinformation
Unter einem Overdrive-Prozessor hat Intel in den Jahren 1992 bis 1998 Prozessoren verkauft, die zum Aufrüsten von älteren Prozessoren konzipiert wurden. Dies begann beim i486 OverDrive, wurde dann für den Pentium und Pentium MMX fortgeführt und mit dem Pentium II OverDrive beendet – letzterer konnte in einem Pentium Pro-Sockel verwendet werden.

```
case SystemAccessClass.ProcessorClass.FCPUType of
  0  : StringValue := 'Hauptprozessor';
  1  : StringValue := 'Overdrive-Prozessor';
  2  : StringValue := 'Zweiter Prozessor (Multiprozessor)';
  else StringValue := 'unbekannt (' +
        IntToStr(SystemAccessClass.ProcessorClass.FCPUType) +
       ')';
end;
with Add do
begin
  Caption := 'Typ';
  SubItems.Add(StringValue);
end;
```

Weiter geht es mit dem Auslesen und Übertragen der Namensfelder, wozu der Marketingname (Variable *FMarketingName*), der generische Name (Variable *FGeneric-Name*), der Code-Name (Variable *FCodeName*), die Revision (Variable *FRevision*) und die verwendete Technologie (Variable *FTech*) gehören. Die einzelnen Felder werden nur dann eingefügt, wenn sie tatsächlich mit Inhalt gefüllt sind:

```
if SystemAccessClass.ProcessorClass.FMarketingName <> '' then
with Add do
begin
  Caption := 'Marketing-Name';
  SubItems.Add(SystemAccessClass.ProcessorClass.FMarketingName);
end;

if SystemAccessClass.ProcessorClass.FGenericName <> '' then
with Add do
begin
  Caption := 'Generischer Name';
  SubItems.Add(SystemAccessClass.ProcessorClass.FGenericName);
end;

if SystemAccessClass.ProcessorClass.FCodeName <> '' then
with Add do
begin
  Caption := 'Code-Name';
  SubItems.Add(SystemAccessClass.ProcessorClass.FCodeName);
end;
```

```
if SystemAccessClass.ProcessorClass.FRevision <> '' then
with Add do
begin
  Caption := 'Revision';
  SubItems.Add(SystemAccessClass.ProcessorClass.FRevision);
end;

if SystemAccessClass.ProcessorClass.FTech <> '' then
with Add do
begin
  Caption := 'Technologie';
  SubItems.Add(SystemAccessClass.ProcessorClass.FTech);
end;
```

Die Prozessor-Taktfrequenz in der Maßeinheit Megahertz befindet sich in der Double-Variable *FFreq* und wird mit der Delphi-Funktion FloatToStrF in einen String konvertiert. Während bei dieser Funktion der erste Parameter den Gleitkommawert repräsentiert, steuert der zweite Parameter das Format der Konvertierung – wir verwenden ffFixed für einen Festkommawert. Als Genauigkeit bzw. Precision verwenden wir 15, wie es in der Delphi-Hilfe als Maximalwert für Double-Typen empfohlen wird. Die Nachkommastellen bzw. Digits sind aufgrund der Schwankungen und Taktanpassungen hier nicht weiter notwendig, sodass eine 0 verwendet wird:

```
if SystemAccessClass.ProcessorClass.FFreq > 0 then
with Add do
begin
  Caption := 'Taktfrequenz';
  SubItems.Add(FloatToStrF(
                SystemAccessClass.ProcessorClass.FFreq,
                ffFixed, 15, 0) + ' MHz');
end;
```

Als letzte Zeile der grundlegenden Prozessor-Details kommen die Instruktionen zur Sprache, also die Befehlssatzerweiterungen wie etwa MMX, SSE (in allen Versionen), 3DNow!, AES, AVX (in allen Versionen), FMA und SHA. Die gefundenen Befehlssätze werden nacheinander durch ein Komma in der String-Variable *Instructions* angefügt und lassen sich hierdurch komfortabel darstellen:

```
if SystemAccessClass.ProcessorClass.
   FCPUFeatures.Instructions <> ''
then
with Add do
begin
  Caption := 'Instruktionen';
  SubItems.Add(SystemAccessClass.ProcessorClass.
                FCPUFeatures.Instructions);
end;
```

In 3 weiteren Zeilen werten wir die Kernstatistik aus, und fügen dafür eine Leerzeile sowie eine separate Sektionsüberschrift ein.

Dargestellt wird zunächst die Anzahl der physikalischen Prozessoren (Variable *CPU-PhysicalCount*), die Anzahl der Kerne und Threads (Variablen *CoreCount* und *Thread-Count*) sowie die Kerne pro Paket bzw. logischen Kerne pro Paket (Variablen *CorePer-Package* und *LogicalPerCore*):

```
with Add do
  Caption := '';

with Add do
  Caption := 'Kernstatistik';

with Add do
begin
  Caption := 'Physikalische Prozessoren';
  SubItems.Add(IntToStr(SystemAccessClass.ProcessorClass.
                        CPUPhysicalCount));
end;

with Add do
begin
  Caption := 'Anzahl Kerne / Threads';
  SubItems.Add(IntToStr(SystemAccessClass.ProcessorClass.
                        CoreCount) +
               ' / ' +
               IntToStr(SystemAccessClass.ProcessorClass.
                        ThreadCount));
end;

with Add do
begin
  Caption := 'Kerne / Logische Kerne pro Paket';
  SubItems.Add(IntToStr(SystemAccessClass.ProcessorClass.
                        CorePerPackage) +
               ' / ' +
               IntToStr(SystemAccessClass.ProcessorClass.
                        LogicalPerCore));
end;
```

Abgeschlossen wird die Prozessor-Übersicht durch die CPUID-Details und wir fügen dafür eine Leerzeile sowie separate Sektionsüberschrift ein.

Die Details bestehen aus den markanten CPUID-Feldern, die für eine Identifizierung herangezogen werden und die Klassifizierung der Prozessoren erlauben. Dazu gehören die Standardfelder und aufgrund von Limitierungen in der Feldauslegung die erweiterten Felder: Familie und erweiterte Familie, Modell und erweitertes Modell sowie Stepping und erweitertes Stepping:

```
      with Add do
        Caption := '';

      with Add do
        Caption := 'CPUID-Details';

      with Add do
      begin
        Caption := 'Familie / Familie-Erweitert';
        SubItems.Add(IntToStr(SystemAccessClass.ProcessorClass
                              .FFamily) +
                     ' / ' +
                     IntToStr(SystemAccessClass.ProcessorClass.
                              FFamilyEx));
      end;

      with Add do
      begin
        Caption := 'Modell / Modell-Erweitert';
        SubItems.Add(IntToStr(SystemAccessClass.ProcessorClass.
                              FModel) +
                     ' / ' +
                     IntToStr(SystemAccessClass.ProcessorClass.
                             FModelEx));
      end;

      with Add do
      begin
        Caption := 'Stepping / Stepping-Erweitert';
        SubItems.Add(IntToStr(SystemAccessClass.ProcessorClass.
                              FStepping) +
                     ' / ' +
                     IntToStr(SystemAccessClass.ProcessorClass.
                              FSteppingEx));
      end;
    finally
      EndUpdate;
    end;
  end;
end;
```

Hersteller	Intel Corporation
Prozessorname	Intel 12th Gen Core i7-12700H
Architektur	x64 (AMD oder Intel)
Typ	Hauptprozessor
Marketing-Name	12th Gen Intel(R) Core(TM) i7-12700H
Generischer Name	x64 Familie 6 Modell 154 Stepping 3
Technologie	0 nm
Taktfrequenz	2690 MHz
Instruktionen	MMX, SSE, SSE2, SSE3, SSSE3, SSE4.1, SSE4.2, x86-64, VT-x, AES, AVX, FMA3
Kern-Statistik	
Physikalische Prozessoren	1
Anzahl Kerne / Threads	10 / 20
Kerne / Logische Kerne pro Paket	10 / 2
CPUID-Details	
Familie / Familie-Erweitert	6 / 0
Modell / Modell-Erweitert	10 / 0
Stepping / Stepping-Erweitert	3 / 0

Abb. 6.6 Exemplarische Prozessor-Details für einen Intel Core i7-12700H (12. Generation)

Hersteller	Advanced Micro Devices
Prozessorname	AMD Ryzen 7 PRO 5850U with Radeon Graphics
Architektur	x64 (AMD oder Intel)
Typ	Hauptprozessor
Marketing-Name	AMD Ryzen 7 PRO 5850U with Radeon Graphics
Generischer Name	x64 Familie 25 Modell 80 Stepping 0
Code Name	Zen 3 Milan
Technologie	7 nm
Taktfrequenz	1900 MHz
Instruktionen	MMX, SSE, SSE2, SSE3, SSSE3, SSE4.1, SSE4.2, SSE4A, x86-64, VT-x, AES, AVX, FMA3
Kern-Statistik	
Physikalische Prozessoren	1
Anzahl Kerne / Threads	16 / 16
Kerne / Logische Kerne pro Paket	1 / 1
CPUID-Details	
Familie / Familie-Erweitert	25 / 15
Modell / Modell-Erweitert	0 / 0
Stepping / Stepping-Erweitert	0 / 0

Abb. 6.7 Exemplarische Prozessor-Details für einen AMD Ryzen 7 PRO 5850U mit integrierter Grafik

Das EndUpdate im Finally-Block sorgt dafür, dass die ListView-Aktualisierung bei Änderungen wieder eingeschaltet wird. Die Abb. 6.6 und 6.7 zeigen die exemplarischen Details für Intel- und AMD-Prozessoren.

6.4.2 Darstellung der Cache-Details

Die Prozedur *DisplayCPUCache* sorgt für die Darstellung der Cache-Konfiguration von Prozessoren, wofür es hilfreich ist, zu wissen, wie die Cache-Daten abgelegt und damit abgerufen werden können. Hierfür lohnt ein Studium der Cache-Klassen in der Unit ProcessorCacheAndFeatures.pas, die wir in Abschn. 6.3.2 bereits besprochen haben.

Mit diesem Grundgerüst kennt man die Klassenarchitektur, durch die man für die Auswertung navigieren muss. Daher beginnen wir nachfolgend mit der Beschreibung der Auswertungsfunktion *DisplayCPUCache*.

Diese Prozedur erwartet genauso wie die Prozessordetail-Funktion *DisplayCPUDetail* den Index des ausgewählten physikalischen Prozessors. Direkt am Anfang wird zunächst geprüft, ob die Prozessor-Erkennung bereits ausgeführt wurde, also ein Prozessorname zugewiesen wurde. Im negativen Fall wird dies mittels *GetProcessorDetails* noch nachgeholt. Damit wird das Szenario abgedeckt, dass man den linken Prozessorbaum in der TreeView-Komponente aufklappt, und direkt auf den Cache-Eintrag drückt. Übergeben wird der Index des physikalischen Prozessors:

```
procedure TPCAnalyserForm.DisplayCPUCache(AIndex: Integer);
begin
  if SystemAccessClass.ProcessorClass.FVendor = cvNone then
    SystemAccessClass.ProcessorClass.GetProcessorDetails(AIndex);

  with ResultsListView, Items do
  begin
    BeginUpdate;
    try
      Clear;
```

Die Vorbereitung der ListView-Komponente besteht auch hier wieder aus einer With-Anweisung und dem ListView bzw. dessen Items und BeginUpdate, womit die fortlaufende ListView-Aktualisierung gestoppt wird, während wir Daten eintragen. Der *Clear*-Befehl löscht eine eventuell bereits vorgefüllte Liste, sodass wir eine frische Ausgangsbasis haben.

Danach beginnen wir mit dem Level 1-Cache für Instruktionen (also Code) und greifen auf die Eigenschaften mittels einer weiteren With-Anweisung über die Klasseninstanz zu. Sobald die Größe größer als null ist, beginnen wir einen neuen Block und fügen eine Überschrift hinzu, sowie einige Eigenschaften.

Dazu gehört die Cache-Größe, die in KByte dargestellt und zuvor mit der Eigenschaft *SharedWays* multipliziert wird. Die Assoziativität wird über das Feld *cAssociativityDescription* und dem Feldeintrag *Associativity* dargestellt. Abschließend folgt die Darstellung der Zeilengröße:

```
with SystemAccessClass.ProcessorClass.FCPUCache.Level1.Code do
if Size > 0 then
begin
  with Add do
    Caption := 'Level 1 Instruktionen';
```

```
        with Add do
        begin
          Caption := '- Größe';
          SubItems.Add(IntToStr(Size * SharedWays) + ' KByte');
        end;

        with Add do
        begin
          Caption := '- Assoziativität';
          if Associativity <> caNone then
            SubItems.Add(Format('%s',
                      [cAssociativityDescription[Associativity]]))
          else
            SubItems.Add(Format('%d-fach', [Ways]));
        end;

        with Add do
        begin
          Caption := '- Zeilengröße';
          SubItems.Add(IntToStr(LineSize) + ' Einträge');
        end;
      end;

    finally
      EndUpdate;
    end;
  end;
end;
```

In nahezu ähnlicher Art und Weise geht es mit dem Level 1-Datencache, Level 1-Unified-Cache (Integration von Instruktionen und Daten), Level 2-Cache, Level 3-Cache und Trace-Cache weiter. Bei diesen Typen fügen wir zusätzlich über der Überschrift noch eine Leerzeile ein, um die Listendarstellung der Cache-Level optisch zu trennen. Da die Auswertung identisch zur obigen Implementierung ist, verzichten wir hier auf eine mehrfache Wiederholung und verweisen auf die mitgelieferte Beispielapplikation.

Abgeschlossen wird die Cache-Auswertung durch den Finally-Block und EndUpdate, woraufhin die normale Aktualisierung der ListView-Komponente wiederhergestellt wird. Die Abb. 6.8 und 6.9 zeigen die exemplarischen Details für Intel- und AMD-Prozessoren.

6.4.3 Darstellung der Fähigkeiten-Details

Die Prozedur *DisplayCPUFeatures* sorgt für die Darstellung der Prozessor-Fähigkeiten, wofür es hilfreich ist, zu wissen, wie die Fähigkeiten-Daten abgelegt und damit

Level 1 Instruktionen	
- Größe	64 KByte
- Assoziativität	8-fach
- Zeilengröße	64 Einträge
Level 1 Daten	
- Größe	96 KByte
- Assoziativität	12-fach
- Zeilengröße	64 Einträge
Level 2	
- Größe	10240 KByte
- Assoziativität	10-fach
- Zeilengröße	64 Einträge
Level 3	
- Größe	24576 KByte
- Assoziativität	12-fach
- Zeilengröße	64 Einträge

Abb. 6.8 Exemplarische Cache-Details für einen Intel Core i7-12700H (12. Generation)

Level 1 Instruktionen	
- Größe	32 KByte
- Assoziativität	16-fach
- Zeilengröße	64 Einträge
Level 1 Daten	
- Größe	32 KByte
- Assoziativität	16-fach
- Zeilengröße	64 Einträge
Level 2	
- Größe	512 KByte
- Assoziativität	0-fach
- Zeilengröße	64 Einträge

Abb. 6.9 Exemplarische Cache-Details für einen AMD Ryzen 7 PRO 5850U mit integrierter Grafik

abgerufen werden können. Hierfür lohnt ein Studium der Fähigkeiten-Klassen in der Unit ProcessorCacheAndFeatures.pas, die wir in Abschn. 6.3.2 bereits besprochen haben.

Mit diesem Grundgerüst kennen wir die Klassenarchitektur, durch die man für die Auswertung navigieren muss. Daher beginnen wir nachfolgend mit der Beschreibung der Auswertungsfunktion *DisplayCPUFeatures*.

Diese erwartet genauso wie die Prozessordetail-Funktion *DisplayCPUDetail* den Index des ausgewählten physikalischen Prozessors. Direkt am Anfang wird zunächst geprüft, ob die Prozessor-Erkennung bereits ausgeführt wurde, also ein Prozessorname zugewiesen wurde. Im negativen Fall wird dies mittels *GetProcessorDetails* noch nachgeholt. Damit wird das Szenario abgedeckt, dass man den linken Prozessorbaum in der TreeView-Komponente aufklappt, und direkt auf den Fähigkeiten-Eintrag drückt. Übergeben wird der Index des physikalischen Prozessors:

```
procedure TPCAnalyserForm.DisplayCPUFeatures(AIndex: Integer);
var
  FeatCount : Integer;
begin
  if SystemAccessClass.ProcessorClass.FVendor = cvNone then
    SystemAccessClass.ProcessorClass.GetProcessorDetails(AIndex);

  with ResultsListView, Items do
  begin
    BeginUpdate;
    try
      Clear;
```

Die Vorbereitung der ListView-Komponente besteht auch hier wieder mit einer With-Anweisung und dem ListView bzw. dessen Items und BeginUpdate, womit die fortlaufende ListView-Aktualisierung gestoppt wird, während wir Daten eintragen. Der *Clear*-Befehl löscht eine eventuell bereits vorgefüllte Liste, sodass wir eine frische Ausgangsbasis haben.

Danach beginnen wir mit einer Abfrage der *Count*-Eigenschaft der Standard-Fähigkeiten, und wenn grundsätzlich Fähigkeiten auslesbar sind, fügen wir eine Überschrift ein:

```
      if SystemAccessClass.ProcessorClass.FCPUFeatures.Standard.Count > 0
      then
      begin
        with Add do
          Caption := 'Standard Fähigkeiten';
```

Wir fahren mit der Auswertung der Standard-Fähigkeiten fort und iterieren von null bis zum *Count*-Feld (minus 1), und kapseln alles in einer With-Anweisung für die Fähigkeiten und die Definition.

Die Beschreibung wird mit dem *Name*- und *Desc*-Feld (letzteres in Klammern) gefüllt und das Ergebnis basiert auf einer Abfrage des Boolean-Felds *Value*, von dem wir mittels der Klassenfunktion *YesNo* einen entsprechenden String zurückbekommen und direkt in die Ergebnisspalte der rechten ListView schreiben:

```
    for FeatCount := 0 to SystemAccessClass.ProcessorClass.
                          FCPUFeatures.Standard.Count - 1 do
      with SystemAccessClass.ProcessorClass.
          FCPUFeatures.Standard.Features[FeatCount], Definition do
      begin
        with Add do
        begin
          Caption := Name + ' (' + Desc + ')';
          SubItems.Add(SystemAccessClass.ProcessorClass.
        YesNo(Value));
        end;
      end;
  end;
```

In nahezu ähnlicher Art und Weise geht es mit den erweiterten Fähigkeiten (Klasseninstanz *FCPUFeatures.Extended*), Stromspar-Fähigkeiten (Klasseninstanz *FCPUFeatures.PowerManagement*) und Fähigkeiten für die sichere virtuelle Maschine (Klasseninstanz *FCPUFeatures.SecureVirtualMachine*) weiter. Bei diesen Gruppen fügen wir zusätzlich über der Überschrift noch eine Leerzeile ein, um die Listendarstellung der Fähigkeitsgruppen optisch zu trennen. Da die Auswertung identisch zur obigen Implementierung ist, verzichten wir hier auf eine mehrfache Wiederholung und verweisen auf die mitgelieferte Beispielapplikation.

Abgeschlossen wird die Fähigkeitsauswertung durch den Finally-Block und EndUpdate, woraufhin die normale Aktualisierung der ListView-Komponente wiederhergestellt wird. Die Abb. 6.10 und 6.11 zeigen die exemplarischen Details für Intel- und AMD-Prozessoren.

```
    finally
      EndUpdate;
    end;
  end;
end;
```

Standard Fähigkeiten	
FPU (Floating point unit)	ja
VME (Virtual mode extension)	ja
DE (Debugging extensions)	ja
PSE (Page size extension)	ja
TSC (Time stamp counter)	ja
MSR (Machine specific registers)	ja
PAE (Physical address extension)	ja
MCE (Machine check extension)	ja
CX8 (CMPXCHG8 instrucion support)	ja
APIC (APIC)	ja
SEP (Fast system call (SYSENTER/SYSEXIT))	ja
MTRR (Memory type range registers)	ja
PGE (Page global extension)	ja
MCA (Machine check architecture)	ja
CMOV (Conditional move support)	ja
PAT (Page attribute table)	ja
PSE36 (36-bit page size extension)	ja
PSN (Processor serial number)	nein
CLFSH (CLFLUSH instruction support)	ja
DS (Debug trace store)	ja
ACPI (Thermal monitor and software controlled ...	ja
MMX (MMX architecture support)	ja
FXSR (Fast floating point save (FXSAVE/FXRSTO...	ja
SSE (Streaming SIMD instruction support)	ja
SSE2 (Streaming SIMD extensions 2)	ja
SS (Self snoop)	ja
HTT (Hyper-Threading technology)	ja
TM (Thermal monitor support)	ja

Abb. 6.10 Exemplarische Fähigkeiten-Details für einen Intel Core i7-12700H (12. Generation)

Standard Fähigkeiten	
FPU (Floating point unit)	ja
VME (Virtual mode extension)	ja
DE (Debugging extensions)	ja
PSE (Page size extension)	ja
TSC (Time stamp counter)	ja
MSR (Machine specific registers)	ja
PAE (Physical address extension)	ja
MCE (Machine check extension)	ja
CX8 (CMPXCHG8 instrucion support)	ja
APIC (APIC)	ja
SEP (Fast system call (SYSENTER/SYSEXIT))	ja
MTRR (Memory type range registers)	ja
PGE (Page global extension)	ja
MCA (Machine check architecture)	ja
CMOV (Conditional move support)	ja
PAT (Page attribute table)	ja
PSE36 (36-bit page size extension)	ja
CLFSH (CLFLUSH instruction support)	ja
ACPI (Thermal monitor and software controlled...	nein
MMX (MMX architecture support)	ja
FXSR (Fast floating point save (FXSAVE/FXRST...	ja
SSE (Streaming SIMD instruction support)	ja
SSE2 (Streaming SIMD extensions 2)	ja
SS (Self snoop)	nein
HTT (Hyper-Threading technology)	ja
TM (Thermal monitor support)	nein
PBE (Pending Break Enable)	nein
SSE3 (Streaming SIMD extensions 3)	ja
PCLMULDQ (Carry-less Multiplication)	ja
MON (MONITOR/MWAIT)	ja
VMX (Virtual machine extension (VT-x))	nein
SMX (Safer Mode Extensions)	nein
EIST (Enhanced Intel SpeedStep Technology)	nein
TM2 (Thermal Monitor 2)	nein
SSSE3 (Supplemental Streaming SIMD Extensio...	ja
FMA3 (Fused Multiply–Add)	ja
CX16 (CMPXCHG16B instrucion support)	ja
xTPR (Send task priority messages)	nein
PCID (Process context identifiers)	nein

Abb. 6.11 Exemplarische Fähigkeiten-Details für einen AMD Ryzen 7 PRO 5850U mit integrierter Grafik

6.5 Zusammenfassung

Details zu den verbauten Prozessoren lassen sich über die Windows-Registrierung, über WMI und über den CPUID-Befehl ermitteln. Letzterer war Hauptbestandteil dieses Kapitels und ist sehr gut dokumentiert und weitestgehend verbreitet.

Anhand von CPUID-Funktionswerten lassen sich einzelne CPUID-Funktionen aufrufen, und die Prozessorregister EAX, EBX, ECX und EDX liefern die entsprechenden Ergebnisse zurück. Für den Aufruf selbst existiert in Delphi seit Version 10.1 die Funktion *System.GetCPUID*.

Auslesbar sind Details wie etwa ein Marketingname, Identifizierungsmerkmale wie etwa Familie, Modell und Stepping, Caches, Fähigkeiten und weitere Details.

Wir implementierten Klassen für die Auswertung dieser Details, die interessante Prozessor-Details ermitteln. Mit dem späteren Kap. 9 kommt die MSR-Funktionalität in Verbindung mit dem Kernelmodus-Treiber hinzu, wodurch sich nochmal zusätzlich eine völlig neue und sehr umfangreiche Informationsquelle eröffnet.

Literatur

1. CPUID-Beschreibung im Intel 64 and IA-32 Architectures Developer's Manual: Vol. 2A: https://www.intel.de/content/www/de/de/architecture-and-technology/64-ia-32-architectures-software-developer-vol-2a-manual.html
2. CPUID-Beschreibung in den BIOS and Kernel Developer's Guide (BKDG) für AMD-Prozessoren bis zur AMD-Familie 16h: https://www.amd.com/en/search/documentation/hub.html#q=BKDG
3. CPUID-Beschreibung in den Processor Programming References (PPR) für AMD-Prozessoren ab der AMD-Familie 17h: https://www.amd.com/en/search/documentation/hub.html#q=PPR
4. Englischer CPUID-Artikel von Wikipedia: https://en.wikipedia.org/wiki/CPUID
5. CPUID-Sektion der Informationsseite sandpile.org: https://sandpile.org/x86/cpuid.htm
6. API-Funktion zur Ermittlung von Systeminformationen für eine Anwendung ohne WOW64: https://learn.microsoft.com/en-us/windows/win32/api/sysinfoapi/nf-sysinfoapi-getsysteminfo
7. API-Funktion zur Ermittlung von Systeminformationen für eine Anwendung unter WOW64: https://learn.microsoft.com/en-us/windows/win32/api/sysinfoapi/nf-sysinfoapi-getnativesysteminfo
8. API-Struktur für die Verwendung von GetNativeSystemInfo und GetSystemInfo: https://learn.microsoft.com/en-us/windows/win32/api/sysinfoapi/ns-sysinfoapi-system_info
9. API-Funktion für die Ermittlung der Prozessaffinitätsmaske für den angegebenen Prozess und die Systemaffinitätsmaske für das System: https://learn.microsoft.com/en-us/windows/win32/api/winbase/nf-winbase-getprocessaffinitymask
10. API-Funktion für das Setzen einer Prozessor-Affinitätsmaske für die Threads des angegebenen Prozesses: https://learn.microsoft.com/en-us/windows/win32/api/winbase/nf-winbase-setprocessaffinitymask

11. API-Funktion zur Ermittlung der Prioritätsklasse des aktuellen Prozesses: https://learn.microsoft.com/en-us/windows/win32/api/processthreadsapi/nf-processthreadsapi-getpriorityclass
12. API-Funktion zur Ermittlung der Priorität des aktuellen Threads: https://learn.microsoft.com/en-us/windows/win32/api/processthreadsapi/nf-processthreadsapi-getthreadpriority
13. API-Funktion zum Setzen der Prioritätsklasse des aktuellen Prozesses: https://learn.microsoft.com/en-us/windows/win32/api/processthreadsapi/nf-processthreadsapi-setpriorityclass
14. API-Funktion zum Setzen der Priorität des aktuellen Threads: https://learn.microsoft.com/en-us/windows/win32/api/processthreadsapi/nf-processthreadsapi-setthreadpriority
15. API-Funktion zur Ermittlung von grundlegenden Prozessor-Details: https://learn.microsoft.com/en-us/windows/win32/api/sysinfoapi/nf-sysinfoapi-getlogicalprocessorinformation
16. API-Funktion zur Ermittlung von erweiterten Prozessor-Details: https://learn.microsoft.com/en-us/windows/win32/api/sysinfoapi/nf-sysinfoapi-getlogicalprocessorinformationex
17. API-Struktur für die Verwendung von GetLogicalProcessorInformation: https://learn.microsoft.com/en-us/windows/win32/api/winnt/ns-winnt-system_logical_processor_information
18. API-Struktur für die Verwendung von GetLogicalProcessorInformationEx: https://learn.microsoft.com/en-us/windows/win32/api/winnt/ns-winnt-system_logical_processor_information_ex

Teil III

Windows Kernelmodus-Treiber

Entwicklung eines Kernelmodus-Treibers mit Visual Studio

7

7.1 Überblick

Dieses Kapitel befasst sich eingehend mit dem Kernelmodus-Treiber sowie seiner Entwicklung, und den dazugehörigen Möglichkeiten, die völlig isoliert von der Delphi-Softwareentwicklung stattfinden.

Bei der Softwareentwicklung erzeugt das Wort „Treiber“ häufig Fragezeichen, weil kaum jemand bisher damit zu tun hatte, und erst recht nicht in einer Hochsprache. Hinzu kommt die weit verbreitete Annahme, dass Treiber mit Hardware assoziiert werden, um diese im Betriebssystem anzusprechen und einbinden zu können. Dazu sollte man wissen, dass dieser Ansatz nach wie vor korrekt ist, es aber viele andere Treibermöglichkeiten wie softwarebasierte Filter- oder Kernelmodus-Treiber sowie Dateisystemtreiber gibt. Diese interagieren nicht immer direkt mit Hardware, und werden vorrangig für die Überwachung bestimmter Datenströme und Windows Kernel-Eigenschaften verwendet.

Tatsächlich war die Treiberentwicklung früher ein recht unflexibler Prozess, weil der Quellcode in einem Texteditor geschrieben und über die Kommandozeile mit diversen Tools des Microsoft Driver Development Kit (DDK) kompiliert und gelinkt werden musste. Das erschwerte oftmals die Fehlersuche, und brachte unnötige Umwege mit sich.

Microsofts Visual Studio war hier immer der elementare Bestandteil, der durch das DDK ergänzt wurde und zum fertigen Treiber führte. In der aktuellen Zeit ist diese Integration weiter vorangeschritten, aus dem DDK wurde das Windows Driver Kit (WDK) und Microsofts Visual Studio 2019 integriert die zur Kompilierung notwendigen Tools als Add-In. Dadurch werden nach der Installation von Visual Studio direkt die entsprechenden Projektvorlagen in die IDE integriert und lassen sich für neue Projekte auswählen.

D. Espenschied, *Systemprogrammierung mit Delphi*,
https://doi.org/10.1007/978-3-658-43455-7_7

Obwohl während des Schreibens dieser Zeilen die aktuelle Visual Studio Version mit der Nummer 2022 verfügbar ist, kommt für unseren Kernelmodus-Treiber die Version 2019 zum Einsatz. Dies bedingt das dazugehörige WDK, welches aktuell für die Version 2022 nur in einer „Preview"-Variante vorliegt, und die damit erzeugten Treiber erst ab Windows 10 funktionieren. Die ältere 2019er Version erlaubt hier eine Abwärtskompatibilität bis hinunter zu Windows 7, wovon wir Gebrauch machen möchten. Gerade auch deswegen, weil diese älteren Betriebssysteme immer noch im Einsatz sind – die Vor- und Nachteile seien hier einmal hintenangestellt.

Ebenfalls könnte man drüber sprechen, warum nicht vergleichbar zu Delphi der C++Builder von Embarcadero zum Einsatz kommt. Das hängt damit zusammen, dass die Domäne der Treiberentwicklung seit Anbeginn zu Microsoft mit dem Visual Studio gehört, und Embarcadero offenbar auch keine Ambitionen hat, daran etwas zu ändern und beispielswies eine WDK-Integration zu forcieren.

7.2 Voraussetzungen und Installation

Als erster Schritt sollte der Visual Studio Installer von Visual Studio 2019 heruntergeladen werden. Nach dem Start hat man verschiedenste Auswahlmöglichkeiten, von denen für die Treiberentwicklung oben im Bereich „Workloads" die „Desktopentwicklung mit C++" notwendig ist. Dadurch werden entsprechende Installationskomponenten automatisch ausgewählt. Im Bereich „Sprachpakete" ist die Sprache der aktuellen Windows-Installation ausgewählt, je nach Geschmack und Vorliebe kann man hier Englisch und/oder andere Sprachen hinzufügen (Abb. 7.1).

Nach der Installation, die je nach Internetanbindung und Festplattengeschwindigkeit unterschiedlich lange dauern kann, lässt sich noch das Farbschema festlegen und Visual Studio starten.

Nun sind noch das Windows Software Development Kit (SDK) [1] und Windows Driver Kit (WDK) [2] notwendig, deren Versionen beide übereinstimmen müssen. Da innerhalb des Workloads für „Desktopentwicklung mit C++" automatisch das Windows 10 SDK mitinstalliert wird, benötigt man entweder das gleiche WDK dazu, oder man installiert beide gleich neu mit einer aktuellen Version (z. B. das Windows 11 SDK und WDK). Beide Installer für SDK und WDK erlauben eine direkte Installation oder das Herunterladen der Kits, was dann relevant ist, wenn das SDK und WDK archiviert oder auf einem anderen PC installiert werden sollen. Die Startauswahlfenster sehen folglich identisch aus (Abb. 7.2).

Die beim SDK auswählbaren Features (Funktionen) sollten in der Standardeinstellung beibehalten werden, auch wenn nicht alles benötigt wird (Abb. 7.3).

Abschließend erscheint jeweils eine Meldung, dass SDK und WDK erfolgreich installiert wurden. Hier ist beim WDK eine zusätzliche Möglichkeit vorgesehen, sich als

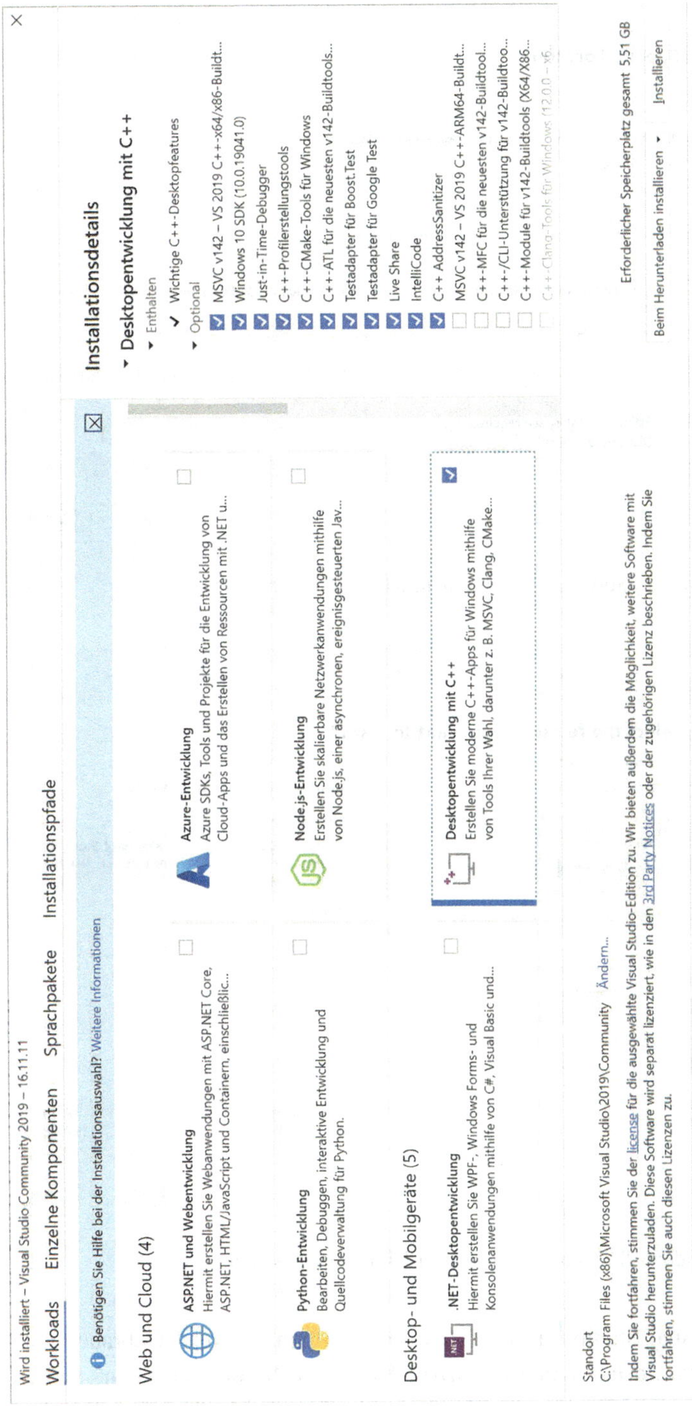

Abb. 7.1 Visual Studio 2019 Installation (hier für die Community Edition)

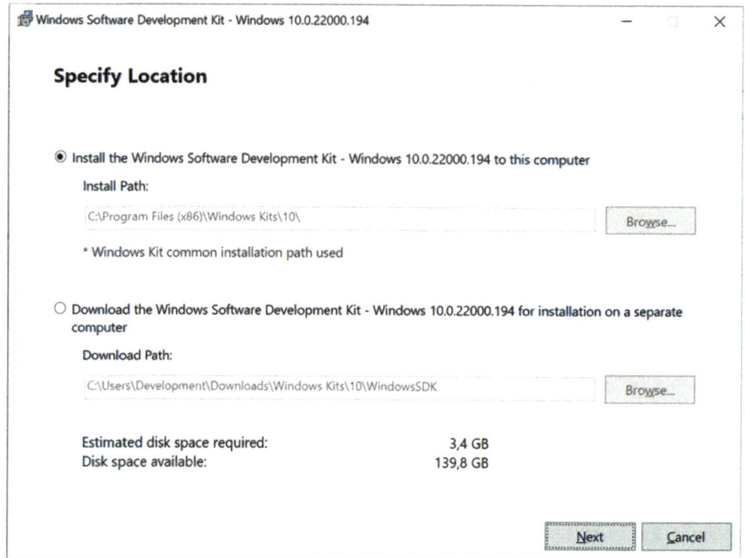

Abb. 7.2 Windows Software Development Kit Installationsauswahl

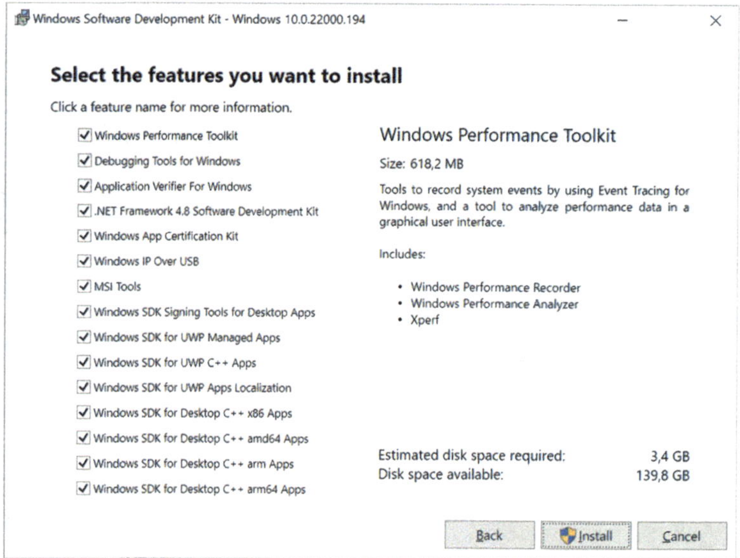

Abb. 7.3 Windows Software Development Kit Featureauswahl

Add-In in Visual Studio zu integrieren, wovon man dringend Gebrauch machen sollte. Die Checkbox „Install Windows Driver Kit Visual Studio extension" sollte daher aktiviert sein, bevor das Fenster mit Close geschlossen wird (Abb. 7.4).

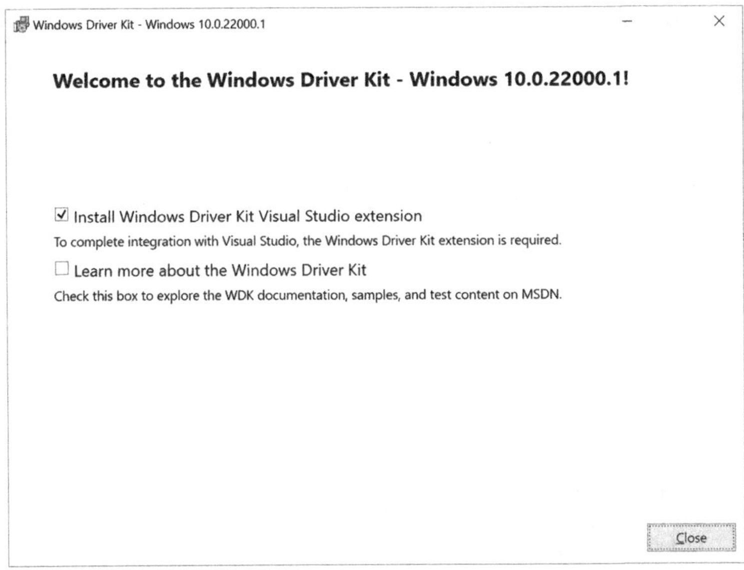

Abb. 7.4 Windows Driver Kit – Integration in Visual Studio als Installationsabschluss

Die Aktivierung der zuvor genannten Checkbox bringt wiederum nach dem Schließen des Fensters den VSIX Installer zum Vorschein, der die installierten Visual Studio-Produkte auflistet und für jedes Produkt eine separate Checkbox bietet, um die Installation des WDK zu aktivieren. Abschließend beginnt der Install-Schalter den eigentlichen Installationsprozess (Abb. 7.5).

Bis zu diesem Punkt haben wir die Kerninstallation der wichtigsten Bestandteile erledigt, und es folgen weitere ergänzende Installationen.

7.2.1 Zusätzliche Installationen

Neben dem Visual Studio selbst und den Paketen für SDK und WDK, gibt es weitere hilfreiche Installationen, die wir nachfolgend ebenfalls kurz besprechen und die grundsätzlich bei der Treiberentwicklung und dem Debuggen hilfreich sind.

Grundsätzlich sind bei vielen Entwicklungsumgebungen Standardbeispiele für Komponenten und Quellcode enthalten, die beim WDK jedoch separat heruntergeladen werden müssen und für Studienzwecke recht hilfreich sind [3]. Hierbei wird empfohlen, das gesamte Git-Repository als Zip-Datei herunterzuladen, welches zum Zeitpunkt des Schreibens dieser Zeilen rund 160 Beispieltreiber enthält und insgesamt 150 MB umfasst [4]. Ebenfalls findet man die im WDK enthaltenen Treiber auf einer Microsoft-Homepage mit dem WDK als Suchfilter, was eventuell eine bessere Findbarkeit und damit einen verbesserten Überblick bietet.

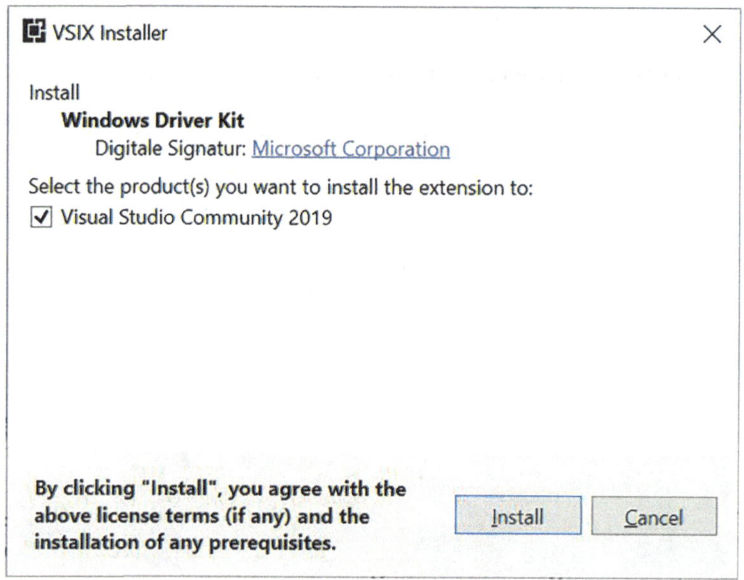

Abb. 7.5 VSIX Installer mit Auswahl der installierten Visual Studio Versionen

Eine weitere Installation sollte die Sysinternals Suite von Microsoft sein, die einige nützliche Tools für das gesamte Spektrum der Treiberentwicklung und des Debuggens sowie der Überwachung unterschiedlichster Datenströme enthält. Dies betrifft etwa die Tools Process Explorer, WinObj und DebugView, auf die teilweise im weiteren Verlauf dieses Kapitels eingegangen wird. Zum Zeitpunkt des Schreibens dieser Zeilen umfasst die Zip-Datei des Gesamtpaketes knapp 50 MB und sollte temporär auf dem Entwicklungsrechner entpackt werden [5].

Als letzte zusätzliche Installation soll hier eine Erweiterung des Visual Studio vorgestellt werden, die das Fenster „Neues Projekt erstellen“ beeinflusst. Dieses Fenster wurde mit der Veröffentlichung von Visual Studio 2019 erheblich umgebaut, und mit dieser Umgewöhnung hatten einige Entwickler Bauchschmerzen, die jahrelang die altbekannte Ansicht nutzten. Daher lässt sich über den Microsoft Marketplace die Erweiterung *Classic 'New Project' Dialog* herunterladen [6], die nach der Installation jedoch noch zu aktivieren ist.

Nach dem Download der Datei „SwitchProjectDialog.vsix“ als Visual Studio Extension und dessen Ausführung öffnet sich wieder der VSIX Installer, in dem man diejenigen Visual Studio Installationen auswählt, für die eine Installation erfolgen soll. Wichtig dabei ist, dass die entsprechende Visual Studio Installation zum Zeitpunkt dieser Installation geschlossen sein muss. Nach der Installation muss diese Erweiterung noch in Visual Studio über *Extras -> Optionen -> Classic Project Dialog -> Use Classic New Project Dialog* aktiviert werden (Abb. 7.6).

Der Unterschied zwischen neuer und alter klassischer Ansicht wird mit nachfolgenden Abbildungen gegenübergestellt (Abb. 7.7 und 7.8).

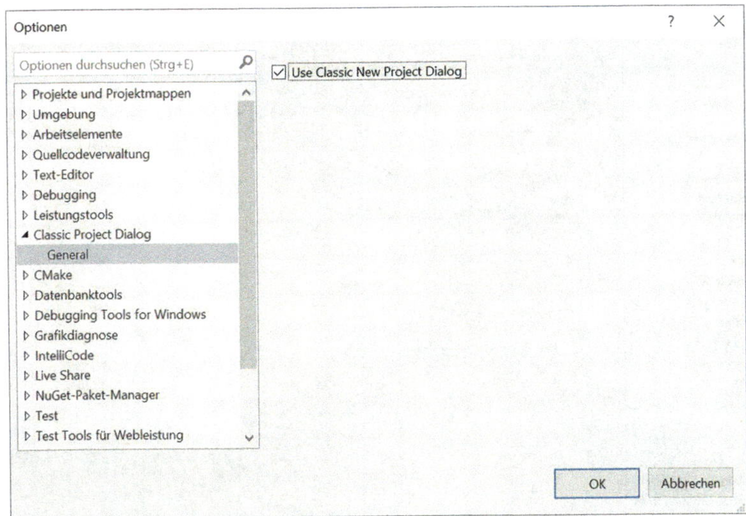

Abb. 7.6 Visual Studio Optionen für die Aktivierung des klassischen Projektdialogs

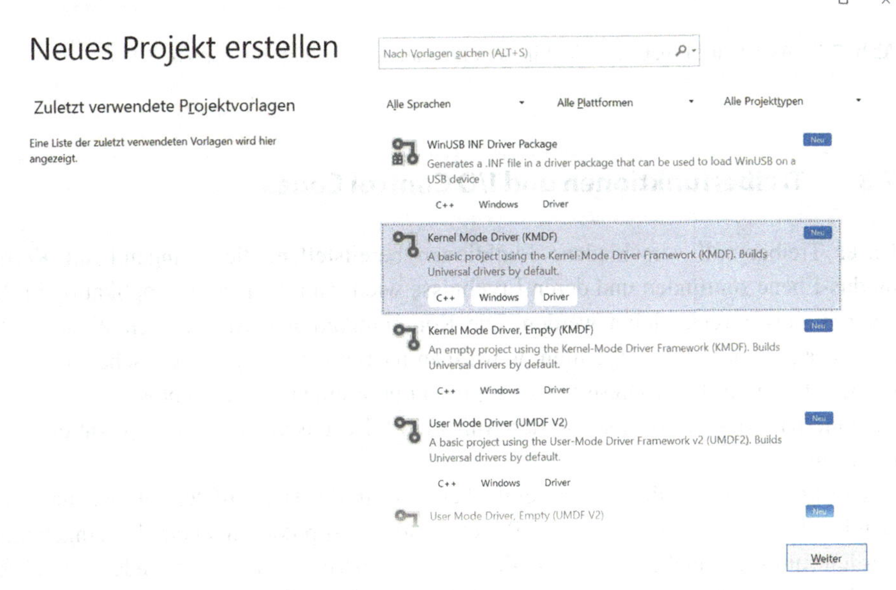

Abb. 7.7 Assistent für neues Projekt in der neuen Ansicht (ab VS 2019)

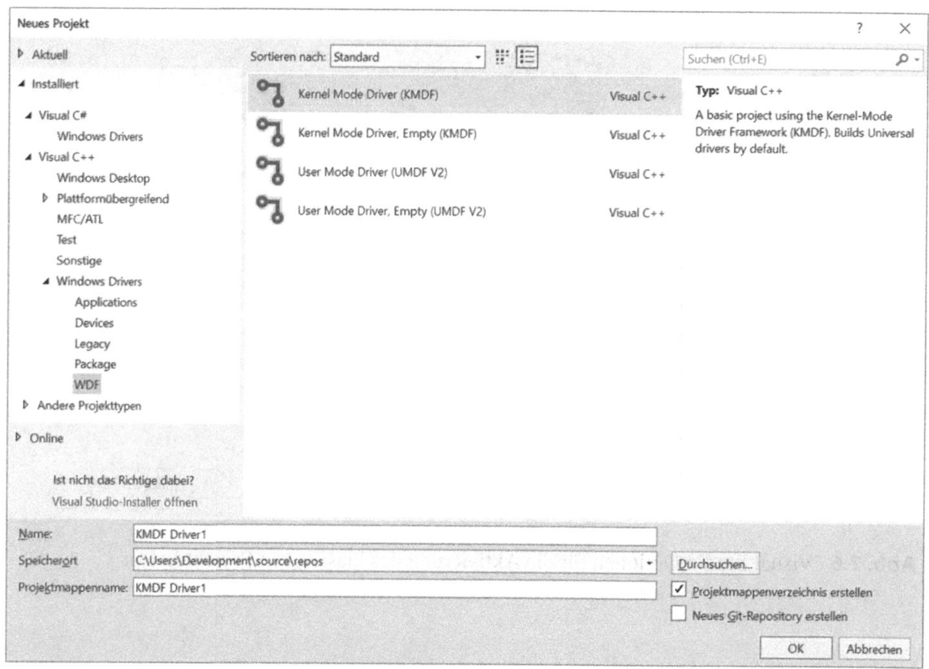

Abb. 7.8 Assistent für neues Projekt in der altbekannten Ansicht (bis vor VS 2019)

7.3 Treiberfunktionen und I/O Control Codes

Unser Treiber soll verschiedene Funktionen bereitstellen, die zwingend auf Kernelmodus-Ebene stattfinden und deren Ergebnisse wieder an die Delphi-Applikation im Benutzermodus zurückgeleitet werden. Die Kommunikation wird über den Windows I/O Manager gesteuert und aufgerufen, wozu man nach einem festgelegten Schema sog. I/O Control Codes festlegt. Diese Codes repräsentieren einen vorzeichenlosen 32 Bit-Wert, der innerhalb des Treibers sowie des Aufrufers (also unserer Delphi-Applikation) identisch sein müssen.

Die I/O Control Codes werden einfacherweise in der Headerdatei definiert und diese Datei sollte dann von einer C++-Benutzermodus-Applikation ebenfalls eingebunden werden, um die gleichen Zugriffscodes und Datenstrukturen zu verwenden. Da unsere Applikation in Delphi geschrieben wird, bilden wir die I/O Control Codes und dazugehörigen Datenstrukturen einfach nach.

Laut offizieller Microsoft-Dokumentation [7] werden I/O Control Codes wie in Abb. 7.9 erzeugt.

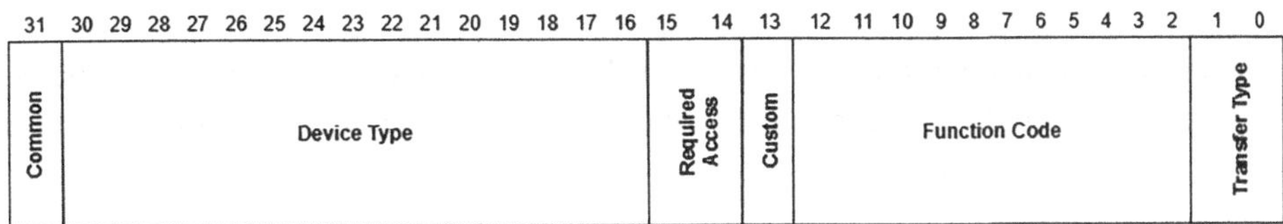

Abb. 7.9 Aufteilung von I/O Control Codes

Innerhalb unserer Headerdatei bedienen wir uns des CTL_CODE-Makros, welches mit den notwendigen Parametern den gewünschten Code erstellt. Das Makro ist definiert in ntddk.h:

```
#define CTL_CODE( DeviceType, Function, Method, Access ) (
 ((DeviceType) << 16) | ((Access) << 14) | ((Function) << 2) | (Method)
```

DeviceType:
Grundsätzlich bietet Microsoft bereits einige Gerätetypen an, die in ntddk.h definiert sind und hauptsächlich für Hardwaretreiber gedacht sind. Wenn man so einen Treiber entwickeln möchte, bietet sich ein vordefinierter Gerätetyp an, falls nicht, sind alle Werte unterhalb 8000h für Microsoft reserviert. Folglich kann man sich einen Wert ab 8000h aussuchen.

Function:
Dieser Wert repräsentiert einen Funktionscode, mit dem eine Treiberfunktion angesprochen wird. Alle Werte unterhalb 800h sind für Microsoft reserviert. Folglich kann man sich einen Wert ab 800h aussuchen und wir nummerieren die I/O Control Codes jeweils um 1 nach oben.

Method:
Die Methode stellt den Transfer-Typ dar, also wie Daten vom und zum Treiber transportiert werden. Unterschieden wird zwischen den Methoden METHOD_BUFFERED, METHOD_IN_DIRECT, METHOD_OUT_DIRECT und METHOD_NEITHER. Während METHOD_BUFFERED eine gepufferte I/O-Methode definiert, kommt diese hauptsächlich für kleine Datenmengen in Betracht. Dies ist bei uns der Fall. Die Methoden METHOD_IN_DIRECT und METHOD_OUT_DIRECT kommen überwiegend für größere Datenmengen zum Einsatz, die schnell transferiert werden müssen, etwa auch über schnelle Übertragungswege wie DMA und PIO. Je nach Wunschrichtung wählt man die entsprechende In- oder Out-Methode aus, oder auch beide durch ein boolesches Oder verknüpft. Die letzte Variante METHOD_NEITHER verwendet keine der vorgehenden Methoden und verlangt die Benutzung von Eingabe- und Ausgabepuffern, die korrekt von Benutzerapplikationen im virtuellen Adressraum bereitgestellt werden müssen. Wir entscheiden uns aufgrund der geringen Datenmenge für die erste Methode METHOD_BUFFERED.

Access:
Dieses auch als *RequiredAccess* benannte Feld definiert, wie der Aufrufer (also die Benutzermodus-Applikation) den Zugriff auf das Dateiobjekt des Treibers anfordert. Unterschieden wird zwischen den 3 Feldern:

- FILE_ANY_ACCESS: der I/O-Manager sendet das Zugriffspaket für jeden Aufrufer, der ein Handle auf das Dateiobjekt hat, das das Zielgeräteobjekt darstellt.
- FILE_READ_DATA: der I/O-Manager sendet das Zugriffspaket nur für einen Aufrufer mit Lesezugriffsrechten, damit der zugrundeliegende Treiber Daten von sich selbst oder vom Gerät in den Systemspeicher übertragen kann.
- FILE_WRITE_DATA: der I/O-Manager sendet das Zugriffspaket nur für einen Aufrufer mit Schreibzugriffsrechten, damit der Treiber Daten aus dem Systemspeicher zu sich bzw. zum Gerät übertragen kann.

Die letzten beiden Eigenschaften können auch hier wieder durch ein boolesches Oder verknüpft werden, wenn der Aufrufer sowohl Lese- als auch Schreibrechte anfordern muss.

Mit dieser Definition erzeugen wir insgesamt 18 I/O Control Codes, die in Tab. 7.1 mitsamt Namen, Funktions-Code, Zugriffsrechten und Beschreibung aufgelistet sind.

Erwähnenswert sind noch die Zugriffsrechte, die hier keinesfalls mit FILE_ANY_ACCESS, sondern jeweils mit FILE_READ_DATA und FILE_WRITE_DATA angegeben sind. Das hat den Hintergrund, dass wir bspw. für kritische Treiberfunktionen wie IOCTL_PCANALYS_WriteMSR, über die auch Schadcode in den Prozessor eingespeist werden könnte, vordefinierte Lese- und Schreibrechte des Aufrufers notwendig sind, anstatt die allseits sehr verbreitete FILE_ANY_ACCESS Zugriffsmethode zu verwenden. Ebenfalls existieren keine reinen I/O Control Codes mit FILE_WRITE_DATA, weil als Übergabeparameter für den I/O Control Code mindestens die zu schreibende Speicher-/Port-/MSR-Adresse anzugeben ist, und dadurch ebenfalls FILE_READ_DATA notwendig ist.

Die I/O Control Codes und die dazugehörigen Eingabe- und Ausgabestrukturen werden in Abschn. 7.6 praktisch umgesetzt.

7.4 Erstellung eines neuen Treiber-Projektes

Nach dieser relativ theoretischen Einführung widmen wir uns nun dem Praxisteil mit der tatsächlichen Entwicklung eines Treibers. Für die Erstellung eines neuen Treiberprojektes hat man nach der Installation des WDK und dessen Integration in Visual Studio die Möglichkeit, direkt aus Visual Studio die entsprechenden Projektvorlagen auswählen zu können. Dazu sollte man jedoch wissen, welche Vorlage am besten passt und dies bedingt gleichzeitig die Frage, welche Treibermodelle es eigentlich gibt.

Tab. 7.1 Erzeugte I/O Control Codes für unseren Kernelmodus-Treiber

Name	Funktions-Code	Zugriffsrechte	Beschreibung
IOCTL_PCANALYS_TransferTest	800h	R	Treibertestkennung ermitteln
IOCTL_PCANALYS_Version	801h	R	Treiberversion ermitteln
IOCTL_PCANALYS_ReadMSR	900h	R	MSR lesen
IOCTL_PCANALYS_WriteMSR	901h	R & W	MSR schreiben
IOCTL_PCANALYS_ReadPCI	902h	R	PCI-Bus Portadresse lesen
IOCTL_PCANALYS_WritePCI	903h	R & W	PCI-Bus Portadresse schreiben
IOCTL_PCANALYS_ReadMem8Bit	904h	R	Speicheradresse als 8 Bit lesen
IOCTL_PCANALYS_ReadMem16Bit	905h	R	Speicheradresse als 16 Bit lesen
IOCTL_PCANALYS_ReadMem32Bit	906h	R	Speicheradresse als 32 Bit lesen
IOCTL_PCANALYS_WriteMem8Bit	907h	R & W	Speicheradresse als 8 Bit schreiben
IOCTL_PCANALYS_WriteMem16Bit	908h	R & W	Speicheradresse als 16 Bit schreiben
IOCTL_PCANALYS_WriteMem32Bit	909h	R & W	Speicheradresse als 32 Bit schreiben
IOCTL_PCANALYS_ReadPort8Bit	90Ah	R	I/O-Port als 8 Bit lesen
IOCTL_PCANALYS_ReadPort16Bit	90Bh	R	I/O-Port als 16 Bit lesen
IOCTL_PCANALYS_ReadPort32Bit	90Ch	R	I/O-Port als 32 Bit lesen
IOCTL_PCANALYS_WritePort8Bit	90Dh	R & W	I/O-Port als 8 Bit schreiben
IOCTL_PCANALYS_WritePort16Bit	90Eh	R & W	I/O-Port als 16 Bit schreiben
IOCTL_PCANALYS_WritePort32Bit	90Fh	R & W	I/O-Port als 32 Bit schreiben

Grundsätzlich lassen sich unterschiedlichste Treibertypen entwickeln, die unterschiedliche Einsatzzwecke haben. Dazu gehören vorrangig:

- Gerätefunktionstreiber
- Gerätefiltertreiber
- Softwaretreiber
- Dateisystemtreiber und
- Dateisystemfiltertreiber.

Während Gerätetreiber normalerweise Hardwaregeräte direkt ansprechen und diese in Windows benutzbar machen, sind dafür gleichzeitig entsprechende Hardwarespezifikationen notwendig, die vom Gerätehersteller bereitgestellt werden. Dateisystemtreiber hingegen fungieren als Möglichkeit für neue und unbekannte Dateisysteme, so dass diese ebenfalls in Windows für Datenspeicherungen verwendet werden können. Der Sammelbegriff „Filter" dient wie der Name schon sagt primär zur Steuerung der Datenströme, die von oder zu einem Gerät oder einer Schnittstelle transportiert werden. Bei Gerätetreibern können das sämtliche ein- und ausgehende Daten sein, bei Dateisystemen (auch als Minifilter bezeichnet) können das Antivirus-Filter, Datensicherungs-Filter und Verschlüsselungs-Filter sein. Das bedeutet, dass Applikationen aus den Bereichen Antivirus, Datensicherung und Verschlüsselung im Windows-Kernel diese Filtertreiber installieren und die Datenströme steuern, um eine möglichst große Kontrolle zu erlangen.

Die Treiberart, mit der wir uns beschäftigen und die für unsere Zwecke bestens geeignet ist, sind Softwaretreiber. In unserem Fall wird weder die Kommunikation mit einer speziellen Hardware benötigt, noch irgendwelche Ressourcen wie Interrupts und DMA-Kanäle reserviert. Weiterhin benötigen wir keine Inf-Datei zur automatischen Treiberinstallation, und kein separates Treiberinstallationspaket, wie es bei diversen Treibersuiten häufig der Fall ist. Unser Softwaretreiber soll lediglich ein Bindeglied zwischen Windows-Kernel (Kernel Mode) und Benutzerebene (User Mode) unserer Delphi-Applikation darstellen.

Bei Softwaretreibern wird zwischen 2 Treibermodellen unterschieden, dem sog. Kernel-Mode Driver Framework (KMDF) und dem Windows Driver Model (WDM). Obwohl der Name das erste Modell suggeriert, sollte es eher für Gerätefunktionstreiber zum Einsatz kommen, die tatsächlich Hardware in Windows verfügbar machen und auch Ressourcen binden – aus der Perspektive eines reinen Softwaretreiber hat das KMDF-Modell jedoch keinen bedeutenden Vorteil und fügt Overhead und Abhängigkeiten hinzu, auf die wir verzichten können.

In Visual Studio erstellen wir über *Datei -> Neu -> Projekt* ein neues Projekt, und wählen aus der Vorlagenliste den *Empty WDM Driver* aus. Im darauffolgenden Fenster *Neues Projekt konfigurieren* legen wir den Treibernamen *PCANALYS* fest, definieren einen Ort und lassen eine neue Projektmappe erstellen, die mit dem Projekt im selben Verzeichnis gespeichert werden soll (Abb. 7.10).

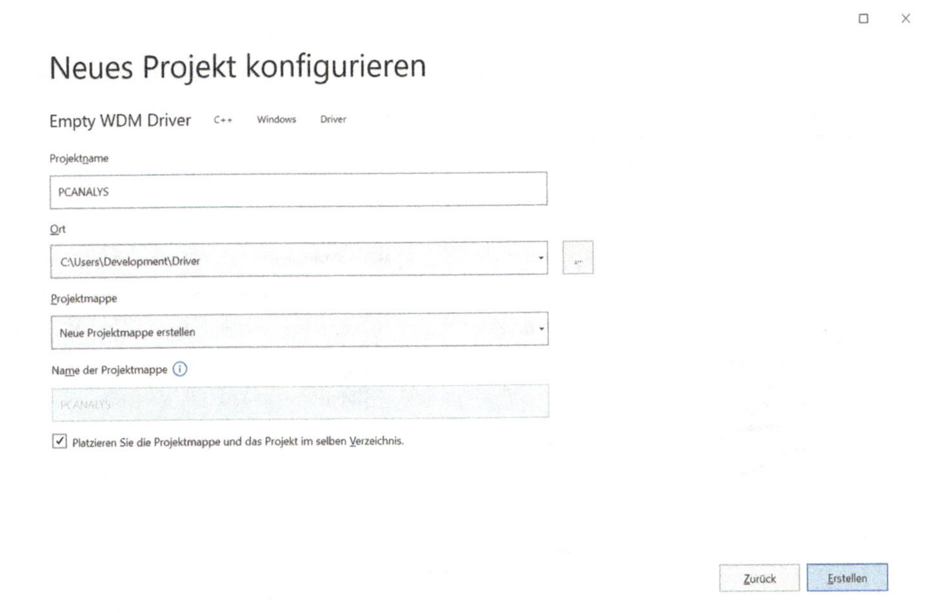

Abb. 7.10 Neues Treiber-Projekt erstellen und konfigurieren

Nach dem Drücken des Erstellen-Schalters werden die entsprechenden Verzeichnisse und Projektdateien erzeugt, und bevor wir Quellcode eingeben können, werden wir noch einige Projektoptionen anpassen.

Dazu wechseln wir über *Projekt -> Eigenschaften* zu den Eigenschaftsseiten des Projekts. Grundsätzlich sollte man wissen, dass es hier die beiden Konfigurationen *Debug* und *Release* gibt, die vergleichbar mit den beiden Delphi-Konfigurationen festlegen, für welche Zwecke das Kompiler-Ergebnis ausgelegt ist. Debug (oder früher als Checked bezeichnet) enthält zusätzliche Debug-Informationen, eignet sich daher besser für das Debuggen und beinhaltet keine Kompiler-Optimierungen, während Release (oder früher als Free bezeichnet) keinerlei Debug-Informationen enthält und diverse Kompiler-Optimierungen zum Einsatz kommen. Die Release-Konfiguration sollte daher für die Produktauslieferung zum Einsatz kommen.

Das Fenster der Projekt-Eigenschaftsseiten markiert immer die aktive Konfiguration, und Änderungen werden nur in dieser Konfiguration durchgeführt. Da wir aber Änderungen für beide Konfigurationen anwenden wollen, wählt man oben links in der Konfigurationsliste am besten den Wert *Alle Konfigurationen.*

Gleiches gilt für die Plattformen, die rechts daneben festgelegt werden. Unser Treiber soll für die Win32- und ×64-Plattformen entwickelt werden, weswegen man hier nicht *Alle Plattformen* auswählen darf. In diesem Fall würden dadurch auch die anderen installierten Plattformen (z. B. ARM und ARM64) markiert werden, und dort sind einige Projekteinstellungen nicht verfügbar. Um Win32- und ×64 gleichzeitig zu markieren, wählt man *Mehrere Plattformen* aus und sorgt dafür, dass nur Win32 und ×64 markiert sind (Abb. 7.11).

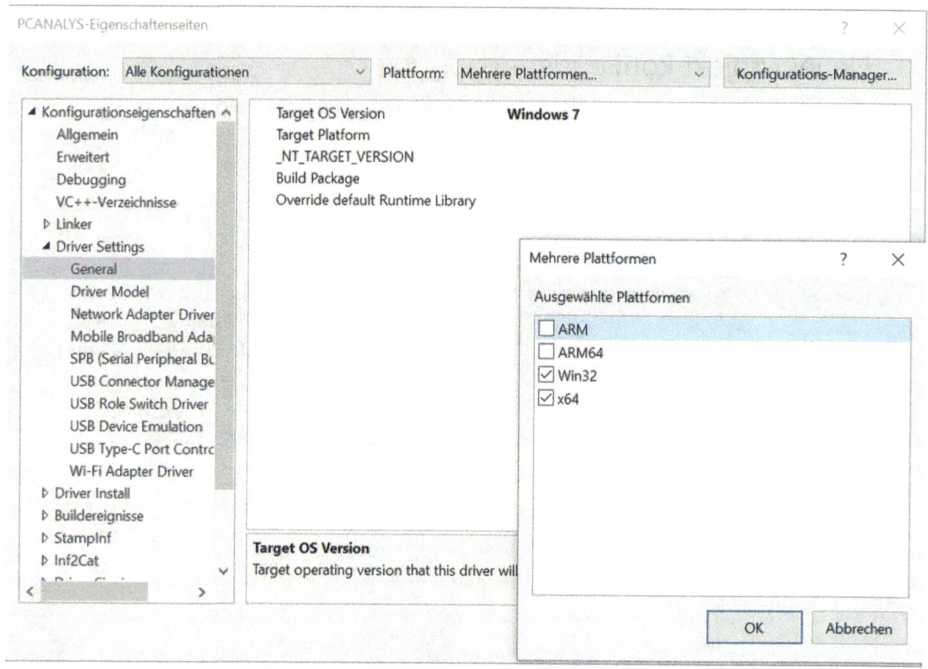

Abb. 7.11 Mehrere Plattformen mit Win32 und ×64 als Auswahl

Nun geht es darum, einige Projekteigenschaften anzupassen. Standardmäßig ist als Zielplattform Windows 10 voreingestellt, und wenn diese Plattform für den Treiber ausreicht, kann die Einstellung so beibehalten werden. Jedoch wird grundsätzlich empfohlen, im Bereich *Driver Settings -> General* als *Target OS Version* Windows 7 auszuwählen, um zumindest eine teilweise Abwärtskompatibilität zu gewährleisten – auch wenn für Windows 7 inzwischen alle Supportzeiträume abgelaufen sind. Diese Einstellung sollte genauso wie die nachfolgenden für alle Konfigurationen (Debug und Release) sowie für alle Plattformen festgelegt werden. Für eigene Treiberentwicklungen über dieses Beispielprojekt hinaus ist natürlich immer die Zielanforderung relevant, und wenn bspw. Windows 10 als Systemvoraussetzung in Ordnung ist, sollte auch die Zielplattform in den Projekteigenschaften entsprechend angepasst werden.

Dann erfolgt eine Einstellung, die den Namen der kompilierten Treiberdatei beeinflusst, weil unser Treiber in zwei Varianten jeweils für 32 Bit (×86-Plattform) und 64 Bit (×64-Plattform) bereitgestellt wird. Da standardseitig der kompilierte Treibername identisch ist, führen wir eine Unterscheidung durch den Treiberdateinamen ein. Dazu öffnen wir jeweils nacheinander für die beiden Plattformen den Bereich *Konfigurationseigenschaften -> Allgemein* und drücken in die Zeile *Zielname,* woraufhin sich ein rechts befindlicher Pfeil darstellt. Dieser Pfeil erlaubt das Bearbeiten des jeweiligen Eintrages und basiert auf Makros, die mit einem separaten Schalter aufgelistet werden können. Da die Liste relativ lang ist, geben wir als Schnellfilterbegriff *Platform* ein, woraufhin sich alle Einträge darstellen, die das Wort *Platform* enthalten. Wir setzen den Eingabecursor ans Ende des Zeileneintrages, markieren den Eintrag *$(PlatformShortName)* und drücken unten auf den Einfügen-Schalter. Damit wird der bisherige Eintrag *$(TargetName.Replace(' ',''))* durch den kurzen Plattform-Namen erweitert. Der kompilierte Treiberdateiname lautet also *PCANALYSx64.sys* für die ×64-Plattform und *PCANALYSx86.sys* für die ×86-Plattform. Damit haben wir die Möglichkeit geschaffen, beide Varianten mitzuliefern, und anhand des Dateinamens und der erkannten Plattform die korrekte Variante des Treibers wählen zu können. Man kann noch wesentlich mehr mit den Makros herumspielen und wenn nur eine bestimmte Plattform unterstützt werden soll, benötigt man diese Unterscheidung möglicherweise nicht. Für unseren Einsatzzweck ist sie aber notwendig und daher recht selbsterklärend.

Im nächsten Schritt löschen wir die automatisch erstellte Inf-Datei. Dieses Informationsdateiformat beschreibt auf Textbasis, welche Treiberdateien wohin zu kopieren sind, und welche weiteren Konfigurationsanpassungen für den Treiber vorgenommen werden. Windows liefert standardseitig sehr viele dieser Inf-Dateien im Verzeichnis *\Windows\INF* mit. Unser Treiber braucht das aber nicht, weil er nur aus einer einzigen Treiberdatei besteht, an keine bestimmte Hardware gebunden ist und auch nirgendwo separat hinkopiert werden muss. Daher löschen wir die Inf-Datei im rechts befindlichen Projektmappen-Explorer (englisch Solution Explorer). Dies geschieht, indem man die Datei in der Ebene *Projektname -> Driver Files -> Projektname.inf* mit der rechten Maustaste anklickt, und *Aus Projektmappe entfernen* auswählt (alternativ mit Entf-Taste).

7.5 Erstellung einer Headerdatei

Alle Definitionen und Deklarationen sollten in einer zusätzlichen Headerdatei erfolgen (Erweiterung h), die dann idealerweise bei der Kompilierung vom Treiber (Kernelmodus) und der Applikation (Benutzermodus) verwendet werden – damit erspart man sich eine doppelte Deklaration und verhindert etwaige Fehler, die bei unterschiedlichen Deklarationen auftreten könnten. Dieser Vorteil setzt aber voraus, dass sowohl der Treiber als auch die Anwendung in C(++) geschrieben sind, was bei uns aufgrund der Delphi-Anwendung im Benutzermodus nicht gegeben ist. Daher können wir nicht verhindern, die Deklarationen zumindest für die ein- und ausgehenden Treiberfunktionen in Delphi erneut zu definieren. Dies hält sich jedoch aufgrund der überschaubaren Menge in Grenzen. Die Erstellung der Headerdatei geschieht, indem man im rechts befindlichen Projektmappen-Explorer auf die Ebene *Projektname -> Header Files* mit der rechten Maustaste klickt, und *Hinzufügen -> Neues Element* auswählt (alternativ mit Strg+Umschalt+A). Das wiederum öffnet das Fenster *Neues Element hinzufügen,* in dem die Kategorie Headerdatei (*.h) ausgewählt und ein Dateiname im Treiberverzeichnis definiert wird – wir nennen die Datei genauso wie unser Treiberprojekt *PCANALYS.h.* Der Hinzufügen-Schalter finalisiert diesen Schritt.

Die leere Headerdatei wird dann erzeugt mit dem Code:

```
#pragma once
```

Dieser Befehl sorgt dafür, dass diese Headerdatei nur einmal eingebunden wird, auch wenn sie in mehreren #include-Anweisungen desselben Projekts angegeben wurde.

Danach fahren wir mit der Einbindung zusätzlicher Headerdateien fort:

```
#include <ntddk.h>
```

Die ntddk-Headerdatei enthält die wichtigsten Funktionen, Strukturen und Nummerierungen für den Windows Kernel.

Ebenfalls erstellen wir einen Gerätetypen (englisch DEVICETYPE) und weisen ihm den Wert 8000h zu:

```
#define DEVICE_PCANALYS 0x8000
```

Wie schon in Abschn. 7.3 besprochen, benutzen wir das CTL_CODE-Makro, um I/O Control Codes zu definieren. Daher beginnen wir direkt mit der ersten Definition:

```
#define IOCTL_PCANALYS_TransferTest CTL_CODE(DEVICE_PCANALYS,
                                             0x800,
                                             METHOD_BUFFERED,
                                             FILE_READ_DATA)
```

Der Funktionscode 800h (oder wie er in C-Notation geschrieben wird: 0×800) definiert hochzählend um 1, welche Treiberfunktion angesprochen wird, und diese wird dann in der Treiber-Hauptdatei entsprechend ausgeführt.

Wir definieren direkt nach dem CTL_CODE-Makro die eventuell notwendigen Eingabe- und Ausgabepuffer. Das ist sicherlich auch gesammelt am Ende der Headerdatei möglich, wir erzielen aber eine bessere Möglichkeit der Zuordnung zu den einzelnen I/O Control Codes, wenn die Definition direkt danach erfolgt. Eingabestrukturen enthalten das Wort *InputStruct* und Ausgabestrukturen entsprechend *OutputStruct*.

Für unseren gerade definierten I/O Control Code sieht die Ausgabestruktur wie folgt aus:

```
struct TransferTestOutputStruct {
       unsigned long TransferTest;
};
```

Dabei handelt es sich um einen vorzeichenlosen 32 Bit-Wert, der eine Testkennung des Treibers enthält und die grundsätzliche Kommunikation prüfbar machen soll.

Weiter geht es dann mit dem nächsten I/O Control Code für die Ermittlung der Treiberversion, die direkt im Treiber gespeichert wird:

```
#define IOCTL_PCANALYS_Version CTL_CODE(DEVICE_PCANALYS,
                                        0x801,
                                        METHOD_BUFFERED,
                                        FILE_READ_DATA)
struct VersionOutputStruct {
        unsigned long Version, Date;
};
```

Die nächsten beiden größeren I/O Control Codes beschreiben die Treiberfunktionen für das Lesen und Schreiben von Modell-spezifischen Registern (MSR):

```
#define IOCTL_PCANALYS_ReadMSR CTL_CODE(DEVICE_PCANALYS, 0x900,
                                        METHOD_BUFFERED,
                                        FILE_READ_DATA)
struct ReadMSRInputStruct {
       unsigned long ECXReg;
};
struct ReadMSROutputStruct {
       unsigned long EAXReg, EDXReg;
};
#define IOCTL_PCANALYS_WriteMSR CTL_CODE(DEVICE_PCANALYS, 0x901,
                                         METHOD_BUFFERED,
                                         FILE_READ_DATA | FILE_WRITE_
                                         DATA)
struct WriteMSRInputStruct {
       EDXReg /*upper register content*/,
       EAXReg /*lower register content*/;
       unsigned long ECXReg /*MSR number*/,
};
```

Für das Lesen von MSR wird das Register als Eingabewert übergeben, und der vorzeichenlose 64 Bit-Inhalt zurückgeliefert, wobei dieser auf zwei 32 Bit-Werte aufgeteilt wird. Beim gegenteiligen Schreiben wird als Eingabewert jeweils die Registernummer, sowie der obere und untere Registerinhalt (jeweils 32 Bit) als gesamter 64 Bit-Wert übergeben.

Die nächsten beiden Funktionen stellen das Lesen und Schreiben vom bzw. auf den PCI-Bus dar:

```
#define IOCTL_PCANALYS_ReadPCI CTL_CODE(DEVICE_PCANALYS, 0x902,
                                        METHOD_BUFFERED,
                                        FILE_READ_DATA)
struct ReadPCIInputStruct {
       unsigned long PortNumber;
};
struct ReadPCIOutputStruct {
       unsigned long DataBuffer;
};
```

```
#define IOCTL_PCANALYS_WritePCI CTL_CODE(DEVICE_PCANALYS, 0x903,
                                         METHOD_BUFFERED,
                                         FILE_READ_DATA | FILE_WRITE_
                                         DATA)
struct WritePCIInputStruct {
       unsigned long PortNumber, DataBuffer;
};
struct WritePCIOutputStruct {
       unsigned long DataBuffer;
};
```

Hier erwartet die Lesefunktion als Eingabestruktur eine Portnummer und liefert als Ausgabestruktur einen Datenpuffer zurück. Die Interpretation und Belegung dieser Daten übernimmt bewusst die Delphi-Applikation, damit der Treiber wirklich nur die reinen Lese- und Schreibfunktionen ohne dazugehörige Logik enthält.

Beim Schreiben auf den PCI-Bus wird als Eingabestruktur eine Portnummer und ein Datenpuffer erwartet, und als Ausgabestruktur wird der zuvor geschriebene Datenpuffer neu gelesen und zurückgeliefert. Somit hat man in der Delphi-Applikation eine direkte Kontrollmöglichkeit, ob der Schreibvorgang korrekt verlief.

In weiteren Funktionen wird das Lesen und Schreiben von Speicheradressen in unterschiedlichen Datenbreiten definiert:

```
#define IOCTL_PCANALYS_ReadMem8Bit CTL_CODE(DEVICE_PCANALYS,
                                            0x904, METHOD_BUFFERED,
                                            FILE_READ_DATA)
struct ReadMemXBitInputStruct {
       unsigned long Address;
};
struct ReadMem8BitOutputStruct {
       unsigned char Data;
};
#define IOCTL_PCANALYS_ReadMem16Bit CTL_CODE(DEVICE_PCANALYS,
                                             0x905,
                                             METHOD_BUFFERED,
                                             FILE_READ_DATA)
struct ReadMem16BitOutputStruct {
        unsigned short Data;
};
#define IOCTL_PCANALYS_ReadMem32Bit CTL_CODE(DEVICE_PCANALYS,
                                             0x906,
                                             METHOD_BUFFERED,
                                             FILE_READ_DATA)
struct ReadMem32BitOutputStruct {
        unsigned long Data;
};
```

Während sich beim Lesen von Speicheradressen die Eingabestruktur nicht ändert, weil immer eine 32 Bit vorzeichenlose Adresse erwartet wird, basiert die Ausgabestruktur auf der Datenbreite des Lesevorgangs und wird als 8-, 16 bzw. 32 Bit-Ergebnis zurückgeliefert. Es existiert daher eine Eingabestruktur für alle Speicher-Lesefunktionen und 3 unterschiedliche Ausgabestrukturen.

Beim Schreiben von Speicheradressen werden ausschließlich Eingabestrukturen benötigt, die für jede Datenbreite zunächst eine vorzeichenlose 32 Bit-Speicheradresse erwarten und danach den je nach Datenbreite unterschiedlich großen neuen Adresswert:

```
#define IOCTL_PCANALYS_WriteMem8Bit CTL_CODE(DEVICE_PCANALYS,
                                               0x907, METHOD_BUFFERED,
                                               FILE_READ_DATA |
                                               FILE_WRITE_DATA)
struct WriteMem8BitInputStruct {
        unsigned long Address;
        unsigned char Data;
};
#define IOCTL_PCANALYS_WriteMem16Bit CTL_CODE(DEVICE_PCANALYS,
                                                0x908, METHOD_BUFFERED,
                                                FILE_READ_DATA |
                                                FILE_WRITE_DATA)
struct WriteMem16BitInputStruct {
        unsigned long Address;
        unsigned short Data;
};
#define IOCTL_PCANALYS_WriteMem32Bit CTL_CODE(DEVICE_PCANALYS,
                                                0x909, METHOD_BUFFERED,
                                                FILE_READ_DATA |
                                                FILE_WRITE_DATA)
struct WriteMem32BitInputStruct {
        unsigned long Address, Data;
};
```

Nach dem Zugriff auf Speicheradressen folgen die I/O Ports, wobei ebenfalls zwischen 3 Lese- und 3 Schreibfunktionen unterschieden wird:

```
#define IOCTL_PCANALYS_ReadPort8Bit CTL_CODE(DEVICE_PCANALYS,
                                               0x90A, METHOD_BUFFERED,
                                               FILE_READ_DATA)
struct ReadPortXBitInputStruct {
        unsigned long Address;
};
struct ReadPort8BitOutputStruct {
        unsigned char Data;
};
```

```
#define IOCTL_PCANALYS_ReadPort16Bit CTL_CODE(DEVICE_PCANALYS,
                                        0x90B, METHOD_BUFFERED,
                                        FILE_READ_DATA)
struct ReadPort16BitOutputStruct {
        unsigned short Data;
};
#define IOCTL_PCANALYS_ReadPort32Bit CTL_CODE(DEVICE_PCANALYS,
                                        0x90C, METHOD_BUFFERED,
                                        FILE_READ_DATA)
struct ReadPort32BitOutputStruct {
        unsigned long Data;
};
```

Für alle 3 Lesefunktionen wird die gleiche Eingabestruktur verwendet, die als vorzeichenlosen 32 Bit-Wert die entsprechende Portadresse darstellt. Als Ausgabestruktur gelten wieder unterschiedliche große Datenbreiten für 8-, 16- und 32 Bit.

Final werden die Port-Schreibfunktionen definiert, und hier existieren ausschließlich Eingabestrukturen, die mit einer vorzeichenlosen 32 Bit-Portadresse beginnen. Diese werden um einen jeweils 8-, 16- oder 32 Bit-Portwert ergänzt:

```
#define IOCTL_PCANALYS_WritePort8Bit CTL_CODE(DEVICE_PCANALYS,
                                        0x90D,
                                        METHOD_BUFFERED,
                                        FILE_READ_DATA |
                                        FILE_WRITE_DATA)
struct WritePort8BitInputStruct {
        unsigned long Address;
        unsigned char Data;
};
#define IOCTL_PCANALYS_WritePort16Bit CTL_CODE(DEVICE_PCANALYS,
                                        0x90E,
                                        METHOD_BUFFERED,
                                        FILE_READ_DATA |
                                        FILE_WRITE_DATA)
struct WritePort16BitInputStruct {
        unsigned long Address;
        unsigned short Data;
};
#define IOCTL_PCANALYS_WritePort32Bit CTL_CODE(DEVICE_PCANALYS,
                                        0x90F,
                                        METHOD_BUFFERED,
                                        FILE_READ_DATA |
                                        FILE_WRITE_DATA)
struct WritePort32BitInputStruct {
        unsigned long Address, Data;
};
```

Damit haben wir die Erstellung der Headerdatei abgeschlossen. Würde die Benutzermodus-Applikation genau wie der Treiber in C(++) existieren, bräuchte man nur die Headerdatei einbinden und hätte eine zentrale Quelle für die I/O Control Codes und Strukturen. Da unsere Benutzermodus-Applikation in Delphi entwickelt wird, stellen wir in Kap. 8 noch eine zusätzlich notwendige Delphi-Portierung der Treiber-Headerdatei vor.

7.6 Erstellung der Treiber-Hauptdatei

Die Treiber-Hauptdatei müssen wir zunächst erstellen, was vergleichbar wie mit der Headerdatei geschieht. Dafür klicken wir im rechts befindlichen Projektmappen-Explorer auf die Ebene *Projektname -> Source Files* mit der rechten Maustaste, und wählen *Hinzufügen -> Neues Element* aus (alternativ wieder mit Strg + Umschalt + A). Das wiederum öffnet das Fenster *Neues Element hinzufügen,* in dem die Kategorie C++-Datei (*.cpp) ausgewählt und ein Dateiname im Treiberverzeichnis definiert wird – wir nennen die Datei genauso wie unser Treiberprojekt *PCANALYS.cpp.* Der Hinzufügen-Schalter finalisiert diesen Schritt.

Wir beginnen den Quellcode mit der Einbindung der Headerdateien, die zunächst aus unserer eigenen gerade erstellten Headerdatei besteht:

```
#include "PCANALYS.h"
#include <ntddk.h>
#include <intrin.h>
```

Während die ntddk-Headerdatei bereits verwendet wurde und bekannt ist, stellt die intrin-Headerdatei Deklarationen und Definitionen für intrinsische Funktionen bereit, die plattformspezifisch sind (also bspw. x86, ×64, ARM usw). Intrinsische Funktionen sind vom Kompiler bereitgestellte Funktionen, die anders benannt sind. Dies geschieht häufig beginnend mit zwei Unterstrichen als Präfix. Diese bereitgestellten Funktionen berücksichtigen prozessorspezifische Funktionen direkt in den Funktionen, wobei es sich bspw. um die Befehlssatzerweiterungen (z. B. MMX und SSE) und auch anderen speziellen Funktionen handeln kann. Wir machen davon in erster Linie beim Lesen und Schreiben von Modell-spezifischen Registern (MSR) und beim Exception-Handling Gebrauch.

Dann definieren wir noch eine Bezeichnung unseres Treibers, die vor allem bei Debug-Ausgaben verwendet wird, um eine bessere Zuordnung zu ermöglichen:

```
#define DRIVER_NAME "PCANALYS Kernel-Mode Driver"
```

Beginnen wollen wir mit 2 wichtigen Definitionen. Kernelmodus-Treiber sind aufgrund der Ausführungsebene selbst dafür verantwortlich, alle reservierten Ressourcen und veränderten Einstellungen wieder freizugeben und damit rückgängig zu machen, wenn der Treiber entladen wird. Dies geschieht zwar auch mit einem Windows-Neustart, jedoch müssen wir vom Fall einer normalen Deinstallation aus dem Windows-Kernel ausgehen. Wir nennen diese Funktion *PCANALYSUnload* und übergeben ihr unser Treiberobjekt:

```
void PCANALYSUnload(PDRIVER_OBJECT DriverObject);
```

Dieses ist ein Zeiger auf den Typ *DRIVER_OBJECT* und enthält quasi ein Image des geladenen Treibers mit allen Eigenschaften und Funktionen. Die API-Funktionen *DriverEntry, AddDevice, Reinitialize* und *Unload* arbeiten mit diesem Zeiger. Die Definition befindet sich in wdm.h und wird standardmäßig mit eingebunden:

```
typedef struct _DRIVER_OBJECT {
    CSHORT Type;
    CSHORT Size;
    PDEVICE_OBJECT DeviceObject;
    ULONG Flags;
    PVOID DriverStart;
    ULONG DriverSize;
    PVOID DriverSection;
    PDRIVER_EXTENSION DriverExtension;
    UNICODE_STRING DriverName;
    PUNICODE_STRING HardwareDatabase;
    PFAST_IO_DISPATCH FastIoDispatch;
    PDRIVER_INITIALIZE DriverInit;
    PDRIVER_STARTIO DriverStartIo;
    PDRIVER_UNLOAD DriverUnload;
    PDRIVER_DISPATCH
      MajorFunction[IRP_MJ_MAXIMUM_FUNCTION + 1];
} DRIVER_OBJECT;
typedef struct _DRIVER_OBJECT *PDRIVER_OBJECT;
```

Nach der Definition der Unload-Funktion folgt die Definition der sog. Driver-Dispatch-Funktionen. Hierbei handelt es sich um Funktionen, die in der sog. DriverEntry-Funktion zugewiesen werden und mit Hauptfunktionscodes verknüpft sind. Wir erstellen zwei Driver-Dispatch-Funktionen namens *PCANALYSCreateClose* und *PCANALYSDeviceControl*. Erstere kommt dann zum Einsatz, wenn aus der Benutzermodusebene für den Treiber mit CreateFile ein Handle erzeugt wird und mit CloseHandle geschlossen wird. Die zweite kommt beim Aufruf von DeviceIoControl von der Benutzermodusebene zum Einsatz, womit die grundlegenden Treiberfunktionen angesprochen werden.

```
DRIVER_DISPATCH PCANALYSCreateClose,
PCANALYSDeviceControl;
```

7.6.1 DriverEntry-Routine

Danach folgt die sogenannte *DriverEntry*-Routine, die wir mit der C-Sprachverknüpfung schreiben. Standardseitig ist C++ die Standardverknüpfung, jedoch ist die Windows Kernel-Umgebung von Haus aus eine C-Programmierumgebung. In letzter Zeit hat Microsoft eine begrenzte Unterstützung für C++ bereitgestellt, aber es handelt sich immer noch nicht um die native Sprache. Daher muss die *DriverEntry*-Funktion als native C-Funktion bereitgestellt und gelinkt werden, obwohl unsere Quellcodedateierweiterung eigentlich cpp ist. Dies geschieht durch die einleitende Zeile:

```
extern "C" NTSTATUS
```

Weiter geht es mit dem Funktionskopf:

```
DriverEntry(PDRIVER_OBJECT DriverObject,
            PUNICODE_STRING RegistryPath) {
      UNREFERENCED_PARAMETER(RegistryPath);
```

DriverEntry wird laut der offiziellen Microsoft-Dokumentation ein Zeiger auf das bereits angesprochene *DRIVER_OBJECT* übergeben, welches das Treiberobjekt repräsentiert. Der zweite Parameter ist ein Zeiger auf einen Unicode-String, der den Pfad zum Treiber-Parameterschlüssel in der Windows-Registrierung spezifiziert.

Den zweiten Parameter definieren wir als sog. unreferenzierten Parameter, was damit zusammenhängt, dass der Kompiler Warnungen standardseitig als Fehler betrachtet. Diese Warnung und somit der betrachtete Fehler resultiert daraus, dass unser *DriverEntry* keinen Gebrauch vom zweiten Parameter macht. Eine globale Deaktivierung dieses Warnverhaltens in den Kompiler-Optionen wird nicht empfohlen, da einige Warnungen möglicherweise getarnte Fehler sein könnten. Daher erzwingen wir an dieser Stelle für den Kompiler die Unterdrückung einer Warnungserzeugung und damit eines Fehlers – bei gleichzeitiger Beibehaltung der Kompiler-Optionen.

Nun folgen die wichtigsten Zuordnungen der *DriverEntry*-Funktion:

```
DriverObject->DriverUnload = PCANALYSUnload;
DriverObject->MajorFunction[IRP_MJ_CREATE] =
  DriverObject->MajorFunction[IRP_MJ_CLOSE] =
  PCANALYSCreateClose;
DriverObject->MajorFunction[IRP_MJ_DEVICE_CONTROL] =
  PCANALYSDeviceControl;
```

Wir weisen unserem Treiberobjekt vom Typ *PDRIVER_OBJECT* einige der wichtigsten Treiberfunktionen zu. Die Unload-Routine wird in unserem Beispiel umgesetzt durch die bereits oben definierte *PCANALYSUnload*-Funktion. Deren Implementierung folgt weiter unten.

Dann folgen die Hauptfunktionen (sog. MajorFunctions), die ein Feld darstellen und mit IRP_MJ-Funktionen verwendet werden. IRP steht für *I/O Request Package* und MJ für *Majorfunction*. Man unterscheidet zwischen verschiedenen Funktionscodes, von denen wir das Erstellen und Schließen von Handles auf das Dateiobjekt verwenden *(IRP_MJ_CREATE und IRP_MJ_CLOSE),* sowie die Ausführung von I/O Control Codes *(IRP_MJ_DEVICE_CONTROL).*

In Tab. 7.2 sind die IRPs für Hauptfunktionen aufgelistet, die in wdm.h definiert sind und bekannt sein sollten.

Bevor wir den eigentlichen Aufruf von *IoCreateDevice* durchführen, definieren wir Unicode-Strings mit dem Gerätenamen und symbolischen Link:

```
UNICODE_STRING DeviceName =
   RTL_CONSTANT_STRING(L"\\Device\\PCANALYS");
UNICODE_STRING SymbolicLink =
   RTL_CONSTANT_STRING(L"\\??\\PCANALYS");
```

Der Gerätename kann beliebig lauten und sollte sich im Objekt-Manager-Verzeichnis *Device* befinden. Er wird später in den Funktionen *IoCreateDevice* und *IoCreateSymbolicLink* zum Einsatz kommen.

Der symbolische Link wiederum wird benötigt, um das Geräteobjekt aus dem Benutzermodus zugänglich zu machen und kommt in den beiden Funktionen *IoCreateSymbolicLink* und *IoDeleteSymbolicLink* zum Einsatz.

Als nächstes definieren wir unser Treiberobjekt vom Typ *PDEVICE_OBJECT,* welches wir bereits weiter oben aufgeschlüsselt haben. Dabei handelt es sich um einen Zeiger auf eine Treiberstruktur mit allen Eigenschaften, die im späteren Verlauf mit *IoCreateDevice* zurückgeliefert wird:

```
PDEVICE_OBJECT DeviceObject = nullptr;
```

Anhand es Literales *nullptr* wird *DeviceObject* als Nullzeiger initialisiert.

Bevor wir nun eigentlich mit der Geräteerstellung beginnen, definieren wir noch 2 Variablen, die ausschließlich in *DriverEntry* zum Einsatz kommen, und beim Löschen des Geräteobjektes und symbolischen Links helfen:

```
auto ReturnStatus = STATUS_SUCCESS;
auto SymbolicLinkCreated = false;
```

ReturnStatus wird mit der auto-Direktive als Typ *NTSTATUS* angelegt, und direkt *STATUS_SUCCESS* als Vorgabewert eingetragen. Dabei handelt es sich um diverse Statuswerte, die als 32 Bit-Werte in ntstatus.h definiert sind.

Der Boolean-Wert *SymbolicLinkCreated* kommt später beim Löschen des symbolischen Links zum Einsatz, was über *IoDeleteSymbolicLink* geschieht.

Anhand des auto-Schlüsselwortes verwendet der Kompiler für die entsprechende Variable den Datentyp des Initialisierungsausdrucks.

Tab. 7.2 Die wichtigsten IRP-Funktionscodes

Name	Wert	Beschreibung
IRP_MJ_CLEANUP	12h	Aufrufbar wenn das letzte Handle geschlossen, aber noch nicht freigegeben wurde (z. B. durch eine ausstehende I/O-Anforderung)
IRP_MJ_CLOSE	02h	Schließanforderung des Betriebssystems, um das Handle für ein Datei- oder Geräteobjekt zu schließen
IRP_MJ_CREATE	00h	Erstellanforderung des Betriebssystems, um ein Handle für ein Datei- oder Geräteobjekt zu öffnen
IRP_MJ_DEVICE_CONTROL	0Eh	Aufruf einer Treiberfunktion, die im Treiber über I/O Control Codes zugänglich sein muss
IRP_MJ_FILE_SYSTEM_CONTROL	0Dh	Aufruf einer Dateisystem I/O Steuerungsanforderung (nur für Dateisystemtreiber)
IRP_MJ_FLUSH_BUFFERS	09h	Leeren eines Geräte-Caches oder internen Puffers
IRP_MJ_INTERNAL_DEVICE_CONTROL	0Fh	Aufruf einer Treiberfunktion, jedoch nur verfügbar aus dem Kernelmodus
IRP_MJ_PNP	1Bh	Aufruf bei Plug & Play-Aktivität im System (z. B. bei Nummerierung oder Ressourcenausgleich)
IRP_MJ_POWER	16h	Kennzeichnet eine Stromversorgungsaktion und wird vom Power Manager aufgerufen
IRP_MJ_QUERY_INFORMATION	05h	Abfrage von Metadaten von einer Datei oder einem Dateihandle
IRP_MJ_READ	03h	Leseoperation
IRP_MJ_SET_INFORMATION	06h	Setzen von Metadaten von einer Datei oder einem Dateihandle
IRP_MJ_SHUTDOWN	10h	Wird aufgerufen, wenn das System heruntergefahren wird und der Treiber sich für eine Benachrichtigung mit *IoRegisterShutdownNotification* registriert hat
IRP_MJ_SYSTEM_CONTROL	17h	Abfrage von WMI-Daten von einer WMI Kernelmodus-Komponente, wenn ein Datenkonsument im Benutzermodus WMI-Daten angefordert hat
IRP_MJ_WRITE	04h	Schreiboperation

Anschließend beginnen wir den Kern von *DriverEntry* mit diesem Abschnitt:

```
do {
        ReturnStatus = IoCreateDevice(DriverObject,
                                      0,
                                      &DeviceName,
                                      FILE_DEVICE_UNKNOWN,
                                      0,
                                      FALSE,
                                      &DeviceObject);
        if (!NT_SUCCESS(ReturnStatus)) {
               KdPrint((DRIVER_NAME ": failed to create device
                         (0x%08X)\n",
                         ReturnStatus));
              break;
        }
        DeviceObject->Flags |= DO_BUFFERED_IO;
        ReturnStatus = IoCreateSymbolicLink(&SymbolicLink,
                                             &DeviceName);
        if (!NT_SUCCESS(ReturnStatus)) {
               KdPrint((DRIVER_NAME ": failed to create symbolic link
                          (0x%08X)\n",
                          ReturnStatus));
               break;
        }
        SymbolicLinkCreated = true;
} while (false);
```

In einer Schleife wird *IoCreateDevice* aufgerufen und diese Funktion ist mit verschiedenen Parametern wie folgt in wdm.h definiert:

```
NTSTATUS IoCreateDevice(
    _In_            PDRIVER_OBJECT DriverObject,
    _In_            ULONG DeviceExtensionSize,
    _In_opt_        PUNICODE_STRING DeviceName,
    _In             DEVICE_TYPE DeviceType,
    _In_            ULONG DeviceCharacteristics,
    _In_            BOOLEAN Exclusive,
    _Outptr_        PDEVICE_OBJECT *DeviceObject);
```

Hierbei handelt es sich um diese Übergabewerte:

- *DriverObject* ist das Treiber-Objekt, welches beim Aufruf von *DriverEntry* übergeben wurde
- 0 sind die Extra-Byte, die zusätzlich zu *sizeof(DEVICE_OBJECT)* reserviert werden können

- *&DeviceName* ist der interne Gerätename, den wir weiter oben definiert haben
- *FILE_DEVICE_UNKNOWN* ist der Treibertyp, der in ntddk.h definiert ist und sollte spezifisch bei Hardwaretreibern festgelegt sein. Bei reinen Softwaretreibern ist *FILE_DEVICE_UNKNOWN* die beste Wahl
- 0 ist das Eigenschaft-Flag für Geräte-Charakteristiken, die für Softwaretreiber i. d. R. nicht notwendig sind
- False legt fest, dass der Treiber theoretisch mehrfach von unterschiedlichen Dateiobjekten geöffnet werden kann (Exklusiv-Status)
- *&DeviceObject* ist der zurückgelieferte Zeiger, den wir weiter oben definiert haben und der alle Treibereigenschaften enthält.

Nach dem Aufruf wird anhand der *NT_STATUS*-Definition geprüft, ob der *ReturnStatus* erfolgreich ist, sprich größer oder gleich 0 ist. *NT_STATUS* ist definiert in ntdef.h und sieht wie folgt aus:

```
#define NT_SUCCESS(Status) (((NTSTATUS)(Status)) >= 0)
```

Sollte der Status nicht erfolgreich sein, wird eine Debug-Meldung mit KdPrint ausgegeben und mit Break die weitere Ausführung abgebrochen. KdPrint ist ein Makro, das nur in Debug-Builds kompiliert wird und die darunter befindliche API-Funktion *DbgPrint* aufruft. Das hat den Vorteil, selbst bei vielen ressourcenverbrauchenden Debug-Meldungen diese in der Release-Build nicht zu verwenden, weil sie nicht kompiliert werden.

Anschließend werden die Flags des Treiberobjektes verändert, und zwar in Bezug auf die Zugriffsmethode. Unterschieden wird zwischen gepufferter Eingabe/Ausgabe *(DO_BUFFERED_IO)* und direkter Eingabe/Ausgabe *(DO_DIRECT_IO)*.

Die pufferbasierte Methode *DO_BUFFERED_IO* sollte dann zum Einsatz kommen, wenn der Treiber ein interaktives oder langsames Gerät bedient oder relativ kleine Datenmengen auf einmal überträgt. Die Verwendung dieser Methode für kleine sowie interaktive Übertragungen verbessert die Gesamtnutzung des physischen Speichers, da der Speichermanager nicht wie bei Treibern mit direktbasierter Methode für jede Übertragung eine vollständige physische Seite sperren muss. Das Betriebssystem erstellt einen nicht ausgelagerten Systempuffer, der genauso groß ist wie der Puffer der Anwendung. Bei Schreiboperationen kopiert der I/O-Manager Benutzerdaten in den Systempuffer, bevor er den Treiberstapel aufruft. Bei Lesevorgängen wiederum kopiert der I/O-Manager Daten aus dem Systempuffer in den Puffer der Anwendung, nachdem der Treiberstapel den angeforderten Vorgang abgeschlossen hat.

Die direktbasierte Methode *DO_DIRECT_IO* sollte hingegen zum Einsatz kommen, wenn größere Datenmengen transferiert werden. Das Betriebssystem sperrt den Puffer der Anwendung im Speicher. Anschließend erstellt es eine Speicherdeskriptorenliste (MDL, Memory Descriptor List), die die gesperrten Speicherseiten identifiziert, und übergibt die MDL an den Treiberstapel. Die Treiber greifen auf die gesperrten Seiten über die MDL zu.

Unser Treiber benötigt keine größeren Datenmengen und wir verwenden daher die pufferbasierte Methode. Das gleiche gilt für die I/O Control Codes, denen wir mit *METHOD_BUFFERED* die pufferbasierte Methode zuweisen.

Im nächsten Schritt erfolgt der Aufruf von *IoCreateSymbolicLink,* um den symbolischen Link zu erzeugen. Die Funktion ist mit verschiedenen Parametern wie folgt in wdm.h definiert:

```
NTSTATUS IoCreateSymbolicLink(
    _In_ PUNICODE_STRING SymbolicLinkName,
    _In_ PUNICODE_STRING DeviceName
    );
```

Hierbei handelt es sich um diese Übergabewerte:

- *SymbolicLinkName* ist der zuvor als Unicode-String definierte symbolische Link-Bezeichner
- *DeviceName* ist der zuvor als Unicode-String definierte Gerätename.

Auch hier wird nach dem Aufruf anhand der *NT_STATUS*-Definition geprüft, ob der *ReturnStatus* erfolgreich ist, sprich größer oder gleich 0 ist. Sollte dies der Fall sein, wird die Boolean-Variable *SymbolicLinkCreated* auf True gesetzt.

Der abschließende Block von *DriverEntry* beinhaltet hauptsächlich Löschfunktionen für den symbolischen Link und das eigentliche Treiberobjekt, wenn *ReturnStatus* nicht erfolgreich war:

```
if (!NT_SUCCESS(ReturnStatus)) {
          if (SymbolicLinkCreated)
                    IoDeleteSymbolicLink(&SymbolicLink);
          if (DeviceObject)
                    IoDeleteDevice(DeviceObject);
}
```

Für den symbolischen Link kommt unsere zuvor deklarierte Boolean-Variable *SymbolicLinkCreated* zum Einsatz, und für das Treiberobjekt kann direkt *DeviceObject* abgefragt werden.

Danach folgt noch die Zuweisung des *ReturnStatus* als Rückgabewert von *DriverEntry*:

```
return ReturnStatus;
}
```

Damit hätten wir diese Funktion vollständig implementiert und können mit den weiteren Funktionen fortfahren.

7.6.2 Create, Close und Unload-Funktionen

Vor der eigentlichen Handhabung der Create- und Close-Funktion erzeugen wir eine Hilfsfunktion, die das Ausfüllen eines IRP mit einem bestimmten Status und Informationen vereinfacht:

```
NTSTATUS FillOutIrp(PIRP Irp, NTSTATUS status =
                         STATUS_SUCCESS, ULONG_PTR info = 0) {
        Irp->IoStatus.Status = status;
        Irp->IoStatus.Information = info;
        IoCompleteRequest(Irp, IO_NO_INCREMENT);
        return status;
}
```

Hierbei handelt es sich um diese Übergabewerte:

- *Irp* ist ein Zeiger auf eine IRP-Struktur
- *status* ist ein Statusergebnis mit *STATUS_SUCCESS* als Standardwert
- *info* ist ein vorzeichenloser Long-Typ, der für die Zeigergenauigkeit verwendet wird und 0 als Standardwert besitzt.

Innerhalb der Zuweisungsfunktion werden dem IRP der Status und Informationen vom übergebenen Status- und dInfo-Wert übergeben.

Das *IoCompleteRequest*-Makro zeigt an, dass der Aufrufer die gesamte Verarbeitung einer gegebenen Eingabe/Ausgabe-Anforderung abgeschlossen hat und den gegebenen IRP an den I/O-Manager zurückgibt. Übergeben werden dem *IoCompleteRequest*-Makro der zuvor übergebene und zugewiesene IRP, sowie eine als *PriorityBoost* bezeichnete 1 Byte-Variable. Diese gibt eine vom System definierte *CCHAR*-Konstante an, um welche die Laufzeitpriorität des ursprünglichen Threads, der den Vorgang angefordert hat, erhöht wird. Wir möchten die Laufzeitpriorität nicht erhöhen und wählen deshalb *IO_NO_INCREMENT,* was wiederum in ntddk.h definiert ist.

Abschließend wird der Status wieder zurückgeliefert und damit *FillOutIrp* beendet.

Durch die Verwendung von *FillOutIrp* fällt die eigentliche Funktion beim Erstellen und Schließen des Treibers relativ kurz aus:

```
NTSTATUS PCANALYSCreateClose(PDEVICE_OBJECT, PIRP Irp) {
        return FillOutIrp(Irp);
}
```

Übergeben werden das Treiberobjekt, das zuvor bereits an *DriverEntry* übergeben wurde, sowie den IRP, den wir dann von *FillOutIrp* befüllen lassen.

Weiter geht es mit der Unload-Funktion, die in *DriverEntry* entsprechend dem *DriverUnload*-Mechanismus des *DriverObject* zugewiesen wurde.

```
void PCANALYSUnload(PDRIVER_OBJECT DriverObject) {
        UNICODE_STRING SymbolicLink =
          RTL_CONSTANT_STRING(L"\\??\\PCANALYS");
        IoDeleteSymbolicLink(&symLink);
        IoDeleteDevice(DriverObject->DeviceObject);
}
```

Übergeben wird auch hier wieder das Treiberobjekt, das zuvor bereits an *DriverEntry* übergeben wurde. Danach wird der gleiche Unicode-String für den symbolischen Link definiert, der auch in *DriverEntry* definiert wurde.

Abschließend löscht *IoDeleteSymbolicLink* den zuvor über *IoCreateSymbolicLink* erstellten symbolischen Link und *IoDeleteDevice* löscht das zuvor über *IoCreateDevice* erstellte Treiberobjekt. Letzteres wird mit dem Geräteobjekt des Treibers als Parameter aufgerufen.

7.6.3 DeviceControl-Funktion

Die Gerätekontrolle wird über eine eigene *DeviceControl*-Funktion realisiert, die in *DriverEntry* dem *IRP_MJ_DEVICE_CONTROL* zugewiesen wird. Übergeben werden das Treiberobjekt sowie das entsprechende Anfragepaket:

```
NTSTATUS PCANALYSDeviceControl(PDEVICE_OBJECT, PIRP Irp) {
        auto IrpServiceProvider =
                 IoGetCurrentIrpStackLocation(Irp);
        auto& DeviceIOControl =
                 IrpServiceProvider->Parameters.DeviceIoControl;
        auto ReturnStatus = STATUS_INVALID_DEVICE_REQUEST;
        ULONG_PTR Length = 0;
        switch (DeviceIOControl.IoControlCode) {
```

Begonnen wird mit der Initialisierung verschiedener Variablen, die mit der Auto-Direktive erzeugt werden:

- *IoGetCurrentIrpStackLocation* ermittelt einen Zeiger auf den Eingabe-/Ausgabestapel des Aufrufers im angegebenen IRP zurück
- die eigentlichen Details für *IRP_MJ_DEVICE_CONTROL* befinden sich in der aktuellen I/O-Stapelposition in der Struktur *Parameters.DeviceIoControl*

- der *ReturnStatus* wird als Rückgabestatus definiert und mit einem Fehler initialisiert, falls der angegebene I/O Control Code nicht unterstützt wird
- schließlich wird noch ein Längenparameter *(Length)* definiert, der die Anzahl der gültigen Bytes festhält, die im Ausgabepuffer zurückgegeben werden.

Begonnen wird die eigentliche Implementierung der I/O Control Codes über eine Switch-Abfrage des zuvor ermittelten Anfragepaketes auf dem Eingabe-/Ausgabestapel.

Die nächsten Unterkapitel zeigen die Implementierung der in Abschn. 7.3 definierten I/O Control Codes sowie deren Umsetzung.

7.6.3.1 Treiber-Transfertest

Der hier im Treiber bezeichnete Transfertest soll ohne große Umschweife ein bestimmtes Testmuster zurückliefern, anhand dessen man die Treiberfunktionalität verifizieren kann. Während andere I/O Control Codes etwa Speicherbereiche oder Port-Register zurückliefern, die je nach Architektur und Hardware variieren können, bleibt das Rückgabemuster dieses Transfertests immer gleich. Folglich greift diese Funktion nicht auf Hardware zu und auch das Testmuster kann man beliebig verändern oder auch durch Mechanismen wie MD5 errechnen.

Wir verwendet der Einfachheit wegen das Testmuster 12345678h.

Eine Eingabestruktur existiert für diese Funktion nicht, weil keine Daten übergeben werden. Zurückgeliefert wird jedoch eine Ausgabestruktur, die in Tab. 7.3 dargestellt wird.

Für die Implementierung wird zunächst geprüft, ob die korrekte Größe der Ausgabestruktur vorliegt. Dann wird mit der Auto-Direktive der *TransferTestBuffer* definiert, der direkt auf den zugewiesenen IRP und dessen Systempuffer zeigt:

```
case IOCTL_PCANALYS_TransferTest:
{
  if (DeviceIOControl.OutputBufferLength <
      sizeof(TransferTestOutputStruct)) {
    ReturnStatus = STATUS_BUFFER_TOO_SMALL;
    break;
  }
  auto TransferTestBuffer =
    (TransferTestOutputStruct*)Irp->AssociatedIrp.SystemBuffer;
  if (TransferTestBuffer == nullptr) {
    ReturnStatus = STATUS_INVALID_PARAMETER;
    break;
```

Tab. 7.3 Ausgabestruktur für IOCTL_PCANALYS_TransferTest (insgesamt 4 Bytes)

Variablenname	Größe	C++ Datentyp	Delphi Datentyp	Beschreibung
TransferTest	4 Bytes	Unsigned long	LongWord	Testmuster 12345678h

```
    }
    TransferTestBuffer->TransferTest = 0x12345678;
    ReturnStatus = STATUS_SUCCESS;
    Length = sizeof(TransferTestBuffer);
    break;
}
```

Im Kern dieser Funktion steht die Zuweisung des Testmusters an *TransferTestBuffer->TransferTest,* dann das Setzen des *ReturnStatus* und abschließend die Größenzuweisung der Ausgabestruktur an die Variable *Length.*

7.6.3.2 Treiber-Version

Anhand dieser Funktion lassen sich direkt aus dem Treiber die Version sowie das Veröffentlichungsdatum ermitteln. Auch wenn diese Daten über die Dateieigenschaften der kompilierten Treiberdatei gewinnbar sind, lassen sie sich jedoch extern verändern, und es soll hiermit eine Möglichkeit geschaffen werden, die Daten ohne externe Änderung zu gewinnen.

Wichtig könnte das sein, wenn man auf die Treiberversion zwecks Kompatibilität oder Funktionsabhängigkeit angewiesen ist oder die Treiberinformationen einfach nur ohne externe Einflüsse im Benutzermodus anzeigen möchte.

Eine Eingabestruktur existiert für diese Funktion nicht, weil keine Daten übergeben werden. Zurückgeliefert wird jedoch eine Ausgabestruktur, die in Tab. 7.4 dargestellt wird.

Tab. 7.4 Ausgabestruktur für IOCTL_PCANALYS_Version (insgesamt 8 Bytes)

Variablenname	Größe	C++ Datentyp	Delphi Datentyp	Beschreibung
Version	4 Bytes	Unsigned long	LongWord	Version jeweils unterteilt in 2 Byte für die Hauptversion, Unterversion und Fehlerversion. Die ersten 2 Byte bleiben unbenutzt Beispiel: 00010100h bedeutet 00 – Leerbyte 01 – Hauptversion 01 – Unterversion 00 – Fehlerversion
Date	4 Bytes	Unsigned long	LongWord	Veröffentlichungsdatum jeweils unterteilt in 2 Byte für den Tag, Monat und 2 Byte kombiniert als das Jahr Beispiel: 18052022h bedeutet 18 – Tag 05 – Monat 2022 – Jahr

Genau wie bei jedem I/O Control Code wird zunächst geprüft, ob die korrekte Größe der Ausgabestruktur vorliegt. Dann wird mit der Auto-Direktive der *VersionBuffer* definiert, der direkt auf den zugewiesenen IRP und dessen Systempuffer zeigt:

```
case IOCTL_PCANALYS_Version:
{
  if (DeviceIOControl.OutputBufferLength <
      sizeof(VersionOutputStruct)) {
    ReturnStatus = STATUS_BUFFER_TOO_SMALL;
    break;
  }
  auto VersionBuffer =
   (VersionOutputStruct*)Irp->AssociatedIrp.SystemBuffer;
  if (VersionBuffer == nullptr) {
    ReturnStatus = STATUS_INVALID_PARAMETER;
    break;
  }
  //Definition of the driver version and date:
  //00 - Dummy, 01 - HiVer, 01 - LoVer, 00 - ErrVer
  VersionBuffer->Version = 0x00010100;
  //18 - Day, 05 - Month, 2022 - Year
  VersionBuffer->Date = 0x18052022;
  ReturnStatus = STATUS_SUCCESS;
  Length = sizeof(VersionBuffer);
  break;
}
```

Im Kern dieser Funktion steht die Zuweisung der Version an *VersionBuffer->Version,* das Datum an *VersionBuffer-Date*, das Setzen des *ReturnStatus* sowie die Größenzuweisung der Ausgabestruktur an die Variable *Length.*

7.6.3.3 Prozessor Modell-spezifische Register lesen

Diese Treiberfunktion implementiert das Lesen von prozessorbasierten Modell-spezifischen Registern, wobei die Eingabestruktur in Tab. 7.5 dargestellt wird.

Nach erfolgreicher Operation wird ein vorzeichenloser 64 Bit-Registerwert zurückgeliefert, der auf jeweils 2 vorzeichenlose 32 Bit Registerwerte aufgeteilt wird. Die Er-

Tab. 7.5 Eingabestruktur für IOCTL_PCANALYS_ReadMSR (insgesamt 4 Bytes)

Variablenname	Größe	C++ Datentyp	Delphi Datentyp	Beschreibung
ECXReg	4 Bytes	Unsigned long	LongWord	Registernummer des MSR, z. B. 1A0h für Intel oder C0010015h für AMD

Tab. 7.6 Ausgabestruktur für IOCTL_PCANALYS_ReadMSR (insgesamt 8 Bytes)

Variablenname	Größe	C++ Datentyp	Delphi Datentyp	Beschreibung
EDXReg	4 Bytes	Unsigned long	LongWord	Höherwertige 32 Bit des MSR
EAXReg	4 Bytes	Unsigned long	LongWord	Niederwertige 32 Bit des MSR

gebnisdarstellung der beiden dazugehörigen 32 Bit Prozessorregister lautet EDX:EAX, wodurch sich letztlich das 64 Bit MSR ergibt. In Tab. 7.6 wird die Ausgabestruktur dargestellt.

Anfangs wird geprüft, ob die korrekten Größen für die Eingabe- und Ausgabestruktur vorliegen. Wenn das der Fall ist, werden die Eingabe- und Ausgabestrukturen per Auto-Direktive definiert und zugewiesen:

```
case IOCTL_PCANALYS_ReadMSR:
  {
    if ((DeviceIOControl.InputBufferLength  == 4) &&
        (DeviceIOControl.OutputBufferLength == 8))
    {
      //Assignment of the used In/Out buffer
      auto ReadMSRInputBuffer =
        (ReadMSRInputStruct*)Irp->AssociatedIrp.SystemBuffer;
      if (ReadMSRInputBuffer == nullptr) {
        ReturnStatus = STATUS_INVALID_PARAMETER;
        break;
      }
      auto ReadMSROutputBuffer =
        (ReadMSROutputStruct*)Irp->AssociatedIrp.SystemBuffer;
      if (ReadMSROutputBuffer == nullptr) {
        ReturnStatus = STATUS_INVALID_PARAMETER;
        break;
      }
```

Der eigentliche Kern unserer Routine wird in ein Try-Except-Makro verpackt, um bei Problemen mit nicht lesbaren oder nicht vorhandenen MSR entsprechend reagieren zu können. In diesem Fall würde dem *ReturnStatus* das Flag *STATUS_ILLEGAL_INSTRUCTION* zugewiesen, das wiederum an den Aufrufer bis in die Benutzerebene zurückgeliefert wird.

Begonnen wird die Definition der internen Variablen für die verwendeten Prozessorregister ECX, EAX und EDX. Das ECX-Register mit dem Variablennamen *ulECX* wird der ECXReg-Variable der Eingabestruktur übergeben, während die später zurückgelieferten EAX- und EDX-Register auf null gesetzt werden. Zusätzlich wird ein

64 Bit-Register mit der Bezeichnung *MSR64Bit* definiert, welches dann direkt als Rückgabewert des *ReadMSR*-Makros fungiert.

Dies war bis zu dieser Stelle der wichtigste Teil, danach folgt die Auswertung zu Zuweisung des Ergebnisses. Der *ulEAX*-Variable werden die ersten 4 Byte des 64 Bit MSR zugewiesen, und der *ulEDX*-Variable die letzten 4 Byte. Erreicht wird das durch eine Shift-Operation um 32 Bit nach rechts.

Abschließend werden die beiden internen Variablen wieder den entsprechenden Variablen der Ausgabestruktur zugewiesen, der *ReturnStatus* gesetzt und die Länge des Ausgabepuffers der Variable *Length* zugewiesen:

```
        __try
        {
          ULONG ulECX = ReadMSRInputBuffer->ECXReg;
             ULONG ulEAX, ulEDX = 0;
             ULONG64 MSR64Bit;
             MSR64Bit = __readmsr(ulECX);
             ulEAX = (ULONG)MSR64Bit;         //First 4 Bytes
             ulEDX = (ULONG)(MSR64Bit >> 32); //Last 4 Bytes
             ReadMSROutputBuffer->EDXReg = ulEDX;
             ReadMSROutputBuffer->EAXReg = ulEAX;
             //Return status and length
             ReturnStatus = STATUS_SUCCESS;
             Length = sizeof(ReadMSROutputBuffer);
        }
        __except (EXCEPTION_EXECUTE_HANDLER)
        {
          ReturnStatus = STATUS_ILLEGAL_INSTRUCTION;
        }
      }
      else
      {
        ReturnStatus = STATUS_BUFFER_TOO_SMALL;
      }
      break;
    }
```

7.6.3.4 Prozessor Modell-spezifische Register schreiben

Diese Treiberfunktion implementiert das Schreiben von prozessorbasierten Modell-spezifischen Registern und funktioniert genau umgekehrt wie das zuvor behandelte Lesen. Es existiert nur eine Eingabestruktur, die wie in Tab. 7.7 aussieht.

Tab. 7.7 Eingabestruktur für IOCTL_PCANALYS_WriteMSR (insgesamt 12 Bytes)

Variablenname	Größe	C++ Datentyp	Delphi Datentyp	Beschreibung
ECXReg	4 Bytes	Unsigned long	LongWord	Registernummer des MSR, z. B. 1A0h für Intel oder C0010015h für AMD
EDXReg	4 Bytes	Unsigned long	LongWord	Höherwertige 32 Bit des MSR
EAXReg	4 Bytes	Unsigned long	LongWord	Niederwertige 32 Bit des MSR

Auch hier wird zunächst geprüft, ob die korrekte Größe für die Eingabestruktur vorliegt, und wenn das der Fall ist, wird die Eingabestruktur per Auto-Direktive definiert und zugewiesen:

```
case IOCTL_PCANALYS_WriteMSR:
  {
    if (DeviceIOControl.InputBufferLength == 12)
    {
      //Assignment of the used In/Out buffer
      auto WriteMSRInputBuffer =
        (WriteMSRInputStruct*)Irp->AssociatedIrp.SystemBuffer;
      if (WriteMSRInputBuffer == nullptr) {
        ReturnStatus = STATUS_INVALID_PARAMETER;
        break;
      }
```

Vor der eigentlichen Schreibfunktion werden zunächst bestimmte MSRs im Sinne einer Blacklist abgefragt, die aus Sicherheitsgründen nicht beschrieben werden sollten. Das hängt damit zusammen, dass sie vor allem von Sicherheitsexperten als kritisch eingestuft werden und damit fremder Code in den Prozessor eingeschleust werden kann. Das könnte sich wiederum ein Angreifer zunutze machen, der den Treiber kapert und mit eigenen Methoden anbindet.

Sollte eine dieser kritischen MSRs angesprochen werden, bricht die Funktion mit dem Flag *STATUS_ILLEGAL_INSTRUCTION* ab.

Der eigentliche Kern der Schreibroutine wird auch hier in ein Try-Except-Makro verpackt, um bei Schreibproblemen entsprechend reagieren zu können. In diesem Fall würde dem *ReturnStatus* das Flag *STATUS_UNSUCCESSFUL* zugewiesen:

```
      //check if MSR is on the blacklist
      //SYSENTER instruction (mostly x86 at this point)
      //IA32_SYSENTER_CS (value of CS, when SYSENTER is executed)
      if ((WriteMSRInputBuffer->ECXReg == 0x00000174) |
      //IA32_SYSENTER_ESP (value of ESP, when SYSENTER is executed)
```

```
    (WriteMSRInputBuffer->ECXReg == 0x00000175) |
    //IA32_SYSENTER_EIP (value of EIP, when SYSENTER is executed)
    (WriteMSRInputBuffer->ECXReg == 0x00000176) |
    //SYSCALL instruction
    //IA32_STAR (Ring 0 and Ring 3 segment
    // bases as well as SYSCALL EIP for x86)
    (WriteMSRInputBuffer->ECXReg == 0xC0000081) |
    //IA32_LSTAR (SYSCALL entry pointer (RIP) in x64)
    (WriteMSRInputBuffer->ECXReg == 0xC0000082) |
    //IA32_CSTAR (SYSCALL entry pointer in)
    (WriteMSRInputBuffer->ECXReg == 0xC0000083) |
    //IA32_SYSCALL_MASK (EFLAGS (RFLAGS) mask for SYSCALL)
    (WriteMSRInputBuffer->ECXReg == 0xC0000084))
    {
      ReturnStatus = STATUS_ILLEGAL_INSTRUCTION;
    }
    else
    {
      __try
      {
            //ECX: MSR number
            ULONG ulECX = WriteMSRInputBuffer->ECXReg;
            //EDX: upper register content
            ULONG64 ulEDX = WriteMSRInputBuffer->EDXReg;
            //EAX: lower register content
            ULONG64 ulEAX = WriteMSRInputBuffer->EAXReg;
            //composite 64 bit value
            ULONG64 MSR64Bit = (ulEDX << 32) + ulEAX;
            __writemsr(ulECX, MSR64Bit);
            ReturnStatus = STATUS_SUCCESS;
          }
          __except (EXCEPTION_EXECUTE_HANDLER)
          {
            ReturnStatus = STATUS_UNSUCCESSFUL;
      }
    }
  }
  else
  {
    ReturnStatus = STATUS_INVALID_PARAMETER;
  }
  break;
}
```

Begonnen wird mit der Definition der internen Variablen für die verwendeten Prozessorregister ECX, EDX und EAX. Diesen 3 Variablen wird der dazugehörige Wert der Eingabestruktur zugewiesen. Zusätzlich wird ein 64 Bit-Register mit der Bezeichnung *MSR64Bit* definiert, welches direkt aus den beiden 32 Bit Registerinhalten der EDX- und EAX-Register zusammengesetzt wird und als Schreibwert des *WriteMSR*-Makros fungiert.

7.6.3.5 Daten vom PCI-Bus lesen

Diese Funktion liest Daten vom PCI-Bus und verwendet dafür das Lesen und Schreiben auf I/O Portadressen, genauer gesagt dem *PCI CONFIG_ADDRESS Register* 0cf8h und dem *PCI CONFIG_DATA Register* 0cfch.

Die Logik zum Auswerten dieser Daten und damit letztendlich der vollständigen Analyse des PCI-Bus findet im Benutzermodus statt, so dass hier nur die reine Lesefunktion implementiert wird.

Die Eingabestruktur wird in Tab. 7.8 dargestellt und die zurückgelieferte Ausgabestruktur in Tab. 7.9.

Nach der Prüfung der korrekten Größen für Eingabe- und Ausgabestruktur werden die Eingabe- und Ausgabepuffer zugewiesen:

```
case IOCTL_PCANALYS_ReadPCI:
  {
    if ((DeviceIOControl.InputBufferLength == 4) &&
        (DeviceIOControl.OutputBufferLength == 4))
    {
      //Assignment of the used In/Out buffer
      auto ReadPCIInputBuffer =
       (ReadPCIInputStruct*)Irp->AssociatedIrp.SystemBuffer;
      if (ReadPCIInputBuffer == nullptr) {
        ReturnStatus = STATUS_INVALID_PARAMETER;
        break;
      }
```

Tab. 7.8 Eingabestruktur für IOCTL_PCANALYS_ReadPCI (insgesamt 4 Bytes)

Variablenname	Größe	C++ Datentyp	Delphi Datentyp	Beschreibung
PortNumber	4 Bytes	Unsigned long	LongWord	Portnummer auf dem PCI-Bus

Tab. 7.9 Ausgabestruktur für IOCTL_PCANALYS_ReadPCI (insgesamt 4 Bytes)

Variablenname	Größe	C++ Datentyp	Delphi Datentyp	Beschreibung
DataBuffer	4 Bytes	Unsigned long	LongWord	Inhalt der zuvor angegebenen Portnummer

```
    auto ReadPCIOutputBuffer =
      (ReadPCIOutputStruct*)Irp->AssociatedIrp.SystemBuffer;
    if (ReadPCIOutputBuffer == nullptr) {
        ReturnStatus = STATUS_INVALID_PARAMETER;
      break;
    }
```

Dann wird mit dem Schreiben der Portnummer der Eingabestruktur begonnen, und zwar durch die Funktion *WRITE_PORT_ULONG* auf das *PCI CONFIG_ADDRESS Register*. Nach dem Schreiben wird eine lokale Variable mit dem Namen *PCIPortResult* definiert und über die Funktion *READ_PORT_ULONG* das Ergebnis des *PCI CONFIG_DATA Register* ausgelesen. Diese Variable wird letztendlich der Ausgabestruktur zugewiesen, dann der *ReturnStatus* gesetzt und die Variable *Length* anhand der Größe der Ausgabestruktur festgelegt:

```
      //Insert read address into CONFIG_ADDRESS register 0x0cf8
      WRITE_PORT_ULONG((PULONG)(ULONG_PTR)(0x0cf8),
      ReadPCIInputBuffer->PortNumber);
      //Read the CONFIG_DATA register 0x0cfc to read out the content
      unsigned long PCIPortResult =
      READ_PORT_ULONG((PULONG)(ULONG_PTR)(0x0cfc));
      ReadPCIOutputBuffer->DataBuffer = PCIPortResult;
      //Return status and length
      ReturnStatus = STATUS_SUCCESS;
      Length = sizeof(ReadPCIOutputBuffer);
    }
    else
    {
      ReturnStatus = STATUS_INVALID_PARAMETER;
    }
    break;
  }
```

7.6.3.6 Daten auf den PCI-Bus schreiben

Beim Schreiben auf den PCI-Bus bzw. auf einzelne Register von PCI-Geräten verhält es sich ähnlich wie beim Lesen, und auch hier kommen wieder die beiden Register *PCI CONFIG_ADDRESS* und *PCI CONFIG_DATA* zum Einsatz.

Hierbei wird die zu schreibende Adresse des PCI-Geräteregisters auf *PCI CONFIG_ADDRESS* und direkt danach die zu schreibenden Daten auf *PCI CONFIG_DATA* geschrieben. Wir überlassen auch hier wieder die Logik der Applikation im Benutzermodus und bilden hier die eigentliche Roh-Schreibroutine ab.

Die Eingabestruktur wird in Tab. 7.10 dargestellt und die zurückgelieferte Ausgabestruktur in Tab. 7.11.

Tab. 7.10 Eingabestruktur für IOCTL_PCANALYS_WritePCI (insgesamt 8 Bytes)

Variablenname	Größe	C++ Datentyp	Delphi Datentyp	Beschreibung
PortNumber	4 Bytes	Unsigned long	LongWord	Adresse des zu schreibenden PCI-Geräteregisters
DataBuffer	4 Bytes	Unsigned long	LongWord	Inhalt der zu schreibenden Daten

Tab. 7.11 Ausgabestruktur für IOCTL_PCANALYS_WritePCI (insgesamt 4 Bytes)

Variablenname	Größe	C++ Datentyp	Delphi Datentyp	Beschreibung
DataBuffer	4 Bytes	Unsigned long	LongWord	Ergebnis der zuvor geschriebenen Daten als erneuter Lesevorgang

Bei der Implementierung dieser Funktion werden vorbereitend wieder die Größe der Eingabe- und Ausgabestruktur geprüft und diesen Strukturen danach zugewiesen:

```
case IOCTL_PCANALYS_WritePCI:
  {
    if ((DeviceIOControl.InputBufferLength == 8) &&
        (DeviceIOControl.OutputBufferLength == 4))
    {
      //Assignment of the used In/Out buffer
      auto WritePCIInputBuffer =
        (WritePCIInputStruct*)Irp->AssociatedIrp.SystemBuffer;
      if (WritePCIInputBuffer == nullptr) {
        ReturnStatus = STATUS_INVALID_PARAMETER;
        break;
      }
      auto WritePCIOutputBuffer =
        (WritePCIOutputStruct*)Irp->AssociatedIrp.SystemBuffer;
      if (WritePCIOutputBuffer == nullptr) {
        ReturnStatus = STATUS_INVALID_PARAMETER;
        break;
      }
```

Dann folgt der eigentliche Schreibvorgang, für den eine Bedingung erfüllt sein muss. Und zwar muss hierfür Bit 31 des *PCI CONFIG_ADDRESS Register* gesetzt sein, das als Enable-Bit bezeichnet wird. Dadurch wird ein Konfigurationszyklus eingeleitet. Anhand des binären &-Operators und der hexadezimalen Adresse 80000000h sprechen wir Bit 31 des Wertes an.

Es folgt das Schreiben der Portnummer aus der Eingabestruktur, und zwar durch die Funktion *WRITE_PORT_ULONG* auf das *PCI CONFIG_ADDRESS Register*. Danach wird das *PCI CONFIG_DATA Register* mit dem Ergebniswert aus der Eingabestruktur beschrieben.

Da es i. d. R. schlecht zu prüfen ist, ob das Schreiben des PCI-Registerwertes erfolgreich war, weil das entsprechende PCI-Register etwa schreibgeschützt oder reserviert sein könnte und gleichzeitig *WRITE_PORT_ULONG* keinerlei Ergebnis oder Erfolgsindikator zurückliefert, gehen wir einen etwas unkonventionellen Weg bei der Verifizierung unserer Schreibfunktion. Wir lesen das zuvor beschriebene Register einfach wieder erneut ein und liefern es mit der Ausgabestruktur wieder zurück, wo dann optional auf der Benutzerebene mit einer Prüfung sichergestellt werden könnte, ob der neue Wert anders als der alte Wert ist. Das ist nicht wirklich elegant, aber effektiv.

Demzufolge schreiben wir wieder die Portnummer auf das *PCI CONFIG_ADDRESS Register* und definieren danach eine lokale Variable mit dem Namen *PCIPortResult,* die über die Funktion *READ_PORT_ULONG* das Ergebnis des *PCI CONFIG_DATA Register* enthält. Diese Variable wird letztendlich der Ausgabestruktur zugewiesen, dann der *ReturnStatus* gesetzt und die Längenvariable *Length* anhand der Größe der Ausgabestruktur festgelegt:

```
if (WritePCIInputBuffer->PortNumber & 0x80000000)
{
  //Insert write address into CONFIG_ADDRESS register 0x0cf8
  WRITE_PORT_ULONG((PULONG)(ULONG_PTR)(0x0cf8),
    WritePCIInputBuffer->PortNumber);
  //Write the CONFIG_DATA register 0x0cfc
  //to transfer the contents
  WRITE_PORT_ULONG((PULONG)(ULONG_PTR)(0x0cfc),
    WritePCIInputBuffer->DataBuffer);
  //Insert read address into CONFIG_ADDRESS
  //register 0x0cf8
  WRITE_PORT_ULONG((PULONG)(ULONG_PTR)(0x0cf8),
    WritePCIInputBuffer->PortNumber);
  //Read the CONFIG_DATA register 0x0cfc
  //to read out the content
  unsigned long PCIPortResult =
    READ_PORT_ULONG((PULONG)(ULONG_PTR)(0x0cfc));

  //Verification of the written value
    with the read one value takes place
  //in the user mode program,
  //therefore return of the read value
  WritePCIOutputBuffer->DataBuffer = PCIPortResult;

  //Return status and length
  ReturnStatus = STATUS_SUCCESS;
  Length = sizeof(WritePCIOutputBuffer);
}
```

```
        else
        {
          ReturnStatus = STATUS_INVALID_PARAMETER;
        }
      }
      else
      {
        ReturnStatus = STATUS_INVALID_PARAMETER;
      }
      break;
    }
```

7.6.3.7 Speicheradressen lesen

Das Lesen von Speicheradressen wird in 3 unterschiedlichen Größenvarianten implementiert, die allesamt eine 32 Bit vorzeichenlose Adresse in der Eingabestruktur voraussetzen und dann je nach Lesefunktion eine 8-, 16- oder 32 Bit breite Speicheradresse zurückliefern.

Die Eingabestruktur für alle 3 Lesefunktionen wird in Tab. 7.12 dargestellt und die Ausgabestrukturen für alle 3 Lesefunktionen befinden sich in den Tab. 7.13, Tab. 7.14 und Tab. 7.15.

Tab. 7.12 Eingabestruktur für IOCTL_PCANALYS_ReadMem8Bit, IOCTL_PCANALYS_ReadMem16Bit und IOCTL_PCANALYS_ReadMem32Bit (jeweils 4 Bytes)

Variablenname	Größe	C++ Datentyp	Delphi Datentyp	Beschreibung
Address	4 Bytes	Unsigned long	LongWord	Zu lesende Speicheradresse

Tab. 7.13 Ausgabestruktur für IOCTL_PCANALYS_ReadMem8Bit (insgesamt 1 Byte)

Variablenname	Größe	C++ Datentyp	Delphi Datentyp	Beschreibung
Data	1 Byte	Unsigned char	Byte	Zu lesender 1 Byte großer Speicherinhalt

Tab. 7.14 Ausgabestruktur für IOCTL_PCANALYS_ReadMem16Bit (insgesamt 2 Bytes)

Variablenname	Größe	C++ Datentyp	Delphi Datentyp	Beschreibung
Data	2 Bytes	Unsigned short	Word	Zu lesender 2 Bytes großer Speicherinhalt

Tab. 7.15 Ausgabestruktur für IOCTL_PCANALYS_ReadMem32Bit (insgesamt 4 Bytes)

Variablenname	Größe	C++ Datentyp	Delphi Datentyp	Beschreibung
Data	4 Bytes	Unsigned long	LongWord	Zu lesender 4 Bytes großer Speicherinhalt

Die Implementierung beginnt mit der Prüfung der Größen für Eingabe- und Ausgabestrukturen sowie der anschließenden Zuweisung dieser Strukturen. Der nächste Code-Abschnitt ist zwar explizit nur in der 8 Bit-Speicherlesefunktion enthalten, befindet sich aber identisch – jedoch mit anderen Ausgabestrukturen – in den 16- und 32 Bit-Speicherlesefunktionen:

```
case IOCTL_PCANALYS_ReadMem8Bit:
{
  if ((DeviceIOControl.InputBufferLength  == 4) &&
      (DeviceIOControl.OutputBufferLength == 1))
  {
    //Assignment of the used In/Out buffer
    auto ReadMem8BitInputBuffer =
      (ReadMemXBitInputStruct*)Irp->AssociatedIrp.SystemBuffer;
    if (ReadMem8BitInputBuffer == nullptr) {
      ReturnStatus = STATUS_INVALID_PARAMETER;
      break;
    }
    auto ReadMem8BitOutputBuffer =
      (ReadMem8BitOutputStruct*)Irp->AssociatedIrp.SystemBuffer;
    if (ReadMem8BitOutputBuffer == nullptr) {
      ReturnStatus = STATUS_INVALID_PARAMETER;
      break;
    }
```

Den eigentlichen Kern der Lesefunktion verpacken wir in ein Try-Except-Makro, um flexibler bei Fehlern reagieren zu können. Diese könnten etwa entstehen, wenn die Speicheradresse nicht existiert oder deren Zugriff durch eine Reservierung geschützt bzw. durch andere Konflikte gesperrt ist.

Zunächst definieren wir eine Variable mit dem Namen *PAddress,* die vom Typ *PHYSICAL_ADDRESS* stammt. Dieser Typ ist in ntdef.h als *LARGE_INTEGER* definiert, was einen vorzeichenbehafteten 64 Bit-Ganzzahlwert darstellt. Dieser Variable wird im oberen 32 Bit-Teil *(HighPart)* eine null und im unteren 32 Bit-Teil *(LowPart)* die Speicheradresse der Eingabestruktur zugewiesen. Diese wird als ULONG gecastet.

Ebenfalls wird eine als *LinearAddress* genannte Variable vom Typ PVOID definiert, wobei PVOID wiederum *void pointer* bedeutet – also ein Zeiger auf eine Speicheradresse ohne Informationen über den Typ des Wertes, auf den er zeigt.

Der eigentliche Lesevorgang wird mit *MmMapIoSpace* durchgeführt, wobei diese Routine dem angegebenen physikalischen Adressbereich einen nicht ausgelagerten Systembereich zuweist. Folglich wird die virtuelle Basisadresse zurückgeliefert, welche die physikalische Basisadresse für den Bereich abbildet. Es findet also ein Mapping oder eine Abbildung statt, und zwar von physikalischer Basisadresse auf virtueller Basisadresse. Als Parameter übergeben wird die zuvor definierte *PAddress*-Variable, die

Tab. 7.16 Cache-Verhalten während des Abbildungsvorgangs mit MmMapIoSpace

Cachetyp	Bedeutung
MmNonCached	Der angeforderte Speicher sollte nicht vom Prozessor zwischengespeichert werden
MmCached	Der Prozessor sollte den angeforderten Speicher im Cache speichern
MmWriteCombined	Der angeforderte Speicher sollte nicht vom Prozessor zwischengespeichert werden, aber Schreibzugriffe auf den Speicher können vom Prozessor kombiniert werden
MmHardwareCoherentCached	Reserviert für die System-Benutzung
MmNonCachedUnordered	Reserviert für die System-Benutzung
MmUSWCCached	Reserviert für die System-Benutzung
MmMaximumCacheType	Reserviert für die System-Benutzung
MmNotMapped	Es findet kein Mapping bzw. keine Abbildung statt

unsere physikalische Adresse aus der Eingabestruktur enthält. Danach folgt die Anzahl der abzubildenden Größe in Bytes, hier jeweils mit 1 Byte für die 8 Bit-Lesefunktion, 2 Byte für die 16 Bit-Lesefunktion und 4 Bytes für die 32 Bit Lesefunktion. Der letzte Parameter definiert den Cachetyp, der das Cacheverhalten beim Abbildungsvorgang definiert. In Tab. 7.16 sind die möglichen Cache-Typen aufgelistet.

Nach dem Vorgang des Mappings oder der Abbildung befindet sich die neue virtuelle Basisadresse in der zuvor als PVOID definierten Zeigervariable *LinearAddress*. Diese wird dann entsprechend der jeweiligen Breite der Lesefunktion als UCHAR (1 Byte), UCHAR (2 Bytes) oder ULONG (4 Bytes) gecastet und der Ausgabestruktur zugewiesen.

Abschließend kommt die Funktion *MmUnmapIoSpace* zum Einsatz, welche die Zuordnung des angegebenen Bereichs von physischen Adressen aufhebt, der zuvor von *MmMapIoSpace* zugeordnet wurde. Dies geschieht durch Übergabe der Zeigervariable *LinearAddress* und der Größenangabe in Bytes, sprich 1, 2 oder 4 Bytes je nach unserer Aufruffunktion.

Final wird noch der *ReturnStatus* gesetzt und die Länge in der Variable *Length* auf ULONG festgesetzt, was auch bei Byte- oder Word-Werten damit zusammenhängt, dass Visual Studio eine sog. Strukturmemberausrichtung (englisch *Struct Member Alignment*) im Zuge der Codegenerierung durchführt. Das bedeutet, dass kleinere und ungerade Speichervariablen auf optimierte Größen (etwa 4 Byte) aufgerundet und damit effektiver ausgerichtet werden (ein vergleichbarer Mechanismus in Delphi ist die Codeoptimierung, die bspw. Record-Felder ausrichtet). Wir verwenden daher hier den ULONG-Größentyp und filtern im Delphi-Quelltext bzw. den entsprechenden Wrapper-Funktionen die korrekten Größen:

```
    __try
    {
      PHYSICAL_ADDRESS PAddress;
      PAddress.HighPart = 0;
      PAddress.LowPart = (ULONG)(ReadMem8BitInputBuffer->Address);
      PVOID LinearAddress;
      LinearAddress = MmMapIoSpace(PAddress, 1, MmNonCached);
      *(PUCHAR)ReadMem8BitOutputBuffer = *(UCHAR*)LinearAddress;
      MmUnmapIoSpace(LinearAddress, 1);
      //Return status and length
      ReturnStatus = STATUS_SUCCESS;
      Length = sizeof(ULONG);
    }
    __except (EXCEPTION_EXECUTE_HANDLER)
    {
      ReturnStatus = STATUS_UNSUCCESSFUL;
    }
  }
  else
  {
    ReturnStatus = STATUS_INVALID_PARAMETER;
  }
  break;
}
```

Um hier dreifachen Code in diesem Kapitel zu vermeiden, wurde der Code der 8 Bit-Speicherlesefunktion vollständig abgedruckt und besprochen, aber an den beschriebenen Punkten jeweils durch die Besonderheiten der anderen beiden Lesefunktionen ersetzt. Das betrifft hier also das Lesen von 16- und 32 Bit-Speicheradressen.

7.6.3.8 Speicheradressen schreiben

Das Schreiben von Speicheradressen wird genauso wie das Lesen in 3 unterschiedlichen Größenvarianten implementiert, die allesamt eine 32 Bit vorzeichenlose Adresse in der Eingabestruktur voraussetzen und dann je nach Schreibfunktion einen zusätzlichen 8-, 16- oder 32 Bit breiten Speicherinhalt benötigen.

Die Eingabestrukturen für alle 3 Schreibfunktionen sehen wie in Tab. 7.17, 7.18 und 7.19 aus.

Eine Ausgabestruktur existiert nicht, da diese Funktion das reine Schreiben beinhaltet und keinerlei Ergebnisse zurückliefert.

Die Implementierung beginnt mit der Prüfung der Größen für die Eingabestruktur sowie der anschließenden Zuweisung dieser Struktur. Der nächste Code-Abschnitt ist zwar explizit nur in der 8 Bit-Speicherschreibfunktion enthalten, befindet sich aber identisch – jedoch mit anderen Eingabestrukturen – in den 16- und 32 Bit-Speicherschreibfunktionen:

Tab. 7.17 Eingabestruktur für IOCTL_PCANALYS_WriteMem8Bit (insgesamt 5 Bytes)

Variablenname	Größe	C++ Datentyp	Delphi Datentyp	Beschreibung
Address	4 Bytes	Unsigned long	LongWord	Zu schreibende Speicheradresse
Data	1 Byte	Unsigned char	Byte	Zu schreibender 1 Byte großer Speicherinhalt

Tab. 7.18 Eingabestruktur für IOCTL_PCANALYS_WriteMem16Bit (insgesamt 6 Bytes)

Variablenname	Größe	C++ Datentyp	Delphi Datentyp	Beschreibung
Address	4 Bytes	Unsigned long	LongWord	Zu schreibende Speicheradresse
Data	2 Bytes	Unsigned Short	Word	Zu schreibender 2 Bytes großer Speicherinhalt

Tab. 7.19 Eingabestruktur für IOCTL_PCANALYS_WriteMem32Bit (insgesamt 8 Bytes)

Variablenname	Größe	C++ Datentyp	Delphi Datentyp	Beschreibung
Address	4 Bytes	Unsigned long	LongWord	Zu schreibende Speicheradresse
Data	4 Bytes	Unsigned long	LongWord	Zu schreibender 4 Bytes großer Speicherinhalt

```
case IOCTL_PCANALYS_WriteMem8Bit:
{
  if (DeviceIOControl.InputBufferLength  == 5)
  {
    //Assignment of the used In/Out buffer
    auto WriteMem8BitInputBuffer =
      (WriteMem8BitInputStruct*)Irp->AssociatedIrp.SystemBuffer;
    if (WriteMem8BitInputBuffer == nullptr) {
      ReturnStatus = STATUS_INVALID_PARAMETER;
      break;
    }
```

Den eigentlichen Kern der Schreibfunktion verpacken wir in ein Try-Except-Makro, um flexibler bei Fehlern reagieren zu können. Diese könnten etwa entstehen, wenn die Speicheradresse nicht existiert oder deren Zugriff durch eine Reservierung geschützt bzw. durch andere Konflikte gesperrt ist.

Zunächst definieren wir eine Variable mit dem Namen *PAddress,* die vom Typ *PHYSICAL_ADDRESS* stammt. Dieser Typ ist in ntdef.h als *LARGE_INTEGER* definiert, was einen vorzeichenbehafteten 64 Bit-Ganzzahlwert darstellt. Dieser Variable wird im oberen 32 Bit-Teil *(HighPart)* eine null und im unteren 32 Bit-Teil *(LowPart)* die Speicheradresse der Eingabestruktur zugewiesen. Diese wird als ULONG gecastet.

Ebenfalls wird eine als *LinearAddress* genannte Variable vom Typ PVOID definiert, wobei PVOID wiederum *void pointer* bedeutet – also ein Zeiger auf eine Speicheradresse ohne Informationen über den Typ des Wertes, auf den er zeigt.

Vor dem eigentlichen Schreiben wird mit *MmMapIoSpace* dem angegebenen physikalischen Adressbereich ein nicht ausgelagerter Systembereich zugewiesen. Folglich wird die virtuelle Basisadresse zurückgeliefert, welche die physikalische Basisadresse für den Bereich abbildet. Es findet also ein Mapping oder eine Abbildung statt, und zwar von physikalischer Basisadresse auf virtueller Basisadresse. Als Parameter übergeben wird die zuvor definierte *PAddress*-Variable, die unsere physikalische Adresse aus der Eingabestruktur enthält. Danach folgt die Anzahl der abzubildenden Größe in Bytes, hier jeweils mit 1 Byte für die 8 Bit-Lesefunktion, 2 Bytes für die 16 Bit-Lesefunktion und 4 Bytes für die 32 Bit-Lesefunktion. Der letzte Parameter definiert den Cachetyp, der das Cacheverhalten beim Abbildungsvorgang definiert. Die möglichen Werte wurden bereits im vorherigen Kapitel aufgelistet.

Der eigentliche Schreibvorgang wird mit *WRITE_REGISTER_BUFFER_UCHAR* durchgeführt, oder äquivalent mit *WRITE_REGISTER_BUFFER_USHORT* für 16 Bit (2 Bytes) und *WRITE_REGISTER_BUFFER_ULONG* für 32 Bit (4 Bytes). Übergeben werden als Parameter die von *MmMapIoSpace* zurückgelieferte virtuelle Basisadresse, der zu schreibende Speicherinhalt basierend auf dem zweiten Parameter unserer Eingabestruktur sowie der Anzahl der zu schreibenden Bytes, also 1, 2 oder 4 Bytes.

Abschließend kommt wieder die Funktion *MmUnmapIoSpace* zum Einsatz, welche die Zuordnung des angegebenen Bereichs von physischen Adressen aufhebt, der zuvor von *MmMapIoSpace* zugeordnet wurde. Dies geschieht durch Übergabe der Zeigervariable *LinearAddress* und der Größenangabe in Bytes, sprich 1, 2 oder 4 Bytes je nach unserer Aufruffunktion.

Final wird noch der *ReturnStatus* gesetzt:

```
__try
{
  PHYSICAL_ADDRESS PAddress;
  PAddress.HighPart = 0;
  PAddress.LowPart = (ULONG)(WriteMem8BitInputBuffer->Address);
  PVOID LinearAddress;
  LinearAddress = MmMapIoSpace(PAddress, 1, MmNonCached);
  WRITE_REGISTER_BUFFER_UCHAR((PUCHAR)LinearAddress,
    (UCHAR*)&WriteMem8BitInputBuffer->Data, 1);
  MmUnmapIoSpace(LinearAddress, 1);
  //Return status and length
  ReturnStatus = STATUS_SUCCESS;
```

```
      }
      __except (EXCEPTION_EXECUTE_HANDLER)
      {
        ReturnStatus = STATUS_UNSUCCESSFUL;
      }
    }
    else
    {
      ReturnStatus = STATUS_INVALID_PARAMETER;
    }
    break;
}
```

Um hier dreifachen Code in diesem Kapitel zu vermeiden, wurde der Code der 8 Bit-Speicherschreibfunktion vollständig abgedruckt und besprochen, aber an den beschriebenen Punkten jeweils durch die Besonderheiten der anderen beiden Schreibfunktionen ersetzt. Das betrifft hier also das Schreiben von 16- und 32 Bit-Speicheradressen.

7.6.3.9 Daten von I/O Ports lesen

Das Lesen von I/O Ports wird in 3 unterschiedlichen Größenvarianten implementiert, die allesamt eine 32 Bit vorzeichenlose Adresse in der Eingabestruktur voraussetzen und dann je nach Lesefunktion einen 8-, 16- oder 32 Bit breiten I/O Portinhalt zurückliefern.

Die Eingabestruktur für alle 3 Lesefunktionen wird in Tab. 7.20 dargestellt und die Ausgabestrukturen für alle 3 Lesefunktionen befinden sich in den Tab. 7.21, Tab. 7.22 und Tab. 7.23.

Die Implementierung beginnt mit der Prüfung der Größen für Eingabe- und Ausgabestrukturen sowie der anschließenden Zuweisung dieser Strukturen. Der nächste Code-Abschnitt ist zwar explizit nur in der 8 Bit-I/O Port-Lesefunktion enthalten, befindet sich aber identisch – jedoch mit anderen Ausgabestrukturen – in den 16- und 32 Bit-I/O-Port-Lesefunktionen. Hier lautet der Typ der temporären Ausgabepuffervariable *OutputBuf* dann entsprechend *unsigned short* bzw. *unsigned long*:

Tab. 7.20 Eingabestruktur für IOCTL_PCANALYS_ReadPort8Bit, IOCTL_PCANALYS_ReadPort16Bit und IOCTL_PCANALYS_ReadPort32Bit (jeweils 4 Bytes)

Variablenname	Größe	C++ Datentyp	Delphi Datentyp	Beschreibung
Address	4 Bytes	Unsigned long	LongWord	Zu lesende I/O Port-Adresse

Tab. 7.21 Ausgabestruktur für IOCTL_PCANALYS_ReadPort8Bit (insgesamt 1 Byte)

Variablenname	Größe	C++ Datentyp	Delphi Datentyp	Beschreibung
Data	1 Byte	Unsigned char	Byte	Zu lesender 1 Byte großer I/O Portinhalt

Tab. 7.22 Ausgabestruktur für IOCTL_PCANALYS_ReadPort16Bit (insgesamt 2 Bytes)

Variablenname	Größe	C++ Datentyp	Delphi Datentyp	Beschreibung
Data	2 Bytes	Unsigned short	Word	Zu lesender 2 Bytes großer I/O Portinhalt

Tab. 7.23 Ausgabestruktur für IOCTL_PCANALYS_ReadPort32Bit (insgesamt 4 Bytes)

Variablenname	Größe	C++ Datentyp	Delphi Datentyp	Beschreibung
Data	4 Bytes	Unsigned long	LongWord	Zu lesender 4 Bytes großer I/O Portinhalt

```
case IOCTL_PCANALYS_ReadPort8Bit:
{
  if ((DeviceIOControl.InputBufferLength  == 4) &&
      (DeviceIOControl.OutputBufferLength == 1))
  {
    //Assignment of the used In/Out buffer
    auto ReadPortXBitInputBuffer =
      (ReadPortXBitInputStruct*)Irp->AssociatedIrp.SystemBuffer;
    if (ReadPortXBitInputBuffer == nullptr) {
      ReturnStatus = STATUS_INVALID_PARAMETER;
      break;
    }
    auto ReadPort8BitOutputBuffer =
      (ReadPort8BitOutputStruct*)Irp->AssociatedIrp.SystemBuffer;
    if (ReadPort8BitOutputBuffer == nullptr) {
      ReturnStatus = STATUS_INVALID_PARAMETER;
      break;
    }
    unsigned char OutputBuf = 0;
```

Den eigentlichen Kern der Lesefunktion verpacken wir in ein Try-Except-Makro, um flexibler bei Fehlern reagieren zu können. Diese könnten etwa entstehen, wenn die Portadresse nicht existiert oder deren Zugriff durch eine Reservierung geschützt bzw. durch andere Konflikte gesperrt ist.

Der eigentliche Lesevorgang wird mit *READ_PORT_UCHAR* durchgeführt, wobei das Ergebnis in die temporäre Ausgabepuffervariable *OutputBuf* geschrieben wird. Diese temporäre Variable weisen wir dem eigentlichen Ausgabepuffer *ReadPort8BitOutputBuffer* zu – was wiederum durch die Angabe des Ausgabepuffers als Dereferenzierungsoperator geschieht, der durch einen angestellten Stern gekennzeichnet ist und in Klammern einen Zeiger auf den dazugehörigen Datentyp erwartet (also PUCHAR, PUSHORT oder PULONG). Vergleichbare Routinen für das Lesen eines 16 Bit-Wertes von einer Portadresse sind *READ_PORT_USHORT* und für einen 32 Bit-Wert *READ_PORT_ULONG*.

Final wird noch der *ReturnStatus* gesetzt und die Länge in der Variable *Length* auf ULONG festgesetzt, dass wie in Abschn. 7.6.3.7 besprochen mit der Visual Studio-Strukturmemberausrichtung zusammenhängt (englisch *Struct Member Alignment*) und im Zuge der Codegenerierung durchgeführt wird. Das bedeutet, dass kleinere und ungerade Speichervariablen auf optimierte Größen (etwa 4 Byte) aufgerundet und damit effektiver ausgerichtet sind. Wir verwenden daher hier den ULONG-Größentyp und filtern im Delphi-Quelltext bzw. den entsprechenden Wrapper-Funktionen die korrekten Größen:

```
__try
    {
      OutputBuf =
        READ_PORT_UCHAR((PUCHAR)(ULONG_PTR)
          (ReadPortXBitInputBuffer->Address));
      *(PUCHAR)ReadPort8BitOutputBuffer = OutputBuf;
      //Return status and length
      ReturnStatus = STATUS_SUCCESS;
      Length = sizeof(ULONG);
    }
    __except (EXCEPTION_EXECUTE_HANDLER)
    {
      ReturnStatus = STATUS_UNSUCCESSFUL;
    }
  }
  else
  {
    ReturnStatus = STATUS_INVALID_PARAMETER;
  }
  break;
}
```

7.6.3.10 Daten auf I/O Ports schreiben

Das Schreiben von I/O Ports wird genauso wie das Lesen in 3 unterschiedlichen Größenvarianten implementiert, die allesamt eine 32 Bit vorzeichenlose Adresse in der Eingabestruktur voraussetzen und dann je nach Schreibfunktion einen zusätzlichen 8-, 16- oder 32 Bit breiten Portinhalt benötigen.

Die Eingabestrukturen für alle 3 Schreibfunktionen sehen wie in Tab. 7.24, 7.25 und 7.26 aus.

Eine Ausgabestruktur existiert nicht, da diese Funktion das reine Schreiben beinhaltet und keinerlei Ergebnisse zurück liefert.

Die Implementierung beginnt mit der Prüfung der Größen für die Eingabestruktur sowie der anschließenden Zuweisung dieser Struktur. Der nächste Code-Abschnitt ist zwar explizit nur in der 8 Bit-Portschreibfunktion enthalten, befindet sich aber identisch – jedoch mit anderen Eingabestrukturen – in den 16- und 32 Bit-Portschreibfunktionen.

Tab. 7.24 Eingabestruktur für IOCTL_PCANALYS_WritePort8Bit (insgesamt 5 Bytes)

Variablenname	Größe	C++ Datentyp	Delphi Datentyp	Beschreibung
Address	4 Bytes	Unsigned long	LongWord	Zu schreibende Portadresse
Data	1 Byte	Unsigned char	Byte	Zu schreibender 1 Byte großer Portadresseninhalt

Tab. 7.25 Eingabestruktur für IOCTL_PCANALYS_WritePort16Bit (insgesamt 6 Bytes)

Variablenname	Größe	C++ Datentyp	Delphi Datentyp	Beschreibung
Address	4 Bytes	Unsigned long	LongWord	Zu schreibende Portadresse
Data	2 Bytes	Unsigned Short	Word	Zu schreibender 2 Bytes großer Portadresseninhalt

Tab. 7.26 Eingabestruktur für IOCTL_PCANALYS_WritePort32Bit (insgesamt 8 Bytes)

Variablenname	Größe	C++ Datentyp	Delphi Datentyp	Beschreibung
Address	4 Bytes	Unsigned long	LongWord	Zu schreibende Portadresse
Data	4 Bytes	Unsigned long	LongWord	Zu schreibender 4 Bytes großer Portadresseninhalt

```
case IOCTL_PCANALYS_WritePort8Bit:
{
  if (DeviceIOControl.InputBufferLength == 5)
  {
    //Assignment of the used In/Out buffer
    auto WritePort8BitInputBuffer =
      (WritePort8BitInputStruct*)Irp->AssociatedIrp.SystemBuffer;
    if (WritePort8BitInputBuffer == nullptr) {
      ReturnStatus = STATUS_INVALID_PARAMETER;
      break;
    }
```

Den eigentlichen Kern der Schreibfunktion verpacken wir in ein Try-Except-Makro, um flexibler bei Fehlern reagieren zu können. Diese könnten etwa entstehen, wenn die Portadresse nicht existiert oder deren Zugriff durch eine Reservierung geschützt bzw. durch andere Konflikte gesperrt ist.

Der eigentliche Schreibvorgang wird mit *WRITE_PORT_UCHAR* durchgeführt, oder äquivalent mit *WRITE_PORT_USHORT* für 16 Bit (2 Bytes) und *WRITE_PORT_ULONG* für 32 Bit (4 Bytes). In einer Klammer wird ein Zeiger auf den dazugehörigen Datentyp erwartet (also PUCHAR, PUSHORT oder PULONG). Als Parameter der Schreibfunktion werden die von der Eingabestruktur bereitgestellte Adresse und der Portinhalt übergeben.

Final wird noch der *ReturnStatus* gesetzt:

```
      __try
      {
        WRITE_PORT_UCHAR((PUCHAR)(ULONG_PTR)
         (WritePort8BitInputBuffer->Address),
          WritePort8BitInputBuffer->Data);
        //Return status and length
        ReturnStatus = STATUS_SUCCESS;
      }
      __except (EXCEPTION_EXECUTE_HANDLER)
      {
        ReturnStatus = STATUS_UNSUCCESSFUL;
      }
    }
    else
    {
      ReturnStatus = STATUS_INVALID_PARAMETER;
    }
    break;
}
```

Um hier dreifachen Code in diesem Kapitel zu vermeiden, wurde der Code der 8 Bit-Portschreibfunktion vollständig abgedruckt und besprochen, aber an den beschriebenen Punkten jeweils durch die Besonderheiten der anderen beiden Schreibfunktionen ersetzt. Das betrifft hier also das Schreiben von 16- und 32 Bit-Portadressen.

Nach dem Abschluss der Switch-Schleife wird anhand von *FillOutIrp* der befüllte IRP zurückgeliefert, der ebenfalls den Rückgabestatus und die Länge enthält:

```
return FillOutIrp(Irp, ReturnStatus, Length);
```

An dieser Stelle ist die Implementierung des Treibers mit seiner Haupt- und Headerdatei abgeschlossen und sollte gespeichert werden.

7.7 Treiber-Kompilierung und Bereitstellung

Nachdem wir nun alle Vorbereitungen für den Treiber getroffen haben, können wir diesen kompilieren, um eine spätere Integration in der Delphi-Applikation nutzbar zu machen.

Der recht einfache Weg ist die Erstellung des Projektes, welches für alle benötigten Plattformen kompiliert wird. Das sollte in der Release-Konfiguration geschehen, um nicht versehentlich Debug-Daten innerhalb des Linkers mit zu kompilieren. Wir wählen den Menüpunkt *Erstellen -> PCANALYS neu erstellen* jeweils für beide Plattformen und eine klassische Build-Ausgabe im unteren Fensterbereich könnte dann wie folgt aussehen:

```
Neuerstellen gestartet...
1>------ Neues Erstellen gestartet: Projekt: PCANALYS, Konfiguration:
Release Win32 ------
1>Building 'PCANALYS' with toolset 'WindowsKernelModeDriver10.0' and
the 'Desktop' target platform.
1>PCANALYS.cpp
1>PCANALYS.vcxproj -> J:\Driver\PCANALYS\Release\PCANALYSx86.sys
1>Done Adding Additional Store
1>
1>Inf2Cat task was skipped as there were no inf files to process
========== Alles neu erstellen: 1 erfolgreich, 0 fehlerhaft, 0
übersprungen ==========
```

Mit der Standardvorgehensweise erstellt Visual Studio einen Unterordner, der nach der aktuellen Konfiguration – sprich Release/Debug und Plattform – benannt ist. Wir kopieren also die beiden Treiberkompilate *PCANALYSx86.sys* und *PCANALYSx64.sys* aus den Unterordnern in unser Delphi-Projekt und arbeiten fortan ausschließlich mit diesen beiden Dateien.

Es sind keine zusätzlichen Inf-Dateien oder Treiberinstallationspakete notwendig, da je nach Plattform die jeweilige Treiberdatei direkt geladen und danach wieder entladen wird.

7.8 Signierung, Notwendigkeit, Zertifikate

Während eine Treibersignierung bei 32 Bit-Versionen und der ×86-Plattform nicht notwendig ist, führte Microsoft beginnend mit Windows Vista und der Codesignaturrichtlinie im Kernelmodus einen Zwang ein, über dessen Daseinsberechtigung man streiten kann.

Der Gedanke dahinter war damals die verbesserte Sicherheit des Windows-Kernels, da nur signierte Treiber zugelassen sind und eine dadurch vorhandene Integrität erreicht wurde, da nachträgliche Veränderungen am Treiber das Zertifikat ungültig machen. Ebenfalls lässt sich mit dem Zertifikat der Unterzeichner und Herausgeber identifizieren.

Unterschieden wird bei den sog. Code Signing Zertifikaten zwischen zwei Typen. Einmal das reguläre Code Signing Zertifikat und die erweiterte Variante namens Extended Validation Code Signing (EV). Während die erste Variante vorrangig für Software zum Einsatz kommt, ist für sämtliche Treiber im Kernelmodus die zweite Variante zwingend notwendig, die wiederum erhöhte Sicherheit bietet.

Diese Sicherheit wird dadurch erreicht, dass der Antragssteller des EV Code Signing-Zertifikates eine detailliertere Prüfung durchlaufen muss und öffentliche Kontaktangaben seiner Firma ebenfalls mit im Zertifikat verschlüsselt werden. Privatpersonen werden daher für EV Code Signing nicht zugelassen. Im weiteren Verlauf des Prüfungsprozesses erfolgt eine telefonische Verifikation und dann die Ausstellung und Zusendung des Zertifikates auf einem USB-Token.

Die aktiven Zertifikat-Anbieter unterscheiden sich teilweise in Preis und Leistung, und hier wären mitunter Certum, DigiCert, Entrust, GlobalSign, IdenTrust, Sectigo (vormals Comodo) und SSL.com zu nennen. Deren Zertifikate können häufig über Laufzeiten von 1, 2 oder 3 Jahren bestellt werden, was mit zunehmenden Jahren eine höhere Ersparnis darstellt.

Gleichzeitig definiert Microsoft mit der Driver Signing Policy [8], dass als Zertifikat-Verschlüsselungsverfahren SHA1 ab Windows 7 bis hin zu Windows 10 (Version 1511) verpflichtend sind. Microsoft definiert dann zusätzlich eine Cross Certificate List (Kreuzzertifikatsliste) [9] mit den Certificate Authorities (Zertifikat-Autoritäten, CA), wobei ein Cross-Zertifikat ein digitales Zertifikat ist und zum Signieren des öffentlichen Schlüssels für das Stammzertifikat einer anderen Zertifizierungsstelle verwendet wird. Cross Certificates bieten die Möglichkeit, eine Vertrauenskette von einer einzigen, vertrauenswürdigen Stammzertifizierungsstelle zu mehreren anderen Zertifizierungsstellen zu erstellen.

Windows verwendet Cross-Zertifikate, um…

- dem Betriebssystem zu ermöglichen, auf eine einzige vertrauenswürdige Microsoft-Stammzertifizierungsstelle zurückzugreifen
- die Vertrauenskette auf mehrere kommerzielle Zertifizierungsstellen zu erweitern, die Software Publisher Certificates (SPCs) ausstellen, die für die Code-Signierung von Software für die Verteilung, Installation und das Laden unter Windows verwendet werden.

Microsoft hat dann das stärkere Zertifikat-Verschlüsselungsverfahren SHA256 einführen wollen, gewährte dafür aber einen optionalen Übergangszeitraum der Windows 10-Versionen 1607 bis 1709 – sprich auf diesen Windows-Versionen sind die zugelassenen Zertifikat-Verschlüsselungen SHA1 und SHA256 möglich.

Ab Windows 10 Version 1803 darf dann nur noch SHA256 verwendet werden. Hinzu kommt, dass eine weitere Signatur von einer Microsoft Root Authority stammen muss, die in der Regel das Hardware Dev Center ist. Das bedeutet wiederum, dass man seinen Treiber nach der vollständigen Signierung bei Microsofts Hardware Dev Center [10] einreichen muss, und dort ebenfalls umfangreiche Tests und hauptsächlich Sicherheits- und Kompatibilitätsprüfungen durchgeführt werden, wobei der Treiber dann im Erfolgsfall mit einem zusätzlichen Zertifikat zurückgeliefert wird. Diese Vorgehensweise wird von einigen als recht kompliziert eingestuft, weil selbst kleine Treiberänderungen durch die vollständige Kette der Prüfungen laufen muss – erhöht aber letztendlich die Sicher-

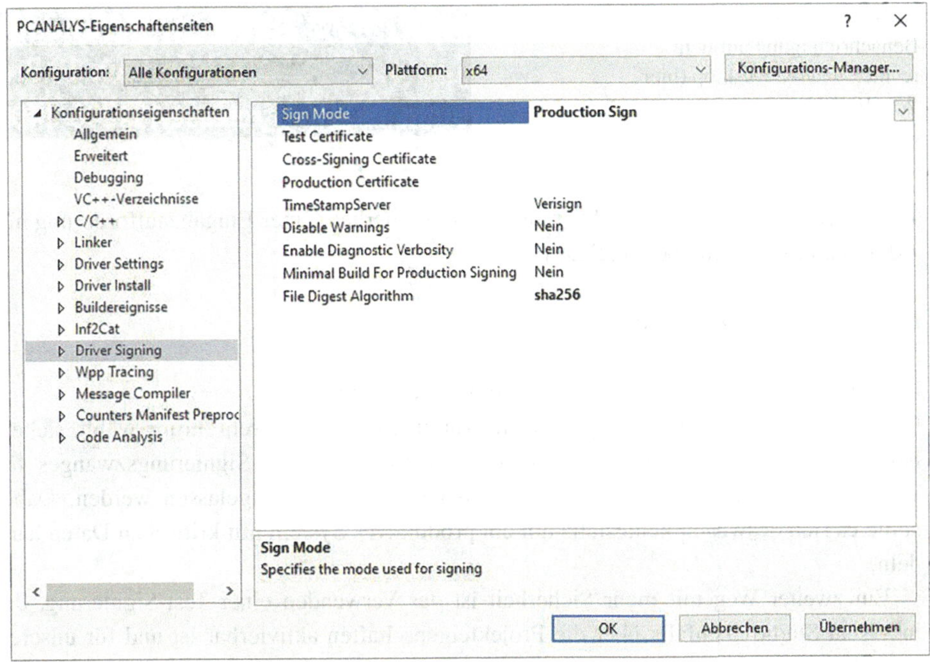

Abb. 7.12 Treibersignierungsoptionen in den Projekt-Eigenschaften von Visual Studio

heit, weil Microsoft die Kontrolle über die Freigabe mit deren zusätzlichen zwingenden Signatur ist.

Sollte eventuell bereits ein Zertifikat vorliegen, lassen sich über die Projektoptionen in Visual Studio alle Signierungseinstellungen festlegen. Hierzu wählt man über *Projekt -> PCANALYS-Eigenschaften* die Eigenschaftsseite, und navigiert zum Menüpunkt *Konfigurationseigenschaften -> Driver Signing -> General* (Abb. 7.12).

In den Signierungseigenschaften wird der *Sign Mode* auf *Production Sign* eingestellt und darunter befindlich die Zertifikate, den Zeitstempelserver, die Verschlüsselungsvariante und weitere Signierungseinstellungen.

7.8.1 Test-Signierung

Für den Fall, dass noch kein gültiges Zertifikat vorliegt oder man einfach auf einem Entwicklungssystem einen Test durchführen möchte, gibt es zwei Möglichkeiten.

Der erste Weg ist das Deaktivieren der erzwungenen Treibersignatur, was über zwei Möglichkeiten geschehen kann. Ein Weg ist während des Windows-Startvorganges über das Boot-Menü (Taste F8 während des Startvorganges) mit der Option *Erzwingen der*

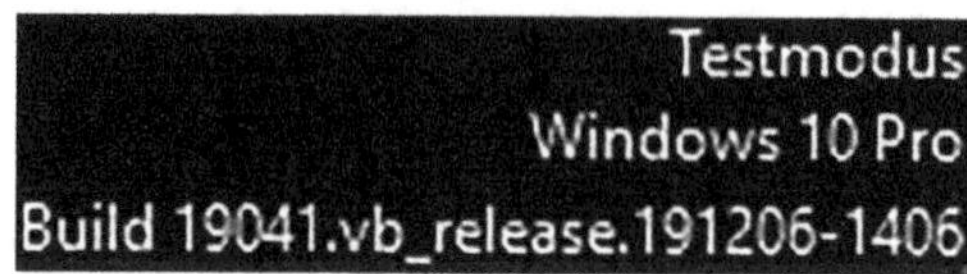

Abb. 7.13 Testmodus-Benachrichtigung auf dem rechten unteren Desktop (hier Win 10 Pro)

Treibersignatur erzwingen, und der andere Weg innerhalb einer Eingabeaufforderung mit Administratorrechten über BCDEdit:

bcdedit /set nointegritychecks off

Letzterer Weg setzt allerdings einen Windows-Neustart voraus.
Grundsätzlich ist dieser Weg, egal welche Variante man zur Durchführung wählt, sicherheitsrelevant kritisch, weil bis zur erneuten Aktivierung des Signierungszwanges für Treiber auch potentiell schadhafte und unsignierte Treiber zugelassen werden. Dabei sollte es sich deswegen keinesfalls um ein produktives System mit kritischen Daten handeln.

Ein zweiter Weg mit mehr Sicherheit ist das Verwenden einer Test-Signierung, die in Visual Studio ebenfalls über die Projekteigenschaften aktivierbar ist und für unseren Kernelmodus-Treiber zum Einsatz kommt. Dafür muss die Funktion grundsätzlich in Windows aktiviert sein, was wieder über eine Eingabeaufforderung und den Aufruf:

bcdedit /set testsigning on

geschieht. Nach einem Windows-Neustart wird der sogenannte Windows-Testmodus aktiviert, der sich im rechten unteren Desktop-Bereich bemerkbar macht (Abb. 7.13).
Gleichzeitig wird in Visual Studio die Testsignierung zugelassen, die wiederum in den Projekteigenschaften im *Sign Mode* mit *Test Sign* aktiviert wird. Grundsätzlich müssen keine weitere Zertifikatseinstellungen verändert werden, und Visual Studio führt dann während des Erstellprozesses automatisch die Testsignierung mit diesem Ausgabetext durch:

```
1>Successfully signed: J:\Driver\PCANALYS\Release\PCANALYSx64.sys
```

Dem kompilierten Treiber wird dadurch automatisch ein WDKTestCert hinzugefügt, und lässt sich problemlos laden bzw. installieren, obwohl es sich nicht um ein EV Code Signing Zertifikat handelt. Das ist für Testzwecke auf einem Entwicklungssystem ganz hilfreich, ohne die gesamte Systemsicherheit mit der globalen Deaktivierung des Signierungszwanges zu kompromittieren.

7.9 Zusammenfassung

Wir haben mit Microsoft Visual Studio und dem Windows Driver Kit (WDK) einen Kernelmodus-Treiber entwickelt und in diesen verschiedene Treiberfunktionen implementiert. Diese erlauben einfache Zugriffsfunktionen wie etwa einen Transfertest und eine Versionsabfrage, aber auch echte Hardwarezugriffe direkt innerhalb des Windows-Kernels.

Letztere werden durch Funktionen für das Lesen/Schreiben von Modell-spezifischen Prozessorregistern (MSR), dem Lesen/Schreiben vom/zum PCI-Bus, sowie jeweils dem Lesen/Schreiben vom/zum Speicher und auf I/O Ports umgesetzt.

Diese Funktionen werden mit eindeutigen I/O Control Codes aus der Benutzerebene angesprochen und im nächsten Kapitel aus der Delphi-Beispielapplikation verwendet, um verschiedene Bus-Systeme anzusprechen und aussagekräftige Hardwaredetails zu ermitteln. Diese Hardwaredetails sind oftmals detaillierter und zuverlässiger als Windows API-Funktionen oder die Windows-Registrierung, setzen aber auch ein genaues Verständnis der Kommunikation und dazugehörigen Spezifikationen voraus.

Der Kernelmodus-Treiber wird innerhalb von Visual Studio während des Kompilierungsprozesses mit einem Testzertifikat signiert und Windows in den Testmodus versetzt, um eine tatsächliche spätere Treibersignierung mit einem EV Code Signing-Zertifikat zu simulieren.

Damit hat man für den Entwicklungsprozess kostenlose Testmöglichkeiten – auch für Debugging-Zwecke – und muss das für Kernelmodus-Treiber zwingend notwendige EV Code Signing-Zertifikat erst nach dem Abschluss der Entwicklung erwerben, bevor dann tatsächlich die Auslieferung erfolgen kann.

Literatur

1. Download und Installationsanleitungen für das Windows-Softwareentwicklungskit (SDK). https://developer.microsoft.com/en-us/windows/downloads/windows-sdk/
2. Download und Installationsanleitungen für das Windows-Treiberkit (WDK). https://docs.microsoft.com/de-de/windows-hardware/drivers/download-the-wdk
3. Übersicht der Treiberbeispiele für die Benutzung mit Visual Studio und WDK (für universelle Windows-Treiber und Nur-Desktop-Treiber). https://docs.microsoft.com/de-de/samples/browse/?products=windows-wdk
4. Git-Repository mit allen Treiberbeispielen zum Download. https://github.com/Microsoft/Windows-driver-samples
5. Sysinternals Suite mit den Tools Process Explorer, WinObj, DebugView und weiteren Applikationen. https://docs.microsoft.com/en-us/sysinternals/downloads/sysinternals-suite
6. Klassischer Dialog „Neues Projekt erstellen", der vor Visual Studio 2019 zum Einsatz kam. https://marketplace.visualstudio.com/items?itemName=softworkz.SwitchProjectDialog
7. Aufbau und Vorgehensweise bei der Erstellung eigener I/O Control Codes. https://docs.microsoft.com/en-us/windows-hardware/drivers/kernel/defining-i-o-control-codes

8. Microsoft-Richtlinien für die Treibersignierung. https://docs.microsoft.com/en-us/windows-hardware/drivers/install/kernel-mode-code-signing-policy--windows-vista-and-later-
9. Microsoft-Kreuzzertifikate für das Signieren von Kernelmodus-Treibern. https://learn.microsoft.com/en-us/windows-hardware/drivers/install/cross-certificates-for-kernel-mode-code-signing
10. Windows Hardware-Entwicklungszentrum für die Prüfung eigenen Treiber. https://developer.microsoft.com/en-us/windows/hardware

Anbindung des Kernelmodus-Treibers in Delphi

8

8.1 Treiberstatus

Nachdem wir uns im vorherigen Kapitel mit C++ und Visual Studio beschäftigt haben, und ein kompilierter Kernelmodus-Treiber das Ergebnis darstellt, soll dieser Treiber nun in die bereits vorhandene Delphi-Applikation eingebunden werden. Zum Prozess des Einbindens zählt das Installieren und Starten, sowie für die Deinstallation das Stoppen und Entfernen – genau in dieser Reihenfolge. Dies hängt damit zusammen, dass ein Treiber zwar installiert sein kann, aber nicht zwangsweise gestartet sein muss.

Für alle notwendigen Tätigkeiten gibt es adäquate Windows API-Funktionen, die Embarcadero glücklicherweise bereits in der Delphi-Unit Winapi.WinSvc.pas übersetzt hat.

Wir erweitern unsere in SystemAccess.pas befindliche Klasse *TSystemAccess* daher um verschiedene Funktionen und Definitionen, um diese Funktionalität abbilden zu können.

Im ersten Schritt definieren wir eine Statusvariable namens *DriverStatus,* die intern innerhalb der Klasse für Statusabfragen zum Einsatz kommt. Die Variable ist von *DriverStatusValues* abgeleitet, die wiederum im Type-Block der Unit SystemDefinitions.pas festgelegt wird:

```
Type
  DriverStatusValues = (NotInstalled,
                        Stopping,
                        Stopped,
                        Starting,
                        Running,
                        Pausing,
                        Paused,
                        Continued);
```


D. Espenschied, *Systemprogrammierung mit Delphi,*
https://doi.org/10.1007/978-3-658-43455-7_8

Innerhalb der Klasse *TSystemAccess* sieht die Deklaration so aus:

```
TSystemAccess = class(TObject)
  private
    DriverStatus : DriverStatusValues;
```

DriverStatus soll fortwährend den Zustand des Kernelmodus-Treibers enthalten, um innerhalb der Klasse eine einfache Möglichkeit zu etablieren, davon abhängige Routinen auszuführen. Wenn der Treiber etwa erfolgreich installiert und gestartet ist, können weitergehende treiberrelevante Systemfunktionen durchgeführt werden.

Grundsätzlich wird *DriverStatus* im Konstruktor der Klasse ermittelt, und auch beim Starten des Treibers aktualisiert, sodass beim Freigeben der Klasse im Destruktor ein Treiberstopp mit anschließender Deinstallation stattfinden kann.

Angelehnt sind die Treiberzustände an dazugehörige Definitionen in der Delphi-Unit Winapi.WinSvc.pas, und die neue Funktion *GetKernelModeDriverStatus* erlaubt schließlich auch eine Statusermittlung von außerhalb, etwa direkt aus den Formularroutinen der Delphi-Applikation:

```
function TSystemAccess.GetKernelModeDriverStatus(DrvName : String) :
           Integer;
var
  HandleServiceControlManager,
  ServiceHandle : THandle;
  ServiceStatus : SERVICE_STATUS;
begin
  Result := -1;
  HandleServiceControlManager := OpenServiceControlManager;
  if (HandleServiceControlManager > 0) and
     (HandleServiceControlManager <> INVALID_HANDLE_VALUE) then
  begin
    ServiceHandle := OpenService(HandleServiceControlManager,
                               PChar(DrvName), SERVICE_ALL_ACCESS);
    if ServiceHandle > 0 then
    begin
      if QueryServiceStatus(ServiceHandle, ServiceStatus) then
        Result := ServiceStatus.dwCurrentState;
      CloseServiceHandle(ServiceHandle);
    end;
    CloseServiceHandle(HandleServiceControlManager);
  end;
end;
```

Übergeben wird der als *DrvName* bezeichnete Treibername, wobei es sich um den Dateinamen des Kernelmodus-Treibers ohne Erweiterung handelt. Für die 32 Bit-Windows-Version lautet dieser PCANALYSx86, und für 64 Bit dann PCANALYSx64.

Am Anfang steht immer das Herstellen einer gültigen Verbindung zum ServiceControl-Manager, der ein gültiges Handle zurückliefert und in unserer Klasse mit der Funktion *OpenServiceControlManager* gelöst wird. Diese wiederum verwendet die Funktion *OpenSCManager* aus der Delphi-Unit Winapi.WinSvc.pas [1]. Wenn ein gültiges Handle zurückgeliefert wird und die Verbindung zum ServiceControl-Manager hergestellt wurde, geht es weiter mit dem Öffnen des Dienstes, und das wird wiederum mit der Funktion *OpenService* [2] durchgeführt. Übergeben werden hierbei das zuvor ermittelte Handle, der Treibername sowie die gewünschten Zugriffsrechte. Für Letztere verwenden wir das Flag *SERVICE_ALL_ACCESS,* mit dem alle Zugriffsrechte abgedeckt sind. Man kann hier sicherlich noch feinstufiger auswählen, ob nur die Dienstkonfiguration gelesen oder geändert werden soll, oder der Dienst gestoppt bzw. gestartet werden soll – wir verwenden aber einfacherweise vollständige Zugriffsrechte.

Nachdem der Dienst geöffnet wurde und ein dazugehöriges Handle vorliegt, kommen wir zum Kern des Treiberstatus. Der Funktion *QueryServiceStatus* [3] wird das zuvor ermittelte Diensthandle übergeben und ein Rückgabeparameter zurückgeliefert, der dann verschiedene Treibereinstellungen beinhaltet. Die Treibereinstellungen sind im Record *SERVICE_STATUS* [4] definiert (Tab. 8.1).

Wir weisen also dem Funktionsergebnis den *dwCurrentState*-Wert zu und schließen final die Handles des Dienstes und ServiceControl-Managers – also in umgekehrter Reihenfolge, wie sie ursprünglich erzeugt wurden.

8.2 Installieren und Starten des Treibers in Delphi

Für den Vorgang der Installation und des Startens implementieren wir zwei separate Funktionen namens *InstallKernelModeDriver* und *StartKernelModeDriver,* die beide ein Boolean-Ergebnis zurückliefern, ob die Aktion erfolgreich war. Die Installation des Treibers ist daher mit dem Ergebnis True die Voraussetzung dafür, ob *StartKernelModeDriver* überhaupt aufgerufen werden kann.

Grundsätzlich gehen beide Funktionen davon aus, dass alle Voraussetzungen vollständig erfüllt sind, wozu etwa Administratorrechte, der erweiterte Benutzerkontext sowie der Windows Testmodus gehören.

Auch hier kommen wieder zwei API-Funktionen der Delphi-Unit Winapi.WinSvc.pas zum Einsatz, und zwar *CreateService* [5] für das Installieren des Treibers und *StartService* [6] für das anschließende Starten.

Der Funktion *InstallKernelModeDriver* werden 3 Parameter übergeben, wovon der erste Parameter den Treibernamen darstellt (*PCANALYSx86* für 32 Bit-Windows-Versionen und *PCANALYSx64* für 64 Bit-Windows-Versionen), und der zweite den vollständigen Pfad- und Dateinamen im Dateisystem (etwa lokal oder auf einem externen

Tab. 8.1 Record SERVICE_STATUS mit DWords als Treiberkonfiguration

Statusfeld	Bedeutung
dwServiceType	Servicetyp wie etwa Dateisystem-Treiber, Kernelmodus-Treiber, eigener Prozess und geteilter Prozess
dwCurrentState	Aktueller Status des Dienstes, mögliche Werte sind: SERVICE_STOPPED – gestoppt SERVICE_START_PENDING – wird gestartet SERVICE_STOP_PENDING – wird gestoppt SERVICE_RUNNING – läuft SERVICE_CONTINUE_PENDING – wird fortgesetzt SERVICE_PAUSE_PENDING – wird pausiert SERVICE_PAUSED – pausiert
dwControlsAccepted	Akzeptierte Kontrollen für den Service, wie etwa das Stoppen/Pausieren/Weiterführen, sowie Benachrichtigungen z. B. beim Herunterfahren von Windows oder der Änderung der Systemzeit
dwWin32ExitCode	Fehlerkennung, den der Dienst verwendet, um einen Fehler zu melden, der beim Starten oder Beenden des Dienstes auftritt
dwServiceSpecificExitCode	Dienstspezifische Fehlerkennung, den der Dienst zurückgibt, wenn beim Starten oder Stoppen des Dienstes ein Fehler auftritt
dwCheckPoint	Fortlaufenden inkrementierter Prüfpunktwert, den der Dienst in regelmäßigen Abständen erhöht, um seinen Fortschritt während eines längeren Start-, Stopp-, Pause- oder Fortsetzungsvorgangs zu melden
dwWaitHint	Geschätzte Zeit in Millisekunden, die für einen anstehenden Start-, Stop-, Pause- oder Fortführungs-Vorgang benötigt wird

Datenträger) repräsentiert. Der 3. Parameter ist ein Variablenparameter und liefert die Ergebniskennung des eigentlichen Treiber-Funktionsaufrufes zurück:

```
function TSystemAccess.InstallKernelModeDriver(
                              DrvName,
                              DrvFileName : String;
                              Var ErrorCode : Integer) : Boolean;
var
  HandleServiceControlManager,
  ServiceHandle : THandle;
begin
  Result := False;
  ErrorCode := 0;
  HandleServiceControlManager := OpenServiceControlManager;
  if (HandleServiceControlManager > 0) and
     (HandleServiceControlManager <> INVALID_HANDLE_VALUE) then
```

Im Deklarationsteil werden wieder die Handle-Variablen für den ServiceControl-Manager und den Dienst erzeugt, und nach dem erfolgreichen Öffnen des ServiceControl-Managers der Dienst mit *CreateService* erstellt:

```
begin
  ServiceHandle := CreateService(HandleServiceControlManager,
                                 PChar(DrvName),
                                 PChar(DrvName),
                                 SERVICE_ALL_ACCESS,
                                 SERVICE_KERNEL_DRIVER,
                                 SERVICE_DEMAND_START,
                                 SERVICE_ERROR_NORMAL,
                                 PChar(DrvFileName),
                                 nil,
                                 nil,
                                 nil,
                                 nil,
                                 nil);
  ErrorCode := GetLastError;
```

CreateService benötigt hierbei wieder verschiedene Parameter, die in Tab. 8.2 aufgelistet sind.

Direkt nach dem Aufruf von *CreateService* wird das Ergebnis mit *GetLastError* abgefragt und dem Variablenparameter *ErrorCode* übergeben.

Nach dieser Kernfunktion folgen die Aufräumarbeiten, die hauptsächlich aus dem Schließen der Handles für den ServiceControl-Manager und dem eigentlichen Dienst bestehen. Dies geschieht mit der API-Funktion *CloseServiceHandle* [7]:

```
    if ServiceHandle = 0 then
    begin
      CloseServiceHandle(HandleServiceControlManager);
      Exit;
    end
    else
      Result := True;
    CloseServiceHandle(HandleServiceControlManager);
    CloseServiceHandle(ServiceHandle);
  end;
```

Nachdem wir den Treiber nun installiert haben und das Ergebnis von *InstallKernelModeDriver* idealerweise True ist, folgt das Starten des Treibers. Diese Funktionalität haben wir in der Funktion *StartKernelModeDriver* implementiert und hier werden 2 Parameter übergeben, wovon der erste Parameter wieder den Treibernamen darstellt

Tab. 8.2 Parameter für die CreateService-API-Funktion

Parameter	Bedeutung
hSCManager	Handle des zuvor geöffneten ServiceControl-Managers
lpServiceName	Dienstname des zu installierenden Dienstes (ohne Dateierweiterung)
lpDisplayName	Anzeigename im ServiceControl-Manager, i. d. R identisch mit Dienstname
dwDesiredAccess	Zugriffsrechte für den Dienst, in unserem Fall SERVICE_ALL_ACCESS für alle Zugriffsrechte
dwServiceType	Diensttyp wie etwa: • Dateisystem-Treiber (SERVICE_FILE_SYSTEM_DRIVER) • Kernelmodus-Treiber (SERVICE_KERNEL_DRIVER) • Dienst im eigenen Prozess (SERVICE_WIN32_OWN_PROCESS)
dwStartType	Startoptionen des Dienstes, wie etwa: • erzwungener Start (SERVICE_DEMAND_START) • automatischer Start (SERVICE_AUTO_START) • Boot-Start (SERVICE_BOOT_START) • Start mittels IoInitSystem-Funktion (SERVICE_SYSTEM_START) • kein Start (SERVICE_DISABLED)
dwErrorControl	Schweregrad eines Fehlers und die ergriffenen Maßnahmen, wenn dieser Dienst nicht gestartet werden kann. Mögliche Werte sind: • SERVICE_ERROR_CRITICAL – Fehler werden ins Ereignisprotokoll aufgenommen und kein Laden des Treibers, falls Windows in der zuletzt bekannten Konfiguration gestartet wurde • SERVICE_ERROR_IGNORE – Fehler werden ignoriert und der Start fortgesetzt • SERVICE_ERROR_NORMAL – Fehler werden ins Ereignisprotokoll aufgenommen und der Start fortgesetzt • SERVICE_ERROR_SEVERE – Fehler werden ins Ereignisprotokoll aufgenommen und kein Laden, falls Windows in der zuletzt bekannten Konfiguration gestartet wurde. Falls nicht, wird Windows in der zuletzt bekannten Konfiguration gestartet
lpBinaryPathName	Vollständig qualifizierter Pfad zur Dienst-Binärdatei. Wenn der Pfad ein Leerzeichen enthält, muss er in Anführungszeichen gesetzt werden, damit er korrekt interpretiert wird.
lpLoadOrderGroup	Die Namen der Lastordnungsgruppen, denen dieser Dienst angehört. Wir definieren nil oder eine leere Zeichenkette, weil unser Dienst zu keiner Gruppe gehört.
lpdwTagId	Ein Zeiger auf eine Variable, die einen Tag-Wert erhält, der in der im Parameter lpLoadOrderGroup angegebenen Gruppe eindeutig ist. Wir geben nil an, weil wir das vorhandene Tag nicht ändern wollen.
lpDependencies	Ein Zeiger auf ein doppeltes null-terminiertes Feld von null-getrennten Namen von Diensten oder Lastordnungsgruppen, die das System vor diesem Dienst starten muss. Wir geben nil oder einen leeren String an, weil unser Dienst keine Abhängigkeiten hat. Die Abhängigkeit von einer Gruppe bedeutet, dass dieser Dienst laufen kann, wenn mindestens ein Mitglied der Gruppe nach einem Versuch, alle Mitglieder der Gruppe zu starten, läuft.

(Fortsetzung)

Tab. 8.2 (Fortsetzung)

Parameter	Bedeutung
lpServiceStart-Name	Der Name des Kontos, unter dem der Dienst ausgeführt werden soll. Wenn der Diensttyp SERVICE_WIN32_OWN_PROCESS ist, verwenden wir einen Kontonamen in der Form *DomainName**UserName*. Der Dienstprozess wird als dieser Benutzer angemeldet. Wenn das Konto zur integrierten Domäne gehört, können wir .*UserName* angeben. Wenn dieser Parameter nil ist, verwendet CreateService das lokale System-Konto und beim Diensttyp SERVICE_INTERACTIVE_PROCESS muss der Dienst unter dem lokalen System-Konto ausgeführt werden. Beim Diensttyp SERVICE_KERNEL_DRIVER oder SERVICE_FILE_SYSTEM_DRIVER kann hier als Name der Treiberobjektname, den das System zum Laden des Gerätetreibers verwendet, angegeben werden. Wir geben nil an, weil unser Treiber einen Standardobjektnamen verwenden soll, der vom I/O-System erstellt wurde.
lpPassword	Das Kennwort für den mit dem Parameter lpServiceStartName angegebenen Kontonamen. Es sollte eine leere Zeichenfolge angegeben werden, wenn das Konto kein Kennwort hat oder wenn der Dienst unter dem lokalen Dienst-, Netzwerkdienst- oder lokalen System-Konto ausgeführt wird. Passwörter werden für Treiberdienste ignoriert, weswegen wir hier ebenfalls nil angeben.

(*PCANALYSx86* für 32 Bit-Windows-Versionen und *PCANALYSx64* für 64 Bit-Windows-Versionen). Der zweite Parameter ist ein Variablenparameter und liefert die Ergebniskennung des eigentlichen Treiber-Funktionsaufrufes zurück:

```
function TSystemAccess.StartKernelModeDriver(
                        DrvName : String;
                        Var ErrorCode : Integer) : Boolean;
var
  HandleServiceControlManager,
  ServiceHandle : THandle;
  ServiceArgVectors : PChar;
begin
  Result := False;
  ErrorCode := 0;
  HandleServiceControlManager := OpenServiceControlManager;
  if (HandleServiceControlManager > 0) and
     (HandleServiceControlManager <> INVALID_HANDLE_VALUE) then
  begin
    ServiceHandle := OpenService(HandleServiceControlManager,
                                 PChar(DrvName),
                                 SERVICE_ALL_ACCESS);
```

```
ErrorCode := GetLastError;
if (ServiceHandle = 0) or
   (ServiceHandle = INVALID_HANDLE_VALUE) then
begin
  CloseServiceHandle(HandleServiceControlManager);
  Exit;
end
else
begin
```

Im Deklarationsteil werden wieder die Handle-Variablen für den ServiceControl-Manager und den Dienst erzeugt, und zusätzlich eine als *ServiceArgVectors* bezeichnete Variable vom Typ PChar. Nach dem Festlegen von Standardrückgabewerten wird der ServiceControl-Manager geöffnet mit der Funktion *OpenServiceControlManager*. Sollte das funktioniert haben, wird der Dienst mit der API-Funktion *OpenService* [2] erstellt. Dieser Funktion wird das Handle des ServiceControl-Managers, der Treibername und die Zugriffsart (in unserem Fall wieder *SERVICE_ALL_ACCESS*) zugewiesen und ein Handle auf den Dienst zurückgeliefert. Sobald das alles fehlerfrei durchläuft, beginnt die eigentliche Durchführung des Treiberstarts mit der API-Funktion *StartService* [6]:

```
ServiceArgVectors := nil;
Result := StartService(ServiceHandle, 0, ServiceArgVectors);
ErrorCode := GetLastError;
if ServiceArgVectors <> nil then
  StrDispose(ServiceArgVectors);
```

StartService erwartet als Parameter das Handle des Dienstes, die Anzahl der Zeichenfolgen im Feld *lpServiceArgVectors* (wenn *lpServiceArgVectors* nil ist, kann dieser Parameter ebenfalls null sein), sowie abschließend die Argumente für die Funktion *ServiceMain*.

Letzterer Parameter wird durch die Variable *ServiceArgVectors* definiert und bei unserem Treiber auf nil gesetzt, sowie abschließend mit StrDispose wieder freigegeben. Bei Nicht-Treiberdiensten handelt es sich dabei um null-terminierte Zeichenketten, die als Argumente an die Funktion *ServiceMain* für den Dienst übergeben werden. Wenn es keine Argumente gibt, kann dieser Parameter nil sein. Andernfalls ist das erste Argument *(lpServiceArgVectors[0])* der Name des Dienstes, gefolgt von allen zusätzlichen Argumenten (*lpServiceArgVectors*[1] bis *lpServiceArgVectors[dwNumServiceArgs-1]*).

StartService liefert ein Boolean-Ergebnis zurück, das wir direkt an das Funktionsergebnis von *StartKernelModeDriver* weiterleiten.

Nach diesen Aufrufen folgen wieder Aufräumarbeiten, wozu in erster Linie das Freigeben der Handles vom I/O ServiceControl-Manager und dem eigentlichen Treiber gehören:

```
    CloseServiceHandle(HandleServiceControlManager);
    CloseServiceHandle(ServiceHandle);
  end;

  if DriverName <> '' then
  begin
    case GetKernelModeDriverStatus(DriverName)of
      SERVICE_STOPPED          : DriverStatus := Stopped;
      SERVICE_START_PENDING    : DriverStatus := Starting;
      SERVICE_STOP_PENDING     : DriverStatus := Stopping;
      SERVICE_RUNNING          : DriverStatus := Running;
      SERVICE_CONTINUE_PENDING : DriverStatus := Continued;
      SERVICE_PAUSE_PENDING    : DriverStatus := Pausing;
      SERVICE_PAUSED           : DriverStatus := Paused;
      else                       DriverStatus := NotInstalled;
    end;
  end;
```

Dann wird mittels der Klassenfunktion *GetKernelModeDriverStatus* direkt geprüft, welchen Status der Treiber hat und das Ergebnis der *DriverStatus*-Variable zugewiesen.

8.2.1 Öffnen des Treibers

Den Abschluss von *StartKernelModeDriver* bilden zwei wichtige Funktionen, die in diesem und im nachfolgenden Unterkapitel beschrieben sind – das Öffnen des Treibers und die Generierung von I/O Control Codes.

Der Treiber muss einmalig geöffnet werden, damit dieser auch tatsächlich I/O Anfragen entgegennehmen kann:

```
  if Result then
    Result := OpenDriver(ErrorCode);
```

Das Öffnen des Treibers haben wir mit der Funktion *OpenDriver* implementiert, die als Variablenparameter den *ErrorCode* – also das GetLastError-Ergebnis – zurückliefert und wie folgt in unserer Treiberklasse implementiert ist:

```
function TSystemAccess.OpenDriver(Var ErrorCode : Integer) : Boolean;
var
  SecAttributes : PSecurityAttributes;
begin
  Result := False;
  ErrorCode := 0;
```

```
  if DriverStatus = Running then
  begin
    SecAttributes := New(PSecurityAttributes);
    SecAttributes.nLength := SizeOf(TSecurityAttributes);
    SecAttributes.lpSecurityDescriptor := nil;
    SecAttributes.bInheritHandle := False;
    DriverHandle := CreateFile('\\.\'+DEVICE_NAME,
                               GENERIC_READ or GENERIC_WRITE,
                               FILE_SHARE_READ,
                               SecAttributes,
                               OPEN_EXISTING,
                               FILE_ATTRIBUTE_NORMAL,
                               0);
    Dispose(SecAttributes);
    ErrorCode := GetLastError;
    Result := (ErrorCode = 0) and
              (DriverHandle <> INVALID_HANDLE_VALUE);
  end;
end;
```

Nachdem die Standardrückgabewerte gesetzt wurden, folgt die Prüfung, ob der Treiber aktuell läuft – also der Treiberstatus den Wert *Running* hat. Danach werden Sicherheitsattribute vorbereitet, die aber in unserem speziellen Fall keine Bedeutung haben. Daher dient die Variable *SecAttributes* eher als Platzhalter mit den notwendigsten Angaben.

Der eigentliche Öffnungsvorgang findet mit der API-Funktion *CreateFile* [8] statt, die anders als der Name vermuten lässt, Dateien bzw. I/O-Geräte erstellen oder öffnen kann. *CreateFile* befindet sich in der Delphi-Unit Winapi.Windows.pas und benötigt hierbei wieder verschiedene Parameter, die in Tab. 8.3 aufgelistet sind.

Nach dem Aufruf von *CreateFile* wird noch die Variable der Sicherheitsattribute freigegeben und das Ergebnis mittels *GetLastError* ermittelt. Ebenfalls wird das Funktionsergebnis ermittelt.

8.2.2 Generierung von I/O Control Codes

Die zweite wichtige Aufgabe wurde bereits im Abschn. 7.3 auf C++-Basis beschrieben und stellt die Generierung korrekter I/O Control Codes dar.

Wenn unsere Beispielapplikation in C++ geschrieben wäre, könnte man an dieser Stelle einfach die Definitionen der Headerdatei pcanalys.h verwenden. Aufgrund unseres Delphi-Ansatzes müssen wir diese jedoch selbst definieren, was am Ende von *StartKernelModeDriver* geschieht, wenn die Funktion erfolgreich war.

Im privaten Bereich unserer Klasse *TSystemAccess* definieren wir zunächst die LongWord-Variablen, die den Treiberfunktionen nachempfunden sind und die identischen

Tab. 8.3 Parameter für die CreateFile-API-Funktion

Parameter	Beschreibung
lpFileName	Name der zu erstellenden oder zu öffnenden Datei oder des I/O-Geräts. Vorangestellt werden zwei Backslashes, ein Punkt sowie ein weiterer Backslash gefolgt vom Gerätenamen, in unserem Fall universell „PCANALYS“.
dwDesiredAccess	Beschreibt den gewünschten Zugriff, wobei i. d. R. zwischen lesend (GENERIC_READ) und schreibend (GENERIC_WRITE) bzw. auch beides in Kombination unterschieden wird. Wenn beides zum Einsatz kommt, werden die Werte mit einem booleschen Oder miteinander verknüpft.
dwShareMode	Definiert den angeforderten Freigabemodus der Datei oder des I/O-Geräts. Unterschieden wird zwischen lesend (FILE_SHARE_READ), schreibend (FILE_SHARE_WRITE), beides, löschend (FILE_SHARE_DELETE), alles oder nichts. Zugriffsanforderungen auf Attribute oder erweiterte Attribute werden von diesem Flag nicht beeinflusst.
lpSecurityAttributes	Beschreibt einen Zeiger auf eine SECURITY_ATTRIBUTES-Struktur, die zwei getrennte, aber zusammenhängende Datenelemente enthält: einen optionalen Sicherheitsdeskriptor und einen booleschen Wert, der bestimmt, ob das zurückgegebene Handle an Unterprozesse vererbt werden kann. Dieser Parameter kann nil sein.
dwCreationDisposition	Gibt eine Aktion für eine Datei oder ein I/O-Gerät an, das existiert oder nicht existiert. Für Geräte, die keine Dateien sind, wird dieser Parameter normalerweise auf OPEN_EXISTING gesetzt. Dieser Parameter muss einen der folgenden Werte enthalten, die nicht kombiniert werden können: CREATE_ALWAYS – erstellt immer eine neue Datei CREATE_NEW – erstellt eine neue Datei, falls noch nicht existent OPEN_ALWAYS – öffnet immer eine Datei OPEN_EXISTING – öffnet eine Datei oder ein I/O-Gerät, falls existent TRUNCATE_EXISTING – öffnet eine Datei, falls existent, und schneidet sie ab, sodass ihre Größe null Bytes beträgt
dwFlagsAndAttributes	Legt die Datei- oder Geräteattribute fest, was insbesondere bei Dateien eine Rolle spielt. Mögliche Werte sind etwa FILE_ATTRIBUTE_NORMAL, FILE_ATTRIBUTE_HIDDEN, FILE_ATTRIBUTE_READONLY, FILE_ATTRIBUTE_ARCHIVE und FILE_ATTRIBUTE_SYSTEM. Der gebräuchlichste Wert ist der Normalwert, den wir ebenfalls verwenden.
hTemplateFile	Stellt ein gültiges Handle zu einer Vorlagendatei mit dem Zugriffsrecht GENERIC_READ dar. Die Vorlagendatei liefert Dateiattribute und erweiterte Attribute für die zu erstellende Datei. Dieser Parameter kann null sein und beim Öffnen einer bestehenden Datei ignoriert CreateFile diesen Parameter. Wir setzen ihn daher ebenfalls auf null.

Namen mit den in der Treiber-Headerdatei definierten Namen haben. Hierzu sei angemerkt, dass der Name nicht zwangsweise übereinstimmen muss und der enthaltene Wert letztendlich die Zuordnung herstellt, wir jedoch für einen besseren Transport zwischen C++ und Delphi die identischen Namen verwenden:

```
TSystemAccess = class(TObject)
  private
  ...
    var
      ...
      IOCTL_PCANALYS_TransferTest,
      IOCTL_PCANALYS_Version,
      IOCTL_PCANALYS_ReadMSR,
      IOCTL_PCANALYS_WriteMSR,
      IOCTL_PCANALYS_ReadPCI,
      IOCTL_PCANALYS_WritePCI,
      IOCTL_PCANALYS_ReadMem8Bit,
      IOCTL_PCANALYS_ReadMem16Bit,
      IOCTL_PCANALYS_ReadMem32Bit,
      IOCTL_PCANALYS_WriteMem8Bit,
      IOCTL_PCANALYS_WriteMem16Bit,
      IOCTL_PCANALYS_WriteMem32Bit,
      IOCTL_PCANALYS_ReadPort8Bit,
      IOCTL_PCANALYS_ReadPort16Bit,
      IOCTL_PCANALYS_ReadPort32Bit,
      IOCTL_PCANALYS_WritePort8Bit,
      IOCTL_PCANALYS_WritePort16Bit,
      IOCTL_PCANALYS_WritePort32Bit : LongWord;
    const
      DEVICE_PCANALYS   = $8000;
      DEVICE_NAME       = 'PCANALYS';
      METHOD_BUFFERED   = 0;
      FILE_ANY_ACCESS   = 0;
      FILE_READ_ACCESS  = $0001;
      FILE_WRITE_ACCESS = $0002;
    function Generate_IOCTL(DeviceType, Func, Method, Access : Word) :
               DWord;
    procedure Generate_IOCTLs;
```

Hier fallen zunächst nicht nur die I/O Control Codes auf, sondern im weiteren Konstantenabschnitt zusätzliche Konstanten. Diese sind ebenfalls in Abschn. 7.5 beschrieben, wobei insbesondere *METHOD_BUFFERED, FILE_ANY_ACCESS, FILE_READ_ACCESS* und *FILE_WRITE_ACCESS* in den C++-Headerdateien ntddk.h und wdm.h definiert sind, und die wenigen von uns benutzten Werte hier „nachdefiniert“ werden.

Die Funktion *Generate_IOCTL* generiert den I/O Control Code und benötigt dafür als Werteparameter den Gerätetyp, die Funktion, Methode und Zugriffsart (weitere Erklärungen befinden sich in Abb. 7.9). Zusätzlich liefert Microsoft einige ausführliche Beschreibungen, wie I/O Control Codes generiert werden sollen [9].

```
function TSystemAccess.Generate_IOCTL(DeviceType, Func, Method, Access :
                                       Word) : DWord;
begin
  Result := (DeviceType shl 16) or
            (Access shl 14) or
            (Func shl 2) or
            Method;
end;
```

Die Sammelprozedur *Generate_IOCTLs* wird schließlich in *StartKernelModeDriver* aufgerufen und führt nacheinander adäquat die Generierung der I/O Control Codes durch:

```
procedure TSystemAccess.Generate_IOCTLs;
begin
  IOCTL_PCANALYS_TransferTest :=
    Generate_IOCTL(DEVICE_PCANALYS, $800, METHOD_BUFFERED,
                   FILE_READ_ACCESS);
  IOCTL_PCANALYS_Version :=
    Generate_IOCTL(DEVICE_PCANALYS, $801, METHOD_BUFFERED,
                   FILE_READ_ACCESS);
  IOCTL_PCANALYS_ReadMSR :=
    Generate_IOCTL(DEVICE_PCANALYS, $900, METHOD_BUFFERED,
                   FILE_READ_ACCESS);
  IOCTL_PCANALYS_WriteMSR :=
    Generate_IOCTL(DEVICE_PCANALYS, $901, METHOD_BUFFERED,
                   FILE_READ_ACCESS or FILE_WRITE_ACCESS);
  IOCTL_PCANALYS_ReadPCI :=
    Generate_IOCTL(DEVICE_PCANALYS, $902, METHOD_BUFFERED,
                   FILE_READ_ACCESS);
  IOCTL_PCANALYS_WritePCI :=
    Generate_IOCTL(DEVICE_PCANALYS, $903, METHOD_BUFFERED,'
                   FILE_READ_ACCESS or FILE_WRITE_ACCESS);
  IOCTL_PCANALYS_ReadMem8Bit :=
    Generate_IOCTL(DEVICE_PCANALYS, $904, METHOD_BUFFERED,
                   FILE_READ_ACCESS);
  IOCTL_PCANALYS_ReadMem16Bit :=
    Generate_IOCTL(DEVICE_PCANALYS, $905, METHOD_BUFFERED,
                   FILE_READ_ACCESS);
  IOCTL_PCANALYS_ReadMem32Bit :=
```

```
    Generate_IOCTL(DEVICE_PCANALYS, $906, METHOD_BUFFERED,
                   FILE_READ_ACCESS);
  IOCTL_PCANALYS_WriteMem8Bit :=
    Generate_IOCTL(DEVICE_PCANALYS, $907, METHOD_BUFFERED,
                   FILE_READ_ACCESS or FILE_WRITE_ACCESS);
  IOCTL_PCANALYS_WriteMem16Bit :=
    Generate_IOCTL(DEVICE_PCANALYS, $908, METHOD_BUFFERED,
                   FILE_READ_ACCESS or FILE_WRITE_ACCESS);
  IOCTL_PCANALYS_WriteMem32Bit :=
    Generate_IOCTL(DEVICE_PCANALYS, $909, METHOD_BUFFERED,
                   FILE_READ_ACCESS or FILE_WRITE_ACCESS);
  IOCTL_PCANALYS_ReadPort8Bit :=
    Generate_IOCTL(DEVICE_PCANALYS, $90A, METHOD_BUFFERED,
                   FILE_READ_ACCESS);
  IOCTL_PCANALYS_ReadPort16Bit :=
    Generate_IOCTL(DEVICE_PCANALYS, $90B, METHOD_BUFFERED,
                   FILE_READ_ACCESS);
  IOCTL_PCANALYS_ReadPort32Bit :=
    Generate_IOCTL(DEVICE_PCANALYS, $90C, METHOD_BUFFERED,
                   FILE_READ_ACCESS);
  IOCTL_PCANALYS_WritePort8Bit :=
    Generate_IOCTL(DEVICE_PCANALYS, $90D, METHOD_BUFFERED,
                   FILE_READ_ACCESS or FILE_WRITE_ACCESS);
  IOCTL_PCANALYS_WritePort16Bit :=
    Generate_IOCTL(DEVICE_PCANALYS, $90E, METHOD_BUFFERED,
                   FILE_READ_ACCESS or FILE_WRITE_ACCESS);
  IOCTL_PCANALYS_WritePort32Bit :=
    Generate_IOCTL(DEVICE_PCANALYS, $90F, METHOD_BUFFERED,
                   FILE_READ_ACCESS or FILE_WRITE_ACCESS);
end;
```

Nach diesen Schritten haben wir den Zustand eines installierten, gestarteten und anschließend geöffneten Kernelmodus-Treibers, auf den wir nun mittels entsprechender I/O Control Codes und Treiberfunktionen zugreifen können. Die Treiberfunktionen müssen hier ebenfalls noch definiert werden, was in den nachfolgenden Kapiteln geschieht.

8.3 Abbildung der Treiberdefinitionen

Dieses Kapitel ist eng verknüpft mit Abschn. 7.5, weil nicht nur die I/O Control Codes in Delphi nachgebildet werden müssen, sondern auch die den Treiberfunktionen zugrunde liegenden Eingabe- und Ausgabestrukturen.

Die Definition wird über Records durchgeführt, wobei man eine Besonderheit in Delphi beachten muss. Wir gehen davon aus, dass exakt gleichgroße Records zwischen dem C++-Treiber und der Delphi-Applikation bestehen müssen, weil die Größen im

Treiber Byte-genau abgefragt werden, und Delphi standardseitig eine Code-Ausrichtung vornimmt (Code Alignment).

Als Beispiel dient der nachfolgende einfache Beispielrecord, in dem eine Byte-, Word- und LongWord-Variable definiert sind:

```
type BeispielRecord = record
        Variable1 : Byte;
        Variable2 : Word;
        Variable3 : LongWord;
     end;
```

Hier gehen wir davon aus, dass der Datentyp „Byte“ insgesamt 1 Byte groß ist, „Word“ dann 2 Bytes und „LongWord“ 4 Bytes – das ergibt zusammen eine Größe von 7 Bytes. Eine SizeOf-Abfrage von *BeispielRecord* ergibt aber 8 Bytes, weil der Kompiler im Zuge seiner Optimierung die Variablen an unterschiedlichen Speicherstellen ausrichtet, um den Zugriff zu beschleunigen – zu Lasten der Größe. In unserem Fall, wo die Größe exakt derjenigen Größe entsprechen muss, wie sie im C++-Treiber definiert und abgefragt wird, würden wir bereits bei der Größenprüfung scheitern. Deswegen verwendet man anstatt „record“ den „packed record“, der die Variablenausrichtung nicht verwendet und mit der SizeOf-Abfrage in unserem Beispiel exakt 7 Byte zurückmeldet.

Wenn man die C++-Variablentypen mit passenden Delphi-Datentypen gleichsetzt, haben wir eine Entsprechung, die in Tab. 8.4 dargestellt ist.

Daraus ergeben sich die Definitionen der Eingabe- und Ausgabestrukturen mit den gleichen Bezeichnern, wie sie in der C++-Headerdatei zum Einsatz kommen. Vollständiger Weise muss man hier erwähnen, dass genau wie bei den I/O Control Codes der Name nicht übereinstimmen muss, und der Code bzw. Inhalt selbst relevant ist und die Zuordnung herstellt. Bei den Treiberdefinitionen wird dies über die Variablentypen und die Größe gesteuert.

Folgender Code-Abschnitt enthält die Treiberdefinitionen, die in unserer separaten Unit SystemDefinitions.pas enthalten sind:

```
type
  //IOCTL_PCANALYS_TransferTest
  TransferTestOutputStruct = packed record
    TransferTest : LongWord;
  end;
```

Tab. 8.4 Verwendung von C++- und Delphi-Datentypen

C++-Datentyp	Delphi-Datentyp
Unsigned char	Byte
Unsigned short	Word
Unsigned long	LongWord

```
//IOCTL_PCANALYS_Version
VersionOutputStruct = packed record
  Version, Date : LongWord;
end;

//IOCTL_PCANALYS_ReadMSR
ReadMSRInputStruct = packed record
  ECXReg : LongWord;
end;

ReadMSROutputStruct = packed record
  EAXReg, EDXReg : LongWord;
end;

//IOCTL_PCANALYS_WriteMSR
WriteMSRInputStruct = packed record
  ECXReg, //MSR number
  EDXReg, //upper register content
  EAXReg  //lower register content
        : LongWord;
end;

//IOCTL_PCANALYS_ReadPCI
ReadPCIInputStruct = packed record
  PortNumber : LongWord;
end;

ReadPCIOutputStruct = packed record
  DataBuffer : LongWord;
end;

//IOCTL_PCANALYS_WritePCI
WritePCIInputStruct = packed record
  PortNumber, DataBuffer : LongWord;
end;

WritePCIOutputStruct = packed record
  DataBuffer : LongWord;
end;

//IOCTL_PCANALYS_ReadMem8Bit
ReadMemXBitInputStruct = packed record
  Address : LongWord;
end;
```

```
ReadMem8BitOutputStruct = packed record
  Data : Byte;
end;

//IOCTL_PCANALYS_ReadMem16Bit
ReadMem16BitOutputStruct = packed record
  Data : Word;
end;

//IOCTL_PCANALYS_ReadMem32Bit
ReadMem32BitOutputStruct = packed record
  Data : LongWord;
end;

//IOCTL_PCANALYS_WriteMem8Bit
WriteMem8BitInputStruct = packed record
  Address : LongWord;
  Data : Byte;
end;

//IOCTL_PCANALYS_WriteMem16Bit
WriteMem16BitInputStruct = packed record
  Address : LongWord;
  Data : Word;
end;

//IOCTL_PCANALYS_WriteMem32Bit
WriteMem32BitInputStruct = packed record
  Address, Data : LongWord;
end;

//IOCTL_PCANALYS_ReadPort8Bit
ReadPortXBitInputStruct = packed record
  Address : LongWord;
end;

ReadPort8BitOutputStruct = packed record
  Data : Byte;
end;

//IOCTL_PCANALYS_ReadPort16Bit
ReadPort16BitOutputStruct = packed record
  Data : Word;
end;
```

```
//IOCTL_PCANALYS_ReadPort32Bit
ReadPort32BitOutputStruct = packed record
  Data : LongWord;
end;

//IOCTL_PCANALYS_WritePort8Bit
WritePort8BitInputStruct = packed record
  Address : LongWord;
  Data : Byte;
end;

//IOCTL_PCANALYS_WritePort16Bit
WritePort16BitInputStruct = packed record
  Address : LongWord;
  Data : Word;
end;

//IOCTL_PCANALYS_WritePort32Bit
WritePort32BitInputStruct = packed record
  Address, Data : LongWord;
end;
```

Für eine bessere Zuordnung wurde vor jeder definierten Struktur ein Kommentar mit dem dazugehörigen Bezeichner des I/O Control Codes eingefügt.

8.4 Implementierung der Treiberfunktionen basierend auf I/O Control Codes

Nachdem wir den Treiber nun korrekt installiert, gestartet und geöffnet haben, sowie die entsprechenden Definitionen von I/O Control Codes und Eingabe- bzw. Ausgabestrukturen vorgenommen haben, müssen die eigentlichen Treiberfunktionen implementiert werden. Diese sind absichtlich im Public-Teil unserer Klasse *TSystemAccess* definiert und als Funktionen mit Boolean-Ergebnis konzipiert. Als Wertevariablen wird die Eingabestruktur der jeweiligen Treiberfunktion verwendet und ein Funktionsergebnis mit True steht hier für eine erfolgreiche Ausführung der Funktion. Falls das der Fall ist, werden potenzielle Rückgabeergebnisse als Variablenparameter mit einer Ausgabestruktur zurückgeliefert.

Die hier implementierten Treiberfunktionen können quasi als Delphi-Wrapper für die in Abschn. 7.6.3 implementierten DeviceControl-Funktionen des Kernelmodus-Treibers verstanden werden. Daher sei in jedem der folgenden Unterkapitel der vergleichende Blick auf das dazugehörige C++-Unterkapitel empfohlen.

Die grundsätzliche Verfahrensweise der Treiberfunktionen ist miteinander vergleichbar und folgt einem bestimmten Schema. Das standardseitige Rückgabeergebnis wird als Boolean-Wert immer auf False gesetzt und muss später durch eine explizite Abfrage auf True gesetzt werden. Falls durch die Treiberfunktion eine Ausgabestruktur zurückgegeben wird, gehört zur Initialisierung das Setzen von Nullwerten jeder Variable in dieser Ausgabestruktur. Eingabestrukturen werden als *InputBuf* bezeichnet, Ausgabestrukturen wiederum als *OutputBuf*.

Nach den Initialisierungen wird immer geprüft, ob der Treiberstatus auf *Running* gesetzt ist, also läuft, und ob der Treiber bereits geöffnet ist – dafür darf das entsprechende Treiberhandle nicht ungültig sein.

Der eigentliche Aufruf der Treiberfunktion wird mit der API-Funktion *DeviceIoControl* [10] durchgeführt, die verschiedene Parameter erwartet und einen Boolean-Wert zurückliefert, ob der Aufruf erfolgreich war. Dabei sendet *DeviceIoControl* eine Steuerkennung direkt an einen angegebenen Gerätetreiber und veranlasst das entsprechende Gerät, den jeweiligen Vorgang durchzuführen (Tab. 8.5).

Sollte *DeviceIoControl* als Ergebnis False zurückgeben, liefert die Funktion *GetLastError* die dazugehörige Fehlerkennung, der sich wiederum mit der Funktion *SysErrorMessage* in Text umwandeln lässt.

Innerhalb des Treiberquellcodes in Visual Studio werden bestimmte Statuswerte gesetzt (wie z. B. *STATUS_INVALID_PARAMETER* und *STATUS_ILLEGAL_INSTRUCTION*), die in der WDK-Headerdatei ntstatus.h definiert sind, unsere Delphi-Funktion *GetLastError* aber nicht kennt. Daher erweitern wir die Funktion *SysErrorMessage* um diese wenigen zusätzlichen Statuswerte und implementieren diese als *DriverSysErrorMessage:*

Tab. 8.5 Parameter der API-Funktion DeviceIoControl

Parameter	Beschreibung
hDevice	Handle zu dem Gerät bzw. dem Treiber, an dem der Vorgang durchgeführt werden soll
dwIoControlCode	I/O Control Code für die Operation
lpInBuffer	Zeiger auf die Eingabestruktur (Beginn mit @), wenn keine Eingabestruktur dann nil
nInBufferSize	Größe der Eingabestruktur, ermittelbar mit SizeOf, oder 0 bei keiner Ausgabestruktur
lpOutBuffer	Zeiger auf die Ausgabestruktur (Beginn mit @), wenn keine Ausgabestruktur dann nil
nOutBufferSize	Größe der Ausgabestruktur, ermittelbar mit SizeOf, oder 0 bei keiner Ausgabestruktur
lpBytesReturned	Zeiger auf eine Variable, welche die Größe der im Ausgabepuffer gespeicherten Daten in Bytes enthält
lpOverlapped	Zeiger auf eine OVERLAPPED-Struktur, die notwendig ist, wenn der Treiber mit dem FILE_FLAG_OVERLAPPED-Flag geöffnet wurde. In diesem Fall wird die Operation als überlappende (asynchrone) Operation durchgeführt. Diese Spezialausführung ist bei uns jedoch nicht relevant und wird daher mit nil ignoriert

```
function TsystemAccess.DriverSysErrorMessage(ErrorCode : Cardinal) :
         String;
const
  STATUS_UNSUCCESSFUL             = $C0000001;
  STATUS_INVALID_PARAMETER        = $C000000D;
  STATUS_INVALID_DEVICE_REQUEST = $C0000010;
  STATUS_ILLEGAL_INSTRUCTION      = $C000001D;
  STATUS_BUFFER_TOO_SMALL         = $C0000023;
begin
  case ErrorCode of
    STATUS_UNSUCCESSFUL             : Result := 'Not successful';
    STATUS_INVALID_PARAMETER        : Result := 'Invalid parameter';
    STATUS_INVALID_DEVICE_REQUEST : Result := 'Invalid device request';
    STATUS_ILLEGAL_INSTRUCTION      : Result := 'Illegal instruction';
    STATUS_BUFFER_TOO_SMALL         : Result := 'Input buffer to' +
                                         'big/small';
    else
      if SysErrorMessage(ErrorCode) <> '' then
        Result := SysErrorMessage(ErrorCode)
      else
        Result := ,unknown Error';
  end;
end;
```

Im oberen Bereich werden die zusätzlichen Statuswerte als Konstanten definiert, und diese direkt als Text interpretiert. Sollte es sich um eine bereits bekannte Fehlerkennung handeln, wird dieser über *SysErrorMessage* zurückgegeben. Durch diese Funktion decken wir demnach die regulären Fehlerkennungen sowie auch die treiberspezifischen Fehlerkennungen ab.

Nach diesem kleinen Exkurs in der Auswertung von Fehlerkennungen wird die Funktion *DeviceIoControl* erfolgreich abgeschlossen, wenn dessen Ergebnis True zurückliefert und die Größe der Ausgabestruktur identisch mit der *lpBytesReturned*-Variable sein muss. Alles wird in einen try...except-Block verpackt, um bei Fehlern ebenfalls reagieren zu können.

8.4.1 Treiber-Transfertest

Die Funktion *Driver_TransferTest* erwartet keine Parameter und liefert das Ergebnis als Boolean-Wert zurück. Geprüft wird, ob der Treiber ein bestimmtes festgelegtes Testmuster korrekt zurückliefert – was anders als bestimmte wechselnde Systemdaten immer gleichbleibt.

Tab. 8.6 Ausgabestruktur für IOCTL_PCANALYS_TransferTest (insgesamt 4 Bytes)

Variablenname	Größe	Delphi Datentyp	Beschreibung
TransferTest	4 Bytes	LongWord	Testmuster 12345678h

Intern verwendet die Funktion eine Ausgabestruktur namens *TransferTestOutputStruct,* die allerdings nicht durch einen Variablenparameter nach außen geleitet wird, da sie nur für den kurzen Vergleichstest intern Verwendung findet (Tab. 8.6).

```
function TsystemAccess.Driver_TransferTest : Boolean;
var
  IoctlResult : Boolean;
  ReturnLength : LongWord;
  OutputBuf : TransferTestOutputStruct;
begin
  Result := False;
  with OutputBuf do
    TransferTest := 0;

  if (DriverStatus = Running) and
     (DriverHandle <> INVALID_HANDLE_VALUE)  then
  begin
    try
      IoctlResult := DeviceIoControl(DriverHandle,
                                     IOCTL_PCANALYS_TransferTest,
                                     nil,
                                     0,
                                     @OutputBuf,
                                     SizeOf(OutputBuf),
                                     ReturnLength,
                                     nil);
      if IoctlResult and
         (ReturnLength >= SizeOf(OutputBuf)) and
         (OutputBuf.TransferTest = $12345678) then
        Result := True
      else
        ShowMessage('Error was detected: ' +
                    DriverSysErrorMessage(GetLastError));
    except
      Result := False;
    end;
  end;
end;
```

Tab. 8.7 Ausgabestruktur für IOCTL_PCANALYS_Version (insgesamt 8 Bytes)

Variablenname	Größe	Delphi Datentyp	Beschreibung
Version	4 Bytes	LongWord	Version jeweils unterteilt in 2 Byte für die Hauptversion, Unterversion und Fehlerversion. Die ersten 2 Byte bleiben unbenutzt Beispiel: 00010100h bedeutet 00 – Leerbyte 01 – Hauptversion 01 – Unterversion 00 – Fehlerversion
Date	4 Bytes	LongWord	Veröffentlichungsdatum jeweils unterteilt in 2 Byte für den Tag, Monat und 2 Byte kombiniert als das Jahr Beispiel: 18052022h bedeutet 18 – Tag 05 – Monat 2022 – Jahr

8.4.2 Treiber-Version

Die Funktion *Driver_GetVersion* kommt zum Einsatz, um Version und Veröffentlichungsdatum direkt aus dem Treiber auszulesen. Erwartet wird eine Ausgabestruktur vom Typ *VersionOutputStruct* als Variablenparameter (Tab. 8.7).

```
function TSystemAccess.Driver_GetVersion(
           Var OutputBuf : VersionOutputStruct) : Boolean;
var
  IoctlResult : Boolean;
  ReturnLength : LongWord;
begin
  Result := False;
  with OutputBuf do
  begin
    Version := 0;
    Date := 0;
  end;

  if (DriverStatus = Running) and
     (DriverHandle <> INVALID_HANDLE_VALUE)   then
  begin
    try
      IoctlResult := DeviceIoControl(DriverHandle,
                                     IOCTL_PCANALYS_Version,
                                     nil,
```

```
                                                   0,
                                                   @OutputBuf,
                                                   SizeOf(OutputBuf),
                                                   ReturnLength,
                                                   nil);
      if IoctlResult and
         (ReturnLength >= SizeOf(OutputBuf)) then
        Result := True
      else
        ShowMessage('Error was detected: ' +
                     DriverSysErrorMessage(GetLastError));
    except
      Result := False;
    end;
  end;
end;
```

8.4.3 Prozessor Modell-spezifische Register lesen

Die Funktion *Driver_ReadMSR* kommt zum Einsatz, um Modell-spezifische Register von Prozessoren auszulesen. Übergeben wird eine Eingabestruktur vom Typ *ReadMSRInputStruct* und zurückgeliefert wird eine Ausgabestruktur vom Typ *ReadMSROutputStruct* (Tab. 8.8).

Nach erfolgreicher Operation wird ein vorzeichenloser 64 Bit-Registerwert zurückgeliefert, der auf jeweils 2 vorzeichenlose 32 Bit Registerwerte aufgeteilt wird. Die Ergebnisdarstellung der beiden dazugehörigen 32 Bit-Prozessorregister lautet EDX:EAX, wodurch sich letztlich das 64 Bit MSR ergibt (Tab. 8.9).

Tab. 8.8 Eingabestruktur für IOCTL_PCANALYS_ReadMSR (insgesamt 4 Bytes)

Variablenname	Größe	Delphi Datentyp	Beschreibung
ECXReg	4 Bytes	LongWord	Registernummer des MSR, z. B. 1A0h für Intel oder C0010015h für AMD

Tab. 8.9 Ausgabestruktur für IOCTL_PCANALYS_ReadMSR (insgesamt 8 Bytes)

Variablenname	Größe	Delphi Datentyp	Beschreibung
EDXReg	4 Bytes	LongWord	Höherwertige 32 Bit des MSR
EAXReg	4 Bytes	LongWord	Niederwertige 32 Bit des MSR

```
function TSystemAccess.Driver_ReadMSR(
           InputBuf : ReadMSRInputStruct;
           Var OutputBuf : ReadMSROutputStruct) : Boolean;
var
  IoctlResult : Boolean;
  ReturnLength : LongWord;
begin
  Result := False;
  with OutputBuf do
  begin
    EAXReg := 0;
    EDXReg := 0;
  end;

  if (DriverStatus = Running) and
     (DriverHandle <> INVALID_HANDLE_VALUE)
   then
  begin
    try
      IoctlResult := DeviceIoControl(DriverHandle,
                                     IOCTL_PCANALYS_ReadMSR,
                                     @InputBuf,
                                     SizeOf(InputBuf),
                                     @OutputBuf,
                                     SizeOf(OutputBuf),
                                     ReturnLength,
                                     nil);
      if IoctlResult and
         (ReturnLength >= SizeOf(OutputBuf)) then
        Result := True;
    except
      Result := False;
    end;
  end;
end;
```

8.4.4 Prozessor Modell-spezifische Register schreiben

Die Funktion *Driver_WriteMSR* kommt zum Einsatz, um Modell-spezifische Register von Prozessoren zu schreiben. Übergeben wird eine Eingabestruktur vom Typ *WriteMS-RInputStruct* (Tab. 8.10).

```
function TSystemAccess.Driver_WriteMSR(
           InputBuf : WriteMSRInputStruct) : Boolean;
var
```

Tab. 8.10 Eingabestruktur für IOCTL_PCANALYS_WriteMSR (insgesamt 12 Bytes)

Variablenname	Größe	Delphi Datentyp	Beschreibung
ECXReg	4 Bytes	LongWord	Registernummer des MSR, z. B. $1A0 für Intel oder $C0010015 für AMD
EDXReg	4 Bytes	LongWord	Höherwertige 32 Bit des MSR
EAXReg	4 Bytes	LongWord	Niederwertige 32 Bit des MSR

```
  IoctlResult : Boolean;
  ReturnLength : LongWord;
begin
  Result := False;

  if (DriverStatus = Running) and
     (DriverHandle <> INVALID_HANDLE_VALUE)   then
   begin
    try
      IoctlResult := DeviceIoControl(DriverHandle,
                                     IOCTL_PCANALYS_WriteMSR,
                                     @InputBuf,
                                     SizeOf(InputBuf),
                                     nil,
                                     0,
                                     ReturnLength,
                                     nil);
      if IoctlResult then
        Result := True;
    except
      Result := False;
    end;
  end;
end;
```

8.4.5 Daten vom PCI-Bus lesen

Die Funktion *Driver_ReadPCI* liest Daten vom PCI-Bus und verwendet dafür das Lesen und Schreiben auf I/O Portadressen, genauer gesagt dem *PCI CONFIG_ADDRESS Register* 0CF8h und dem *PCI CONFIG_DATA Register* 0CFCh (Tab. 8.11 und 8.12).

```
function TSystemAccess.Driver_ReadPCI(
           InputBuf : ReadPCIInputStruct;
           Var OutputBuf : ReadPCIOutputStruct) : Boolean;
var
```

Tab. 8.11 Eingabestruktur für IOCTL_PCANALYS_ReadPCI (insgesamt 4 Bytes)

Variablenname	Größe	Delphi Datentyp	Beschreibung
PortNumber	4 Bytes	LongWord	Portnummer auf dem PCI-Bus

Tab. 8.12 Ausgabestruktur für IOCTL_PCANALYS_ReadPCI (insgesamt 4 Bytes)

Variablenname	Größe	Delphi Datentyp	Beschreibung
DataBuffer	4 Bytes	LongWord	Inhalt der zuvor angegebenen Portnummer

```
  IoctlResult : Boolean;
  ReturnLength : LongWord;
begin
  Result := False;
  with OutputBuf do
    DataBuffer := 0;

  if (DriverStatus = Running) and
     (DriverHandle <> INVALID_HANDLE_VALUE)
   then
  begin
    try
      IoctlResult := DeviceIoControl(DriverHandle,
                                     IOCTL_PCANALYS_ReadPCI,
                                     @InputBuf,
                                     SizeOf(InputBuf),
                                     @OutputBuf,
                                     SizeOf(OutputBuf),
                                     ReturnLength,
                                     nil);
      if IoctlResult and
         (ReturnLength >= SizeOf(OutputBuf)) then
        Result := True
      else
        ShowMessage('Error was detected: ' +
                    DriverSysErrorMessage(GetLastError));
    except
      Result := False;
    end;
  end;
end;
```

8.4.6 Daten auf den PCI-Bus schreiben

Die Funktion *Driver_WritePCI* kommt zum Einsatz, um auf den PCI-Bus bzw. auf einzelne Register von PCI-Geräten zu schreiben. Auch hier kommen wieder die beiden Register *PCI CONFIG_ADDRESS* und *PCI CONFIG_DATA* zum Einsatz.

Hierbei wird die zu schreibende Adresse des PCI-Geräteregisters auf *PCI CONFIG_ADDRESS* und direkt danach die zu schreibenden Daten auf *PCI CONFIG_DATA* geschrieben (Tab. 8.13 und 8.14).

```
function TSystemAccess.Driver_WritePCI(
           InputBuf : WritePCIInputStruct;
           Var OutputBuf : WritePCIOutputStruct) : Boolean;
var
  IoctlResult : Boolean;
  ReturnLength : LongWord;
begin
  Result := False;

  with OutputBuf do
    DataBuffer := 0;

  if (DriverStatus = Running) and
     (DriverHandle <> INVALID_HANDLE_VALUE)   then
   begin
    try
      IoctlResult := DeviceIoControl(DriverHandle,
                                     IOCTL_PCANALYS_WritePCI,
                                     @InputBuf,
                                     SizeOf(InputBuf),
                                     @OutputBuf,
```

Tab. 8.13 Eingabestruktur für IOCTL_PCANALYS_WritePCI (insgesamt 8 Bytes)

Variablenname	Größe	Delphi Datentyp	Beschreibung
PortNumber	4 Bytes	LongWord	Adresse des zu schreibenden PCI-Geräteregisters
DataBuffer	4 Bytes	LongWord	Inhalt der zu schreibenden Daten

Tab. 8.14 Ausgabestruktur für IOCTL_PCANALYS_WritePCI (insgesamt 4 Bytes)

Variablenname	Größe	Delphi Datentyp	Beschreibung
DataBuffer	4 Bytes	LongWord	Ergebnis der zuvor geschriebenen Daten als erneuter Lesevorgang

```
                                                   SizeOf(OutputBuf),
                                                   ReturnLength,
                                                   nil);
      if IoctlResult and
         (ReturnLength >= SizeOf(OutputBuf)) then
        Result := True
      else
        ShowMessage('Error was detected: ' +
                    DriverSysErrorMessage(GetLastError));
    except
      Result := False;
    end;
  end;
end;
```

8.4.7 Speicheradressen lesen

Die Funktionen *Driver_ReadMem8Bit, Driver_ReadMem16Bit* und *Driver_ReadMem-32Bit* kommen für das Lesen von Speicheradressen in 3 unterschiedlichen Größenvarianten zum Einsatz. Alle 3 Funktionen erwarten die gleiche Eingabestruktur namens *ReadMemXBitInputStruct* und liefern je nach Funktion die Ausgabestruktur *ReadMem-8BitOutputStruct, ReadMem16BitOutputStruct* bzw. *ReadMem32BitOutputStruct* zurück (Tab. 8.15).

Die Ausgabestrukturen für alle 3 Lesefunktionen sehen wie in Tab. 8.16, 8.17 und 8.18 aus.

```
function TSystemAccess.Driver_ReadMem8Bit(
           InputBuf : ReadMemXBitInputStruct;
           Var OutputBuf : ReadMem8BitOutputStruct) : Boolean;
var
  IoctlResult : Boolean;
```

Tab. 8.15 Eingabestruktur für IOCTL_PCANALYS_ReadMem8Bit, IOCTL_PCANALYS_ReadMem16Bit und IOCTL_PCANALYS_ReadMem32Bit (jeweils 4 Bytes)

Variablenname	Größe	Delphi Datentyp	Beschreibung
Address	4 Bytes	LongWord	Zu lesende Speicheradresse

Tab. 8.16 Ausgabestruktur für IOCTL_PCANALYS_ReadMem8Bit (insgesamt 1 Byte)

Variablenname	Größe	Delphi Datentyp	Beschreibung
Data	1 Byte	Byte	Gelesener 1 Byte großer Speicherinhalt

Tab. 8.17 Ausgabestruktur für IOCTL_PCANALYS_ReadMem16Bit (insgesamt 2 Bytes)

Variablenname	Größe	Delphi Datentyp	Beschreibung
Data	2 Bytes	Word	Gelesener 2 Bytes großer Speicherinhalt

Tab. 8.18 Ausgabestruktur für IOCTL_PCANALYS_ReadMem32Bit (insgesamt 4 Bytes)

Variablenname	Größe	Delphi Datentyp	Beschreibung
Data	4 Bytes	LongWord	Gelesener 4 Bytes großer Speicherinhalt

```
  ReturnLength : LongWord;
begin
  Result := False;
  with OutputBuf do
    Data := 0;

  if (DriverStatus = Running) and
     (DriverHandle <> INVALID_HANDLE_VALUE) then
  begin
    try
      IoctlResult := DeviceIoControl(DriverHandle,
                                     IOCTL_PCANALYS_ReadMem8Bit,
                                     @InputBuf,
                                     SizeOf(InputBuf),
                                     @OutputBuf,
                                     SizeOf(OutputBuf),
                                     ReturnLength,
                                     nil);
      if IoctlResult and
         (ReturnLength >= SizeOf(OutputBuf)) then
        Result := True
      else
        ShowMessage('Error was detected: ' +
                    DriverSysErrorMessage(GetLastError));
    except
      Result := False;
    end;
  end;
end;
```

Erwähnenswert ist hier noch die Größenprüfung, wenn *DeviceIoControl* und damit *IoctlResult* ein True zurückliefert, wobei wir einerseits die Größenvariable *ReturnLength* und andererseits die Größe des Ausgabepuffers *(OutputBuf)* berücksichtigen. Anhand der von

Visual Studio ausgeführten Strukturmemberausrichtung innerhalb der Codegenerierung werden kleinere und ungerade Speichervariablen auf optimierte Größen (etwa 4 Byte) aufgerundet und damit effektiver ausgerichtet.

Wir setzen im Treiber-Quellcode daher manuell die Größe auf 4 Byte (auch bei Byte- oder Word-Rückgabewerten):

```
Length = sizeof(ULONG);
```

Mit unserer Abfrage prüfen wir dann, ob die 4 Byte-Rückgabegröße *(ReturnLength)* kleiner oder gleich der Größe des Ausgabepuffers *(OutputBuf)* entspricht.

8.4.8 Speicheradressen schreiben

Die Funktionen *Driver_WriteMem8Bit, Driver_WriteMem16Bit* und *Driver_WriteMem-32Bit* kommen für das Schreiben von Speicheradressen in 3 unterschiedlichen Größenvarianten zum Einsatz. Alle 3 Funktionen erwarten unterschiedlich große Eingabestrukturen namens *WriteMem8BitInputStruct, WriteMem16BitInputStruct* und *Write-Mem32BitInputStruct.* Eine Ausgabestruktur existiert nicht, da diese Funktion das reine Schreiben beinhaltet und keinerlei Ergebnisse zurück liefert.

Die Eingabestrukturen für alle 3 Schreibfunktionen sehen wie in Tab. 8.19, 8.20 und 8.21 aus.

```
function TSystemAccess.Driver_WriteMem8Bit(
```

Tab. 8.19 Eingabestruktur für IOCTL_PCANALYS_WriteMem8Bit (insgesamt 5 Bytes)

Variablenname	Größe	Delphi Datentyp	Beschreibung
Address	4 Bytes	LongWord	Zu schreibende Speicheradresse
Data	1 Byte	Byte	Zu schreibender 1 Byte großer Speicherinhalt

Tab. 8.20 Eingabestruktur für IOCTL_PCANALYS_WriteMem16Bit (insgesamt 6 Bytes)

Variablenname	Größe	Delphi Datentyp	Beschreibung
Address	4 Bytes	LongWord	Zu schreibende Speicheradresse
Data	2 Bytes	Word	Zu schreibender 2 Bytes großer Speicherinhalt

Tab. 8.21 Eingabestruktur für IOCTL_PCANALYS_WriteMem32Bit (insgesamt 8 Bytes)

Variablenname	Größe	Delphi Datentyp	Beschreibung
Address	4 Bytes	LongWord	Zu schreibende Speicheradresse
Data	4 Bytes	LongWord	Zu schreibender 4 Bytes großer Speicherinhalt

```
            InputBuf : WriteMem8BitInputStruct) : Boolean;
var
  IoctlResult : Boolean;
  ReturnLength : LongWord;
begin
  Result := False;

  if (DriverStatus = Running) and
    (DriverHandle <> INVALID_HANDLE_VALUE)
   then
  begin
    try
      IoctlResult := DeviceIoControl(DriverHandle,
                                     IOCTL_PCANALYS_WriteMem8Bit,
                                     @InputBuf,
                                     SizeOf(InputBuf),
                                     nil,
                                     0,
                                     ReturnLength,
                                     nil);
      if IoctlResult then
        Result := True
      else
        ShowMessage('Error was detected: ' +
                    DriverSysErrorMessage(GetLastError));
    except
      Result := False;
    end;
  end;
end;
```

8.4.9 Daten von I/O Ports lesen

Die Funktionen *Driver_ReadPort8Bit, Driver_ReadPort16Bit* und *Driver_ReadPort-32Bit* kommen für das Lesen von I/O Ports in 3 unterschiedlichen Größenvarianten zum Einsatz. Alle 3 Funktionen erwarten die gleiche Eingabestruktur namens *ReadPortXBitInputStruct* und liefern je nach Funktion die Ausgabestruktur *ReadPort8BitOutputStruct, ReadPort16BitOutputStruct* bzw. *ReadPort32BitOutputStruct* zurück.

Die Eingabestruktur für alle 3 Lesefunktionen wird in Tab. 8.22 dargestellt und die Ausgabestrukturen für alle 3 Lesefunktionen befinden sich in den Tab. 8.23, Tab. 8.24 und Tab. 8.25.

Tab. 8.22 Eingabestruktur für IOCTL_PCANALYS_ReadPort8Bit, IOCTL_PCANALYS_ReadPort16Bit und IOCTL_PCANALYS_ReadPort32Bit (jeweils 4 Bytes)

Variablenname	Größe	Delphi Datentyp	Beschreibung
Address	4 Bytes	LongWord	Zu lesende I/O Port-Adresse

Tab. 8.23 Ausgabestruktur für IOCTL_PCANALYS_ReadPort8Bit (insgesamt 1 Byte)

Variablenname	Größe	Delphi Datentyp	Beschreibung
Data	1 Byte	Byte	Gelesener 1 Byte großer I/O Portinhalt

Tab. 8.24 Ausgabestruktur für IOCTL_PCANALYS_ReadPort16Bit (insgesamt 2 Bytes)

Variablenname	Größe	Delphi Datentyp	Beschreibung
Data	2 Bytes	Word	Gelesener 2 Bytes großer I/O Portinhalt

Tab. 8.25 Ausgabestruktur für IOCTL_PCANALYS_ReadPort32Bit (insgesamt 4 Bytes)

Variablenname	Größe	Delphi Datentyp	Beschreibung
Data	4 Bytes	LongWord	Gelesener 4 Bytes großer I/O Portinhalt

```
function TSystemAccess.Driver_ReadPort8Bit(
           InputBuf : ReadPortXBitInputStruct;
           Var OutputBuf : ReadPort8BitOutputStruct) : Boolean;
var
  IoctlResult : Boolean;
  ReturnLength : LongWord;
begin
  Result := False;
  with OutputBuf do
    Data := 0;

  if (DriverStatus = Running) and
     (DriverHandle <> INVALID_HANDLE_VALUE)
   then
   begin
    try
      IoctlResult := DeviceIoControl(DriverHandle,
                                     IOCTL_PCANALYS_ReadPort8Bit,
                                     @InputBuf,
                                     SizeOf(InputBuf),
                                     @OutputBuf,
                                     SizeOf(OutputBuf),
                                     ReturnLength,
                                     nil);
```

```
      if IoctlResult and
         (ReturnLength >= SizeOf(OutputBuf)) then
        Result := True
      else
        ShowMessage('Error was detected: ' +
                    DriverSysErrorMessage(GetLastError));
    except
      Result := False;
    end;
  end;
end;
```

8.4.10 Daten auf I/O Ports schreiben

Die Funktionen *Driver_WritePort8Bit, Driver_WritePort16Bit* und *Driver_WritePort-32Bit* kommen für das Schreiben von I/O Ports in 3 unterschiedlichen Größenvarianten zum Einsatz. Alle 3 Funktionen erwarten unterschiedlich große Eingabestrukturen namens *WritePort8BitInputStruct, WritePort16BitInputStruct* und *WritePort32BitInputStruct.* Eine Ausgabestruktur existiert nicht, da diese Funktion das reine Schreiben beinhaltet und keinerlei Ergebnisse zurück liefert.

Die Eingabestrukturen für alle 3 Schreibfunktionen sehen wie in Tab. 8.26, 8.27 und 8.28 aus.

Tab. 8.26 Eingabestruktur für IOCTL_PCANALYS_WritePort8Bit (insgesamt 5 Bytes)

Variablenname	Größe	Delphi Datentyp	Beschreibung
Address	4 Bytes	LongWord	Zu schreibende Portadresse
Data	1 Byte	Byte	Zu schreibender 1 Byte großer Portadresseninhalt

Tab. 8.27 Eingabestruktur für IOCTL_PCANALYS_WritePort16Bit (insgesamt 6 Bytes)

Variablenname	Größe	Delphi Datentyp	Beschreibung
Address	4 Bytes	LongWord	Zu schreibende Portadresse
Data	2 Bytes	Word	Zu schreibender 2 Bytes großer Portadresseninhalt

Tab. 8.28 Eingabestruktur für IOCTL_PCANALYS_WritePort32Bit (insgesamt 8 Bytes)

Variablenname	Größe	Delphi Datentyp	Beschreibung
Address	4 Bytes	LongWord	Zu schreibende Portadresse
Data	4 Bytes	LongWord	Zu schreibender 4 Bytes großer Portadresseninhalt

```
function TSystemAccess.Driver_WritePort8Bit(
           InputBuf : WritePort8BitInputStruct) : Boolean;
var
  IoctlResult : Boolean;
  ReturnLength : LongWord;
begin
  Result := False;

  if (DriverStatus = Running) and
     (DriverHandle <> INVALID_HANDLE_VALUE)  then
  begin
    try
      IoctlResult := DeviceIoControl(DriverHandle,
                                     IOCTL_PCANALYS_WritePort8Bit,
                                     @InputBuf,
                                     SizeOf(InputBuf),
                                     nil,
                                     0,
                                     ReturnLength,
                                     nil);
      if IoctlResult then
        Result := True
      else
        ShowMessage('Error was detected: ' +
                      DriverSysErrorMessage(GetLastError));
    except
      Result := False;
    end;
  end;
end;
```

8.5 Stoppen und Entfernen des Treibers in Delphi

Nachdem wir nun alle Treiberfunktionen implementiert und behandelt haben, geht es abschließender Weise um das Stoppen und Entfernen des Treibers. Diese Funktionalität wird entweder über den dazugehörigen Schalter manuell aus der Delphi-Applikation durchgeführt, oder mit dem Freigeben der Klasse im Destruktor.

Wir müssen daher in entgegengesetzter Reihenfolge alles rückgängig machen, was wir zuvor in Abschn. 8.2 durchgeführt haben. Während die Reihenfolge im gerade genannten Kapitel durch die API-Funktionen *CreateService* [5] und *StartService* [6] vorgegeben war, lautet diese Reihenfolge entgegengesetzt *ControlService* [11] und *DeleteService* [12].

Der Funktion *StopKernelModeDriver* werden 2 Parameter übergeben, wovon der erste Parameter den Treibernamen darstellt (*PCANALYSx86* für 32 Bit-Windows-Versionen und *PCANALYSx64* für 64 Bit-Windows-Versionen), und der zweite Parameter als Variablenparameter die Ergebniskennung des eigentlichen Treiber-Funktionsaufrufes zurückliefert:

```
function TsystemAccess.StopKernelModeDriver(DrvName : String;
                                            Var ErrorCode : Integer) :
                                            Boolean;
var
  HandleServiceControlManager,
  ServiceHandle : Thandle;
  ServiceStatus : SERVICE_STATUS;
begin
  Result := False;
  ErrorCode := 0;

  CloseDriver;
  HandleServiceControlManager := OpenServiceControlManager;
  if (HandleServiceControlManager > 0) and
     (HandleServiceControlManager <> INVALID_HANDLE_VALUE) then
```

Im Deklarationsteil werden wieder die Handle-Variablen für den ServiceControl-Manager und den Dienst erzeugt, und direkt am Anfang die Standardwerte für die Rückgabevariablen gesetzt.

Im Gegenteil zu unserer Funktion *OpenDriver,* die per *CreateFile* ein Treiberhandle auf den geöffneten Treiber erzeugt, schließen wir den Treiber zunächst. Das Gegenteil unserer Implementierung von *OpenDriver* ist *CloseDriver,* und es beinhaltet im Prinzip nur den Aufruf mit *CloseHandle.*

Nachdem der Treiber geschlossen wurde, wird wieder der ServiceControl-Manager geöffnet und der Dienst mit *OpenService* geöffnet. Dies geschieht mit dem Handle des ServiceControl-Managers, dem Treibernamen und den gewünschten Zugriffsrechten – in unserem Fall mit allen Zugriffsrechten *(SERVICE_ALL_ACCESS):*

```
begin
  ServiceHandle := OpenService(HandleServiceControlManager,
                               Pchar(DrvName),
                               SERVICE_ALL_ACCESS);
  ErrorCode := GetLastError;
  if (ServiceHandle = 0) or
     (ServiceHandle = INVALID_HANDLE_VALUE) then
  begin
    CloseServiceHandle(HandleServiceControlManager);
    Exit;
  end
  else
```

```
        begin
          Result := ControlService(ServiceHandle,
                                   SERVICE_CONTROL_STOP,
                                   ServiceStatus);
          ErrorCode := GetLastError;
        end;
        CloseServiceHandle(HandleServiceControlManager);
        CloseServiceHandle(ServiceHandle);
      end;
    end;
  end;
```

Wenn *OpenService* erfolgreich war, also der Rückgabewert ein gültiges Handle des Dienstes zurückliefert, wird das Stoppen des Dienstes mit der API-Funktion *ControlService* [11] angestoßen. Diese Funktion sendet eine Kontrollkennung an den Dienst und wie der Name schon vermuten lässt, kann *ControlService* nicht nur den Dienst stoppen, sondern auch andere Kontrollen einleiten – wie etwa das Pausieren und Fortführen eines Dienstes oder die Benachrichtigung eines Dienstes bei bestimmten Situationen (beispielsweise, wenn sich die Dienst-Startparameter verändert haben).

Übergeben wird *ControlService* zunächst das zuvor ermittelte Diensthandle, und dann ein als *dwControl* bezeichneter DWord-Wert, der die Kontrollfunktion definiert. Die gebräuchlichsten Werte sind hierbei in Tab. 8.29 aufgeführt.

Der dritte Parameter ist ein Variablenparameter, der eine Variable vom Typ *SERVICE_STATUS* zurückliefert. Diese Struktur haben wir bereits in Tab. 8.1 genau beschrieben.

Der Vollständigkeit wegen folgt hier noch die Implementierung der Prozedur *CloseDriver*, mit der unser Dienst zunächst geschlossen wird, bevor er gestoppt und entfernt wird:

```
procedure TsystemAccess.CloseDriver;
begin
  if DriverStatus = Running then
  begin
```

Tab. 8.29 Kontrollkennungen für die API-Funktion ControlService

Kontrollkennung	Bedeutung
SERVICE_CONTROL_STOP (1)	Dienst soll angehalten werden
SERVICE_CONTROL_PAUSE (2)	Dienst soll pausiert werden
SERVICE_CONTROL_CONTINUE (3)	Pausierter Dienst soll fortgesetzt werden
SERVICE_CONTROL_INTERROGATE (4)	Dienst soll seine aktuellen Statusinformationen an den Dienstkontrollmanager melden
SERVICE_CONTROL_PARAMCHANGE (6)	Startparameter des Dienstes haben sich geändert

```
    if DriverHandle <> INVALID_HANDLE_VALUE then
      CloseHandle(DriverHandle);
  end;
end;
```

Nachdem unser Treiber geschlossen und gestoppt wurde, geht es im finalen Schritt um das Entfernen des Treibers aus dem Windows-Kernel. Dazu implementieren wir die Funktion *RemoveKernelModeDriver,* die genauso wie *StopKernelModeDriver* wieder 2 Parameter erwartet. Der erste Parameter stellt den Treibernamen dar (*PCANALYSx86* für 32 Bit-Windows-Versionen und *PCANALYSx64* für 64 Bit-Windows-Versionen), und der zweite Parameter als Variablenparameter die Ergebniskennung der eigentlichen Treiber-Entfernfunktion zurückliefert:

```
function TsystemAccess.RemoveKernelModeDriver(
                         DrvName : String;
                         Var ErrorCode : Integer) : Boolean;
var
  HandleServiceControlManager,
  ServiceHandle : Thandle;
begin
  Result := False;
  ErrorCode := 0;
```

Im Deklarationsteil werden wieder die Handle-Variablen für den ServiceControl-Manager und den Dienst erzeugt, und direkt am Anfang die Standardwerte für die Rückgabevariablen gesetzt.

Danach wird wieder der ServiceControl-Manager geöffnet und wenn dies erfolgreich war, der Dienst mit *OpenService* geöffnet. Dies geschieht mit dem Handle des Service-Control-Managers, dem Treibernamen und den gewünschten Zugriffsrechten – in unserem Fall mit allen Zugriffsrechten *(SERVICE_ALL_ACCESS):*

```
  HandleServiceControlManager := OpenServiceControlManager;
  if (HandleServiceControlManager > 0) and
     (HandleServiceControlManager <> INVALID_HANDLE_VALUE) then
  begin
    ServiceHandle := OpenService(HandleServiceControlManager,
                                 Pchar(DrvName),
                                 SERVICE_ALL_ACCESS);
    ErrorCode := GetLastError;
    if ServiceHandle = 0 then
    begin
      CloseServiceHandle(HandleServiceControlManager);
      Exit;
    end
    else
```

Tab. 8.30 Mögliche Fehlerkennungen der API-Funktion DeleteService

Fehlerkennung	Bedeutung
ERROR_ACCESS_DENIED (5)	Das Handle hat nicht das Zugriffsrecht des Entfernens
ERROR_INVALID_HANDLE (6)	Das Handle ist ungültig
ERROR_SERVICE_MARKED_FOR_DELETE (1072)	Der angegebene Dienst wurde bereits zur Löschung markiert

Die eigentliche API-Funktion zum Entfernen des Dienstes lautet *DeleteService* [12] und erwartet als einzigen Parameter nur das Diensthandle, welches wir zuvor mit *OpenService* ermittelt haben. Zurückgegeben wird ein Boolean-Ergebnis, ob das Entfernen erfolgreich war oder nicht. Zusätzlich zu dieser Ergebnisprüfung fragen wir mit *GetLastError* die Fehlerkennung ab, die exemplarisch Fehler wie in Tab. 8.30 beinhalten kann.

Abschließend werden die geöffneten Handles wieder mittels *CloseServiceHandle* geschlossen und unser Treiber kann im Idealfall als geschlossen, gestoppt und entfernt betrachtet werden. Damit sind die geplante Treiberfunktionalität und Anbindung zunächst abgeschlossen und vollständig implementiert.

Beginnend ab dem nächsten Kapitel werden diese Funktionen benutzt, um auf Kernelgeschützte Bereiche zuzugreifen, um dadurch direkte Hardwaredetails zu ermitteln.

8.6 Zusammenfassung

Unser Kernelmodus-Treiber wird über den Windows ServiceControl-Manager angebunden, der zunächst geöffnet wird. Danach kommen die API-Funktionen *CreateService, StartService* und *OpenService* zum Einsatz, um einen funktionsfähigen Treiber lauffähig im Windows-Kernel zu installieren.

Anschließend werden mit eigenen generierten I/O Control Codes und Definitionen, die mit den Kennungen und Definitionen innerhalb des Treibers übereinstimmen, entsprechende Delphi-Wrapperfunktionen gebaut. Anhand der API-Funktion *DeviceIoControl* werden die Treiberfunktionen mit Eingabe- und Ausgabeparametern aufgerufen, damit sie programmweit im Delphi-Projekt einsetzbar sind.

Während der Treiberstatus mit der API-Funktion *QueryServiceStatus* abgefragt wird, erfolgt abschließend das Stoppen und Entfernen des Treibers.

Durch die konsequente API-Benutzung wird der zuvor erstellte Treiber vollständig in Delphi angebunden, und lässt sich für verschiedene Systemzugriffe, die in den weiteren Kapiteln behandelt werden, benutzen.

Literatur

1. Öffnen eines ServiceControl-Manager mit der API-Funktion OpenSCManager: https://learn.microsoft.com/en-us/windows/win32/api/winsvc/nf-winsvc-openscmanagera
2. Öffnen eines existierenden Dienstes mit der API-Funktion OpenService: https://learn.microsoft.com/en-us/windows/win32/api/winsvc/nf-winsvc-openservicea
3. Aktuellen Status eines Dienstes mit der API-Funktion QueryServiceStatus ermitteln: https://learn.microsoft.com/en-us/windows/win32/api/winsvc/nf-winsvc-queryservicestatus
4. SERVICE_STATUS Struktur für die Abfrage des Dienst-Status: https://learn.microsoft.com/en-us/windows/win32/api/winsvc/ns-winsvc-service_status
5. Erstellung eines Dienstes mit der API-Funktion CreateService: https://learn.microsoft.com/en-us/windows/win32/api/winsvc/nf-winsvc-createservicea
6. Starten eines Dienstes mit der API-Funktion StartService: https://learn.microsoft.com/en-us/windows/win32/api/winsvc/nf-winsvc-startservicea
7. Schließen eines Handles vom ServiceControl-Manager mit der API-Funktion CloseServiceHandle: https://learn.microsoft.com/en-us/windows/win32/api/winsvc/nf-winsvc-closeservicehandle
8. Erzeugen oder öffnen einer Datei oder eines Eingabe/Ausgabegerätes mit der API-Funktion CreateFile: https://learn.microsoft.com/en-us/windows/win32/api/fileapi/nf-fileapi-createfilea
9. Aufbau und Vorgehensweise bei der Erstellung eigener I/O Control Codes: https://docs.microsoft.com/en-us/windows-hardware/drivers/kernel/defining-i-o-control-codes
10. Direktes Senden eines I/O Control Codes an einen Treiber mit der API-Funktion DeviceIoControl: https://learn.microsoft.com/en-us/windows/win32/api/ioapiset/nf-ioapiset-deviceiocontrol
11. Kontrollieren und Stoppen eines Dienstes mit der API-Funktion ControlService: https://learn.microsoft.com/en-us/windows/win32/api/winsvc/nf-winsvc-controlservice
12. Markieren eines Dienstes zur Löschung aus der Datenbank des ServiceControl-Managers mit der API-Funktion DeleteService: https://learn.microsoft.com/en-us/windows/win32/api/winsvc/nf-winsvc-deleteservice

Teil IV
Hardwarezugriffe über den Kernelmodus-Treiber

Prozessoren 9

In Kap. 6 haben wir uns ausführlich der Prozessorerkennung über den CPUID-Befehl gewidmet und arbeiten dort nach wie vor auf der Rechteebene des Standardkontextes. Da wir inzwischen allerdings einen funktionsfähigen Kernelmodus-Treiber entwickelt haben und alle nötigen Voraussetzungen geschaffen haben, um diesen per Delphi anzubinden, stehen zusätzliche Möglichkeiten zur Verfügung.

9.1 Treiberzugriff auf Modell-spezifische Register (MSR)

Ab dem Intel Pentium wurden sog. Modell-spezifische Register (Abkürzung MSR) eingeführt, die viele zusätzliche Funktionen ermöglichten und von Prozessorgeneration zu Prozessorgeneration immer umfangreicher und vielseitiger wurden. Die MSRs steuern Funktionen für Testbarkeit, Ausführungsverfolgung, Leistungsüberwachung und Maschinenprüfungsfehler.

Die Basis dafür sind die beiden Prozessorbefehle RDMSR und WRMSR, die jeweils ein Lesen und Schreiben vorsehen. Grundsätzlich definiert die CPUID-Funktion 1 und Bit 5 des EDX-Registers, ob die beiden Befehle RDMSR und WRMSR verfügbar sind oder nicht. Aufgrund der recht frühen Implementierung ab dem Intel Pentium (Vorstellung 1993) kann man daher bei jedem Prozessor der letzten 3 Jahrzehnte von einer Unterstützung dieser Befehle ausgehen.

Bei der Verwendung von RDMSR wird der Inhalt eines im ECX-Register angegebenen 64 Bit Modell-spezifischen Registers in die Register EDX:EAX gelesen. Im Umkehrschluss wird bei der Verwendung von WRMSR der Inhalt der Register EDX:EAX in das im ECX-Register angegebene 64 Bit Modell-spezifische Register geschrieben.

D. Espenschied, *Systemprogrammierung mit Delphi*,
https://doi.org/10.1007/978-3-658-43455-7_9

Was unter DOS und DOS-basierten Windows-Versionen inkl. Windows Millennium Edition noch ohne Einschränkungen möglich war, konnte man auf NT-basierten Windows-Versionen nur in der Ring 0-Ebene durchführen. Ausschließlich über einen Kernelmodus-Treiber war der Zugriff auf die beiden MSR-Befehle möglich, anderenfalls riskiert man eine sog. allgemeine Schutzausnahme (General Protection). Diese wird ebenfalls dann erzeugt, wenn man versucht, ein nicht implementiertes MSR anzusprechen, egal ob lesend oder schreibend. Eine weitere Quelle für diese Schutzausnahme besteht dann, wenn man versucht, ein reserviertes Bit innerhalb eines MSR zu schreiben. Die Vermeidung dieser Schutzausnahme bedeutet, dass man genau wissen muss, was man lesen oder schreiben möchte.

In Abschn. 7.6.3.3 und Abschn. 7.6.3.4 implementieren wir entsprechende Device-Control-Funktionen im Kernelmodus-Treiber und in Abschn. 8.4.3 sowie Abschn. 8.4.4 stellen wir entsprechende Delphi-Wrapper Funktionen vor, die einen komfortablen Zugriff aus der *TProcessor*-Klasse ermöglichen. Damit haben wir alle Voraussetzungen geschaffen, um den letzten Schritt der Implementierung zu besprechen.

9.2 Spezifikationen

Bei den großen Prozessor-Herstellern Intel und AMD gibt es eine Vielzahl dokumentierter und nicht-dokumentierter MSRs, und wir beschränken uns ausschließlich auf die dokumentierten und frei im Internet von den offiziellen Herstellerseiten beziehbaren Spezifikationen.

Intel bietet hier das Dokument *Intel® 64 and IA-32 Architectures Software Developer's Manual* an und Volume 4 beinhaltet die Modell-spezifischen Register [1]. Es gibt allgemeine MSRs, die als Architectural MSRs bezeichnet werden und daraus resultieren, dass sie von einer Prozessor-Generation auf die nächste übergegangen sind, und daher Überschneidungen existieren. Diese Teilmenge der MSRs und der zugehörigen Bitfelder, die sich bei künftigen Prozessorgenerationen nicht mehr ändern, werden daher als Architectural MSRs bezeichnet. Aus historischen Gründen (beginnend mit dem Pentium 4-Prozessor) wurden diese Architectural MSRs mit dem Präfix „IA32_“ bezeichnet. Alle MSRs außerhalb dieser Architectural MSRs sind Modellspezifisch und gelten nur für eine bestimmte Kombination von CPUID-Familie und -Modell.

Deswegen definiert die Intel-Spezifikation gleichzeitig eine umfangreiche Liste dieser spezialisierten MSRs, die nur für bestimmte Prozessor-Familien oder Nummernserien gelten – die Erkennung erfolgt aus einer Zusammensetzung von Familie, einem Unterstrich und dem Modell (hexadezimal) (siehe dafür Tab. 9.1).

Intel beschreibt für diese familien- und nummernspezifischen MSRs noch zusätzlich einen Geltungsbereich, den sog. „Scope“. Dieser definiert die Menge der Prozessoren, die auf dasselbe MSR mit RDMSR und WRMSR zugreifen. MSRs für den Geltungsbereich „Thread“ sind für jeden logischen Prozessor eindeutig, während die MSRs für den Geltungsbereich „Kern“ gemeinsam von den Threads im selben Kern gemeinsam

Tab. 9.1 Auszugsweise Darstellung der Modell-spezifischen Intel-MSRs

Familie_Modell	Prozessor-Familien / Prozessor-Nummer-Serie
06_BAh, 06_B7h und 06_BFh	13. Generation der Intel Core-Prozessoren mit Unterstützung von Raptor Lakes leistungsfähiger Hybrid-Architektur
06_97h und 06_9Ah	12. Generation der Intel Core-Prozessoren mit Unterstützung von Alder Lakes leistungsfähiger Hybrid-Architektur
06_8Ch und 06_8Dh	11. Generation der Intel Core-Prozessoren basierend auf Tiger Lake Mikroarchitektur
06_A7h und 06_A8h	11. Generation der Intel Core-Prozessoren basierend auf Rocket Lake Mikroarchitektur
06_7Dh und 06_7Eh	10. Generation der Intel Core-Prozessoren basierend auf Ice Lake Mikroarchitektur
06_A5h und 06_A6h	10. Generation der Intel Core-Prozessoren basierend auf Comet Lake Mikroarchitektur

genutzt werden; ähnlich verhält es sich mit den Geltungsbereichen „Modul“, „Die“ und „Paket“. Wenn ein Prozessorpaket ein einzelnes Die enthält, sind die Geltungsbereiche „Die“ und „Paket“ gleichbedeutend. Wenn ein Paket mehrere Die's enthält, werden sie unterschieden.

AMD vollführte ab den Prozessoren der Familie 17h einen Wechsel der Spezifikation. Alle Prozessoren bis inkl. Familie 16h enthielten die CPUID- und MSR-Daten in den sog. *BIOS and Kernel Developer's Guides* (BKGD) [2] und zwar dort im Kapitel *Registers* und dann nach MSR-Blöcken kategorisiert, etwa:

- MSR0000_xxxx
- MSRC000_0xxx
- MSRC001_0xxx und
- MSRC001_1xxx.

Ab Familie 17h kamen dann die neueren *Processor Programming References* (PPR) [3] zum Einsatz, wohingegen häufig ein Unterkapitel mit dem Namen *MSR Registers* existiert, das die gleiche MSR-Nummernunterteilung beinhaltet.

9.3 Erweiterung der Prozessor-Basisklasse

Unsere Basisklasse für die Prozessorerkennung *TProcessor* haben wir direkt in der Unit SystemAccess.pas implementiert, und da *TProcessor* nicht von *TSystemAccess* abstammt, wir aber trotzdem die MSR-Zugriffsfunktionalität von *TSystemAccess* benötigen, überschreiben wir den Konstruktor von *TProcessor* und geben ihm die übergeordnete Klasse als Parameter mit. Innerhalb des Konstruktors weisen wir der lokalen Klasseninstanz der übergeordneten Klasse diesen Parameter zu und können folglich direkt aus *TProcessor* auf die MSR Lese- und Schreibfunktionen aus *TSytemAccess* zugreifen.

Exemplarisch haben wir die Prozessor-Basisklasse daher um zwei MSR-Funktionen erweitert, die wir nachfolgend vorstellen werden und nach deren Schema beliebig erweitern können. Gleichfalls führen wir die Auswertung der wichtigsten MSRs direkt im Hauptformular durch, wozu wir ebenfalls später noch kommen werden.

9.3.1 Ermittlung des Microcode-Updates

Ein klassisches Beispiel für MSRs sind sog. Microcode Updates, wobei es sich wie eine Art Firmware im Prozessor selbst handelt. Prozessorhersteller nutzen diese Implementierung, um Design-Schwachstellen (auch im Hinblick auf Sicherheitslücken oder Optimierungen) per bequemes Software-Update anzupassen. Während Intel diese Funktion *BIOS Update Signature* nennt, bezeichnet AMD sie wiederum als *Patch Level* – erfreulicherweise verwenden beide Hersteller dafür das gleiche MSR.

Wie die Updates ausgeliefert und installiert werden, hängt stark vom Hauptplatinen-Hersteller ab, weil das Update entweder als separates Update-Paket, per Windows-Update oder BIOS-Update verteilbar ist.

Wir beginnen daher die Implementierung mit der Funktion *GetIntelAMD_MicrocodeUpdate,* die im Erfolgsfall die Version als Cardinal zurückliefert:

```
function TProcessor.GetIntelAMD_MicrocodeUpdate : Cardinal;
```

Notwendig sind bei MSR-Lesezugriffen der Eingabe- und Ausgabepuffer, über den wir steuern, welches MSR gemeint ist (Eingabepuffer) und die Ergebnisse in Empfang nehmen können (Ausgabepuffer). Hierfür haben wir bereits die Strukturen *ReadMSRInputStruct* und *ReadMSROutputStruct* in der Unit SystemDefinitions.pas vordefiniert und können direkt mit der Deklaration fortfahren:

```
var
  InputBuf : ReadMSRInputStruct;
  OutputBuf : ReadMSROutputStruct;
```

Im Funktionskopf setzen wir zunächst das Standard-Rückgabeergebnis auf null und prüfen, ob der Kernelmodus-Treiber läuft und ein gültiges Handle besitzt – sollte das nicht der Fall sein, springen wir per Exit aus der Funktion heraus:

```
begin
  Result := 0;

  if (FParent.DriverStatus <> Running) or
     (FParent.DriverHandle = INVALID_HANDLE_VALUE) then
  Exit;
```

An dem Aufruf per *FParent* sieht man bereits, dass wir auf Variablen der übergeordneten Klasse *TSystemAccess* zugreifen, obwohl keine direkte Vererbung besteht (beide Klassen basieren auf TObject). Genauso verfahren wir beim Aufruf der MSR-Funktionen.

Nach der Prüfung des Prozessorherstellers, der Intel oder AMD sein muss, füllen wir das ECX-Register des Eingangspuffer mit dem MSR-Wert 8Bh. Dieses MSR lautet bei Intel *IA32_BIOS_SIGN_ID* und bei AMD *PATCH_LEVEL.* Anschließend erfolgt der Aufruf der Funktion *Driver_ReadMSR* mit der gleichzeitigen Übergabe von Eingangs- und Ausgangspuffer. Sollte die Funktion True zurückliefern, war der Lesevorgang erfolgreich und wir werten das Ergebnis aus.

Das Ergebnis wird normalerweise als vorzeichenloser 64 Bit-Wert zurückgeliefert, aber auf 2 verschiedene 32 Bit-Register aufgeteilt. Das Prozessorregister EAX enthält die niederwertigen Bits 31–0 und das EDX-Register die höherwertigen Bits 63–32.

Bei Intel befindet sich das Ergebnis in den höherwertigen Bits, also im EDX-Register, und bei AMD in den niederwertigen Bits, also im EAX-Register. Wir weisen folglich dem Funktionsergebnis je nach Prozessor-Hersteller das entsprechende Prozessorregister zu und haben die Implementierung damit abgeschlossen:

```
  if FVendor in [cvIntel, cvAMD] then
  begin
    {Intel: IA32_BIOS_SIGN_ID, AMD: PATCH_LEVEL}
    InputBuf.ECXReg := $8B;
    if FParent.Driver_ReadMSR(InputBuf, OutputBuf) then
    case FVendor of
      cvIntel : Result := OutputBuf.EDXReg;
      cvAMD   : Result := OutputBuf.EAXReg;
    end;
  end;
end;
```

Die Ausführung und Darstellung besprechen wir später noch genauer in einem separaten Darstellungskapitel.

9.3.2 Ermittlung der Intel TjMax-Referenztemperatur

Ein weiteres Szenario für den MSR-Zugriff ist die Ermittlung von Intel-Prozessortemperaturen, die seit den Intel Core- und Core2-Modellen implementiert sind und sich bis zu den aktuellsten Prozessoren durchgesetzt haben. Die von Intel zugrunde liegende Technologie lautet Digital Thermal Sensor (DTS) und erlaubt für jeden Prozessorkern (auch logische) die Ermittlung der Temperatur.

Wir werden diesen Ansatz noch genau im nächsten Unterkapitel zur Darstellung ausgewählter MSRs beschreiben, benötigen allerdings für die Temperatur eine Information, die sich nur per MSR ermitteln lässt. Und zwar kann man die Temperatur keinesfalls als absoluten Wert auslesen, sondern benötigt dafür ein sog. Tj(max). Mit der Kenntnis dieser Referenztemperatur kann man das eigentliche MSR für die Temperatur auslesen und diesen Wert von Tj(max) subtrahieren, um an die tatsächliche Temperatur zu gelangen. Intel verwies damals schon auf die Datenblätter, weil dort für jeden Prozessor Tj(max) dokumentiert war, was allerdings relativ aufwendig für die Systemprogrammierung ist. Denn es bedeutet im Prinzip, dass man nicht nur alle Prozessormodelle kennen muss, sondern eine Datenbank mit der Zuordnung zwischen Prozessormodell und Tj(max) benötigt. Glücklicherweise hat das c't-Magazin vom Heise-Verlag bereits 2007 herausgefunden [4], dass per undokumentiertes MSR EEh und Bit 30 ermittelbar ist, ob die Referenztemperatur 85 Grad (gesetzes Bit) oder 100 Grad (nicht gesetztes Bit) beträgt.

Bei späteren Prozessoren (etwa auf Basis der Silvermont-, Nehalem-, Sandy Bridge- und Ivy Bridge-Architektur) wurde dieses MSR ersetzt durch das MSR 1A2h (MSR_TEMPERATURE_TARGET), und hier befindet sich in den Bits 23–16 (Temperature Target) die direkt auslesbare Referenztemperatur.

Als wichtigen Baustein für die später noch folgende Temperaturermittlung benötigen wir also diesen Referenzwert und implementieren die Erkennung in der Funktion *GetIntelTjMax,* die den Wert als Byte zurückliefert:

```
function TProcessor.GetIntelTjMax : Byte;
```

Notwendig sind auch hier wieder die Eingabe- und Ausgabepuffer für MSR-Zugriffe, die wir im Variablenbereich deklarieren:

```
var
  InputBuf : ReadMSRInputStruct;
  OutputBuf : ReadMSROutputStruct;
```

Genau wie bei der Ermittlung der Microcode-Updates sollte ein Standard-Rückgabeergebnis gesetzt sein und geprüft werden, ob der Kernelmodus-Treiber läuft und ein gültiges Handle besitzt – sollte das nicht der Fall sein, springen wir per Exit aus der Funktion heraus:

```
begin
  Result := 0;

  if (FParent.DriverStatus <> Running) or
     (FParent.DriverHandle = INVALID_HANDLE_VALUE) then
  Exit;
```

Den eigentlichen Ermittlungsblock führen wir nur dann durch, wenn Intel als Prozessor-Hersteller erkannt wurde. In diesem Fall legen wir ein neues Standard-Rückgabeergebnis von 85 Grad fest, weil dies einen sicheren Fallback-Wert darstellt, falls es zu Problemen bei der Ermittlung kommen sollte:

```
 if FVendor = cvIntel then
 begin
   Result := 85; {Standard-Wert, falls es zu keiner Ermittlung
                  kommen sollte}
```

Technologisch betrachtet versuchen wir zunächst den neueren Ansatz abzubilden und setzen das ECX-Register des Eingabepuffers auf 1A2h *(MSR_TEMPERATURE_TARGET).* Sollte der Leseversuch mit *Driver_ReadMSR* erfolgreich sein, prüfen wir vor der Ergebniszuweisung, ob sich in Bit 23–16 ein gültiges Ergebnis ungleich null befindet, und weisen dieses dem Funktionsergebnis zu:

```
   InputBuf.ECXReg := $1A2; {MSR_TEMPERATURE_TARGET}
   if FParent.Driver_ReadMSR(InputBuf, OutputBuf) then
   begin
     if ((OutputBuf.EAXReg shr 16) and $FF) <> 0 then
       Result := ((OutputBuf.EAXReg shr 16) and $FF);
   end else
```

Sollte das Auslesen von MSR 1A2h nicht erfolgreich sein, fahren wir mit dem MSR EEh fort, das Bestandteil des c't-Artikels aus dem Jahr 2007 war [4]. Auch hier wird die MSR-Nummer im ECX-Register des Eingabepuffers übertragen und mittels *Driver_ReadMSR* der Lesevorgang durchgeführt. Sollte dieser erfolgreich sein und Bit 30 gesetzt, weisen wir dem Funktionsergebnis 85 Grad zu, anderenfalls 100 Grad:

```
   begin
     InputBuf.ECXReg := $EE; {EXT_CONFIG}
     if FParent.Driver_ReadMSR(InputBuf, OutputBuf) then
     begin
       if IsBitOn(OutputBuf.EAXReg, 30) then
         Result := 85
       else
         Result := 100;
     end;
   end;
 end;
end;
```

Die Ausführung und Darstellung besprechen wir später noch genauer in einem separaten Darstellungskapitel.

9.4 Entwicklung der Hilfsunit für MSR-Listen

Wenn man sich die Spezifikationen ansieht, wird man erkennen, dass per MSR unzählige Details auslesbar sind und dass es sehr viele MSRs gibt. Eine genaue Detailbeschreibung jedes MSRs würde den Buchumfang sicher sprengen, weswegen wir exemplarisch anhand einiger wichtiger MSRs die Handhabung zeigen. Ebenfalls möchten wir die MSRs darstellen und auslesen, ohne eine bitweise Detailauswertung durchführen zu müssen.

Hierfür kommt unsere Delphi-Unit ProcessorMSR.pas zum Einsatz, die für Intel und AMD umfangreiche MSR-Listen beinhaltet und genauso wie die exemplarische Detailauswertung im späteren Kapitel verwendet wird.

Die Basis stellt der Record *MSRList* dar, der die MSR-Kennung (also Nummer) als LongWord beinhaltet, sowie den MSR-Namen und eine Kurzbeschreibung. Diese Daten stammen von Intels und AMDs offiziellen Spezifikationen und sollten besser nicht übersetzt werden, um Verunglimpfungen zu vermeiden:

```
type
  MSRList = record
    MSR_ID : LongWord;
    Name,
    Description : String;
  end;
```

Bei Intel beschränken wir uns auf die Architectural MSRs, weil diese Daten über Prozessorgenerationen hinweg relativ stabil sind, und für spezielle MSRs eh ständig neue Prozessorfamilien hinzukommen. Wir können daher nur eine Momentaufnahme der Spezifikation darstellen.

Der Aufbau sieht auszugsweise so aus:

```
  INTEL_ARCHITECTURAL_MSRS_CONST = 417;
  INTEL_ARCHITECTURAL_MSRS : array[0..INTEL_ARCHITECTURAL_MSRS_CONST - 1]
                                  of MSRList =
   ((MSR_ID: $00000000; Name:'IA32_P5_MC_ADDR';
     Description:'Pentium Processor Machine-Check Address'),
    (MSR_ID: $00000001; Name:'IA32_P5_MC_TYPE';
     Description:'Pentium Processor Machine-Check Type'),
    (MSR_ID: $00000006; Name:'IA32_MONITOR_FILTER_SIZE';
     Description:'Monitor/Mwait Address Range Determination'),
    (MSR_ID: $00000010; Name:'IA32_TIME_STAMP_COUNTER';
     Description:'Time-Stamp Counter'),
    (MSR_ID: $00000017; Name:'IA32_PLATFORM_ID';
     Description:'Platform ID'),
    (MSR_ID: $0000001B; Name:'IA32_APIC_BASE';
     Description:'APIC base address'),
```

```
(MSR_ID: $0000003A; Name:'IA32_FEATURE_CONTROL';
 Description:'Control Features in Intel 64 Processor'),
(MSR_ID: $0000003B; Name:'IA32_TSC_ADJUST';
 Description:'Per Logical Processor TSC Adjust'),
(MSR_ID: $00000048; Name:'IA32_SPEC_CTRL';
 Description:'Speculation Control'),
(MSR_ID: $00000049; Name:'IA32_PRED_CMD';
 Description:'Prediction Command'),
(MSR_ID: $0000004E; Name:'IA32_PPIN_CTL';
Description:'Protected Processor Inventory Number Enable Control'),
(MSR_ID: $0000004F; Name:'IA32_PPIN';
 Description:'Protected Processor Inventory Number'),
(MSR_ID: $00000079; Name:'IA32_BIOS_UPDT_TRIG';
 Description:'BIOS Update Trigger'),
(MSR_ID: $0000008B; Name:'IA32_BIOS_SIGN_ID';
 Description:'BIOS Update Signature'),
usw.
```

Diese Struktur erlaubt uns später (etwa im Hauptformular) eine komfortable Iteration der MSR-Liste, in der alle Daten vorhanden sind und mitsamt dem Leseergebnis an die List-View-Komponente weitergegeben werden können.

Für AMD sieht der Aufbau identisch aus, wobei wir allerdings MSR-Gruppen entsprechend den zugrunde liegenden Spezifikationen abbilden. Diese sind für jede Prozessorfamilie zugeschnitten und teilweise auch pro Familie für Modellgruppen (bspw. für Familie 15h und die Modelle 0 bis Fh, sowie 10h bis 1Fh, 30h bis 3Fh, 60h bis 6Fh und 70h bis 7Fh):

```
AMD_FAMILY16_M000F_MSRS_CONST = 192;
AMD_FAMILY16_M000F_MSRS : array[0..AMD_FAMILY16_M000F_MSRS_CONST - 1]
                          of MSRList =
((MSR_ID: $00000000; Name:'-'; Description:'Load-Store MCA Address'),
(MSR_ID: $00000001; Name:'-'; Description:'Load-Store MCA Status'),
(MSR_ID: $00000010; Name:'TSC'; Description:'Time Stamp Counter'),
(MSR_ID: $0000001B; Name:'APIC_BAR'; Description:'APIC Base Address'),
(MSR_ID: $0000002A; Name:'EBL_CR_POWERON'; Description:'Cluster ID'),
(MSR_ID: $000000E7; Name:'MPERF';
 Description:'Max Performance Frequency Clock Count'),
(MSR_ID: $000000E8; Name:'APERF';
 Description:'Actual Performance Frequency Clock Count'),
(MSR_ID: $000000FE; Name:'MTRRcap'; Description:'MTRR Capabilities'),
(MSR_ID: $00000174; Name:'SYSENTER_CS'; Description:'SYSENTER CS'),
(MSR_ID: $00000175; Name:'SYSENTER_ESP'; Description:'SYSENTER ESP'),
(MSR_ID: $00000176; Name:'SYSENTER_EIP'; Description:'SYSENTER EIP'),
(MSR_ID: $00000179; Name:'MCG_CAP';
```

```
 Description:'Global Machine Check Capabilities'),
(MSR_ID: $0000017A; Name:'MCG_STAT';
 Description:'Global Machine Check Status'),
(MSR_ID: $0000017B; Name:'MCG_CTL';
 Description:'Global Machine Check Exception Reporting Control'),
(MSR_ID: $000001D9; Name:'DBG_CTL_MSR'; Description:'Debug Control'),
(MSR_ID: $000001DB; Name:'BR_FROM'; Description:'Last Branch From IP'),
(MSR_ID: $000001DC; Name:'BR_TO'; Description:'Last Branch To IP'),
 usw.
```

Die Zuordnung der korrekten MSR-Tabelle geschieht dann ebenfalls in der Darstellungsfunktion des Hauptformulars.

9.5 Darstellung der MSR-Details

9.5.1 Darstellung ausgewählter MSRs

Die Darstellung der MSR-Details im Hauptformular unserer Beispielapplikation erfolgt nach dem gleichen Schema wie für Prozessor-Details, Cache und Fähigkeiten. Die Prozedur lautet *DisplayCPUMSR* und erwartet als Übergabeparameter den Index des jeweiligen selektierten physikalischen Prozessors (bei Single-Prozessor-Systemen etwa 1):

```
procedure TPCAnalyserForm.DisplayCPUMSR(AIndex: Integer);
```

Im Variablenbereich definieren wir Eingabe- und Ausgabepuffer für den MSR-Zugriff, zwei Zählervariablen für MSR-Listen und Prozessornummern, sowie zwei CPUID-Records für die spätere Prüfung des thermischen Monitors zwecks Prozessor-Temperatur:

```
var
  InputBuf  : ReadMSRInputStruct;
  OutputBuf  : ReadMSROutputStruct;
  MSRCount,
  CPUCount  : Integer;
  CPUID_ThermalMonitor,
  CPUID_DTSSupported  : TCPUIDRec;
```

Wir beginnen den Prozedurkopf damit zu prüfen, ob bereits ein Prozessorhersteller erkannt wurde. Falls dies nicht der Fall ist, gehen wir von einer noch nicht durchgeführten Prozessorerkennung aus und holen dies mit der Prozedur *GetProcessorDetails* unserer *TProcessor*-Klasse nach. Damit wird das Szenario abgefangen, wenn man ohne vorherige Prozessorerkennung direkt nach dem Programmstart zu den MSR-Details navigiert:

```
begin
  if SystemAccessClass.ProcessorClass.FVendor = cvNone then
    SystemAccessClass.ProcessorClass.GetProcessorDetails(AIndex);
```

Begonnen wird die Darstellung mit einer With-Anweisung der rechten ListView-Komponente und der dazugehörigen Items. Per BeginUpdate wird die ListView-Aktualisierung während unserer Bearbeitung deaktiviert, und Clear löscht eventuell zuvor vorhandene Einträge:

```
  with ResultsListView, Items do
  begin
    BeginUpdate;
    try
      Clear;
```

Die Grundbedingung für den MSR-Zugriff ist unser bereits laufender Kernelmodus-Treiber, für den wir innerhalb unserer *TSystemAccess*-Klasse die Funktion *GetKernelModeDriverStatus* aufrufen und prüfen, ob diese Funktion *SERRICE_RUNNING* zurückliefert:

```
      //wenn Kernelmodus-Treiber geladen, dann mit MSR-Sektion beginnen
      if SystemAccessClass.GetKernelModeDriverStatus
           (SystemAccessClass.DriverName) = SERVICE_RUNNING then
      begin
```

Wir beginnen die MSR-Auswertung mit den Microcode-Updates, die wir bereits in Abschn. 9.3.1 besprochen haben und wofür bereits die Funktion *GetIntelAMD_MicrocodeUpdate* implementiert wurde:

```
        //Intel & AMD Microcode Update
        if SystemAccessClass.ProcessorClass.FVendor in
           [cvIntel, cvAMD] then
        begin
          with Add do
          begin
            Caption := 'Microcode Update';
            SubItems.Add(IntToHex(
            SystemAccessClass.ProcessorClass.
            GetIntelAMD_MicrocodeUpdate) +
            'h');
          end;
        end;
```

Die Darstellung dieses Microcode-Updates erfolgt in hexadezimaler Schreibweise.

Weiter geht es mit der sog. BrandID, die von Intel für die Markenerkennung implementiert wurde und über das MSR 17h *(IA32_PLATFORM_ID)* ausgelesen wird (Bits 52–50). Wir hatten bereits besprochen, dass über RDMSR ein vorzeichenloser 64 Bit-Wert zurückgeliefert wird, der sich auf zwei unterschiedliche 32 Bit-Register aufteilt. Das Prozessorregister EAX enthält die niederwertigen Bits 31–0 und das EDX-Register die höherwertigen Bits 63–32. Das bedeutet, dass wir für die Bits 52–50 das EDX-Register auswerten müssen, und dort um 18 Positionen nach links shiften, bevor wir das Ergebnis mit einer logischen 7 (für 3 Bits) extrahieren:

```
//Intel Platform ID
if SystemAccessClass.ProcessorClass.FVendor = cvIntel then
begin
  InputBuf.ECXReg := $17; {IA32_PLATFORM_ID}
  if SystemAccessClass.Driver_ReadMSR(InputBuf, OutputBuf) then
  with Add do
  begin
   Caption := 'Platform ID';
    SubItems.Add(IntToStr((OutputBuf.EDXReg shr 18) and 7));
  end;
end;
```

Viele Intel-Prozessoren implementieren das MSR 195h mit der Bezeichnung *IA32_OVERCLOCKING_STATUS*, worüber sich Details zur Übertaktung und den Unterspannungsschutz ermitteln lassen. Wir prüfen daher zunächst, ob Intel als Prozessor-Hersteller infrage kommt, und ob das MSR 195h auslesbar ist.

Im positiven Fall werten wir die Bits 0, 1 und 2 entsprechend mit der Hilfsfunktion *IsBitOn* aus und übermitteln die Ergebnisse an die ListView-Komponente:

```
//Intel Overclocking Status
if SystemAccessClass.ProcessorClass.FVendor = cvIntel then
begin
  with Add do
    Caption := '';

  with Add do
    Caption := 'Übertaktungsstatus';

  InputBuf.ECXReg := $195; {IA32_OVERCLOCKING_STATUS}
  if SystemAccessClass.Driver_ReadMSR(InputBuf, OutputBuf) then
  begin
    with Add do
    begin
```

```
          Caption := '- Übertaktung wird verwendet';
          SubItems.Add(SystemAccessClass.ProcessorClass.YesNo(
                       SystemAccessClass.ProcessorClass.IsBitOn(
                       OutputBuf.EAXReg, 0)));
        end;

        with Add do
        begin
          Caption := '- Unterspannungsschutz';
          SubItems.Add(SystemAccessClass.ProcessorClass.YesNo(
                       SystemAccessClass.ProcessorClass.IsBitOn(
                       OutputBuf.EAXReg, 1)));
        end;

        with Add do
        begin
          Caption := '- Sicherheitsstatus für Übertaktung';
          if SystemAccessClass.ProcessorClass.IsBitOn(
                OutputBuf.EAXReg, 2) then
            SubItems.Add('gesichert')
          else
            SubItems.Add('nicht gesichert');
        end;
      end;
    end;
```

Zu den relativ interessanten MSRs gehört zweifelsfrei das MSR 19Ch, das auch als *IA32_THERM_STATUS* bzw. *Thermal Status Information* bezeichnet wird. Das Register enthält Statusinformationen über den Prozessor-Thermosensor und automatische thermische Überwachungseinrichtungen. Wir können also vereinfacht formuliert für jeden logischen und physikalischen Prozessorkern die Temperatur auslesen.

Da die Temperatur allerdings nicht als absoluter Wert auslesbar ist, sondern mit einer Referenztemperatur Tj(max) verrechnet werden muss, benötigen wir zunächst die Ermittlung dieser Referenztemperatur. Die dafür notwendige Implementierung wurde bereits in Abschn. 9.3.2 als Funktion *GetIntelTjMax* vorgestellt. Weiterhin benötigen wir die Anzahl der Kerne, die uns über die veröffentlichte Eigenschaft *CoreCount* unserer Klasse *TProcessor* zur Verfügung steht.

Ob die thermische Überwachung und Software-gesteuerte Taktgeberfunktionen überhaupt unterstützt werden, liefert ein Bit innerhalb des CPUID-Befehls. Dafür ist die Ausführung der CPUID-Funktion 1 notwendig und die Fähigkeiten werden anschließend in den Prozessor-Registern ECX sowie EDX zurückgeliefert. Bit 22 im EDX-Register sagt schließlich folgendes aus:

Thermal Monitor and Software Controlled Clock Facilities. The processor implements internal MSRs that allow processor temperature to be monitored and processor performance to be modulated in predefined duty cycles under software control.

Daher gehört dieses Bit ebenfalls in unsere Gültigkeitsabfrage für die Temperatur.

Ein weiteres zu prüfendes notwendiges Bit basiert auf der CPUID-Funktion 6 *(Thermal and Power Management Leaf)* und im EAX-Register sagt Bit 0 folgendes aus:

Digital temperature sensor is supported if set.

Wir beginnen daher die Ausführung des CPUID-Befehles mit anschließender Prüfung, ob Intel als Prozessor-Hersteller erkannt wurde und die beiden CPUID-Bits gesetzt sind. Sollte das der Fall sein, erzeugen wir in der ListView eine Leerzeile und Überschrift, um die Temperatur-Sektion vom Rest der MSR-Daten zu separieren:

```
//Intel Temperatures
CPUID_ThermalMonitor := SystemAccessClass.ProcessorClass.
                        ExecuteCPUID(-1, CPUID_STD_FeatureSet);
CPUID_DTSSupported := SystemAccessClass.ProcessorClass.
                      ExecuteCPUID(-1, CPUID_STD_ThermalPower);
if (SystemAccessClass.ProcessorClass.FVendor = cvIntel) and
   (SystemAccessClass.ProcessorClass.IsBitOn(
    CPUID_ThermalMonitor.EDX, 22)) and
   (SystemAccessClass.ProcessorClass.IsBitOn(
    CPUID_DTSSupported.EAX, 31)) then
begin
  with Add do
    Caption := '';

    with Add do
      Caption := 'Temperaturen';
```

Danach beginnen wir, indem wir bei gültiger Referenztemperatur Tj(max) eine For-Schleife durchlaufen, die von null beginnend bis zur Gesamtzahl der logischen Prozessorkerne minus 1 iteriert. Für jeden Kern setzen wir dann die Zugehörigkeit (also die sog. Affinity):

```
if SystemAccessClass.ProcessorClass.GetIntelTjMax > 0 then
begin
   for CPUCount := 0 to
     SystemAccessClass.ProcessorClass. CoreCount - 1 do
   begin
     SystemAccessClass.ProcessorClass.
       SetProcAffinity(CPUCount);
```

Die eigentliche Auslesefunktion beginnt mit dem Schreiben der MSR-Nummer 19Ch in das ECX-Register sowie dem anschließendes Auslesevorgang mittels *Driver_ReadMSR*. Wenn das erfolgreich war, sagt uns Bit 31, ob das Lesen gültig war, und wir können mit der Berechnung sowie Darstellung der Temperatur fortfahren:

```
InputBuf.ECXReg := $19C; {IA32_THERM_STATUS}
if SystemAccessClass.Driver_ReadMSR(InputBuf, OutputBuf) then
begin
  if SystemAccessClass.ProcessorClass.IsBitOn(
                                OutputBuf.EAXReg, 31) then
```

Bei der Berechnung nehmen wir die Referenztemperatur Tj(max) und subtrahieren davon den Temperaturwert, den wir aus den Bits 22–16 über das sog. *Digital Readout* erhalten – damit erhalten wir die Kerntemperatur in Grad Celsius und leiten diese direkt an die ListView-Komponente weiter:

```
with Add do
begin
  Caption := 'Temperatur für Kern ' +
             IntToStr(CPUCount + 1);
  SubItems.Add(IntToStr(
    SystemAccessClass.ProcessorClass.GetIntelTjMax -
    {Digital Readout}
    ((OutputBuf.EAXReg shr 16) and $7F)) +
    ' Grad');
end;
```

Abgeschlossen wird die Temperatursektion durch das Wiederherstellen des ursprünglichen Kernes über unsere Prozedur *RestoreProcAffinity* sowie die Behandlung der Else-Verzweigung der ursprünglichen If-Abfrage, ob der Referenzwert größer als null ist:

```
      end;
    end;
    SystemAccessClass.ProcessorClass.RestoreProcAffinity;
  end
  else
    with Add do
      Caption := 'Keine Temperaturen auslesbar';
end;
```

Da die bisherigen MSRs mit Ausnahme des Microcode Updates vorrangig Intel-bezogen waren, möchten wir auch zwei AMD-MSRs vorstellen und diese besprechen.

Das MSR C0010010h trägt den Namen *System Configuration* (in Kurzform SYS_CFG) und beinhaltet einige Speicheroptionen, wovon Bit 23 darüber Auskunft gibt, ob die sichere Speicherverschlüsselung aktiv ist oder nicht.

Genauso wie bei den Intel-MSRs fragen wir zunächst AMD als Prozessor-Hersteller ab, und schreiben dann die MSR-Nummer C0010010h in das ECX-Prozessorregister. Nach dem Leseversuch mit *Driver_ReadMSR* prüfen wir schließlich Bit 23 und übertragen die Ergebnisse in die ListView-Komponente:

```
//AMD System Configuration
if SystemAccessClass.ProcessorClass.FVendor = cvAMD then
begin
  with Add do
    Caption := '';

  with Add do
    Caption := 'System-Konfiguration';

  InputBuf.ECXReg := $C0010010; {System Configuration / SYS_CFG}
  if SystemAccessClass.Driver_ReadMSR(InputBuf, OutputBuf) then
  with Add do
  begin
    Caption := 'Sichere Speicherverschlüsselung aktiv';
    SubItems.Add(SystemAccessClass.ProcessorClass.YesNo(
                 SystemAccessClass.ProcessorClass.IsBitOn(
                 OutputBuf.EAXReg, 23)));
  end;
end;
```

Ein weiteres recht interessantes AMD-MSR hat die Nummer C0010015h und lautet *Hardware Configuration* (kurz HWCR). Darin enthalten sind mitunter Taktfrequenzeinstellungen und Speicheroptionen.

Auch hier schreiben wir wieder die MSR-Nummer C0010015h in das ECX-Prozessorregister und werten nach dem erfolgreichen Lesevorgang die Bits 3 (cachefähiger Speicher) und 25 (Kernleistungssteigerung) aus. Letzteres Bit gibt an, ob die Kernleistungssteigerung aktiviert oder deaktiviert werden soll. Wenn die Kernleistungssteigerung (Core Performance Boost) deaktiviert wird, während sich ein Kern in einem gesteigerten Performance-Zustand befindet, wechselt der Kern automatisch in den leistungsstärksten nicht gesteigerten Performance-Zustand:

```
//AMD Hardware Configuration
if SystemAccessClass.ProcessorClass.FVendor = cvAMD then
begin
  with Add do
    Caption := '';
```

```
    with Add do
      Caption := 'Hardware-Konfiguration';

    InputBuf.ECXReg := $C0010015; {Hardware Configuration / HWCR}
    if SystemAccessClass.Driver_ReadMSR(InputBuf, OutputBuf) then
    begin
      with Add do
      begin
        Caption := 'Cachefähiger Speicher aktiv';
        SubItems.Add(SystemAccessClass.ProcessorClass.YesNo(
                    not SystemAccessClass.ProcessorClass.IsBitOn(
                     OutputBuf.EAXReg, 3)));
      end;

     with Add do
      begin
        Caption := 'Kernleistungssteigerung aktiv';
        SubItems.Add(SystemAccessClass.ProcessorClass.YesNo(
                   not SystemAccessClass.ProcessorClass.IsBitOn(
                     OutputBuf.EAXReg, 25)));
      end;
    end;
  end;
```

Wichtig zu erwähnen ist noch die Tatsache, dass die Bits an dieser Stelle negiert sind, was aus dem ursprünglichen Beschreibungstext hervorgeht:

> 3 - TlbCacheDis: cacheable memory disable. Read-write. Reset: 0. 1=Disable performance improvement that assumes that the PML4, PDP, PDE and PTE entries are in cacheable WB DRAM.
> 25 - CpbDis: core performance boost disable. Read-write. Reset: 0. 0=CPB is requested to be enabled. 1=CPB is disabled.

Nach diesem Schema kann man fortfahren, indem man bestimmte MSRs ausliest und deren Bit-Zustände und Felder auswertet – je nachdem, was man genau sucht oder was interessant erscheint.

9.5.2 Darstellung von MSR-Listen

Nachdem wir nun gezielt bestimmte MSRs ausgelesen und ausgewertet haben, geht es in dieser Sektion um die Darstellung von MSR-Listen. In Abschn. 9.4 haben wir bereits die Hilfsunit ProcessorMSR.pas vorgestellt, welche in Feldern die für bestimmte Prozessorfamilien vorhandenen MSRs abbildet. Bei Intel geschieht dies mit den Architectural MSRs, und bei AMD jeweils für Prozessorfamilien und teilweise für Modellgruppen, also etwa Familie 16h und die Modelle 0 bis Fh.

Jedes Feld enthält eine bestimmte Anzahl MSRs, die aufgrund von Herstelleranpassungen im Laufe der Zeit immer wieder ergänzt werden. Für jedes MSR wird die Nummer, der Name und eine Beschreibung hinterlegt.

Wir können also für bestimmte Prozessorgruppen die vorhandenen MSRs mitsamt deren Inhalt in einer Liste darstellen, und beginnen mit der Prüfung, ob Intel bzw. AMD als Prozessor-Hersteller infrage kommen:

```
//Intel & AMD MSR List
if SystemAccessClass.ProcessorClass.FVendor in [cvIntel, cvAMD]
then begin
  with Add do
    Caption := '';

  with Add do
    Caption := 'MSR-Liste';
```

Bei Intel ist mit der Implementierung der Architectural MSRs keine Familien- oder Modellunterscheidung notwendig, da diese MSRs gemäß der Spezifikation für alle Prozessoren gelten sollen. Wir beginnen daher unsere For-Schleife mit dem Maximalwert, der in *INTEL_ARCHITECTURAL_MSRS_CONST* gespeichert ist. Für jedes MSR tragen wir die Nummer aus der Feld-Variable *MSR_ID* in das ECX-Prozessorregister ein und führen dann den Lesevorgang mit *Driver_ReadMSR* durch. Im erfolgreichen Fall übertragen wir die MSR-Nummer, den Namen und die hexadezimalen Inhalte der beiden Prozessorregister EDX und EAX in die ListView-Komponente:

```
if SystemAccessClass.ProcessorClass.FVendor = cvIntel then
begin
  for MSRCount := 0 to
  INTEL_ARCHITECTURAL_MSRS_CONST - 1 do
  begin
    try
      InputBuf.ECXReg := INTEL_ARCHITECTURAL_MSRS
                         [MSRCount].MSR_ID;
      if SystemAccessClass.Driver_ReadMSR(
           InputBuf, OutputBuf) then
      with Add do
      begin
        Caption := IntToHex(
                   INTEL_ARCHITECTURAL_MSRS[MSRCount].
                   MSR_ID, 8) +
                   'h - ' +
                   INTEL_ARCHITECTURAL_MSRS[MSRCount].
                   Name;
```

```
                    SubItems.Add(IntToHex(OutputBuf.EDXReg, 8) +
                                 ':' +
                                 IntToHex(OutputBuf.EAXReg, 8));
          end;
        except
          with Add do
          begin
            Caption := IntToHex(
                         INTEL_ARCHITECTURAL_MSRS[MSRCount].
                         MSR_ID, 8) +
                         'h - ' +
                         INTEL_ARCHITECTURAL_MSRS[MSRCount].
                         Name;
            SubItems.Add('nicht auslesbar');
          end;
        end;
      end;
    end
```

Für den Fall, dass ein MSR reserviert oder nicht vorhanden ist, sieht die Intel-Spezifikation die Erzeugung einer allgemeinen Schutzausnahme vor. Wir fangen diese einerseits durch den try..except-Block innerhalb des Kernelmodus-Treibers ab, sowie andererseits mit einem try...except-Block in der Delphi-Wrapper-Funktion.

AMD folgt direkt nach dem Intel-Abschnitt und in einer Case-Abfrage iterieren wir durch die Familien, und sprechen dann das entsprechende Feld innerhalb der Unit ProcessorMSR.pas an:

```
if SystemAccessClass.ProcessorClass.FVendor = cvAMD then
begin
  case SystemAccessClass.ProcessorClass.FFamily of
    $10 : begin {AMD Family 10h}
            for MSRCount := 0 to
              AMD_FAMILY10_MSRS_CONST - 1 do
            begin
              try
                InputBuf.ECXReg :=
                   AMD_FAMILY10_MSRS[MSRCount].MSR_ID;
                if SystemAccessClass.
                   Driver_ReadMSR(InputBuf,
                                  OutputBuf) then
                with Add do
                begin
                  Caption := IntToHex(
                               AMD_FAMILY10_MSRS[MSRCount].
                               MSR_ID, 8) +
                               'h - ' +
```

```
                                  AMD_FAMILY10_MSRS[MSRCount].
                                  Name;
                        SubItems.Add(IntToHex(
                                   OutputBuf.EDXReg, 8) +
                                   ':' +
                                  IntToHex(OutputBuf.EAXReg, 8));
                      end;
                    except
                      with Add do
                      begin
                        Caption := IntToHex(
                                  AMD_FAMILY10_MSRS[MSRCount].
                                  MSR_ID, 8) +
                                  'h - ' +
                                  AMD_FAMILY10_MSRS[MSRCount].
                                  Name;
                        SubItems.Add('nicht auslesbar');
                      end;
                    end;
                  end;
                end;
```

Bei bestimmten AMD-Modellen wird neben der Familie zusätzlich nach der Modellnummer gefiltert, sodass hier eine separate Case-Abfrage mit dem Feld *FModel* notwendig ist (auszugsweise nachfolgend). In Abb. 9.1 und 9.2 ist eine exemplarische Darstellung der MSR-Details für jeweils einen Intel- und AMD-Prozessor abgebildet.

```
           case SystemAccessClass.ProcessorClass.FFamily of
             $15 : case SystemAccessClass.ProcessorClass.FModel of
                     $00..$0F : for MSRCount := 0 to
                                  AMD_FAMILY15_M000F_MSRS_CONST - 1 do
usw.
```

9.6 Schreiben von MSRs

Im bisherigen Kapitel haben wir uns ausführlich mit dem Lesen von MSRs beschäftigt und das Schreiben von MSRs bewusst nicht besprochen. Das mag damit zusammenhängen, dass der Schreibprozess je nach MSR eine destruktive Wirkung haben kann und man genau wissen muss, was man schreibt. Anderenfalls können Systemabstürze oder der komplette Systemstillstand die Folge sein.

Wir haben diese Funktionalität aber trotz dessen in unserem Kernelmodus-Treiber implementiert und in Delphi die dazugehörigen Wrapper-Funktionen geschrieben. Daher

Microcode Update	00000423h
Platform ID	7
Übertaktungsstatus	
- Übertaktung wird verwendet	nein
- Unterspannungsschutz	ja
- Sicherheitsstatus für Übertaktung	gesichert
MSR-Liste	
00000000h - IA32_P5_MC_ADDR	00000000:00000000
00000001h - IA32_P5_MC_TYPE	00000000:00000000
00000006h - IA32_MONITOR_FILTER_SIZE	00000000:00000040
00000010h - IA32_TIME_STAMP_COUNTER	0004AE6D:DDE3978F
00000017h - IA32_PLATFORM_ID	001C0000:00000000
0000001Bh - IA32_APIC_BASE	00000000:FEE00C00
0000003Ah - IA32_FEATURE_CONTROL	00000000:00000005
0000003Bh - IA32_TSC_ADJUST	00044194:5FD7FA95
00000048h - IA32_SPEC_CTRL	00000000:00000001
0000004Eh - IA32_PPIN_CTL	00000000:00000001
0000008Bh - IA32_BIOS_SIGN_ID	00000423:00000000
0000009Bh - IA32_SMM_MONITOR_CTL	00000000:00000000
000000BCh - IA32_MISC_PACKAGE_CTLS	00000000:00000000
000000C1h - IA32_PMC0	00000000:00000000
000000C2h - IA32_PMC1	00000000:00000000
000000C3h - IA32_PMC2	00000000:00000000
000000C4h - IA32_PMC3	00000000:00000000
000000C5h - IA32_PMC4	00000000:00000000
000000C6h - IA32_PMC5	0000FFFF:FFE9AC71
000000CFh - IA32_CORE_CAPABILITIES	00000000:000000FD
000000E1h - IA32_UMWAIT_CONTROL	00000000:00000000
000000E7h - IA32_MPERF	00000300:75C73FBC
000000E8h - IA32_APERF	00000219:199E4D7A
000000FEh - IA32_MTRRCAP	00000000:00005D0A
0000010Ah - IA32_ARCH_CAPABILITIES	00000000:0088FD6B
00000174h - IA32_SYSENTER_CS	00000000:00000000
00000175h - IA32_SYSENTER_ESP	00000000:00000000
00000176h - IA32_SYSENTER_EIP	00000000:00000000
00000179h - IA32_MCG_CAP	00000000:00000C14
0000017Ah - IA32_MCG_STATUS	00000000:00000000
00000186h - IA32_PERFEVTSEL0	00000000:00000000

Abb. 9.1 Exemplarische MSR-Details für einen Intel Core i7–12700 H (12. Generation)

soll dieses Kapitel eine Art theoretischer Exkurs sein, der anhand jeweils eines Beispiels für Intel- und AMD-Prozessoren den Schreibprozess erklärt und als Basis für weitere Schreibzugriffe dienen kann. Trotzdem ist der hier besprochene Quellcode nicht in der Beispielapplikation enthalten und soll primär die theoretische Vorgehensweise aufzeigen.

Abb. 9.2 Exemplarische MSR-Details für einen AMD Ryzen 7 PRO 5850U mit integrierter Grafik

Microcode Update	0800820Dh
System-Konfiguration	
Sichere Speicherverschlüsselung aktiv	ja
Hardware-Konfiguration	
Cachefähiger Speicher aktiv	ja
Kernleistungssteigerung aktiv	ja
MSR-Liste	
00000010h - TSC	000000A5:29A882D7
0000001Bh - APIC_BAR	00000000:FEE00800
0000002Ah - EBL_CR_POWERON	00000000:00000000
0000008Bh - PATCH_LEVEL	00000000:0800820D
000000E7h - MPERF	00000000:001ADF8E
000000E8h - APERF	00000000:00263551
000000FEh - MTRRcap	00000000:00000508
00000174h - SYSENTER_CS	00000000:00000000
00000175h - SYSENTER_ESP	00000000:00000000
00000176h - SYSENTER_EIP	00000000:00000000
00000179h - MCG_CAP	00000000:00000117
0000017Ah - MCG_STAT	00000000:00000000
0000017Bh - MCG_CTL	FFFFFFFF:FFFFFFE7
000001D9h - DBG_CTL_MSR	00000000:00000000
000001DBh - BR_FROM	00000000:00000000
000001DCh - BR_TO	00000000:00000000
000001DDh - -	00000000:00000000
000001DEh - -	00000000:00000000
00000200h - MtrrVarBase0	00000000:00000006
00000201h - MtrrVarMask0	0000FFFF:80000800
00000202h - MtrrVarBase1	00000000:80000006
00000203h - MtrrVarMask1	0000FFFF:C0000800
00000204h - MtrrVarBase2	00000000:00000000
00000205h - MtrrVarMask2	00000000:00000000
00000206h - MtrrVarBase3	00000000:00000000
00000207h - MtrrVarMask3	00000000:00000000
00000208h - MtrrVarBase4	00000000:00000000
00000209h - MtrrVarMask4	00000000:00000000
0000020Ah - MtrrVarBase5	00000000:00000000
0000020Bh - MtrrVarMask5	00000000:00000000
0000020Ch - MtrrVarBase6	00000000:00000000
0000020Dh - MtrrVarMask6	00000000:00000000
0000020Eh - MtrrVarBase7	00000000:00000000
0000020Fh - MtrrVarMask7	00000000:00000000
00000250h - MtrrFix_64K	06060606:06060606
00000258h - MtrrFix_16K_0	06060606:06060606
00000259h - MtrrFix_16K_1	04040404:04040404
00000268h - MtrrFix_4K_0	05050505:05050505
00000269h - MtrrFix_4K_1	05050505:05050505
0000026Ah - MtrrFix_4K_2	05050505:05050505
0000026Bh - MtrrFix_4K_3	05050505:05050505
0000026Ch - MtrrFix_4K_4	05050505:05050505
0000026Dh - MtrrFix_4K_5	05050505:05050505
0000026Eh - MtrrFix_4K_6	05050505:05050505
0000026Fh - MtrrFix_4K_7	05050505:05050505
00000277h - PAT	00070106:00070106
000002FFh - MTRRdefType	00000000:00000C00
C0000080h - EFER	00000000:00004D01
C0000081h - STAR	00230010:00000000
C0000082h - STAR64	FFFFF805:48C0F400
C0000083h - STARCOMPAT	FFFFF805:48C0EF40
C0000084h - SYSCALL_FLAG_MASK	00000000:00004700

Das Grundthema für dieses Kapitel ist das Szenario, dass Prozessorkerne nicht mit der vollen Taktfrequenz laufen müssen, da Betriebssysteme wie Windows nicht ständig die volle Leistung fordern, sondern einen Großteil ihrer Zeit im Leerlauf arbeiten. Gleichzeitig bedeuten die Technologien von Intel und AMD, dass der Prozessor oder bestimmte Kerne übertaktet werden, wenn das Betriebssystem die volle Leistung abfragt. Hierfür existieren sog. Performance States (zu Deutsch: Leistungszustände, abgekürzt P-States), wovon die höchstmögliche Leistung mit dem P0-Zustand repräsentiert wird. Der Prozessor übertaktet die jeweiligen Kerne für einen bestimmten Zeitraum, und taktet dann wieder zurück – daher wird diese Funktionalität auch als automatische oder dynamische Übertaktungsfunktion bezeichnet.

Gleichfalls existiert das Problem, dass viele und nicht nur ältere Applikationen leider nicht auf die Nutzung mehrerer Prozessorkerne ausgelegt sind und teilweise nur einen einzigen Kern nutzen, wo diese Technologie dann eine Geschwindigkeitssteigerung bedeutet.

Intel nennt die zugrunde liegende Technologie *Turbo Boost Technology* (evolviert aus Turbo Core) und AMD nennt sie *Core Performance Boost.*

9.6.1 Intel Turbo Boost Technology

Die Intel-Technologie wird aktuell nur von den Prozessorfamilien Core i5, Core i7 und Core i9 unterstützt (keine Pentium- und Core i3-Prozessoren) und bevor man das entsprechende MSR beschreiben kann, sollte man eine Prüfung einbauen, ob einer dieser Prozessoren erkannt wurde. Diese Prüfung kann man beispielsweise mit unserer bereits implementierten Prozessorerkennung durchführen, indem der Prozessorname nach „Core i5", „Core i7" und „Core i9" durchsucht wird.

Vom Blickwinkel aus der Benutzerebene liefert der CPUID-Befehl die gewünschte Information, ob Turbo Boost aktiviert oder deaktiviert ist. Hierbei kann man die CPUID-Funktion 6h (auch als *Thermal and Power Management Leaf* bezeichnet) verwenden, bei der nach dem Aufruf im EAX-Register die thermischen Fähigkeiten und Stromverwaltungsfähigkeiten enthalten sind. Bit 1 sagt dann aus:

> Intel Turbo Boost Technology Available (see description of IA32_MISC_ENABLE[38]).

Hiermit haben wir also eine generelle Möglichkeit für die Prüfung und gleichzeitig wird das dazugehörige MSR genannt, das danach ins Spiel kommt (*IA32_MISC_ENABLE* und Bit 38).

Für unsere theoretische Implementierung benötigen wir jeweils für das Lesen von MSRs einen Eingabe- und Ausgabepuffer sowie für das Schreiben von MSRs einen Eingabepuffer:

```
var
```

```
InputBufRMSR : ReadMSRInputStruct;
OutputBufRMSR : ReadMSROutputStruct;
InputBufWMSR : WriteMSRInputStruct;
```

Unser Quellcode basierend von der Position des Hauptformulars könnte also mit einer Prüfung beginnen, ob der Kernelmodus-Treiber installiert wurde und gerade läuft:

```
if SystemAccessClass.GetKernelModeDriverStatus(
   SystemAccessClass.DriverName) = SERVICE_RUNNING then
begin
```

Wenn das der Fall ist, wäre eine Prüfung notwendig, ob Intel als Prozessorhersteller erkannt wurde und ob die Prozessorbezeichnung ein Core i5, i7 bzw. i9 enthält. Zwecks der Vermeidung von fehlerhaften Prüfungen aufgrund von nicht einheitlicher Groß- und Kleinschreibung benutzen wir die Delphi-Funktion *UpperText,* um den Text in Großbuchstaben umzuwandeln und dann mit der Delphi-Funktion *Pos* nach „CORE I5", „CORE I7" und „CORE I9" zu suchen:

```
if (SystemAccessClass.ProcessorClass.FVendor = cvIntel) and
   ((Pos('CORE I5', UpperCase(
      SystemAccessClass.ProcessorClass.FCPUName)) > 0) or
    (Pos('CORE I7', UpperCase(
      SystemAccessClass.ProcessorClass.FCPUName)) > 0) or
    (Pos ('CORE I9', UpperCase(
      SystemAccessClass.ProcessorClass.FCPUName)) > 0)) then
begin
```

An dieser Stelle können wir mit dem MSR mit dem Namen *IA32_MISC_ENABLE* fortfahren. Dieses MSR ist mehrfach in [1] beschrieben und befindet sich dort in bestimmten Prozessorgruppen (beispielsweise bei Prozessoren mit der Silvermont- und Airmont-Mikroarchitektur). Da wir aber die nötige Vorarbeit bereits erledigt haben, müssen wir hier nicht zusätzlich abfragen, welche Mikroarchitektur zum Einsatz kommt, sondern können direkt zum Lesen des MSR übergehen.

Viele MSRs, die nicht Bestandteil der Architectural MSRs sind, definieren einen sog. Scope, den man übersetzen kann mit Reichweite oder Umfang:

- Core bzw. Kern bedeutet, dass jeder Prozessorkern ein eigenes MSRs oder Bitfeld hat, das nicht mit einem anderen Prozessorkern geteilt wird
- Module bzw. Modul bedeutet, dass das MSR oder das Bitfeld von einer Teilmenge der Prozessorkerne im physischen Gehäuse gemeinsam genutzt wird und die Anzahl der Prozessorkerne in dieser Untergruppe Modellspezifisch sind sowie sich zwischen verschiedenen Prozessoren unterscheiden können

- Package bzw. Paket bedeutet, dass alle Prozessorkerne in dem physischen Paket sich dasselbe MSR oder dieselbe Bit-Schnittstelle teilen.

Das MSR mit der Nummer 1A0h befindet sich im Bereich *Module,* sodass wir zunächst die nötige Prozessorkern-Zugehörigkeit (Affinität) mit der Funktion *SetProcAffinity* auf 0 setzen:

```
SystemAccessClass.ProcessorClass.SetProcAffinity(0);
```

In der Intel-Spezifikation steht beim MSR *IA32_MISC_ENABLE* (beispielsweise bei Prozessoren mit der Silvermont- und Airmont-Mikroarchitektur) folgende Beschreibung für Bit 38:

> Turbo Mode Disable (R/W)
> When set to 1 on processors that support Intel Turbo Boost Technology, the turbo mode feature is disabled and the IDA_Enable feature flag will be cleared (CPUID.06H: EAX[1]=0). When set to a 0 on processors that support IDA, CPUID.06H: EAX[1] reports the processor's support of turbo mode is enabled. Note: The power-on default value is used by BIOS to detect hardware support of turbo mode. If the power-on default value is 1, turbo mode is available in the processor. If the power-on default value is 0, turbo mode is not available.

In diesem Text befindet sich auch der Hinweis darauf, dass Turbo Boost mit diesem Bit aktiviert/deaktiviert wird und dieses Ergebnis dann über die CPUID-Funktion 6h abfragbar ist. Bei dieser Beschreibung ist das Bit-Zugriffsrecht ein wesentlicher Aspekt und R/W steht hier für Read (also Lesen) und Write (also Schreiben). Dieses Detail sollte man stets berücksichtigen, da es MSRs und einzelne Bits gibt, die man nur lesen oder nur schreiben darf (RO für Read-Only und WO für Write-Only).

Zusätzlich fällt auf, dass das Wort *Disable* im Beschreibungstext aussagt, dass das Bit an dieser Stelle negiert ist, also ein gesetztes Bit den deaktivierten Turbo Boost bedeutet.

Wir lesen also zunächst das MSR entsprechend aus und erinnern uns, dass technisch betrachtet ein 64 Bit-Ergebnis zurückgeliefert wird, das architekturell auf jeweils 2 Register mit 32 Bit aufgeteilt wird. Die Bits 31–0 sind die niederwertigen 32 Bit des MSR (EAX-Register) und die Bits 63–32 die höherwertigen 32 Bit des MSR (EDX-Register) (siehe hierfür Tab. 9.2).

Um die Position von Bit 38 zu berechnen, zählen wir von rechts und Bit 0 hoch, womit wir beim EAX-Register bereits bei Bit 31 angekommen sind. Mit weiteren 7 Bits des höherwertigen EDX-Registers und den bisherigen 31 Bits des niederwertigen EAX-Registers kommen wir auf 38 – also Bit 6 des EDX-Registers.

Wir übertragen daher zuerst die MSR-Nummer in das ECX-Register des Eingabepuffers, rufen dann die Funktion *Driver_ReadMSR* auf und prüfen final mit der Binärhilfsfunktion *IsBitOn,* ob Bit 6 des EDX-Registers vom Ausgabepuffer gesetzt ist:

Tab. 9.2 MSR 64 Bit-Registeraufteilung

32 Bit-Register	Teiler	32 Bit-Register
EDX – höherwertige 32 Bit Bits 63–32	:	EAX – niederwertige 32 Bit Bits 31–0

```
InputBufRMSR.ECXReg := $1A0; //IA32_MISC_ENABLE
if SystemAccessClass.Driver_ReadMSR(
      InputBufRMSR, OutputBufRMSR) and
   SystemAccessClass.ProcessorClass.IsBitOn(
      OutputBufRMSR.EDXReg, 6)        then
begin
```

Sollte dies der Fall sein, ist Turbo Boost deaktiviert, und wir fahren mit einem weiteren begin...end-Block fort, um die Technologie zu aktivieren.

In diesem Block weisen wir wieder die MSR-Nummer dem ECX-Register vom Eingabepuffer zu, übertragen das EAX-Register vom Ausgabepuffer des MSR-Lesevorgangs in den Eingabepuffer des Schreibvorgangs (wir wollen das EAX-Register nicht verändern) und kommen dann zum EDX-Register. Hier hatten wir Bit 6 berechnet und müssen dieses Bit löschen, um Turbo Boost zu aktivieren. Daher übertragen wir zunächst das EDX-Register vom Ausgabepuffer des MSR-Lesevorgangs in den Eingabepuffer des Schreibvorgangs, wobei der xor-Operator mit 64 (hexadezimal 40h) das Bit 6 anspricht und es deaktiviert. Mittels der Funktion *Driver_WriteMSR* wird der Schreibvorgang dann durchgeführt und ein Boolean als Rückgabeergebnis sagt aus, ob der Schreibvorgang positiv verlief:

```
InputBufWMSR.ECXReg := $1A0; //IA32_MISC_ENABLE
InputBufWMSR.EAXReg := OutputBufRMSR.EAXReg;
InputBufWMSR.EDXReg := OutputBufRMSR.EDXReg xor 64; //$40
if SystemAccessClass.Driver_WriteMSR(InputBufWMSR) then
begin
```

Als doppelte Überprüfung lesen wir noch einmal das MSR *IA32_MISC_ENABLE* aus und prüfen, ob Bit 38 tatsächlich deaktiviert ist. Für den positiven aber auch negativen Fall stellen wir das Ergebnis mit einer einfachen ShowMessage-Box dar – hier gibt es natürlich noch viele andere Visualisierungsmöglichkeiten:

```
InputBufRMSR.ECXReg := $1A0; //IA32_MISC_ENABLE
if SystemAccessClass.Driver_ReadMSR(
     InputBufRMSR, OutputBufRMSR)
and
  not
  SystemAccessClass.ProcessorClass.IsBitOn
    (OutputBufRMSR.EDXReg, 6) then
  ShowMessage('Intel Turbo Boost wurde gerade aktiviert.')
else
  ShowMessage('Intel Turbo Boost konnte nicht '  +
             'aktiviert werden.')
```

Abgeschlossen wird unser theoretischer Exkurs mit den Else-Abschnitten, die mit ShowMessage visualisieren, falls *Driver_WriteMSR* nicht erfolgreich war oder Turbo Boost grundsätzlich bereits aktiviert ist (was eine Aktivierung nicht nötig macht):

```
        end
        else
          ShowMessage('Fehler beim Schreiben des MSR aufgetreten.')
      end
      else
        ShowMessage('Intel Turbo Boost ist bereits aktiviert.');
    end;
  end;
```

Nach diesem Schema kann man auch mit anderen MSRs vorgehen. Sobald alle Voraussetzungen geprüft und die Bit-Zugriffsrechte geklärt sind, liest man das MSR aus, ändert die entsprechenden Bits (oder wenn man gleich weiß, was zu schreiben ist, kann dies ohne ein vorheriges Auslesen erfolgen) und schreibt dann das MSR.

Das Intel-Dokument „Intel 64 and IA-32 Architectures Software Developer's Manual Volume 4: Model-specific Registers“ [1] liefert alle nötigen Details und ist eine umfangreiche Hilfe, die parallel immer zum Einsatz kommen sollte.

9.6.2 AMD Core Performance Boost

Die AMD-Technologie wird beginnend mit Familie 12h-Prozessoren unterstützt – jedenfalls befinden sich in allen „Processor Programming References (PPR)“ ab der AMD-Familie 17h entsprechende Details, sowie in allen „BIOS and Kernel Developer's Guides (BKDG)“ ab der AMD-Familie 16h.

Vergleichbar mit Intel liefert auch hier - vom Blickwinkel der Benutzerebene aus - der CPUID-Befehl die gewünschte Information, ob Core Performance Boost aktiviert oder deaktiviert ist. Hierbei kann man die CPUID-Funktion 80000007h (auch als *Advanced Power Management Information* bezeichnet) verwenden, bei der nach dem Aufruf im EDX-Register die erweiterten Stromverwaltungsfähigkeiten enthalten sind. Bit 9 sagt dann aus:

> CPB: core performance boost. Read-only. Reset: X. 1=Indicates presence of Core::X86::Msr::HWCR[CpbDis] and support for core performance boost.

Hiermit existiert also eine generelle Möglichkeit für die Prüfung und gleichzeitig wird das dazugehörige MSR genannt, das danach ins Spiel kommt (*HWCR* bzw. *Hardware Configuration* und das Bit mit dem Namen *CpbDis,* also Bit 25).

Für unsere theoretische Implementierung benötigen wir jeweils für das Lesen von MSRs einen Eingabe- und Ausgabepuffer sowie für das Schreiben von MSRs einen Eingabepuffer:

```
var
  InputBufRMSR : ReadMSRInputStruct;
  OutputBufRMSR : ReadMSROutputStruct;
  InputBufWMSR : WriteMSRInputStruct;
```

Unser Quellcode basierend von der Position des Hauptformulars könnte also mit einer Prüfung beginnen, ob der Kernelmodus-Treiber installiert wurde und gerade läuft:

```
  if SystemAccessClass.GetKernelModeDriverStatus(
     SystemAccessClass.DriverName) = SERVICE_RUNNING then
  begin
```

Wenn das der Fall ist, wäre eine Prüfung notwendig, ob AMD als Prozessor-Hersteller erkannt wurde und ob die Prozessorfamilie 12h oder größer vorhanden ist. Hierfür greifen wir auf unser Familienfeld *FFamily* in der *TProcessor*-Klasse zu:

```
    if (SystemAccessClass.ProcessorClass.FVendor = cvAMD) and
       (SystemAccessClass.ProcessorClass.FFamily >= $12) then
    begin
```

An dieser Stelle können wir mit dem MSR mit dem Namen *HWCR* bzw. *Hardware Configuration* fortfahren. Dieses MSR ist beispielsweise in [2] und [3] beschrieben und wird über die Nummer C0010015h repräsentiert. Wir stellen vor dem Zugriff noch sicher, dass die nötige Prozessorkern-Zugehörigkeit (Affinität) mit der Funktion *SetProcAffinity* auf 0 gesetzt wird:

```
      SystemAccessClass.ProcessorClass.SetProcAffinity(0);
```

In der AMD-Spezifikation steht beim MSR *HWCR* bzw. *Hardware Configuration* folgende Beschreibung für Bit 25:

> CpbDis: core performance boost disable.
> Read-write. Reset: 0. 0=CPB is requested to be enabled. 1=CPB is disabled. Specifies whether core performance boost is requested to be enabled or disabled. If core performance boost is disabled while a core is in a boosted P-state, the core automatically transitions to the highest performance non-boosted P-state.

In diesem Text befindet sich hauptsächlich der Hinweis darauf, dass Core Performance Boost mit diesem Bit aktiviert/deaktiviert wird. Das Bit-Zugriffsrecht wird als „Read-write" bezeichnet, was bedeutet, dass es gelesen und geschrieben werden kann. Weitere Zugriffsrechte für andere Bits wären etwa Read-only und Write-only.

Zusätzlich fällt auf, dass das Wort *Disable* im Beschreibungstext aussagt, dass das Bit an dieser Stelle negiert ist, also ein gesetztes Bit den deaktivierten Core Performance Boost bedeutet.

Hintergrundinformation

Die AMD-Implementierung im Vergleich zu Intel differenziert an dieser Stelle, weil bei Intel das geschriebene MSR dafür sorgt, dass die CPUID-Funktion einen anderen Wert liefert.

Das bedeutet, dass bei Intel ein abgeschaltetes Turbo Boost per MSR dafür sorgt, dass die CPUID-Funktion 6h (auch als *Thermal and Power Management Leaf* bezeichnet) und Bit 1 im EAX-Register dann entsprechend meldet, dass Turbo Boost unterstützt wird oder nicht. Diese Vorgehensweise scheint Auslegungssache von Intel zu sein, da Turbo Boost trotzdem unterstützt und vorhanden sein kann, aber eben per MSR abschaltbar ist.

AMD geht hier einen anderen Weg und ein abgeschaltetes Core Performance Boost per MSR sorgt nicht dafür, dass die CPUID-Funktion 80000007h (auch als *Advanced Power Management Information* bezeichnet) und Bit 9 im EDX-Register ein unterschiedliches Ergebnis liefert. Das bedeutet im Umkehrschluss, dass der CPUID-Weg bei AMD sehr wohl als Voraussetzung für den MSR-Schreibzugriff in Betracht gezogen werden kann – anders als bei Intel.

Wir lesen also zunächst das MSR entsprechend aus und erinnern uns, dass technisch betrachtet ein 64 Bit-Ergebnis zurückgeliefert wird, das architekturell auf jeweils 2 Register mit 32 Bit aufgeteilt wird. Die Bits 31–0 sind die niederwertigen 32 Bit des MSR (EAX-Register) und die Bits 63–32 die höherwertigen 32 Bit des MSR (EDX-Register).

Daher übertragen wir zuerst die MSR-Nummer in das ECX-Register des Eingabepuffers, rufen dann die Funktion *Driver_ReadMSR* auf und prüfen final mit der Binärhilfsfunktion *IsBitOn,* ob Bit 25 des EAX-Registers vom Ausgabepuffer gesetzt ist:

```
InputBufRMSR.ECXReg := $C0010015; //HWCR - Hardware Configuration
if SystemAccessClass.Driver_ReadMSR(
      InputBufRMSR, OutputBufRMSR)
and
   SystemAccessClass.ProcessorClass.IsBitOn(
      OutputBufRMSR.EAXReg, 25)  then
begin
```

Sollte dies der Fall sein, ist Core Performance Boost deaktiviert, und wir fahren mit einem weiteren begin...end-Block fort, um die Technologie zu aktivieren.

In diesem Block weisen wir wieder die MSR-Nummer dem ECX-Register vom Eingabepuffer zu und übertragen das EAX-Register vom Ausgabepuffer des MSR-Lesevorgangs in den Eingabepuffer des Schreibvorgangs. Bit 25 wird hierbei deaktiviert, indem wir mit dem xor-Operator mit 33.554.432 (hexadezimal 2000000h) das Bit 25 ansprechen und es deaktivieren. Die nachfolgende Tab. 9.3 visualisiert die Bit-Felder eines 32 Bit-Registers und erleichtert die Zuordnung, welches Bit mit welchem Dezimal- und Hexadezimalwert assoziiert wird.

Tab. 9.3 Bit-Felder eines 32 Bit-Registers für das Ansprechen mit binären Operanden

Bit-Nummer	Dezimalwert	Hexadezimalwert
0	1	1h
1	2	2h
2	4	4h
3	8	8h
4	16	10h
5	32	20h
6	64	40h
7	128	80h
8	256	100h
9	512	200h
10	1024	400h
11	2.048	800h
12	4.096	1000h
13	8.192	2000h
14	16.384	4000h
15	32.768	8000h
16	65.536	1000 0h
17	131.072	2000 0h
18	262.144	4000 0h
19	524.288	8000 0h
20	1.048.576	1000 00h
21	2.097.152	2000 00h
22	4.194.304	4000 00h
23	8.388.608	8000 00h
24	16.777.216	1000 000h
25	33.554.432	2000 000h
26	67.108.864	4000 000h
27	134.217.728	8000 000h
28	268.435.456	1000 0000h
29	536.870.912	2000 0000h
30	1.073.741.824	4000 0000h
31	2.147.483.648	8000 0000h

Das EDX-Register wollen wir nicht verändern und übertragen es daher einfach vom Ausgabepuffer des MSR-Lesevorgangs in den Eingabepuffer des Schreibvorgangs.

Mittels der Funktion *Driver_WriteMSR* wird der Schreibvorgang dann durchgeführt und ein Boolean als Rückgabeergebnis sagt aus, ob der Schreibvorgang positiv verlief:

```
InputBufWMSR.ECXReg := $C0010015; //HWCR -
                                  // Hardware Configuration
InputBufWMSR.EAXReg := OutputBufRMSR.EAXReg xor 33554432;
InputBufWMSR.EDXReg := OutputBufRMSR.EDXReg;
if SystemAccessClass.Driver_WriteMSR(InputBufWMSR) then
begin
```

Als doppelte Überprüfung lesen wir noch einmal das MSR *Hardware Configuration* aus und prüfen, ob Bit 25 tatsächlich deaktiviert ist. Für den positiven aber auch negativen Fall stellen wir das Ergebnis mit einer einfachen ShowMessage-Box dar – hier gibt es natürlich noch viele andere Visualisierungsmöglichkeiten:

```
InputBufRMSR.ECXReg := $C0010015; //HWCR -
                                  // Hardware Configuration
if SystemAccessClass.Driver_ReadMSR(
     InputBufRMSR, OutputBufRMSR)
and
   not
   SystemAccessClass.ProcessorClass.IsBitOn(
     OutputBufRMSR.EAXReg, 25) then
   ShowMessage('AMD Core Performance Boost wurde gerade ' +
               'aktiviert.')
else
   ShowMessage('AMD Core Performance Boost konnte nicht ' +
               'aktiviert werden.')
```

Abgeschlossen wird unser theoretischer Exkurs mit den Else-Abschnitten, die mit ShowMessage visualisieren, falls *Driver_WriteMSR* nicht erfolgreich war oder Core Performance Boost grundsätzlich bereits aktiviert ist (was eine Aktivierung nicht nötig macht):

```
      end
      else
        ShowMessage('Fehler beim Schreiben des MSR aufgetreten.')
    end
    else
      ShowMessage('AMD Core Performance Boost ist bereits
                   aktiviert.');
  end;
end;
```

Nach diesem Schema kann man auch mit anderen MSRs vorgehen. Sobald alle Voraussetzungen geprüft und die Bit-Zugriffsrechte geklärt sind, liest man das MSR aus, ändert die entsprechenden Bits (oder wenn man gleich weiß, was zu schreiben ist, kann dies ohne ein vorheriges Auslesen erfolgen) und schreibt dann das MSR.

Die AMD-Dokumente „BIOS and Kernel Developer's Guide (BKDG)" bis zur AMD-Familie 16h [2] und die „Processor Programming References (PPR)" ab der AMD-Familie 17h [3] liefern alle nötigen Details und sind umfangreiche Hilfen, die parallel immer zum Einsatz kommen sollten.

9.7 Zusammenfassung

Modell-spezifische Register sind bereits seit dem Intel Pentium verfügbar und steuern Funktionen für Testbarkeit, Ausführungsverfolgung, Leistungsüberwachung und Maschinenprüfungsfehler. Sie lassen sich nur direkt in der Ring 0-Ebene ausführen und sind von Intel und AMD sehr gut dokumentiert.

Bei Intel existieren Architectural MSRs, die von Prozessorgeneration zu Prozessorgeneration weitergegeben werden und größtenteils unverändert bleiben. Darüber hinaus existieren für verschiedene Familien- und Modell-Kombinationen spezielle MSRs, die Kern- und damit Technologie-spezifisch sind.

Bei AMD sind die MSRs pro Familie und teilweise für Modellgruppen dokumentiert, und befinden sich in den BIOS and Kernel Developer's Guides (BKDG) bis inkl. Familie 16h-Prozessoren, und danach in den Processor Programming References (PPR) ab Familie 17h-Prozessoren.

Auslesbar und teilweise veränderbar sind viele Funktionen, wie etwa Microcode Updates, Takt- und Geschwindigkeitsoptionen sowie Kerntemperaturen (letztere bei Intel-Prozessoren).

Literatur

1. MSR-Beschreibungen im Intel 64 and IA-32 Architectures Developer's Manual: Vol. 4: https://www.intel.com/content/www/us/en/content-details/774500/intel-64-and-ia-32-architectures-software-developer-s-manual-volume-4-model-specific-registers.html
2. MSR-Beschreibung in den BIOS and Kernel Developer's Guide (BKDG) für AMD-Prozessoren bis zur AMD-Familie 16h: https://www.amd.com/en/search/documentation/hub.html#q=BKDG
3. MSR-Beschreibung in den Processor Programming References (PPR) für AMD-Prozessoren ab der AMD-Familie 17h: https://www.amd.com/en/search/documentation/hub.html#q=PPR
4. Withopf, Matthias. „Kleiner Hitzkopf, Prozessortemperatur bei Intels Core und Core2 auslesen", c't Magazin für Computertechnik, 11/2007, Seiten 218–219

PCI-Bus 10

PCI steht für Peripheral Component Interconnect und wurde bereits 1994 in seiner ersten Version vorgestellt, die im Laufe der Jahre verbessert wurde und mit Version 3.0 im Jahr 2004 in seiner letzten Version vorliegt. Parallel dazu wurde PCI-X (auch als PCI-Extended) geschaffen, aber nach dessen Version 2.0 nicht weiterverfolgt. Mit PCI Express kam 2002 dann eine Alternative auf den Markt, die bis heute in der Version 6.0 den Standard definiert [1, 2].

Ebenfalls der 1997 eingeführte Accelerated Graphics Port (AGP) war für die Anbindung von Grafikkarten gedacht, die eine direkte Verbindung zwischen Grafikkarte und dem Chipsatz ermöglichte. Auch wenn die technische Basis und Programmierung auf dem PCI-Bus basiert, wurde dieser Standard letztendlich 2006 überholt und nach Version 3.5 nicht weiterentwickelt.

Aus Sicht der Systemprogrammierung ist die Erkennung der PCI-Geräte interessant (wir bezeichnen alle Varianten folglich als PCI-Geräte, es sei denn, die Unterschiede sind relevant). Das hängt damit zusammen, weil man dadurch einen Überblick aller Erweiterungskarten, aber auch Systemgeräten und Kontrollern erlangt, und zusätzlich deren Ressourcen in Erfahrung bringen kann.

10.1 Ermittlung über Windows-Mechanismen

Innerhalb von Windows existieren verschiedene Wege, um sich diese Details zu beschaffen, wozu beispielsweise die Registrierung und der Schlüssel *HKEY_LOCAL_MACHINE\SYSTEM\CurrentControlSet\Enum\PCI* gehört. Innerhalb dieses Schlüssels sind die PCI-Geräte aufgelistet, und die Unterschlüssel sind anhand der jeweiligen Identifizierungskennungen benannt. Auslesbar sind mitunter Details zu Beschreibung, Hardwarekennung, Hersteller und Ressourcendetails (Abb. 10.1).

D. Espenschied, *Systemprogrammierung mit Delphi*,
https://doi.org/10.1007/978-3-658-43455-7_10

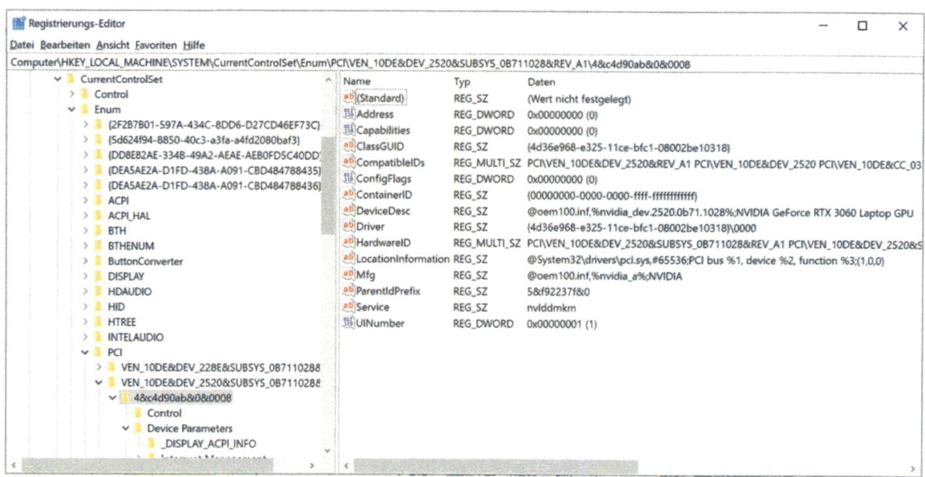

Abb. 10.1 PCI-Details aus der Windows-Registrierung innerhalb der Struktur HKEY_LOCAL_MACHINE\SYSTEM\CurrentControlSet\Enum\PCI

Eine weitere Möglichkeit besteht in der Verwendung von API-Funktionen, wozu bspw. die Funktionen *SetupDiGetDeviceInterfaceDetail* [3] und *SetupDiGetDeviceProperty* [4] gehören. Diese API-Funktionen und alle dazugehörigen Funktionen sollen aber nicht Bestandteil dieses Kapitels sein, da sie einerseits für Studienzwecke in der *MiTeC System Information Component Suite* ausgiebig verwendet werden (vorgestellt in Kap. 12), andererseits lassen sich damit zwar relativ viele Details zu PCI-Geräten und deren Eigenschaften ermitteln, aber keinesfalls der sog. Konfigurationsbereich von PCI-Geräten.

Letzteren müssen wir ermitteln, wenn man von vollständigen PCI-Details sprechen möchte und wie in Kap. 11 beschrieben wird, Speichermodule über den System Management Bus ermitteln möchte – dazu kommen wir später noch.

10.2 Ermittlung über Konfigurationsmechanismen

Für den hardwarenahen Zugriff auf PCI-Geräte bzw. den PCI-Bus gab es die sog. PCI Services, die über den Interrupt 1Ah ab PCI-Version 2.0 aufrufbar waren, und Unterfunktionen für das Finden sowie Lesen/Schreiben von Konfigurationsdaten bereitstellten. Dieser Weg wurde aber mit der Einführung von UEFI nicht weiter fortgeführt, sodass hier keine aktuelle Möglichkeit mehr besteht.

Die weiteren beiden Methoden werden als Konfigurationsmechanismen 1 und 2 bezeichnet, die beide jeweils 2 Adressen im I/O-Adressraum benutzen, um die Kommunikation zu bewerkstelligen.

Beim Konfigurationsmechanismus 1 wird die I/O-Adresse 0CF8h hierbei als Konfigurationsadresse (Configuration Address Register) bezeichnet und die I/O-Adresse 0CFAh als Konfigurationsdaten (Configuration Data Register).

Für den Zugriff auf den Konfigurationsbereich wird zunächst die Adresse in 0CF8h übergeben und ein zu schreibender Wert in 0CFAh geschrieben – sollte es sich um einen Lesebefehl handeln, wird von der Adresse 0CFAh stattdessen gelesen. Es findet also anhand der I/O-Adresse 0CF8h eine Steuerung des gewünschten Bereiches statt, und dann folgt ein lesender/schreibender Zugriff auf die I/O-Adresse 0CFAh.

Das Konfigurationsadressenregister 0CF8h als vorzeichenloses 32 Bit-Register wird wie in Tab. 10.1 dargestellt belegt.

Dem Enable-Bit (Bit 31) kommt hier die Bedeutung zu, dass mit einer 1 für alle Lese- und Schreibaktionen ins Datenregister 0CFAh ein Konfigurationszyklus eingeleitet wird. Ist das Enable-Bit wiederum nicht gesetzt, wird hingegen ein I/O-Zyklus durchgeführt.

Die Bits 23-16 enthalten die spezifische Bus-Nummer, wovon insgesamt 256 PCI-Busse im System vorhanden sein können. In den Bits 15-11 wird die Gerätenummer auf dem angegebenen Bus definiert, und hierbei existieren 32 mögliche Varianten. Man sollte diese Gerätenummer nicht verwechseln mit der Device ID. Insbesondere für Multifunktionsgeräte ist zusätzlich die Funktionsnummer interessant, wovon wiederum 8 Varianten in den Bits 10-8 abbildbar sind.

Da die beiden Bits 0 und 1 hart-kodiert und daher für uns irrelevant sind, bleiben noch die Bits 7-2 für die Register. Wenn man davon ausgeht, dass damit 64 Möglichkeiten existieren und über die Datenadresse 0CFAh ein 32 Bit-Ergebnis (also 4 Bytes) auslesbar ist, können somit 256 Bytes abgebildet werden.

Für den Konfigurationsmechanismus 2 wird der Konfigurationsbereich eines PCI-Gerätes in einen 4 KByte großen Adressbereich zwischen C0000h und CFFFFh eingeblendet. Bei diesem Mechanismus wird das Register mit der Adresse 0CF8h dann als Configuration Space Enable (CSE) bezeichnet und ist nicht 32 Bit groß, sondern nur 8 Bit (Tab. 10.2).

Tab. 10.1 Belegung des Configuration Address Register (0CF8h) bei Konfigurationsmechanismus 1

Bit 31	Bits 30-24	Bits 23-16	Bits 15-11	Bits 10-8	Bits 7-2	Bit 1	Bit 0
Enabled	Reserved	Bus Nummer	Device Number	Function Number	Register Number	0 (hardcoded)	0 (hardcoded)

Tab. 10.2 Belegung des Configuration Space Enable Register (0CF8h) bei Konfigurationsmechanismus 2

Bits 7-4	Bits 3-1	Bit 0
Key	Function Number	Special Cycle Enable

Tab. 10.3 Belegung des Data Register (0CFAh) bei Konfigurationsmechanismus 2

Bits 15-12	Bits 11-8	Bits 7-2	Bits 1-0
Reserved (1100b)	Device Number	Register index	0 (hard-coded)

Während die Funktionsnummer mit den Werten 0 bis 15 bestimmt, in welchen Adressbereich der Konfigurationsbereich eingeblendet wird (z. B. 0 für C0000h-C0FFh, 1 für C100h-C1FFh usw.), definiert Key in den Bits 7-4, ob der Zugriffsmechanismus deaktiviert wird (0) oder aktiviert (alle Werte ungleich 0). Bit 0 muss ebenfalls gesetzt sein, um einen Sonderzyklus zu aktivieren.

Auf das Register 0CFAh wird geschrieben, um die Geräte-Nummer und damit Bus-Nummer für nachfolgende Zugriffe auf den PCI-Konfigurationsraum festzulegen (Tab. 10.3).

Wir verwenden für unseren Zugriff auf den PCI-Bus den Konfigurationsmechanismus 1, weil die Interrupt-basierte Methode bei reinen UEFI-BIOSsen nicht mehr funktioniert und der Konfigurationsmechanismus 2 mit der PCI-Version 2.0 als veraltet gekennzeichnet wurde.

10.3 PCI-Konfigurationsbereich

Bevor wir mit Portzugriffen und unserem Kernelmodus-Treiber aktiv werden, ist noch ein wenig theoretisches Vorwissen notwendig. Die PCI-Spezifikation definiert in der ursprünglichen Version für jedes PCI-Gerät einen Konfigurationsbereich von 256 Byte, wovon die ersten 64 Byte (hexadezimal 3Fh) vordefiniert sind – alle darüber hinaus befindlichen Bytes sind beliebig von den Herstellern festlegbar.

Zu den Kennungen der Identifizierung gehört die sog. Vendor ID (also Herstellerkennung), die sich in den ersten beiden Bytes als Word-Kennung befindet und von der PCI Special Interest Group (PSIG) vorgegeben wird. Zu den relativ häufig verwendeten Kennungen gehören hier etwa 8086h (Intel), 1022h (AMD) und 10DEh (nVidia).

Die sog. Device ID (also Gerätekennung) wird als Kennzeichnung im Zusammenhang mit der Vendor ID verwendet, um das genaue Gerät zu definieren, und kann vom jeweiligen Hersteller als Word-Kennung beliebig festgelegt werden.

Ergänzend kommt die Revision als Byte-Wert zum Einsatz, mit der sich verschiedene Revisionen eines Gerätes erkennen lassen.

Neben diesen 3 Feldern gab es irgendwann die Notwendigkeit, Unterfelder für die Vendor ID und Device ID einzuführen, weil man eine Unterscheidung benötigte, um Geräte zwar von einem Hersteller identifizierbar zu gestalten, aber den Vertrieb und die Kennzeichnung durch einen anderen Hersteller ebenfalls mit abbilden zu können. Dafür existieren dann die sog. Subsystem Vendor ID und Subsystem Device ID, die jeweils als Word-Felder den gleichen Bedingungen wie die normalen Felder unterliegen – also die Herstellerkennung von der PSIG vorgegeben wird und die Gerätekennung frei definierbar ist. Grundsätzlich wird zwischen 3 verschiedenen Header-Typen unterschieden, die

Tab. 10.4 Header-Aufbau des PCI-Konfigurationsbereiches für den Standard-Header (Typ 0)

Registerinhalt				Offset
Device ID (02h – 03h)		Vendor ID (00h – 01h)		00h
Status Register (06h – 07h)		Command Register (04h – 05h)		04h
Class Code (09h – 0Bh)			Revision ID (08h)	08h
BIST (0Fh)	Header Type (0Eh)	Latency Timer (0Dh)	Cache Line Size (0Ch)	0Ch
Base Address Register 0 (10h – 13h)				10h
Base Address Register 1 (14h – 17h)				14h
Base Address Register 2 (18h – 1Bh)				18h
Base Address Register 3 (1Ch – 1Fh)				1Ch
Base Address Register 4 (20h – 23h)				20h
Base Address Register 5 (24h – 27h)				24h
Cardbus CIS Pointer (28h – 2Bh)				28h
Subsystem Device ID (2Eh – 2Fh)		Subsystem Vendor ID (2Ch – 2Dh)		2Ch
Expansion ROM Base Address (30h – 33h)				30h
Reserved (35h – 37h)			Capability Pointer (34h)	34h
Reserved (38h – 3Bh)				38h
Max Lat (3Fh)	Min Gnt (3Eh)	Interrupt Pin (3Dh)	Interrupt Line (3Ch)	3Ch
Funktionsspezifischer Konfigurationsbereich (40h – FFh)				…FFh

über das Header Type Register an Offset 0Eh erkennbar sind (Bits 6-0). Hier bedeutet eine 0, dass es sich um einen Standard-Header für allgemeine Geräte handelt, eine 1 für eine PCI-zu-PCI-Brücke und eine 2 für eine PCI-zu-CardBus-Brücke. Alle 3 Headertypen sind bis zum Offset 0Fh identisch und weichen danach entsprechend voneinander ab (siehe auch Tab 10.4, 10.5 und 10.6). Beim Header-Typ 2 für eine PCI-zu-CardBus-Brücke fällt auf, dass hier für wenige Bytes nach 3Fh noch Nutzdaten vorhanden sind, wie etwa die Subsystem Vendor ID und Subsystem Device ID (wir berücksichtigen das an entsprechender Stelle).

10.4 Entwicklung einer Basisklasse

Unsere Basisklasse *TPCIBus* wird in der Unit SystemAccess.pas implementiert, da sie vergleichbar mit *TProcessor* nicht von der Hauptklasse *TSystemAccess* abgeleitet ist (sondern TObject), und trotzdem auf die Kernelmodus-Treiber-Funktionen der Hauptklasse zugreifen muss. Wir bewerkstelligen das, indem wir den Konstruktor von *TPCIBus* überschreiben und ihm die übergeordnete Klasse als Parameter mitgeben. Innerhalb des Konstruktors weisen wir der lokalen Klasseninstanz der übergeordneten Klasse diesen Parameter zu und können folglich direkt aus *TPCIBus* auf die PCI-Lesefunktion *Driver_ReadPCI* aus *TSytemAccess* zugreifen.

Wir beginnen daher unsere Klassendefinition mit den privaten Variablen, wozu die besagte Parent-Klasseninstanz, die Anzahl der PCI-Geräte, die SMBus-Basisadresse mitsamt -Kontrollername und die Boolean-Variable für die Verfügbarkeit der PCI-Datenbanken gehören. Zu letzteren kommen wir später noch genauer, und wollen für das Verständnis nur kurz definieren, dass wir 3 unterschiedliche Datenbanken für die PCI-Namen verwenden, die über jeweils eine Stringliste verfügbar sind. Eine Datenbank beinhaltet die Herstellernamen, die zweite Datenbank die Gerätenamen und die dritte die Untergerätenamen. Da diese Datenbanken in jeweiligen Textdateien gespeichert sind, werden ihre Namen hier in separaten Konstanten definiert:

```
TPCIBus = class(TObject)
private
  FParent : TSystemAccess;
  FPCIDCount : Byte;
  FSMBusBaseAddress : Cardinal;
  FSMBusControllerName : String;
  PCIVendorList,
  PCIDeviceList,
  PCISubDeviceList : TStrings;
  const
    PCIVendorDatabase : String = 'PCIVendors.txt';
    PCIDeviceDatabase : String = 'PCIDevices.txt';
    PCISubDeviceDatabase : String = 'PCISubDevices.txt';
```

Jedes PCI-Gerät wird durch einen Record mit dem Namen *TPCIDevice* repräsentiert, der die wichtigsten Identifizierungsmerkmale wie etwa Vendor ID und Device ID beinhaltet, und in einem zusätzlichen 256 Byte-Feld mit dem Namen *PCIContent* den Inhalt des Konfigurationsbereiches. Die lokale Klassenvariable *FPCIDevices* beinhaltet dann ein generisches Feld mit diesem *TPCIDevice*-Record:

```
public
  type
    TPCIDevice = record
      VendorID, DeviceID,
      SubVendorID, SubDeviceID : Word;
      Bus, Dev, Func, Rev,
      ClassID, SubClassID, PrgInt : Byte;
      PCIContent : Array [0..255] of Byte;
    end;
  var
    FPCIDevices : TArray<TPCIDevice>;
```

Dann folgen die verschiedenen Definitionen für Funktionen und Prozeduren, die allesamt von außerhalb zugreifbar sind. Sie werden in folgende Kategorien unterteilt:

- Basisklassenfunktionen
- Kernerkennungsfunktionen
- PCI-Datenbankfunktionen und
- Binäre Hilfsfunktionen

```
//Class basic functions
constructor Create(Parent : TSystemAccess);
destructor Destroy; override;
procedure Clear;

//Core detection function
function DetectPCIDevices : Boolean;
function GetBaseClassName(AIndex : Integer) : String;
function GetSubClassName(AIndex : Integer) : String;
procedure GetSMBusBaseAddress;

//PCI Database functions
function PCIDatabasesAvailable : Boolean;
function GetVendorString(Vendor : Word) : String;
function GetDeviceString(Vendor, Device : Word;
                         Revision : Byte) :
                         String;
function GetSubDeviceString(Vendor, Device : Word;
                            Revision : Byte;
                            SubVendor, SubDevice : Word) :
                            String;

//Binary helper functions
function HiDWord(AValue : UInt64) : Cardinal;
function LoDWord(AValue : UInt64) : Cardinal;
function IsBitOn(Value : UInt64; Bit : Byte) : Boolean;
function YesNo(ABool : Boolean) : String;
function ActiveInactive(ABool : Boolean) : String;
```

Abschließend folgen die öffentlichen Eigenschaften (also Properties), die hauptsächlich organisatorische Daten wie die Anzahl der PCI-Geräte, die SMBus-Basisadresse- mitsamt Kontrollername und die Verfügbarkeit der PCI-Datenbanken enthalten:

```
  //Published Properties
  property PCIDeviceCount : Byte read FPCIDCount write FPCIDCount;
  property SMBusBaseAddress : Cardinal read FSMBusBaseAddress
                                       write FSMBusBaseAddress;
  property SMBusControllerName : String read FSMBusControllerName
                                        write FSMBusControllerName;
  property PCIDatabases : Boolean read PCIDatabasesAvailable;
end;
```

10.4.1 Basisklassenfunktionen

Der Konstruktor unserer Klasse ruft zunächst die vererbte Create-Methode auf und weist dann das übergebene Parent vom Typ *TSystemAccess* der privaten Instanz zu. Diese Vorgehensweise ist notwendig, weil wir auf die Lesefunktion der *TSystemAccess*-Klasse zugreifen müssen und in dieser Implementierung keine Vererbung benutzen. Folglich findet der Zugriff über die private Klasseninstanz *FParent* von *TSystemAccess* statt.

Weiterhin besteht der Konstruktor aus der Initialisierung der 3 Stringlisten für die Gerätedatenbanken, und für jede Stringliste wird zusätzlich festgelegt, dass sie alphabetisch sortiert sein soll und Duplikate zu ignorieren sind. Letztere beiden Voraussetzungen sind zwar schon mit den bereitgestellten Datenbanken gegeben, falls man diese aber irgendwann selbst erweitern möchte und dabei Fehler in der Sortierung geschehen, werden diese anhand dieser minimalen Anpassungen während des Einlesevorgangs korrigiert:

```
constructor TPCIBus.Create(Parent : TSystemAccess);
begin
  inherited Create;
  FParent := Parent;

  PCIVendorList := TStringList.Create;
  (PCIVendorList as TStringList).Sorted := True;
  (PCIVendorList as TStringList).Duplicates := dupIgnore;

  PCIDeviceList := TStringList.Create;
  (PCIDeviceList as TStringList).Sorted := True;
  (PCIDeviceList as TStringList).Duplicates := dupIgnore;

  PCISubDeviceList := TStringList.Create;
  (PCISubDeviceList as TStringList).Sorted := True;
  (PCISubDeviceList as TStringList).Duplicates := dupIgnore;
end;
```

Im Destruktor werden die Stringlisten wieder freigegeben, und der übergeordnete Destruktor aufgerufen:

```
destructor TPCIBus.Destroy;
begin
  PCIVendorList.Free;
  PCIDeviceList.Free;
  PCISubDeviceList.Free;
```

```
  inherited;
end;
```

Innerhalb der Basisklassenfunktionen Clear werden die Variablen und das generische Feld für PCI-Geräte auf Standardwerte zurückgesetzt, was in jeder Situation für eine saubere Ausgangsbasis sorgt:

```
procedure TPCIBus.Clear;
begin
  FPCIDCount := 0;
  FSMBusBaseAddress := 0;
  FSMBusControllerName := '';
  SetLength(FPCIDevices, 0);
end;
```

10.4.2 Kernerkennungsfunktionen

Eine zentrale Funktion dieses Kapitels und unserer *TPCIBus*-Klasse ist zweifelsfrei die Erkennung von PCI-Geräten, die wir in der Funktion *DetectPCIDevices* implementieren. Der Boolean-Rückgabeparameter signalisiert, ob Geräte gefunden wurden.

Begonnen wird der Bereich der Variablendefinitionen, wozu Eingabe- und Ausgabepuffer unserer bereits vorliegenden Strukturen *ReadPCIInputStruct* und *ReadPCIOutputStruct* gehören, sowie die Portbasis, und verschiedene Identifizierungsvariablen. Diese sind teilweise nötig, um die Werte aus dem 32 Bit-Rückgabewert zu extrahieren, zwischenzuspeichern und an den *TPCIDevice*-Record weiterzureichen:

```
function TPCIBus.DetectPCIDevices : Boolean;
var
  InputBuf  : ReadPCIInputStruct;
  OutputBuf : ReadPCIOutputStruct;
  PortBase : LongWord;
  Vendor, Device : Word;
  RegisterCnt, ContentPosition,
  BusNr, Dev, DeviceID,
  CurrentFunction, MaxFunctions : Byte;
  DevIndex : Integer;
```

Wir erinnern uns, dass in Abschn. 8.3 die Treiberdefinitionen abgebildet sind und die Eingabe- sowie Ausgabestrukturen, die jeweils einen LongWord (also vorzeichenlosen 32 Bit-Wert) für Portbasis und Datenpuffer enthalten.

Begonnen wird die Funktion, indem das Rückgabeergebnis auf False gesetzt wird, weil wir am Ende prüfen, ob tatsächlich PCI-Geräte ermittelt wurden, und das Ergebnis dann erneut setzen. Ebenfalls wird die lokale Klassenvariable für die Speicherung der PCI-Geräteanzahl auf null gesetzt. Mit einer Prüfung des Treiberstatus und der Gültigkeit des Treiber-Handles (beides über die Parent-Instanz, also *TSystemAccess*) prüfen wir, ob der Kernelmodus-Treiber gerade läuft, und springen im negativen Fall wieder aus der Funktion heraus:

```
begin
  Result := False;
  FPCIDCount := 0;

  if (FParent.DriverStatus <> Running) or
     (FParent.DriverHandle = INVALID_HANDLE_VALUE) then
    Exit;
```

Wenn man sich den Aufbau des Configuration Address Register (0CF8h) in Tab. 10.1 ansieht, kommen für die einzelnen Felder bestimmte Maximalwerte infrage, die wir für unsere Iteration benutzen. Die Busnummer in den Bits 23-16 umfasst 8 Bit und kann daher maximal 255 Einträge (beginnend bei 0) aufnehmen, während die Gerätenummer in den Bits 15-11 wiederum 5 Bit umfasst und daher maximal 31 Geräte aufnehmen kann (ebenfalls bei 0 beginnend):

```
  {Schleife mit max. 256 Bus-Nummern beginnen}
  for BusNr := 0 to $FF do
  begin
    {pro Bus mit max. 32 Geräte fortfahren}
    for Dev := 0 to $1F do
    begin
```

Für das Funktionsfeld, das im Configuration Address Register in den Bits 10-8 mit 3 Bits und maximal 7 Einträgen (bei null beginnend) abbildbar ist, verwenden wir zwei unterschiedliche Variablen. Die Variable *CurrentFunction* ist der Index der aktuellen Funktion, und kann die Werte 0 bis 7 aufnehmen. Die Variable *MaxFunctions* definiert die maximale Funktionsnummer und unsere zweite Schleifenvariable, wobei Bit 7 des Konfigurationsbytes 0Eh (Header Type Register) aussagt, ob es sich um ein Singlefunktionsgerät (0) oder Multifunktionsgerät (1) handelt. Im letzteren Fall können wir das Funktionsfeld innerhalb des Configuration Address Register mit 8 möglichen Werten ausnutzen:

```
      MaxFunctions := 1;
      CurrentFunction := 0;
      while CurrentFunction <> MaxFunctions do
      begin
        Inc(CurrentFunction, 1);
```

Für den wiederholenden Auslesevorgang setzen wir nun das Configuration Address Register zusammen, und beginnen mit den Geräte- und Funktionsnummern. Danach folgt das vollständige Register – mit 80h als Ausgangswert setzen wir das Enable-Bit (Bit 31), und ergänzen dann mit logischem Oder und Shiften nach links um 8 Bit die Busnummer, Geräte- und Funktionsnummern sowie das erste Registeroffset 0h, womit die ersten 4 Byte (Vendor ID und Device ID) ausgelesen werden. Auf dieser Basis erfolgt dann später der eigentliche Auslesevorgang der Register und die Aufbereitung der Daten:

```
{zusammensetzen des Configuration Address Register}
{- zunächst die Geräte- und Funktionsnummern}
DeviceID := Dev;
DeviceID := DeviceID shl 3;
DeviceID := DeviceID + ((CurrentFunction - 1) and $F);
{- dann das vollständige Register}
PortBase := $80;
PortBase := (PortBase shl 8) or BusNr;
PortBase := (PortBase shl 8) or DeviceID;
PortBase := (PortBase shl 8) or $00;
```

Für das Auslesen übertragen wir noch die Variable *PortBase* in den Eingabepuffer und rufen dann *Driver_ReadPCI* aus unserer FParent-Klasseninstanz *(TSystemAccess)* auf:

```
InputBuf.PortNumber := PortBase;
if FParent.Driver_ReadPCI(InputBuf, OutputBuf) then
begin
```

Sollte dieser erste Ausleseversuch erfolgreich gewesen sein, sollten sich im besten Fall die ersten 4 Byte im Ausgabepuffer befinden, und wir können darauf basierend bereits die beiden Word-Felder für Vendor ID und Device ID zusammensetzen:

```
{Vendor und Device temporär zusammensetzen...}
Vendor := OutputBuf.DataBuffer and $FFFF;
Device := (OutputBuf.DataBuffer shr 16) and $FFFF;
```

Wenn beide Kennungen jeweils ungleich FFFFh sind, können wir von plausiblen Daten ausgehen und einem gefundenen Gerät, und den entsprechenden Zähler inkrementieren:

```
{...und auf allgemeine Gültigkeit prüfen}
if (Vendor <> $FFFF) and (Device <> $FFFF) then
begin
  {Zähler erhöhen und neues Gerät im Array anlegen}
  Inc(FPCIDCount, 1);
```

Für das Anlegen eines neuen PCI-Gerätes im generischen Feld ermitteln wir zunächst die Feld-Länge in der Index-Variable *DevIndex,* setzen dann mit *SetLength* die neue Größe (also die bisherige plus 1), und übertragen bereits die ersten Werte der Bus-, Geräte- und Funktionsnummern:

```
DevIndex := Length(FPCIDevices);
SetLength(FPCIDevices, DevIndex + 1);
FPCIDevices[DevIndex].Bus := BusNr;
FPCIDevices[DevIndex].Dev := Dev;
FPCIDevices[DevIndex].Func := CurrentFunction - 1;
```

Weiter geht es mit dem eigentlichen Auslesen des Konfigurationsbereiches, der 256 Byte beträgt und in ausgelesenen 4er Blöcken jeweils 64-mal mit unterschiedlichen Offsets durchlaufen werden muss. Dafür verwenden wir eine weitere For-Schleife und benutzen die Variable *RegisterCnt* als Zähler:

```
{64 LongWords pro PCI-Gerät (64 x 4 Byte = 256 Byte}
for RegisterCnt := 0 to 63 do
begin
  {Portnummer mit Registernummer erhöhen und dann lesen}
  ContentPosition := RegisterCnt * 4;
  InputBuf.PortNumber := PortBase + ContentPosition;
  if FParent.Driver_ReadPCI(InputBuf, OutputBuf) then
  begin
```

Hierbei wird in der Variable *ContentPosition* das auszulesende Registeroffset gespeichert und mit jedem Schleifendurchlauf um 4 erhöht. Wir verwenden daher die bisherige *PortBase*-Variable für die bereits ausgelesenen 4 Bytes und addieren das Registeroffset hinzu, übertragen wieder alles in den Eingabepuffer und führen den Lesevorgang aus.

Da wir nicht nur den Konfigurationsbereich als Rohblock auslesen, sondern auch einige Record-Felder für das PCI-Gerät befüllen wollen, brauchen wir eine Sonderbehandlung einiger Register. Dazu gehören die Vendor- und Device IDs, die Revision, Class- und Subclass IDs, das Programming Interface sowie SubVendor- und SubDevice IDs. Anhand des Header Type Registers in Offset 0Eh definieren wir bei gesetztem Bit 7 für Multifunktionsgeräte den Maximalwert der Variable *MaxFunctions* auf 8. Die SubVendor- und SubDevice IDs existieren nur bei den Header-Typen 0 (Standard) und 2 (PCI-zu-CardBus-Brücke), und dort auch noch an anderen Positionen. Daher prüfen wir bei den entsprechenden Bytes des Konfigurationsbereiches anhand des Header Type Registers (Offset 0Eh) und den Bits 6-0, ob der jeweilige Header-Typ gefunden wurde:

```
{Sonderbehandlungen für Record-Einträge}
case ContentPosition of
  $00 : begin
          FPCIDevices[DevIndex].VendorID :=
            OutputBuf.DataBuffer and $FFFF;
          FPCIDevices[DevIndex].DeviceID :=
             (OutputBuf.DataBuffer shr 16) and $FFFF;
        end;
  $08 : begin //Rev + (Sub)-Class + Prg. Intf.
          FPCIDevices[DevIndex].Rev :=
            OutputBuf.DataBuffer and $FF;
          FPCIDevices[DevIndex].PrgInt :=
             (OutputBuf.DataBuffer shr 8) and $FF;
          FPCIDevices[DevIndex].SubClassID :=
             (OutputBuf.DataBuffer shr 16) and $FF;
          FPCIDevices[DevIndex].ClassID :=
             (OutputBuf.DataBuffer shr 24) and $FF;
        end;
  $0C : begin
          if (OutputBuf.Databuffer shr 16) and
            $80 = $80 then
            MaxFunctions := 8;
        end;
  $2C : if FPCIDevices[DevIndex].PCIContent[$E] and
          $7F = 0 then
        begin //SubVendor & SubDevice für Header-Typ 0
          FPCIDevices[DevIndex].SubVendorID :=
            OutputBuf.DataBuffer and $FFFF;
          FPCIDevices[DevIndex].SubDeviceID :=
            (OutputBuf.DataBuffer shr 16) and $FFFF;
        end;
  $40 : if FPCIDevices[DevIndex].PCIContent[$E] and
          $7F = 2 then
        begin //SubVendor & SubDevice für Header-Typ 2
          FPCIDevices[DevIndex].SubVendorID :=
            OutputBuf.DataBuffer and $FFFF;
          FPCIDevices[DevIndex].SubDeviceID :=
            (OutputBuf.DataBuffer shr 16) and $FFFF;
        end;
end;
```

Da wir uns immer noch im Schleifendurchlauf mit einem 4 Byte großen Registeroffset befinden, wird vor dem nächsten Schleifendurchlauf dieses Offset in 4 Bytes zerlegt, sowie danach dem *PCIContent*-Feld innerhalb des aktuellen Record für das PCI-Gerät zugewiesen. Wir erinnern uns, dass *PCIContent* als 256 Byte-Feld deklariert wurde und in Rohform den Konfigurationsbereich für ein PCI-Gerät enthalten soll. Die Aufteilung erfolgt mit logischem Shiften nach rechts um jeweils 8 Bits und das logische Und mit einem Byte-Wert von FFh:

```
                {jedes Byte im Array speichern}
                FPCIDevices[DevIndex].
                PCIContent[ContentPosition + 0] :=
                  (OutputBuf.DataBuffer shr 00) and $FF;
                FPCIDevices[DevIndex].
                PCIContent[ContentPosition + 1] :=
                  (OutputBuf.DataBuffer shr 08) and $FF;
                FPCIDevices[DevIndex].
                PCIContent[ContentPosition + 2] :=
                  (OutputBuf.DataBuffer shr 16) and $FF;
                FPCIDevices[DevIndex].
                PCIContent[ContentPosition + 3] :=
                  (OutputBuf.DataBuffer shr 24) and $FF;
              end;
            end;
          end;
        end;
      end;
    end;
  end;
```

Abschließend folgen für die Schleifen und If-Abfragen die End-Abschnitte. Das Funktionsergebnis als Boolean-Wert wird neu bewertet, indem mehr als ein PCI-Gerät für ein positives Ergebnis vorhanden sein muss. Wenn das Ergebnis True ist, wird zusätzlich die sog. SMBus-Basisadresse versucht zu ermitteln (wir besprechen diese Erkennung noch im weiteren Verlauf dieses Kapitels):

```
  Result := Boolean(FPCIDCount > 0);
  if Result then
    GetSMBusBaseAddress;
end;
```

Nachdem wir nun die Haupterkennung implementiert und besprochen haben, geht es weiter mit zusätzlichen Erkennungsfunktionen.

Über den Class Code in Register 0Bh lässt sich erkennen, zu welcher Klasse das jeweilige PCI-Gerät gehört. Dafür existieren vordefinierte Klassentypen, die wir in der Funktion *GetBaseClassName* als deutschen Text zurückliefern und im Hauptformular einbinden:

```
function TPCIBus.GetBaseClassName(AIndex : Integer) : String;
begin
  Result := 'unbekannt';


  case FPCIDevices[AIndex].ClassID of
    $00       : Result := 'keine';
    $01       : Result := 'Massenspeicher';
    $02       : Result := 'Netzwerk';
    $03       : Result := 'Anzeige';
    $04       : Result := 'Multimedia';
    $05       : Result := 'Speicher';
    $06       : Result := 'Brücke';
    $07       : Result := 'Kommunikation';
    $08       : Result := 'System';
    $09       : Result := 'Eingabegerät(e)';
    $0A       : Result := 'Docking Station';
    $0B       : Result := 'Prozessor';
    $0C       : Result := 'Seriell';
    $0D       : Result := 'Kabellos';
    $0E       : Result := 'Intelligent E/A';
    $0F       : Result := 'Satellitenkommunikation';
    $10       : Result := 'Ver-/Entschlüsselung';
    $11       : Result := 'Daten-Beschaffung';
    $12       : Result := 'Verarbeitungsbeschleuniger';
    $13..$FE : Result := 'reserviert';
    $FF       : Result := 'keine';
  end;
end;
```

Neben der Hauptklasse existiert in Register 0Ah die SubClass, also eine Unterklasse, die eine feinere Unterscheidung für den Typ des PCI-Geräts ermöglicht. Dies erlaubt etwa eine Differenzierung der verwendeten USB-Version und PCI-Brücken. Unsere Implementierung in der Funktion *GetSubClassName* liefert in Kombination der Klasse- und Unterklasse den deutschen Text für die Unterklasse zurück, und wird ebenfalls im Hauptformular verwendet. Die Ermittlung basiert weitestgehend auf mehreren Case-Abfragen, die ineinander verschachtelt sind:

```
function TPCIBus.GetSubClassName(AIndex : Integer) : String;
begin
  Result := 'unbekannt';

  case FPCIDevices[AIndex].ClassID of
    $00 : case FPCIDevices[AIndex].SubClassID of
            $01 : Result := 'VGA'
```

```
        end;
  $01 : case FPCIDevices[AIndex].SubClassID of
          $00 : Result := 'SCSI';
          $01 : Result := 'IDE';
          $02 : Result := 'Diskette';
          $03 : Result := 'IPI';
          $04 : Result := 'RAID';
          $05 : case FPCIDevices[AIndex].PrgInt of
                  $20 : Result := 'ATA, Einfach DMA';
                  $30 : Result := 'ATA, Verkettet DMA';
                  else  Result := 'ATA';
                end;
          $06 : case FPCIDevices[AIndex].PrgInt of
                  $00 : Result := 'Seriell ATA (herst.-spez.)';
                  $01 : Result := 'Seriell ATA (AHCI 1.0)';
                  $02 : Result := 'Serielle Speicherbus-
                                   Schnittstelle';
                  else  Result := 'Seriell ATA';
                end;
          $07 : case FPCIDevices[AIndex].PrgInt of
                  $00 : Result := 'Seriell angeschlossenes SCSI
                                  (SAS)';
                  $01 : Result := 'Serielle   Speicherbus-Schnitt-
                                   stelle';
                  else  Result := 'Seriell   angeschlossenes   SCSI
                                  (SAS)';
          end;
          $08 : case FPCIDevices[AIndex].PrgInt of
                  $00 : Result := 'SSD Speicher';
                  $01 : Result := 'SSD Speicher (NVMHCI 1.0)';
                  $02 : Result := 'SSD Speicher
                                  (Enterprise NVMHCI 1.0)';
                  else  Result := 'SSD Speicher';
                end;
          else  Result := 'Massenspeicher';
        end;
  $02 : case FPCIDevices[AIndex].SubClassID of
          $00 : Result := 'Ethernet';
          $01 : Result := 'Token Ring';
          $02 : Result := 'FDDI';
          $03 : Result := 'ATM';
          $04 : Result := 'ISDN';
          $05 : Result := 'WorldFip';
          $06 : Result := 'PICMG 2.14';
          $07 : Result := 'InfiniBand';
```

```
          else  Result := 'Netzwerk';
        end;
  $03 : case FPCIDevices[AIndex].SubClassID of
          $00 : case FPCIDevices[AIndex].PrgInt and 1 of
                  0 :  Result := 'VGA';
                  1 :  Result := '8514';
                  else Result := 'VGA/8514';
                end;
          $01 : Result := 'XGA';
          $02 : Result := '3D-Grafik';
          else  Result := 'Anzeige';
        end;
  $04 : case FPCIDevices[AIndex].SubClassID of
          $00 : Result := 'Video';
          $01 : Result := 'Audio';
          $02 : Result := 'Computer-Telefon';
          $03 : Result := 'Gemischtes Modus-Gerät';
          else  Result := 'Multimedia';
        end;
  $05 : case FPCIDevices[AIndex].SubClassID of
          $00 : Result := 'RAM';
          $01 : Result := 'Flash';
          else  Result := 'Speicher';
        end;
  $06 : case FPCIDevices[AIndex].SubClassID of
          $00 : Result := 'PCI-zu-HOST';
          $01 : Result := 'PCI-zu-ISA';
          $02 : Result := 'PCI-zu-EISA';
          $03 : Result := 'PCI-zu-MCA';
          $04 : case FPCIDevices[AIndex].PrgInt of
                  $00 : Result := 'PCI-zu-PCI';
                  $01 : Result := 'Subtraktive Dekodierung
                                   PCI-zu-PCI';
                  else  Result := 'PCI-zu-PCI';
                end;
          $05 : Result := 'PCI-zu-PCMCIA';
          $06 : Result := 'PCI-zu-NuBus';
          $07 : Result := 'PCI-zu-CardBus';
          $08 : Result := 'PCI-zu-RACEway';
          $09 : Result := 'Semi-transparentes PCI-zu-PCI';
          $0A : Result := 'InfiBand-zu-PCI';
          $0B : case FPCIDevices[AIndex].PrgInt of
                  $00 : Result := 'Erw. Umschaltung-zu-PCI
                                  (Benutzerdef.)';
                  $01 : Result := 'Erw. Umschaltung-zu-PCI
                                  (ASI-SIG)';
```

```
                else  Result := 'Erw. Umschaltung-zu-PCI';
              end;
        else  Result := 'Brücke';
      end;
  $07 : case FPCIDevices[AIndex].SubClassID of
        $00 : case FPCIDevices[AIndex].PrgInt of
                $00 : Result := 'XT Seriell';
                $01 : Result := '16450 Seriell';
                $02 : Result := '16550 Seriell';
                $03 : Result := '16650 Seriell';
                $04 : Result := '16750 Seriell';
                $05 : Result := '16850 Seriell';
                $06 : Result := '16950 Seriell';
                else  Result := 'Seriell';
              end;
        $01 : case FPCIDevices[AIndex].PrgInt of
                $00 : Result := 'Parallel';
                $01 : Result := 'Bidirektional Parallel';
                $02 : Result := 'ECP 1.x Parallel';
                $03 : Result := 'IEEE 1284, Parallel Kontroller';
                $FE : Result := 'IEEE 1284, Parallel Gerät';
                else  Result := 'Parallel';
              end;
        $02 : Result := 'Multiport Seriell';
        $03 : case FPCIDevices[AIndex].PrgInt of
                $00 : Result := 'Modem';
                $01 : Result := 'Modem, 16450 Schnittstelle';
                $02 : Result := 'Modem, 16550 Schnittstelle';
                $03 : Result := 'Modem, 16650 Schnittstelle';
                $04 : Result := 'Modem, 16750 Schnittstelle';
                else  Result := 'Hayes-Modem';
              end;
        $04 : Result := 'GPIB (IEEE 488.1/2)';
        $05 : Result := 'Smart Card';
        else  Result := 'Kommunikation';
      end;
  $08 : case FPCIDevices[AIndex].SubClassID of
        $00 : case FPCIDevices[AIndex].PrgInt of
                $00 : Result := '8259 PIC';
                $01 : Result := 'ISA PIC';
                $02 : Result := 'EISA PIC';
                $10 : Result := 'I/O APIC';
                $20 : Result := 'I/O(x) APIC';
                else  Result := 'PIC 8259';
              end;
```

```
        $01 : case FPCIDevices[AIndex].PrgInt of
                $00 : Result := '8237 DMA';
                $01 : Result := 'ISA DMA';
                $02 : Result := 'EISA DMA';
                else  Result := '8237 DMA';
              end;
        $02 : case FPCIDevices[AIndex].PrgInt of
                $00 : Result := '8254 System-Zeitgeber';
                $01 : Result := 'ISA System-Zeitgeber';
                $02 : Result := 'EISA System-Zeitgeber';
                $03 : Result := 'Hochleistungs-Ereignis-
                                 Zeitgeber';
                else  Result := '8254 System-Zeitgeber';
              end;
        $03 : case FPCIDevices[AIndex].PrgInt of
                $00 : Result := 'RTC';
                $01 : Result := 'ISA RTC';
                else  Result := 'RTC';
              end;
        $04 : Result := 'PCI Hot-Plug';
        $05 : Result := 'SD Host';
        $06 : Result := 'E/A MMU';
        else  Result := 'System';
      end;
 $09 : case FPCIDevices[AIndex].SubClassID of
        $00 : Result := 'Tastatur';
        $01 : Result := 'Digitizer (Stift)';
        $02 : Result := 'Maus';
        $03 : Result := 'Scanner';
        $04 : Result := 'Game Port';
        else  Result := 'Eingabegerät(e)';
      end;
$0A : Result := 'Docking Station';
$0B : case FPCIDevices[AIndex].SubClassID of
        $00 : Result := '386';
        $01 : Result := '486';
        $02 : Result := 'Pentium';
        $03 : Result := 'Pentium Pro';
        $10 : Result := 'DEC Alpha';
        $20 : Result := 'PowerPC';
        $30 : Result := 'MIPS';
        $40 : Result := 'Koprozessor';
        else  Result := 'Prozessor';
      end;
$0C : case FPCIDevices[AIndex].SubClassID of
```

```
        $00 : case FPCIDevices[AIndex].PrgInt of
                $00 : Result := 'IEEE 1394 Firewire';
                $10 : Result := 'IEEE 1394 Firewire, OpenHCI';
                else  Result := 'IEEE 1394 Firewire';
              end;
        $01 : Result := 'ACCESS.Bus';
        $02 : Result := 'SSA';
        $03 : case FPCIDevices[AIndex].PrgInt of
                $00 : Result := 'USB (UHC)';
                $10 : Result := 'USB (OHC)';
                $20 : Result := 'USB2 (EHC)';
                $30 : Result := 'USB3 (xHCI)';
                $FE : Result := 'USB-Gerät';
                else  Result := 'USB';
              end;
        $04 : Result := 'Fibre Channel';
        $05 : Result := 'SMBus';
        $06 : Result := 'InfiniBand';
        $07 : case FPCIDevices[AIndex].PrgInt of
                $00 : Result := 'IPMI SMIC-Schnittstele';
                $01 : Result := 'IPMI Tastatur-Schnittstelle';
                $02 : Result := 'IPMI Block Transfer-
                                 Schnittstelle';
                else  Result := 'IPMI';
              end;
        $08 : Result := 'SERCOS (IEC 61491)';
        $09 : Result := 'CANbus';
        else  Result := 'Seriell';
      end;
$0D : case FPCIDevices[AIndex].SubClassID of
        $00 : Result := 'iRDA';
        $01 : Result := 'IR';
        $10 : Result := 'RF';
        $11 : Result := 'Bluetooth';
        $12 : Result := 'Breitband';
        $20 : Result := 'Ethernet (802.11a - 5 GHz)';
        $21 : Result := 'Ethernet (802.11b - 2.4 GHz)';
        else  Result := 'Kabellos';
      end;
$0E : Result := 'Intelligent E/A';
$0F : case FPCIDevices[AIndex].SubClassID of
        $01 : Result := 'TV';
        $02 : Result := 'Audio';
        $03 : Result := 'Sprache';
        $04 : Result := 'Daten';
```

```
          else  Result := 'Satellitenkomm.-Gerät';
         end;
  $10: case FPCIDevices[AIndex].SubClassID of
          $00 : Result := 'Netzwerk/PC Ver-/Entschlüsseler';
          $10 : Result := 'Unterhaltungs Ver-/Entschlüsseler';
          else  Result := 'Ver-/Entschlüsseler';
        end;
  $11: case FPCIDevices[AIndex].SubClassID of
          $00 : Result := 'DPIO-Modul';
          $01 : Result := 'Performance-Zähler';
          $10 : Result := 'Komm. Sync, Zeit+Frequenz';
          $20 : Result := 'Verwaltungskarte';
          else  Result := 'Daten-Beschaffung';
        end;
  $12: Result := 'Verarbeitungsbeschleuniger';
 end;
end;
```

Für die letzte Kernerkennungsfunktion mit dem Namen *GetSMBusBaseAddress* wollen wir nicht allzu viel vorwegnehmen, da dies ein Hauptbestandteil des nachfolgenden Kapitels darstellt. Daher wollen wir hier kurz besprechen, dass wir aus dem Konfigurationsbereich eines PCI-Gerätes, das vom Typ *SMBus-Kontroller* sein muss, eine sog. SMBus-Basisadresse ermitteln wollen.

Diese Adresse ist für das Ansprechen des System Management Bus notwendig, über den wir im nachfolgenden Kapitel die Speichermodule ermitteln. Und die Erkennungsnotwendigkeit dieser Adresse ist gleichzeitig ein Hauptgrund dafür, warum die Windows-Mechanismen zur Erkennung von PCI-Geräten etwa über die Registrierung oder API-Funktionen unzureichend sind – wir benötigen den Konfigurationsbereich von PCI-Geräten und können dort bei bestimmten Geräten und auf bestimmten Registern diese Adresse gewinnen. Die Adresse wird dann in der lokalen Klassenvariable *FSMBusBaseAddress* und der Kontrollername in *FSMBusControllerName* gespeichert.

Die Hauptvoraussetzung für diese Prozedur ist, dass bereits der PCI-Bus vollständig eingelesen und die Ergebnisse im generischen Feld *FPCIDevices* gespeichert wurden.

Begonnen wird mit der Variablen-Sektion, in der wir einen Zähler und eine temporäre Word-Variable definieren. Zusätzlich folgen noch Eingabe- und Ausgabepuffer für die PCI-Schreibfunktion, die Basisvariablen für Daten und Port sowie eine temporäre Gerätevariable:

```
procedure TPCIBus.GetSMBusBaseAddress;
var
  PCIDevCnt : Integer;
  WordValue : Word;
  WriteInputBuf : WritePCIInputStruct;
  WriteOutputBuf : WritePCIOutputStruct;
```

```
  DataBase,
  PortBase : LongWord;
  DeviceID : Byte;
begin
  if PCIDeviceCount = 0 then
    Exit;
```

Wenn kein PCI-Gerät gefunden wurde und der Zähler null beträgt, springen wir ohne Ergebnis aus der Prozedur heraus.

Im anderen Fall beginnt eine For-Schleife, die durch alle gefundenen PCI-Geräte iteriert und für jedes Gerät die Vendor- und Device ID abfragt, sowie die wichtigsten 2 Bedingungen für die Ermittlung der Adresse prüft:

- das PCI-Gerät muss als Hauptklasse ein serieller Bus-Kontroller sein (Klassenkennung Ch)
- das PCI-Gerät muss als Unterklasse ein SMBus-Kontroller sein (Unterklassenkennung 5h)

Der nachfolgende Quellcodeausschnitt veranschaulicht die Handhabung für 5 Intel-Geräte bzw. SMBus-Kontroller von Intel-Chipsätzen, wobei die vollständige Liste rund 80 Intel-Geräte umfasst und darüber hinaus noch Listen anderer Hersteller wie AMD, VIA, nVidia und ATI vorhanden sind:

```
  for PCIDevCnt := 0 to PCIDeviceCount - 1 do
  begin
    case FPCIDevices[PCIDevCnt].VendorID of
      $8086 : case FPCIDevices[PCIDevCnt].DeviceID of {Intel}
                $A123, {Intel Sunrise Point-H SMBus Controller}
                $A1A3, {Intel Lewisburg SMBus Controller}
                $A223, {Intel C620 Series Chipset "Lewisburg" SMBus
                        Controller}
                $A2A3, {Intel 200 Series/Z370 Chipset Family SMBus
                        Controller}
                $A323 : {Intel Cannon Lake-H PCH SMBus Controller}
                       begin
                         if (FPCIDevices[PCIDevCnt].ClassID = $C)
                             and
                            (FPCIDevices[PCIDevCnt].SubClassID = 5)
                         then
                         begin
                           WordValue := MakeWord(
                             FPCIDevices[PCIDevCnt].
                             PCIContent[$20],
```

```
          FPCIDevices[PCIDevCnt].
          PCIContent[$21]);
        {Register 20-21 Bits 5-15}
        FSMBusBaseAddress := WordValue and $FFE0;

        case FPCIDevices[PCIDevCnt].DeviceID of
          $A123 : FSMBusControllerName :=
                  'Intel Sunrise Point-H
                   SMBus Controller';
          $A1A3 : FSMBusControllerName :=
                  'Intel Lewisburg
                   SMBus Controller';
          $A223 : FSMBusControllerName :=
                  'Intel C620 Series Chipset
                   "Lewisburg" SMBus Controller';
          $A2A3 : FSMBusControllerName :=
                  'Intel 200 Series PCH
                   "Union Point"
                   SMBus Controller';
          $A323 : FSMBusControllerName :=
                  'Intel Cannon Lake-H PCH
                   SMBus Controller';
        end;
        Break;
      end;
    end;
```

Wie man hier am Beispiel der 5 SMBus-Kontroller sehen kann, werden 2 Bedingungen überprüft, die wir oben bereits besprochen haben. Danach werden die beiden Byte-Register 20h und 21h zu einem Word-Register zusammengesetzt (über die Funktion *MakeWord* aus der Delphi-Unit WinAPI.Windows.pas) und die gesuchte Adresse aus den Bits 15-5 extrahiert. Danach wird in Abhängigkeit der Device ID noch der Name des SMBus-Kontrollers zugewiesen.

Hintergrundinformation
Exemplarisch wollen wir diese Vorgehensweise anhand der Device ID A223h detaillierter besprechen, um nachzuvollziehen, wie diese Daten eigentlich zustande kommen und wie man die notwendigen Informationen beziehen kann. Der dazugehörige Baustein ist der *Intel C620 Platform Controller Hub* (kurz PCH), der den Codenamen „Lewisburg" trägt. Wenn man nach diesem Gerät im Internet sucht, oder auch auf den Intel-Seiten, stößt man auf das öffentlich zugängliche Datenblatt [5]. Innerhalb dieses Dokuments ist die Device ID A223h per Textsuche als SMBus-Kontroller ausgewiesen (Abb. 10.2, 10.3 und 10.4).

Wenn man im Datenblatt weiter nach A223 sucht, gelangt man zu Abschn. 26.8, *SMBus Configuration Registers Summary*. Hier befinden sich die PCI-Register, die über den SMBus-Kontroller bereitgestellt werden. An Offset 20h bis 23h (also 4 Byte) befindet sich die *SMB Base Address* (SBA).

PCH Controller Device IDs

Table 2-1. Intel® C620 Series Chipset Device and Revision ID Table (Sheet 2 of 4)

Intel® C620 Series Chipset Production SKUs	Intel® C620 Series Chipset Super SKUs	Device Function - Device Description	A0 SRID	B0 SRID	B1 SRID	B2 SRID	S0 SRID	S1 SRID	Notes
A19D	A21D	D29:F5- PCI Express Root Port #13	0	2	3	4	8	9	
A19E	A21E	D29:F6- PCI Express Root Port #14	0	2	3	4	8	9	
A19F	A21F	D29:F7 - PCI Express Root Port #15	0	2	3	4	8	9	
A1A0	A220	D31:F1 - P2SB	0	2	3	4	8	9	
A1A1	A221	D31:F2 - Power Management Controller	0	2	3	4	8	9	
A1A3	A223	D31:F4 - SMBus	0	2	3	4	8	9	

Abb. 10.2 Intel C620 PCH Datenblatt mit der Zuordnung der Device ID A223h und dem SMBus-Kontroller

26.8 SMBus Configuration Registers Summary

Table 26-13. Summary of SMBus Configuration Registers

Offset Start	Offset End	Register Name (ID)—Offset	Default Value
0h	1h	Vendor ID (VID)—Offset 0h	8086h
2h	3h	Device ID (DID)—Offset 2h	A223
4h	5h	Command (CMD)—Offset 4h	0h
6h	7h	Device Status (DS)—Offset 6h	280h
8h	8h	Revision ID (RID)—Offset 8h	0h
9h	9h	Programming Interface (PI)—Offset 9h	0h
Ah	Ah	Sub Class Code (SCC)—Offset Ah	5h
Bh	Bh	Base Class Code (BCC)—Offset Bh	Ch
10h	13h	SMBus Memory Base Address_31_0 (SMBMBAR_31_0)—Offset 10h	4h
14h	17h	SMBus Memory Base Address_63_32 (SMBMBAR_63_32)—Offset 14h	0h
20h	23h	SMB Base Address (SBA)—Offset 20h	1h
2Ch	2Dh	SVID (SVID)—Offset 2Ch	0h
2Eh	2Fh	SID (SID)—Offset 2Eh	0h
3Ch	3Ch	Interrupt Line (INTLN)—Offset 3Ch	0h
3Dh	3Dh	Interrupt Pin (INTPN)—Offset 3Dh	1h
40h	40h	Host Configuration (HCFG)—Offset 40h	0h
50h	53h	TCO Base Address (TCOBASE)—Offset 50h	1h
54h	57h	TCO Control (TCOCTL)—Offset 54h	0h

Abb. 10.3 Intel C620 PCH Datenblatt mit den bereitgestellten Registern und Offset 20h-23h für die SMBus-Basisadresse

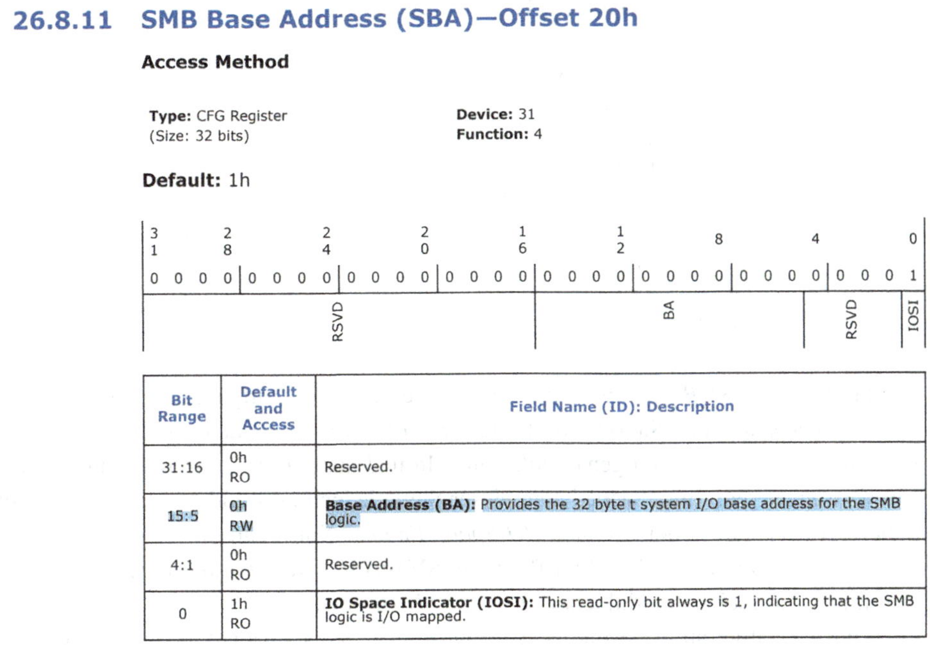

26.8.11 SMB Base Address (SBA)—Offset 20h

Access Method

Type: CFG Register
(Size: 32 bits)

Device: 31
Function: 4

Default: 1h

31	28	24	20	16	12	8	4	0
0 0 0 0	0 0 0 0	0 0 0 0	0 0 0 0	0 0 0 0	0 0 0 0	0 0 0 0	0 0 0 1	
RSVD				BA			RSVD	IOSI

Bit Range	Default and Access	Field Name (ID): Description
31:16	0h RO	Reserved.
15:5	0h RW	**Base Address (BA):** Provides the 32 byte t system I/O base address for the SMB logic.
4:1	0h RO	Reserved.
0	1h RO	**IO Space Indicator (IOSI):** This read-only bit always is 1, indicating that the SMB logic is I/O mapped.

Abb. 10.4 Intel C620 PCH Datenblatt mit dem SMB Base Address (SBA) Registerinhalt ab Offset 20h

Weiter unten in diesem Datenblatt ist diese 32 Bit-Adresse ab Offset 20h genauer aufgelistet, und die Bits 15-5 enthalten die *Base Address.*

Auch wenn diese Liste insbesondere bei Intel relativ komplex wirkt, sind damit längst nicht alle und vor allem nicht die neuesten Chipsätze und SMBus-Kontroller abgedeckt. Das mag damit zusammenhängen, dass ständig neue Geräte auf den Markt kommen und man theoretisch ständig aktualisieren muss, weil die im nächsten Kapitel ermittelten Speichermodule auf dem SMBus und damit dieser SMBus-Basisadresse fundieren.

Für diesen Fall bauen wir eine Art Fallback in der Else-Verzweigung der Case-Abfrage ein, mit der wir auch bei unbekannten Device IDs von Intel die Erkennung durchführen, dann aber keinen genauen SMBus-Kontrollernamen benennen können. Trotzdem erhöht sich die Zuverlässigkeit der Ergebnisse, da bestimmte Bedingungen wie etwa die Class Code ID und Sub Class ID auch bei unbekannten Device IDs identisch sind:

```
else
  if (FPCIDevices[PCIDevCnt].ClassID = $C) and
     (FPCIDevices[PCIDevCnt].SubClassID = 5) then
  begin
    WordValue := MakeWord(
```

```
        FPCIDevices[PCIDevCnt].
        PCIContent[$20],
        FPCIDevices[PCIDevCnt].
        PCIContent[$21]);
      {Register 20-21 Bits 5-15}
      FSMBusBaseAddress := WordValue and $FFE0;
      FSMBusControllerName := 'Unbekannter Intel
                               SMBus Controller';
      Break;
    end;
  end;
```

Die Prozedur *GetSMBusBaseAddress* hat noch eine zweite Aufgabe, die das *sog. PCI Command Register* des SMBus-Kontrollers betrifft. Dieses werden wir später noch in Abschn. 10.5 und Tab. 10.6 genau aufschlüsseln und auswerten – und daher nicht allzu viel vorwegnehmen. Eine Sache ist an dieser Stelle jedoch notwendig, und zwar das Bit 0 dieses Registers mit dem Namen *I/O Space Enable*. Nur wenn dieses Bit gesetzt ist, erlaubt der SMBus-Kontroller Zugriff auf die SMBus I/O-Register, die wir später für die Ermittlung der Speichermoduldetails über den SMBus benötigen.

Je nach Konfiguration ist dieses Bit mal gesetzt und mal nicht, weswegen wir für die Sicherstellung einer SMBus-Kommunikation diesen Umstand prüfen und anpassen müssen. Die Prüfung besteht darin, dieses Bit auszulesen, und die Anpassung mit dem Schreiben des Bits, falls es nicht gesetzt ist. Diese Funktionalität erlaubt uns gleichzeitig eine Besprechung des PCI-Schreibzugriffs, der bisher für die reine Auswertung und Analyse nicht nötig war.

Wir beginnen mit der Prüfung, die zunächst verifiziert, dass eine gültige SMBus-Basisadresse und ein SMBus-Kontrollername erkannt wurden. Weiterhin muss das zuletzt selektierte Gerät auf Basis der lokalen Zählervariable *PCIDevCnt* ein SMBus-Kontroller sein. Wenn diese Bedingungen zutreffen, greifen wir auf den bereits eingelesenen PCI-Konfigurationsbereich zu und ermitteln in Offset 4, ob das Bit 0 gesetzt ist. Das *PCI Command Register* besteht aus den Offsets 4 und 5 und ist damit 16 Bit groß (Word), allerdings müssen wir dieses Word hier nicht erst zusammensetzen, um Bit 0 abzufragen:

```
//Abschnitt zum Prüfen und Setzen des I/O Space Bits im
//PCI Command Register
if (FSMBusBaseAddress <> 0) and
   (FSMBusControllerName <> '') and
   (FPCIDevices[PCIDevCnt].ClassID = $C) and
   (FPCIDevices[PCIDevCnt].SubClassID = 5) then
begin
  //Prüfen von Bit 0 (I/O Space Enable) im
  //PCI Command Register bei offset 4
  if not IsBitOn(
```

```
            FPCIDevices[PCIDevCnt].PCIContent[$4],
            0) then
    begin
```

Sollte unsere binäre Hilfsfunktion *IsBitOn* ein False zurückliefern, ist das Bit nicht gesetzt und muss für einen späteren SMBus-Zugriff gesetzt werden. Hierfür fügen wir genauso wie in der Funktion *DetectPCIDevices* das Configuration Address Register bestehend aus Enable Bit, Busnummer, Gerätenummer, Funktionsnummer und Register zusammen – das Ergebnis speichern wir in *PortBase*. Das anzusprechende Register wird mit 4 angegeben, wobei die PCI-Kommunikation immer 4 Byte überträgt (als vorzeichenloser 32 Bit-Wert). Die Angaben für Gerät, Bus und Funktion können wir uns aus den bereits ermittelten Daten laden, und können das in *PortBase* gespeicherte Ergebnis dann im Eingabepuffer und der darin enthaltenen Variable *PortNumber* speichern:

```
{zusammensetzen des Configuration Address Register}
{- zunächst die Geräte- und Funktionsnummern}
DeviceID := FPCIDevices[PCIDevCnt].Dev;
DeviceID := DeviceID shl 3;
DeviceID := DeviceID + (FPCIDevices[PCIDevCnt].Func and $F);
{- dann das vollständige Register}
PortBase := $80;
PortBase := (PortBase shl 8) or FPCIDevices[PCIDevCnt].Bus;
PortBase := (PortBase shl 8) or DeviceID;
PortBase := (PortBase shl 8) or $4;
WriteInputBuf.PortNumber := PortBase;
```

Nun geht es noch um das Schreiben der Daten, wobei wir nicht einfach Byte 4 schreiben können, sondern anhand der 32 Bit-Kommunikation in 4er Blöcken die Bytes 4, 5, 6 und 7 schreiben müssen. Mit dem Move-Befehl kopieren wir ab Offset 4 des Konfigurationsbereiches 4 Bytes in die Variable *DataBase*. Die Größe von *DataBase* beträgt 4 Bytes und diese wird mit *SizeOf* ermittelt:

```
Move(FPCIDevices[PCIDevCnt].PCIContent[$4],
     DataBase,
     SizeOf(DataBase));
```

Anschließend befindet sich in *DataBase* eine exakte Kopie des tatsächlichen 32 Bit-Konfigurationsbereiches ab Offset 4, von dem wir Bit 0 setzen wollen. Dies erreichen wir durch eine boolesche Oder-Verknüpfung mit 1, und können dann *DataBase* der Variablen *DataBuffer* des Eingabepuffers zuweisen:

```
DataBase := DataBase or 1;
WriteInputBuf.DataBuffer := DataBase;
```

Final folgt dann das Schreiben der Daten auf den PCI-Bus, was wir mit der Funktion *Driver_WritePCI* aus der übergeordneten *TSystemAccess*-Klasse bewerkstelligen. Grundsätzlich liefert das Funktionsergebnis True oder False zurück, was darüber Aufschluss gibt, ob der Schreibvorgang erfolgreich war oder nicht. Ebenfalls wird in der Sektion *IOCTL_PCANALYS_WritePCI* des Kernelmodus-Treibers das soeben geschriebene Register erneut ausgelesen und über die Ausgabepuffervariable *WriteOutputBuf* zurückgeliefert, weil wir die erfolgreiche Änderung ebenfalls in unserem PCI-Datenbestand anpassen müssen – wir wollen ja später den Inhalt des *PCI Command Registers* auswerten und müssen diese Schreibänderung noch übertragen. Diese Funktionalität wird wieder mit dem Move-Befehl erreicht, wobei der erste Parameter (Datenquelle) den Ausgabepuffer mit der Variable *DataBuffer* repräsentiert, der zweite Parameter (Zielquelle) unser Feld *PCIContent* mit dem Offsetbeginn 4 darstellt, und der dritte Parameter (Übertragungsgröße) mit der *SizeOf*-Funktion auf den Ausgabepuffer angewandt wird (4 Bytes).

Sollte der Schreibvorgang nicht erfolgreich gewesen sein, wird eine entsprechende Fehlermeldung ausgegeben:

```
    if FParent.Driver_WritePCI(WriteInputBuf, WriteOutputBuf) then
      Move(WriteOutputBuf.DataBuffer,
           FPCIDevices[PCIDevCnt].PCIContent[$4],
           SizeOf(WriteOutputBuf.DataBuffer))
    else
      ShowMessage('I/O Space Enable des SMBus-Kontrollers " ' +
                  FSMBusControllerName +
                  '" konnte nicht aktiviert werden.');
  end;
```

Nach der Prüfung und ggf. Anpassung dieses Bits kommt bei Intel SMBus-Kontrollern ein weiteres Bit zum Tragen, und zwar Bit 0 des *Host Configuration Registers* bei Offset 40h – dieses Bit lautet HST_EN und kann ebenfalls im Datenblatt [5] gefunden werden. Der entsprechende Abschnitt dazu lautet:

> When set, the SMB Host Controller interface is enabled to execute commands. The HST_EN bit needs to be enabled in order for the SMB Host Controller to interrupt or SMI#. Additionally, the SMB Host Controller will not respond to any new requests until all interrupt requests have been cleared.

Das bedeutet für uns, dass wir hier ebenfalls sicherstellen müssen, dass dieses Bit bei Intel SMBus-Kontrollern aktiviert ist, damit der SMBus-Kontroller überhaupt Befehle entgegennimmt. Wir beginnen daher zunächst mit der Prüfung, ob das zuletzt gefundene PCI-Gerät von Intel stammt (Vendor ID muss 8086h sein) und ob Bit 0 des PCI-Registers 40h nicht gesetzt ist:

```
//Bei Intel SMBus-Kontrollern prüfen von Bit 0 (Host Enable) im
//PCI Host Configuration Register bei Offset 40h
if (FPCIDevices[PCIDevCnt].VendorID = $8086) and
   not IsBitOn(FPCIDevices[PCIDevCnt].PCIContent[$40], 0) then
begin
```

Wenn diese Bedingungen erfüllt sind, fahren wir analog wie beim *PCI Command Register* fort und speichern die Angaben für Gerät, Bus, Funktion und dem Register 40h in der temporären Variable *PortBase*, die wir dann an den Eingabepuffer und der darin enthaltenen Variable *PortNumber* übertragen:

```
{zusammensetzen des Configuration Address Register}
{- zunächst die Geräte- und Funktionsnummern}
DeviceID := FPCIDevices[PCIDevCnt].Dev;
DeviceID := DeviceID shl 3;
DeviceID := DeviceID + (FPCIDevices[PCIDevCnt].Func and $F);
{- dann das vollständige Register}
PortBase := $80;
PortBase := (PortBase shl 8) or FPCIDevices[PCIDevCnt].Bus;
PortBase := (PortBase shl 8) or DeviceID;
PortBase := (PortBase shl 8) or $40;
WriteInputBuf.PortNumber := PortBase;
```

Nun geht es noch um das Schreiben der Daten, wobei wir aufgrund der 32 Bit-Kommunikation wieder einen 4er Block für die Bytes 40h, 41h, 42h und 43h schreiben müssen. Mit dem Move-Befehl kopieren wir ab Offset 40h des Konfigurationsbereiches 4 Bytes in die Variable *DataBase*. Die Größe von *DataBase* beträgt 4 Bytes und diese wird mit *SizeOf* ermittelt:

```
Move(FPCIDevices[PCIDevCnt].PCIContent[$40],
     DataBase,
     SizeOf(DataBase));
```

Danach befindet sich in *DataBase* eine exakte Kopie des tatsächlichen 32 Bit-Konfigurationsbereiches ab Offset 40h, von dem wir Bit 0 (HST_EN) setzen wollen. Dies erreichen wir durch eine boolesche Oder-Verknüpfung mit 1, und können dann *DataBase* der Variablen *DataBuffer* des Eingabepuffers zuweisen:

```
DataBase := DataBase or 1;
WriteInputBuf.DataBuffer := DataBase;
```

Zum Abschluss folgt dann das Schreiben der Daten auf den PCI-Bus, was wir mit der Funktion *Driver_WritePCI* aus der übergeordneten *TSystemAccess*-Klasse bewerkstelligen. Im Erfolgsfall wird in der Sektion *IOCTL_PCANALYS_WritePCI* des

Kernelmodus-Treibers das soeben geschriebene Register erneut ausgelesen und über die Ausgabepuffervariable *WriteOutputBuf* zurückgeliefert, weil wir die erfolgreiche Änderung ebenfalls in unserem PCI-Datenbestand übertragen müssen. Wir wollen eine identische Datenbasis zwischen PCI-Gerät und unserem PCI-Datenbestand gewährleisten. Diese Funktionalität wird wieder mit dem Move-Befehl erreicht, wobei der erste Parameter (Datenquelle) den Ausgabepuffer mit der Variable *DataBuffer* repräsentiert, der zweite Parameter (Zielquelle) unser Feld *PCIContent* mit dem Offsetbeginn 40h darstellt, und der dritte Parameter (Übertragungsgröße) mit der *SizeOf*-Funktion auf den Ausgabepuffer angewandt wird (4 Bytes).

Sollte der Schreibvorgang nicht erfolgreich gewesen sein, wird eine entsprechende Fehlermeldung ausgegeben:

```
      if FParent.Driver_WritePCI(WriteInputBuf, WriteOutputBuf) then
        Move(WriteOutputBuf.DataBuffer,
             FPCIDevices[PCIDevCnt].PCIContent[$40],
             SizeOf(WriteOutputBuf.DataBuffer))
      else
        ShowMessage('Host Enable des Intel SMBus-Kontrollers " ' +
                    FSMBusControllerName +
                    '" konnte nicht aktiviert werden.');
    end;
  end;
end;
```

Hiermit haben wir den notwendigen Code besprochen, der zum Schreiben von PCI-Inhalten notwendig ist, und wie man hierbei erkennen kann, ist die Vor- und Nacharbeit der eigentliche Aufwand, während der eigentliche Schreibvorgang dank unserer Treiber-Vorbereitung kompakt umsetzbar ist.

Hintergrundinformation

Wichtig beim Schreiben von PCI-Daten ist es grundsätzlich zu verstehen, dass falsch geschriebene Daten zu unvorhersehbaren Systemzuständen führen können, die sich im schlimmsten Fall durch einen Systemstillstand manifestieren. Daher sollte man immer nur so wenig wie möglich schreiben und den Code vor und nach dem eigentlichen Schreibbefehl möglichst ausgiebig testen.

Aufgrund der 32 Bit-Kommunikation des Bus-Systems sind immer 4 Byte zu schreiben, und diese sollten davor ausgelesen werden, wenn nur Registermanipulationen notwendig sind.

Hiermit haben wir die Kernerkennungsfunktionen vollständig besprochen und können uns den PCI-Datenbankfunktionen im nächsten Kapitel widmen.

10.4.3 PCI-Datenbankfunktionen

Da wir nicht nur rohe Daten der PCI-Geräte und der dazugehörigen Konfigurationsbereiche abbilden möchten, sondern eine möglichst genaue Gerätebezeichnung versuchen zu liefern, sind wir auf eine Sammlung der Identifikationsfelder Vendor ID, Device ID, SubVendor ID, SubVendor ID und Revision angewiesen, zu denen ein eindeutiger Name gehört.

Hier wurde in mehr als 20 Jahren mit viel Feedback durch Kunden und Herstellern eine Datenbasis aufgebaut, die in 3 relativ großen Listen repräsentiert und in unserem Beispiel als PCI-Datenbanken bezeichnet werden.

Hindergrundinformation
Eine weitere nützliche Datenquelle sind Windows-Treiber. Zu jedem Gerätetreiber, egal ob er von den Herstellern selbst oder über Windows Update bereitgestellt wird, gehört mindestens eine INF-Datei, die Zuordnungen zwischen diesen Identifikationsfeldern und den Texten enthalten. Man könnte also theoretisch eine Art Parser entwickeln (was hier nicht Bestandteil des Buches sein soll), der die vorhandenen Inf-Dateien durchsucht (enthalten im INF-Unterordner des Windows-Verzeichnisses) und einen Abgleich der darin enthaltenen Identifikationsfelder mit den Kennungen der Datenbank durchführt.

Nun geht es darum, unsere 3 Datenbanken an unsere Erkennungsroutinen anzubinden und dafür ist zunächst deren Aufbau relevant.

Unterschieden wird grundsätzlich zwischen den 3 PCI-Datenbanken für Hersteller, Geräte und Untergeräte. Alle Dateien sind reine Textdateien und alphabetisch sortiert – wobei man hier sicher andere Implementierungen realisieren könnte. Wir möchten aber gerne den Textdatei-Ansatz fortführen, der sich lange bewährt hat und wenig Aufwand im Vergleich zu komplexen Datenbanksystemen bedeuten würde.

Die Herstellerdatenbank befindet sich in der Datei *PCIVendors.txt* und enthält eine Zuordnung zwischen der Vendor ID und dem Herstellernamen. Die Vendor ID wird hexadezimal dargestellt und der Herstellername wird in doppelten Anführungszeichen integriert – letztere werden wir später wieder mit Delphi-Funktionen entfernen. Der beispielhafte Aufbau sieht wie folgt aus, wobei noch zu erwähnen ist, dass wir wegen der Lesbarkeit die Firmennamen nicht die vollständige Bezeichnung, sondern den marktüblichen Kurznamen aufgenommen haben:

```
1022="AMD"
10DE="nVidia"
8086="Intel"
usw.
```

Die Zuordnung zwischen Vendor ID und Device ID sowie zusätzlich die Revision befindet sich in der Gerätedatenbank mit dem Dateinamen *PCIDevices.txt*. Hierin befinden sich auch viele Legacy-Geräte, und einige lassen eine Unterscheidung anhand der Revision zu, die wir ebenfalls mit aufnehmen. Da das zweistellige hexadezimale Revisionsfeld in jedem Fall belegt sein soll innerhalb unseres Datenbankaufbaus, wird bei unbekannten oder auch beliebigen Revisionen ein doppeltes X (also XX) aufgenommen. Dieses sagt aus, dass die Revision für die Zuordnung zwischen Vendor ID und Device ID nicht beachtet wird.

Als Beispiel soll nachfolgend die Kombination aus Vendor ID 8086h und Device ID 1130h gewählt werden. Der Herstellername Intel wurde nicht in die Gerätebezeichnung aufgenommen, weil diese separat auszuwerten ist. Für eine vollständige Hersteller- und Gerätebezeichnung muss man daher beide Datenbanken durchsuchen und die Werte zusammensetzen - dazu kommen wir später noch genauer.

Für dieses Gerät (im speziellen Fall des Intel 815-Chipsatzes mit seinen Geräten) existieren die Revisionen 01h, 02h, 04h, 10h und 11h, die wir nacheinander angeordnet wiederfinden. Darunter befindet sich eine XX-Revision, die dann zum Einsatz kommt, wenn die vorherigen Revisionen nicht zutreffen (bspw. weil eine Revision 12h gesucht werden soll):

```
8086,1130,01="82815 (Solano) Host-Hub Interface Bridge (GMCH)"
8086,1130,02="82815EP (Solano) Host-to-Hub Bridge"
8086,1130,04="82815/G/EG/P/EP (Solano) Host-Hub Interface Bridge
              (GMCH/MCH)"
8086,1130,10="82815EM (Solano) Host-to-Hub Bridge"
8086,1130,11="82815EM (Solano) Host-to-Hub Bridge"
8086,1130,XX="82815/G/EG/P/EP (Solano) Host-to-Hub Bridge"
usw.
```

Das gleiche Verhaltensmuster existiert bei der dritten PCI-Datenbank mit dem Dateinamen *PCISubDevices.txt*, die zusätzlich noch die SubVendor ID und SubDevice ID enthält. Diese Felder erlauben die separate Zuordnung eines Unterherstellers, was bei Geräten wichtig ist, die bspw. von einem bestimmten Hersteller entwickelt, aber von einem Dritthersteller weiterverarbeitet wurden. Der Aufbau sieht exemplarisch so aus:

```
8086,3A06,XX,8086,3A06="ICH10 2 Port SATA IDE Controller"
8086,3A14,XX,8086,3A18="ICH10DO LPC Controller"
8086,3A20,XX,1043,82D4="ICH10 4 Port SATA IDE Controller"
8086,3A22,XX,103C,2A86="82801JR SATA AHCI Controller"
8086,3A22,XX,1043,82D4="ICH10 6 Port SATA AHCI Controller"
8086,3A30,XX,1043,82D4="ICH10 SMBus Controller"
8086,3A3E,XX,103C,1309="ICH10 HD Audio Controller"
8086,3A62,XX,1734,114D="ICH10 Thermal Subsystem"
usw.
```

Wir benötigen also Mechanismen, wie diese 3 Textdateien möglichst effizient durchsucht werden können. Dafür lesen wir die Dateien jeweils in eine Stringliste ein, um eine performante Durchsuchbarkeit im Speicher und mit komfortablen Delphi-Funktionen zu ermöglichen.

Die Funktion *PCIDatabasesAvailable* innerhalb unserer Klasse *TPCIBus* führt genau das durch und liefert ein Boolean-Ergebnis zurück, ob der Einlesevorgang erfolgreich war. Dazu wird zunächst die Verfügbarkeit der Datenbanken überprüft, und in unserem

Fall davon ausgegangen, dass sich die Datenbanken im gleichen Verzeichnis wie der Kernelmodus-Treiber befinden. An diesen Pfad (wir nennen ihn *BasePath*) gelangt man, indem man von der Parent-Instanzklasse *(TSystemAccess)* die Variable *fDriverFullPath* verwendet, und hiervor mit der Delphi-Funktion *ExtractFilePath* den Pfad extrahiert:

```
function TPCIBus.PCIDatabasesAvailable : Boolean;
var
  BasePath : String;
begin
  BasePath := IncludeTrailingPathDelimiter(
              ExtractFilePath(
              FParent.fDriverFullPath));

  Result := FileExists(BasePath + PCIVendorDatabase) and
            FileExists(BasePath + PCIDeviceDatabase) and
            FileExists(BasePath + PCISubDeviceDatabase);
```

Wenn die Verfügbarkeit sichergestellt wurde und die Stringlisten leer sind, rufen wir für jede Stringliste die Funktion *LoadFromFile* auf, die den Inhalt der jeweiligen Textdatei in die Stringliste einliest:

```
  if Result and
     (PCIVendorList.Count = 0) and
     (PCIDeviceList.Count = 0) and
     (PCISubDeviceList.Count = 0) then
  begin
    PCIVendorList.LoadFromFile(BasePath + PCIVendorDatabase);
    PCIDeviceList.LoadFromFile(BasePath + PCIDeviceDatabase);
    PCISubDeviceList.LoadFromFile(BasePath + PCISubDeviceDatabase);
  end;
end;
```

Hintergrundinformation

Da wir bereits kurz angedeutet haben, dass es viele verschiedene Wege gibt, den Inhalt der Datenbanken – die letztendlich nur Textdateien sind – anzubinden und bereitzustellen, wollen wir hier eine praktische Alternative besprechen.

Sie eignet sich dafür, wenn man diese 3 Textdateien nicht mit seiner Applikation in direkter Form ausliefern möchte oder sie – zumindest soweit es technisch möglich ist – vor dem Kopieren und der Einsicht durch Anwender schützen möchte.

Hierbei werden die 3 Dateien nicht als Textdatei in irgendein Verzeichnis gepackt, sondern als Ressource dem Projekt hinzugefügt. Dies lässt sich entweder manuell oder über das Menü *Projekt -> Ressourcen und Bilder* bewerkstelligen. Man fügt dabei den Dateinamen hinzu, wählt einen eindeutigen Bezeichner (z. B. PCIVendors, PCIDevices und PCISubDevices) und wählt als Ressourcentyp RCDATA aus (Abb. 10.5).

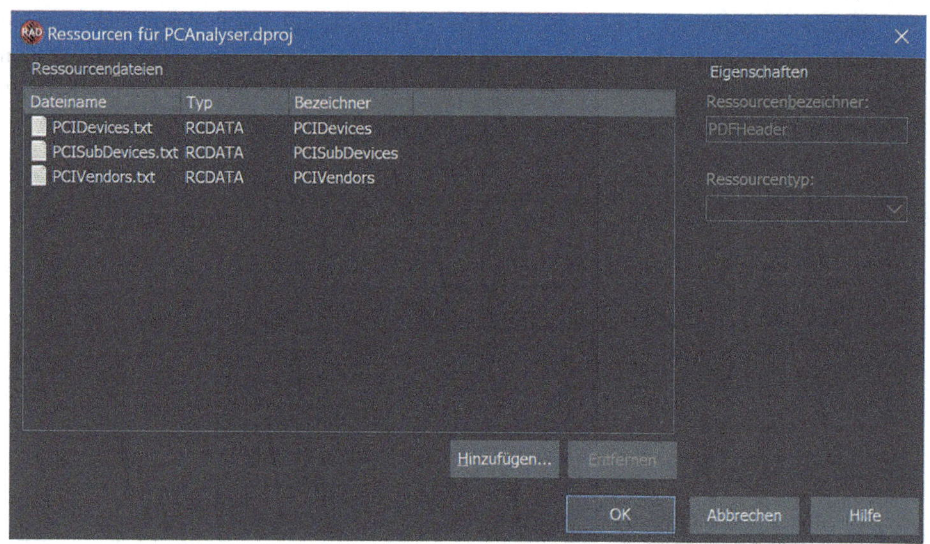

Abb. 10.5 Mögliche Ressourcenoptionen für die Integration der 3 PCI-Datenbanken

Anschließend benötigt man im Code noch eine Sektion, in der diese Ressourcen im Speicher entpackt und in die Stringliste übertragen werden – das kann man über *TResourceStream* erledigen. Der nachfolgende Code-Ausschnitt zeigt exemplarisch für die PCI-Hersteller-Datenbank, wie die Umsetzung erfolgen könnte:

```
...
var
  Stream : TResourceStream;
begin
  Stream := TResourceStream.Create(HInstance,
                                   'PCIVendors',
                                   RT_RCDATA);
  PCIVendorList := TStringList.Create;
  (PCIVendorList AS TStringList).Sorted:=True;
  (PCIVendorList AS TStringList).Duplicates:=dupIgnore;
  try
    PCIVendorList.LoadFromStream(Stream);
  finally
    Stream.Free;
  end;
end;
```

Wir besprechen im Folgenden nun die 3 Suchfunktionen, die anhand der Identifizierungsfelder in der entsprechenden Datenbank idealerweise einen Hersteller- oder Gerätenamen zurückliefern. Die Funktion *GetVendorString* erwartet als Parameter die Vendor ID und liefert einen String zurück. Definiert werden zwei Hilfsvariablen, die aus einer Zählvariable für die Stringliste und dem Suchstring bestehen:

```
function TPCIBus.GetVendorString(Vendor : Word) : String;
var
  Cnt : Integer;
  SearchStr : String;
```

Im Funktionskopf setzen wir zunächst den Standardparameter und prüfen, ob die PCI-Datenbanken verfügbar sind – falls nicht, springen wir mit einem Fehlertext wieder aus der Funktion heraus:

```
begin
  Result := '';

  if not PCIDatabasesAvailable then
    Exit('Keine PCI-Datenbank verfügbar');
```

Für die eigentliche Suche fahren wir nur dann fort, wenn die PCI-Hersteller-Datenbank tatsächlich Einträge enthält. In diesem Fall wird ein Suchstring erstellt, dem wir mit der Format-Funktion die vierstellige hexadezimale Vendor ID gefolgt durch ein Gleichheitszeichen zuweisen. Mit einer anschließenden For-Schleife iterieren wir durch die Datenbank und prüfen, ob der Suchstring in der jeweiligen Zeile gefunden wurde (also der Pos-Rückgabewert 1 ergibt – der String befindet sich dann erwartungsgemäß an der ersten Position der jeweiligen Zeile). Wird der Eintrag gefunden, übertragen wir diesen mit der Funktion *ValueFromIndex* und entfernen zuvor noch per *DeQuotedString* die doppelten Anführungszeichen, die wir als Parameter mitgeben müssen:

```
  if PCIVendorList.Count > 0 then
  begin
    SearchStr := Format('%4.4x=', [Vendor]);
    for Cnt := 0 to PCIVendorList.Count - 1 do
    begin
      if Pos(SearchStr, PCIVendorList.Strings[Cnt]) = 1 then
      begin
        Result :
        = PCIVendorList.ValueFromIndex[Cnt].DeQuotedString('"');
        Break;
      end;
    end;
  end;
end;
```

Vergleichbar sieht es bei der Funktion *GetDeviceString* für die Suche nach Gerätenamen in der PCI-Datenbank *PCIDevices.txt* aus. Übergeben werden die Vendor ID, Device ID und Revision – zurückgegeben wieder im Idealfall die Gerätebezeichnung als String:

```
function TPCIBus.GetDeviceString(Vendor, Device : Word;
                                 Revision : Byte) :
                                 String;
var
  Cnt : Integer;
  SearchStr : String;
begin
  Result := '';

  if not PCIDatabasesAvailable then
    Exit('Keine PCI-Datenbank verfügbar');

  if PCIDeviceList.Count > 0 then
  begin
```

Anders als beim Suchstring für die Vendor ID fügen wir hier zusätzlich die Device ID und Revision jeweils durch ein Komma getrennt hinzu:

```
    SearchStr := Format('%4.4x,%4.4x,%2.2x',
                        [Vendor, Device, Revision]);
```

Anschließend folgt die Suchschleife innerhalb der Stringliste mit anschließendem Übertragen des Wertes (*ValueFromIndex*) und Entfernen der doppelten Anführungszeichen *(DeQuotedString)*:

```
    for Cnt := 0 to PCIDeviceList.Count - 1 do
    begin
      if Pos(SearchStr, PCIDeviceList.Strings[Cnt]) = 1 then
      begin
        Result := PCIDeviceList.ValueFromIndex[Cnt].DeQuotedString('"');
        Break;
      end;
    end;
```

Sollte kein Gerät mit der Kombination aus den 3 IDs gefunden werden, kommen die Datenbankeinträge zum Einsatz, bei denen die Revision aus XX besteht, also keine Revision relevant ist. In diesem Fall füllen wir den Suchstring erneut, verwenden aber als Revisionsparameter statisch den Wert „XX“:

```
    if Result = '' then
    begin
      SearchStr := Format('%4.4x,%4.4x,%s',
                          [Vendor, Device, 'XX']);
      for Cnt := 0 to PCIDeviceList.Count - 1 do
```

```
      begin
        if Pos(SearchStr, PCIDeviceList.Strings[Cnt]) = 1 then
        begin
          Result := PCIDeviceList.ValueFromIndex[Cnt].
                    DeQuotedString('"');
          Break;
        end;
      end;
    end;
  end;
end;
```

Die dritte und letzte Datenbanksuchfunktion heißt *GetSubDeviceString* und ermittelt auf Basis von Vendor ID, Device ID, Revision sowie SubVendor ID und SubDevice ID den dazugehörigen Gerätenamen. Begonnen wird genau wie bei den beiden anderen Funktionen mit der Zähler- und Suchstring-Variable, dem Setzen eines Standardwertes, und der Abfrage auf verfügbare PCI-Datenbanken:

```
function TPCIBus.GetSubDeviceString(Vendor, Device : Word;
                                    Revision : Byte;
                                    SubVendor, SubDevice : Word) :
                                    String;
var
  Cnt : Integer;
  SearchStr : String;
begin
  Result := '';

  if not PCIDatabasesAvailable then
    Exit('Keine PCI-Datenbank verfügbar');
```

Der Suchstring sieht entsprechend länger aus im Vergleich zur normalen Geräte- oder Herstellersuche, erfolgt aber nach dem gleichen Schema:

```
  if PCISubDeviceList.Count > 0 then
  begin
    SearchStr := Format('%4.4x,%4.4x,%2.2x,%4.4x,%4.4x',
                        [Vendor, Device, Revision,
                         SubVendor, SubDevice]);
    for Cnt := 0 to PCISubDeviceList.Count - 1 do
    begin
      if Pos(SearchStr, PCISubDeviceList.Strings[Cnt]) = 1 then
      begin
        Result := PCISubDeviceList.ValueFromIndex[Cnt].
                  DeQuotedString('"');
```

```
        Break;
      end;
    end;
```

Und genau wie bei der normalen Gerätesuche berücksichtigen wir auch hier den Umstand, dass keine Kombination der Kennungen gefunden wurde, weswegen wir die Revision für den zweiten Suchlauf ignorieren und statt einer Revisionsnummer die Zeichenkette „XX“ verwenden:

```
    if Result = '' then
    begin
      SearchStr := Format('%4.4x,%4.4x,%s,%4.4x,%4.4x',
                          [Vendor, Device, 'XX',
                           SubVendor, SubDevice]);
      for Cnt := 0 to PCISubDeviceList.Count - 1 do
      begin
        if Pos(SearchStr, PCISubDeviceList.Strings[Cnt]) = 1 then
        begin
          Result := PCISubDeviceList.ValueFromIndex[Cnt].
                    DeQuotedString('"');
          Break;
        end;
      end;
    end;
  end;
end;
```

10.4.4 Binäre Hilfsfunktionen

Die binären Hilfsfunktionen umfassen Routinen für das Prüfen von Bits innerhalb eines beliebig großen Wertes (maximal vorzeichenlos 64 Bit), sowie Text-Funktionen, die für die Auswertung dienen und anhand eines Boolean die Ergebnisse ja/nein bzw. aktiv/inaktiv zurückliefern.

Da wir diese Routinen bereits im Zuge der Prozessorklasse *TProcessor* in Abschn. 6.2.8 besprochen haben, wollen wir hier gerne darauf verweisen und keine doppelte Besprechung durchführen.

10.4.5 Veröffentlichte Eigenschaften

Unsere *TPCIBus*-Klasse enthält natürlich auch einige veröffentlichte Eigenschaften, auf die von außerhalb der Klasse zugegriffen werden kann. Diese Eigenschaften können je

Tab. 10.5 Veröffentlichte Eigenschaften der TPCIBus-Klasse

Name	Datentyp	Leseoperator (read)	Schreiboperator (write)	Beschreibung
PCIDevice-Count	Byte	Variable FPCIDCount	Variable FPCIDCount	Anzahl der erkannten PCI-Geräte
SMBusBase	Cardinal	Variable FSMBusBase Address	Variable FSMBusBase Address	SMBus-Basisadresse für den erkannten SMBus-Kontroller
SMBusCon-troller Name	String	Variable FSMBu-sController Name	Variable FSMBu-sController Name	SMBus-Kontrollername
PCIDatabases	Boolean	Funktion PCIDa-tabases Available	Kein	Angabe, ob die 3 PCI-Daten-banken vorhanden sind für die PCI-Datenbankfunktionen

nach Anforderung und gewünschtem Einsatz beliebig erweitert oder gekürzt werden – unsere Implementierung soll daher zunächst eine brauchbare Basisvariante darstellen und vorrangig die Anzahl der PCI-Geräte, sowie die SMBus-Basisadresse und -Kontrollernamen enthalten.

Innerhalb der Tab. 10.5 werden alle veröffentlichten Eigenschaften mitsamt deren Leseoperatoren aufgeführt.

10.5 Darstellung der PCI-Geräte

Nachdem wir nun den PCI-Bus analysiert und die angebundenen PCI-Geräte ermittelt sowie abgespeichert haben, geht es um die Auswertung dieser Daten. Hierzu existiert die Kategorie *PCI-Bus* in der linken TreeView-Komponente und innerhalb dieser Kategorie werden die PCI-Geräte aufgelistet. Innerhalb der Prozedur *CreateCategoryTree* im Hautformular wird die PCI-Funktion *CreatePCIBusTree* aufgerufen, der als Parameter der Root-Knoten vom Typ *TTreeNode* übergeben wird.

Zu den definierten Variablen gehört eine *Node*-Variable, die als Zugriff auf den erstellten Hauptknoten mit dem Namen *PCI-Bus* dient. *PInt* vom Typ PInteger ist unsere interne Verknüpfung, wobei wir für jeden Knoten eine Kategorie definieren, die in der Definition von *TCategory* zusammengefasst sind (etwa *CatMachine, CatWindows, CatProcessor, CatSMBIOS* usw). Die Variable *Counter* ist die Zählervariable für die Handhabung der PCI-Geräte:

```
procedure TPCAnalyserForm.CreatePCIBusTree(ARoot: TTreeNode);
var
  Node   : TTreeNode;
  PInt  : PInteger;
  Counter : Integer;
```

Wir beginnen mit einer With-Anweisung für die TreeView-Komponente und darunter befindliche Items, erzeugen dann eine neue interne Verknüpfung mit der Kategorie *CatPCI-Bus*, und erzeugen den Root-Knoten für den PCI-Bus:

```
begin
  with CategoryTreeView, Items do
  begin
    New(PInt);
    PInt^ := Join(0, Word(CatPCIBus));
    Node := AddChildObject(ARoot, 'PCI-Bus', PInt);
```

Als Hauptbedingungen für die Darstellung der Geräte müssen diese ermittelt worden und die Geräteanzahl größer null sein. Hierbei greifen wir auf die Prozedur *DetectPCIDevices* und die Variable *PCIDeviceCount* unserer PCI-Bus-Klasseninstanz zu:

```
    if SystemAccessClass.PCIBusClass.DetectPCIDevices and
       (SystemAccessClass.PCIBusClass.PCIDeviceCount > 0) then
```

Sollten diese Bedingungen zutreffen, iterieren wir mit einer For-Schleife durch die PCI-Geräte. Für jedes Gerät beginnen wir mit der internen Verknüpfung vom Typ *CatPCIDevice*, der die Zählervariable für die Zuordnung des Gerätes mitgegeben wird. Dann wird jeweils ein neuer Geräteeintrag erzeugt, und dafür die Gerätenummer verwendet – sowie die Vendor ID und Device ID in Klammern mitgegeben (Abb. 10.6).

```
    for Counter := 0 to SystemAccessClass.PCIBusClass.
                        PCIDeviceCount - 1 do
    begin
      New(PInt);
      PInt^ := Join(Counter + 1, Word(CatPCIDevice));
      AddChildObject(Node,
                     'PCI-Gerät ' +
                     IntToStr(Counter + 1) +
                     ' (' +
                     IntToHex(SystemAccessClass.PCIBusClass.
                              FPCIDevices[Counter].VendorID, 4)
                     + ':' +
                     IntToHex(SystemAccessClass.PCIBusClass.
                              FPCIDevices[Counter].DeviceID, 4)
                     + ')',
                     PInt);
    end;
  end;
end;
```

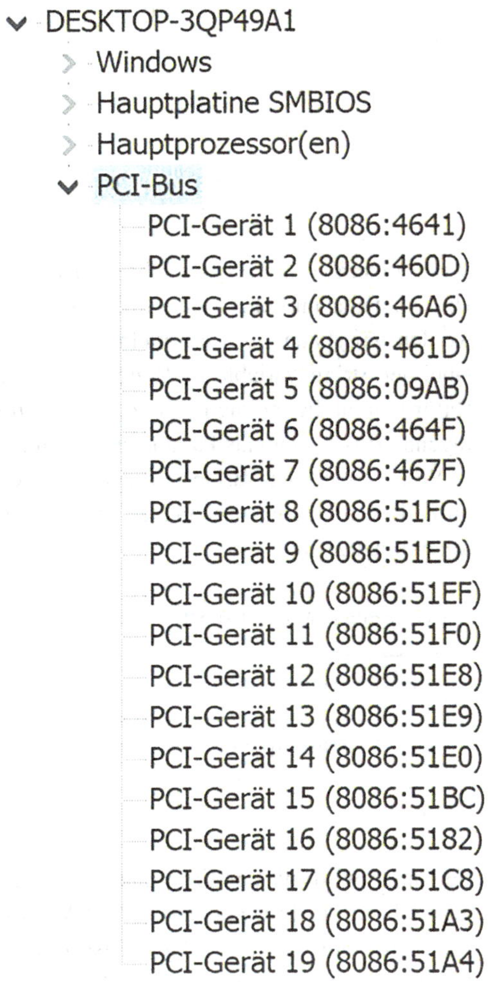

Abb. 10.6 Mögliche Darstellung der PCI-Geräte im übergeordneten PCI-Bus-Knoten

DESKTOP-3QP49A1
Windows
Hauptplatine SMBIOS
Hauptprozessor(en)
PCI-Bus
PCI-Gerät 1 (8086:4641)
PCI-Gerät 2 (8086:460D)
PCI-Gerät 3 (8086:46A6)
PCI-Gerät 4 (8086:461D)
PCI-Gerät 5 (8086:09AB)
PCI-Gerät 6 (8086:464F)
PCI-Gerät 7 (8086:467F)
PCI-Gerät 8 (8086:51FC)
PCI-Gerät 9 (8086:51ED)
PCI-Gerät 10 (8086:51EF)
PCI-Gerät 11 (8086:51F0)
PCI-Gerät 12 (8086:51E8)
PCI-Gerät 13 (8086:51E9)
PCI-Gerät 14 (8086:51E0)
PCI-Gerät 15 (8086:51BC)
PCI-Gerät 16 (8086:5182)
PCI-Gerät 17 (8086:51C8)
PCI-Gerät 18 (8086:51A3)
PCI-Gerät 19 (8086:51A4)

Nach dieser grundsätzlichen Darstellung im linken TreeView geht es um die Auswertung in der rechten ListView. Sobald der Knoten für die PCI-Bus-Kategorie selektiert wird, führt der Code die Prozedur *DisplayPCIDevices* aus.

Diese Prozedur soll einen kurzen Überblick über die gefundenen Geräte und Bus-Systeme darstellen. Begonnen wird mit der Variablensektion, wozu eine Zählervariable für die PCI-Geräte gehört, ein String, der später die gefundenen Bus-Systeme aufnehmen soll, sowie verschiedene Hilfsvariablen sowie ein Byte-Feld mit 3 Einträgen für die PCI-Statistik:

```
procedure TPCAnalyserForm.DisplayPCIDevices;
var
  PCICount : Integer;
  PCIBusSystem : String;
  ByteValue,
  CapPos, CapID : Byte;
  PCIStat : Array [1..3] of Byte;
```

Wir erinnern uns, dass der Oberbegriff „PCI" im Laufe der Jahrzehnte verschiedene Untersysteme inkludiert hat, wozu etwa AGP, PCI-X und PCI Express gehören. Diese werden wir später noch ermitteln und wollen sie aus der Ermittlungsfunktion komfortabel der String-Variable *PCIBusSystem* jeweils durch ein Komma getrennt hinzufügen. Dafür kommt die interne Hilfsprozedur *AddPCIBusSystem* zum Einsatz, die das hinzuzufügende Bus-System als Parameter erwartet.

Sollte die String-Variable leer sein, wird der neue Eintrag direkt übernommen, und im Falle von bereits vorhandenen Einträgen wird der neue Eintrag durch ein Komma getrennt hinzugefügt:

```
procedure AddPCIBusSystem(BusSystem : String);
begin
  if PCIBusSystem = '' then
    PCIBusSystem := BusSystem else
  if Pos(BusSystem, PCIBusSystem) = 0 then
    PCIBusSystem := PCIBusSystem + ', ' + BusSystem;
end;
```

Begonnen wird mit der Ermittlung der PCI-Geräte (wenn noch keine vorhanden sind), was anhand der Prozedur *DetectPCIDevices* aus unserer *TPCIBus*-Klasse durchgeführt wird. Ebenfalls wird die SMBus-Basisadresse ermittelt und dazu werden wir im nächsten Kapitel noch mehr besprechen:

```
begin
  if SystemAccessClass.PCIBusClass.PCIDeviceCount = 0 then
    SystemAccessClass.PCIBusClass.DetectPCIDevices;

  SystemAccessClass.PCIBusClass.GetSMBusBaseAddress;
```

Zu den vorbereitenden Schritten zählt der Beginn einer With-Anweisung in Kombination mit der rechten ListView-Komponente und den dazugehörigen Items. Per BeginUpdate wird die automatische Aktualisierung der ListView deaktiviert, und mit Clear werden eventuell bereits vorhandene Einträge gelöscht. Als Grundbedingung gilt, dass PCI-Geräte im System vorhanden sein müssen, was wir anhand der Variable *PCIDeviceCount* aus unserer Klasse *TPCIBus* abfragen:

```
with ResultsListView, Items do
begin
  BeginUpdate;
  try
    Clear;

    if SystemAccessClass.PCIBusClass.PCIDeviceCount > 0 then
    begin
```

Wir beginnen mit der Ermittlung der vorhandenen PCI-Bus-Systeme, die jeweils durch ein Komma voneinander getrennt in der String-Variable *PCIBusSystem* gespeichert werden. Den Eintrag „PCI" können wir direkt zuweisen, weil das die Grundvoraussetzung für die gesamte Erkennung darstellt.

Weitere Bus-Systeme, die zur gleichen PCI-Familie gehören, versuchen wir über die sog. *Capabilities* (zu Deutsch Fähigkeiten) zu ermitteln. Hierbei handelt es sich um ein Konzept, dass den Einstieg über den *Capability Pointer* herstellt, der letztendlich ein Byte im PCI-Konfigurationsbereich darstellt. Dieses Byte ist bei den Headertypen 0 und 1 verfügbar bei Offset 34h, und beim Headertyp 2 beim Offset 14h. Innerhalb des Status Registers, welches sich im Offset 06h und 07h befindet, definiert Bit 4, ob diese Capability List ID verfügbar ist.

Dieser Zeiger ist der Beginn einer möglichen Fähigkeiten-Liste, die miteinander verkettet ist, indem der Zeiger auf ein Offset des Konfigurationsbereiches verweist und an dieser Stelle die nächste *Capability ID* gefolgt vom nächsten Byte mit dem *Next Capability Pointer* auslesbar ist. Wenn als *Capability ID* eine null ermittelt wird, findet diese Fähigkeiten-Liste einen Abschluss – wir setzen das als Until-Bedingung in einer Repeat-Schleife um. Damit iterieren wir durch diese Kette und ermitteln anhand der *Capability ID,* zu welcher Kategorie diese gehört. Bestimmte IDs gehören zu einer Bus-Unterart, etwa AGP oder CompactPCI, die wir dann mit unserer internen Prozedur *AddPCIBusSystem* der String-Variable *PCIBusSystem* hinzufügen:

```
      PCIBusSystem := 'PCI';

      for PCICount := 0 to SystemAccessClass.PCIBusClass.
                             PCIDeviceCount - 1 do
      begin
        if SystemAccessClass.PCIBusClass.IsBitOn(
             SystemAccessClass.PCIBusClass.
             FPCIDevices[PCICount].PCIContent[$04],
             4) then
        begin
          case SystemAccessClass.PCIBusClass.
               FPCIDevices[PCICount].PCIContent[$0E] and $7F of
            0  : ByteValue := SystemAccessClass.PCIBusClass.
```

```
                        FPCIDevices[PCICount].PCIContent[$34];
      1  : ByteValue := SystemAccessClass.PCIBusClass.
                        FPCIDevices[PCICount].PCIContent[$34];
      2  : ByteValue := SystemAccessClass.PCIBusClass.
                        FPCIDevices[PCICount].PCIContent[$14];
      else ByteValue := 0;
    end;
  end else
    ByteValue := 0;

  if ByteValue > 0 then
  repeat
    CapPos := ByteValue;
    CapID := SystemAccessClass.PCIBusClass.
             FPCIDevices[PCICount].PCIContent[CapPos + 0];
    ByteValue := SystemAccessClass.PCIBusClass.
                 FPCIDevices[PCICount].PCIContent[CapPos + 1];

    case CapID of
      $00 : ; {Reserved}
      $01 : ; {PCI Power Management Interface}
      $02 : begin {AGP - Accelerated Graphics Port}
              AddPCIBusSystem('AGP ' +
              IntToStr(
                (SystemAccessClass.PCIBusClass.
                 FPCIDevices[PCICount].PCIContent[CapPos + 2]
                 shr 4) and 15) +
                '.' +
                IntToStr(
                SystemAccessClass.PCIBusClass.
                FPCIDevices[PCICount].PCIContent[CapPos + 2]
                and 15));
            end;
      $03 : ; {VPD - Virtual Product Data}
      $04 : ; {Slot Identification}
      $05 : ; {Message Signaled Interrupts}
      $06 : begin {CompactPCI - Hot Swap}
              AddPCIBusSystem('CompactPCI');
            end;
      $07 : begin {PCI-X}
              AddPCIBusSystem('PCI-X');
            end;
      $08 : ; {HyperTransport}
      $09 : ; {Vendor Specific}
```

```
        $0A : ; {Debug Port}
        $0B : begin {CompactPCI - Central Resource Control}
                AddPCIBusSystem('CompactPCI');
              end;
        $0C : ; {PCI Hot-Plug}
        $0D : ; {Subsystem ID & Subsystem Vendor ID}
        $0E : begin {AGP 8x - Accelerated Graphics Port}
                AddPCIBusSystem('AGP');
              end;
        $0F : ; {Secure Device}
        $10 : begin {PCI Express}
                AddPCIBusSystem('PCI Express');
              end;
        $11 : ; {MSI-X - Message Signaled Interrupts Extension}
        $12 : ; {SATA HBA Optional Features}
        $13 : ; {Function Level Reset (FLR) will utilize the
                 standard capability structure with unique
                 capability ID assigned by PCISIG.}
      end;
    until ByteValue = 0;
  end;
```

Im letzten Abschnitt der Ermittlung möchten wir gerne die PCI-Geräte durchzählen im Sinne einer PCI-Bus-Statistik, und verwenden dafür unser Byte-Feld *PCIStat*. Dieses besteht aus 3 Feldern, wobei das erste Byte die Anzahl der Multifunktionsgeräte enthalten soll, das zweite Byte die PCI-zu-PCI-Brücken und das dritte Byte die PCI-zu-CardBus-Brücken. Ob ein PCI-Gerät ein Multifunktionsgerät ist, sagt das Bit 7 des Offset 0Eh aus. Anhand des Headertyps in den Bits 6-0 des Offset 0Eh setzen wir die anderen beiden Statistiknummern:

```
for PCICount := 1 to 3 do PCIStat[PCICount] := 0;
for PCICount := 0 to SystemAccessClass.PCIBusClass.
                     PCIDeviceCount - 1 do
begin
  if SystemAccessClass.PCIBusClass.IsBitOn(
    SystemAccessClass.PCIBusClass.
    FPCIDevices[PCICount].PCIContent[$0E], 7) then
    Inc(PCIStat[1], 1);

  case (SystemAccessClass.PCIBusClass.
        FPCIDevices[PCICount].PCIContent[$0E] shr 1)
          and $7F of
    1 : Inc(PCIStat[2], 1);
    2 : Inc(PCIStat[3], 1);
```

```
    end;
  end;
```

Die Darstellung dieser gerade ermittelten Daten erfolgt relativ kompakt, wobei wir den String für die Bus-Systeme darstellen und sowie die einzelnen Nummern in die ListView übertragen:

```
  with Add do
  begin
    Caption := 'Bus-System(e)';
    SubItems.Add(PCIBusSystem);
  end;

  with Add do
  begin
    Caption := 'Gesamtgerät(e)';
    SubItems.Add(IntToStr(
                SystemAccessClass.PCIBusClass.PCIDeviceCount));
  end;

  with Add do
  begin
    Caption := 'Multifunktionsgerät(e)';
    SubItems.Add(IntToStr(PCIStat[1]));
  end;
  with Add do
  begin
    Caption := 'PCI-zu-PCI-Gerät(e)';
    SubItems.Add(IntToStr(PCIStat[2]));
  end;
  with Add do
  begin
    Caption := 'PCI-zu-CardBus-Gerät(e)';
    SubItems.Add(IntToStr(PCIStat[3]));
  end;
end else
begin
  with Add do
  begin
    Caption := 'Keine PCI-Bus-Details auslesbar';
    SubItems.Add('Bitte Kernelmodus-Treiber laden');
  end;
```

```
      end;
    finally
      EndUpdate;
    end;
  end;
end;
```

Die abschließende Else-Verzweigung kommt zum Einsatz, wenn die PCI-Geräteanzahl null beträgt, was bedeutet, dass keine Erkennung (hauptsächlich wegen eines nicht geladen Kernelmodus-Treibers) durchgeführt werden konnte.

EndUpdate in der Finally-Sektion aktiviert die Listen-Aktualisierung wieder, womit die Funktion abgeschlossen ist (Abb. 10.7).

Anhand der Prozedur *DisplayPCIDevice* werden wiederum die Details für jedes individuelle PCI-Gerät ermittelt und dargestellt. Hierfür wird die Nummer des Gerätes als Integer-Parameter übergeben, die aus der linken TreeView-Komponente und deren Prozedur *CategoryTreeViewChange* stammt:

```
procedure TPCAnalyserForm.DisplayPCIDevice(AIndex: Integer);
var
  StringValue : String;
  DumpCnt : Byte;
  WordValue : Word;
```

Die String-Variable *StringValue* kommt später noch zum Einsatz, etwa wenn bestimmte Strings zusammengesetzt werden müssen. Das gleiche gilt für *WordValue*, weil wir später zwei Byte zu einem Register zusammensetzen wollen. Die Byte-Variable *DumpCnt* ist eine Zählervariable für den späteren Dump des PCI-Konfigurationsbereiches.

Der Prozedurkopf beginnt mit einer Prüfung, ob die PCI-Bus-Erkennung schon durchgeführt wurde, was anhand der erkannten PCI-Geräte festgestellt wird. Falls nicht, erfolgt die PCI-Bus-Erkennung direkt nachfolgend mit *DetectPCIDevices* aus unserer *TPCIBus*-Klasse.

Die Darstellung der Gerätedetails beginnt mit einer With-Anweisung für die ListView-Komponente mit den dazugehörigen Items, einem anschließendem BeginUpdate,

Bus-System(e)	PCI
Gesamtgerät(e)	21
Multifunktionsgerät(e)	13
PCI-zu-PCI-Gerät(e)	0
PCI-zu-CardBus-Gerät(e)	0

Abb. 10.7 Exemplarische Darstellung des PCI-Bus-Überblicks inkl. Statistik

um Aktualisierungen während des Schreibvorgangs zu unterbinden, und einem Clear, falls eventuell schon Einträge vorhanden sind:

```
begin
  if SystemAccessClass.PCIBusClass.PCIDeviceCount = 0 then
    SystemAccessClass.PCIBusClass.DetectPCIDevices;

  with ResultsListView, Items do
  begin
    BeginUpdate;
    try
      Clear;
```

Die nachfolgenden Gerätedetails sortieren wir in Themenblöcke, weil das übersichtlicher aussieht und man nicht Gefahr läuft, wichtige Informationen zu übersehen. Die Eingangsbedingung prüft, ob PCI-Geräte vorhanden sind und die selektierte PCI-Gerätenummer (Parameter *AIndex*) nicht größer als die Gesamtzahl der PCI-Geräte sein darf:

```
      if (SystemAccessClass.PCIBusClass.PCIDeviceCount > 0) and
        (AIndex <= SystemAccessClass.PCIBusClass.PCIDeviceCount) then
      begin
```

Die Kategorie Geräte-Identifikation beginnt mit der Darstellung der Hersteller-Kennung - also der Vendor ID:

```
        with Add do
          Caption := 'Geräte-Identifikation';

        with Add do
        begin
          Caption := 'Hersteller-Kennung';
          SubItems.Add(
            IntToHex(SystemAccessClass.PCIBusClass.
            FPCIDevices[AIndex].VendorID, 4) +
            'h');
        end;
```

Anhand unserer bereits implementierten PCI-Datenbankfunktion *GetVendorString*, die wir in Abschn. 10.4.3 besprochen haben, versuchen wir anhand der Vendor ID einen passenden Herstellernamen zu finden. Zur Sicherheit prüfen wir nach der Ermittlung, ob dies erfolgreich war, und verwenden den Text „unbekannt“ im negativen Fall:

```
with Add do
begin
  Caption := 'Hersteller-Name';
  StringValue := SystemAccessClass.PCIBusClass.
                 GetVendorString(
                 SystemAccessClass.PCIBusClass.
                 FPCIDevices[AIndex].VendorID);
  if StringValue = '' then
    StringValue := 'unbekannt';
  SubItems.Add(StringValue);
end;
```

Weiter geht es mit der Geräte-Kennung, sprich der Device ID sowie dem dazugehörigen Versuch, mittels der PCI-Datenbankfunktion *GetDeviceString* den Gerätenamen zu ermitteln:

```
with Add do
begin
  Caption := 'Geräte-Kennung';
  SubItems.Add(
    IntToHex(SystemAccessClass.PCIBusClass.
    FPCIDevices[AIndex].DeviceID, 4) +
    'h');
end;

with Add do
begin
  Caption := 'Geräte-Name';
  StringValue :=
  SystemAccessClass.PCIBusClass.GetDeviceString(
       SystemAccessClass.PCIBusClass.
       FPCIDevices[AIndex].VendorID,
       SystemAccessClass.PCIBusClass.
       FPCIDevices[AIndex].DeviceID,
       SystemAccessClass.PCIBusClass.
       FPCIDevices[AIndex].Rev);
  if StringValue = '' then
    StringValue := 'unbekannt';
  SubItems.Add(StringValue);
end;
```

Vergleichbar mit der Vendor ID kommt die SubVendor ID zum Einsatz, die für ein PCI-Gerät die Angabe eines zweiten Herstellers ermöglicht. Auch hierfür kommt unsere PCI-Datenbankfunktion *GetVendorString* zum Einsatz:

```
with Add do
begin
  Caption := 'Unterhersteller-Kennung';
  SubItems.Add(
    IntToHex(SystemAccessClass.PCIBusClass.
    FPCIDevices[AIndex].SubVendorID, 4) +
    'h');
end;

with Add do
begin
  Caption := 'Unterhersteller-Name';
  StringValue := SystemAccessClass.PCIBusClass.
                    GetVendorString(
                 SystemAccessClass.PCIBusClass.
                    FPCIDevices[AIndex].
                 SubVendorID);
  if StringValue = '' then
    StringValue := 'unbekannt';
  SubItems.Add(StringValue);
end;
```

Abgeschlossen wird die Geräteidentifikation mit der SubDevice ID und der dazugehörigen PCI-Datenbankfunktion *GetSubDeviceString,* die alle besprochenen Identifikationsfelder (also Vendor ID, Device ID, Revision, SubVendor ID und SubDevice ID) erwartet:

```
with Add do
begin
  Caption := 'Untergeräte-Kennung';
  SubItems.Add(
    IntToHex(SystemAccessClass.PCIBusClass.
    FPCIDevices[AIndex].SubDeviceID, 4) +
    'h');
end;

with Add do
begin
  Caption := 'Untergeräte-Name';
  StringValue :=
     SystemAccessClass.PCIBusClass.GetSubDeviceString(
     SystemAccessClass.PCIBusClass.
     FPCIDevices[AIndex].VendorID,
```

```
      SystemAccessClass.PCIBusClass.
      FPCIDevices[AIndex].DeviceID,
      SystemAccessClass.PCIBusClass.
      FPCIDevices[AIndex].Rev,
      SystemAccessClass.PCIBusClass.
      FPCIDevices[AIndex].SubVendorID,
      SystemAccessClass.PCIBusClass.
      FPCIDevices[AIndex].SubDeviceID);
    if StringValue = '' then
      StringValue := 'unbekannt';
    SubItems.Add(StringValue);
  end;
```

In der folgenden Abbildung sieht man die exemplarische Darstellung der Geräte-Identifikation für ein Intel-Gerät. Obwohl Intel als Hersteller mit der Vendor ID 8086h erkannt wird, lautet die SubVendor ID 1028h und diese steht für Dell. Da es sich in diesem Beispiel um ein Dell-Notebook handelt, wird deutlich, dass dieser Hersteller zusätzlich über die SubVendor ID abgebildet wird (Abb. 10.8).

Nach diesem Block fahren wir mit weiteren PCI-Gerätedetails fort, wozu etwa die Revision gehört. Die Nummern für Bus, Gerät und Funktion sind teilweise durchgehende Nummerierungen, weil sich in einem System mehrere PCI-Bussysteme, Geräte und Funktionen befinden können. Den Kopfbereichstyp *(Headertype)* hatten wir bereits kurz angesprochen und er definiert in 3 unterschiedlichen Typen, wie die Belegung des Offset 10h bis 3Fh des PCI-Konfigurationsbereiches aussieht. Die 3 Typen Standard (0), PCI-zu-PCI (1) und PCI-zu-CardBus (2) werden hier anhand Offset 0Eh in den Bits 6-0 ermittelt.

Bit 7 des gleichen Offsets sagt aus, ob es sich um ein Multifunktionsgerät handelt, also mehrere Funktionen jenseits der null (max. 7, also insgesamt 8 mögliche Funktionen) vorhanden sind (Abb. 10.9).

Geräte-Identifikation	
Hersteller-Kennung	8086h
Hersteller-Name	Intel
Geräte-Kennung	4641h
Geräte-Name	Host Bridge/DRAM Controller
Unterhersteller-Kennung	1028h
Unterhersteller-Name	Dell
Untergeräte-Kennung	0B71h
Untergeräte-Name	unbekannt

Abb. 10.8 Exemplarische Geräte-Identifikation anhand eines Intel-Gerätes innerhalb eines Dell-Notebooks

Revision	02h
Bus / Geräte-Nummer / Funktion	00h /00h /00h
Kopfbereich-Typ	Standard
Multifunktionsgerät	nein

Abb. 10.9 Exemplarische Zusatzdetails eines Intel PCI-Gerätes

```
with Add do
  Caption := '';

with Add do
begin
  Caption := 'Revision';
  SubItems.Add(
    IntToHex(
    SystemAccessClass.PCIBusClass.
    FPCIDevices[AIndex].Rev)
    + 'h');
end;

with Add do
begin
  Caption := 'Bus / Geräte-Nummer / Funktion';
  SubItems.Add(
    IntToHex(
    SystemAccessClass.PCIBusClass.
    FPCIDevices[AIndex].Bus) + 'h /' +
    IntToHex(
    SystemAccessClass.PCIBusClass.
    FPCIDevices[AIndex].Dev) + 'h /' +
    IntToHex(
    SystemAccessClass.PCIBusClass.
    FPCIDevices[AIndex].Func) + 'h');
end;

with Add do
begin
  Caption := 'Kopfbereich-Typ';

  case (SystemAccessClass.PCIBusClass.
       FPCIDevices[AIndex].PCIContent[$0E] shr 1) and $7F of
    0  : StringValue := 'Standard';
    1  : StringValue := 'PCI-zu-PCI';
    2  : StringValue := 'PCI-zu-CardBus';
    else StringValue := 'unbekannt';
```

```
    end;;
    SubItems.Add(StringValue);
  end;

  with Add do
  begin
    Caption := 'Multifunktionsgerät';
    SubItems.Add(
      SystemAccessClass.PCIBusClass.YesNo(
      SystemAccessClass.PCIBusClass.IsBitOn(
      SystemAccessClass.PCIBusClass.
      FPCIDevices[AIndex].PCIContent[$0E], 7)));
  end;
```

In der Kategorie des Gerätetyps werden die Basisklasse, Unterklasse und Schnittstelle (das sog. *Programming Interface*) ermittelt. Für die ersten beiden Werte haben wir die Kernerkennungsfunktionen *GetBaseClassName* und *GetSubClassName* bereits in Abschn. 10.4.2 besprochen und implementiert (Abb. 10.10).

```
  with Add do
    Caption := '';

  with Add do
    Caption := 'Geräte-Typ';

  with Add do
  begin
    Caption := 'Basis-Klasse';
    SubItems.Add(
      IntToHex(SystemAccessClass.PCIBusClass.
      FPCIDevices[AIndex].ClassID) +  'h (' +
      SystemAccessClass.PCIBusClass.GetBaseClassName(AIndex) +
      ')');
end;
```

Geräte-Typ	
Basis-Klasse	06h (Brücke)
Unterklasse	00h (PCI-zu-HOST)
Schnittstelle	00h

Abb. 10.10 Exemplarische Darstellung der Geräte-Typdaten eines Intel PCI-Gerätes

```
with Add do
begin
  Caption := 'Unterklasse';
  SubItems.Add(
    IntToHex(SystemAccessClass.PCIBusClass.
    FPCIDevices[AIndex].SubClassID) +  'h (' +
    SystemAccessClass.PCIBusClass.GetSubClassName(AIndex) +
    ')');
end;

with Add do
begin
  Caption := 'Schnittstelle';
  SubItems.Add(
    IntToHex(SystemAccessClass.PCIBusClass.
    FPCIDevices[AIndex].PrgInt) +   'h');
end;
```

Wir wollen nachfolgend exemplarisch noch zwei Register des PCI-Konfigurationsbereiches auswerten, und zwar das *Command Register* (Offset 04-05h) und das *Status Register* (Offset 06-07h). Beide Register haben eine feste Belegung, die bitweise ausgewertet werden können und Rückschlüsse auf den Zustand und die Eigenschaften des jeweiligen PCI-Gerätes erlauben.

Wir versuchen hierbei eine deutsche Schreibweise zu verwenden, auch wenn einige Begriffe nur schwer übersetzbar sind. Das *Command Register* ist hierbei wie in Tab. 10.6 dargestellt belegt.

Für die Ermittlung kommen die binären Hilfsfunktionen *ActiveInactiv, YesNo* und *IsBitOn* zum Einsatz. Wir setzen zunächst mittels der Funktion *MakeWord* die beiden Offsets 04h und 05h zu einem Word zusammen, das wir später bitweise abfragen. Die entsprechende Umsetzung des Code sieht dann wie in Abb. 10.11 aus.

```
with Add do
  Caption := '';

with Add do
  Caption := 'Geräte-Kontrolle';

WordValue := MakeWord(
               SystemAccessClass.PCIBusClass.
               FPCIDevices[AIndex].PCIContent[$04],
               SystemAccessClass.PCIBusClass.
               FPCIDevices[AIndex].PCIContent[$05]);
```

Tab. 10.6 Belegung des Command Registers im Offset 04h-05h

Bit(s)	Englische Bedeutung	Deutsche Bedeutung
Bit 0	IO Space Enable	Zugriff auf EA-Bereich aktiv
Bit 1	Memory Space Enable	Zugriff auf Speicherbereich aktiv
Bit 2	Bus Master Enable	Bus Master aktiv
Bit 3	Special Cycles	Spezialzyklen
Bit 4	Mem Write & Invalidate Enable	Schreibzugriff mit Invalidierung aktiv
Bit 5	VGA Palette Snoop Enable	VGA-Funktion Paletten-Snoop aktiv
Bit 6	Parity Error Response	Paritätsfehler aufgetreten
Bit 7	Wait Cycle	Kontrolle für Wartezyklus
Bit 8	SERR# Enable	SERR# aktiv
Bit 9	Fast Back to Back Enable	Schneller Back-to-Back aktiv
Bit 10	Interrupt Disable	Interrupt inaktiv
Bits 11-15	Reserved	Reserviert

Abb. 10.11 Exemplarische Darstellung der Geräte-Kontrolle eines Intel-Gerätes

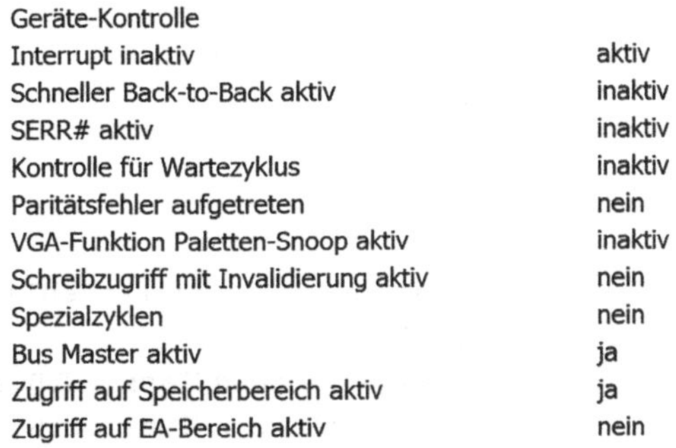

Geräte-Kontrolle	
Interrupt inaktiv	aktiv
Schneller Back-to-Back aktiv	inaktiv
SERR# aktiv	inaktiv
Kontrolle für Wartezyklus	inaktiv
Paritätsfehler aufgetreten	nein
VGA-Funktion Paletten-Snoop aktiv	inaktiv
Schreibzugriff mit Invalidierung aktiv	nein
Spezialzyklen	nein
Bus Master aktiv	ja
Zugriff auf Speicherbereich aktiv	ja
Zugriff auf EA-Bereich aktiv	nein

```
with Add do
begin
  Caption := 'Interrupt inaktiv';
  SubItems.Add(
    SystemAccessClass.PCIBusClass.ActiveInactive(
    not SystemAccessClass.PCIBusClass.IsBitOn(
    WordValue, 10)));
end;

with Add do
begin
  Caption := 'Schneller Back-to-Back aktiv';
  SubItems.Add(
    SystemAccessClass.PCIBusClass.ActiveInactive(
```

```
    SystemAccessClass.PCIBusClass.IsBitOn(
    WordValue, 9)));
end;

with Add do
begin
  Caption := 'SERR# aktiv';
  SubItems.Add(
    SystemAccessClass.PCIBusClass.ActiveInactive(
    SystemAccessClass.PCIBusClass.IsBitOn(
    WordValue, 8)));
end;

with Add do
begin
  Caption := 'Kontrolle für Wartezyklus';
  SubItems.Add(
    SystemAccessClass.PCIBusClass.ActiveInactive(
    SystemAccessClass.PCIBusClass.IsBitOn(
    WordValue, 7)));
end;

with Add do
begin
  Caption := 'Paritätsfehler aufgetreten';
  SubItems.Add(
    SystemAccessClass.PCIBusClass.YesNo(
    SystemAccessClass.PCIBusClass.IsBitOn(
    WordValue, 6)));
end;

with Add do
begin
  Caption := 'VGA-Funktion Paletten-Snoop aktiv';
  SubItems.Add(
    SystemAccessClass.PCIBusClass.ActiveInactive(
    SystemAccessClass.PCIBusClass.IsBitOn(
    WordValue, 5)));
end;

with Add do
begin
  Caption := 'Schreibzugriff mit Invalidierung aktiv';
  SubItems.Add(
    SystemAccessClass.PCIBusClass.YesNo(
```

```
      SystemAccessClass.PCIBusClass.IsBitOn(
      WordValue, 4)));
  end;

  with Add do
  begin
    Caption := 'Spezialzyklen';
    SubItems.Add(
      SystemAccessClass.PCIBusClass.YesNo(
      SystemAccessClass.PCIBusClass.IsBitOn(
      WordValue, 3)));
  end;

  with Add do
  begin
    Caption := 'Bus Master aktiv';
    SubItems.Add(
      SystemAccessClass.PCIBusClass.YesNo(
      SystemAccessClass.PCIBusClass.IsBitOn(
      WordValue, 2)));
  end;

  with Add do
  begin
    Caption := 'Zugriff auf Speicherbereich aktiv';
    SubItems.Add(
      SystemAccessClass.PCIBusClass.YesNo(
      SystemAccessClass.PCIBusClass.IsBitOn(
      WordValue, 1)));
  end;

  with Add do
  begin
    Caption := 'Zugriff auf EA-Bereich aktiv';
    SubItems.Add(
      SystemAccessClass.PCIBusClass.YesNo(
      SystemAccessClass.PCIBusClass.IsBitOn(
      WordValue, 0)));
  end;
```

Das zweite Register, das wir im Zuge dieser Ermittlung auswerten wollen, ist das *Status Register*. Es befindet sich als Word-Register in den Offsets 06h und 07h und wird mittels der Funktion *MakeWord* zusammengesetzt, sowie anschließend mit den binären Hilfsfunktionen ausgewertet (Tab. 10.7).

Tab. 10.7 Belegung des Status Registers im Offset 06h-07h

Bit(s)	Englische Bedeutung	Deutsche Bedeutung
Bits 0–2	Reserved	Reserviert
Bit 3	Interrupt Status	Interrupt-Status
Bit 4	Capabilities List	Fähigkeiten-Liste
Bit 5	66 MHz Capable	Unterstützung für 66 MHz
Bit 6	Reserved	Reserviert
Bit 7	Fast Back-to-Back Capable	Unterstützung für schnelles Back-to-Back
Bit 8	Master Data Parity Error	Paritätsfehler bei Bus-Master-Gerät
Bits 9–10	DEVSEL Timing	Geschwindigkeit für aktuelles Gerät
Bit 11	Signalled Target Abort	Signalisierter Ziel-Abbruch
Bit 12	Received Target Abort	Empfangener Ziel-Abbruch
Bit 13	Received Master Abort	Empfangener Master-Abbruch
Bit 14	Signalled System Error	Signalisierter Systemfehler
Bit 15	Detected Parity Error	Erkannter Paritätsfehler

Abb. 10.12 Exemplarische Darstellung des Geräte-Status eines Intel-Gerätes

Geräte-Status	
Interrupt-Status	nein
Fähigkeiten-Liste	ja
Unterstützung für 66 MHz	nein
Unterstützung für schnelles Back-to-Back	ja
Paritätsfehler bei Bus-Master-Gerät	nein
Geschwindigkeit für aktuelles Gerät	schnell
Signalisierter Ziel-Abbruch	nein
Empfangener Ziel-Abbruch	nein
Empfangener Master-Abbruch	ja
Signalisierter Systemfehler	nein
Erkannter Paritätsfehler	nein

Hierbei ist ersichtlich, dass verschiedene Statuswerte auf die fehlerfreie Funktion des PCI-Gerätes schließen lassen. Die Umsetzung hierfür sieht dann wie in Abb. 10.12 aus.

```
with Add do
  Caption := '';

with Add do
  Caption := 'Geräte-Status';

WordValue := MakeWord(
               SystemAccessClass.PCIBusClass.
               FPCIDevices[AIndex].PCIContent[$06],
               SystemAccessClass.PCIBusClass.
               FPCIDevices[AIndex].PCIContent[$07]);
```

```
with Add do
begin
  Caption := 'Interrupt-Status';
  SubItems.Add(
    SystemAccessClass.PCIBusClass.YesNo(
    SystemAccessClass.PCIBusClass.IsBitOn(
    WordValue, 3)));
end;

with Add do
begin
  Caption := 'Fähigkeiten-Liste';
  SubItems.Add(
    SystemAccessClass.PCIBusClass.YesNo(
    SystemAccessClass.PCIBusClass.IsBitOn(
    WordValue, 4)));
end;

with Add do
begin
  Caption := 'Unterstützung für 66 MHz';
  SubItems.Add(
    SystemAccessClass.PCIBusClass.YesNo(
    SystemAccessClass.PCIBusClass.IsBitOn(
    WordValue, 5)));
end;

with Add do
begin
  Caption := 'Unterstützung für schnelles Back-to-Back';
  SubItems.Add(
    SystemAccessClass.PCIBusClass.YesNo(
    SystemAccessClass.PCIBusClass.IsBitOn(
    WordValue, 7)));
end;

with Add do
begin
  Caption := 'Paritätsfehler bei Bus-Master-Gerät';
  SubItems.Add(
    SystemAccessClass.PCIBusClass.YesNo(
    SystemAccessClass.PCIBusClass.IsBitOn(
    WordValue, 8)));
end;
```

```
with Add do
begin
  Caption := 'Geschwindigkeit für aktuelles Gerät';

  case ((WordValue shr 9) and 3) of
    0 :  StringValue := 'schnell';
    1 :  StringValue := 'mittel';
    2 :  StringValue := 'langsam';
    else StringValue := 'unbekannt';
  end;
  SubItems.Add(StringValue);
end;

with Add do
begin
  Caption := 'Signalisierter Ziel-Abbruch';
  SubItems.Add(
    SystemAccessClass.PCIBusClass.YesNo(
    SystemAccessClass.PCIBusClass.IsBitOn(
    WordValue, 11)));
end;

with Add do
begin
  Caption := 'Empfangener Ziel-Abbruch';
  SubItems.Add(
    SystemAccessClass.PCIBusClass.YesNo(
    SystemAccessClass.PCIBusClass.IsBitOn(
    WordValue, 12)));
end;

with Add do
begin
  Caption := 'Empfangener Master-Abbruch';
  SubItems.Add(
    SystemAccessClass.PCIBusClass.YesNo(
    SystemAccessClass.PCIBusClass.IsBitOn(
    WordValue, 13)));
end;

with Add do
begin
  Caption := 'Signalisierter Systemfehler';
  SubItems.Add(
    SystemAccessClass.PCIBusClass.YesNo(
```

```
      SystemAccessClass.PCIBusClass.IsBitOn(
      WordValue, 14)));
  end;

  with Add do
  begin
    Caption := 'Erkannter Paritätsfehler';
    SubItems.Add(
      SystemAccessClass.PCIBusClass.YesNo(
      SystemAccessClass.PCIBusClass.IsBitOn(
      WordValue, 15)));
  end;
```

So viel soll es zur Auswertung des PCI-Konfigurationsbereiches erst einmal gewesen sein. Wenn man die genaue Belegung des Bereiches kennt, kann man natürlich noch weiter über das hinausgehen, was wir hier als Basisvariante besprochen haben. Es gibt unzählige öffentliche Datenblätter, die vor allem von Intel relativ vollständig die Belegung dokumentieren.

Für Debug-Zwecke und weil wir die Daten sowieso bereits ermittelt haben, wollen wir ans Ende der PCI-Details noch den Gerätedump implementieren. Das bedeutet, dass wir die 256 Bytes pro Gerät in hexadezimaler Schreibweise direkt in die ListView einfügen.

Hierfür unterteilen wir die 256 Byte Gesamtdaten in 16 Blöcke, die jeweils 16 Bytes enthalten. Wir iterieren also durch eine For-Schleife insgesamt 16 Mal und füllen zunächst das Offset für die jeweilige Zeile:

```
with Add do
  Caption := '';

with Add do
  Caption := 'Gerätedump';

for DumpCnt := 1 to 16 do
begin
  with Add do
  begin
    Caption := 'Offset ' +
               IntToHex((DumpCnt * 16) - 16, 2) +
               ' - ' +
               IntToHex((DumpCnt * 16) - 1, 2);
```

Danach folgt der eigentliche Dump, den wir per *IntToHex* und einem Leerzeichen getrennt unserer String-Variable zuweisen:

```
        StringValue :=
        IntToHex(SystemAccessClass.PCIBusClass.
        FPCIDevices[AIndex].PCIContent[(DumpCnt * 16) - 16], 2) +
        ' ' +
        IntToHex(SystemAccessClass.PCIBusClass.
        FPCIDevices[AIndex].PCIContent[(DumpCnt * 16) - 15], 2) +
        ' ' +
        IntToHex(SystemAccessClass.PCIBusClass.
        FPCIDevices[AIndex].PCIContent[(DumpCnt * 16) - 14], 2) +
        ' ' +
        IntToHex(SystemAccessClass.PCIBusClass.
        FPCIDevices[AIndex].PCIContent[(DumpCnt * 16) - 13], 2) +
        ' ' +
        ...
        IntToHex(SystemAccessClass.PCIBusClass.
        FPCIDevices[AIndex].PCIContent[(DumpCnt * 16) - 1], 2);

        SubItems.Add(StringValue);
      end;
    end;
```

Anhand des Dumps und der einzelnen Offsets kann man in Verbindung mit Abschn. 10.3 sehen, wie die Register zusammengesetzt sind (Abb. 10.13).

Gerätedump	
Offset 00 - 0F	86 80 41 46 06 00 90 20 02 00 00 06 00 00 00 00
Offset 10 - 1F	00 00 00 00 00 00 00 00 00 00 00 00 00 00 00 00
Offset 20 - 2F	00 00 00 00 00 00 00 00 00 00 00 00 28 10 71 0B
Offset 30 - 3F	00 00 00 00 E0 00 00 00 00 00 00 00 00 00 00 00
Offset 40 - 4F	01 10 DA FE 00 00 00 00 01 00 DC FE 00 00 00 00
Offset 50 - 5F	C1 02 00 00 F9 E0 00 00 87 00 60 70 27 03 00 6A
Offset 60 - 6F	01 00 00 C0 00 00 00 00 01 00 DA FE 00 00 00 00
Offset 70 - 7F	08 02 00 01 00 04 00 00 21 43 65 00 00 80 40 00
Offset 80 - 8F	30 33 33 33 33 33 33 10 00 00 00 00 00 00 00 00
Offset 90 - 9F	00 00 00 00 00 00 00 00 00 00 00 00 00 00 00 00
Offset A0 - AF	01 00 00 00 04 00 00 00 01 00 80 8F 04 00 00 00
Offset B0 - BF	01 00 80 6C 01 00 00 6C 01 00 00 6A 01 00 80 70
Offset C0 - CF	00 00 00 00 00 00 00 00 00 00 00 00 00 00 00 00
Offset D0 - DF	1A 02 00 01 00 04 00 00 00 00 00 00 00 00 00 00
Offset E0 - EF	09 00 14 01 20 60 00 62 08 00 21 10 00 02 61 66
Offset F0 - FF	61 06 1E 00 1D 0F 03 00 00 00 00 00 00 00 00 00

Abb. 10.13 Exemplarische Darstellung des Geräte-Dumps eines Intel-Gerätes

10.6 Zusammenfassung

Details zum PCI-Bus lassen sich über softwarebasierte Methoden wie die Windows-Registrierung und API-Funktionen (z. B. *SetupDiGetDeviceInterfaceDetail* und *SetupDiGetDeviceProperty*) ermitteln. Alternativ existiert auf Hardwareebene der Konfigurationsmechanismus 1, bei dem das *Config Address Register* und *Config Data Register* zum Einsatz kommen. Über diese iteriert man durch die PCI-Geräte, Bus- sowie Funktionsnummern und erhält im erfolgreichen Fall den 256 Byte Konfigurationsbereich für jedes PCI-Gerät zurück.

Diesen interpretiert man je nach Typ des Headers (Typ 0, 1 oder 2) und gewinnt dadurch etwa die Identifikationskennungen wie Vendor ID, Device ID, Revision, SubVendor ID und SubDevice ID. Auf Basis einer eigenen PCI-Gerätedatenbank versuchen wir anschließend, die Hersteller- und Gerätenamen zu ermitteln, sowie weitere Informationen wie Klassenzugehörigkeit, das Command Register und das Status Register sowie einen abschließenden PCI-Dump auszulesen.

Literatur

1. Deutscher Wikipedia-Artikel zur Historie des PCI-Bus: https://de.wikipedia.org/wiki/Peripheral_Component_Interconnect
2. PCI Special Interest Group: https://pcisig.com
3. API-Funktion zur Ermittlung von Details einer Geräteschnittstelle: https://learn.microsoft.com/en-us/windows/win32/api/setupapi/nf-setupapi-setupdigetdeviceinterfacedetaila
4. API-Funktion zur Ermittlung einer Geräteinstanz-Eigenschaft: https://learn.microsoft.com/en-us/windows/win32/api/setupapi/nf-setupapi-setupdigetdevicepropertyw
5. Intel C620 Series Chipset Platform Controller Hub Datasheet: https://www.intel.com/content/dam/www/public/us/en/documents/datasheets/c620-series-chipset-datasheet.pdf

11 Arbeitsspeicher und System Management Bus

11.1 Historie und Grundlagen

Auch wenn wir bereits über SMBIOS verschiedene Arbeitsspeicherdetails ermittelt haben, wollen wir noch eine andere relativ hardwarenahe Methode vorstellen, die über den System Management Bus (kurz SMBus) zustande kommt. Dieser Bus wurde ursprünglich von Intel und Duracell im Jahr 1994 definiert und ist für die Baugruppenkommunikation und insbesondere für Halbleiter-Schaltkreise zuständig (etwa dem Sensor-Chip LM78 von National Semiconductor) [1].

Beginnend mit den FPM- und EDO-Speichermodulen wurde dann das SPD-EEPROM eingeführt, das für *Serial Presence Detect* und *Electrically Erasable Programmable Read Only Memory* steht (zu Deutsch: elektrisch löschbarer programmierter Nur-Lese-Speicher) und ab den Mittneunzigern den Vorteil bot, dass das BIOS während der Startinitialisierung (dem sog. Power-On Self-Test, POST) die Konfigurationsparameter direkt vom EEPROM aus jedem Speichermodul lesen konnte und dementsprechend die Konfigurations- und Timing-Parameter korrekt setzen konnte [2]. In Abb. 11.1 ist ein DDR4-Speichermodul mit einem rot markierten SPD-EEPROM abgebildet.

Da jedes SPD-EEPROM über den SMBus ansprechbar ist, greift das BIOS demzufolge darauf zu und kann anhand bestimmter Spezifikationen die Rohdaten interpretieren und den Konfigurationsvorgang der Speicheranbindung durchführen. Bis zur aktuellen Speichergeneration DDR5 hat sich diese Möglichkeit nicht verändert, sondern ist nachwievor präsent und großflächig im Einsatz. Die Daten sind natürlich umfangreicher geworden, weil ursprünglich 256 Byte pro SPD-EEPROM verfügbar waren, und DDR4 dies auf 512 erweitert hat, sowie DDR5 dann auf 1024 Byte.

Federführend ist hierbei die US-amerikanische Organisation zur Standardisierung von Halbleitern, JEDEC genannt. Diese Abkürzung bedeutet ursprünglich Joint Electron

D. Espenschied, *Systemprogrammierung mit Delphi*,
https://doi.org/10.1007/978-3-658-43455-7_11

Abb. 11.1 Gängiges DDR4-Speichermodul mit einem mittig ausgerichteten SPD-EEPROM

Device Engineering Council und wurde zwischendurch umbenannt zu JEDEC Solid State Technology Association. Zur Organisation gehören über 300 Hersteller von Halbleitern, mitunter Intel und Bosch.

Eine gute Ausgangabasis ist zunächst der Bezug der Datenblätter, die jeweils für die unterschiedlichen Speichertechnologien – etwa DDR2, DDR3, DDR4 und DDR5 – zur Verfügung stehen. Dazu muss man glücklicherweise nicht der JEDEC beitreten, was mit einem 4-stelligen jährlichen Mitgliedsbeitrag auch nicht unbedingt erschwinglich wäre. Es reicht eine kostenlose Registrierung auf der offiziellen Registrierungsseite [3] aus, und folglich erhält man die Zugangsdaten und kann daher bspw. die Spezifikationen herunterladen.

Für die Spezifikationen loggt man sich zunächst mit seinem Account ein und kann dann über *Standards & Documents -> Search Standards & Documents* den Begriff *SPD* eingeben [4], woraufhin eine Übersicht aller bisher veröffentlichter Spezifikationen gegeben wird. Diese Liste enthält bspw. die Spezifikationen für die SPD-Details der Speichertechnologien:

- DDR2: Annex J – Serial Presence Detects for DDR2 SDRAM [5]
- DDR2 FBDIMM: Annex G – Serial Presence Detects for FBDIMM [6]
- DDR3: Annex K – Serial Presence Detect (SPD) for DDR3 SDRAM Modules [7]
- DDR4: Annex L – Serial Presence Detect (SPD) for DDR4 SDRAM Modules [8]
- DDR5: SPD5118 Hub and Serial Presence Detect Device Standard [9]
- DDR5: Serial Presence Detect (SPD) Contents [10]

Ebenfalls notwendig wird später noch die JEDEC-Herstellerliste sein, die für die Erkennung der Modulhersteller zum Einsatz kommt:

- JEDEC-Herstelleridentifikationskennungen (JEP106) [11]

Anhand dieser Spezifikationen lässt sich der SPD-Bereich für die jeweilige Speichertechnologie interpretieren, was wir später auch noch im Detail implementieren werden.

Zunächst müssen wir uns allerdings um die Datengewinnung kümmern, die über den SMBus stattfindet.

11.2 SMBus-Basisadresse als Voraussetzung

Die Voraussetzung für die Ermittlung der Speichermodule über den SMBus ist einerseits unser Kernelmodus-Treiber, weil der SMBus-Zugriff über lesende und schreibende 8 Bit-Portzugriffe stattfindet.

Andererseits zwingend notwendig ist die sog. SMBus-Basisadresse, anhand der man auf die SMBus-Register zugreifen kann. Diese Adresse ermitteln wir in unserer *TPCI-Bus*-Klasse mit der Prozedur *GetSMBusBaseAddress*, und die Adresse lässt sich über den Konfigurationsbereich des SMBus-Kontrollers vom Chipsatz auslesen.

Wir erinnern uns, dass in Abschn. 10.4.2 anhand einer relativ komplexen For-Schleife durch alle gefundenen PCI-Geräte iteriert wird und die Adresse von bestimmten Bytes des Konfigurationsbereiches gewonnen wird – ebenfalls der Name wird für erkannte SMBus-Kontroller anhand unserer PCI-Gerätedatenbank zurückgeliefert.

Sobald diese beiden Bedingungen erfüllt sind, können wir darauf aufbauen und uns den SMBus-Zugriff genauer anschauen.

11.3 Grundkommunikation mit SMBus-Geräten

In der Grunddefinition gilt für die SMBus-Kommunikation, dass jeweils ein Master die Bussteuerung übernimmt, wenn er mit einem Slave kommuniziert. Sollten zwei Master miteinander kommunizieren, übernimmt der angesprochene Master vorübergehend die Rolle eines Slaves.

Auch wenn die eigentliche Spezifikation alle Kommunikationsmöglichkeiten des SMBus beinhaltet, sind für den Zugriff auf die SPD-Bereiche nicht alle Details notwendig. Auf Grundlage der SMBus-Basisadresse werden mit einem hinzuaddierten Offset die SMBus-Adressen definiert, wovon die wichtigsten in Tab 11.1 zusammengefasst sind.

Wir werden mit entsprechenden Klassenfunktionen verschiedene Möglichkeiten schaffen, um den Beschäftigungsstatus des SMBus zu ermitteln, und dann Warteprozeduren jeweils für den beschäftigten/freien Bus bereitzustellen.

Im Grundprinzip beschreibt man zunächst die Bits 4–0 des Host Status-Registers mit 1, was bedeutet, dass die jeweils geschriebenen Bits zurückgesetzt werden. Dann beschreibt man weitere Register, etwa das Host Command Register mit dem auszulesenden Register, das Transmit Slave Address Register mit der Geräteadresse sowie Bit 0 gesetzt (Lesemodus), und startet den Transfer durch das Beschreiben des Host Control Registers mit Bit 6 sowie der Festlegung des Übertragungsmodus.

Tab. 11.1 Auszug der wichtigsten SMBus-Register auf Grundlage der SMBus-Basisadresse mit einem Offset

SMBus-Basis + Offset	Registername	Beschreibung
00h	Host Status	Enthält den Status und die Angabe, ob der Host gerade beschäftigt ist (Bit 0)
01h	Slave Status	Enthält Statusinformationen über die Slave-Schnittstelle des SMBus-Kontrollers
02h	Host Control	Enthält die Host-Kontrolle, mit der sich Transaktionen starten lassen und die Festlegung des Übertragungstyps (wir verwenden hauptsächlich die Byte- und Word-Übertragung)
03h	Host Command	Über das Host-Kommando wird das zu lesende/schreibende Register gesteuert
04h	Host Address	Wird mit der 7 Bit-Geräteadresse des Slave-Gerätes beschrieben, wobei das zusätzliche Bit 0 aussagt, ob der Host-Transfer lesend (1) oder schreibend (0) erfolgen soll
05h	Host Data 0	Dieses Datenregister enthält gelesene/zu schreibende Daten des SMBus-Protokolls für jedes beliebige Kommando
06h	Host Data 1	Dieses Datenregister wird als Zusatzregister zu Host Data 0 gehandhabt, wo bspw. die höherwertigen 8 Bit eines Word-Transfers enthalten sind
07h	Block Data	Dies ist entweder ein Register oder ein Zeiger auf ein 32 Byte Blockfeld, je nachdem, ob der 32 Byte-Puffer (E32B) aktiviert wurde. Wenn der 32 Byte-Puffer aktiviert ist, stellt dieses Register einen Zeiger auf einen 32 Byte-Puffer dar, im Gegensatz zu einem einzelnen Register. Dadurch können die Blockbefehle bis zu 32 Byte übertragen oder empfangen
08h	Packet Error Check (PEC)	Dieses Register wird mit einem CRC-Wert beschrieben, der für SMBus-Daten vor einer Schreibtransaktion verwendet wird. Bei Lesetransaktionen werden die PEC-Daten vom SMBus in dieses Register geladen und dann von der Software gelesen

Pro SMBus können maximal 8 Speichermodule bzw. deren SPD-Bereiche angebunden werden, und die dazugehörigen Geräteadressen befinden sich im Adressraum \$50 bis \$57 – damit haben wir bereits die entsprechende Geräteadressen für das Transmit Slave Address Register vordefiniert.

Wir werden an den entsprechenden Stellen des Quellcodes noch genauer auf die Übertragung eingehen und erklären, was wohin geschrieben und gelesen wird, sowie welche Bedeutung das hat.

11.4 Entwicklung einer Basisklasse

Unsere Basisklasse *TSMBus* wird in der Unit SystemAccess.pas implementiert, da sie vergleichbar mit *TProcessor* nicht von der Hauptklasse *TSystemAccess* abgeleitet ist (sondern TObject), und trotzdem auf die Kernelmodus-Treiber-Funktionen der Hauptklasse zugreifen muss. Wir bewerkstelligen das, indem wir den Konstruktor von *TSMBus* überschreiben und ihm die übergeordnete Klasse als Parameter mitgeben. Innerhalb des Konstruktors weisen wir der lokalen Klasseninstanz der übergeordneten Klasse diesen Parameter zu und können folglich direkt aus *TSMBus* auf die Port-Lese- und Schreibfunktionen *Driver_ReadPort8Bit* und *Driver_WritePort8Bit* aus *TSytemAccess* zugreifen.

Wir beginnen daher unsere Klassendefinition mit den privaten Variablen, wozu die besagte Parent-Klasseninstanz, die SMBus-Basisadresse mitsamt -Kontrollername und die SMBus-Speichergeräte gehören. Letztere basieren auf einem *Array8,* das als Feld mit 8 Byte-Einträgen definiert ist und in diesen entsprechenden Einträgen die Geräteadressen der potenziell vorhandenen Speichermodule enthält. Dazu kommen wir später noch genauer. Ebenfalls enthalten ist unser Mutex-Handle, das wir zum Erstellen und Freigeben des Mutex-Objektes benötigen, sowie die dazugehörigen Zeiger-Hilfsvariablen für eine Sicherheitsidentifizierung (SID) und Zugriffssteuerungsliste (ACL). Auch das Thema Mutex werden wir später noch in einem eigenen Unterkapitel separat besprechen.

```
TSMBus = class(TObject)
private
  FParent : TSystemAccess;
  FSMBusBaseAddress : LongWord;
  FSMBusControllerName : String;
  FSMBUSMemoryDevices : Array8;
  FMutexHandle : THandle;
  FSID : PSID;
  FACL : PACL;
```

Jedes Speichermodul wird durch einen Record mit dem Namen *TModuleInfo* repräsentiert, der die wichtigsten Identifizierungsmerkmale wie etwa Hersteller, Modell, Größe sowie Angaben zum Typ und der Seriennummer beinhaltet. In einem zusätzlichen generischen Byte-Feld mit dem Namen *SPDData* ist dann der Dump des SPD-EEPROM-Bereiches für die weitere Interpretation enthalten:

```
public
  type
  TModuleInfo = record
    Manufacturer,
    Model        : String;
    Size         : Word;
```

```
    TypeDetail,
    SerialNumber : String;
    SPDData      : TArray<Byte>;
  end;
```

Dann folgen die verschiedenen Definitionen für Funktionen und Prozeduren, die allesamt von außerhalb zugreifbar sind. Sie werden in folgende Kategorien unterteilt:

- Basisklassenfunktionen
- SMBus-Kernfunktionen
- DDR4/DDR5 Seiten-Auswahlfunktionen
- SMBus Mutex-Funktionen
- Kernerkennungsfunktionen
- SPD-Größenfunktionen
- SPD-Interpretationsfunktionen und
- Binär- und Text-Hilfsfunktionen:

```
  //Class basic functions
  constructor Create(Parent : TSystemAccess);
  destructor Destroy; override;

  //SMBus core functions
  function SMBus_IsHostBusyStatus : Boolean;
  procedure SMBus_WaitForBusyStatus;
  procedure SMBus_WaitForReadyStatus;
  function SMBus_IsDeviceErrorOccurred : Boolean;
  function ReadDataByte(Adr, Reg : Byte) : Byte;
  function ReadDataWord(Adr, Reg : Byte) : Word;
  procedure WriteDataByte(Adr, Reg, Content : Byte);

  //DDR4/DDR5 Select page functions
  procedure DDR4_SelectSPDPage0;
  procedure DDR4_SelectSPDPage1;
  procedure DDR5_SelectSPDPage(Address, Page : Byte);
  function IsIntel_SPDWD : Boolean;


  //SMBus Mutex functions
  function CreateWorldMutex(MutexName : String) : Boolean;
  procedure ReleaseWorldMutex;

  //Core detection functions
  function GetSMBusMemoryModules : Array8;
  function GetMemoryModuleInfo(Address : Byte) : TModuleInfo;
```

```
//SPD size functions
function GetMemSize_FPMEDOSDRAM(Data : TArray<Byte>) : Word;
function GetMemSize_DirectRambus(Data : TArray<Byte>) : Word;
function GetMemSize_Rambus(Data : TArray<Byte>) : Word;
function GetMemSize_SDRSDRAM(Data : TArray<Byte>) : Word;
function GetMemSize_DDRSDRAM(Data : TArray<Byte>) : Word;
function GetMemSize_DDR2SDRAM(Data : TArray<Byte>) : Word;
function GetMemSize_DDR3SDRAM(Data : TArray<Byte>) : Word;
function GetMemSize_DDR4SDRAM(Data : TArray<Byte>) : Word;
function GetMemSize_DDR5SDRAM(Data : TArray<Byte>) : Word;

//SPD interpretation functions
procedure GetSPDDetails(Address : Byte;
                var SPDData : TStrings);
procedure GetSPD_FPMEDODRAM(Data : TArray<Byte>;
                var SPDData : TStrings);
procedure GetSPD_DDRSDRAM(Data : TArray<Byte>;
                var SPDData : TStrings);
procedure GetSPD_DDR2SDRAM(Data : TArray<Byte>;
                var SPDData : TStrings);
procedure GetSPD_DDR3SDRAM(Data : TArray<Byte>;
                var SPDData : TStrings);
procedure GetSPD_DDR4SDRAM(Data : TArray<Byte>;
                var SPDData : TStrings);
procedure GetSPD_DDR5SDRAM(Data : TArray<Byte>;
                var SPDData : TStrings);
function GetMemoryModuleDetails(Module : TModuleInfo) : TModuleInfo;

//Binary and text helper functions
function HiDWord(AValue : UInt64) : Cardinal;
function LoDWord(AValue : UInt64) : Cardinal;
function IsBitOn(Value : UInt64; Bit : Byte) : Boolean;
function Swap32(Value : LongWord) : LongWord;
function GetNameFromStr(ASource : String;
                        ASep : String = '=') :
                        String;
function GetValueFromStr(ASource : String;
                         ASep : String = '=') :
                         String;
function GetCapacity(AValue : UInt64) : String;
```

Abschließend folgen die öffentlichen Eigenschaften (also Properties), die hauptsächlich organisatorische Daten wie die Basisadresse, den Kontrollernamen und die Speichergeräteadressen enthalten:

```
    //Published Properties
    property SMBusBaseAddress : Cardinal read FSMBusBaseAddress
                                          write FSMBusBaseAddress;
    property SMBusControllerName : String read FSMBusControllerName
                                           write FSMBusControllerName;
    property MemoryDevices : Array8 read FSMBUSMemoryDevices
                                     write FSMBUSMemoryDevices;
  end;
```

11.4.1 Basisklassenfunktionen

Der Konstruktor unserer Klasse ruft zunächst die vererbte Create-Methode auf und weist dann das übergebene Parent vom Typ *TSystemAccess* der privaten Instanz zu. Diese Vorgehensweise ist notwendig, weil wir auf die Lesefunktion der *TSystemAccess*-Klasse zugreifen müssen und in dieser Implementierung keine Vererbung benutzen. Folglich findet der Zugriff über die private Klasseninstanz *FParent* von *TSystemAccess* statt.

Weiterhin besteht der Konstruktor aus dem Setzen von Standardwerten für die SMBus-Basisadresse, dem SMBus-Kontrollernamen, sowie den 8 möglichen Geräteadressen für Speichermodule – letztere befinden sich in der privaten Variable *FSMBusMemoryDevices* vom Typ *Array8*, das als generisches Byte-Feld mit 8 Einträgen definiert ist:

```
constructor TSMBus.Create(Parent : TSystemAccess);
var
  ModuleCnt : Byte;
begin
  inherited Create;
  FParent := Parent;

  FSMBusBaseAddress := 0;
  FSMBusControllerName := 'unbekannt';
  for ModuleCnt := 0 to 7 do
    FSMBUSMemoryDevices[ModuleCnt] := 0;
end;
```

Im Destruktor wird der übergeordnete Destruktor aufgerufen:

```
destructor TSMBus.Destroy;
begin
  inherited;
end;
```

11.4.2 SMBus-Kernfunktionen

Die SMBus-Kernfunktionen fragen Statuswerte ab und beinhalten die Rohfunktionen für das Lesen und Schreiben auf ein SMBus-Gerät. Die zuvor geprüfte Grundbedingung hierfür ist eine bekannte SMBus-Basisadresse und anhand eines bestimmten Offsets in Addition zu dieser Adresse haben wir eine Portadresse errechnet, auf die wir mit unseren Treiberfunktionen für das Lesen/Schreiben von bzw. auf Ports fortfahren können.

Das *Host Status Register*, das sich bei der SMBus-Basisadresse + 0h befindet, liefert in mehreren Bits den Status des Host, wozu verschiedene Bits gemäß der Intel-Definition gehören (exemplarisch siehe Tab. 11.2 und [12]).

Das für uns zunächst relevante Bit 0 kommt zum Einsatz, indem wir Funktionen erstellen, die den Aktivitätsstatus des SMBus-Host überprüfen.

Die Funktion *SMBus_IsHostBusyStatus* liefert ein Boolean-Ergebnis zurück, das aussagt, ob der SMBus gerade beschäftigt ist oder sich im Leerlauf befindet. Hierfür kommt die Port-Lesefunktion *Driver_ReadPort8Bit* aus unserer Hauptklasse *TSystemAccess* zum Einsatz, die mit einer Eingabe- und Ausgabestruktur aufgerufen wird. Als Eingabestruktur dient die zu lesende Adresse (SMBus-Basisadresse + Offset 0 für den

Tab. 11.2 Belegung des SMBus Host Status Registers laut Intel-Definition in Offset 0

Bit	Name	Beschreibung
0	HOST_BUSY	Wenn gesetzt, ist der Host gerade mit einer Aktion beschäftigt, ansonsten im Leerlauf
1	INTR	Wenn gesetzt, wurde der letzte Befehl der Interruptquelle erfolgreich abgeschlossen
2	DEV_ERR	Wenn gesetzt, ist ein Fehler aufgetreten (etwa durch ein ungültiges Kommandofeld oder einen TimeOut-Fehler)
3	BUS_ERR	Wenn gesetzt, ist ein Bus-Fehler infolge einer Transaktionskollision aufgetreten
4	FAILED	Wenn gesetzt, war die Quelle des Interrupts eine fehlgeschlagene Bustransaktion
5	SMBALERT_STS	Wenn gesetzt, war die Quelle eines Interrupts das sog. SMBALERT#-Signal
6	INUSE_STS	Wenn gesetzt, ist der SMBus mit einer Transaktion beschäftigt (dieses Bit wird als Semaphore zwischen verschiedenen unabhängigen Software-Threads verwendet, die möglicherweise die SMBus-Logik des Chipsatzes nutzen müssen, und hat keine anderen Auswirkungen auf die Hardware)
7	Byte Done Status (DS)	Wenn gesetzt, hat der Host-Kontroller ein Byte empfangen (bei sog. Block-Lesebefehlen) oder wenn die Übertragung eines Bytes abgeschlossen wurde (bei Block-Schreibbefehlen). Dieses Bit ist auch beim letzten Byte der Übertragung gesetzt

Host Status, siehe Tab. 11.1). Wenn der Lesevorgang erfolgreich war, prüfen wir in der Ausgabestruktur anhand von *IsBitOn,* ob Bit 0 gesetzt ist, und weisen das Ergebnis entsprechend zu:

```
function TSMBus.SMBus_IsHostBusyStatus : Boolean;
var
  ReadInputBuf : ReadPortXBitInputStruct;
  ReadOutputBuf : ReadPort8BitOutputStruct;
begin
  Result := False;

  ReadInputBuf.Address := FSMBusBaseAddress + $00;
  if FParent.Driver_ReadPort8Bit(ReadInputBuf, ReadOutputBuf) and
     IsBitOn(ReadOutputBuf.Data, 0) then
  Result := True;
end;
```

Für eine einfachere Verwendung dieser Funktion implementieren wir 2 weitere Prozeduren, die eine bestimmte maximale Zeitspanne (20 Millisekunden) auf einen bestimmten Zustand warten. Die Prozedur *SMBus_WaitForBusyStatus* wartet auf den Status „besetzt", während die Prozedur *SMBus_WaitForReadyStatus* auf den Leerlauf-Status wartet. Beide Prozeduren verwenden hierfür die API-Funktion *GetTickCount64* [13], welche die Anzahl von Millisekunden zurückliefert, die seit dem Start des Systems abgelaufen sind. Es wird zuerst der Anfangswert ermittelt und in der lokalen Variable *TickCount* (vorzeichenloser 64 Bit-Wert) gespeichert, und später der aktuelle Wert vom gespeicherten Wert abgezogen. Beide Prozeduren werden daher dann beendet, wenn entweder die Statusbedingung erfüllt wurde oder die Zeitspanne von 20 Millisekunden abgelaufen ist:

```
procedure TSMBus.SMBus_WaitForBusyStatus;
var
  TickCount : UInt64;
begin
  TickCount := GetTickCount64;
  while not SMBus_IsHostBusyStatus and
  (GetTickCount64 - TickCount < 20) do
    Sleep(1);
end;

procedure TSMBus.SMBus_WaitForReadyStatus;
var
  TickCount : UInt64;
begin
```

```
  TickCount := GetTickCount64;
  while SMBus_IsHostBusyStatus and
  (GetTickCount64 - TickCount < 20) do
    Sleep(1);
end;
```

Hindergrundinformation
Die gewählte Zeitspanne von 20 Millisekunden basiert auf dem Test vieler unterschiedlicher Systeme über Jahre hinweg, und kann selbstverständlich beliebig angepasst werden. Vorstellbar ist auch eine Übergabe des Zeitwertes als Parameter, um die Funktion unabhängig mit unterschiedlichen Werten aufrufen zu können.

Die nächste Funktion soll den Inhalt des Bit 2 vom Host Status zurückliefern, und dieses Bit wird als Gerätefehler (DEV_ERR) interpretiert. Dieser Fehler kann auftreten, wenn ein ungültiges Kommandofeld verwendet wurde, ein vom Host initiierer nicht beanspruchter Zyklus aufgetreten ist oder ein Time-Out Fehler erkannt wurde. Vergleichbar mit der Funktion *SMBus_IsHostBusyStatus* implementieren wir daher die Funktion *SMBus_IsDeviceErrorOccurred,* die den Host Status ausliest und anhand von *IsBitOn* das Bit 2 überprüft sowie das Boolean-Ergebnis zuweist:

```
function TSMBus.SMBus_IsDeviceErrorOccurred : Boolean;
var
  ReadInputBuf : ReadPortXBitInputStruct;
  ReadOutputBuf : ReadPort8BitOutputStruct;
begin
  Result := False;

  ReadInputBuf.Address := FSMBusBaseAddress + $0;
  if FParent.Driver_ReadPort8Bit(ReadInputBuf, ReadOutputBuf) and
     IsBitOn(ReadOutputBuf.Data, 2) then
  Result := True;
end;
```

Ebenfalls wichtig ist das *SMBus Host Count Register,* über das nicht nur der Transfertyp festgelegt wird, sondern Bit 6 auch den Start der Transaktion veranlasst (Tab. 11.3).

Die Prozedur *ReadDataByte* liest ein Byte von einem bestimmten SMBus-Gerät und ist eine zentrale Kernfunktion für die Ermittlung des SPD-EEPROMs. Übergeben wird die Geräteadresse (also im Bereich 50h–57h) und das zu lesende Registeroffset - zurückgeliefert wird der Inhalt des angeforderten Bytes:

```
function TSMBus.ReadDataByte(Adr, Reg : Byte) : Byte;
```

In der Variablensektion definieren wir Instanzen für den Eingabe- und Ausgabepuffer, die für das Lesen und Schreiben von Ports notwendig sind:

Tab. 11.3 Belegung des SMBus Host Control Registers laut Intel-Definition in Offset 2

Bit	Name	Beschreibung
0	INTREN	Wenn gesetzt, wird ein Interrupt nach der Fertigstellung der Transaktion generiert
1	KILL	Wenn gesetzt, wird die aktuelle Host Transaktion abgebrochen
4–2	SMB_CMD	Definiert den Transfertyp: 000 = Quick 001 = Byte 010 = Byte Data 011 = Word Data 100 = Process Call 101 = Block 110 = I2C Read 111 = Block Process
5	LAST_BYTE	Wenn gesetzt, ist das nächste Byte das letzte Byte des empfangenen Datenblocks (wenn Blocktransfer ausgewählt wurde)
6	START	Wenn gesetzt, wird die Transaktion mit den gesetzten Parametern gestartet
7	PEC_EN	Wenn gesetzt, fügt der SMBus-Kontroller der Transaktion eine Paketfehlerprüfung hinzu (Packet Error Checking)

```
var
  ReadInputBuf  : ReadPortXBitInputStruct;
  ReadOutputBuf : ReadPort8BitOutputStruct;
  WriteInputBuf : WritePort8BitInputStruct;
```

Begonnen wird damit, dass der SMBus Host Status zurückgesetzt wird, was wir dadurch erreichen, indem wir das Register leeren und die zu leerenden Bits mit einer 1 beschrieben werden. Intel sagt hierzu für die Bits 4–0:

> Software clears this bit by writing a 1 to it.

In Vorbereitung für die eigentliche Schreibaktion setzen wir daher den Host Status zurück, indem wir zunächst im Eingabepuffer die Basisadresse + 0h festlegen, und als Daten den Wert 1Eh wählen. Dieser Wert bedeutet in dezimaler Schreibweise 30 und definiert die Bits 4–1. Anschließend wird die Prozedur *Driver_WritePort8Bit* aus der übergeordneten Klasse *TSystemAccess* aufgerufen:

```
{Host Status zurücksetzen}
WriteInputBuf.Address := FSMBusBaseAddress + $0; {SMBus Host Status}
WriteInputBuf.Data := $1E;
FParent.Driver_WritePort8Bit(WriteInputBuf);
```

Im *SMBus Host Address Register* mit dem Offset 4h muss nun die Adresse des anzusprechenden SMBus-Gerätes geschrieben werden. Diese Adresse wird als Parameter *Adr* der Prozedur übergeben. Wir legen daher den Eingabepuffer mit der Basisadresse + 4h fest, und müssen das Gerät zuvor noch vorbereiten (Tab. 11.4).

Wie man hierbei erkennen kann, wird das Gerät auf die Bits 7–1 verschoben und damit zwangsweise um ein Bit gekürzt – die Kürzung verändert unseren Wert der Geräteadressen 50h–57h nicht. Bit 0 definiert dann, ob der Transfer schreibend oder lesend stattfinden soll – wir wählen den lesenden Transfer, der durch eine logische Oder-Verknüpfung mit 1 stattfindet. Hierfür setzen wir wieder die korrekte Host-Adresse mit dem Offset 4h, weisen die Geräteadresse mit dem Schreibtransfer zu und führen den Schreibvorgang mit *Driver_WritePort8Bit* aus:

```
{Adresse und Transferrichtung schreiben}
WriteInputBuf.Address := FSMBusBaseAddress + $4; {SMBus Host
                                                  Address}
WriteInputBuf.Data := (Adr shl 1) or 1;
FParent.Driver_WritePort8Bit(WriteInputBuf);
```

Nachdem wir nun das anzusprechende Gerät und die Transferrichtung festgelegt haben, folgt nun die Registernummer, die wir ansprechen wollen. Hierfür kommt das *SMBus Host Command Register* mit dem Offset 3h zum Einsatz. Da wir als Parameter das anzusprechende Register übergeben (Variable *Reg*), wird dieser Wert direkt in den Eingabepuffer weitergeleitet und danach der Schreibvorgang durchgeführt:

```
{Anzusprechendes Register schreiben}
WriteInputBuf.Address := FSMBusBaseAddress + $3; {SMBus Host
                                                  Command}
WriteInputBuf.Data := Reg;
FParent.Driver_WritePort8Bit(WriteInputBuf);
```

Der Transfertyp wird über das *SMBus Host Count Register* mit Offset 2h festgelegt, und wir wollen Byte-Daten übertragen. Wenn man sich die Felder in Tab. 11.3 ansieht, wird der Transfertyp *Byte Data* ausgewählt und zugleich Bit 6 für den Start der Transaktion gesetzt. Beide Ziele erreichen wir über den Wert 48h (dezimal 72), der für die aktivierten Bits 3 und 6 steht. Nach dem Schreiben des Wertes über *Driver_WritePort8Bit* wird abschließend die

Tab. 11.4 Aufbau des Host Address Register mit dem Offset 4h

Address Bits 7–1	Read/Write Bit 0
This field provides a 7-bit address of the targeted slave	Direction of the host transfer: 0 = Write 1 = Read

Prozedur *SMBus_WaitForReadyStatus* aufgerufen, damit dem SMBus die Chance gegeben werden kann, die Transaktion auszuführen und danach wieder bereit zu sein:

```
  {Transfertyp und Startsignal schreiben}
  WriteInputBuf.Address := FSMBusBaseAddress + $2; {SMBus Host Count}
  WriteInputBuf.Data := $48; //Byte-Daten & Start
  FParent.Driver_WritePort8Bit(WriteInputBuf);

  {Warten bis der SMBus nicht mehr beschäftigt ist}
  SMBus_WaitForReadyStatus;
```

An dieser Stelle haben wir alle notwendigen Transferdaten abgeschickt und auf die Bereitschaft des SMBus gewartet. Was abschließend folgt, ist das tatsächliche Auslesen der angeforderten Daten. Zuvor prüfen wir noch, ob der SMBus wirklich bereit dafür ist (Funktion *SMBus_IsHostBusyStatus*) und die Transaktion keinen Fehler gemeldet hat (Funktion *SMBus_IsDeviceErrorOccurred*), und beginnen dann mit dem Auslesen des *SMBus Host Data 0 Register*. Wenn der Auslesevorgang erfolgreich war, wird das Ergebnis dem Funktionsergebnis zugewiesen:

```
  {wenn der SMBus im Leerlauf ist und
   kein Gerätefehler gemeldet wurde...}
  if not SMBus_IsHostBusyStatus and
     not SMBus_IsDeviceErrorOccurred then
  begin
    {...dann Daten auslesen}
    ReadInputBuf.Address := FSMBusBaseAddress + $5; {SMBus Host
                                                     Data 0}
    if FParent.Driver_ReadPort8Bit(ReadInputBuf, ReadOutputBuf) then
      Result := ReadOutputBuf.Data;
  end;
end;
```

Die Prozedur *ReadDataWord* liest ein Word von einem bestimmten SMBus-Gerät und ist genauso wie die Byte-Lesefunktion eine zentrale Kernfunktion für die Ermittlung des SPD-EEPROMs. Übergeben wird die Geräteadresse (also 50h–57h) und das zu lesende Registeroffset, und zurückgeliefert wird der Inhalt des angeforderten Words:

```
function TSMBus.ReadDataWord(Adr, Reg : Byte) : Word;
```

In der Variablensektion definieren wir Instanzen für den Eingabe- und Ausgabepuffer, die für das Lesen und Schreiben von Ports notwendig sind:

```
var
  ReadInputBuf : ReadPortXBitInputStruct;
```

```
ReadOutputBuf : ReadPort8BitOutputStruct;
WriteInputBuf : WritePort8BitInputStruct;
```

Begonnen wird damit, dass der SMBus Host Status zurückgesetzt wird, was dadurch erreicht wird, indem wir zunächst im Eingabepuffer die Basisadresse+0h festlegen, und als Daten den Wert 1Eh wählen. Dieser Wert bedeutet in dezimaler Schreibweise 30 und definiert die aktivierten Bits 4–1. Anschließend wird die Prozedur *Driver_WritePort8Bit* aus der übergeordneten Klasse *TSystemAccess* aufgerufen:

```
{Host Status zurücksetzen}
WriteInputBuf.Address :=
FSMBusBaseAddress + $0; {SMBus Host Status}
WriteInputBuf.Data := $1E;
FParent.Driver_WritePort8Bit(WriteInputBuf);
```

Im *SMBus Host Address Register* mit dem Offset 4h wird nun die Adresse des anzusprechenden SMBus-Gerätes geschrieben, und Bit 0 legt hierbei fest, ob lesend oder schreibend darauf zugegriffen wird. Wir wählen den lesenden Transfer, der durch eine logische Oder-Verknüpfung mit 1 stattfindet. Hierfür setzen wir wieder die korrekte Host-Adresse mit dem Offset 4h, weisen die Geräteadresse mit dem Schreibtransfer zu und führen den Schreibvorgang mit *Driver_WritePort8Bit* aus:

```
{Adresse und Transferrichtung schreiben}
WriteInputBuf.Address :=
FSMBusBaseAddress + $4; {SMBus Host Address}
WriteInputBuf.Data := (Adr shl 1) or 1;
FParent.Driver_WritePort8Bit(WriteInputBuf);
```

Nachdem wir nun das anzusprechende Gerät und die Transferrichtung festgelegt haben, folgt nun die Registernummer, die wir ansprechen wollen. Hierfür kommt das *SMBus Host Command Register* mit dem Offset 3h zum Einsatz. Da wir als Parameter das anzusprechende Register übergeben (Variable *Reg*), wird dieser Wert direkt in den Eingabepuffer weitergeleitet und danach der Schreibvorgang durchgeführt:

```
{Anzusprechendes Register schreiben}
WriteInputBuf.Address := FSMBusBaseAddress + $3; {SMBus Host
                                                  Command}
WriteInputBuf.Data := Reg;
FParent.Driver_WritePort8Bit(WriteInputBuf);
```

Der Transfertyp wird über das *SMBus Host Count Register* mit Offset 2h festgelegt, und wir wollen Word-Daten übertragen. Wenn man sich die Felder in Tab. 11.3 ansieht, wird der Transfertyp *Word Data* ausgewählt und zugleich Bit 6 für den Start der Transaktion gesetzt. Beide Ziele erreichen wir über den Wert 4Ch (dezimal 76), der für die aktivierten Bits 2, 3 und 6 steht. Nach dem Schreiben des Wertes über *Driver_WritePort8Bit* wird abschließend die Prozedur *SMBus_WaitForReadyStatus* aufgerufen, damit dem SMBus die Chance gegeben werden kann, die Transaktion auszuführen und danach wieder bereit zu sein:

```
  {Transfertyp und Startsignal schreiben}
  WriteInputBuf.Address := FSMBusBaseAddress + $2; {SMBus Host Count}
  WriteInputBuf.Data := $4C; //Word-Daten & Start
  FParent.Driver_WritePort8Bit(WriteInputBuf);
```

An dieser Stelle haben wir alle notwendigen Transferdaten abgeschickt und auf die Bereitschaft des SMBus gewartet. Was abschließend folgt, ist das tatsächliche Auslesen der angeforderten Daten. Zuvor prüfen wir noch, ob der SMBus tatsächlich bereit ist (Funktion *SMBus_IsHostBusyStatus*) und die Transaktion keinen Fehler gemeldet hat (Funktion *SMBus_IsDeviceErrorOccurred*), und beginnen dann mit dem Auslesen der beiden SMBus Host Data 0 und 1-Register. Wenn der Auslesevorgang erfolgreich war, wird das Ergebnis dem Funktionsergebnis zugewiesen, und da wir ein Ergebnis in Word-Größe zurückliefern, entsprechend mit dem binären Verschieben um 8 Positionen angepasst:

```
  {wenn der SMBus im Leerlauf ist und
   kein Gerätefehler gemeldet wurde...}
  if not SMBus_IsHostBusyStatus and
     not SMBus_IsDeviceErrorOccurred then
  begin
    {...dann Daten auslesen}
    ReadInputBuf.Address := FSMBusBaseAddress + $6; {SMBus Host
                                                     Data 1}
    if FParent.Driver_ReadPort8Bit(ReadInputBuf, ReadOutputBuf) then
      Result := ReadOutputBuf.Data;

    ReadInputBuf.Address := FSMBusBaseAddress + $5; {SMBus Host
                                                     Data 0}
    if FParent.Driver_ReadPort8Bit(ReadInputBuf, ReadOutputBuf) then
      Result := (Result shl 8) + ReadOutputBuf.Data;
  end;
end;
```

Die Prozedur *WriteDataByte* schreibt ein Byte mit einem bestimmten Wert auf ein SMBus-Gerät, was später hauptsächlich beim Umschalten der Seiten für DDR4- und DDR5-Speicher zum Einsatz kommt. Übergeben wird die Geräteadresse (also 50h–57h), das zu schreibende Registeroffset und der Registerinhalt:

```
procedure TSMBus.WriteDataByte(Adr, Reg, Content : Byte);
```

In der Variablensektion definieren wir eine Instanz des Eingabepuffers für das Schreiben von Ports:

```
var
  WriteInputBuf : WritePort8BitInputStruct;
```

Begonnen wird damit, dass der SMBus Host Status zurückgesetzt wird, was dadurch erreicht wird, indem wir zunächst im Eingabepuffer die Basisadresse+0h festlegen, und als Daten den Wert 1Eh wählen. Dieser Wert bedeutet in dezimaler Schreibweise 30 und definiert die Bits 4–1. Anschließend wird die Prozedur *Driver_WritePort8Bit* aus der übergeordneten Klasse *TSystemAccess* aufgerufen:

```
{Host Status zurücksetzen}
WriteInputBuf.Address := FSMBusBaseAddress + $0; {SMBus Host
                                                  Status}
WriteInputBuf.Data := $1E;
FParent.Driver_WritePort8Bit(WriteInputBuf);
```

Im *SMBus Host Address Register* mit dem Offset 4h wird nun die Adresse des anzusprechenden SMBus-Gerätes geschrieben, und Bit 0 legt hierbei fest, ob lesend oder schreibend darauf zugegriffen wird. Wir wählen den schreibenden Transfer, der durch eine logische Oder-Verknüpfung mit 0 stattfindet. Hierfür setzen wir wieder die korrekte Host-Adresse mit dem Offset 4h, weisen die Geräteadresse mit dem Schreibtransfer zu und führen den Schreibvorgang mit *Driver_WritePort8Bit* aus:

```
{Adresse und Transferrichtung schreiben}
WriteInputBuf.Address := FSMBusBaseAddress + $4; {SMBus Host
                                                  Address}
WriteInputBuf.Data := (Adr shl 1) or 0;
FParent.Driver_WritePort8Bit(WriteInputBuf);
```

Nachdem wir nun das anzusprechende Gerät und die Transferrichtung festgelegt haben, folgt nun die Registernummer, die wir ansprechen wollen. Hierfür kommt das *SMBus Host Command Register* mit dem Offset 3h zum Einsatz. Da wir als Parameter das anzusprechende Register übergeben (Variable *Reg*), wird dieser Wert direkt in den Eingabepuffer weitergeleitet und danach der Schreibvorgang durchgeführt:

```
{Anzusprechendes Register schreiben}
WriteInputBuf.Address := FSMBusBaseAddress + $3; {SMBus Host Command}
WriteInputBuf.Data := Reg;
FParent.Driver_WritePort8Bit(WriteInputBuf);
```

Der dritte Prozedurparameter lautet *Content* und stellt den Registerinhalt dar, den wir schreiben möchten. Hierfür existieren zwei Byte-Register und da wir später die byteweise Übertragung festlegen werden, kommt nur das erste Register mit dem Namen *SMBus Host Data 0* und dem Offset 5h zum Einsatz:

```
  {Registerinhalt schreiben}
  WriteInputBuf.Address := FSMBusBaseAddress + $5; {SMBus Host Data 0}
  WriteInputBuf.Data := Content;
  FParent.Driver_WritePort8Bit(WriteInputBuf);
```

Der Transfertyp wird über das *SMBus Host Count Register* mit Offset 2h festgelegt, und wir wollen Byte-Daten übertragen. Wenn man sich die Felder in Tab. 11.3 ansieht, wird der Transfertyp *Byte Data* ausgewählt und zugleich Bit 6 für den Start der Transaktion gesetzt. Beide Ziele erreichen wir über den Wert 48h (dezimal 72), der für die aktivierten Bits 3 und 6 steht. Nach dem Schreiben des Wertes über *Driver_WritePort8Bit* wird abschließend die Prozedur *SMBus_WaitForReadyStatus* aufgerufen, damit dem SMBus die Chance gegeben werden kann, die Transaktion auszuführen und danach wieder bereit zu sein:

```
  {Transfertyp und Startsignal schreiben}
  WriteInputBuf.Address := FSMBusBaseAddress + $2; {SMBus Host Count}
  WriteInputBuf.Data := $48; //Byte-Daten & Start
  FParent.Driver_WritePort8Bit(WriteInputBuf);

  {Warten bis der SMBus nicht mehr beschäftigt ist}
  SMBus_WaitForReadyStatus;
end;
```

11.4.3 DDR4/DDR5 Seiten-Auswahlfunktionen

Wie schon bei der Entwicklung einer Basisklasse kurz in Abschn. 11.4 genannt wurde, ermittelt die Funktion *GetMemoryModuleInfo* den Inhalt des SPD-EEPROMs, und bei den Speichertechnologien DDR4 sowie DDR5 gibt es hier einige Besonderheiten. Das hängt damit zusammen, dass der Datenblock pro Speichermodul nicht linear auslesbar ist, sondern in einzelne Seiten (englisch Pages) unterteilt ist, zwischen denen umgeschaltet werden muss.

Bei DDR4-Speicher existieren 2 Seiten mit jeweils 256 Byte (also 512 Byte insgesamt) und bei DDR5-Speicher 8 Seiten mit jeweils 128 Byte (also 1024 Byte insgesamt).

Für ein komfortables Umschalten der Seiten werden die dafür notwendigen Befehle in Prozeduren ausgelagert. Für DDR4-Speicher werden daher die Prozeduren *DDR4_Se-*

lectSPDPage0 und *DDR4_SelectSPDPage1* implementiert. Während erstere den Zugriff auf die Seite 0 mit den Bytes 0–255 ermöglicht, erlaubt die zweite Prozedur den Zugriff auf die Bytes 256–511.

Die Umschaltung auf Seite 0 und die Bytes 0 bis 255 wird bewirkt, indem ein Schreibzugriff auf das SMBus-Gerät mit der Nummer 36h durchgeführt wird – für Seite 1 und die Bytes 256 bis 511 geschieht das gleiche für das SMBus-Gerät mit der Nummer 37h. Ein Schreibvorgang wirkt sich auf alle installierten Speichermodule aus und da der Seitenwechsel per Broadcast erfolgt, sollten unterschiedliche Threads vermieden werden, die jeweils mit den SPD-EEPROMs kommunizieren.

Den Schreibbefehl auf den SMBus führen wir mit der SMBus-Kernfunktion *WriteDataByte* durch, und schreiben hierbei jeweils auf Byte 0 den Wert 0. Nach dem Schreibvorgang warten wir darauf, dass der SMBus beschäftigt ist und danach wieder frei wird:

```
procedure TSMBus.DDR4_SelectSPDPage0;
begin
  //Seite 0 mit den Bytes 0-255 aktivieren
  WriteDataByte($36, 0, 0);
  SMBus_IsHostBusyStatus;
  SMBus_WaitForBusyStatus;
  SMBus_WaitForReadyStatus;
end;

procedure TSMBus.DDR4_SelectSPDPage1;
begin
  //Seite 1 mit den Bytes 256-511 aktivieren
  WriteDataByte($37, 0, 0);
  SMBus_IsHostBusyStatus;
  SMBus_WaitForBusyStatus;
  SMBus_WaitForReadyStatus;
end;
```

Bei DDR5-Speicher existieren 8 Seiten mit jeweils 128 Byte Größe. Hier gilt der Schreibvorgang direkt für das angesprochene Speichermodul, dessen Adresse im Bereich 50h-57h als Parameter übergeben wird. Die zu aktivierende Seite wird ebenfalls übergeben und durch die Zählung ab 0 ergeben sich hier Werte von 0–7. Das sog. *MR11-Register* bei Offset 11 sieht wird in Tab. 11.5 genauer beschrieben.

Der Seitenwechsel funktioniert nicht, wenn die Intel-Funktion *SPD Write Disable* aktiviert ist, weil damit jeder Schreibvorgang für die SMBus-Geräteadressen 50h–57h unterbunden wird. Wir führen die Prüfung dieser Blockade bereits vor dem Umschalten der Seite durch und besprechen später in diesem Unterkapitel noch die dazugehörige Erkennungsfunktion:

Tab. 11.5 Aufbau des MR11-Registers bei DDR5-Speichermodulen für den Seitenwechsel

Reserved Bits 7–4	SPD5 Hub Device – I2C Legacy Mode Addressing Bit 3	SPD5 Device – Non Volatile Memory Address Page Pointer in I2C Legacy Mode Bits 2–0
-	0=1 Byte Addressing 1=2 Byte Addressing	000=Page 0 (0 × 00 to 0 × 7 F) 001=Page 1 (0 × 80 to 0xFF) 010=Page 2 (0 × 100 to 0 × 17 F) 011=Page 3 (0 × 180 to 0 × 1FF) 100=Page 4 (0 × 200 to 0 × 27 F) 101=Page 5 (0 × 280 to 0 × 2FF) 110=Page 6 (0 × 300 to 0 × 37 F) 111=Page 7 (0 × 380 to 0 × 3FF)

```
procedure TSMBus.DDR5_SelectSPDPage(Address, Page : Byte);
begin
  WriteDataByte(Address, 11 {MR11}, Page and 7);
  SMBus_IsHostBusyStatus;
  SMBus_WaitForBusyStatus;
  SMBus_WaitForReadyStatus;
end;
```

Die letzte Funktion innerhalb der Thematik der Seiten-Auswahlfunktionen ist die Erkennungsfunktion, ob die Intel-Funktion *SPD Write Disable* aktiviert ist. Hierfür greifen wir auf den bereits ermittelten PCI-Datenbestand der übergeordneten *TSystemAccess*-Klasse und der *TPCIBus*-Instanz zu.

Die Funktion *IsIntel_SPDWD* liefert ein Boolean-Ergebnis zurück und verwendet eine Zähler-Variable für den PCI-Bus. Im Funktionsbeginn wird das Standard-Rückgabeergebnis gesetzt, bei dem wir von einer inaktiven Sperrfunktion der SMBus-Speichergeräte ausgehen:

```
function TSMBus.IsIntel_SPDWD : Boolean;
var
  PCIDevCnt : Integer;
begin
  Result := False;
```

Wenn keine PCI-Geräte gefunden werden konnten (z. B. weil die Analyse noch nicht durchgeführt wurde), springen wir aus der Funktion heraus:

```
  if FParent.PCIBusClass.PCIDeviceCount = 0 then
    Exit;
```

Grundsätzlich definiert bei Intel-Chipsätzen mit der Speichertechnologie DDR4 und DDR5 das *Host Configuration (HCFG) Register* bei Offset 40h, ob *SPD Write Disable* eingeschaltet ist oder nicht. Bit 4 enthält hierfür den entsprechenden Status, und dieses Bit kann leider nur einmal geschrieben werden, was durch das BIOS während der Systeminitialisierung geschieht. Danach kann es nicht durch einen anderen Wert ein weiteres Mal geschrieben werden, bis der nächste System-Reset wieder alles von Anfang beginnen lässt.

Wir können daher nur lesend im Zuge durch eine Iteration des PCI-Bus darauf zugreifen, und prüfen für jedes gefundene Gerät, ob es sich um einen Intel SMBus-Kontroller (Herstellerkennung 8086h) handelt:

```
for PCIDevCnt := 0 to FParent.PCIBusClass.PCIDeviceCount - 1 do
begin
  if (FParent.PCIBusClass.FPCIDevices[PCIDevCnt].
      VendorID = $8086) and
     (FParent.PCIBusClass.FPCIDevices[PCIDevCnt].
      ClassID = $C) and
     (FParent.PCIBusClass.FPCIDevices[PCIDevCnt].
      SubClassID = 5) then
  begin
```

Wenn ein solches Gerät gefunden wurde, prüfen wir mit der Binär-Hilfsfunktion *IsBitOn* das Offset 40h und Bit 4, und weisen das Funktionsergebnis entsprechend zu. Sobald die Zuweisung erfolgt ist, springen wir mit *Break* aus der For-Schleife heraus:

```
      //Prüfen von Bit 4 (SPD Write Disable) im
      //Host Configuration (HCFG) Register bei Offset $40
      Result := IsBitOn(
                  FParent.PCIBusClass.FPCIDevices[PCIDevCnt].
                  PCIContent[$40],
                  4);

      Break;
    end;
  end;
end;
```

11.4.4 SMBus Mutex-Funktionen

Der Zugriff auf den SMBus (und damit das SPD-EEPROM) sollte mit einer Synchronisierung durchgeführt werden. Falls mehrere Clients (also in unserem Fall Windows-Applikationen) gleichzeitig versuchen, auf den SMBus zuzugreifen, kann es zu einer Kollision kommen, die zu falschen Ergebnissen führt.

Um solche Situationen zu vermeiden, gibt es mehrere Mechanismen – alle neueren Intel-Chipsätze verfügen über einen Hardware-Mutex, das bei richtiger Verwendung solche Kollisionen verhindert. Außerdem verwenden viele Windows-Applikationen einen globalen Software-Mutex, um solche Zugriffe auf einer noch höheren Ebene zu schützen. Die Voraussetzung ist jedoch, dass alle Applikationen dieses Mutex auf die richtige Weise nutzen, was leider nicht immer der Fall ist.

Mutex steht für *Mutual Exclusion Object* und ist mit einer *Critical Section* innerhalb von Threads vergleichbar. Als wesentlichen Unterschied zwischen beiden Mechanismen ist bei der Critical Section immer eine Stelle beteiligt, und bei einem Mutex immer zwei Stellen. Das bedeutet, dass der andere Prozess ebenfalls das gleiche Mutex-Objekt verwenden muss, um eine korrekte Synchronisierung zu bewirken.

Für uns bedeutet das, dass wir vor dem SMBus-Zugriff das entsprechende Mutex erstellen, oder falls das nicht möglich ist, dann öffnen – und im Erfolgsfall den SMBus-Zugriff durchführen. Sollte nicht der Erfolgsfall eintreten, verwendet höchstwahrscheinlich gerade eine andere Applikation das Mutex und der Zugriff sollte unterbunden werden.

Es existieren grundsätzlich verschiedene Namensbereiche, wovon der lokale und globale Namensbereich unterschieden werden, in dem sich das Mutex befindet. Verschiedene Entwickler von Systeminfo-Applikationen haben sich in dieser Hinsicht auf einen Namen geeinigt, der als benutzerdefiniertes Objekt im globalen Namensbereich angesiedelt wird:

Access_SMBUS.HTP.Method.

Für eine Verwendung im globalen Namensbereich wird dem Bezeichner ein *Global* vorangestellt:

Global\Access_SMBUS.HTP.Method.

Eingesetzt wird das Mutex mitunter von den Applikationen AIDA64 [14], CPUZ [15], HWiNFO [16], SIV [17] und CrystalDiskInfo [18]. Wir wollen uns daher ebenfalls in diese Liste einreihen, auch um einen gleichzeitigen Programmeinsatz möglichst problemlos zu bewerkstelligen.

Das Mutex muss also während der gesamten SMBus-Transaktion gehalten werden, wobei unnötiges Blockieren zu vermeiden ist. Hierzu kommen die API-Funktionen *CreateMutex* [19], *OpenMutex* [20], *ReleaseMutex* [21] und *CloseHandle* [22] zum Einsatz, die wir später an entsprechender Stelle noch genauer beschreiben werden. Die Vorlage für unsere Implementierung ist die Funktion *CreateWorldMutex* aus der OpenSource-Software CrystalDiskInfo, die vollständig als C++-Quellcode auf GitHub vorliegt [23] und beliebig verwendet werden darf. Wir haben diesen C++-Quellcode demzufolge in Object Pascal übersetzt und beschreiben nachfolgend die genaue Vorgehensweise der Mutex-Ansteuerung.

Grundsätzlich müssen vor dem Erstellen oder Öffnen eines Mutex in unserem Fall verschiedene Zugriffs- und Sicherheitsrechte vorbereitet werden, die wir später als Sicherheitsattribute übergeben. Als Orientierung für den nachfolgenden Quellcode soll die chronologische Übersicht in Tab. 11.6 dienen.

Mit dem nachfolgenden Quellcode tauchen wir tief ins Windows-Rechtemanagement ein und wem das zu speziell oder kompliziert erscheint bzw. wer sich vollständig auf

Tab. 11.6 Vorbereitende und durchführende Aufgaben für die Mutex-Verwendung

Position	Aufgabe	API-Funktion
1	Initialisieren eines neuen Sicherheitsdeskriptors	InitializeSecurityDescriptor
2	Initialisieren einer neuen ACL-Struktur	InitializeAcl
3	Allokieren und Initialisieren eines Sicherheits-bezeichners (SID) mit bis zu acht Unterautoritäten	AllocateAndInitializeSid
4	Hinzufügen einer Zugriffskontrollliste (ACL) zu einem Zugriffskontrolleintrag (ACE) für eine bestimmte Sicherheitskennung (SID)	AddAccessAllowedAce
5	Informationen in einer diskretionären Zugangskontroll-liste (DACL) setzen	SetSecurityDescriptorDacl
Mutex-Kernfunktionen		
1	Mutex im Global-Namensraum erstellen	CreateMutex
2	Falls fehlerhaft, Mutex im Global-Namensraum öffnen	OpenMutex
3	Falls fehlerhaft, Mutex im Lokal-Namensraum er-stellen	CreateMutex

den reinen SMBus fokussieren möchte, überspringt dieses Kapitel und fährt mit Abschn. 11.4.5 und den Kernerkennungsfunktionen fort. Den Start unserer Funktion *CreateWorldMutex* macht die Funktionsdeklaration, wobei der Mutex-Name als String übergeben wird und gleichzeitig ein Boolean-Ergebnis signalisiert, ob die Erstellung bzw. das Öffnen erfolgreich war, und mit dem Zugriff auf den SMBus fortgesetzt werden kann:

```
function TSMBus.CreateWorldMutex(MutexName : String) : Boolean;
```

In der Variablensektion deklarieren wir Instanzen der beiden Strukturen *TSecurityDescriptor* und *TSecurityAttributes*, die wir später noch für die Zugriffsrechte des Mutex benötigen. Ebenfalls gehören dazu eine Größenvariable und eine Boolean-Hilfsvariable:

```
var
  SecurityDesc : TSecurityDescriptor;
  SecurityAttr : TSecurityAttributes;
  ACLSize : NativeInt;
  BoolRes : Boolean;
```

Zu den definierten Konstanten gehören eine Windows-Sicherheitsidentifizierung (SID, Security Identifier) mit dem Namen *SECURITY_WORLD_SID_AUTHORITY*, die Microsoft unter seinen bekannten SIDs auflistet [24], sowie weitere Konstanten für die Rechtezuweisung (das Thema SID haben wir bereits in Abschn. 3.3 für die Ermittlung von Administratorrechten angesprochen):

```
const
  SECURITY_WORLD_SID_AUTHORITY : TSIDIdentifierAuthority =
                                  (Value: (0, 0, 0, 0, 0, 1));
  SECURITY_WORLD_RID = 0;
  ACL_REVISION = 2;
```

Wir beginnen damit, indem wir den Zeiger für die Sicherheitsidentifizierung auf nil setzen (private Klassenvariable *FSID*), die Größe der Zugriffssteuerungsliste ermitteln und mit 32 möglichen Einträgen multiplizieren sowie diesen Speicher mit *AllocMem* reservieren (private Klassenvariable *FACL*). Durch *AllocMem* wird dem Zeiger auf die Zugriffssteuerungsliste *FACL* der Speicherblock zugewiesen und jedes Byte mit null initialisiert:

```
begin
  FSID := nil;
  ACLSize := SizeOf(TACL) * 32;
  FACL := AllocMem(ACLSize);
```

Der Sicherheitsdeskriptor muss nun initialisiert werden, was mit der API-Funktion *InitializeSecurityDescriptor* [25] geschieht. Dieser Funktion wird die Adresse der deklarierten *TSecurityDescriptor*-Struktur übergeben sowie der Revisionsstand, der dem Sicherheitsdeskriptor zugewiesen werden soll – dieser Parameter muss *SECURITY_DESCRIPTOR_REVISION* lauten:

```
  InitializeSecurityDescriptor(@SecurityDesc,
                               SECURITY_DESCRIPTOR_REVISION);
```

Wir müssen noch den entsprechenden Speicher der Zugriffssteuerungsliste allokieren und verwenden hierfür wieder *AllocMem:*

```
  FACL := AllocMem(SizeOf(FACL^));
```

Weiter geht es mit der API-Funktion *InitializeAcl* [26], die eine neue Zugriffssteuerungsliste (ACL, Access Control List) initialisiert. Übergeben wird der Zeiger der Instanz, die Größe und der Revisionslevel, mit dem die Struktur initialisiert wird – wir verwenden hier *ACL_REVISION*:

```
  BoolRes := InitializeAcl(FACL^, ACLSize, ACL_REVISION);
```

Das Funktionsergebnis wird in der Boolean-Variable *BoolRes* gespeichert, und diese Variable beziehen wir in die Ermittlung weiterer API-Funktionen mit ein – sie soll uns als lokaler Erfolgswert für alle Initialisierungen dienen.

Weiter geht es mit der Allokierung und Initialisierung des Sicherheitsbezeichners (SID), was wiederum mit der API-Funktion *AllocateAndInitializeSid* [27] geschieht. Das Funktionsergebnis kombinieren wir mit einem logischen Und unserer bisherigen Ergebnisvariable *BoolRes* – was bedeutet, dass eine gescheiterte Funktion die Variable auf False setzt. Wir hatten *AllocateAndInitializeSid* bereits in Abschn. 3.3 und Tab. 3.7 genau besprochen, weswegen wir uns hier auf die Übergabeparameter konzentrieren. Der erste Parameter ist die zuvor deklarierte SID-Konstante *SECURITY_WORLD_SID_AUTHORITY*, der zweite die Anzahl der enthaltenen Authoritätskennungen (für uns nur eine Kennung), dann die als Konstante deklarierte Kennung *SECURITY_WORLD_RID*, und danach die Unterautoritäten 1 bis 7 (Sub Authorities), die mit 0 eine nicht eingetragene Kennung signalisieren. Der letzte Parameter ist ein Zeiger auf die zugewiesene und initialisierte SID-Struktur (*FSID*):

```
BoolRes := BoolRes and
  AllocateAndInitializeSid(SECURITY_WORLD_SID_AUTHORITY,
                           1,
                           SECURITY_WORLD_RID,
                           0,
                           0,
                           0,
                           0,
                           0,
                           0,
                           0,
                           FSID);
```

Mit der API-Funktion *AddAccessAllowedAce* [28] fügen wir einem sog. Zugriffssteuerungseintrag (ACE, Access Control Entry) eine Zugriffssteuerungsliste (ACL, Access Conrol List) hinzu. Der Zugriff wird dem angegebenen Sicherheitsbezeichner (SID) gewährt. Diese API-Funktion kombinieren wir wieder mit einem logischen Und. Als Parameter benutzen wir den Zeiger auf unsere Zugriffssteuerungsliste *FACL*, die Revisionsebene der zu ändernden Zugriffssteuerungsliste (Konstante *ACL_REVISION*), die Maske der Zugriffsrechte für den angegebenen Sicherheitsbezeichner (*MUTANT_ALL_ACCESS* bedeutet vollständiger Zugriff) sowie einen Zeiger auf den Sicherheitsbezeichner (FSID), die einen Benutzer, eine Gruppe oder ein Anmeldekonto repräsentiert, dem Zugriff gewährt wird:

```
BoolRes := BoolRes and
  AddAccessAllowedAce(FACL^,
                      ACL_REVISION,
                      MUTANT_ALL_ACCESS,
                      FSID);
```

Anhand des nun vorliegenden Ergebnisses der Boolean-Variable *BoolRes* entscheidet sich, ob wir die API-Funktion *SetSecurityDescriptorDacl* [29] mit einem Zeiger auf eine Zugriffssteuerungsliste aufrufen oder ohne diesen Zeiger. Die Funktion *SetSecurityDescriptorDacl* setzt Informationen in einer sog. diskretionären Zugangskontrollliste (DACL, Discretionary Access Control List). Letztere ist eine Zugriffskontrollliste, die vom Eigentümer eines Objekts kontrolliert wird und die den Zugriff bestimmter Benutzer oder Gruppen auf das Objekt festlegt.

Ist im Sicherheitsdeskriptor bereits eine DACL vorhanden, wird diese ersetzt. Die API-Funktion *SetSecurityDescriptorDacl* erwartet als Parameter die Adresse des Sicherheitsdeskriptors, ein Boolean für das Vorhandensein einer DACL im Sicherheitsdeskriptor, der optionale Zeiger auf die DACL (Variable *FACL*) sowie das Quellflag. Letzteres gibt an, ob die DACL durch einen Standardmechanismus abgerufen wurde (True), oder die DACL explizit von einem Benutzer angegeben wurde (False):

```
if BoolRes then
  SetSecurityDescriptorDacl(@SecurityDesc, True, nil, False)
else
  SetSecurityDescriptorDacl(@SecurityDesc, True, FACL, False);
```

Mit diesen Vorbereitungen können wir die notwendigen Eigenschaften des Sicherheitsattributs setzen. Hierzu gehören die Länge, der Sicherheitsdeskriptor und die Angabe, ob das Handle vererbt wurde (in unserem Fall findet keine Vererbung statt):

```
SecurityAttr.nLength := SizeOf(SecurityAttr);
SecurityAttr.lpSecurityDescriptor := @SecurityDesc;
SecurityAttr.bInheritHandle := False;
```

Nach diesen recht aufwendigen Vorbereitungen des Windows-Rechtemanagements kommen wir nun zu den Kernfunktionen, und versuchen dafür zuerst die Erstellung eines neuen Mutex mittels der API-Funktion *CreateMutex* [19] durchzuführen. Unsere lokale Handle-Variable *FMutexHandle* nimmt das Mutex-Handle auf und als Parameter kommen die Sicherheitsattribute zum Einsatz, der Boolean-Parameter *bInitialOwner*, sowie der Name des Mutex – diesem stellen wir den Global-Namensraum voran durch ein „*Global*\“.

Wenn der mittlere Boolean-Parameter *bInitialOwner* True wäre und der Aufrufer das Mutex erstellt hat, ruft der aufrufende Thread den ursprünglichen Besitz des Mutex-Objekts ab. Andernfalls und in unserem False-Fall erhält der aufrufende Thread keinen Besitz des Mutex:

```
FMutexHandle := CreateMutex(@SecurityAttr,
                            False,
                            PChar('Global\' + MutexName));
```

Das Funktionsergebnis sagt aus, ob die Funktion erfolgreich war oder fehlgeschlagen ist. Letzteres wird mit einer null signalisiert, die wir anschließend abfragen. Im Fehlerfall fahren wir mit dem Öffnen eines bestehenden Mutex fort, weil wir davon ausgehen, dass es nicht erstellt werden konnte, da es bereits existiert.

Hierfür kommt die API-Funktion *OpenMutex* [20] zum Einsatz, die zunächst die gewünschten Zugriffsrechte als ersten Parameter erwartet. Wir benötigen die Lesekontrolle, das Abfragen des sog. Mutant-Status und eine Synchronisierung.

Der zweite Boolean-Parameter mit dem Namen *bInheritHandle* sagt aus, ob Prozesse, die von unserem Prozess erstellt wurden, das Handle erben oder nicht. Wir benötigen keine Vererbung und übergeben daher False.

Der dritte Parameter ist auch hier wieder der Mutex-Name im Global-Namensbereich:

```
if FMutexHandle = 0 then
begin
  FMutexHandle := OpenMutex(READ_CONTROL or
                            MUTANT_QUERY_STATE or
                            SYNCHRONIZE,
                            False,
                            PChar('Global\' + MutexName));
```

Sollte diese Funktion ebenfalls scheitern und wir null als Ergebnis zurückgeliefert bekommen, erstellen wir das Mutex im lokalen Namensbereich. Dies geschieht wieder mit dem identischen Aufruf von *CreateMutex*, und beim Mutex-Namen lassen wir den Global-Bezeichner nun weg – dadurch wird automatisch der lokale Namensbereich verwendet:

```
if FMutexHandle = 0 then
begin
  FMutexHandle := CreateMutex(@SecurityAttr,
                              False,
                              PChar(MutexName));
```

Wir kommen final zur Zuweisung des Funktionsergebnisses und Microsoft definiert hier für CreateMutex und OpenMutex eine klare Vorgehensweise:

> If the function succeeds, the return value is a handle to the newly created mutex object.
>
> If the function fails, the return value is NULL. To get extended error information, call GetLastError.

Wir können daher direkt dem Funktionsergebnis eine Abfrage zuweisen, ob *FMutexHandle* ungleich null ist:

```
Result := FMutexHandle <> 0;
```

Für die ersten beiden Aufrufe von *CreateMutex* und *OpenMutex* müssen wir noch die Else-Verzweigung behandeln, weil die Funktionsaufrufe im Erfolgsfall an diese Stelle springen (den Fehlerfall haben wir ja weiter oben schon behandelt):

```
    end else
      Result := True;
  end else
    Result := True;
end;
```

Damit haben wir die Erstellung bzw. das Öffnen eines Mutex implementiert und müssen noch eine Prozedur schreiben, in der das Mutex-Handle sowie allokierter Speicher wieder freigegeben wird.

Unsere Implementierung lautet *ReleaseWorldMutex* und kann auch dann aufgerufen werden, wenn zuvor kein Mutex erstellt oder geöffnet werden konnte – wir handhaben diese Fälle mit entsprechenden Abfragen:

```
procedure TSMBus.ReleaseWorldMutex;
```

Wenn das Mutex-Handle ungleich null ist, können wir davon ausgehen, dass es existiert. In diesem Fall kommen die beiden API-Funktionen *ReleaseMutex* [21] und *CloseHandle* [22] zum Einsatz, denen jeweils das Handle übergeben wird:

```
begin
  if FMutexHandle <> 0 then
  begin
    ReleaseMutex(FMutexHandle);
    CloseHandle(FMutexHandle);
  end;
```

Für die verwendete Sicherheitsidentifizierung (lokale Klassenvariable *FSID*) und Zugriffssteuerungsliste (lokale Klassenvariable *FACL*) müssen wir ebenfalls noch Freigaben anwenden. Während für die SID die API-Funktion *FreeSid* [30] zum Einsatz kommt, verwenden wir für die ACL die Delphi-Funktion *FreeMem:*

```
  if Assigned(FSID) then
    FreeSid(FSID);
  if Assigned(FACL) then
    FreeMem(FACL);
end;
```

Nach diesem recht komplizierten und tiefgreifenden Eingriff in Windows-Mechanismen widmen wir uns ab dem nächsten Kapitel wieder den reinen SMBus-Funktionen.

11.4.5 Kernerkennungsfunktionen

Zu den beiden Kernerkennungsfunktionen gehört zunächst die Funktion *GetSMBus-MemoryModules,* die aus dem Hauptformular aufgerufen wird und den SMBus nach Speichermodulen untersucht. Zurückgegeben wird ein *Array8,* das als Byte-Feld mit 8 Einträgen definiert ist. Darin enthalten sind in 8 möglichen Bytes die Adressen der dazugehörigen Speichermodule. Letztere befinden sich i.d.R innerhalb der SMBus-Adressen 50h–57h.

Begonnen wird mit der Funktionsdeklaration und der Variablensektion, zu der 2 Byte-Zählervariablen gehören:

```
function TSMBus.GetSMBusMemoryModules : Array8;
var
  AddressCnt,
  ResultCnt : Byte;
begin
```

Zu den vorbereitenden Schritten gehören das Setzen von Standardwerten für das Funktionsergebnis sowie eine Prüfung, bei der eine gültige SMBus-Basisadresse vorhanden sein muss:

```
  for ResultCnt := 0 to 7 do
    Result[ResultCnt] := 0;

  if FSMBusBaseAddress = 0 then
    Exit;
```

Anschließend versuchen wir das SMBus-Mutex mit der Bezeichnung *Access_SMBUS.HTP.Method* zu öffnen bzw. erstellen und rufen dafür die bereits implementierte Funktion *CreateWorldMutex* auf (diese haben wir bereits im vorherigen Unterkapitel besprochen). Wenn das erfolgreich war, setzen wir die Zählervariable *ResultCnt* auf null, da sie als Positionsmarkierung fungiert und fortlaufend inkrementiert wird. In einer For-Schleife iterieren wir durch die SMBus-Geräteadressen 50h-57h und versuchen für jedes Gerät, mittels unserer Byte-Lesefunktion *ReadDataByte* das Byte 0 vom SPD-EEPROM auszulesen. Dieses Byte enthält bei jedem Speicherstandard in den Bits 6–4 die Gesamtgröße des SPD-EEPROMs, die nicht null sein darf. Eine null bedeutet laut Spezifikation "nicht definiert" und diese Byte-Belegung werden wir in den späteren Interpretationsfunktionen noch genauer beschreiben.

Wenn Byte 0 ein Ergebnis ungleich null zurückliefert, können wir von einem existierenden Speichermodul mit Realdaten ausgehen und tragen dann die Moduladresse in das jeweilige Ergebnisfeld ein. Der abschließende Aufruf der Prozedur *ReleaseWorldMutex* gibt das geöffnete bzw. erstellte Mutex wieder frei:

```
  if CreateWorldMutex('Access_SMBUS.HTP.Method') then
  begin
    ResultCnt := 0;
    for AddressCnt := $50 to $57 do
      if ReadDataByte(AddressCnt, 0) <> 0 then
      begin
        Result[ResultCnt] := AddressCnt;
        Inc(ResultCnt, 1);
      end;

    ReleaseWorldMutex;
  end;
end;
```

Die zweite Kernerkennungsfunktion *GetMemoryModuleInfo* ist die zentrale Ermittlungsfunktion für das SPD-EEPROM, und hier werden Byte- oder Word-basierte Daten vom SMBus eingelesen. Übergeben wird die SMBus-Geräteadresse im Bereich 50h-57h und zurückgeliefert wird unsere Struktur *TModuleInfo*, welche die wichtigsten Moduldaten sowie einen vollständigen Dump enthält. In dieser Funktion wird je nach Speicherstandard zwischen den Seiten umgeschaltet, und die Daten byte- oder wordweise gelesen.

Wir beginnen mit dem Funktionskopf und der Variablendefinition, wozu diverse Hilfs- und Zählervariablen gehören:

```
function TSMBus.GetMemoryModuleInfo(Address : Byte) : TModuleInfo;
var
  WordValue,
  SizeValue,
  ByteCnt,
  PageCnt : Word;
  ByteValue : Byte;
begin
```

Zu den vorbereitenden Tätigkeiten gehört das Setzen von Standardwerten für das Funktionsergebnis. Sollte die als Parameter übergebene Moduladresse eine null sein, wird aus der Funktion per *Exit* herausgesprungen:

```
  with Result do
  begin
    Manufacturer := '';
    Model := '';
    Size := 0;
    TypeDetail := '';
    SerialNumber := '';
    SPDData := nil;
  end;
```

```
if Address = 0 then
Exit;
```

Wir starten damit, indem wir versuchen, das SMBus-Mutex mit der Bezeichnung *Access_SMBUS.HTP.Method* zu öffnen bzw. erstellen und rufen dafür die bereits implementierte Funktion *CreateWorldMutex* auf. Wenn das erfolgreich war, weisen wir der Variable *SizeValue* – welche mit einer späteren Ermittlung des Byte 0 die Gesamtgröße des SPD-EEPROM enthalten soll – den Standardwert 256 zu. Diese Größe galt als die ursprüngliche SPD-EEPROM-Größe, bis schließlich ab der DDR4-Speichergeneration alles vergrößert wurde:

```
if CreateWorldMutex('Access_SMBUS.HTP.Method') then
begin
  SizeValue := 256; {Standardwert}
```

Über unsere bereits implementierte Klasse *TSMBIOS* in Kap. 5 haben wir zwei Funktionen implementiert, die anhand der SMBIOS-Struktur 17 (Memory Device) überprüfen, ob DDR4 oder DDR5-Speicher vorhanden ist. Diese Funktionen kommen hier zum Einsatz, um die entsprechenden Seiten-Auswahlfunktionen aufrufen zu können – begonnen wird bei DDR4-Speicher mit der ersten Seite und Seitennummer 0 (Prozedur *DDR4_SelectSPDPage0*):

```
if FParent.SMBIOSClass.IsDDR4MemoryAvailable then
begin
  DDR4_SelectSPDPage0;
```

Weiter geht es in der DDR4-Sektion mit dem Festlegen der Feld-Größe durch *SetLength*, sowie eine Iteration durch die erste Seite. Grundsätzlich können wir Bytes und Words lesen, und beide Möglichkeiten haben wir implementiert und funktionieren auch recht gut. Vom Blickpunkt der Performance spielt es jedoch eine Rolle, ob wir pro Seite 128 oder 256 Lesebefehle durchführen – weil der SMBus nach jedem Befehl wieder frei sein muss. Daher favorisieren wir das Lesen von Words, implementieren aber in auskommentierter Form ebenfalls einige Zeilen Code für das Lesen per Bytes.

Wir iterieren also in der For-Schleife von null beginnend insgesamt 127 Mal, und verwenden dafür die zuvor festgelegte Größenvariable *SizeValue* mit dem Standardwert von 256 dividiert durch 2 und abschließend minus 1. Dann ermitteln wir in der temporären Variable *WordValue* den Inhalt des entsprechenden Words mit der SMBus-Kernfunktion *ReadDataWord*. Dieser Funktion wird die SMBus-Geräteadresse übergeben sowie das Word, welches wir mit 2 multiplizieren – damit sprechen wir jeweils das übernächste Offset an, weil pro Befehl 2 Byte übertragen werden:

```
SetLength(Result.SPDData, SizeValue);
for ByteCnt := 0 to (SizeValue div 2) - 1 do
begin
  WordValue := ReadDataWord(Address, ByteCnt * 2);
```

Nach dem Auslesen müssen wir das Ergebnis noch auf die 2 Bytes des generischen Byte-Feldes *SPDData* übertragen, wobei auch hier wieder eine Multiplikation mit 2 zum Einsatz kommt und das niedrigere Byte mit einer logischen Und-Verknüpfung mit FFh (256) angesprochen wird, während das höhere Byte durch ein binäres Verschieben nach rechts um 8 Bit in dem Word-Ergebnis verbleibt:

```
Result.SPDData[ByteCnt * 2] := WordValue and $FF;
Result.SPDData[(ByteCnt * 2) + 1] := WordValue shr 8;
```

Sollten wir uns im ersten Durchlauf der For-Schleife befinden – also die Zählervariable *ByteCnt* den Wert 0 enthalten – können wir direkt in Byte 0 und den Bits 6–4 die Größe des SPD-EEPROMs ermitteln und diesen Wert der zuvor auf 256 Byte als Standardwert verwendeten Variable *SizeValue* zuweisen.

Wenn die dadurch ermittelte Größe mehr als 256 Byte beträgt, erweitern wir das generische Byte-Feld entsprechend um diesen Wert. Das Feld hat aktuell einen Wert von 256 Byte basierend auf unserem Standardwert und bei DDR4-Speicher wäre eine typische Erweiterung auf 512 Byte vorgesehen und auch häufig im Einsatz:

```
  if ByteCnt = 0 then
  begin
    //SPD-Byte 0 auslesen zur Bestimmung der SPD-Größe
    case (WordValue shr 4) and 7 of
      1  : SizeValue := 256;
      2  : SizeValue := 512;
      else SizeValue := 0;
    end;

    if SizeValue > 256 then
      SetLength(Result.SPDData, SizeValue);
  end;
end;
```

Sollte die Größenermittlung einen Wert höher als 256 zurückliefern (also 512 Byte), dann wird mit der Seiten-Auswahlfunktion *DDR4_SelectSPDPage1* von Seite 0 auf Seite 1 umgeschaltet und die Iteration mit 128 Words wiederholt sowie in das Funktionsergebnis übertragen:

```
if SizeValue > 256 then
begin
  DDR4_SelectSPDPage1;

  for ByteCnt := 0 to ((SizeValue - 256) div 2) - 1 do
  begin
```

```
        WordValue := ReadDataWord(Address, ByteCnt * 2);
        Result.SPDData[256 + (ByteCnt * 2)] :=
          WordValue and $FF;
        Result.SPDData[256 + ((ByteCnt * 2) + 1)] :=
          WordValue shr 8;
      end;
    end;
  end else
```

Nachdem wir nun DDR4-Speicher behandelt haben, fahren wir mit DDR5-Speicher fort, und prüfen das Vorhandensein mit der Funktion *IsDDR5MemoryAvailable*. Sollte diese Speichertechnologie vorhanden sein, setzen wir das Funktionsergebnis auf 0 Byte:

```
  if FParent.SMBIOSClass.IsDDR5MemoryAvailable then
  begin
    SetLength(Result.SPDData, 0);
```

Hintergrundinformation

Ab der DDR5-Speichergeneration wurde der Aufbau und die Architektur nochmals verändert, was auch durch die vergrößerte SPD-EEPROM-Kapazität von 1024 Bytes resultiert. Wenn man davon ausgeht, dass wir das auszulesende Byte aus dem SPD-EEPROM während des Lesevorgangs zuvor im *SMBus Host Command* (Basisadresse + 3h) eintragen müssen, und dieses Register ebenfalls ein Byte repräsentiert, bleiben nach wie vor nur 256 Möglichkeiten von 0 bis 255. Daher findet die Unterteilung durch ein sog. *SPD5 Hub Device* statt, welches von diesem Byte die ersten 128 Positionen verkörpert, und worüber bereits viele Details zur Speicherkonfiguration abrufbar sind, sowie der eigentlichen SPD-EEPROM-Seite in den letzten 128 Bytes.

Wenn man sich den beispielhaften Dump der ersten 256 Byte des SPD-EEPROMs in der Abbildung betrachtet, ist der obere umrandete Halbbereich (also die Offsets 00h bis 7Fh) das SPD5 Hub Device und der untere umrandete Halbbereich die 128 Byte der Seite 0 (also die Offsets 80h bis FFh). Im SPD5 Hub Device repräsentieren die Bytes sogenannte MR-Register, wobei die beiden wichtigsten MR0 an Offset 0 (51h oben links) sowie MR11 an Offset 11 (00h oben Mitte) darstellen (Abb. 11.2).

Während der *SPD5118 Hub and Serial Presence Detect Device Standard* [9] die Register des SPD5 Hub Device beschreiben, enthalten die *DDR5 Serial Presence Detect (SPD) Contents* [11] die Beschreibung des zusammenhängenden 1024 Byte Datenblocks.

Das MR0-Register enthält daher nur wenige Beschreibungen und hier sagt der Wert 51h aus, dass es sich um den Gerätetypen *SPD5 Hub Device* handelt.

Das MR11-Register für die Seitensteuerung haben wir bereits in Abschn. 11.4.3 sowie Tab. 11.5 beschrieben und hier wird in den Bits 2–0 eingetragen, ob die Seite 0 bis 7 eingeblendet werden soll.

Die hinteren 128 Byte stellen den vom SPD5 Hub Device eingeblendeten Seitenbereich dar und hier muss beim Ansprechen des gewünschten Bytes das Bit 7 gesetzt sein (etwa durch eine logische Oder-Verknüpfung mit 80h), um Byte 0 ab Position 128 beginnend zu lesen. Byte 0 mit gesetztem Bit 7 bedeutet demzufolge 128. Diese Besonderheit führen wir beim Aufruf von *ReadDataByte* und *ReadDataWord* auch genauso durch, dem das Byte oder Word mit diesem gesetzten Bit 7 übergeben wird.

```
        00 01 02 03 04 05 06 07 08 09 0A 0B 0C 0D 0E 0F   0123456789ABCDEF
-------------------------------------------------------------------------
0000: 51 18 0A 86 32 03 32 00 00 00 00 00 FF 03 00 00   Q↑ †2♥2ÿÿÿÿÿÿ♥ÿÿ
0010: 00 00 00 00 00 00 00 00 00 00 00 00 70 03 00 00   ÿÿÿÿÿÿÿÿÿÿÿÿp♥ÿÿ
0020: 50 05 00 00 00 00 00 00 00 00 00 00 00 00 00 00   P♣ÿÿÿÿÿÿÿÿÿÿÿÿÿÿ
0030: 00 10 02 00 00 00 00 00 00 00 00 00 00 00 00 00   ÿ►☻ÿÿÿÿÿÿÿÿÿÿÿÿÿ
0040: 00 00 00 00 00 00 00 00 00 00 00 00 00 00 00 00   ÿÿÿÿÿÿÿÿÿÿÿÿÿÿÿÿ
0050: 00 00 00 00 00 00 00 00 00 00 00 00 00 00 00 00   ÿÿÿÿÿÿÿÿÿÿÿÿÿÿÿÿ
0060: 00 00 00 00 00 00 00 00 00 00 00 00 00 00 00 00   ÿÿÿÿÿÿÿÿÿÿÿÿÿÿÿÿ
0070: 00 00 00 00 00 00 00 00 00 00 00 00 00 00 00 00   ÿÿÿÿÿÿÿÿÿÿÿÿÿÿÿÿ
0080: 30 10 12 03 04 00 40 42 00 00 00 00 A0 01 07 00   0►↕♥♦ÿ@Bÿÿÿÿ ☺•ÿ
0090: 00 00 00 00 A0 01 F2 03 7A 0D 00 00 00 00 80 3E   ÿÿÿÿ ☺ò♥z ÿÿÿÿ€>
00A0: 80 3E 80 3E 00 7D 80 BB 30 75 27 01 A0 00 82 00   €>€>ÿ}€»0u'☺ ÿ,ÿ
00B0: 00 00 00 00 00 00 D4 00 00 00 D4 00 00 00 D4 00   ÿÿÿÿÿÿÔÿÿÿÔÿÿÿÔÿ
00C0: 00 00 D4 00 00 00 88 13 08 88 13 08 20 4E 20 10   ÿÿÔÿÿÿ^‼◘^‼◘ N ►
00D0: 27 10 1A 41 28 10 27 10 C4 09 04 4C 1D 0C 00 00   '►→A(►'►Ä ♦L↔ÿÿ
00E0: 00 00 00 00 00 00 00 00 00 00 00 00 00 00 00 00   ÿÿÿÿÿÿÿÿÿÿÿÿÿÿÿÿ
00F0: 00 00 00 00 00 00 00 00 00 00 00 00 00 00 00 00   ÿÿÿÿÿÿÿÿÿÿÿÿÿÿÿÿ
```

Abb. 11.2 Exemplarische Darstellung der ersten 256 Byte eines SPD-EEPROMs für DDR5-Speichermodule

Man schreibt also zunächst in MR11 die Daten für Seite 0, liest dann die Bytes 128–256 für Seite 0 aus, und fährt dann mit Seite 1 fort. Diese Iteration wiederholt sich bis Seite 7, und man hat demzufolge 8 Blöcke mit jeweils 128 Bytes ausgelesen, die man in einem Byte-Datenfeld von 1024 Byte Größe ablegt.

Danach prüfen wir, ob die Intel-Sicherheitsfunktion SPDWD aktiviert ist. Nur wenn SPDWD nicht aktiviert ist, fahren wir mit der Ermittlung fort und setzen die Seite 0 mittels der Seiten-Auswahlfunktion *DDR5_SelectSPDPage* – dieser Funktion wird die SMBus-Gereäteadresse und Seitennummer übergeben (0 bis 7):

```
if not IsIntel_SPDWD then
begin
  DDR5_SelectSPDPage(Address, 0);
```

Hindergrundinformation

Die Intel-Schutzfunktion SPDWD steht für Serial Presence Detect Write Disable und wurde bereits mit der DDR4-Speichergeneration eingeführt. Der Sinn besteht darin, die für Speichermodule verwendeten SMBus-Adressnummern 50h bis 57h vor Schreibzugriffen zu schützen. Dadurch soll verhindert werden, dass jemand Daten auf den nicht-flüchtigen Speicherbereich, der als SPD-EEPROM bezeichnet wird, schreiben kann und diese Daten umprogrammieren kann. Das ist letztendlich auch für die Garantie und Gewährleistung wichtig, weil die Seriennummer ebenfalls im SPD-EEPROM enthalten ist und man hier beliebig verändern könnte

Die Technik ist für DDR4-Speicher auch relativ unproblematisch, weil für das Auslesen des SPD-EEPROM lediglich zwei Schreibzugriffe auf die SMBus-Geräte 36h und 37h notwendig sind.

Dann kam jedoch DDR5 auf den Markt und die noch größere Auslegung des SPD-EEPROMs mit 1024 Byte bedingte, dass auch hier Seitenumschaltmöglichkeiten geschaffen wurden. Diese befinden sich allerdings im DDR5 Hub, also direkt im Speichergerät im *MR11-Register* an Offset 11. Dieses Register erwartet per Schreibbefehl in den Bits 2–0 die Seite im Wert von 0 bis 7, und nach jedem Schreibvorgang werden in den höheren 128 Bytes die entsprechende SPD-Seite eingeblendet, die dann ausgelesen werden kann. Daraus resultiert das Problem, dass ein Schreiben auf MR11 notwendig ist, um 8 Seiten zu jeweils 128 Byte auszulesen und zu einem gesamten 1024 Byte-Block zusammenzusetzen, SPDWD aber das Schreiben auf die SMBus-Geräteadresse verhindert.

Technisch betrachtet hat Intel die Erkennung von SPDWD im PCI-Konfigurationsbereich des SMBus-Kontrollers vorgesehen, und zwar im *Host Configuration Register (HCFG)* an Offset 40h und dort in Bit 4 (exemplarisch für einen Intel-Chipsatz der 700er Serie [31]) (Tab. 11.7).

Das Problem an Bit 4 dieses Offsets besteht, weil es architekturell nur einmalig geschrieben werden darf, und dann bis zum nächsten System-Reset in diesem Zustand verbleibt. Und die Intel-Empfehlung lautet:

This Bit sould be set by BIOS to ‚1'.

Damit liegt die Steuerung dieser Funktion beim BIOS und kann im laufenden Betrieb nicht mehr geändert werden, sobald der Schreibzugriff auf dieses Bit erfolgt ist.

Je nach System- und Hauptplatinenhersteller ist eine entsprechende BIOS-Option verfügbar oder nicht. Hier kann leider keine generelle Aussage darüber getroffen werden, welcher Hersteller das anbietet und welcher nicht – teilweise existieren bereits Unterschiede zwischen den Modellen desselben Herstellers. Technisch betrachtet liefern die BIOS-Hersteller ihre Quellcodes und Pakete an die System- und Hauptplatinenhersteller aus und es liegt im Ermessen letzterer, ob und welche Kunden das einstellen dürfen.

Während die Option auf einem Dell Inspiron 16 Notebook bspw. nicht verfügbar ist, befindet sich im BIOS der Hauptplatine MSI PRO Z690-A WIFI die Option *SPD Write Disable* im OC-Menü und Unterpunkt *Overclocking -> Advanced DRAM Configuration* (Abb. 11.3).

Tab. 11.7 Inhalt des Host Configuration Registers an Offset 40h für neuere Intel-Chipsätze

Reserved Bits 7–5	SPD Write Disable (SPDWD) Bit 4	SSRESET (SSRESET) Bit 3	I2C_EN (I2CEN) Bit 2	SMB_SMI_EN (SSEN) Bit 1	HAST_EN (HSTEN) Bit 0
-	0 = Writes to SMBus addresses 50h to 57h are enabled 1 = Writes to SMBus addresses 50h – 57h are disabled	0 = Reset operation is completed 1 = the SMBus state machine and logic in PCH is reset. The HW will reset this bit to 0 when reset operation is completed	0 = the behaviour is for SMBus 1 = the PCH is enabled to communicate with I2C devices. This will change the formatting of some commands	0 = Any source of an SMB interrupt will not be routed to generate an SMI# 1 = Any source of an SMB interrupt will instead be routed to generate an SMI#	0 = SMBUS Host Controller Interface is disabled 1 = SMBus Host Controller Interface is enabled

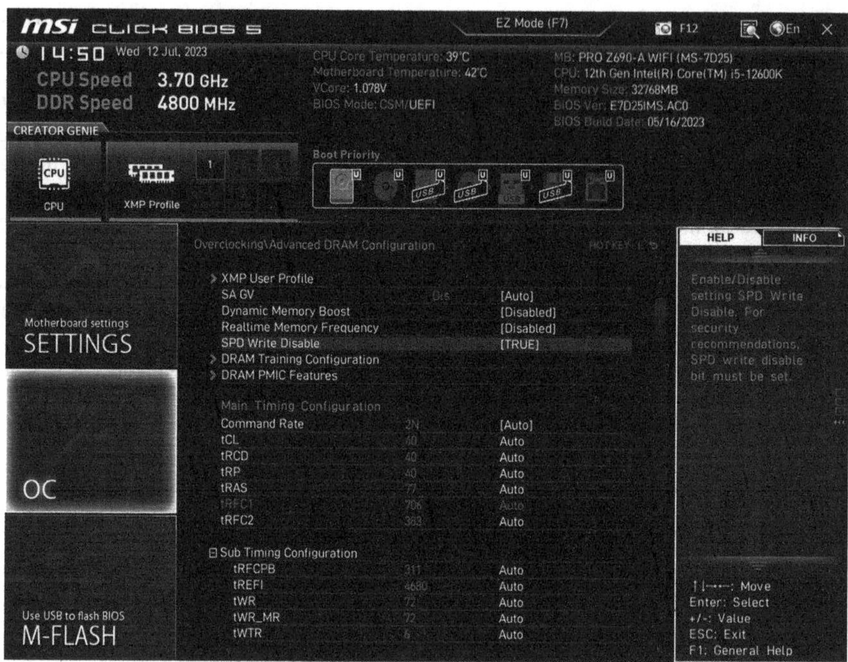

Abb. 11.3 BIOS-Option SPD Write Disable auf einer MSI PRO Z690-A WIFI Hauptplatine

Wir lesen zunächst vom SPD Hub das Byte 0 aus und prüfen den Identifizierungscode 51h, der in der DDR5-Spezifikation [9] definiert ist. Wenn dieser Code zutrifft, lesen wir als nächstes das Byte 0 aus (mit Bit 7 gesetzt für das Offset lesen wir tatsächlich Byte 128 aus). Durch ein logisches Oder mit 80h aktivieren wir Bit 7 und übergeben dieses mitsamt der Adresse an die Byte-Lesefunktion *ReadDataByte*:

```
if ReadDataByte(Address, $0) = $51 {SPD5 Hub Device} then
begin
  ByteValue := ReadDataByte(Address, 0 or $80);
```

Nach dem Lesevorgang enthält die Variable *ByteValue* das tatsächliche Byte 0 des SPD-EEPROM, und wir ermitteln anhand der Bits 6–4 die Gesamtgröße. Die Bits 6–4 sprechen wir an, indem wir den Byte-Inhalt um 4 Positionen nach rechts verschieben und mit einem logischen Und-Wert von 7 kombinieren.

Die ermittelte Größe weisen wir dann der Variable *SizeValue* zu, wobei die Spezifikation auch einen Wert von 2048 Byte vorsieht. Aufgrund der Spezifikation und vorgegebenen maximalen 8 Seiten mit jeweils 128 Byte ergibt sich jedoch eine Maximalgröße von 1024 Byte, die wir dann auch maximal zuweisen. Trotzdessen sei in einem Quellcode-Kommentar erwähnt, dass die Spezifikation für diesen Wert technisch betrachtet eine 2048 vorsieht:

```
//SPD-Byte 0 auslesen zur Bestimmung der SPD-Größe
case (ByteValue shr 4) and 7 of
  1  : SizeValue := 256;
  2  : SizeValue := 512;
  3  : SizeValue := 1024;
  4  : SizeValue := 1024; //eigentlich 2048 Byte, aber das
                          //Umschalten der Seite über MR11
                          //funktioniert nur von 0 bis 7 in
                          //jeweils 128 Byte-Blöcken, somit
                          //können wir max. 1024 Byte
                          //ansprechen
  else SizeValue := 0;
end;
```

Nachdem wir nun die Größe ermittelt haben, erweitern wir das Byte-Feld auf diesen Wert, um nachfolgend die Daten einzulesen:

```
if SizeValue >= 256 then
  SetLength(Result.SPDData, SizeValue);
```

Der letzte Block für DDR5-Speicher wird dann ausgeführt, wenn die Größe des Byte-Feldes größer oder gleich 256 Byte ist (mit null beginnend). In diesem Fall wird durch die Seiten mit einer For-Schleife iteriert, und als Maximalwert dieser Schleife die zuvor ermittelte Gesamtgröße des SPD-EEPROMs dividiert durch 128 Byte verwendet. Sollte die Gesamtgröße bspw. einen Wert von 512 Byte beinhalten, wird die Schleife von 0 bis 3 mit insgesamt 4 Durchgängen zu jeweils 128 Bye pro Seite durchlaufen.

Für jeden Durchlauf wird die Seite mittels der Prozedur *DDR5_SelectSPDPage* umgeschaltet, und es wird die Geräteadresse sowie Seitennummer übergeben – letztere ist gleichzeitig unsere Zählervariable für die For-Schleife. In einer weiteren internen Schleife iterieren wir durch die 128 Byte pro Seite, die wir über unsere Word-Lesefunktion *ReadDataWord* mit insgesamt 64 Durchläufen ermitteln.

Nach dem Auslesen wird das ermittelte Word anhand einer Berechnung an die korrekte Position des Byte-Feldes übertragen und in 2 Byte-Werte aufgesplittet – vergleichbar wie mit der Funktion für DDR4-Speicher:

```
if High(Result.SPDData) >= 255 then
for PageCnt := 0 to (SizeValue div 128) - 1  do
begin
  DDR5_SelectSPDPage(Address, PageCnt);

  for ByteCnt := 0 to 63 do
  begin
    WordValue := ReadDataWord(Address, (ByteCnt * 2) or $80);
```

```
          Result.SPDData[(PageCnt * 128) + (ByteCnt * 2)] :=
            WordValue and $FF;
          Result.SPDData[(PageCnt * 128) + ((ByteCnt * 2) + 1)] :=
            WordValue shr 8;
        end;

        //Auskommentierter Code für alternatives byteweises Lesen
        //for ByteCnt := 0 to 127 do
        //begin
        //  ByteValue := ReadDataByte(Address, ByteCnt or $80);
        //  Result.SPDData[(PageCnt * 128) + ByteCnt] :=
        //    ByteValue;
        //end;
      end;
    end;
  end;
```

Alternativ haben wir noch den Quellcode hinzugefügt, der für ein Byte-weises Lesen zum Einsatz kommen würde, diesen aber auskommentiert, weil eine funktionierende Word-Variante existiert. Beim direkten Vergleich ist erkennbar, dass der Schleifenkopf angepasst ist an die tatsächlichen 128 Byte und wir pro Lesevorgang das Ergebnis direkt dem Byte-Eintrag des Feldes zuweisen würden.

Im letzten Abschnitt verarbeiten wir die Speichermodule, die nicht DDR4- und DDR5-Speicher darstellen – also alle vorher existierenden Speichergenerationen. Hierfür setzen wir die Größe des Byte-Feldes entsprechend der ursprünglich definierten Standardgröße, die bis inkl. DDR3-Speicher zum Einsatz kam – also 256 Byte. In einer For-Schleife iterieren wir durch die Bytes dividiert mit 2, da ein Word aus 2 Bytes besteht, und erreichen damit einen Zählerdurchlauf von 0 bis 127. Pro Durchlauf ermitteln wir das Ergebnis mit der Funktion *ReadDataWord*, der wir die Geräteadresse und jedes zweite Word-Offset (durch Multiplikation mit 2) übergeben. Abschließend werden die Daten wieder in zwei Bytes aufgesplittet und dem Byte-Feld zugewiesen:

```
end else
begin
  SetLength(Result.SPDData, SizeValue);
  for ByteCnt := 0 to (SizeValue div 2) - 1 do
  begin
    WordValue := ReadDataWord(Address, ByteCnt * 2);
    Result.SPDData[ByteCnt * 2] := WordValue and $FF;
    Result.SPDData[(ByteCnt * 2) + 1] := WordValue shr 8;
  end;
end;
```

Abgeschlossen wird unsere Kernerkennungsfunktion dadurch, dass wir zunächst prüfen, ob SPD-EEPROM-Daten ermittelt wurden und ob Byte 0, welches für die Größe verantwortlich ist, größer null ist. In diesem Fall rufen wir die SPD-Interpretationsfunktion *GetMemoryModuleDetails* auf und übergeben das Funktionsergebnis als Parameter – in diesem Ergebnis wird vorrangig das Byte-Feld verwendet, um die *TModuleInfo*-Felder für Hersteller, Modell, Größe, Typ und Seriennummer zu füllen und diese wieder zurückzuliefern.

Wir beschreiben die Funktion *GetMemoryModuleDetails* später noch genauer und wollen daher an dieser Stelle nur die Referenz dafür nennen.

```
    if (High(Result.SPDData) > 0) and
       (Result.SPDData[0] <> 0) then
      Result := GetMemoryModuleDetails(Result);
```

Der finale Aufruf der Prozedur *ReleaseWorldMutex* gibt das geöffnete bzw. erstellte Mutex wieder frei:

```
    ReleaseWorldMutex;
  end;
end;
```

Mit der fertigen Implementierung von *GetMemoryModuleInfo* haben wir nun die SPD-EEPROM-Daten ermittelt, und können in den nachfolgenden Unterkapiteln über die Größenfunktionen und Interpretationsfunktionen sprechen, die einen nicht unerheblichen, aber sehr interessanten Teil der Datenauswertung darstellen.

11.4.6 SPD-Größenfunktionen

Ab diesem Unterkapitel können wir davon ausgehen, dass das SPD-EEPROM vollständig ermittelt wurde und in einem generischen Byte-Feld (TArray) vorliegt. Wir können also mit der Interpretation der SPD-Daten beginnen, was aus Sicht vieler Entwickler den eigentlich interessanten Teil der SMBus-Entwicklung darstellt.

Während im nachfolgenden Kapitel die SPD-Bereiche im Detail interpretiert werden, besprechen wir in diesem Kapitel die Größenfunktionen. Diese liefern jeweils für eine Speichertechnologie die Modulgröße zurück und waren historisch betrachtet mit der Einführung des SPD-EEPROMs relativ übersichtlich, da nur ein oder zwei Felder ausgelesen und kombiniert werden mussten. Mit späteren Speichertypen wurden Formeln veröffentlicht, die aus der Berechnung mehrerer Variablen bestanden, und man erreichte schnell umfangreiche Ermittlungs- und Formelzeilen, die man übersichtlicherweise besser in separate Funktionen auslagert.

Wir wollen die Größenfunktionen für die veralteten Speichertypen FPM/EDO, (Direct) RAMBus, SDR und DDR nicht im Detail besprechen, weil diese heutzutage kaum noch im Einsatz sind und wir den Buchumfang möglichst kompakt halten wollen. Als Einstieg wählen wir die Größenfunktion für DDR2-Speicher, der das entsprechende Datenblatt [5] zugrunde liegt.

11.4.6.1 DDR2-Speicher

Die Berechnung der Speicherkapazität basiert auf 2 Variablen, und zwar einer Multiplikation zwischen den Modul-Rängen (Ranks) und der Modul-Rangdichte (Rank Density) (Tab. 11.8).

Die dafür zum Einsatz kommenden Offsets werden in den beiden Tabellen Tab. 11.9 und 11.10 beschrieben.

Mit diesem theoretischen Vorwissen und der zugegebenermaßen recht einfachen Kapazitätsberechnung beginnen wir die Funktion *GetMemSize_DDR2SDRAM*, die als Parameter den SPD-Inhalt als TArray vom Typ Byte erwartet und die Kapazität anschließend in MByte als Word zurückliefert.

Tab. 11.8 Variablenübersicht für die Kapazitätsberechnung von DDR2-Speichermodulen

Name	Position	Beispiel (Dezimalwerte)
Ranks	Offset 5, Bits 2–0	3 = 4 Ranks
Rank Density	Offset 31, Bits 7–0	64 = 256 MByte

Tab. 11.9 DDR2-Kapazitätsberechnung: Anzahl der Ränge in Offset 5 (rechte Spalte)

Module Height Bits 7–5	DRAM Package Bit 4	Card On Card Bit 3	# of Ranks Bits 2–0
000 = less than 25,4 mm 001 = 25,4 mm 010 = greater than 25,4 mm and less than 30 mm 011 = 30,0 mm 100 = 30,5 mm 101 = greater than 30,5 mm All others undefined	1 = stack 0 = planar	1 = yes 0 = no	000 = 1 rank 001 = 2 ranks 010 = 3 ranks 011 = 4 ranks 100 = 5 ranks 101 = 6 ranks 110 = 7 ranks 111 = 8 ranks

Tab. 11.10 DDR2-Kapazitätsberechnung: Ermittlung der Modul-Rangdichte in Offset 31

Bit 7	Bit 6	Bit 5	Bit 4	Bit 3	Bit 2	Bit 1	Bit 0
512 MB	256 MB	128 MB	16 GB	8 GB	4 GB	2 GB	1 GB

Für beide Formelbestandteile (und das werden mit neueren Speichertechnologien noch mehr als 2 sein) definieren wir jeweils eine Variable. Ebenfalls befinden sich in jeder Funktion für die Kapazitätsberechnung einleitende Kommentare, damit man auch ohne die Seiten dieses Buches nachlesen kann, aus welchen Offsets sich die Berechnung zusammensetzt:

```
function TSMBus.GetMemSize_DDR2SDRAM(Data : TArray<Byte>) : Word;
var
  RankDensity : Word;
  Ranks : Byte;
begin
  Result := 0;

  //Calculation variables used in the following offsets:
  //Number of Physical Banks on Offset 5
  //Module Bank Density on Offset 31
```

Nach diesen Vorbereitungen folgen die Ermittlung der Ränge und Rangdichte, sowie das Zuweisen der Ergebnisse zu den entsprechenden Variablen:

```
  Ranks := (Data[5] and 7) + 1;

  case Data[31] of
    1   : RankDensity := 1024;  {Bit 0}
    2   : RankDensity := 2048;  {Bit 1}
    4   : RankDensity := 4096;  {Bit 2}
    8   : RankDensity := 8192;  {Bit 3}
    16  : RankDensity := 16384; {Bit 4}
    32  : RankDensity := 128;   {Bit 5}
    64  : RankDensity := 256;   {Bit 6}
    128 : RankDensity := 512;   {Bit 7}
    else  RankDensity := 0;
  end;
```

Die finale Berechnung erfolgt, indem zunächst geprüft wird, ob plausible Daten ermittelt werden konnten. Im positive Fall wird die Multiplikation durchgeführt und das Ergebnis zugewiesen:

```
  if (RankDensity <> 0) and (Ranks <> 0) then
    Result := Ranks * RankDensity;
end;
```

Weiter geht es mit der Fully Buffered DIMM-Speichertechnologie für DDR2-Speichermodule, denen das entsprechende Datenblatt [6] zugrunde liegt.

Hierbei handelt es sich um DRAM-Module, die keine direkte Anbindung der Speicherchips an den Rechner haben, sondern einen zusätzlichen Puffer zur Ansteuerung enthalten. Diese als Vorgänger zu den *Registered Modulen* bezeichnete Technologie nutzen den *Advanced Memory Buffer (AMB)*, der eine hohe Geschwindigkeit, Skalierbarkeit und Speicherkapazität bei umfangreichen Datensicherheitsfunktionen ermöglicht, aber auch einen erhöhten Stromverbrauch und stärkere Wärmeentwicklung bedingen, was durch den AMB verursacht wird.

Die Berechnung der Speicherkapazität basiert hier auf insgesamt 4 Variablen (Tab. 11.11).

Die dafür zum Einsatz kommenden Offsets werden in den beiden Tabellen Tab. 11.12 und 11.13 beschrieben.

Wir beginnen die Funktion *GetMemSize_DDR2SDRAMFBDIMM* auch hier wieder mit der Definition der Variablen für jede Formelkomponente.

```
function TSMBus.GetMemSize_DDR2SDRAMFBDIMM(Data : TArray<Byte>) : Word;
var
  RowAddrBits,
  ColAddrBits,
  Ranks,
  Banks : Byte;
begin
  Result := 0;
```

Tab. 11.11 Variablenübersicht für die Kapazitätsberechnung von DDR2 Fully Buffered DIMM-Speichermodulen

Name	Position	Beispiel (Dezimalwerte)
Row Address Bits	Offset 4, Bits 7–5	2 = 14 Bits
Column Address Bits	Offset 4, Bits 4–2	1 = 10 Bits
Ranks	Offset 7, Bits 5–3	2 = 2 Ranks
Banks	Offset 4, Bits 1–0	3 = 32 Banks

Tab. 11.12 DDR2 FBDIMM-Kapazitätsberechnung: Anzahl der Zeilen- und Spaltenadressbits sowie der Bänke in Offset 4

Row Address Bits Bits 7–5	Column Address Bits Bits 4–2	Number of Banks Bits 1–0
000 = 12 001 = 13 010 = 14 011 = 15 All others to be defined	000 = 9 001 = 10 010 = 11 All others to be defined	00 = 4 01 = 8 10 = 16 11 = 32

Tab. 11.13 DDR2 FBDIMM-Kapazitätsberechnung: Anzahl der Ränge in Offset 7

Reserved Bits 7–6	Number of Ranks Bits 5–3	SDRAM Device Width Bits 2–0
-	000 = Undefined 001 = 1 Rank 010 = 2 Ranks All others undefined	000 = 4 bits 001 = 8 bits 010 = 16 bits 011 = 32 bits All others undefined

```
//Calculation variables used in the following offsets:
//SDRAM Addressing on Offset 4
//Module Organization on Offset 7
```

Direkt danach erfolgt die Ermittlung der 4 Berechnungsvariablen für Row Address Bits, Column Address Bits, Ranks und Banks:

```
case (Data[4] shr 5) and 7 of
  0  : RowAddrBits := 12;
  1  : RowAddrBits := 13;
  2  : RowAddrBits := 14;
  3  : RowAddrBits := 15;
  else RowAddrBits := 0;
end;

case (Data[4] shr 2) and 7 of
  0  : ColAddrBits := 9;
  1  : ColAddrBits := 10;
  2  : ColAddrBits := 11;
  else ColAddrBits := 0;
end;

case (Data[7] shr 3) and 7 of
  1  : Ranks := 1;
  2  : Ranks := 2;
  else Ranks := 0;
end;

case Data[4] and 3 of
  0  : Banks := 4;
  1  : Banks := 8;
  2  : Banks := 16;
  3  : Banks := 32;
  else Banks := 0;
end;
```

Zum Abschluss wird sozusagen mit einer Art Gültigkeitsabfrage geprüft, ob Nullwerte ermittelt wurden, und falls dies nicht der Fall ist, wird mit der Berechnung der Größe fortgefahren, die wir dem Funktionsergebnis zuweisen:

```
  if (RowAddrBits <> 0) and (ColAddrBits <> 1) and
     (Ranks <> 0) and (Banks <> 0) then
    Result := (1 shl (RowAddrBits + ColAddrBits - 20)) *
      Ranks * Banks * 8;
end;
```

11.4.6.2 DDR3-Speicher

Wir fahren mit der nächsten Speichertechnologie für DDR3-Speichermodule fort, der das entsprechende Datenblatt [7] zugrunde liegt. Erstmalig wurde hier in der Spezifikation ein Abschnitt mit dem Namen *Calculating Module Capacity* eingefügt, in dem eine genaue Vorgehensweise zur Größenberechnung aufzeigt wird (Abb. 11.4).

Die Berechnung der Speicherkapazität basiert hier auf insgesamt 4 Variablen (Tab. 11.14).

Die dafür zum Einsatz kommenden Offsets werden in den drei Tabellen Tab. 11.15, 11.16 und 11.17 beschrieben.

Wir beginnen daher unsere Funktion *GetMemSize_DDR3SDRAM* mit der Definiton der einzelnen Variablen:

Calculating Module Capacity

The total memory capacity of the module may be calculated from SPD values. For example, to calculate the total capacity, in megabytes or gigabytes, of a typical module:

- SDRAM CAPACITY ÷ 8 * PRIMARY BUS WIDTH ÷ SDRAM WIDTH * RANKS

where:

- SDRAM CAPACITY = SPD byte 4 bits 3~0
- PRIMARY BUS WIDTH = SPD byte 8 bits 2~0
- SDRAM WIDTH = SPD byte 7 bits 2~0
- RANKS = SPD byte 7 bits 5~3

Example: 2 ranks of 1 Gb SDRAMs with x4 organization on a module with a 64 bit primary bus:

- 1 Gb ÷ 8 * 64 ÷ 4 * 2 = 4 GB

Example: 1 rank of 2 Gb SDRAMs with x8 organization on a module with a 64 bit primary bus:

- 2 Gb ÷ 8 * 64 ÷ 8 * 1 = 2 GB

Abb. 11.4 DDR3-Kapazitätsberechnung: Spezifikationsbereich *Calculating Module Capacity*

Tab. 11.14 Variablenübersicht für die Kapazitätsberechnung von DDR3-Speichermodulen

Name	Position	Beispiel (Dezimalwerte)
Total SDRAM Capacity (MBits)	Offset 4, Bits 3–0	3 = 2 Gigabits
Primary Bus Width	Offset 8, Bits 2–0	2 = 32 Bits
SDRAM Device Width	Offset 7, Bits 2–0	2 = 16 Bits
Ranks	Offset 7, Bits 5–3	4 = 8 Ranks

Tab. 11.15 DDR3-Kapazitätsberechnung: Gesamte SDRAM-Kapazität in Offset 4

Reserved Bit 7	Bank Address Bits Bits 6–4	Total SDRAM capacity (in megabits) Bits 3–0
-	000 = 3 (8 banks) 001 = 4 (16 banks) 010 = 5 (32 banks) 011 = 6 (64 banks) All others reserved	0000 = 256 Mb 0001 = 512 Mb 0010 = 1 Gb 0011 = 2 Gb 0100 = 4 Gb 0101 = 8 Gb 0110 = 16 Gb All others reserved

Tab. 11.16 DDR3-Kapazitätsberechnung: Primäre Bus-Breite in Offset 8

Reserved Bits 7–5	Bus width extension (in bits) Bits 4–3	Primary bus width (in bits) Bits 2–0
-	00 = 0 bits (no extension) 01 = 8 bits All others reserved	000 = 8 bits 001 = 16 bits 010 = 32 bits 011 = 64 bits All others reserved

Tab. 11.17 DDR3-Kapazitätsberechnung: Gesamtränge und SDRAM-Gerätebreite in Offset 7

Reserved Bits 7–5	Number of Ranks Bits 5–3	SDRAM Device Width Bits 2–0
-	000 = 1 Rank 001 = 2 Ranks 010 = 3 Ranks 011 = 4 Ranks 100 = 8 Ranks All others reserved	000 = 4 bits 001 = 8 bits 010 = 16 bits 011 = 32 bits All others reserved

```
function TSMBus.GetMemSize_DDR3SDRAM(Data : TArray<Byte>) : Word;
var
  Cap,
  BusWidth,
  Width,
  Ranks : Word;
begin
  Result := 0;

  //Calculation variables used in the following offsets:
  //SDRAM Density and Banks on Offset 4
  //Module Organization on Offset 7
  //Module Memory Bus Width on Offset 8
```

Danach folgt die Ermittlung der einzelnen Variablen, die per Case-Abfrage der entsprechenden Offsets und Bits umgesetzt werden. Sollten für eine Variable mehr Kombinationen möglich sein, als in der Spezifikation zugewiesen wurden, wird der Variable eine null zugeordnet – diese null greifen wir bei der Gültigkeitsabfrage danach auf:

```
  {Total SDRAM Capacity, in megabits}
  case Data[4] and 15 of
    0  : Cap := 256;
    1  : Cap := 512;
    2  : Cap := 1024;
    3  : Cap := 2048;
    4  : Cap := 4096;
    5  : Cap := 8192;
    6  : Cap := 16384;
    else Cap := 0;
  end;

  {Primary Bus Width}
  case Data[8] and 7 of
    0  : BusWidth := 8;
    1  : BusWidth := 16;
    2  : BusWidth := 32;
    3  : BusWidth := 64;
    else BusWidth := 0;
  end;

  {SDRAM Device Width}
  case Data[7] and 7 of
    0  : Width := 4;
    1  : Width := 8;
```

```
    2   : Width := 16;
    3   : Width := 32;
    else Width := 0;
  end;

  {Number of Ranks}
  case (Data[7] shr 3) and 7 of
    0   : Ranks := 1;
    1   : Ranks := 2;
    2   : Ranks := 3;
    3   : Ranks := 4;
    else Ranks := 0;
  end;
```

Zum Abschluss wird sozusagen mit einer Art Gültigkeitsabfrage geprüft, ob Nullwerte ermittelt wurden, und falls dies nicht der Fall ist, wird mit der in Abb. 11.4 definierten Formel die Kapazität berechnet und diese per Round-Befehl dem Funktionsergebnis übergeben.

```
  if (Cap <> 0) and (BusWidth <> 0) and
     (Width <> 0) and (Ranks <> 0) then
    Result := Round(Cap / 8 * (BusWidth / Width) * Ranks);
end;
```

Hintergrundinformation

Bei der Interpretation und anschließenden Implementierung der Formeln gilt die mathematische Konvention der Operatorrangfolge, die als *Punktrechnung vor Strichrechnung* bekannt ist.

Zusätzlich werden bestimmte Berechnungen in Klammern geschrieben, weil diese zuerst ausgeführt werden sollen und das Klammerergebnis in das Gesamtergebnis einfließen soll. Dies ist in einigen Fällen notwendig, wo einzelne Formelvariablen mit einer isolierten Berechnung ermittelt werden müssen – etwa bei DDR4-Speicher.

Bestimmte Formelergebnisse werden in Bits statt Bytes angegeben, und hier liegt der Umrechnungsfaktor 8 zugrunde. Wenn beispielsweise die SDRAM-Gesamtkapazität in 16 Gigabits angegeben wird, handelt es sich tatsächlich um 2 Gigabyte – dieser Umrechnungsfaktor wird in unseren Größenfunktionen ebenfalls berücksichtigt.

11.4.6.3 DDR4-Speicher

Wir fahren mit der nächsten Speichertechnologie für DDR4-Speichermodule fort, der das entsprechende Datenblatt [8] zugrunde liegt. Auch hier ist die Sektion *Calculating Module Capacity* enthalten, die eine genaue Vorgehensweise zur Größenberechnung aufzeigt (siehe Abb. 11.5).

Die Berechnung der Speicherkapazität basiert hier auf insgesamt 4 Variablen (Tab. 11.18).

Calculating Module Capacity

The total memory capacity of the module may be calculated from SPD values. For example, to calculate the total capacity, in megabytes or gigabytes, of a typical module:

- SDRAM CAPACITY ÷ 8 * PRIMARY BUS WIDTH ÷ SDRAM WIDTH * LOGICAL RANKS

where:

- SDRAM CAPACITY = SPD byte 4 bits 3~0
- PRIMARY BUS WIDTH = SPD byte 13 bits 2~0
- SDRAM WIDTH = SPD byte 12 bits 2~0
- LOGICAL RANKS = PACKAGE RANKS times DIE PER SDRAM
  = SPD byte 12 bits 5~3 times SPD byte 6 bits 6~4

Example: 2 package ranks of 1 Gb monolithic SDRAMs with x4 organization on a module with a 64 bit primary bus:

- 1 Gb ÷ 8 * 64 ÷ 4 * 2 * 1 = 4 GB

Example: 2 package ranks of stacked DRAMs with 4 die per package with 2 Gb SDRAMs having a x8 organization on a module with a 64 bit primary bus:

- 2 Gb ÷ 8 * 64 ÷ 8 * 2 * 4 = 16 GB

Abb. 11.5 DDR4-Kapazitätsberechnung: Spezifikationsbereich *Calculating Module Capacity*

Tab. 11.18 Variablenübersicht für die Kapazitätsberechnung von DDR4-Speichermodulen

Name	Position	Beispiel (Dezimalwerte)
Total SDRAM Capacity (MBits)	Offset 4, Bits 3–0	3 = 2 Gigabits
Primary Bus Width	Offset 13, Bits 2–0	3 = 64 Bits
SDRAM Device Width	Offset 12, Bits 2–0	3 = 32 Bits
Logical Ranks per DIMM, bestehend aus: – Package Ranks * – Die per SDRAM	 Offset 12, Bits 5–3 Offset 6, Bits 6–4	 2 = 3 Package Ranks 7 = 8 die

Eine Besonderheit besteht hier in der Variable *Logical Ranks per DIMM,* die zuvor aus einer Multiplikation der *Package Ranks* und *Die per SDRAM* zusammengesetzt werden muss – damit handelt es sich technisch betrachtet um 5 Variablen.

Die für alle Variablen zum Einsatz kommenden Offsets werden in den vier Tabellen Tab. 11.19, 11.20, 11.21 und 11.22 beschrieben.

Tab. 11.19 DDR4-Kapazitätsberechnung: Gesamte SDRAM-Kapazität in Offset 4

Bank Group Bits Bits 7–6	Bank Address Bits Bits 5–4	Total SDRAM capacity (in megabits) Bits 3–0
00 = 0 (no bank groups) 01 = 1 (2 bank groups) 10 = 2 (4 bank groups) 11 = reserved	00 = 2 (4 banks) 01 = 3 (8 banks) All others reserved	0000 = 256 Mb 0001 = 512 Mb 0010 = 1 Gb 0011 = 2 Gb 0100 = 4 Gb 0101 = 8 Gb 0110 = 16 Gb 0111 = 32 Gb All others reserved

Tab. 11.20 DDR4-Kapazitätsberechnung: Primäre Bus-Breite in Offset 13

Reserved Bits 7–5	Bus width extension (in bits) Bits 4–3	Primary bus width (in bits) Bits 2–0
–	00 = 0 bits (no extension) 01 = 8 bits All others reserved	000 = 8 bits 001 = 16 bits 010 = 32 bits 011 = 64 bits All others reserved

Tab. 11.21 DDR4-Kapazitätsberechnung: SDRAM-Gerätebreite in Offset 12

Reserved Bits 7–5	Number of Package Ranks per DIMM Bits 5–3	SDRAM Device Width Bits 2–0
–	000 = 1 Package Rank 001 = 2 Package Ranks 010 = 3 Package Ranks 011 = 4 Package Ranks All others reserved	000 = 4 bits 001 = 8 bits 010 = 16 bits 011 = 32 bits All others reserved

Wir beginnen daher unsere Funktion *GetMemSize_DDR4SDRAM* mit der Definiton der einzelnen Variablen:

```
function TSMBus.GetMemSize_DDR4SDRAM(Data : TArray<Byte>) : Word;
var
  Cap,
  BusWidth,
  Width,
  PackageRanks,
  Die,
  LogicalRanks : Word;
begin
  Result := 0;
```

Tab. 11.22 DDR4-Kapazitätsberechnung: Die-Anzahl in Offset 6

SDRAM Package Type Bit 7	Die Count Bits 6–4	Reserved Bits 3–2	Signal Loading Bits 1–0
0 = Monolithic DRAM Device 1 = Non-Monolithic Device	000 = Single Die 001 = 2 die 010 = 3 die 011 = 4 die 100 = 5 die 101 = 6 die 110 = 7 die 111 = 8 die All other settings reserved	–	00 = not specified 01 = Multi load stack 10 = Single load stack (3DS) 11 = reserved

```
//Calculation variables used in the following offsets:
//SDRAM Density and Banks on Offset 4
//SDRAM Device Type on Offset 6
//Module Organization on Offset 12
//Module Memory Bus Width on Offset 13
```

Danach folgt die Ermittlung der einzelnen Variablen, die per Case-Abfrage der entsprechenden Offsets und Bits umgesetzt werden. Sollten für eine Variable mehr Kombinationen möglich sein, als in der Spezifikation zugewiesen wurden, wird der Variable eine null zugeordnet – diese null greifen wir bei der Gültigkeitsabfrage danach auf:

```
{Total SDRAM Capacity, in megabits}
case (Data[4] and 15) of
  0  : Cap := 256;
  1  : Cap := 512;
  2  : Cap := 1024;
  3  : Cap := 2048;
  4  : Cap := 4096;
  5  : Cap := 8192;
  6  : Cap := 16384;
  7  : Cap := 32768;
  else Cap := 0;
end;

{Primary Bus Width}
case Data[13] and 7 of
  0  : BusWidth := 8;
  1  : BusWidth := 16;
  2  : BusWidth := 32;
  3  : BusWidth := 64;
  else BusWidth := 0;
end;
```

```
{SDRAM Device Width}
case Data[12] and 7 of
  0 : Width := 4;
  1 : Width := 8;
  2 : Width := 16;
  3 : Width := 32;
  else Width := 0;
end;

{Number of Package Ranks}
case (Data[12] shr 3) and 7 of
  0 : PackageRanks := 1;
  1 : PackageRanks := 2;
  2 : PackageRanks := 3;
  3 : PackageRanks := 4;
  else PackageRanks := 0;
end;

{Die Count}
case (Data[6] shr 4) and 7 of
  0 : Die := 1;
  1 : Die := 2;
  2 : Die := 3;
  3 : Die := 4;
  4 : Die := 5;
  5 : Die := 6;
  6 : Die := 7;
  7 : Die := 8;
  else Die := 0;
end;
```

Ebenfalls berechnen wir die Variable *Logical Ranks per DIMM*, indem wir die zuvor ermittelten *Package Ranks* und *Die per SDRAM* miteinander multiplizieren:

```
LogicalRanks := PackageRanks * Die;
```

Zum Abschluss wird sozusagen mit einer Art Gültigkeitsabfrage geprüft, ob Nullwerte ermittelt wurden, und falls dies nicht der Fall ist, wird mit der in Abb. 11.5 definierten Formel die Kapazität berechnet und diese per Round-Befehl dem Funktionsergebnis übergeben.

```
if (Cap <> 0) and
   (BusWidth <> 0) and
   (Width <> 0) and
   (PackageRanks <> 0) and
```

```
      (Die <> 0) and
      (LogicalRanks <> 0) then
    Result := Round(Cap / 8 * (BusWidth / Width) * LogicalRanks);
end;
```

11.4.6.4 DDR5-Speicher

Den Abschluss unserer Größenberechnung wird für die Speichertechnologie der DDR5-Speichermodule implementiert, die während des Schreibens dieser Zeilen die aktuelle Speichertechnologie darstellt und der die entsprechenden Datenblätter [9] und [10] zugrunde liegen. Auch hier ist die Sektion *Calculating Module Capacity* enthalten, die eine genaue Vorgehensweise zur Größenberechnung aufzeigt (siehe Abb. 11.6).

Wie mit jeder weiteren Speichertechnologie ist es mit DDR5 nochmals komplizierter geworden, die korrekte Speicherkapazität zu ermitteln. Es wird unterschieden, ob es sich um symmetrische oder asymmetrische Speicherränge handelt. Symmetrisch bedeutet, dass alle Ränge auf dem DIMM identisch sind – asymmetrisch hingegen, dass gerade Ränge und ungerade Ränge SDRAMs mit unterschiedlicher Kapazität pro Gerät enthalten können.

Über das Offset 234 *(Module Organization)* steuert das Bit 6 *(Rank Mix),* ob es sich um symmetrische (Bit nicht gesetzt) oder asymmetrische (Bit gesetzt) Ränge handelt. Im letzten Fall wird jeweils die Kapazität für gerade und ungerade Ränge ermittelt und miteinander addiert.

Die Berechnung der Speicherkapazität basiert hier auf insgesamt 6 Variablen (Tab. 11.23).

Bei asymmetrischen Speichermodulen wird unterschieden, ob sich um gerade (0, 2, 4, 6) oder ungerade (1, 3, 5, 7) Package Ranks per Sub-Channel handelt. Diese Info beziehen wir aus dem Offset 234 und den Bits 5–3. Bei geraden Package Ranks kann man der Abb. 11.6 entnehmen, dass die Offsets identisch mit denen für symmetrische Speichermodule sind. Diese werden dann laut Spezifikation als *First SDRAM* bezeichnet, wobei natürlich auch entsprechende Offsets existieren, die für ungerade Ranks mit der

Tab. 11.23 Variablenübersicht für die Kapazitätsberechnung von symmetrischen DDR5-Speichermodulen

Name	Position	Beispiel (Dezimalwerte)
Number of Sub-Channels per DIMM	Offset 235, Bits 6–5	1 = 2 Channels
Primary Bus Width per Sub-Channel	Offset 235, Bits 2–0	3 = 64 Bits
SDRAM I/O Width	Offset 6, Bits 7–5	3 = 32 Bits
Die per Package	Offset 4, Bits 7–5	3 = 4 Die
SDRAM Density per Die	Offset 4, Bits 4–0	8 = 64 GBits
Package Ranks per Sub-Channel	Offset 234, Bits 5–3	7 = 8 Package Ranks

11.10.1 Calculating Module DRAM Capacity

The total memory capacity of the DRAM on a DIMM may be calculated from SPD values. **Table 12** details the SPD bytes needed for the calculation.

Table 12 — SPD Bytes Needed for Total Memory Capacity Calculation

Symmetry	Package Ranks per Sub-Channel	SDRAM Density per Die	Die per Package	SDRAM I/O Width	Primary Bus Width per Sub-Channel	Number of Sub-Channels per DIMM
0 = Symmetrical	All	SPD byte 4 Bits 4~0	SPD byte 4 Bits 7~5	SPD byte 6 Bits 7~5	SPD byte 235 Bits 2~0	SPD byte 235 Bits 6~5
1 = Asymmetrical	Even (0, 2, 4, 6)	SPD byte 4 Bits 4~0	SPD byte 4 Bits 7~5	SPD byte 6 Bits 7~5	SPD byte 235 Bits 2~0	SPD byte 235 Bits 6~5
	Odd (1, 3, 5, 7)	SPD byte 8 Bits 4~0	SPD byte 8 Bits 7~5	SPD byte 10 Bits 7~5	SPD byte 235 Bits 2~0	SPD byte 235 Bits 6~5

11.10.1 Calculating Module DRAM Capacity (cont'd)

To calculate the total capacity in bytes for a symmetric module, the following math applies:

Capacity in bytes =

Number of sub-channels per DIMM *

Primary bus width per sub-channel / SDRAM I/O Width *

Die per package *

SDRAM density per die / 8 *

Package ranks per sub-channel

To calculate the total capacity in bytes for an asymmetric module, the following math applies:

Capacity in bytes =

Capacity of even ranks (first SDRAM type) +

Capacity of odd ranks (second SDRAM type)

Abb. 11.6 DDR5-Kapazitätsberechnung: Spezifikationsbereich *Calculating Module DRAM Capacity*

Bezeichnung *Second SDRAM* zum Einsatz kommen, und die in Tab. 11.24 aufgelistet sind. Nachdem wir nun die Variablenübersicht besprochen haben, wollen wir vollständigerweise die verwendeten Offsets in separaten Tabellen beschreiben (Tab. 11.25 und 11.26).

Die Offsets 4 und 8 sind inhaltlich identisch und beschreiben hier die Daten für den *First SDRAM* und *Second SDRAM,* wobei letzteres bei asymmetrischen Speichermodulen relevant ist. Wir wollen daher in der Tab. 11.27 den identischen Aufbau dieser beiden Offsets zusammenfassen.

Eine identische Implementierung findet man auch beim Offset 6 und 10, und auch hier wieder jeweils für *First SDRAM* und *Second SDRAM* (Tab. 11.28).

Wir beginnen daher unsere Funktion *GetMemSize_DDR5SDRAM* mit der Definiton des Modultyps, den wir später noch ermitteln und darauf basierend die unterschied-

Tab. 11.24 Variablenübersicht für die Kapazitätsberechnung von symmetrischen DDR5-Speichermodulen (und für gerade Ranks bei asymmetrischen DDR-Speichermodulen)

Name	Position	Beispiel (Dezimalwerte)
Number of Sub-Channels per DIMM	Offset 235, Bits 6–5	1 = 2 Channels
Primary Bus Width per Sub-Channel	Offset 235, Bits 2–0	3 = 64 Bits
SDRAM I/O Width	Offset 10, Bits 7–5	3 = 32 Bits
Die per Package	Offset 8, Bits 7–5	3 = 4 Die
SDRAM Density per Die	Offset 8, Bits 4–0	8 = 64 GBits
Package Ranks per Sub-Channel	Offset 234, Bits 5–3	7 = 8 Package Ranks

Tab. 11.25 DDR5-Kapazitätsberechnung: Rang-Mix und Anzahl der Paket-Ränge pro Sub-Kanal in Offset 234

Reserved Bit 7	Rank Mix Bit 6	Number of Package Ranks per Sub-Channel Bits 5–3	Reserved Bits 2–0
–	0 = Symmetrical 1 = Asymmetrical	000 = 1 Package Rank 001 = 2 Package Ranks 010 = 3 Package Ranks 011 = 4 Package Ranks 100 = 5 Package Ranks 101 = 6 Package Ranks 110 = 7 Package Ranks 111 = 8 Package Ranks	–

Tab. 11.26 DDR5-Kapazitätsberechnung: Anzahl der Sub-Kanäle pro DIMM und primäre Busbreite pro Sub-Kanal in Offset 235

Reserved Bit 7	Number of Sub-Channels per DIMM Bits 6–5	Bus width extension per Sub-Channel Bits 4–3	Primary bus width per Sub-Channel Bits 2–0
–	00 = 1 channel 01 = 2 channels All others reserved	00 = 0 bits (no extension) 01 = 4 bits 10 = 8 bits All others reserved	000 = 8 bits 001 = 16 bits 010 = 32 bits 011 = 64 bits All others reserved

lichen Kapazitätsermittlungen durchführen. Ebenfalls definieren wir Variablen für jedes Formelfeld, und zwar in der First- und Second-Variante. Die Variablen für den Second SDRAM initialisieren wir mit Standardwerten, da der Kompiler sonst für jede Variable eine Warnung erzeugt, dass die Variable möglicherweise nicht initialisiert worden ist:

Tab. 11.27 DDR5-Kapazitätsberechnung: Die pro Paket und SDRAM-Dichte pro Die in den Offsets 4 (First SDRAM) und 8 (Second SDRAM)

Die per Package Bits 7–5	SDRAM Density per Die Bits 4–0
000 = 1 die 001 = 2 die 010 = 2 die 011 = 4 die 100 = 8 die 101 = 16 die All others reserved	00000 = No memory, not defined 00001 = 4 Gbits 00010 = 8 GBits 00011 = 12 Gbits 00100 = 16 Gbits 00101 = 24 Gbits 00110 = 32 Gbits 00111 = 48 Gbits 01000 = 64 Gbits All others reserved

Tab. 11.28 DDR5-Kapazitätsberechnung: SDRAM I/O-Breite in den Offsets 6 (First SDRAM) und 10 (Second SDRAM)

SDRAM I/O Width Bits 7–5	Reserved Bits 4–0
000 = ×4 001 = ×8 010 = ×16 011 = ×32 All others reserved	–

```
function TSMBus.GetMemSize_DDR5SDRAM(Data : TArray<Byte>) : Word;
type
  ModuleType = (Symmetric, Asymmetric);
var
  PackageRanksPerSubChannel,
  First_SubChannelsPerDIMM,
  First_PrimaryBusWidthPerSubChannel,
  First_SDRAMIOWidth,
  First_DiePerPackage,
  First_SDRAMDensityPerDie,
  Second_SubChannelsPerDIMM,
  Second_PrimaryBusWidthPerSubChannel,
  Second_SDRAMIOWidth,
  Second_DiePerPackage,
  Second_SDRAMDensityPerDie : Word;
  MType : ModuleType;
begin
  Result := 0;
  Second_SubChannelsPerDIMM := 0;
  Second_PrimaryBusWidthPerSubChannel := 0;
```

```
Second_SDRAMIOWidth := 0;
Second_DiePerPackage := 0;
Second_SDRAMDensityPerDie := 0;
```

Dann beginnen wir mit der Unterscheidung, ob es sich um ein symmetrisches oder asymmetrisches Speichermodul handelt, was über das Offset 234 und Bit 6 geschieht. Das Ergebnis weisen wir unserer Typvariable *MType* entsprechend zu:

```
//Distinction between symmetric and asymmetric modules
if IsBitOn(Data[234], 6) then //Rank Mix
  MType := Asymmetric
else
  MType := Symmetric;
```

Wir fügen an dieser Stelle genau wie in den anderen Größenberechnungsfunktionen entsprechende Quellcode-Kommentare ein, damit ersichtlich ist, aus welchen Offsets sich die Formelvariablen zusammensetzen:

```
//Calculation variables for symmetric modules used in the
//following offsets:
//Package ranks per sub-channel on Offset 234
//Number of sub-channels per DIMM on Offset 235
//Primary bus width per sub-channel on Offset 235
//SDRAM I/O Width on Offset 6
//Die per package on Offset 4
//SDRAM density per die on Offset 4

//Calculation variables for asymmetric modules used in the
//following offsets:
//Package ranks per sub-channel on Offset 234
//Even ranks (first SDRAM type) are identical to the offsets
//  for symmetric modules
//Odd ranks (second SDRAM type):
//- Number of sub-channels per DIMM on Offset 235
//- Primary bus width per sub-channel on Offset 235
//- SDRAM I/O Width on Offset 10
//- Die per package on Offset 8
//- SDRAM density per die on Offset 8
```

Identisch ist für symmetrische und asymmetrische Speichermodule die Ermittlung der Package Ranks per Sub-Channel sowie die First SDRAM-Variablen, deren Ermittlung per Case-Abfragen in den entsprechenden Offsets und Bits umgesetzt werden. Sollten für eine Variable mehr Kombinationen möglich sein, als in der Spezifikation zugewiesen wurden, wird der Variable eine null zugeordnet – diese null greifen wir bei der Gültigkeitsabfrage danach auf:

```
{Package ranks per sub-channel}
case (Data[234] shr 3) and 7 of
  0  : PackageRanksPerSubChannel := 1;
  1  : PackageRanksPerSubChannel := 2;
  2  : PackageRanksPerSubChannel := 3;
  3  : PackageRanksPerSubChannel := 4;
  4  : PackageRanksPerSubChannel := 5;
  5  : PackageRanksPerSubChannel := 6;
  6  : PackageRanksPerSubChannel := 7;
  7  : PackageRanksPerSubChannel := 8;
  else PackageRanksPerSubChannel := 0;
end;

{Number of sub-channels per DIMM}
case (Data[235] shr 5) and 3 of
  0  : First_SubChannelsPerDIMM := 1;
  1  : First_SubChannelsPerDIMM := 2;
  else First_SubChannelsPerDIMM := 0;
end;

{Primary bus width per sub-channel}
case Data[235] and 7 of
  0  : First_PrimaryBusWidthPerSubChannel := 8;
  1  : First_PrimaryBusWidthPerSubChannel := 16;
  2  : First_PrimaryBusWidthPerSubChannel := 32;
  3  : First_PrimaryBusWidthPerSubChannel := 64;
  else First_PrimaryBusWidthPerSubChannel := 0;
end;

{SDRAM I/O Width}
case (Data[6] shr 5) and 7 of
  0  : First_SDRAMIOWidth := 4;
  1  : First_SDRAMIOWidth := 8;
  2  : First_SDRAMIOWidth := 16;
  3  : First_SDRAMIOWidth := 32;
  else First_SDRAMIOWidth := 0;
end;

{Die per package}
case (Data[4]shr 5) and 7 of
  0  : First_DiePerPackage := 1;
```

```
  1   : First_DiePerPackage := 2;
  2   : First_DiePerPackage := 2;
  3   : First_DiePerPackage := 4;
  4   : First_DiePerPackage := 8;
  5   : First_DiePerPackage := 16;
  else First_DiePerPackage := 0;
end;

{SDRAM density per die, in GBits}
case Data[4] and 31 of
  1   : First_SDRAMDensityPerDie := 4;
  2   : First_SDRAMDensityPerDie := 8;
  3   : First_SDRAMDensityPerDie := 12;
  4   : First_SDRAMDensityPerDie := 16;
  5   : First_SDRAMDensityPerDie := 24;
  6   : First_SDRAMDensityPerDie := 32;
  7   : First_SDRAMDensityPerDie := 48;
  8   : First_SDRAMDensityPerDie := 64;
  else First_SDRAMDensityPerDie := 0;
end;
```

Weiter geht es mit einer Prüfung, ob wir aktuell ein asymmetrisches Speichermodul berechnen – in diesem Fall werden zusätzlich noch die Variablen für den *Second SDRAM* ermittelt:

```
if MType = Asymmetric then
begin
  {Second SDRAM Type - Number of sub-channels per DIMM}
  case (Data[235] shr 5) and 3 of
    0   : Second_SubChannelsPerDIMM := 1;
    1   : Second_SubChannelsPerDIMM := 2;
    else Second_SubChannelsPerDIMM := 0;
  end;

  {Second SDRAM Type - Primary bus width per sub-channel}
  case Data[235] and 7 of
    0   : Second_PrimaryBusWidthPerSubChannel := 8;
    1   : Second_PrimaryBusWidthPerSubChannel := 16;
    2   : Second_PrimaryBusWidthPerSubChannel := 32;
    3   : Second_PrimaryBusWidthPerSubChannel := 64;
    else Second_PrimaryBusWidthPerSubChannel := 0;
  end;

  {Second SDRAM Type - SDRAM I/O Width}
```

```
    case (Data[10] shr 5) and 7 of
      0  : Second_SDRAMIOWidth := 4;
      1  : Second_SDRAMIOWidth := 8;
      2  : Second_SDRAMIOWidth := 16;
      3  : Second_SDRAMIOWidth := 32;
      else Second_SDRAMIOWidth := 0;
    end;

    {Second SDRAM Type - Die per package}
    case (Data[8] shr 5) and 7 of
      0  : Second_DiePerPackage := 1;
      1  : Second_DiePerPackage := 2;
      2  : Second_DiePerPackage := 2;
      3  : Second_DiePerPackage := 4;
      4  : Second_DiePerPackage := 8;
      5  : Second_DiePerPackage := 16;
      else Second_DiePerPackage := 0;
    end;

    {Second SDRAM Type - SDRAM density per die, in GBits}
    case Data[8] and 31 of
      1  : Second_SDRAMDensityPerDie := 4;
      2  : Second_SDRAMDensityPerDie := 8;
      3  : Second_SDRAMDensityPerDie := 12;
      4  : Second_SDRAMDensityPerDie := 16;
      5  : Second_SDRAMDensityPerDie := 24;
      6  : Second_SDRAMDensityPerDie := 32;
      7  : Second_SDRAMDensityPerDie := 48;
      8  : Second_SDRAMDensityPerDie := 64;
      else Second_SDRAMDensityPerDie := 0;
    end;
  end;
```

Nachdem nun alle Variablen ermittelt wurden, geht es an die Berechnung, die auch hier wieder zwischen symmetrisch und asymmetrisch unterscheidet. Wir prüfen dabei im Sinne einer Gültigkeitsabfrage, ob Nullwerte vorhanden sind, und setzen die Formel wie in Abb. 11.6 entsprechend um. Bei asymmetrischen Speichermodulen werden die Größen für *First SDRAM* und *Second SDRAM* addiert, um als Ergebnis einen Byte-Wert für die Kapazität zurückzuliefern (bspw. 16 für 16 GByte):

```
  if MType = Symmetric then
  begin
    if (PackageRanksPerSubChannel <> 0) and
       (First_SubChannelsPerDIMM <> 0) and
```

```
      (First_PrimaryBusWidthPerSubChannel <> 0) and
      (First_SDRAMIOWidth <> 0) and
      (First_DiePerPackage <> 0) and
      (First_SDRAMDensityPerDie <> 0) then
    Result := Round(First_SubChannelsPerDIMM *
                    (First_PrimaryBusWidthPerSubChannel /
                     First_SDRAMIOWidth) *
                    First_DiePerPackage *
                    (First_SDRAMDensityPerDie / 8) *
                    PackageRanksPerSubChannel);
  end else
  begin
    if (PackageRanksPerSubChannel <> 0) and
       (First_SubChannelsPerDIMM <> 0) and
       (First_PrimaryBusWidthPerSubChannel <> 0) and
       (First_SDRAMIOWidth <> 0) and
       (First_DiePerPackage <> 0) and
       (First_SDRAMDensityPerDie <> 0) and
       (Second_SubChannelsPerDIMM <> 0) and
       (Second_PrimaryBusWidthPerSubChannel <> 0) and
       (Second_SDRAMIOWidth <> 0) and
       (Second_DiePerPackage <> 0) and
       (Second_SDRAMDensityPerDie <> 0) then
    Result := Round(First_SubChannelsPerDIMM *
                    (First_PrimaryBusWidthPerSubChannel /
                     First_SDRAMIOWidth) *
                    First_DiePerPackage *
                    (First_SDRAMDensityPerDie / 8) *
                    PackageRanksPerSubChannel) +
              Round(Second_SubChannelsPerDIMM *
                    (Second_PrimaryBusWidthPerSubChannel /
                     Second_SDRAMIOWidth) *
                    Second_DiePerPackage *
                    (Second_SDRAMDensityPerDie / 8) *
                    PackageRanksPerSubChannel);
  end;
end;
```

Wie man sieht, ist die Berechnung der Speichermodulkapazität je nach verwendeter Speichertechnologie unterschiedlich kompliziert. Ab DDR3 wurde diese Thematik allerdings recht transparent in der Spezifikation aufgeführt und wenn man sich Schritt für Schritt an die Formelbestandteile hält, bekommt man mit einer abschließenden Berechnung die zuverlässige Kapazität zurückgeliefert, die man dann weiterverarbeiten oder an visuelle Komponenten weiterreichen kann.

11.4.7 SPD-Interpretationsfunktionen

In diesen Unterkapiteln gehen wir davon aus, dass der vollständige Konfigurationsbereich vom SPD-EEPROM ermittelt wurde, und interpretieren die wichtigsten Daten anhand der dazugehörigen Spezifikation. In jedem Fall lohnt es sich, die Spezifikationen genauer anzusehen, falls bestimmte Details relevant erscheinen oder falls vollständige Daten benötigt werden. Wir beschränken uns daher nachfolgend auf die wichtigsten Informationen, die zugleich am aussagekräftigsten sind. Die nachfolgend gewählte Detailfülle soll einen Kompromiss darstellen zwischen den relevanten Speichermoduldetails und allen möglichen Details.

Genau wie bei den Größenfunktionen wollen wir in diesem Kapitel die veralteten Speichertypen FPM/EDO, (Direct) RAMBus, SDR und DDR nicht im Detail besprechen, weil diese heutzutage kaum noch im Einsatz sind und wir den Buchumfang möglichst kompakt halten wollen. Als Einstieg wählen wir daher die Speichertechnologie für DDR2-Speicher, die 2003 auf den Markt gekommen ist.

11.4.7.1 Interpretationssteuerung

Unsere zentrale Interpretationsprozedur *GetSPDDetails* steuert die einzelnen Unterprozeduren, die jeweils für einen Speicherstandard implementiert werden und wird direkt aus dem Hauptformular aufgerufen. Die Ergebnisse werden aus *GetSPDDetails* und den Unterprozeduren entsprechend als Stringliste zurückgegeben, die wiederum im Hauptformular für die rechte ListView-Komponente weiterverarbeitet und ausgegeben wird.

Übergeben wird *GetSPDDetails* die Adresse des Speichermoduls im Bereich 50h–57h, und eine TStrings-Variable, die vor dem Aufruf durch das Hauptformular jedoch durch TStringList.Create initialisiert sein muss:

```
procedure TSMBus.GetSPDDetails(Address : Byte; var SPDData : TStrings);
```

In der Variablensektion definieren wir eine Instanz, die von *TModuleInfo* abgeleitet wird, und die wie bereits in Abschn. 11.4 beschrieben die wichtigsten Identifizierungsmerkmale eines Speichermoduls (also Hersteller, Modell, Größe sowie Typ und Seriennummer) beinhaltet. Hinzu kommen eine Word-Zählervariable und String-Variable für die Aufbereitung und Ausgabe des SPD-EEPROM-Dumps:

```
var
  SPDModuleDetails : TModuleInfo;
  DumpCnt : Word;
  StringValue : String;
```

Wir beginnen mit dem Leeren der Ergebnisliste *SPDData* durch ein TStrings.Clear, um eine leere Ausgangsbasis für das jeweilige Speichermodul zu gewährleisten. Ebenfalls folgen Sicherheitsabfragen, die zum Abbruch und Herausspringen aus der Prozedur ohne

Ergebnis führen. Hierzu gehört, wenn die SMBus-Basisadresse nicht gefunden wurde (also einen Nullwert enthält) bzw. wenn die Speichermoduladresse als Übergabeparameter einen Nullwert enthält:

```
begin
  SPDData.Clear;

  if FSMBusBaseAddress = 0 then
    Exit;

  if Address = 0 then
    Exit;
```

Es folgt die Ermittlung der Speichermoduldetails über die Prozedur *GetMemoryModuleInfo*, die wir bereits in Abschn. 11.4.5 besprochen haben und der wir als Parameter die Speichermoduladresse übergeben. Das Ergebnis dieser Prozedur ist unsere *TModuleInfo*-Struktur, die wir mit der lokalen Variable *SPDModuleDetails* definiert haben:

```
  SPDModuleDetails := GetMemoryModuleInfo(Address);
```

Vor der eigentlichen Prüfung müssen wir noch auf einen Umstand hinweisen, den wir bereits in Abschn. 11.4.3 besprochen haben. Die Intel-Funktion *SPD Write Disable* darf bei einer System-Konfiguration mit DDR5-Speichertechnologie nicht aktiviert sein, weil dadurch das Umschalten der Seiten unterbunden wird, was wiederum zum Einlesen des vollständigen SPD-EEPROMs notwendig ist.

Daher verwenden wir hier unsere bereits implementierte Funktion *IsIntel_SPDWD,* die ein True zurückliefert, wenn es sich um diese Konstellation handelt. Ebenfalls fragen wir über die SMBIOS-Klasse die Funktion *IsDDR5MemoryAvailable* ab. Sollten beide Ergebnisse positiv sein, übergeben wir der Ergebnis-Stringliste einen Hinweistext und springen aus der Prozedur mit *Exit* heraus:

```
  if FParent.SMBIOSClass.IsDDR5MemoryAvailable and IsIntel_SPDWD then
  begin
    SPDData.Add('Keine Speichermodul-Details ermittelbar,');
    SPDData.Add('da "SPD Write Disabled" aktiviert ist.');
    SPDData.Add('Bitte prüfen Sie im BIOS, ob diese Funktion');
    SPDData.Add('abgeschaltet werden kann.');
    Exit;
  end;
```

Bis zu diesem Punkt sieht alles in Ordnung aus, und um sicherzustellen, dass wir auch wirklich Daten innerhalb des SPD vorfinden, prüfen wir die Größe des generischen Byte-Feldes *SPDData* in unserer Instanz von *TModuleInfo*. In jeder JEDEC-Spezifikation befindet sich eine definierte Mindestmenge der Daten, die 128 Byte beträgt, und die von allen Modultypen lesbar und interpretierbar sein müssen. Das hängt vor allem damit zusammen, dass innerhalb dieser ersten 128 Byte die grundlegenden Moduldetails wie Typ, Frequenzen und Größenangaben abgebildet sind. Da unser Byte-Feld bei null beginnt, muss bis gleich/größer 127 abgefragt werden:

```
if High(SPDModuleDetails.SPDData) >= 127 then
begin
```

Im nächsten zentralen Schritt geht es darum, die verwendete Speichertechnologie in Erfahrung zu bringen, weil darauf basierend eine individuell zugeschnittene Interpretation zum Einsatz kommt, die wiederum auf einer JEDEC-Spezifikation basiert. Seit Anbeginn des SPD-EEPROMs wird dafür das Byte 2 definiert, das sozusagen als Schlüsselbyte betrachtet werden kann. Es wird vom System-BIOS sowie Applikationen verwendet, um zu bestimmen, wie alle anderen Bytes im SPD-EEPROM zu interpretieren sind. Daher muss die Auswertung relativ frühzeitig geschehen, um eine korrekte Interpretation zu ermöglichen. Demzufolge erfordert jeder DRAM- oder Modultyp, der erhebliche Änderungen am SPD-Format mit sich bringt (über die Definition von zuvor nicht definierten Bytes oder Bits hinaus) einen neuen Eintrag in diesem Byte 2 – die Steuerung und Vergabe erfolgt zentral innerhalb der JEDEC.

Wir verwenden daher eine Case-Abfrage und weisen selektierten Speichertechnologoien die Interpretationsprozeduren zu. Andere nicht zugewiesene Speichertechnologien werden mit einem Kommentar genannt und nicht eingebaut, weil sie hauptsächlich so veraltet und damit nicht relevant für dieses Buch sind, dass sie im starken Widerspruch zu einer halbwegs aktuellen Systemarchitektur stehen:

```
case SPDModuleDetails.SPDData[2] of
  0  : ; {unbekannt}
  1,
  2  : GetSPD_FPMEDODRAM(SPDModuleDetails.SPDData, SPDData);
  3  : ; {Pipelined Nibble}
  4  : ; {SDR SDRAM}
  5  : ; {Multiplexed ROM}
  6  : ; {DDR SGRAM}
  7  : GetSPD_DDRSDRAM(SPDModuleDetails.SPDData, SPDData);
  8  : GetSPD_DDR2SDRAM(SPDModuleDetails.SPDData, SPDData);
  9,
  10 : ; {DDR2 SDRAM FB-DIMM}
  11 : GetSPD_DDR3SDRAM(SPDModuleDetails.SPDData, SPDData);
  12 : GetSPD_DDR4SDRAM(SPDModuleDetails.SPDData, SPDData);
  17 : ; {Rambus}
  18 : GetSPD_DDR5SDRAM(SPDModuleDetails.SPDData, SPDData);
end;
```

Wie man bei den Speichertypen sehen kann, existieren Interpretationen für FPM/EDO, DDR, DDR2, DDR3, DDR4 sowie DDR5 – wobei wir innerhalb dieses Kapitels mit der 2003 vorgestellten DDR2-Technologie beginnen werden.

Den Interpretationsfunktionen übergeben wir direkt den SPD-Dump *SPDData* aus unserer *TModuleInfo*-Instanz, sowie die Stringliste, über die Ergebnisse zurückgeliefert werden.

Im besten Fall war die Ermittlung erfolgreich und die Ergebnisse liegen in der Stringliste *SPDData* vor. Bevor wir die Prozedur *GetSPDDetails* beenden und damit zurück ins Hauptformular springen, fügen wir der Stringliste noch einen Dump (also Speicherauszug) des SPD-EEPROMs hinzu. Da wir nicht alle Daten aus den Spezifikationen auswerten, sondern nur die wichtigsten, aber trotzdem eine vollständige Darstellung der Ergebnisse gewährleisten möchten, bietet der Dump die Basis für weitere Recherchen anhand der dazugehörigen JEDEC-Spezifikation.

Wir beginnen daher die Dump-Sektion durch eine Leerzeile, wenn zuvor bereits Details gefunden wurden, sowie mit einer Überschriftzeile:

```
if SPDData.Count > 0 then
  SPDData.Add('');
SPDData.Add('Gerätedump');
```

Dann folgt eine Iteration durch den SPD-Datenblock, wobei zunächst die Gesamtgröße des Blocks mittels High ermittelt wird (plus 1, da mit 0 beginnend). Danach erfolgt eine Division durch 16, weil jede Dumpzeile aus 16 Bytes besteht:

```
for DumpCnt := 1 to
                (High(SPDModuleDetails.SPDData) + 1) div 16 do
begin
```

Jede Dump-Zeile wird individuell aus hexadezimalen Werten zusammengesetzt und der lokalen String-Variable *StringValue* zugewiesen. Bei der Berechnung des korrekten Dateneintrags kommt eine Multiplikation des Schleifenzählers *DumpCnt* mit 16 zum Einsatz, weil 16 Byte pro Zeile dargestellt werden:

```
StringValue :=
IntToHex(SPDModuleDetails.SPDData[(DumpCnt * 16) - 16], 2) + ' ' +
IntToHex(SPDModuleDetails.SPDData[(DumpCnt * 16) - 15], 2) + ' ' +
IntToHex(SPDModuleDetails.SPDData[(DumpCnt * 16) - 14], 2) + ' ' +
IntToHex(SPDModuleDetails.SPDData[(DumpCnt * 16) - 13], 2) + ' ' +
IntToHex(SPDModuleDetails.SPDData[(DumpCnt * 16) - 12], 2) + ' ' +
IntToHex(SPDModuleDetails.SPDData[(DumpCnt * 16) - 11], 2) + ' ' +
IntToHex(SPDModuleDetails.SPDData[(DumpCnt * 16) - 10], 2) + ' ' +
IntToHex(SPDModuleDetails.SPDData[(DumpCnt * 16) - 9], 2) + ' ' +
IntToHex(SPDModuleDetails.SPDData[(DumpCnt * 16) - 8], 2) + ' ' +
```

```
IntToHex(SPDModuleDetails.SPDData[(DumpCnt * 16) - 7], 2) + ' ' +
IntToHex(SPDModuleDetails.SPDData[(DumpCnt * 16) - 6], 2) + ' ' +
IntToHex(SPDModuleDetails.SPDData[(DumpCnt * 16) - 5], 2) + ' ' +
IntToHex(SPDModuleDetails.SPDData[(DumpCnt * 16) - 4], 2) + ' ' +
IntToHex(SPDModuleDetails.SPDData[(DumpCnt * 16) - 3], 2) + ' ' +
IntToHex(SPDModuleDetails.SPDData[(DumpCnt * 16) - 2], 2) + ' ' +
IntToHex(SPDModuleDetails.SPDData[(DumpCnt * 16) - 1], 2);
```

Nach dieser Zuweisung einer Dumpzeile wird dieselbe an die Stringliste übergeben, und auch hier mit einem Von-Bis-Wert sowie dem String-Ergebnis gearbeitet:

```
      SPDData.Add('Offset ' +
                  IntToHex((DumpCnt * 16) - 16, 2) +
                  ' - ' +
                  IntToHex((DumpCnt * 16) - 1, 2) +
                  '=' +
                  StringValue);
    end;
  end;
end;
```

An dieser Stelle haben wir die steuernde Interpretationsfunktion abgeschlossen und weil diese untergeordnete Prozeduren je nach Speichertechnologie aufruft, werden wir nachfolgend die dazugehörigen Prozeduren für DDR2-, DDR3-, DDR4-, und DDR5-Speicher genauer besprechen.

11.4.7.2 DDR2-Speicher

Für DDR2-Speicher kommt unsere Prozedur *GetSPD_DDR2SDRAM* zum Einsatz, welche die JEDEC-Spezifikation für DDR2 (Annex J – Serial Presence Detects for DDR2 SDRAM) [5] als Basis verwendet. Die Prozedur erwartet den SPD-Datenbereich als generisches Byte-Feld und gibt die Ergebnisse über eine Stringliste wieder zurück. Bei den Ergebnissen in der Stringliste orientieren wir uns an dem zuvor verwendeten Schema, die linke von der rechten Spalte durch ein Gleichheitszeichen zu trennen. Unser späterer Code im Hauptformular benutzt diese Trennung, um die Spalten *Eigenschaft* und *Wert* separat auszufüllen.

```
procedure TSMBus.GetSPD_DDR2SDRAM(Data : TArray<Byte>;
                                  var SPDData : TStrings); {Typ 8}
```

Wir definieren verschiedene Variablen insbesondere für String-Werte, eine Word-Zählvariable, eine 64 Bit-Größenvariable (vorzeichenlos) sowie diverse Hilfsvariablen. Diese werden wir nachfolgend im Funktionscode noch genauer besprechen:

```
var
  StringValue,
  StringValue2,
  SizeValue : String;
  Counter : Word;
  SizeTemp : UInt64;
  LWordValue : Cardinal;
  ManufacturerCnt : Byte;
```

Dann beginnen wir damit, zunächst den Speichertyp *DDR2* manuell der Stringliste zuzuweisen, da wir mit dem Aufruf dieser Prozedur von diesem Speichertyp ausgehen können. Die Stringliste, die als Parameter zurückgeliefert wird *(SPDData)* müssen wir nicht separat mit Clear leeren, weil wir das durch die aufrufende Prozedur *GetSPDDetails* zentral steuern. Dadurch können wir uns in jeder einzelnen Interpretationsfunktion um die reine Auswertung kümmern:

```
begin
  SPDData.Add('Speichertyp=DDR2 SDRAM');
```

Danach kommen wir zu einem der wichtigsten Details von Speichermodulen, und zwar dem Hersteller des Moduls. Laut Spezifikation befinden sich in den Bytes 64–71 der Herstellercode und wir werden dazu noch eine Hilfsklasse in Abschn. 11.5 einführen.

Wir haben uns bewusst für eine Interpretation des mit 2003 relativ alten Speicherstandards entschieden, weil bis inklusive diesem Standard eine bestimmte Methode zur Ermittlung des Speicherherstellers zum Einsatz kam, die dann ab der Speichertechnologie DDR3 etwas vereinfacht wurde – aber trotzdem wissenswert und deswegen hier enthalten ist.

Für alle Speicherstandards kommt die Spezifikation der JEDEC-Herstelleridentifikationskennungen [11] zum Einsatz, mit der alle 8 Bytes rückwärts iteriert werden, und auf die sog. Fortsetzungskennung geprüft wird. Grundsätzlich wird das Bit 7 dieser Herstellerkennungen für eine eventuelle Parität verwendet, sodass pro Byte 128 mögliche Hersteller abbildbar sind. Weil das irgendwann aber nicht mehr ausgereicht hat, wurde der letzte Wert 127 (wir beginnen die Zählung ab null) als Continuation Code – also Fortsetzungskennung deklariert. Der Wert 127 lautet hexadezimal 7Fh, und wenn ein Byte-Feld der Herstellerkennung diesen Wert beinhaltet, sagt das aus, dass in diesem Feld kein Hersteller mit den ersten 127 Kombinationen enthalten ist, und zum nächsten Byte weitergesprungen werden soll. Dort wiederholt sich diese Prüfung, bis ein Eintrag zugeordnet werden kann. Mit jedem neuen Byte-Feld wird eine andere Hersteller-Bank angesprochen, die ab 1 bis 8 abgefragt werden kann (später ab DDR3-Speicher existiert diese Beschränkung nicht mehr und alle 15 Bänke – Stand 2023 – lassen sich abfragen).

Wir beginnen unsere Ermittlung zunächst mit einer Iteration durch die Bytes 71 bis 64 und prüfen für jedes Byte, ob ein Inhalt ungleich 7Fh enthalten ist. Wenn dies der Fall ist, prüft eine weitere Case-Abfrage die Nummer des Bytes, und ruft von unsere Hilfsklasse

TJEDEC_Vendors aus der Unit JEDECVendors.pas (siehe Abschn. 11.5) die entsprechende Bank-Ermittlungsfunktion auf. Mit einem Break wird aus der Schleife herausgesprungen und ein abschließendes Prüfen auf Inhalt liefert ohne Ergebnis einen unbekannten Herstellertext zurück. Final wird dann der Hersteller an die Stringliste übergeben:

```
{Hersteller}
StringValue := '';
for ManufacturerCnt := 71 downto 64 do
begin
  if Data[ManufacturerCnt] <> $7F then
  begin
    case ManufacturerCnt of
      64 : StringValue := GetJEDECBank1(Data[ManufacturerCnt]);
      65 : StringValue := GetJEDECBank2(Data[ManufacturerCnt]);
      66 : StringValue := GetJEDECBank3(Data[ManufacturerCnt]);
      67 : StringValue := GetJEDECBank4(Data[ManufacturerCnt]);
      68 : StringValue := GetJEDECBank5(Data[ManufacturerCnt]);
      69 : StringValue := GetJEDECBank6(Data[ManufacturerCnt]);
      70 : StringValue := GetJEDECBank7(Data[ManufacturerCnt]);
      71 : StringValue := GetJEDECBank8(Data[ManufacturerCnt]);
    end;
    Break;
  end;
end;
if StringValue = '' then
  StringValue := 'unbekannter Hersteller';
SPDData.Add('Hersteller=' + StringValue);
```

Weiter geht es mit der Modellbezeichnung, die in den Bytes 73 bis 90 im ASCII-Format enthalten ist. Unbenutzte Stellen werden mit dem Leerzeichen 32 dezimal (20h hexadezimal) gespeichert. Wir benutzen also auch hier wieder eine For-Schleife und weisen mit der Char-Funktion jedes Byte unserer String-Variable *StringValue* zu. Per Trim-Befehl schneiden wir überflüssige Leerstellen ab und prüfen auch hier wieder, ob überhaupt ein Modell ermittelt wurde:

```
{Modell}
StringValue := '';
for Counter := 73 to 90 do
  StringValue := StringValue + Char(Data[Counter]);
StringValue := Trim(StringValue);
if StringValue = '' then
  StringValue := 'unbekanntes Modell';
SPDData.Add('Modell=' + StringValue);
```

Die Größe des Speichermoduls haben wir bewusst in eigene Funktionen ausgelagert, weil die Größeberechnung mit zunehmender Speichergeneration immer komplexer wurde, und wir diesen Themenblock separat behandeln (siehe hierfür Abschn. 11.4.6.1).

An dieser Stelle kommt daher ausschließlich die Ermittlung der Speichergröße mittels unserer Funktion *GetMemSize_DDR2SDRAM* zum Einsatz, und eine anschließende Visualisierung durch die Texthilfsfunktion *GetCapacity*. Da unsere Größenermittlung einen Megabyte-Wert zurückliefert, *GetCapacity* jedoch einen Byte-Wert erwartet, multiplizieren wir das Ergebnis zweimal mit 1024:

```
{Größe}
SizeTemp := GetMemSize_DDR2SDRAM(Data);
SPDData.Add('Größe=' + GetCapacity(SizeTemp * 1024 * 1024));
```

Die Seriennummer wird in den Bytes 95–98 gespeichert und hier existieren unterschiedliche Interpretationsmöglichkeiten. Die beiden offensichtlichen sind die Darstellung jeweils als Dezimalwert und als Hexadezimalwert. Es gibt jedoch Modulhersteller, die einzelne Bytes in diesem 4 Byte-Cardinalwert tauschen, und hierfür haben wir die Funktion *Swap32* implementiert. Diese kommt vorrangig für Seriennummern von Speichermodulen zum Einsatz und wird genauer in den Binär- und Text-Hilfsfunktionen in Abschn. 11.4.8 besprochen.

Mittels Move-Befehl kopieren wir 4 Byte in die lokale Cardinal-Variable *LWordValue,* und wenn diese ungleich null ist, können wir von einer tatsächlichen Seriennummer ausgehen. Diese stellen wir als vertauschten hexadezimalen Wert und zusätzlich rohen Dezimalwert dar:

```
{Seriennummer}
Move(Data[95], LWordValue, SizeOf(LWordValue));
if LWordValue <> 0 then
  SPDData.Add('Seriennummer=' + IntToHex(Swap32(LWordValue), 8) +
              ' (' + IntToStr(LWordValue) + ')')
else
  SPDData.Add('Seriennummer=nicht vorhanden');
```

Im Bereich der Zusatzfunktionen prüfen wir, ob eine Parität oder ECC *(Error Correction Code)* vorhanden sind, wofür das Byte 11 und die Bits 0 sowie 1 zum Einsatz kommen:

```
{Zusatzfunktionen}
StringValue := '';
if IsBitOn(Data[11], 0) then
  StringValue := 'Parität';
if IsBitOn(Data[11], 1) then
begin
  if StringValue = '' then
```

```
    StringValue := 'ECC' else
    StringValue := StringValue + ', ECC';
end;
if StringValue = '' then
  StringValue := 'keine';
SPDData.Add('Zusatzfunktionen=' + StringValue);
```

Das Herstellungsdatum wird in den Bytes 93 und 94 gespeichert, wobei in Byte 94 die Herstellungswoche und Byte 93 die letzten 2 Ziffern des Herstellungsjahres (ab 2000) eingetragen werden. Beide Felder müssen ungleich null sein, damit man von plausiblen Daten ausgehen kann:

```
{Herstellungsdatum}
if (Data[94] <> 0) and (Data[93] <> 0) then
  SPDData.Add('Herstellungsdatum=' +
              'Woche ' + IntToHex(Data[94], 2) +
              '/20' + IntToHex(Data[93], 2))
else
  SPDData.Add('Herstellungsdatum=nicht vorhanden');
```

Über Byte 17 ermitteln wir die physikalischen Bänke des Speichermoduls, also wie viele Bänke sich in jedem auf dem Speichermodul installierten SDRAM befinden. Die Darstellung erfolgt dezimal und null bedeutet, dass diese Information nicht definiert ist:

```
{Physikalische Bänke}
if Data[17] = 0 then
  StringValue := 'undefiniert' else
  StringValue := IntToStr(Data[17]);
SPDData.Add('Physikalische Bänke=' + StringValue);
```

Mit den Bytes 3 und 4 ermitteln wir die Anzahl der Zeilen und Spalten, also die Modul-Organisation. Byte 3 kann maximal 31 Zeilen enthalten und Byte 4 maximal 255 Spalten, wobei jeweils ein Nullwert bedeutet, dass diese Information nicht definiert ist:

```
{Zeilen x Spalten}
case Data[3] of
  1..31 : StringValue := IntToStr(Data[3]);
  else    StringValue := 'unbekannt';
end;
case Data[4] of
  1..15 : StringValue2 := IntToStr(Data[4]);
  else    StringValue2 := 'unbekannt';
end;
SPDData.Add('Zeilen x Spalten=' + StringValue + ' x ' + StringValue2);
```

Speicherlatenzen geben Auskunft über das Ansprechverhalten von Speichermodulen und Byte 18 beschreibt, welche der programmierbaren CAS-Latenzen für das Modul akzeptabel sind. Wenn das jeweilige Bit gesetzt ist, wird die jeweilige CAS-Latenz vom Modul unterstützt, bei einem nicht gesetzten Bit hingegen nicht. Byte 18 ist laut Spezifikation wie in der Tab. 11.29 definiert.

Hintergrundinformation
CAS steht für Column Address Strobe Latency und wird auch als Speicherlatenz bezeichnet. Diese Zeit wird benötigt, um eine Spalte im Hauptspeicher des Rechners zu adressieren. Je weniger Taktzyklen dafür notwendig sind, desto schneller erfolgt dieser Vorgang und desto performanter ist ein Rechnersystem.

Weitere Informationen liefert mitunter ein entsprechender Wikipedia-Artikel [31] zu diesem Thema.

Für unsere Implementierung kommt daher wieder die lokale String-Variable *StringValue1* zum Einsatz, und mithilfe unserer Binärhilfsfunktion *IsBitOn* prüfen wir, ob die Bits 7–2 gesetzt sind und weisen das entsprechende Ergebnis zu. Da wir die Latenzwerte mit einem Komma und Leerzeichen voneinander trennen wollen, müssen wir diese beiden Zeichen am Variablenende vor der Ausgabe wieder entfernen:

```
{Unterstützte Latenzen}
StringValue := '';
if IsBitOn(Data[18], 2) then StringValue := StringValue + 'CL2, ';
if IsBitOn(Data[18], 3) then StringValue := StringValue + 'CL3, ';
if IsBitOn(Data[18], 4) then StringValue := StringValue + 'CL4, ';
if IsBitOn(Data[18], 5) then StringValue := StringValue + 'CL5, ';
if IsBitOn(Data[18], 6) then StringValue := StringValue + 'CL6, ';
if IsBitOn(Data[18], 7) then StringValue := StringValue + 'CL7, ';
Delete(StringValue, Length(StringValue) - 1, 255);
if StringValue = '' then
  StringValue := 'unbekannt';
SPDData.Add('CAS-Latenzen=' + StringValue);
```

Der Abschluss der Interpretation von DDR2-Speichermodulen besteht aus einer Darstellung der SPD-Revision, die mit Vorkomma und Nachkomma in hexadezimaler

Tab. 11.29 SDRAM Geräteattribute – CAS-Latenz in Byte 18

CAS Latency 7 Bit 7	CAS Latency 6 Bit 6	CAS Latency 5 Bit 5	CAS Latency 4 Bit 4	CAS Latency 3 Bit 3	CAS Latency 2 Bit 2	Reserved Bit 1	Reserved Bit 0
1/0	1/0	1/0	1/0	1/0	1/0	undefined	undefined
1 = Supported on this assembly; 0 = Not supported on this assembly							

Schreibweise in Byte 62 enthalten ist. Weiterhin definiert Byte 0 die Gesamtzahl der Bytes, die der Modulhersteller für die SPD-Daten und etwaige (optionale) spezifische Lieferanteninformationen verwendet. Die Byte-Anzahl umfasst die Felder für alle erforderlichen und optionalen Daten, wobei ein Nullwert nicht definierte Daten bedeutet. Wir verwenden für die Darstellung unsere lokale String-Variable *SizeValue*, und weisen das Ergebnis aus Byte 0 entsprechend zu.

```
  {SPD-Details}
  StringValue := IntToHex(Data[62], 2);
  if Data[0] = 0 then
    SizeValue := 'unbekannt' else
    SizeValue := IntToStr(Data[0]) + ' Bytes';
  SPDData.Add('SPD-EEPROM-Details=' +
    'Revision ' + StringValue[1] + '.' + StringValue[2] +
    ', Größe ' + SizeValue);
end;
```

11.4.7.3 DDR3-Speicher

Nach der Interpretation von DDR2-Speicher fahren wir mit der nächsten Speichergeneration DDR3 fort, die 2007 auf den Markt kam. In Bezug auf das SPD-EEPROM wurden einige Sachen beibehalten, und andere optimiert (wie etwa die Implementierung des Speichermodulherstellers). Es wurden zusätzliche Konzepte wie Intels XMP-Spezifikation (eXtreme Memory Profile) eingeführt, um Leistungserweiterungen für Enthusiasten zu den traditionellen JEDEC SPD-Spezifikationen für DDR3-SDRAM zu ermöglichen.

Die Basis für unsere Interpretation ist die entsprechende JEDEC-Spezifikation für DDR3, die unter der Bezeichnung *Annex K – Serial Presence Detect (SPD) for DDR3 SDRAM Modules* hier [7] herunterladbar ist.

Wir implementieren die Interpretation in unserer Prozedur *GetSPD_DDR3SDRAM*, die vergleichbar zu DDR2-Speicher das generische Byte-Feld mit dem SPD-Datenblock erwartet (*Data*), und die Ergebnisse über eine Stringliste *(SPDData)* zurückliefert. Wir definieren wieder verschiedene lokale Variablen etwa für Strings, Größen und Zähler und weisen direkt in der ersten Zeile der Prozedur den Speichertyp DDR3 als Ergebnis zu:

```
procedure TSMBus.GetSPD_DDR3SDRAM(Data : TArray<Byte>;
  var SPDData : TStrings); {Typ 11}
var
  StringValue,
  StringValue2,
  SizeValue,
  UsedValue : String;
  Counter : Word;
  SizeTemp : UInt64;
  LWordValue : Cardinal;
```

```
begin
  SPDData.Add('Speichertyp=DDR3 SDRAM');
```

Über Byte 3 wird der SDRAM-Speichermodultyp identifiziert, was gleichzeitig die Breite des Moduls impliziert. Die Definition des Bytes sowie einige Abkürzungen sind in Tab. 11.30 beschrieben.

Wir verwenden daher eine Case-Abfrage und da wir nur die ersten 4 Bits ansprechen, kombinieren wir Byte 3 mit einer logischen 15:

```
case Data[3] and 15 of
  1  : StringValue := 'Registered DIMM, 133,35 mm';
  2  : StringValue := 'Unbuffered DIMM, 133,35 mm';
```

Tab. 11.30 Modultyp in Byte 3

Reserved Bits 7–4	Module Type Bits 3–0
-	0000 = Undefined 0001 = RDIMM (width = 133,35 mm nom) 0010 = UDIMM (width = 133,35 mm nom) 0011 = SO-DIMM (width = 67,6 mm nom) 0100 = Micro-DIMM (width = TBD mm nom) 0101 = Mini-RDIMM (width = 82,0 mm nom) 0110 = Mini-UDIMM (width = 82,0 mm nom) 0111 = Mini-CDIMM (width = 67,6 mm nom) 1000 = 72b-SO-UDIMM (width = 67,6 mm nom) 1001 = 72b-SO-RDIMM (width = 67,6 mm nom) 1010 = 72b-SO-CDIMM (width = 67,6 mm nom) 1011 = LRDIMM (width = 133,35 mm nom) 1100 = 16b-SO-DIMM (width = 67,6 mm nom) 1101 = 32b-SO-DIMM (width = 67,6 mm nom) All others reserved

Definitions:
RDIMM: Registered Dual In-Line Memory Module
LRDIMM: Load Reduced Dual In-Line Memory Module
UDIMM: Unbuffered Dual In-Line Memory Module
SO-DIMM: Unbuffered 64-bit Small Outline Dual In-Line Memory Module
Micro-DIMM: Micro Dual In-Line Memory Module
Mini-RDIMM: Mini Registered Dual In-Line Memory Module
Mini-UDIMM: Mini Unbuffered Dual In-Line Memory Module
Mini-CDIMM: Clocked 72-bit Mini Dual In-Line Memory Module
72b-SO-UDIMM: Unbuffered 72-bit Small Outline Dual In-Line Memory Module
72b-SO-RDIMM: Registered 72-bit Small Outline Dual In-Line Memory Module
72b-SO-CDIMM: Clocked 72-bit Small Outline Dual In-Line Memory Module
16b-SO-DIMM: Unbuffered 16-bit Small Outline Dual In-Line Memory Module
32b-SO-DIMM: Unbuffered 32-bit Small Outline Dual In-Line Memory Module

```
    3  : StringValue := 'Unbuffered 64 Bit Small Outline DIMM, 67,6 mm';
    4  : StringValue := 'Micro DIMM, unbekannte Größe';
    5  : StringValue := 'Mini Registered DIMM, 82,0 mm';
    6  : StringValue := 'Mini Unbuffered DIMM, 82,0 mm';
    7  : StringValue := 'Clocked 72 Bit Mini DIMM, 67,6 mm';
    8  : StringValue := 'Unbuffered 72 Bit Small Outline DIMM, 67,6 mm';
    9  : StringValue := 'Registered 72 Bit Small Outline DIMM, 67,6 mm';
    10 : StringValue := 'Clocked 72 Bit Small Outline DIMM, 67,6 mm';
    11 : StringValue := 'Load Reduction DIMM, 133,35 mm';
    12 : StringValue := 'Unbuffered 16 Bit Small Outline DIMM, 67,6 mm';
    13 : StringValue := 'Unbuffered 32 Bit Small Outline DIMM, 67,6 mm';
    else StringValue := 'unbekannt';
  end;
  SPDData.Add('Modultyp/-länge=' + StringValue);
```

Die Ermittlung des Modulherstellers wurde ab DDR3-Speicher etwas einfacher implementiert, da nur die beiden Bytes 117 und 118 verwendet werden. Grundsätzlich wird Bit 7 wieder für eine eventuelle Parität verwendet und wir arbeiten daher immer mit den Bits 6–0.

In Byte 117 wird die Anzahl der Fortsetzungskennungen eingetragen, also die Nummer derjenigen Hersteller-Bank, die wir verwenden müssen. Über unsere Hilfsklasse *TJEDEC_Vendors* aus der Unit JEDECVendors.pas verwenden wir dafür die Funktionen *GetJEDECBank1* bis *GetJEDECBank15*. In Byte 118 befindet sich letztendlich die Herstellerkennung, die jeweils über einen Byte-Wert von 0 bis 126 repräsentiert wird (127 bzw. 7Fh wurde bewusst nicht verwendet, da dieser Wert als Fortsetzungskennung deklariert ist).

Wir implementieren daher eine Case-Abfrage mit den Bits 6–0 von Byte 117, und ermitteln je nach Ergebnis die dazugehörige Herstellerkennung über die Bank-Funktion. Den Bank-Funktionen übergeben wir Byte 118, und innerhalb der Funktionen wird dieses Byte auch wieder um Bit 7 gekürzt, sodass tatsächlich nur die Bits 6–0 abgefragt werden:

```
  {Hersteller}
  case Data[117] and $7F of
    00 : StringValue := GetJEDECBank1 (Data[118]);
    01 : StringValue := GetJEDECBank2 (Data[118]);
    02 : StringValue := GetJEDECBank3 (Data[118]);
    03 : StringValue := GetJEDECBank4 (Data[118]);
    04 : StringValue := GetJEDECBank5 (Data[118]);
    05 : StringValue := GetJEDECBank6 (Data[118]);
    06 : StringValue := GetJEDECBank7 (Data[118]);
    07 : StringValue := GetJEDECBank8 (Data[118]);
    08 : StringValue := GetJEDECBank9 (Data[118]);
    09 : StringValue := GetJEDECBank10(Data[118]);
```

```
    10 : StringValue := GetJEDECBank11(Data[118]);
    11 : StringValue := GetJEDECBank12(Data[118]);
    12 : StringValue := GetJEDECBank13(Data[118]);
    13 : StringValue := GetJEDECBank14(Data[118]);
    14 : StringValue := GetJEDECBank15(Data[118]);
    else StringValue := 'unbekannt';
  end;
  SPDData.Add('Hersteller=' + StringValue);
```

Die Modellbezeichnung wird in den Bytes 128 bis 145 im ASCII-Format gespeichert und unbenutzte Stellen mit dem Leerzeichen 32 dezimal (20h hexadezimal) aufgefüllt. Wir benutzen also auch hier wieder eine For-Schleife und weisen mit der Char-Funktion jedes Byte unserer String-Variable *StringValue* zu. Per Trim-Befehl schneiden wir überflüssige Leerstellen ab und prüfen abschließend, ob überhaupt ein Modell ermittelt wurde:

```
{Modell}
StringValue := '';
for Counter := 128 to 145 do
  StringValue := StringValue + Char(Data[Counter]);
StringValue := Trim(StringValue);
if StringValue = '' then
  StringValue := 'unbekanntes Modell';
SPDData.Add('Modell=' + StringValue);
```

Für die Größe des Speichermoduls kommt unsere separate Funktion *GetMemSize_DDR3SDRAM* zum Einsatz, mit der dieser Themenblock separat implementiert und in Abschn. 11.4.6.2 besprochen wird. Nach der Ermittlung und Zuweisung zur 64 Bit-Größenvariable erfolgt die anschließende Visualisierung durch die Texthilfsfunktion *GetCapacity*. Da unsere Größenermittlung einen Megabyte-Wert zurückliefert, *GetCapacity* jedoch einen Byte-Wert erwartet, multiplizieren wir das Ergebnis zweimal mit 1024:

```
{Größe}
SizeTemp := GetMemSize_DDR3SDRAM(Data);
SPDData.Add('Größe=' + GetCapacity(SizeTemp * 1024 * 1024));
```

Die Seriennummer wird in den Bytes 122–125 gespeichert und genau wie bei DDR2-Speicher berücksichtigen wir unterschiedliche Interpretationsmöglichkeiten. Einerseits kommt die Darstellung eines unveränderten Dezimalwertes zum Einsatz, andererseits ein Hexadezimalwert mit vertauschten Bytes. Mehr Details zu diesen Darstellungsvarianten befinden sich im vorherigen Abschn. 11.4.7.2 zur Interpretation von DDR2-Speicher:

```
{Seriennummer}
Move(Data[122], LWordValue, SizeOf(LWordValue));
if LWordValue <> 0 then
  SPDData.Add('Seriennummer=' + IntToHex(Swap32(LWordValue), 8) +
              ' (' + IntToStr(LWordValue) + ')')
else
  SPDData.Add('Seriennummer=nicht vorhanden');
```

Im Bereich für Zusatzfunktionen ermitteln wir, ob das Speichermodul registriert ist, oder über Fehlerkorrekturmechanismen (ECC) verfügt. Hierfür kommt Byte 3 zum Einsatz, das wir bereits für die Ermittlung des Modultyps weiter oben besprochen haben. Wie man dort der Definitionsliste entnehmen kann, handelt es sich bei RDIMM und Mini-RDIMM um registrierte Module, sodass wir die Werte entsprechend abfragen können.

Hintergrundinformation
Registrierter Speicher bezeichnet eine Sorte von Speichermodulen, die eine Erhöhung der Datenintegrität als Ziel hat, und dies durch zusätzliche Register und dadurch einhergehende verringerte Last für den Speicherkontroller realisiert. Außerdem lassen sich dadurch mehr Speicherbausteine anschließen. Diese Technik kommt insbesondere bei Servern und Workstations zum Einsatz.

Über Byte 8 und den Bits 5–3 können wir abfragen, ob Buserweiterungsbits zum Einsatz kommen, die als ECC bezeichnet werden (Tab. 11.31).

Wir verwenden für unsere Implementierung die String-Variable *StringValue*, die je nach Zusatzfunktion um einen weiteren Eintrag erweitert wird:

```
{Zusatzfunktionen}
case Data[3] and 15 of
  1, 5 : StringValue := 'Registriert';
  else StringValue := '';
end;
if (Data[8] shr 3) and 3 = 1 then
```

Tab. 11.31 Ermittlung von ECC-Speicher über Byte 8

Reserved Bits 7–5	Bus width extension in bits Bits 4–3	Primary bus width in bits Bits 2–0
-	00 = 0 bits (no extension) 01 = 8 bits All others reserved	000 = 8 bits 001 = 16 bits 010 = 32 bits 011 = 64 bits All others reserved

```
begin
  if StringValue = '' then
    StringValue := 'ECC' else
    StringValue := StringValue + ', ECC';
end;
if StringValue = '' then
  StringValue := 'keine';
SPDData.Add('Zusatzfunktionen=' + StringValue);
```

Das Herstellungsdatum wird in den Bytes 120 und 121 gespeichert, wobei Byte 121 die Woche und Byte 120 das Kalenderjahr (ab 2000 beginnend) darstellen. Diese Werte sind hexadezimal zu interpretieren, und wir fragen zusätzlich Nullwerte ab, um einen entsprechenden Hinweistext ausgeben zu können:

```
{Herstellungsdatum}
if (Data[121] <> 0) and (Data[120] <> 0) then
  SPDData.Add('Herstellungsdatum=' +
              'Woche ' + IntToHex(Data[121], 2) +
              '/20' + IntToHex(Data[120], 2))
else
  SPDData.Add('Herstellungsdatum=nicht vorhanden');
```

Weiter geht es mit der Anzahl der Bänke, die wir über Byte 4 und die Bits 6–4 auslesen (Tab. 11.32).

Unsere Implementierung mit einer Case-Abfrage sieht dann so aus:

```
{Physikalische Bänke}
case ((Data[4] shr 4) and 7) of
  0 : StringValue := '8';
  1 : StringValue := '16';
```

Tab. 11.32 Anzahl der Bänke über Byte 4

Reserved Bit 7	Bank Address Bits Bits 6–4	Total SDRAM capacity in megabits Bits 3–0
-	000 = 3 (8 banks) 001 = 4 (16 banks) 010 = 5 (32 banks) 011 = 6 (64 banks) All others reserved	0000 = 256 Mb 0001 = 512 Mb 0010 = 1 Gb 0011 = 2 Gb 0100 = 4 Gb 0101 = 8 Gb 0110 = 16 Gb All others reserved

```
    2 : StringValue := '32';
    3 : StringValue := '64';
  end;
  SPDData.Add('Physikalische Bänke=' + StringValue);
```

Vergleichbar mit DDR2-Speicher ermitteln wir ebenfalls die SDRAM-Adressierung, die aus Zeilen x Spalten besteht und die Modul-Organisation beschreibt. Dafür kommt das Byte 5 zum Einsatz, wobei die Spalten in den Bits 5–3 sowie Zeilen in den Bits 2–0 gespeichert werden (Tab. 11.33).

Wir verwenden für die Implementierung die beiden String-Variablen *StringValue* und *StringValue2*, die wir für die Übertragung an die Ergebnis-Stringliste zusammensetzen:

```
{Zeilen x Spalten}
case ((Data[5] shr 3) and 7) of
  0  : StringValue := '12';
  1  : StringValue := '13';
  2  : StringValue := '14';
  3  : StringValue := '15';
  4  : StringValue := '16';
  else StringValue := 'unbekannt';
end;
case Data[5] and 7 of
  0  : StringValue2 := '9';
  1  : StringValue2 := '10';
  2  : StringValue2 := '11';
  3  : StringValue2 := '12';
  else StringValue2 := 'unbekannt';
end;
SPDData.Add('Zeilen x Spalten=' + StringValue + ' x ' +
  StringValue2);
```

Die unterstützten CAS-Latenzen werden bei DDR3-Speicher in den Bytes 14 und 15 gespeichert, wobei der Bereich von CL4 bis CL18 mit einem Bit pro möglicher CAS-Latenz abgebildet wird. Eine 1 in einer Bitposition bedeutet, dass die dazugehörige CL unterstützt wird – eine 0 bedeutet genau das Gegenteil. Da CL6 für alle

Tab. 11.33 SDRAM-Adressierung mit Zeilen und Spalten in Byte 5

Reserved Bit 7	Row Address Bits Bits 5–3	Column Address Bits Bits 2–0
-	000 = 12 001 = 13 010 = 14 011 = 15 100 = 16 All others reserved	000 = 9 001 = 10 010 = 11 011 = 12 All others reserved

DDR3-Geschwindigkeiten erforderlich ist, bleibt Bit 2 von Byte 14 immer gesetzt (Tab. 11.34 und 11.35).

Für unsere Implementierung kommt daher wieder die lokale String-Variable *StringValue* zum Einsatz, und mithilfe unserer Binärhilfsfunktion *IsBitOn* prüfen wir, ob die Bits der beiden Bytes 14 und 15 gesetzt sind und weisen das entsprechende Ergebnis zu. Da wir die Latenzwerte mit einem Komma und Leerzeichen voneinander trennen wollen, müssen wir diese beiden Zeichen am Variablenende vor der Ausgabe wieder entfernen:

```
{Unterstützte Latenzen}
StringValue := '';
if IsBitOn(Data[14], 0) then StringValue := StringValue+'CL4, ';
if IsBitOn(Data[14], 1) then StringValue := StringValue+'CL5, ';
if IsBitOn(Data[14], 2) then StringValue := StringValue+'CL6, ';
if IsBitOn(Data[14], 3) then StringValue := StringValue+'CL7, ';
if IsBitOn(Data[14], 4) then StringValue := StringValue+'CL8, ';
if IsBitOn(Data[14], 5) then StringValue := StringValue+'CL9, ';
if IsBitOn(Data[14], 6) then StringValue := StringValue+'CL10, ';
if IsBitOn(Data[14], 7) then StringValue := StringValue+'CL11, ';
if IsBitOn(Data[15], 0) then StringValue := StringValue+'CL12, ';
if IsBitOn(Data[15], 1) then StringValue := StringValue+'CL13, ';
if IsBitOn(Data[15], 2) then StringValue := StringValue+'CL14, ';
if IsBitOn(Data[15], 3) then StringValue := StringValue+'CL15, ';
if IsBitOn(Data[15], 4) then StringValue := StringValue+'CL16, ';
if IsBitOn(Data[15], 5) then StringValue := StringValue+'CL17, ';
if IsBitOn(Data[15], 6) then StringValue := StringValue+'CL18, ';
Delete(StringValue, Length(StringValue) - 1, 255);
```

Tab. 11.34 Unterstützte CAS-Latenzen auf dem niedrigen Byte 14

CAS-Latenz 11 Bit 7	CAS-Latenz 10 Bit 6	CAS-Latenz 9 Bit 5	CAS-Latenz 8 Bit 4	CAS-Latenz 7 Bit 3	CAS-Latenz 6 Bit 2	CAS-Latenz 5 Bit 1	CAS-Latenz 4 Bit 0
1/0	1/0	1/0	1/0	1/0	1/0	1/0	1/0

1 = unterstützt auf diesem Modul, 0 = nicht unterstützt

Tab. 11.35 Unterstützte CAS-Latenzen auf dem höheren Byte 15

Reserviert Bit 7	CAS-Latenz 18 Bit 6	CAS-Latenz 17 Bit 5	CAS-Latenz 16 Bit 4	CAS-Latenz 15 Bit 3	CAS-Latenz 14 Bit 2	CAS-Latenz 13 Bit 1	CAS-Latenz 12 Bit 0
-	1/0	1/0	1/0	1/0	1/0	1/0	1/0

1 = unterstützt auf diesem Modul, 0 = nicht unterstützt

Tab. 11.36 Gesamte und verwende Bytes des SPD-EEPROM-Datenbereiches in Byte 0

CRC Coverage Bit 7	SPD Bytes Total Bits 6–4	SPD Bytes Used Bits 3–0
0 = CRC covers bytes 0–125 1 = CRC covers bytes 0–116	000 = Undefined 001 = 256 All others reserved	0000 = Undefined 0001 = 128 0010 = 176 0011 = 256 All others reserved

```
  if StringValue = '' then
    StringValue := 'unbekannt';
  SPDData.Add('Unterstützte Latenzen=' + StringValue);
```

Der Abschluss der Interpretation von DDR3-Speichermodulen besteht aus einer Darstellung der SPD-Revision, die mit Vorkomma und Nachkomma in hexadezimaler Schreibweise in Byte 1 enthalten ist. Weiterhin definiert Byte 0 die Gesamtzahl der Bytes, die der Modulhersteller für die SPD-Daten und etwaige (optionale) spezifische Lieferanteninformationen verwendet, sowie die tatsächlich im SPD-EEPROM verwenden Bytes. Nullwerte bedeuten, dass die Daten nicht definiert sind (Tab. 11.36).

Wir verwenden für die Revision unsere lokale String-Variable *StringValue,* und benutzen für die Größenangaben jeweils die String-Variablen *SizeValue* und *UsedValue.* Diese 3 Variablen werden final miteinander kombiniert und der Stringliste zugewiesen:

```
  {SPD-Details}
  StringValue := IntToHex(Data[1], 2);
  case ((Data[0] shr 4) and 7) of
    1 : SizeValue := '256 Bytes';
    else SizeValue := 'unbekannt';
  end;
  case Data[0] and 15 of
    1 : UsedValue := ', davon 128 Bytes benutzt';
    2 : UsedValue := ', davon 176 Bytes benutzt';
    3 : UsedValue := ', davon 256 Bytes benutzt';
    else UsedValue := '';
  end;
  SPDData.Add('SPD-EEPROM-Details=' +
    'Revision ' + StringValue[1] + '.' + StringValue[2] +
    ', Größe ' + SizeValue + UsedValue);
end;
```

Damit hätten wir die Interpretation von DDR3-Speichermodulen implementiert und eine exemplarische Darstellung ist in Abb. 11.7 enthalten.

Speichertyp	DDR3 SDRAM
Modultyp/-länge	Unbuffered 64 Bit Small Outline DIMM, 67,6 mm
Hersteller	Crucial Technology
Modell	CT51264BF160B.C16F
Größe	4 GB
Seriennummer	E1A16FE9 (3916407265)
Zusatzfunktionen	keine
Herstellungsdatum	Woche 39/2018
Physikalische Bänke	8
Zeilen x Spalten	15 x 10
Unterstützte Latenzen	CL5, CL6, CL7, CL8, CL9, CL10, CL11
SPD-EEPROM-Details	Revision 1.3, Größe 256 Bytes, davon 176 Bytes benutzt
Gerätedump	
Offset 00 - 0F	92 13 0B 03 03 19 02 09 03 11 01 08 0A 00 FE 00
Offset 10 - 1F	69 78 69 30 69 11 18 81 00 05 3C 3C 00 F0 83 05
Offset 20 - 2F	00 00 00 00 00 00 00 00 00 84 00 00 00 00 00 00
Offset 30 - 3F	00 00 00 00 00 00 00 00 00 00 00 00 0F 11 65 00
Offset 40 - 4F	00 00 00 00 00 00 00 00 00 00 00 00 00 00 00 00
Offset 50 - 5F	00 00 00 00 00 00 00 00 00 00 00 00 00 00 00 00
Offset 60 - 6F	00 00 00 00 00 00 00 00 00 00 00 00 00 00 00 00
Offset 70 - 7F	00 00 00 00 00 85 9B 00 18 39 E1 A1 6F E9 5A 2A
Offset 80 - 8F	43 54 35 31 32 36 34 42 46 31 36 30 42 2E 43 31
Offset 90 - 9F	36 46 4E 32 80 2C 00 00 00 00 00 00 00 00 00 00
Offset A0 - AF	00 00 00 00 00 00 00 00 00 00 00 00 00 00 00 00
Offset B0 - BF	FF FF FF FF FF FF FF FF FF FF FF FF FF FF FF FF
Offset C0 - CF	FF FF FF FF FF FF FF FF FF FF FF FF FF FF FF FF
Offset D0 - DF	FF FF FF FF FF FF FF FF FF FF FF FF FF FF FF FF
Offset E0 - EF	FF FF FF FF FF FF FF FF FF FF FF FF FF FF FF FF
Offset F0 - FF	FF FF FF FF FF FF FF FF FF FF FF FF FF FF FF FF

Abb. 11.7 Exemplarische Darstellung des SPD-EEPROMs von DDR3-Speichermodulen

11.4.7.4 DDR4-Speicher

Nach den Speichertechnologien DDR2 und DDR3 beschreiben wir in diesem Unterkapitel die Interpretation von DDR4-Speicher, der anders als vorherige Speichertechnologien über ein 512 Byte SPD-EEPROM verfügt und über Seiten ermittelt wird. Seite 0 bedeutet den Zugriff auf die Bytes 0–255 und Seite auf die Bytes 256–511. Über unsere Umschaltprozeduren *DDR4_SelectSPDPage0* und *DDR4_SelectSPDPage1* wird diese Vorgehensweise umgesetzt und in Abschn. 11.4.3 genauer beschrieben.

Wir gehen bei der Interpretation von einem vollständig eingelesenen SPD-EEPROM aus und unsere Prozedur *GetSPD_DDR4SDRAM* erwartet das generische Byte-Feld als Parameter, und schreibt die Ergebnisse in eine Stringliste. Die Basis für unseren Quellcode ist die entsprechende JEDEC-Spezifikation für DDR4, die unter der Bezeichnung *Annex L – Serial Presence Detect (SPD) for DDR4 SDRAM Modules* hier [8] herunterladbar ist.

Wir definieren genau wie bei DDR3-Speicher wieder verschiedene String-Variablen, sowie Größen- und Zählervariablen. In der ersten Prozedurzeile geben wir direkt den interpretierten Speichertyp aus, da wir an diese Stelle des Quellcodes nur dann gelangen, wenn auch tatsächlich DDR4-Speicher ausgewertet wird:

```
procedure TSMBus.GetSPD_DDR4SDRAM(Data : TArray<Byte>;
  var SPDData : TStrings); {Typ 12}
var
  StringValue,
  StringValue2,
  SizeValue,
  UsedValue : String;
  Counter : Word;
  SizeTemp : UInt64;
  LWordValue : Cardinal;
begin
  SPDData.Add('Speichertyp=DDR4 SDRAM');
```

Über Byte 3 wird der SDRAM-Speichermodultyp identifiziert, was gleichzeitig die Breite des Moduls impliziert. Die Definition des Bytes sieht folgendermaßen aus und es werden einige Abkürzungen beschrieben (Tab. 11.37).

Der *Base Module Type* in den Bits 3–0 enthält als ersten Eintrag mit einer 0 den Wert *Extended DIMM type,* und dafür wird Byte 15 genannt. Hier wurde wieder historisch bedingt eine Grenze mit darstellbaren Ergebnissen über 4 Bits erreicht, und zusätzlich ein weiteres Byte hinzugefügt. Byte 15 als *Extended Module Type* enthält jedoch noch keine gültigen Werte und dient nur für die Vorlage einer Erweiterung (Tab. 11.38).

Wir verwenden daher eine Case-Abfrage und da wir nur die ersten 4 Bits von Byte 3 ansprechen, kombinieren wir mit einer logischen 15:

```
case Data[3] and 15 of
  1  : StringValue:='Registered DIMM, 133,35 mm';
  2  : StringValue:='Unbuffered DIMM, 133,35 mm';
  3  : StringValue:='Unbuffered 64 Bit Small Outline DIMM, 67,6 mm';
  4  : StringValue:='Load Reduction DIMM, unbekannte Größe';
  5  : StringValue:='Mini Registered DIMM, 82,0 mm';
  6  : StringValue:='Mini Unbuffered DIMM, 82,0 mm';
  8  : StringValue:='Registered 72 Bit Small Outline DIMM, 67,6 mm';
  9  : StringValue:='Unbuffered 72 Bit Small Outline DIMM, 67,6 mm';
  10 : StringValue:='Clocked 72 Bit Small Outline DIMM, 67,6 mm';
  12 : StringValue:='Unbuffered 16 Bit Small Outline DIMM, 67,6 mm';
  13 : StringValue:='Unbuffered 32 Bit Small Outline DIMM, 67,6 mm';
  else StringValue:='unbekannt';
end;
SPDData.Add('Modultyp/-länge=' + StringValue);
```

Die Ermittlung des Modulherstellers erfolgt genau wie bei DDR3-Speicher, jedoch über die Bytes 320 und 321. In den Bits 6–0 von Byte 320 wird die zu verwendende Bank gespeichert und in den Bits 6–0 von Byte 321 der Hersteller mit seiner Kennung. Bit 7

Tab. 11.37 Modultyp in Byte 3

Hybrid Bit 7	Hybrid Media Bits 6–4	Base Module Type Bits 3–0
0 = Not hybrid (Module is DRAM only) 1 = Hybrid module (See bits 6–4 for hybrid type)	000 = Not hybrid 001 = NVDIMM-N, -F Hybrid 010 = NVDIMM-P Hybrid 011 = NVDIMM-H Hybrid All other codes reserved	0000 = Extended DIMM type, see byte 15 (0×00F) 0001 = RDIMM 0010 = UDIMM 0011 = SO-DIMM 0100 = LRDIMM 0101 = Mini-RDIMM 0110 = Mini-UDIMM 0111 = Reserved 1000 = 72b-SO-RDIMM 1001 = 72b-SO-UDIMM 1010 = Reserved 1011 – Reserved 1100 = 16b-SO-DIMM 1101 = 32b-SO-DIMM 1110 = Reserved 1111 = Reserved

Base Module Type Definitions:
RDIMM: Registered Dual In-Line Memory Module
UDIMM: Unbuffered Dual In-Line Memory Module
SO-DIMM: Unbuffered Small Outline Dual In-Line Memory Module, 64-bit data bus
LRDIMM: Load Reduced Dual In-Line Memory Module
Mini-RDIMM: Mini Registered Dual In-Line Memory Module
Mini-UDIMM: Mini Unbuffered Dual In-Line Memory Module
72b-SO-RDIMM: Small Outline Registered Dual In-Line Memory Module, 72-bit data bus
72b-SO-UDIMM: Small Outline Unbuffered Dual In-Line Memory Module, 72-bit data bus
16b-SO-DIMM: Small Outline Unbuffered Dual In-Line Memory Module, 16-bit data bus
32b-SO-DIMM: Small Outline Unbuffered Dual In-Line Memory Module, 32-bit data bus

Hybrid Memory Type Definitions:
NVDIMM: Non-Volatile Dual In-Line Memory Module, Hybrid module with a DRAM-style interface with one or more non-DRAM components for data storage
DRAM components for data storage

Tab. 11.38 Erweiterter Modultyp in Byte 15

Reserved Bits 7–4	Extended Base Module Type Bits 3–0
Reserved, must be coded as 0000	0000 = Reserved, must be codes as 0000 … 1111 = Reserved, must be codes as 0000

wird für unsere Zwecke wieder ignoriert, da die Parität für unsere Ermittlung nicht von Bedeutung ist:

```
{Hersteller}
case Data[320] and $7F of
  00 : StringValue := GetJEDECBank1 (Data[321]);
  01 : StringValue := GetJEDECBank2 (Data[321]);
  02 : StringValue := GetJEDECBank3 (Data[321]);
  03 : StringValue := GetJEDECBank4 (Data[321]);
  04 : StringValue := GetJEDECBank5 (Data[321]);
  05 : StringValue := GetJEDECBank6 (Data[321]);
  06 : StringValue := GetJEDECBank7 (Data[321]);
  07 : StringValue := GetJEDECBank8 (Data[321]);
  08 : StringValue := GetJEDECBank9 (Data[321]);
  09 : StringValue := GetJEDECBank10(Data[321]);
  10 : StringValue := GetJEDECBank11(Data[321]);
  11 : StringValue := GetJEDECBank12(Data[321]);
  12 : StringValue := GetJEDECBank13(Data[321]);
  13 : StringValue := GetJEDECBank14(Data[321]);
  14 : StringValue := GetJEDECBank15(Data[321]);
  else StringValue := 'unbekannt';
end;
SPDData.Add('Hersteller=' + StringValue);
```

Die Modellbezeichnung wird in den Bytes 329 bis 348 im ASCII-Format gespeichert und unbenutzte Stellen mit dem Leerzeichen 32 dezimal (20h hexadezimal) aufgefüllt. Wir benutzen also auch hier wieder eine For-Schleife und weisen mit der Char-Funktion jedes Byte unserer String-Variable *StringValue* zu. Per Trim-Befehl schneiden wir überflüssige Leerstellen ab und prüfen abschließend, ob überhaupt ein Modell ermittelt wurde:

```
{Modell}
StringValue := '';
for Counter := 329 to 348 do
  StringValue := StringValue + Char(Data[Counter]);
StringValue := Trim(StringValue);
if StringValue = '' then
  StringValue := 'unbekanntes Modell';
SPDData.Add('Modell=' + StringValue);
```

Für die Größe des Speichermoduls kommt unsere separate Funktion *GetMemSize_DDR4SDRAM* zum Einsatz, mit der dieser Themenblock separat implementiert und in

Abschn. 11.4.6.3 besprochen wird. Nach der Ermittlung und Zuweisung zur 64 Bit-Größenvariable erfolgt die anschließende Visualisierung durch die Texthilfsfunktion *GetCapacity*. Da unsere Größenermittlung einen Megabyte-Wert zurückliefert, *GetCapacity* jedoch einen Byte-Wert erwartet, multiplizieren wir das Ergebnis zweimal mit 1024:

```
{Größe}
SizeTemp := GetMemSize_DDR4SDRAM(Data);
SPDData.Add('Größe=' + GetCapacity(SizeTemp * 1024 * 1024));
```

Die Seriennummer wird in den Bytes 325–328 gespeichert und genau wie bei DDR2- und DDR3-Speicher berücksichtigen wir unterschiedliche Interpretationsmöglichkeiten. Einerseits kommt die Darstellung eines unveränderten Dezimalwertes zum Einsatz, andererseits ein Hexadezimalwert mit vertauschten Bytes. Mehr Details zu diesen Darstellungsvarianten befinden sich in Abschn. 11.4.7.2 zur Interpretation von DDR2-Speicher:

```
{Seriennummer}
Move(Data[325], LWordValue, SizeOf(LWordValue));
if LWordValue <> 0 then
  SPDData.Add('Seriennummer=' + IntToHex(Swap32(LWordValue), 8) +
              ' (' + IntToStr(LWordValue) + ')')
else
  SPDData.Add('Seriennummer=nicht vorhanden');
```

Im Bereich für Zusatzfunktionen ermitteln wir, ob das Speichermodul registriert ist, oder über Fehlerkorrekturmechanismen (ECC) verfügt. Hierfür kommt Byte 3 zum Einsatz, das wir bereits für die Ermittlung des Modultyps weiter oben besprochen haben. Wie man dort der Definitionsliste entnehmen kann, handelt es sich bei RDIMM, Mini-RDIMM und 72b-SO-RDIMM um registrierte Module, sodass wir die Werte entsprechend abfragen können.

Über Byte 13 und den Bits 4–3 können wir abfragen, ob Buserweiterungsbits zum Einsatz kommen, die als ECC bezeichnet werden (Tab. 11.39).

Tab. 11.39 Ermittlung von ECC-Speicher über Byte 13

Reserved Bits 7–5	Bus width extension in bits Bits 4–3	Primary bus width in bits Bits 2–0
–	00 = 0 bits (no extension) 01 = 8 bits All others reserved	000 = 8 bits 001 = 16 bits 010 = 32 bits 011 = 64 bits All others reserved

Wir verwenden für unsere Implementierung die String-Variable *StringValue,* die je nach Zusatzfunktion um einen weiteren Eintrag erweitert wird:

```
{Zusatzfunktionen}
StringValue := '';
case Data[3] and 15 of
  1, 5, 8 : StringValue := 'Registriert';
end;
if (Data[13] shr 3) and 3 = 1 then
begin
  if StringValue = '' then
    StringValue := 'ECC' else
    StringValue := StringValue + ', ECC';
end;
if StringValue = '' then
  StringValue := 'keine';
SPDData.Add('Zusatzfunktionen=' + StringValue);
```

Das Herstellungsdatum wird in den Bytes 323 und 324 gespeichert, wobei Byte 324 die Woche und Byte 323 das Kalenderjahr (ab 2000 beginnend) darstellen. Diese Werte sind hexadezimal zu interpretieren, und wir fragen zusätzlich Nullwerte ab, um einen entsprechenden Hinweistext ausgeben zu können:

```
{Herstellungsdatum}
if (Data[324] <> 0) and (Data[323] <> 0) then
  SPDData.Add('Herstellungsdatum=' +
              'Woche ' + IntToHex(Data[324], 2) +
              '/20' + IntToHex(Data[323], 2))
else
  SPDData.Add('Herstellungsdatum=nicht vorhanden');
```

Weiter geht es mit der Anzahl der physikalischen Bänke, die wir über Byte 4 und die Bits 5–4 auslesen (Tab. 11.40).

Unsere Implementierung mit einer Case-Abfrage sieht dann so aus:

```
{Physikalische Bänke}
case (Data[4] shr 4) and 3 of
  0 : StringValue := '4';
  1 : StringValue := '8';
end;
SPDData.Add('Physikalische Bänke=' + StringValue);
```

Vergleichbar mit DDR2- und DDR3-Speicher ermitteln wir ebenfalls die SDRAM-Adressierung, die aus Zeilen x Spalten besteht und die Modul-Organisation beschreibt.

Tab. 11.40 Anzahl der Bänke über Byte 4

Bank Group Bits Bits 7–6	Bank Address Bits Bits 5–4	Total SDRAM capacity per die in megabits Bits 3–0
00 = 0 (no bank groups) 01 = 1 (2 bank groups) 10 = 2 (4 bank groups) 11 = reserved	00 = 2 (4 banks) 01 = 3 (8 banks) All others reserved	0000 = 256 Mb 0001 = 512 Mb 0010 = 1 Gb 0011 = 2 Gb 0100 = 4 Gb 0101 = 8 Gb 0110 = 16 Gb 0111 = 32 Gb 1000 = 12 Gb 1001 = 24 Gb All others reserved

Dafür kommt das Byte 5 zum Einsatz, wobei die Spalten in den Bits 5–3 sowie Zeilen in den Bits 2–0 gespeichert werden (Tab. 11.41).

Wir verwenden für die Implementierung die beiden String-Variablen *StringValue* und *StringValue2,* die wir für die Übertragung an die Ergebnis-Stringliste zusammensetzen:

```
{Zeilen x Spalten}
case (Data[5] shr 3) and 7 of
  0  : StringValue := '12';
  1  : StringValue := '13';
  2  : StringValue := '14';
  3  : StringValue := '15';
  4  : StringValue := '16';
  5  : StringValue := '17';
  6  : StringValue := '18';
  else StringValue := 'unbekannt';
end;
```

Tab. 11.41 SDRAM-Adressierung mit Zeilen und Spalten in Byte 5

Reserved Bit 7	Row Address Bits Bits 5–3	Column Address Bits Bits 2–0
–	000 = 12 001 = 13 010 = 14 011 = 15 100 = 16 101 = 17 110 = 18 All others reserved	000 = 9 001 = 10 010 = 11 011 = 12 All others reserved

```
case Data[5] and 7 of
  0  : StringValue2 := '9';
  1  : StringValue2 := '10';
  2  : StringValue2 := '11';
  3  : StringValue2 := '12';
  else StringValue2 := 'unbekannt';
end;
SPDData.Add('Zeilen x Spalten=' + StringValue + ' x ' +
  StringValue2);
```

Die unterstützten CAS-Latenzen werden bei DDR4-Speicher in den Bytes 20 bis 23 gespeichert, und hier zeigt sich schon, dass die ursprünglich in einem Byte darstellbaren CAS-Latenzen mittlerweile in 4 Bytes abgebildet werden müssen. Eine 1 an einer Bitposition bedeutet, dass die dazugehörige CL unterstützt wird – eine 0 bedeutet genau das Gegenteil. Dem Byte 23 und insbesondere Bit 7 kommen hierbei eine besondere Bedeutung zu, denn dieses Bit steuert, ob in den Bytes 20–23 die CAS-Latenzen 7–36 (Bit 7 ist nicht gesetzt und damit 0) oder die CAS-Latenzen 23–52 (Bit 7 ist gesetzt und damit 1) abgebildet sind (Tab. 11.42 und 11.43).

Für unsere Implementierung kommt daher wieder die lokale String-Variable *StringValue* zum Einsatz, sowie zunächst die Ermittlung der Start-Latenz über Byte 23 und Bit 7:

```
{Unterstützte Latenzen}
StringValue := '';
if IsBitOn(Data[23], 7) then
  StartLatency := 23
else
  StartLatency := 7;
```

In 3 Blöcken mit jeweils 8 Bits ab null beginnend sowie einem vierten Block mit 6 Durchläufen iterieren wir durch die Bytes 20 bis 23. Mithilfe unserer Binärhilfsfunktion

Tab. 11.42 Unterstützte CAS-Latenzen im niedrigen Bereich (Bit 7 von Byte 23 = 0)

Byte 20	Bit 7	Bit 6	Bit 5	Bit 4	Bit 3	Bit 2	Bit 1	Bit 0
	CL14	CL13	CL12	CL11	CL10	CL9	CL8	CL7
Byte 21	Bit 7	Bit 6	Bit 5	Bit 4	Bit 3	Bit 2	Bit 1	Bit 0
	CL22	CL21	CL20	CL19	CL18	CL17	CL16	CL15
Byte 22	Bit 7	Bit 6	Bit 5	Bit 4	Bit 3	Bit 2	Bit 1	Bit 0
	CL30	CL29	CL28	CL27	CL26	CL25	CL24	CL23
Byte 23	Bit 7	Bit 6	Bit 5	Bit 4	Bit 3	Bit 2	Bit 1	Bit 0
	0 = Low CL range	Reserved	CL36	CL35	CL34	CL33	CL32	CL31

1 = unterstützt auf diesem Modul, 0 = nicht unterstützt

Tab. 11.43 Unterstützte CAS-Latenzen im höheren Bereich (Bit 7 von Byte 23 = 1)

Byte 20	Bit 7	Bit 6	Bit 5	Bit 4	Bit 3	Bit 2	Bit 1	Bit 0
	CL30	CL29	CL28	CL27	CL26	CL25	CL24	CL23
Byte 21	Bit 7	Bit 6	Bit 5	Bit 4	Bit 3	Bit 2	Bit 1	Bit 0
	CL38	CL37	CL36	CL35	CL34	CL33	CL32	CL31
Byte 22	Bit 7	Bit 6	Bit 5	Bit 4	Bit 3	Bit 2	Bit 1	Bit 0
	CL46	CL45	CL44	CL43	CL42	CL41	CL40	CL39
Byte 23	Bit 7	Bit 6	Bit 5	Bit 4	Bit 3	Bit 2	Bit 1	Bit 0
	1 = High CL range	Reserved	CL52	CL51	CL50	CL49	CL48	CL47

1 = unterstützt auf diesem Modul, 0 = nicht unterstützt

IsBitOn prüfen wir, ob die Bits gesetzt sind und fügen die entsprechende CAS-Latenz an die Variable *StringValue* mit einem Komma und Leerzeichen an:

```
for Counter := 0 to 7 do
  if IsBitOn(Data[20], Counter) then
    StringValue := StringValue + 'CL' +
    IntToStr(StartLatency + Counter) + ', ';
```

Nach diesem ersten Block für Byte 20 inkrementieren wir die Variable *StartLatency* um 8, damit wir für die Ausgabe die korrekte Latenznummer berechnen können. Dann folgt der zweite Block für Byte 21, sowie in weiteren Schritten für die nächsten beiden Bytes 22 und 23:

```
Inc(StartLatency, 8);
for Counter := 0 to 7 do
  if IsBitOn(Data[21], Counter) then
    StringValue := StringValue + 'CL' +
    IntToStr(StartLatency + Counter) + ', ';

Inc(StartLatency, 8);
for Counter := 0 to 7 do
  if IsBitOn(Data[22], Counter) then
    StringValue := StringValue + 'CL' +
    IntToStr(StartLatency + Counter) + ', ';

Inc(StartLatency, 8);
for Counter := 0 to 5 do
  if IsBitOn(Data[23], Counter) then
    StringValue := StringValue + 'CL' +
    IntToStr(StartLatency + Counter) + ', ';
```

Der vierte und letzte Block für Byte 23 läuft nur 6 Mal durch bis inkl. Bit 5, da Bit 6 reserviert ist und Bit 7 steuert, ob der niedrige oder höhere Latenzblock zum Einsatz kommt.

Da wir die Latenzwerte mit einem Komma und Leerzeichen voneinander trennen, müssen wir diese beiden Zeichen am Stringende vor der Ausgabe wieder entfernen und können dann die Übertragung des Ergebnisses durchführen:

```
Delete(StringValue, Length(StringValue) - 1, 255);
if StringValue = '' then
  StringValue := 'unbekannt';
SPDData.Add('Unterstützte Latenzen=' + StringValue);
```

Der Abschluss der Interpretation von DDR4-Speichermodulen besteht aus einer Darstellung der SPD-Revision, die mit Vorkomma und Nachkomma in hexadezimaler Schreibweise in Byte 1 enthalten ist. Weiterhin definiert Byte 0 die Gesamtzahl der Bytes, die der Modulhersteller für die SPD-Daten und etwaige (optionale) spezifische Lieferanteninformationen verwendet, sowie die tatsächlich im SPD-EEPROM verwenden Bytes. Nullwerte bedeuten, dass die Daten nicht definiert sind (Tab. 11.44).

Wir verwenden für die Revision unsere lokale String-Variable *StringValue*, und benutzen für die Größenangaben jeweils die String-Variablen *SizeValue* und *UsedValue*. Diese 3 Variablen werden final miteinander kombiniert und der Stringliste zugewiesen:

```
{SPD-Details}
StringValue := IntToHex(Data[1], 2);
case ((Data[0] shr 4) and 7) of
  1 : SizeValue := '256 Bytes';
  2 : SizeValue := '512 Bytes';
  else SizeValue := 'unbekannt';
end;
case Data[0] and 15 of
  1  : UsedValue := ', davon 128 Bytes benutzt';
  2  : UsedValue := ', davon 256 Bytes benutzt';
```

Tab. 11.44 Gesamte und verwende Bytes des SPD-EEPROM-Datenbereiches in Byte 0

Reserved Bit 7	SPD Bytes Total Bits 6–4	SPD Bytes Used Bits 3–0
–	000 = Undefined 001 = 256 010 = 512 All others reserved	0000 = Undefined 0001 = 128 0010 = 256 0011 = 384 0100 = 512 All others reserved

```
    3  : UsedValue := ', davon 384 Bytes benutzt';
    4  : UsedValue := ', davon 512 Bytes benutzt';
    else UsedValue := '';
  end;
  SPDData.Add('SPD-EEPROM-Details=' +
    'Revision ' + StringValue[1] + '.' + StringValue[2] +
    ', Größe ' + SizeValue + UsedValue);
end;
```

Damit haben wir nun die Interpretation von DDR4-Speichermodulen implementiert und eine exemplarische Darstellung ist in Abb. 11.8 enthalten.

11.4.7.5 DDR5-Speicher

Nach den Speichertechnologien DDR2, DDR3 und DDR4 beschreiben wir in diesem Unterkapitel die Interpretation von DDR5-Speicher, der den aktuellen Stand zum Zeitpunkt des Schreibens dieser Zeilen darstellt. Bei DDR4 wurde ja bereits mit Seiten gearbeitet und für DDR5 wird das nochmals ausgeweitet, weil das SPD-EEPROM insgesamt 1024 Byte erreichen kann und über 8 Seiten mit jeweils 128 Byte angesprochen wird. Über unsere Umschaltprozedur *DDR5_SelectSPDPage* wird diese Vorgehensweise umgesetzt und in Abschn. 11.4.3 genauer beschrieben.

Wir gehen bei der Interpretation von einem vollständig eingelesenen SPD-EEPROM aus und unsere Prozedur *GetSPD_DDR5SDRAM* erwartet das generische Byte-Feld als Parameter, und schreibt die Ergebnisse in eine Stringliste. Die Basis für unseren Quellcode ist die entsprechende JEDEC-Spezifikation für DDR5, die unter der Bezeichnung *DDR5 Serial Presence Detect (SPD) Contents* [10] beziehbar ist.

Genau wie bei DDR4-Speicher definieren wir wieder verschiedene String-Variablen, sowie Größen- und Zählervariablen. In der ersten Prozedurzeile geben wir direkt den interpretierten Speichertyp aus, da wir an diese Stelle des Quellcodes nur dann gelangen, wenn auch tatsächlich DDR5-Speicher ausgewertet wird:

```
procedure TSMBus.GetSPD_DDR5SDRAM(Data : TArray<Byte>;
                                  var SPDData : TStrings); {Typ 18}
var
  StringValue,
  SizeValue : String;
  Counter : Word;
  SizeTemp : UInt64;
  LWordValue : Cardinal;
begin
  SPDData.Add('Speichertyp=DDR5 SDRAM');
```

Über Byte 3 wird der Basismodultyp identifiziert und gleichzeitig die Verfügbarkeit eines Hybrid-Moduls abgebildet. Einige Speichermodule haben möglicherweise keinen

Speichertyp	DDR4 SDRAM
Modultyp/-länge	Unbuffered 64 Bit Small Outline DIMM, 67,6 mm
Hersteller	Kingston
Modell	KHX2400C14S4/4G
Größe	4 GB
Seriennummer	4F0E1E88 (2283671119)
Zusatzfunktionen	keine
Herstellungsdatum	Woche 49/2018
Physikalische Bänke	4
Zeilen x Spalten	15 x 10
Unterstützte Latenzen	CL9, CL11, CL12, CL13, CL14, CL15, CL16
SPD-EEPROM-Details	Revision 1.1, Größe 512 Bytes, davon 384 Bytes benutzt

Gerätedump	
Offset 00 - 0F	23 11 0C 03 84 19 00 08 00 40 00 03 01 03 00 00
Offset 10 - 1F	00 00 07 0C F4 03 00 00 5E 5E 5E 10 E9 76 20 08
Offset 20 - 2F	00 05 70 03 00 AD 2F 2F 22 00 78 00 14 3C 00 00
Offset 30 - 3F	00 00 00 00 00 00 00 00 00 00 00 00 0C 2B 2D 04
Offset 40 - 4F	16 35 23 0D 00 00 2C 0B 03 24 35 0C 03 2D 00 00
Offset 50 - 5F	00 00 00 00 00 00 00 00 00 00 00 00 00 00 00 00
Offset 60 - 6F	00 00 00 00 00 00 00 00 00 00 00 00 00 00 00 00
Offset 70 - 7F	00 00 00 00 00 AB D4 D4 9A A8 A8 A8 00 D6 BF C8
Offset 80 - 8F	0F 11 20 00 00 00 00 00 00 00 00 00 00 00 00 00
Offset 90 - 9F	00 00 00 00 00 00 00 00 00 00 00 00 00 00 00 00
Offset A0 - AF	00 00 00 00 00 00 00 00 00 00 00 00 00 00 00 00
Offset B0 - BF	00 00 00 00 00 00 00 00 00 00 00 00 00 00 00 00
Offset C0 - CF	00 00 00 00 00 00 00 00 00 00 00 00 00 00 00 00
Offset D0 - DF	00 00 00 00 00 00 00 00 00 00 00 00 00 00 00 00
Offset E0 - EF	00 00 00 00 00 00 00 00 00 00 00 00 00 00 00 00
Offset F0 - FF	00 00 00 00 00 00 00 00 00 00 00 00 00 00 EF 55
Offset 100 - 10F	00 00 00 00 00 00 00 00 00 00 00 00 00 00 00 00
Offset 110 - 11F	00 00 00 00 00 00 00 00 00 00 00 00 00 00 00 00
Offset 120 - 12F	00 00 00 00 00 00 00 00 00 00 00 00 00 00 00 00
Offset 130 - 13F	00 00 00 00 00 00 00 00 00 00 00 00 00 00 00 00
Offset 140 - 14F	01 98 07 18 49 4F 0E 1E 88 4B 48 58 32 34 30 30
Offset 150 - 15F	43 31 34 53 34 2F 34 47 20 20 20 20 20 00 80 AD
Offset 160 - 16F	FF 00 00 00 00 00 00 00 00 00 00 00 00 00 00 88
Offset 170 - 17F	07 38 32 34 31 36 35 34 00 00 01 01 00 00 00 00
Offset 180 - 18F	0C 4A 05 20 00 00 00 00 00 94 00 00 07 FC 03 00
Offset 190 - 19F	00 5E 5E 5E 10 E9 76 20 08 00 05 70 03 00 A8 2F
Offset 1A0 - 1AF	2F 00 00 00 00 00 00 00 D4 D4 00 A8 A8 A8 D6
Offset 1B0 - 1BF	00 00 00 00 00 00 00 00 00 00 00 00 00 00 00 00
Offset 1C0 - 1CF	00 00 00 00 00 00 00 00 00 00 00 00 00 00 00 00
Offset 1D0 - 1DF	00 00 00 00 00 00 00 00 00 00 00 00 00 00 00 00
Offset 1E0 - 1EF	00 00 00 00 00 00 00 00 00 00 00 00 00 00 00 00
Offset 1F0 - 1FF	00 00 00 00 00 00 00 00 00 00 00 00 00 00 00 00

Abb. 11.8 Exemplarische Darstellung des SPD-EEPROMs von DDR4-Speichermodulen

Basisspeicher, sondern nur einen sekundären Speichertyp. Als Beispiel dient hier etwa ein reines Flash-Speichermodul. Diese Module werden für die Zwecke der Interpretation als „Hybrid" eingestuft. Wenn Basisspeicher-Parameter für diese Klasse von Hybridmodulen gelten, werden diese mit den Bytes im Basisabschnitt dokumentiert. Die Definition von Byte 3 wird in Tab. 11.45 dargestellt.

Tab. 11.45 Modultyp in Byte 3

Hybrid Bit 7	Hybrid Media Bits 6–4	Base Module Type Bits 3–0
0 = Not hybrid (Module is DRAM only) 1 = Hybrid module (See bits 6–4 for hybrid type)	000 = Not hybrid 001 = NVDIMM-N Hybrid 010 = NVDIMM-P Hybrid All other codes reserved	0000 = Reserved 0001 = RDIMM 0010 = UDIMM 0011 = SODIMM 0100 = LRDIMM 0101 = Reserved 0110 = Reserved 0111 = MRDIMM 1000 = Reserved 1001 = Reserved 1010 = DDIMM 1011 = Solder down 1100 = Reserved 1101 = Reserved 1110 = Reserved 1111 = Reserved

Base Module Type Definitions:
Solder down: Direct attachment to memory controller
RDIMM: Registered Dual In-Line Memory Module
UDIMM: Unbuffered Dual In-Line Memory Module
SODIMM: Unbuffered Small Outline Dual In-Line Memory Module
LRDIMM: Load Reduced Dual In-Line Memory Module
MRDIMM: Multiplexed Rank Dual In-Line Memory Module
DDIMM: Differential Dual In-Line Memory Module

Hybrid Memory Type Definitions:
NVDIMM-N: Non-Volatile Dual In-Line Memory Module, Hybrid module with a DDR5 SDRAM interface with one or more non-DRAM components for data storage
NVDIMM-P: Non-Volatile Dual In-Line Memory Module, Hybrid module with a DDR5 NVDIMM-P interface with one or more non-DRAM components for data storage

Wir verwenden daher eine Case-Abfrage und da wir nur die ersten 4 Bits ansprechen, kombinieren wir Byte 3 mit einer logischen 15:

```
case Data[3] and 15 of
  1  : StringValue := 'Registered DIMM (RDIMM)';
  2  : StringValue := 'Unregistered DIMM (UDIMM)';
  3  : StringValue := 'Unbuffered Small Outline DIMM (SODIMM)';
  4  : StringValue := 'Load Reduced DIMM (LRDIMM)';
  7  : StringValue := 'Multiplexed Rank DIMM (MRDIMM)';
  10 : StringValue := 'Differential DIMM (DDIMM)';
  11 : StringValue := 'Solder down (direkte Anbindung an
                      Speicher-Kontroller)';
```

```
  else StringValue := 'unbekannt';
end;
SPDData.Add('Modultyp=' + StringValue);
```

Über Bit 7 des selben Bytes prüfen wir, ob es sich um ein Hybrid-Modul handelt und falls ja, ermitteln wir zusätzlich über die Bits 6–4 den Hybrid-Typ. Auf diese Bits greifen wir zu, indem wir Byte 3 um 4 Positionen binär nach rechts verschieben und mit einer logischen 7 kombinieren:

```
if IsBitOn(Data[3], 7) then
begin
  SPDData.Add('Hybrid-Modul=ja');

  case (Data[3] shr 4) and 7 of
    0  : StringValue := 'kein Hybrid';
    1  : StringValue := 'NVDIMM-N Hybrid';
    2  : StringValue := 'NVDIMM-P Hybrid';
    else StringValue := 'unbekannt';
  end;
  SPDData.Add('Hybrid-Typ=' + StringValue);
end
else
  SPDData.Add('Hybrid-Modul=nein');
```

Bei der Ermittlung von Herstellern unterscheidet die DDR5-Spezifikation zwischen dem Hersteller des gesamten Speichermoduls und dem Hersteller des DRAM auf dem Modul. Während erstere Angabe über die Bytes 512 und 513 ermittelt werden, enthalten die Bytes 552 und 553 dann den DRAM-Hersteller auf dem Modul.

Die Art und Weise der Ermittlung ist identisch zu DDR3 und DDR4 – sprich in den Bits 6–0 des ersten Bytes wird die zu verwendende Hersteller-Bank gespeichert und in den Bits 6–0 des zweiten Bytes der eigentliche Hersteller mit seiner Kennung. Bit 7 kommt bei beiden Bytes für eine mögliche Parität zum Einsatz und ist für unsere Zwecke nicht relevant. Daher fragen wir immer die Bits 6–0 durch ein logisches Verknüpfen mit 127 (7Fh) ab, und in den Bankfunktionen aus unserer Hilfsklasse *TJEDEC_Vendors* wird ebenfalls der Byte-Wert um Bit 7 gekürzt:

```
{Modulhersteller}
case Data[512] and $7F of
  00 : StringValue := GetJEDECBank1 (Data[513]);
  01 : StringValue := GetJEDECBank2 (Data[513]);
  02 : StringValue := GetJEDECBank3 (Data[513]);
  03 : StringValue := GetJEDECBank4 (Data[513]);
  04 : StringValue := GetJEDECBank5 (Data[513]);
  05 : StringValue := GetJEDECBank6 (Data[513]);
```

```
    06 : StringValue := GetJEDECBank7  (Data[513]);
    07 : StringValue := GetJEDECBank8  (Data[513]);
    08 : StringValue := GetJEDECBank9  (Data[513]);
    09 : StringValue := GetJEDECBank10(Data[513]);
    10 : StringValue := GetJEDECBank11(Data[513]);
    11 : StringValue := GetJEDECBank12(Data[513]);
    12 : StringValue := GetJEDECBank13(Data[513]);
    13 : StringValue := GetJEDECBank14(Data[513]);
    14 : StringValue := GetJEDECBank15(Data[513]);
    else StringValue := 'unbekannt';
  end;
  SPDData.Add('Modulhersteller=' + StringValue);

  {DRAM-Hersteller}
  case Data[552] and $7F of
    00 : StringValue := GetJEDECBank1  (Data[553]);
    01 : StringValue := GetJEDECBank2  (Data[553]);
    02 : StringValue := GetJEDECBank3  (Data[553]);
    03 : StringValue := GetJEDECBank4  (Data[553]);
    04 : StringValue := GetJEDECBank5  (Data[553]);
    05 : StringValue := GetJEDECBank6  (Data[553]);
    06 : StringValue := GetJEDECBank7  (Data[553]);
    07 : StringValue := GetJEDECBank8  (Data[553]);
    08 : StringValue := GetJEDECBank9  (Data[553]);
    09 : StringValue := GetJEDECBank10(Data[553]);
    10 : StringValue := GetJEDECBank11(Data[553]);
    11 : StringValue := GetJEDECBank12(Data[553]);
    12 : StringValue := GetJEDECBank13(Data[553]);
    13 : StringValue := GetJEDECBank14(Data[553]);
    14 : StringValue := GetJEDECBank15(Data[553]);
    else StringValue := 'unbekannt';
  end;
  SPDData.Add('DRAM-Hersteller=' + StringValue);
```

Die Modellbezeichnung wird in den Bytes 521 bis 550 im ASCII-Format gespeichert und unbenutzte Stellen mit dem Leerzeichen 32 dezimal (20h hexadezimal) aufgefüllt. Wir benutzen also auch hier wieder eine For-Schleife und weisen mit der Char-Funktion jedes Byte unserer String-Variable *StringValue* zu. Per Trim-Befehl schneiden wir überflüssige Leerstellen ab und prüfen abschließend, ob überhaupt ein Modell ermittelt wurde:

```
  {Modell}
  StringValue := '';
  for Counter := 521 to 550 do
    StringValue := StringValue + Char(Data[Counter]);
  StringValue := Trim(StringValue);
```

```
if StringValue = '' then
  StringValue := 'unbekanntes Modell';
SPDData.Add('Modell=' + StringValue);
```

Für die Größe des Speichermoduls kommt unsere separate Funktion *GetMemSize_DDR5SDRAM* zum Einsatz, mit der dieser Themenblock separat implementiert und in Abschn. 11.4.6.4 besprochen wird. Nach der Ermittlung und Zuweisung zur 64 Bit-Größenvariable erfolgt die anschließende Visualisierung durch die Texthilfsfunktion *GetCapacity*.

Hintergrundinformation
Unsere Funktion *GetCapacity* erwartet einen Byte-Wert und ermittelt dessen Potenz, um eine Darstellung der korrekten Maßeinheit zu gewährleisten. Anders als bei den Speicherstandards DDR3 und DDR4 liefert die Größenberechnung für DDR5 ein Byte zurück, das als Gigabyte zu interpretieren ist. Wir möchten das an einem nachfolgendem Beispiel aufschlüsseln und nehmen als Beispielergebnis eine 8 an, die über *GetMemSize_DDR5SDRAM* zurückgeliefert wird.

Wir müssen also von der zurückgelieferten 8 als Gigabyte-Wert den Byte-Wert berechnen:

- multipliziert mit 1024 erhalten wir 8.192 und befinden uns auf der Megabyte-Ebene
- multipliziert mit 1024 erhalten wir 8.388.608 und befinden uns auf der Kilobyte-Ebene
- multipliziert mit 1024 erhalten wir 8.589.934.592 und befinden uns auf der Byte-Ebene

Die zurückgelieferte 8 muss also drei mal mit 1024 multipliziert werden.

Die Implementierung sieht dann folgendermaßen aus:

```
{Größe}
SizeTemp := GetMemSize_DDR5SDRAM(Data);
SPDData.Add('Größe=' + GetCapacity(SizeTemp * 1024 * 1024 * 1024));
```

Die Seriennummer wird in den Bytes 517–520 gespeichert und genau wie bei den vorherigen besprochenen Speichertypen berücksichtigen wir unterschiedliche Interpretationsmöglichkeiten. Einerseits kommt die Darstellung eines unveränderten Dezimalwertes zum Einsatz, andererseits ein Hexadezimalwert mit vertauschten Bytes. Mehr Details zu diesen Darstellungsvarianten befinden sich in Abschn. 11.4.7.2 zur Interpretation von DDR2-Speicher:

```
{Seriennummer}
Move(Data[517], LWordValue, SizeOf(LWordValue));
if LWordValue <> 0 then
  SPDData.Add('Seriennummer=' + IntToHex(Swap32(LWordValue), 8) +
              ' (' + IntToStr(LWordValue) + ')')
else
  SPDData.Add('Seriennummer=nicht vorhanden');
```

Im Bereich für Zusatzfunktionen ermitteln wir, ob das Speichermodul registriert ist, oder über Fehlerkorrekturmechanismen (ECC) verfügt. Hierfür kommt Byte 3 zum Einsatz, das wir bereits für die Ermittlung des Modultyps weiter oben besprochen haben. Wie man dort der Definitionsliste entnehmen kann, handelt es sich bei RDIMM um registrierte Module, sodass wir die Werte entsprechend abfragen können.

Über Byte 235 und den Bits 4–3 können wir abfragen, ob Buserweiterungsbits zum Einsatz kommen, die als ECC bezeichnet werden (Tab. 11.46).

Wir verwenden für unsere Implementierung die String-Variable *StringValue*, die je nach Zusatzfunktion um einen weiteren Eintrag erweitert wird:

```
{Zusatzfunktionen}
StringValue := '';
if Data[3] and 15 = 1 then
   StringValue := 'Registriert';
if (Data[235] shr 3) and 3 > 0 then
begin
  if StringValue = '' then
    StringValue := 'ECC' else
    StringValue := StringValue + ', ECC';
end;
if StringValue = '' then
  StringValue := 'keine';
SPDData.Add('Zusatzfunktionen=' + StringValue);
```

Das Herstellungsdatum wird in den Bytes 515 und 516 gespeichert, wobei Byte 516 die Woche und Byte 515 das Kalenderjahr (ab 2000 beginnend) darstellt. Diese Werte sind hexadezimal zu interpretieren, und wir fragen zusätzlich Nullwerte ab, um einen entsprechenden Hinweistext ausgeben zu können:

```
{Herstellungsdatum}
if (Data[516] <> 0) and (Data[515] <> 0) then
```

Tab. 11.46 Ermittlung von ECC-Speicher über Byte 235

Reserved Bit 7	Number of Sub-Channels per DIMM Bits 6–5	Bus width extension per Sub-Channel Bits 4–3	Primary bus width per Sub-Channel Bits 2–0
–	00 = 1 channel 01 = 2 channels All others reserved	00 = 0 bits (no extension) 01 = 4 bits 10 = 8 bits All others reserved	000 = 8 bits 001 = 16 bits 010 = 32 bits 011 = 64 bits All others reserved

```
    SPDData.Add('Herstellungsdatum=' +
                'Woche ' + IntToHex(Data[516], 2) +
                '/20' + IntToHex(Data[515], 2))
  else
    SPDData.Add('Herstellungsdatum=nicht vorhanden');
```

Wir fahren mit einer DDR5-spezifischen Eigenschaft fort, die als Rank Mix oder auch Rangmischung bezeichet wird. Innerhalb der Größenberechnung in Abschn. 11.4.6.4 haben wir bereits beschrieben, dass DDR5-Speichermodule über symmetrische und asymmetrische Ränge verfügen können. Bei symmetrischen Rängen sind diese kapazitätsbezogen identisch, und bei asymmetrischen Rängen unterschiedlich groß. Die Rangmischung ist daher nicht nur in der Größenberechnung sehr bedeutend, sondern wird hier in die Detailausgabe mit einbezogen. Über Bit 6 des Bytes 234 lässt sich diese Information ermitteln, wobei ein gesetztes Bit die asymmetrische Mischung und ein nicht gesetztes Bit die symmetrische Mischung definiert.

Weiterhin liefern die Bits 5–3 des selben Bytes die Anzahl der Ränge zurück, und hier sind Werte von 1 bis 8 Rängen möglich (Tab. 11.47).

Für die Darstellung der Anzahl der Ränge über die Bits 5–3 verschieben wir den Inhalt von Byte 234 um 3 Stellen nach rechts und führen dann ein logisches Und mit dem Wert 7 durch – das dadurch ermittelte Ergebnis wird nochmals um 1 inkrementiert, da die Anzahl der Ränge bei 1 anstatt 0 beginnt:

```
  {Rang-Mischung}
  if IsBitOn(Data[234], 6) then
    SPDData.Add('Rang-Mischung=asymmetrisch')
  else
    SPDData.Add('Rang-Mischung=symmetrisch');  {Anzahl der Ränge}
```

Tab. 11.47 DDR5-Modultyp anhand der symmetrischen oder asymmetrischen Rangmischung in Byte 234

Reserved Bit 7	Rank Mix Bit 6	Number of Package Ranks per Sub-Channel Bits 5–3	Reserved Bits 2–0
–	0 = Symmetrical 1 = Asymmetrical	000 = 1 Package Rank 001 = 2 Package Ranks 010 = 3 Package Ranks 011 = 4 Package Ranks 100 = 5 Package Ranks 101 = 6 Package Ranks 110 = 7 Package Ranks 111 = 8 Package Ranks	–

```
SPDData.Add('Anzahl der Ränge=' +
            IntToStr(((Data[234] shr 3) and 7) + 1));
```

Weiter geht es mit Details zur Modul-Organisation, die wir aus Byte 235 (siehe hierzu Tab. 11.46) gewinnen. Zu diesen Details gehören die Kanäle pro DIMM und Breite des primären Busses:

```
{Kanäle pro DIMM}
case (Data[235] shr 5) and 3 of
  0  : StringValue := '1 Kanal';
  1  : StringValue := '2 Kanäle';
  else StringValue := 'unbekannt';
end;
SPDData.Add('Kanäle pro DIMM=' + StringValue);

{Breite des primären Busses}
case Data[235] and 7 of
  0  : StringValue := '8 Bit';
  1  : StringValue := '16 Bit';
  2  : StringValue := '32 Bit';
  3  : StringValue := '64 Bit';
  else StringValue := 'unbekannt';
end;
SPDData.Add('Breite des primären Busses=' + StringValue);
```

Mit Byte 6 erhalten wir Details zur SDRAM I/O-Breite in Bits, die in den Bits 7–5 gespeichert sind (Tab. 11.48).

Die dazugehörige Implementierung lässt sich relativ einfach bewerkstelligen:

```
{SDRAM I/O-Breite}
case (Data[6] shr 5) and 7 of
  0  : StringValue := '4 Bit';
  1  : StringValue := '8 Bit';
```

Tab. 11.48 SDRAM I/O-Breite in Byte 6

SDRAM I/O Width Bits 7–5	Reserved Bits 4–0
000 = × 4 001 = × 8 010 = × 16 011 = × 32	–

```
    2  : StringValue := '16 Bit';
    3  : StringValue := '32 Bit';
    else StringValue := 'unbekannt';
  end;
  SPDData.Add('SDRAM I/O-Breite=' + StringValue);
```

Weiter geht es mit der Anzahl der Dies pro Paket und SDRAM-Dichte pro Die, die wir über Byte 4 auslesen (Tab. 11.49).

Unsere Implementierung mit zwei Case-Abfragen sieht dann so aus:

```
  {Dies pro Paket}
  case (Data[4] shr 5) and 7 of
    0  : StringValue := '1 Die';
    1  : StringValue := '2 Dies';
    2  : StringValue := '2 Dies';
    3  : StringValue := '4 Dies';
    4  : StringValue := '8 Dies';
    5  : StringValue := '16 Dies';
    else StringValue := 'unbekannt';
  end;
  SPDData.Add('Dies pro Paket=' + StringValue);

  {SDRAM-Dichte pro Die}
  case Data[4] and 31 of
    1  : StringValue := '4 GBit';
    2  : StringValue := '8 GBit';
    3  : StringValue := '12 GBit';
```

Tab. 11.49 Dies pro Paket und SDRAM-Dichte pro Die über Byte 4

Die Per Package Bits 7–5	SDRAM Density per Die Bits 4–0
000 = 1 die; Monolithic SDRAM	00000 = No memory; not defined
001 = 2 die; Dual-die package (DDP)	00001 = 4 Gbits
010 = 2 die; 2 H 3DS	00010 = 8 Gbits
011 = 4 die; 4 H 3DS	00011 = 12 Gbits
100 = 8 die; 8 H 3DS	00100 = 16 Gbits
101 = 16 die; 16 H 3DS	00101 = 24 Gbits
All others reserved	00110 = 32 Gbits
	00111 = 48 Gbits
	01000 = 64 Gbits
	All others reserved

```
    4  : StringValue := '16 GBit';
    5  : StringValue := '24 GBit';
    6  : StringValue := '32 GBit';
    7  : StringValue := '48 GBit';
    8  : StringValue := '64 GBit';
    else StringValue := 'unbekannt';
  end;
  SPDData.Add('SDRAM-Dichte pro Die=' + StringValue);
```

Der Abschluss der Interpretation von DDR5-Speichermodulen besteht aus einer Darstellung der SPD-Revision, die mit Vorkomma und Nachkomma in hexadezimaler Schreibweise in Byte 1 enthalten ist. Weiterhin definiert Byte 0 die Gesamtzahl der Bytes, die der Modulhersteller für die SPD-Daten und etwaige (optionale) spezifische Lieferanteninformationen verwendet. Nullwerte bedeuten, dass die Daten nicht definiert sind (Tab. 11.50).

Hintergrundinformation

Das 5 Bit-Feld *Beta Level* (Bit 7 und Bits 3–0) ist die inkrementelle Freigabestufe der Dokumentation, um Änderungen zwischen wichtigen externen Veröffentlichungen der SPD-Inhaltsspezifikation nachzuverfolgen, die in der Regel einmal pro Jahr erfolgen. Dieser Wert wird bei jeder externen Veröffentlichung auf 00000 zurückgesetzt und ist zwischen den Veröffentlichungen nur für JEDEC-Mitglieder sichtbar. Die Beta-Stufe gilt für alle Abschnitte des Spezifikation-Dokuments, einschließlich der Anhänge für DRAM und Module.

Aufgrund der internen Verwendung dieser Dokumenten-Revision und der damit verbundenen Zielgruppe für JEDEC-Mitglieder stufen wir den Beta Level als niedrig-priorisiert für Standard-Benutzer ein, und ermitteln ihn daher nicht.

Für die Revision verwenden wir unsere lokale String-Variable *StringValue*, und benutzen für die Größenangabe die zusätzliche String-Variable *SizeValue*. Auf die Bits 6–4 greifen wir zu, indem wir den Byte-Inhalt um 4 Positionen nach rechts verschieben und ein logisches Und mit 7 durchführen. Beide String-Variablen werden final miteinander kombiniert und der Stringliste zugewiesen:

Tab. 11.50 Gesamte Bytes des SPD-EEPROM-Datenbereiches in Byte 0

Beta Level 4 Bit 7	SPD Bytes Total Bits 6–4	Beta Level 3–0 Bits 3–0
See bits 3–0	000 = Undefined 001 = 256 010 = 512 011 = 1024 (e.g. SPD5118) 100 = 2048 (e.g. ESPD5216) All others reserved	Bits 7, 3–0 = Beta Level Values 0 to 31

```
  {SPD-Details}
  StringValue := IntToHex(Data[1], 2);
  case ((Data[0] shr 4) and 7) of
    1  : SizeValue := '256 Bytes';
    2  : SizeValue := '512 Bytes';
    3  : SizeValue := '1024 Bytes';
    4  : SizeValue := '2024 Bytes';
    else SizeValue := 'unbekannt';
  end;
  SPDData.Add('SPD-EEPROM-Details=' +
    'Revision ' + StringValue[1] + '.' + StringValue[2] +
    ', Größe ' + SizeValue);
end;
```

Damit haben wir nun die Interpretation von DDR5-Speichermodulen implementiert und eine exemplarische Darstellung ist in Abb. 11.9 und Abb. 11.10 enthalten.

11.4.7.6 Interpretation grundlegender Moduldetails

Wir wollen zusätzlich zur Interpretation mit den technologiespezifischen Interpretationsprozeduren eine Möglichkeit schaffen, dass wir für eine kompakte Darstellung nur die wichtigsten Moduldetails ermitteln. Hierfür haben wir bereits in Abschn. 11.4 den Record *TModuleInfo* vorgestellt, der die wichtigsten Identifizierungsmerkmale wie etwa Hersteller, Modell, Größe sowie Angaben zum Typ und der Seriennummer

Speichertyp	DDR5 SDRAM
Modultyp	Unregistered DIMM (UDIMM)
Hybrid-Modul	nein
Modulhersteller	G Skill
DRAM-Hersteller	Samsung
Modell	F5-5600U3636C16G
Größe	16 GB
Seriennummer	nicht vorhanden
Herstellungsdatum	nicht vorhanden
Rang-Mischung	symmetrisch
Anzahl der Ränge	1
Kanäle pro DIMM	2 Kanäle
Breite des primären Busses	32 Bit
SDRAM I/O-Breite	8 Bit
Dies pro Paket	1 Die
SDRAM-Dichte pro Die	16 GBit
SPD-EEPROM-Details	Revision 1.0, Größe 1024 Bytes

Abb. 11.9 Exemplarische Darstellung des SPD-EEPROMs von DDR5-Speichermodulen

Gerätedump	
Offset 00 - 0F	30 10 12 02 04 00 20 62 00 00 00 00 30 00 00 00
Offset 10 - 1F	00 00 00 00 A0 01 F2 03 72 0D 00 00 00 00 1A 41
Offset 20 - 2F	1A 41 1A 41 00 7D 1A BE 30 75 27 01 A0 00 82 00
Offset 30 - 3F	00 00 00 00 00 00 00 00 00 00 00 00 00 00 00 00
Offset 40 - 4F	00 00 00 00 00 00 88 13 08 88 13 08 20 4E 20 10
Offset 50 - 5F	27 10 15 34 20 10 27 10 C4 09 04 4C 1D 0C 00 00
Offset 60 - 6F	00 00 00 00 00 00 00 00 00 00 00 00 00 00 00 00
Offset 70 - 7F	00 00 00 00 00 00 00 00 00 00 00 00 00 00 00 00
Offset 80 - 8F	00 00 00 00 00 00 00 00 00 00 00 00 00 00 00 00
Offset 90 - 9F	00 00 00 00 00 00 00 00 00 00 00 00 00 00 00 00
Offset A0 - AF	00 00 00 00 00 00 00 00 00 00 00 00 00 00 00 00
Offset B0 - BF	00 00 00 00 00 00 00 00 00 00 00 00 00 00 00 00
Offset C0 - CF	10 00 86 32 80 15 8B 10 82 34 00 00 00 00 00 00
Offset D0 - DF	00 00 00 00 00 00 00 00 00 00 00 00 00 00 00 00
Offset E0 - EF	00 00 00 00 00 00 11 01 00 81 00 22 00 00 00 00
Offset F0 - FF	00 00 00 00 00 00 00 00 00 00 00 00 00 00 00 00
Offset 100 - 10F	00 00 00 00 00 00 00 00 00 00 00 00 00 00 00 00
Offset 110 - 11F	00 00 00 00 00 00 00 00 00 00 00 00 00 00 00 00
Offset 120 - 12F	00 00 00 00 00 00 00 00 00 00 00 00 00 00 00 00
Offset 130 - 13F	00 00 00 00 00 00 00 00 00 00 00 00 00 00 00 00
Offset 140 - 14F	00 00 00 00 00 00 00 00 00 00 00 00 00 00 00 00
Offset 150 - 15F	00 00 00 00 00 00 00 00 00 00 00 00 00 00 00 00
Offset 160 - 16F	00 00 00 00 00 00 00 00 00 00 00 00 00 00 00 00
Offset 170 - 17F	00 00 00 00 00 00 00 00 00 00 00 00 00 00 00 00
Offset 180 - 18F	00 00 00 00 00 00 00 00 00 00 00 00 00 00 00 00
Offset 190 - 19F	00 00 00 00 00 00 00 00 00 00 00 00 00 00 00 00
Offset 1A0 - 1AF	00 00 00 00 00 00 00 00 00 00 00 00 00 00 00 00
Offset 1B0 - 1BF	00 00 00 00 00 00 00 00 00 00 00 00 00 00 00 00
Offset 1C0 - 1CF	00 00 00 00 00 00 00 00 00 00 00 00 00 00 00 00
Offset 1D0 - 1DF	00 00 00 00 00 00 00 00 00 00 00 00 00 00 00 00
Offset 1E0 - 1EF	00 00 00 00 00 00 00 00 00 00 00 00 00 00 00 00
Offset 1F0 - 1FF	00 00 00 00 00 00 00 00 00 00 00 00 00 00 EB 36
Offset 200 - 20F	84 CD 00 00 00 00 00 00 00 46 35 2D 35 36 30 30
Offset 210 - 21F	55 33 36 33 36 43 31 36 47 00 00 00 00 00 00 00
Offset 220 - 22F	00 00 00 00 00 00 00 00 80 CE 00 00 00 00 00 00
Offset 230 - 23F	00 00 00 00 00 00 00 00 00 00 00 00 00 00 00 00
Offset 240 - 24F	00 00 00 00 00 00 00 00 00 00 00 00 00 00 00 00
Offset 250 - 25F	00 00 00 00 00 00 00 00 00 00 00 00 00 00 00 00
Offset 260 - 26F	00 00 00 00 00 00 00 00 00 00 00 00 00 00 00 00
Offset 270 - 27F	00 00 00 00 00 00 00 00 00 00 00 00 00 00 00 00
Offset 280 - 28F	0C 4A 30 01 00 8B 10 01 03 00 00 00 00 00 4C 76
Offset 290 - 29F	31 2D 35 36 30 30 43 33 36 20 20 20 20 20 00 00
Offset 2A0 - 2AF	00 00 00 00 00 00 00 00 00 00 00 00 00 00 00 00
Offset 2B0 - 2BF	00 00 35 36 00 00 00 00 00 00 00 00 00 00 EE 6B
Offset 2C0 - 2CF	30 24 24 00 22 65 01 72 AD 00 00 00 00 34 32 34
Offset 2D0 - 2DF	32 34 32 FC 69 30 9C 24 75 27 01 A0 00 82 00 00
Offset 2E0 - 2EF	00 00 00 00 00 00 00 00 00 00 00 00 00 00 00 00
Offset 2F0 - 2FF	00 00 00 00 00 00 00 00 00 00 00 00 00 00 A8 D6
Offset 300 - 30F	00 00 00 00 00 00 00 00 00 00 00 00 00 00 00 00
Offset 310 - 31F	00 00 00 00 00 00 00 00 00 00 00 00 00 00 00 00
Offset 320 - 32F	00 00 00 00 00 00 00 00 00 00 00 00 00 00 00 00
Offset 330 - 33F	00 00 00 00 00 00 00 00 00 00 00 00 00 00 00 00
Offset 340 - 34F	00 00 00 00 00 00 00 00 00 00 00 00 00 00 00 00
Offset 350 - 35F	00 00 00 00 00 00 00 00 00 00 00 00 00 00 00 00
Offset 360 - 36F	00 00 00 00 00 00 00 00 00 00 00 00 00 00 00 00
Offset 370 - 37F	00 00 00 00 00 00 00 00 00 00 00 00 00 00 00 00
Offset 380 - 38F	00 00 00 00 00 00 00 00 00 00 00 00 00 00 00 00
Offset 390 - 39F	00 00 00 00 00 00 00 00 00 00 00 00 00 00 00 00
Offset 3A0 - 3AF	00 00 00 00 00 00 00 00 00 00 00 00 00 00 00 00
Offset 3B0 - 3BF	00 00 00 00 00 00 00 00 00 00 00 00 00 00 00 00
Offset 3C0 - 3CF	00 00 00 00 00 00 00 00 00 00 00 00 00 00 00 00
Offset 3D0 - 3DF	00 00 00 00 00 00 00 00 00 00 00 00 00 00 00 00
Offset 3E0 - 3EF	00 00 00 00 00 00 00 00 00 00 00 00 00 00 00 00
Offset 3F0 - 3FF	00 00 00 00 00 00 00 00 00 00 00 00 00 00 00 00

Abb. 11.10 Exemplarische Darstellung eines Gerätedumps für ein DDR5-Speichermodul

eines Speichermoduls repräsentiert. In einem zusätzlichen Byte-Feld mit dem Namen *SPDData* ist dann der Dump des SPD-EEPROM-Bereiches für die genauere weitere Interpretation enthalten, den sich unsere Interpretationsprozeduren aus diesem Kapitel zunutze machen.

Wir implementieren daher die Funktion *GetMemoryModuleDetails*, die einen Parameter vom Typ *TModuleInfo* entgegennimmt und diesen auch wieder als Ergebnis zurückliefert. Das kommt daher, dass die enthaltenen Felder des Übergabeparameters (hier als *Module* bezeichnet) leer sind – mit Ausnahme des generischen Byte-Feldes *SPDData*. Dieses wird innerhalb von *GetMemoryModuleDetails* interpretiert, und die Ergebnisse in die Felder des TModuleInfo-Ergebnisses übertragen:

```
function TSMBus.GetMemoryModuleDetails(Module : TModuleInfo) :
                                        TModuleInfo;
```

Zur Variablensektion gehören Zählvariablen sowie Hilfsvariablen für Strings und LongWords. Innerhalb der ersten Zeilen der Funktion werden die *TModuleInfo*-Felder des Funktionsergebnisses geleert und das Byte-Feld für die Rohdaten vom Übergabeparameter in das Ergebnis übertragen:

```
var
  ManufacturerCnt : Byte;
  Counter : Word;
  StringValue : String;
  LWordValue : LongWord;
begin
  {Zuerst die SPD-Rohdaten ins Ergebnis übertragen}
  with Result do
  begin
    Manufacturer := '';
    Model := '';
    Size := 0;
    TypeDetail := '';
    SerialNumber := '';
    SPDData := Module.SPDData;
  end;
```

Danach geht es vergleichbar mit den Interpretationsfunktionen für DDR2, DDR3, DDR4 und DDR5 an die Ermittlung der 5 Kerndetails:

- Herstellerbezeichnung (String-Variable *Manufacturer*)
- Modellzeichnung (String-Variable *Model*)
- Größe (Word-Variable *Size*)

- Speichertechnologie (String-Variable *TypeDetail*) und
- Seriennummer (String-Variable *SerialNumber*).

Es gibt verschiedene Wege, diese Funktionalität umzusetzen und wir haben uns für einen Ansatz entschieden, der in einzelnen Themengruppen die Speichertechnologie auswertet und die Ergebnisse ermittelt. Die Themengruppen sind Speichertyp / Größe / Seriennummer, Hersteller und Modell. Wir beginnen daher mit einer Case-Abfrage für die erste Gruppe Speichertyp / Größe / Seriennummer, indem das Byte 2 für den Speichertyp abgefragt wird:

```
{Speichertyp / Größe / Seriennummer}
case Result.SPDData[2] of
0 : Result.TypeDetail:=''; {unbekannt}
1 : ; {FPM DRAM}
2 : ; {EDO DRAM}
3 : ; {Pipelined Nibble}
4 : ; {SDR SDRAM}
5 : ; {Multiplexed ROM}
6 : ; {DDR SGRAM}
7 : ; {DDR SDRAM}
```

Wir beschreiben hier ausschließlich Speichertypen, die wir über die einzelnen Kapitel tatsächlich auch interpretieren – also alles ab dem DDR2-Standard und damit ab Nummer 8. Sobald letzterer Typ gefunden wurde, beginnen wir mit der Ermittlung von Parität und ECC, weisen dem Speichertyp den Text für DDR2-SDRAM zu, ermitteln die Größe mit der Größenfunktion *GetMemSize_DDR2SDRAM* und ermitteln die Seriennummer. Die einzelnen Felder und Bits haben wir in Abschn. 11.4.7.2 bereits ausgiebig besprochen:

```
  8  : begin
         StringValue := '';
         if IsBitOn(Result.SPDData[11], 0) then
           StringValue := ' Parität';
         if IsBitOn(Result.SPDData[11], 1) then
           StringValue := StringValue + ' ECC';
         Result.TypeDetail := 'DDR2 SDRAM' + StringValue;

         Result.Size := GetMemSize_DDR2SDRAM(Result.SPDData);

         Move(Result.SPDData[95], LWordValue, SizeOf(LWordValue));
         if LWordValue <> 0 then
           Result.SerialNumber := IntToHex(Swap32(LWordValue), 8) +
                                  ' (' + IntToStr(LWordValue) + ')';
       end;
```

Nach dem gleichen Schema fahren wir mit dem nächsten Typ für Fully Buffered DIMM-Speichertechnologie für DDR2-Speichermodule fort, die wir zwar nicht vollständig ausgewertet, aber bereits in der Kapazitätsberechnung in Abschn. 11.4.6.1 zum Einsatz kommt.

Die dazugehörigen Byte-Typen lauten 9 sowie 10 und sobald diese gefunden wurden, beginnen wir mit der Ermittlung von registrierten Speichermodulen und ECC, weisen dem Speichertyp den Text für DDR2 SDRAM FB-DIMM zu, ermitteln die Größe mit der Größenfunktion *GetMemSize_DDR2SDRAMFBDIMM* und ermitteln die Seriennummer:

```
9,
10 : begin
       case Result.SPDData[6] and 15 of
         1, 5 : StringValue := 'Registriert ';
         else StringValue := '';
       end;

       Result.TypeDetail := StringValue + 'DDR2 SDRAM FB-DIMM';
       if (Result.SPDData[81] shr 1) and 1 = 1 then
         Result.TypeDetail := Result.TypeDetail + ' ECC';

       Result.Size := GetMemSize_DDR2SDRAMFBDIMM(Result.SPDData);

       Move(Result.SPDData[122], LWordValue, SizeOf(LWordValue));
       if LWordValue <> 0 then
         Result.SerialNumber := IntToHex(Swap32(LWordValue), 8) +
                                ' (' + IntToStr(LWordValue) + ')';
     end;
```

Genauso geht es dann weiter mit DDR3-Speicher und der Typnummer 11 (siehe auch Abschn. 11.4.7.3) und DDR4-Speicher mit der Typnummer 12 (siehe Abschn. 11.4.7.4):

```
11 : begin
       case Result.SPDData[3] and 15 of
         1, 5 : StringValue := 'Registriert ';
         else StringValue := '';
       end;

       Result.TypeDetail := StringValue + 'DDR3 SDRAM';
       if (Result.SPDData[8] shr 3) and 3 = 1 then
         Result.TypeDetail := Result.TypeDetail + ' ECC';

       Result.Size := GetMemSize_DDR3SDRAM(Result.SPDData);
```

```
          Move(Result.SPDData[122], LWordValue, SizeOf(LWordValue));
          if LWordValue <> 0 then
            Result.SerialNumber := IntToHex(Swap32(LWordValue), 8) +
                                   ' (' + IntToStr(LWordValue) + ')';
        end;
    12 : begin
          case Result.SPDData[3] and 15 of
            1, 5, 8 : StringValue := 'Registriert ';
            else StringValue := '';
          end;

          Result.TypeDetail := StringValue + 'DDR4 SDRAM';
          if (Result.SPDData[13] shr 3) and 3 = 1 then
           Result.TypeDetail := Result.TypeDetail + ' ECC';

          Result.Size := GetMemSize_DDR4SDRAM(Result.SPDData);

          Move(Result.SPDData[325], LWordValue, SizeOf(LWordValue));
          if LWordValue <> 0 then
            Result.SerialNumber := IntToHex(Swap32(LWordValue), 8) +
                                   ' (' + IntToStr(LWordValue) + ')';
        end;
```

Den Speichertyp 17 für Rambus wollen wir an dieser Stelle nicht genauer beschreiben, da Module dieses Typs inzwischen kaum noch im Einsatz sind und eher als Nischenmodule bezeichnet werden können.

```
    17 :; {Rambus}
```

Als finaler Speichertyp wird DDR5-Speicher behandelt, dem die Typnummer 18 zugrunde liegt. Auch hier ermitteln wir wieder die ECC-Fähigkeit, weisen dem Speichertyp den Text für DDR5 SDRAM zu, ermitteln die Größe mit der Größenfunktion *GetMemSize_DDR5* und ermitteln die Seriennummer:

```
    18 : begin
          Result.TypeDetail := 'DDR5 SDRAM';
          if (Result.SPDData[235] shr 3) and 3 in [1, 2] then
            Result.TypeDetail := Result.TypeDetail + ' ECC';

          Result.Size := GetMemSize_DDR5SDRAM(Result.SPDData);

          if High(Result.SPDData) >= 520 then
          begin
            Move(Result.SPDData[517], LWordValue,
```

```
                  SizeOf(LWordValue));
            if LWordValue <> 0 then
              Result.SerialNumber :=
                IntToHex(Swap32(LWordValue), 8) + (' +
                IntToStr(LWordValue) + ')';
          end;
        end;
end;
```

Nach der Themengruppe für Speichertyp / Größe / Seriennummer folgt der Hersteller. Hier haben wir bereits die Mechanismen der JEDEC-Herstellerkennungen beschrieben und dass ab DDR3-Speicher eine Vereinfachung stattfand (diese wurde übrigens bereits mit DDR2 FB DIMMs eingeführt, aber eben nicht für das klassische DDR2-Modul).

Wir folgen daher dem bisherigen Ermittlungsschema für die Hersteller, die sich in einer Übersicht kompakt visualisieren lassen (Tab. 11.51).

Zum Einsatz kommt hier wieder unsere Hilfsklasse *TJEDEC_Vendors* aus der Delphi-Unit JEDECVendors.pas, und die bis zu 15-fach implementierten GetJEDECBank-Funktionen für die Bänke 1 bis 15:

```
{Hersteller}
case Result.SPDData[2] of
  9,   {DDR2 SDRAM FB-DIMM}
  10,  {DDR2 SDRAM FB-DIMM}
  11 : {DDR3 SDRAM}
       case Result.SPDData[117] and $7F of
          00 : Result.Manufacturer := GetJEDECBank1
                                       (Result.SPDData[118]);
         ...
         14 : Result.Manufacturer := GetJEDECBank15
                                      (Result.SPDData[118]);
       end;
  12 : {DDR4 SDRAM}
```

Tab. 11.51 Speichertypen und anzusprechende SPD-EEPROM-Bytes für JEDEC-Herstellerkennung

Speichertyp	Bytes für JEDEC-Herstellerkennung
9 und 10 – DDR2 SDRAM FB-DIMM	117 (Bank) und 118 (Herstellerkennung)
11 – DDR3 SDRAM	117 (Bank) und 118 (Herstellerkennung)
12 – DDR4 SDRAM	320 (Bank) und 321 (Herstellerkennung)
18 – DDR5 SDRAM	512 (Bank) und 513 (Herstellerkennung)
Alle anderen Speichertypen	71–64 (Fortsetzungskennung 7Fh für die nächste Bank oder die tatsächliche Herstellerkennung)

```
      case Result.SPDData[320] and $7F of
        00 : Result.Manufacturer := GetJEDECBank1
                                    (Result.SPDData[321]);
        ...
        14 : Result.Manufacturer := GetJEDECBank15
                                    (Result.SPDData[321]);
      end;
  18 : begin {DDR5 SDRAM}
         if High(Result.SPDData) >= 512 then
        case Result.SPDData[512] and $7F of
          00 : Result.Manufacturer := GetJEDECBank1
                                      (Result.SPDData[513]);
          ...
          14 : Result.Manufacturer := GetJEDECBank15
                                      (Result.SPDData[513]);
        end;
      end;
  else
    for ManufacturerCnt := 71 downto 64 do
    begin
      if Result.SPDData[ManufacturerCnt] <> $7F then
      begin
        case ManufacturerCnt of
          64 : Result.Manufacturer := GetJEDECBank1
                                      (Result.SPDData
                                      [ManufacturerCnt]);
          65 : Result.Manufacturer := GetJEDECBank2
                                      (Result.SPDData
                                      [ManufacturerCnt]);
          66 : Result.Manufacturer := GetJEDECBank3
                                      (Result.SPDData
                                      [ManufacturerCnt]);
          67 : Result.Manufacturer := GetJEDECBank4
                                      (Result.SPDData
                                      [ManufacturerCnt]);
          68 : Result.Manufacturer := GetJEDECBank5
                                      (Result.SPDData
                                      [ManufacturerCnt]);
          69 : Result.Manufacturer := GetJEDECBank6
                                      (Result.SPDData
                                      [ManufacturerCnt]);
          70 : Result.Manufacturer := GetJEDECBank7
                                      (Result.SPDData
                                      [ManufacturerCnt]);
          71 : Result.Manufacturer := GetJEDECBank8
                                      (Result.SPDData
                                      [ManufacturerCnt]);
```

```
          end;
          Break;
        end;
      end;
  end;
```

Nach der Themengruppe für Hersteller folgt die letzte Themengruppe für das Modell. Auch hier kommen wieder unterschiedliche Bytes zum Einsatz und wir fügen die einzelen ASCII-Zeichen an die String-Variable *StringValue* an, von der wir danach die Leerzeichen am Anfang und Ende kürzen.

Auch hier folgen wir dem bisherigen Ermittlungsschema für die Modellbezeichnung anhand festgelegter Speichertypen und Bytes (Tab. 11.52).

Daraus ergibt sich eine relativ übersichtliche Code-Sektion:

```
{Modell}
StringValue := '';
case Result.SPDData[2] of
  9, 10, 11 : begin {DDR2 SDRAM FB-DIMM, DDR3 SDRAM}
                for Counter := 128 to 145 do
                  StringValue := StringValue +
                                 Char(Result.SPDData[Counter]);
              end;
  12        : begin {DDR4 SDRAM}
                for Counter := 329 to 348 do
                  StringValue := StringValue +
                                 Char(Result.SPDData[Counter]);
              end;
  18        : begin {DDR5 SDRAM}
                if High(Result.SPDData) >= 550 then
                for Counter := 521 to 550 do
                  StringValue := StringValue +
                                 Char(Result.SPDData[Counter]);
              end;
  else
    for Counter := 73 to 90 do
      StringValue := StringValue + Char(Result.SPDData[Counter]);
```

Tab. 11.52 Speichertypen und anzusprechende SPD-EEPROM-Bytes für die Modellbezeichnung

Speichertyp	Bytes für Modellbezeichnung
9 und 10 – DDR2 SDRAM FB-DIMM	128–145
11 – DDR3 SDRAM	128–145
12 – DDR4 SDRAM	329–348
18 – DDR5 SDRAM	512–550
Alle anderen Speichertypen	73–90

```
  end;
  StringValue := Trim(StringValue);
  if StringValue = '' then
    StringValue := 'unbekanntes Modell';
  Result.Model := StringValue;
end;
```

An dieser Stelle haben wir nun die Interpretation der wichtigsten Speichertechnologien fertiggestellt, sodass wir final noch die Hilfsfunktionen und veröffentlichen Eigenschaften besprechen, bevor es an die Darstellung der Details im Hauptformular geht.

11.4.8 Binär- und Text-Hilfsfunktionen

Die binären Hilfsfunktionen umfassen Routinen für das Prüfen von Bits innerhalb eines beliebig großen Wertes (maximal vorzeichenlos 64 Bit), sowie Text-Funktionen, die vom Rückgabeergebnis auf Basis eines Strings den Namen und Wert zurückliefern.

Da wir diese Routinen bereits im Zuge der SMBIOS-Klasse *TSMBIOS* in Abschn. 5.3.3 und Abschn. 5.3.4 sowie in der Prozessorklasse *TProcessor* in Abschn. 6.2.8 besprochen haben, wollen wir hier gerne darauf verweisen und keine doppelte Besprechung durchführen.

Darüberhinausgehend sollte die herausstechende und bisher noch nicht behandelte Funktion *Swap32* besprochen werden, die vorrangig für die Seriennummern von Speichermodulen zum Einsatz kommt.

Sie verdreht die 4 Bytes in einem 32 Bit LongWord, da bei der Seriennummer unterschiedliche Interpretationen zulässig sind und wir den LongWord als Ursprungswert sowie als verdrehten Wert darstellen wollen. Die reguläre Swap-Funktion von Delphi dient inzwischen nur noch der Abwärtskompatibilität und vertauscht das höherwertige Byte mit dem niederwertigen Byte eines Arguments (Byte 1 mit Byte 0). Wir haben allerdings einen 32 Bit-Wert als Ausgangsbasis und führen daher Swap mit jeweils dem höherwertigen 16 Bit-Wert und danach niederwertigen 16 Bit-Wert aus:

```
function TSMBus.Swap32(Value : LongWord) : LongWord;
begin
  Result := Swap(Value shr 16) or (Swap(Value) shl 16);
end;
```

11.4.9 Veröffentlichte Eigenschaften

Unsere *TSMBus*-Klasse enthält natürlich auch einige veröffentlichte Eigenschaften, auf die von außerhalb der Klasse zugegriffen werden kann. Diese Eigenschaften können je nach Anforderung und gewünschtem Einsatz beliebig erweitert oder gekürzt werden – unsere Implementierung soll daher zunächst eine brauchbare Basisvariante darstellen

Tab. 11.53 Veröffentlichte Eigenschaften der TSMBus-Klasse

Name	Datentyp	Leseoperator (read)	Schreiboperator (write)	Beschreibung
SMBusBase Address	Cardinal	Variable FSMBusBaseAddress	Variable FSMBusBaseAddress	SMBus-Basisadresse
SMBusController Name	String	Variable FSMBusController Name	Variable FSMBusController Name	SMBus-Kontrollername
MemoryDevices	Array8 (array [0,7] of Byte)	Variable FSMBusMemory Devices	Variable FSMBusMemory Devices	Ermittelte Speichergeräte in einem 8 Byte-Feld

und vorrangig die SMBus-Basisadresse, den SMBus-Kontrollernamen und die vorhandenen Speichermoduladressen (im Bereich von 50h-57h) enthalten.

Innerhalb der Tab. 11.53 werden alle veröffentlichten Eigenschaften mitsamt deren Lese- und Schreiboperatoren aufgeführt.

11.5 Entwicklung einer Hilfsklasse

Über die Ermittlung der JEDEC-Herstellerbezeichnungen haben wir bereits in den SPD-Interpretationsfunktionen in Abschn. 11.4.7 ausführlich gesprochen. Nun geht es in diesem Unterkapitel um die Implementierung dieser Herstellertabellen, denen das JEDEC-Datenblatt mit der Bezeichnung *Standard Manufacturer's Identification Code* und der Nummer *JEP106B* gefolgt von einem Revisionsbuchstaben (etwa F oder G) angefügt wird [11].

Wie schon während der Interpretation der SPD-Daten kurz angesprochen, existieren hier mehrere Tabellen, die jeweils 126 unterschiedliche Hersteller aufnehmen können und in der Spezifikation als Banks (Bänke) bezeichnet werden. Auch wenn es letztendlich Byte-Tabellen sind, basieren die 126 darstellbaren Hersteller daraus, dass Bit 7 grundsätzlich für die Parität zum Einsatz kommt und daher nur 7 Bits zur Verfügung stehen, von denen der höchste Wert 127 (7Fh) als sog. *Continuation Code* bezeichnet wird und reserviert ist. Dieser zu Deutsch als Fortsetzungskennung bezeichnete Wert sagt aus, dass in dieser Tabelle kein gültiger Hersteller gefunden wurde und mit der Suche in der nächsten Tabelle fortzufahren ist.

Diese Umsetzung ist die Konsequenz daraus, dass ursprünglich nur Byte-Werte für eine Herstelleridentifizierung vorgesehen waren, die aber irgendwann nicht mehr ausreichten und man daher diese Tabellenlösung mit Fortsetzungskennungen verwendet hat.

Hintergrundinformation
Zum Zeitpunkt des Schreibens dieser Zeilen existieren bereits 15 unterschiedliche Tabellen, und diese Methode wird vermutlich weiter fortgeführt. Da sich im Laufe der Zeit einige Firmen auflösen, neu benennen oder neu gründen, ist eine Art Änderungshistorie notwendig. Diese befindet sich im Anhang A (Annex A – Name Changes), bei dem in mehreren Spalten der bisherige Firmenname, der neue Firmenname sowie die dazugehörige Tabelle (Spalte *Bank*) mitsamt Position (Spalte *Decimal*) dargestellt werden. In der letzten Spalte *Date* wird vermerkt, wann diese Änderung durchgeführt wurde.

Letztendlich ist es damit eine Interpretationsmöglichkeit, ob man das Herstellungsdatum des Speichermoduls verwendet, um bei einer Namensänderung zwischen dem alten oder neuen Namen zu unterscheiden. Wir gehen hier den komfortablen Weg und verwenden immer die neueste Bezeichnung, die zugleich um bestimmte Firmenwörter gekürzt wird, um eine möglichst kompakte Darstellung zu erreichen. Dazu zählen bspw. die Füllwörter, die für die Zuordnung und Darstellung des Herstellers nicht relevant sind:

- Co. Ltd
- AG
- Inc
- Limited

Wir implementieren daher in der separaten Delphi-Unit *JEDECVendors.pas* die Hilfsklasse *TJEDEC_Vendors*, die *TSMBus* unterstützt und die Herstellertabellen für die Bänke 1 bis aktuell 15 enthält. Diese Auslagerung ist bewusst in eine eigene Unit und Hilfsklasse geschehen, um die Hauptklasse *TSMBus* und die sowieso schon recht umfangreiche Unit *SystemAccess.pas* nicht noch umfangreicher werden zu lassen.

Der Unit-Kopf beginnt daher mit der Verwendung von SystemAccess.pas in der Uses-Klausel, sowie der Klassendefinition in der Typdeklaration:

```
unit JEDECVendors;

interface

uses
  SystemAccess;

type
  TJEDEC_Vendors = class helper for TSMBus
    function GetJEDECBank1 (ID : Byte) : String;
    function GetJEDECBank2 (ID : Byte) : String;
    function GetJEDECBank3 (ID : Byte) : String;
    function GetJEDECBank4 (ID : Byte) : String;
    function GetJEDECBank5 (ID : Byte) : String;
    function GetJEDECBank6 (ID : Byte) : String;
    function GetJEDECBank7 (ID : Byte) : String;
    function GetJEDECBank8 (ID : Byte) : String;
```

```
    function GetJEDECBank9 (ID : Byte) : String;
    function GetJEDECBank10(ID : Byte) : String;
    function GetJEDECBank11(ID : Byte) : String;
    function GetJEDECBank12(ID : Byte) : String;
    function GetJEDECBank13(ID : Byte) : String;
    function GetJEDECBank14(ID : Byte) : String;
    function GetJEDECBank15(ID : Byte) : String;
  end;

implementation
```

Jede Bank-Funktion übernimmt die Hersteller-ID, die wir mit einer Case-Abfrage auf die Bits 6–0 anwenden – dies erreichen wir durch ein logisches Und mit 7Fh (wir erinnern uns, dass das Bit 7 für die Parität benutzt wird und diese für unsere Ermittlung unwichtig ist). Dann folgen die einzelnen Werte mit dem Hersteller-String im Funktionsergebnis:

```
function TJEDEC_Vendors.GetJEDECBank1(ID : Byte) : String;
begin
  Result := 'unbekannter Hersteller';
  case ID and $7F of
    001 : Result := 'AMD';
    002 : Result := 'AMI';
    003 : Result := 'Fairchild';
    004 : Result := 'Fujitsu';
    005 : Result := 'GTE';
    006 : Result := 'Harris';
    007 : Result := 'Hitachi';
    008 : Result := 'Inmos';
    009 : Result := 'Intel';
    010 : Result := 'I.T.T.';
    ...
    124 : Result := 'Dialog Semiconductor';
    125 : Result := 'Media Vision';
    126 : Result := 'Numonyx';
  end;
end;
```

Da der Wert 127 (7Fh) als Fortsetzungscode bezeichnet wird, berücksichtigen wir diesen hier ebenfalls nicht und haben in jeder Bank-Funktion einen abgebildeten Wertebereich von 0 bis 126.

Alle anderen Bank-Funktionen werden genauso wie das oben gezeigte Beispiel für Bank 1 umgesetzt, und hier aus Gründen des Umfangs nicht vollständig abgedruckt.

11.6 Darstellung der Speichermodule

Nachdem wir nun den SMBus analysiert und die angebundenen Speichermodule ermittelt sowie abgespeichert haben, geht es um die Auswertung dieser Daten. Hierzu existiert die Kategorie *Speichermodul(e) SMBus* in der linken TreeView-Komponente und innerhalb dieser Kategorie werden die Speichermodule aufgelistet. Innerhalb der Prozedur *CreateCategoryTree* im Hautformular wird die Funktion *CreateSMBusTree* aufgerufen, der als Parameter der Root-Knoten vom Typ *TTreeNode* übergeben wird.

Zu den definierten Variablen gehört eine Node-Variable, die als Zugriff auf den erstellten Hauptknoten mit dem Namen *Speichermodul(e) SMBus* dient. *PInt* vom Typ PInteger ist unsere interne Verknüpfung, wobei wir für jeden Knoten eine Kategorie definieren, die in der Definition von *TCategory* zusammengefasst sind (etwa *CatMachine*, *CatWindows*, *CatProcessor*, *CatSMBIOS* usw). Die Variablen *AddrCnt* und *ModuleCounter* sind die Zählervariablen für die Handhabung der Speichermodule:

```
procedure TPCAnalyserForm.CreateSMBusTree(ARoot: TTreeNode);
var
  Node   : TTreeNode;
  PInt : PInteger;
  AddrCnt,
  ModuleCounter : Byte;
```

Wir beginnen mit einer With-Anweisung für die TreeView-Komponente und darunter befindliche Items, erzeugen dann eine neue interne Verknüpfung mit der Kategorie *CatSMBus*, und erzeugen den Root-Knoten für den SMBus:

```
begin
  with CategoryTreeView, Items do
  begin
    New(PInt);
    PInt^ := Join(0, Word(CatSMBus));
    Node := AddChildObject(ARoot, 'Speichermodul(e) SMBus', PInt);
```

Als Hauptbedingung für die Darstellung der Speichermodule müssen diese ermittelt werden können, was nur anhand einer gültigen SMBus-Basisadresse funktioniert. Hierbei haben wir bereits in der PCI-Klasse *TPCIBus* die Prozedur *GetSMBusBaseAddress* implementiert, die eine entsprechende Erkennung durchführt und das Ergebnis der Variable *SMBusBaseAddress* zuweist. Diese prüfen wir hier, was zwar auch an anderen Stellen innerhalb der *TSMBus*-Klasse geschieht, hier an dieser Stelle wollen wir aber im negativen Fall eine entsprechende Fehlermeldung ausgeben:

```
    if SystemAccessClass.PCIBusClass.SMBusBaseAddress <> 0 then
    begin
```

Im positiven Fall übertragen wir die SMBus-Basisadresse und den Kontrollernamen an die entsprechenden Felder der SMBus-Klasse, damit sie intern verwendet werden können. Diese Vorgehensweise lässt sich auch direkt über den Zugriff auf die PCI-Klasse lösen, je nachdem, wie die Implementierung aussieht:

```
SystemAccessClass.SMBusClass.SMBusBaseAddress :=
SystemAccessClass.PCIBusClass.SMBusBaseAddress;

SystemAccessClass.SMBusClass.SMBusControllerName :=
SystemAccessClass.PCIBusClass.SMBusControllerName;
```

Die eigentliche Erkennung der Speichermodule geschieht in der SMBus-Klassenprozedur *GetSMBusMemoryModules,* die je nach Konfiguration und Anzahl der verbauten Speichermodule unterschiedlich kurz oder lange dauern kann – wir setzen daher den Mauszeiger davor auf die Sanduhr, und danach wieder auf den Standardwert (je nach Wunsch könnte hier bspw. ein SplashScreen zum Einsatz kommen):

```
Screen.Cursor := crHourGlass;
SystemAccessClass.SMBusClass.MemoryDevices :=
  SystemAccessClass.SMBusClass.GetSMBusMemoryModules;
Screen.Cursor := crDefault;
```

Abgeschlossen wird die Erzeugung der Baumstruktur mit einer Iteration durch die veröffentlichte Klasseneigenschaft *MemoryDevices,* die von 0 bis 7 in Byte-Feldern die Speichermoduladressen 50h bis 57h aufnehmen kann. Wenn eine Adresse eingetragen wurde (also der Wert ungleich null ist), erzeugen wir einen neuen Eintrag mit der Kategorie *CatSMBus_MemoryDevice,* und verwenden *PInt* als Zählervariable des Speichermoduls:

```
ModuleCounter := 0;
for AddrCnt := 0 to 7 do
  if SystemAccessClass.SMBusClass.
     MemoryDevices[AddrCnt] <> 0 then
  begin
    New(PInt);
    Inc(ModuleCounter);
    PInt^ := Join(SystemAccessClass.
                  SMBusClass.MemoryDevices[AddrCnt]+ 1,
                  Word(CatSMBus_MemoryDevice));

    AddChildObject(Node, 'Speichermodul ' +
                   IntToStr(ModuleCounter),
                   PInt);
```

```
        end;
      end;
    end;
  end;
```

Nach dieser grundsätzlichen Darstellung im linken TreeView geht es um die Auswertung in der rechten ListView. Sobald der Knoten für die Kategorie *Speichermodul(e) SMBus* selektiert wird, führt der Code die Prozedur *DisplaySMBus_MemoryDevices* aus.

Diese Prozedur soll einen kurzen Überblick über die gefundenen Speichermodule und die SMBus-Basisadresse darstellen. Begonnen wird mit der Variablensektion, die drei verschiedene Zählervariablen für die Speichermodule enthalten:

```
procedure TPCAnalyserForm.DisplaySMBus_MemoryDevices;
var
  ModuleCounter,
  ModuleNumber,
  ModulesTotal : Byte;
```

Zu den vorbereitenden Schritten zählt der Beginn einer With-Anweisung in Kombination mit der rechten ListView-Komponente und den dazugehörigen Items. Per BeginUpdate wird die automatische Aktualisierung der ListView deaktiviert, und mit Clear werden eventuell bereits vorhandene Einträge gelöscht:

```
begin
  with ResultsListView, Items do
  begin
    BeginUpdate;
    try
      Clear;
```

Dargestellt werden zunächst die SMBus-Basisadresse und der Name des SMBus-Kontrollers:

```
      with Add do
      begin
        Caption := 'SMBUS-Basisadresse';
        SubItems.Add(IntToHex(
          SystemAccessClass.SMBusClass.SMBusBaseAddress) + 'h');
      end;

      with Add do
      begin
        Caption := 'SMBUS-Kontroller';
```

```
    SubItems.Add(SystemAccessClass.SMBusClass.
                 SMBusControllerName);
  end;
```

Sollte es sich um einen Intel SMBus-Kontroller handeln und die Funktion SPD Write Disable (SPDWD) aktiv sein, zeigen wir diesen Umstand in einer separaten Zeile an. Details zu dieser Schutzvorkehrung haben wir bereits in Abschn. 11.4.3 genauer besprochen:

```
if SystemAccessClass.SMBusClass.IsIntel_SPDWD then
  with Add do
  begin
    Caption := 'SPD Write Disable (SPDWD)';
    SubItems.Add('aktiv');
  end;
```

Durch eine Leerzeile getrennt folgt danach die Zählung der Speichermodule anhand der veröffentlichten Eigenschaft *MemoryDevices*, wofür wir die Zählervariable *ModulesTotal* verwenden:

```
with Add do
  Caption := '';

ModulesTotal := 0;
for ModuleCounter := 0 to 7 do
  if SystemAccessClass.SMBusClass.
     MemoryDevices[ModuleCounter] <> 0
  then
    Inc(ModulesTotal);
with Add do
begin
  Caption := 'Anzahl Speichermodule';
  SubItems.Add(IntToStr(ModulesTotal));
end;
```

Nach der Anzahl der Speichermodule wollen wir noch die einzelnen gefundenen Speichermodule mit deren Adresse darstellen. Hierfür kommt unsere Zählervariable *ModuleNumber* zum Einsatz, und wir lesen aus der veröffentlichten Eigenschaft *MemoryDevices* die Moduladresse aus, die wir wiederum hexadezimal darstellen:

```
ModuleNumber := 0;
for ModuleCounter := 0 to 7 do
  if SystemAccessClass.SMBusClass.
     MemoryDevices[ModuleCounter] <> 0 then
```

```
        begin
          Inc(ModuleNumber);
          with Add do
          begin
            Caption := 'Modul ' + IntToStr(ModuleNumber) +
                       ' bei Adresse';
            SubItems.Add(IntToHex(
              SystemAccessClass.SMBusClass.
              MemoryDevices[ModuleCounter]) + 'h');
          end;
        end;
    finally
      EndUpdate;
    end;
  end;
end;
```

EndUpdate in der Finally-Sektion aktiviert die Listen-Aktualisierung wieder, womit die Funktion abgeschlossen ist.

Als Ergebnis bekommen wir eine übersichtliche Speicherdarstellung mit den einzelnen Modulen in der linken TreeView-Komponente (Abb. 11.11 und 11.12).

Wie man ebenfalls bei den Abbildungen sehen kann, zeigen wir die Präsenz von Intels SPD Write Disable nur dann an, wenn die Funktion aktiviert ist – weil eben nur eine aktivierte Funktion ein Problem für unsere Ermittlung in Verbindung mit DDR5-Speicher darstellen würde.

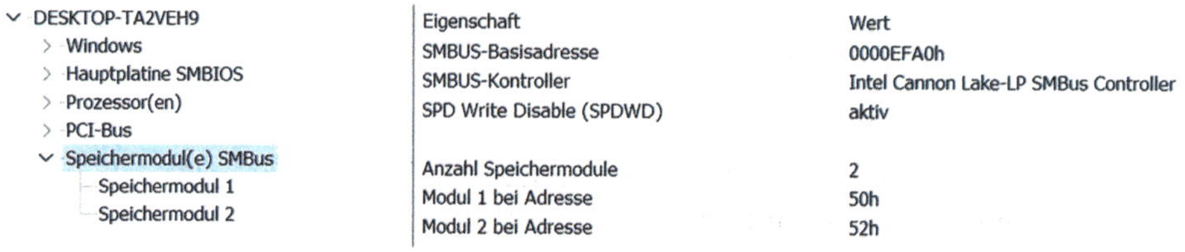

- DESKTOP-TA2VEH9
  - Windows
  - Hauptplatine SMBIOS
  - Prozessor(en)
  - PCI-Bus
  - Speichermodul(e) SMBus
    - Speichermodul 1
    - Speichermodul 2

Eigenschaft	Wert
SMBUS-Basisadresse	0000EFA0h
SMBUS-Kontroller	Intel Cannon Lake-LP SMBus Controller
SPD Write Disable (SPDWD)	aktiv
Anzahl Speichermodule	2
Modul 1 bei Adresse	50h
Modul 2 bei Adresse	52h

Abb. 11.11 Exemplarische Darstellung des SMBus-Überblicks mit DDR4-Speichermodulen

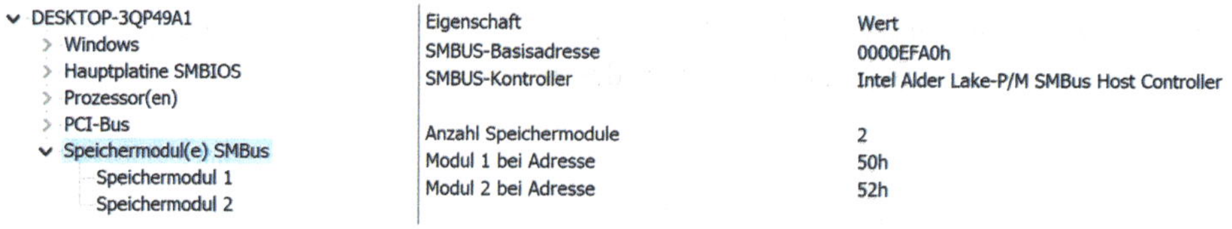

- DESKTOP-3QP49A1
  - Windows
  - Hauptplatine SMBIOS
  - Prozessor(en)
  - PCI-Bus
  - Speichermodul(e) SMBus
    - Speichermodul 1
    - Speichermodul 2

Eigenschaft	Wert
SMBUS-Basisadresse	0000EFA0h
SMBUS-Kontroller	Intel Alder Lake-P/M SMBus Host Controller
Anzahl Speichermodule	2
Modul 1 bei Adresse	50h
Modul 2 bei Adresse	52h

Abb. 11.12 Exemplarische Darstellung des SMBus-Überblicks mit DDR5-Speichermodulen

Anhand der Prozedur *DisplaySMBus_MemoryDevice* werden wiederum die Details für jedes individuelle Speichermodul ermittelt und dargestellt. Hierfür wird die Nummer des Gerätes als Integer-Parameter übergeben, die aus der linken TreeView-Komponente und deren Prozedur *CategoryTreeViewChange* stammt:

```
procedure TPCAnalyserForm.DisplaySMBus_MemoryDevice(AIndex: Integer);
var
  SPDDetail : TStrings;
  SPDCnt : Integer;
```

Die Stringlisten-Variable *SPDDetail* nimmt später die Moduldetails auf und die Zählervariable *SPDCnt* kommt im Zuge der Ergebnisübertragung zum Einsatz.

Der Prozedurkopf beginnt mit der Initialisierung der Stringlisten-Variable, der anschließenden Ermittlung der Moduldetails mittels der Prozedur *GetSPDDetails* aus unserer *TSMBus*-Klasse, sowie dem Setzen des Mauszeigers als Sanduhr und danach wieder als Standardwert. Die Prozedur *GetSPDDetails* erwartet als Parameter die Nummer des Speichermoduls, die wir mit *AIndex* übergeben, sowie eine Stringliste, über die Ergebnisse zurückgeliefert werden:

```
begin
  SPDDetail := TStringList.Create;
  try
    Screen.Cursor := crHourGlass;
    SystemAccessClass.SMBusClass.GetSPDDetails(AIndex, SPDDetail);
    Screen.Cursor := crDefault;
```

Die Darstellung der Gerätedetails beginnt mit einer With-Anweisung für die ListView-Komponente mit den dazugehörigen Items, einem anschließendem BeginUpdate, um Aktualisierungen während des Schreibvorgangs zu unterbinden, und einem Clear, falls eventuell schon Einträge vorhanden sind:

```
    with ResultsListView, Items do
    begin
      BeginUpdate;
      try
        Clear;
```

Danach beginnt die Übertragung, wenn die Stringliste Einträge enthält – in diesem Fall wird durch die Liste iteriert und per Add eine neue Ergebniszeile eingefügt. Für diese Zeile wird ein String der Stringliste mit den beiden Funktionen *GetNameFromStr* und *GetValueFromStr* aufgeteilt (Trennung durch ein Gleichheitszeichen), weil jeweils unterschiedliche Spalten in der rechten ListView-Komponente gefüllt werden sollen. Beide Funktionen haben wir bereits in Abschn. 5.3.3 besprochen.

```
        if SPDDetail.Count > 0 then
        begin
          for SPDCnt := 0 to SPDDetail.Count - 1 do
            with Add do
            begin
              Caption :=
                SystemAccessClass.SMBusClass.
                GetNameFromStr(SPDDetail.Strings[SPDCnt], '=');
              SubItems.Add(
                SystemAccessClass.SMBusClass.
                GetValueFromStr(SPDDetail.Strings[SPDCnt], '='));
            end;
        end else
        begin
          with Add do
            Caption := 'Keine Speichermodul-Details ermittelbar';
        end;
```

In den beiden Finally-Blöcken wird einerseits mit EndUpdate die Listenaktualisierung wieder eingeschaltet und die zuvor initialisierte Stringliste wieder freigegeben:

```
      finally
        EndUpdate;
      end;
    end;
  finally
    SPDDetail.Free;
  end;
end;
```

Eine mögliche Darstellung der Speicherdetails ist in Abb. 11.13 enthalten.

Speichertyp	DDR3 SDRAM
Modultyp/-länge	Unbuffered DIMM, 133,35 mm
Hersteller	Crucial Technology
Modell	CT51264BD160BJ.C8F
Größe	4 GB
Seriennummer	E1B3D931 (836350945)
Zusatzfunktionen	keine
Herstellungsdatum	Woche 00/2000
Physikalische Bänke	8
Zeilen x Spalten	16 x 10
Unterstützte Latenzen	CL6, CL7, CL8, CL9, CL10, CL11
SPD-EEPROM-Details	Revision 1.3, Größe 256 Bytes davon 176 Bytes benutzt
Gerätedump	
Offset 00 - 0F	92 13 0B 02 04 21 02 01 03 52 01 08 0A 00 FC 00
Offset 10 - 1F	69 78 69 30 69 11 18 81 20 08 3C 3C 00 F0 82 05
Offset 20 - 2F	00 00 00 00 00 00 00 00 00 08 00 00 00 00 00 00
Offset 30 - 3F	00 00 00 00 00 00 00 00 00 00 00 0F 11 00 00
Offset 40 - 4F	00 00 00 00 00 00 00 00 00 00 00 00 00 00 00 00
Offset 50 - 5F	00 00 00 00 00 00 00 00 00 00 00 00 00 00 00 00
Offset 60 - 6F	00 00 00 00 00 00 00 00 00 00 00 00 00 00 00 00
Offset 70 - 7F	00 00 00 00 00 85 9B 00 00 00 E1 B3 D9 31 DA 1D
Offset 80 - 8F	43 54 35 31 32 36 34 42 44 31 36 30 42 4A 2E 43
Offset 90 - 9F	38 46 01 00 80 2C 34 31 39 37 38 35 35 38 38 FF
Offset A0 - AF	00 00 00 00 00 00 00 00 00 00 00 00 00 00 00 00
Offset B0 - BF	00 00 00 00 00 00 00 00 00 00 00 00 00 00 00 00
Offset C0 - CF	00 00 00 00 00 00 00 00 00 00 00 00 00 00 00 00
Offset D0 - DF	00 00 00 00 00 00 00 00 00 00 00 00 00 00 00 00
Offset E0 - EF	00 00 00 00 00 00 00 00 00 00 00 00 00 00 00 00
Offset F0 - FF	00 00 00 00 00 00 00 00 00 00 00 00 00 00 00 00

Abb. 11.13 Exemplarische Darstellung der Speichermoduldetails inkl. Dump des SPD-EEPROMs (hier für ein DDR3-Speichermodul)

11.7 Zusammenfassung

Der SMBus wird verwendet, um auf die SPD-EEPROMs der verbauten Speichermodule zuzugreifen, und mit einer SMBus-Kontroller Basisadresse lassen sich verschiedene Transaktionen wie etwa byteweises- oder wordweises Lesen durchführen.

Gleichzeitig wird ein SMBus-Mutex verwendet, um anderen Applikationen mit derselben Implementierung zu signalisieren, dass der SMBus gerade in Verwendung ist, um Probleme beim gleichzeitigen Zugriff zu verhindern.

Der ermittelte SPD-EEPROM-Bereich wird anhand von JEDEC-Spezifikationen interpretiert, nachdem das Byte 2 den Speichertyp enthält und demzufolge die korrekte Spezifikation zum Einsatz kommt.

Bei der Interpretation existieren 256, 512 oder 1024 Byte Datenbereiche, die Angaben zur Größe, den Geschwindigkeiten, Modell- und Seriennummern und die Herstellerkennung enthalten. Für letztere kommt eine separate JEDEC-Spezifikation zum Einsatz und wir implementieren die Herstellererkennung mithilfe einer Delphi-Hilfsklasse.

Literatur

1. SMBus-Spezifikation vom System Management Interface Forum: https://www.smbus.org/specs
2. Englischer Wikipedia-Artikel über SPD-EEPROM und die Hintergründe: https://en.wikipedia.org/wiki/Serial_presence_detect
3. JEDEC-Registrierungsseite für den Zugriff auf Datenblätter: https://www.jedec.org/user/register
4. JEDEC-Suchseite mit den Spezifikationen zu SPD: https://www.jedec.org/document_search?search_api_views_fulltext=spd
5. JEDEC-Spezifikation für DDR2: Annex J – Serial Presence Detects for DDR2 SDRAM: https://www.jedec.org/system/files/docs/4_01_02_10R17.pdf
6. JEDEC-Spezifikation für DDR2 FB DIMM: Annex G – Serial Presence Detect for FBDIMM: www.jedec.org/system/files/docs/4_01_02_07R16A.pdf
7. JEDEC-Spezifikation für DDR3: Annex K – Serial Presence Detect (SPD) for DDR3 SDRAM Modules: https://www.jedec.org/system/files/docs/4_01_02_11R24.pdf
8. JEDEC-Spezifikation für DDR4: Annex L – Serial Presence Detect (SPD) for DDR4 SDRAM Modules: https://www.jedec.org/system/files/docs/4_01_02_AnnexL-6R30.pdf
9. JEDEC-Spezifikation für DDR5: SPD5118 Hub and Serial Presence Detect Device Standard: https://www.jedec.org/system/files/docs/JESD300-5B.01.pdf
10. JEDEC-Spezifikation für DDR5: DDR5 Serial Presence Detect (SPD) Contents: https://www.jedec.org/system/files/docs/JESD400-5B.pdf
11. JEDEC-Herstelleridentifikationskennungen: https://www.jedec.org/system/files/docs/JEP106BJ.01.pdf
12. Exemplarische SMBus-Registerbeschreibung im Intel 700 Series Chipset Platform Controller Hub Datasheet, Kapitel 6, ab Seite 366: https://www.intel.com/content/www/us/en/content-details/743845/intel-700-series-chipset-family-platform-controller-hub-datasheet-volume-2-of-2.html
13. API-Funktion zum Auslesen des Systemzeitgebers und der seit dem Systemstart verstrichenen Millisekunden: https://learn.microsoft.com/en-us/windows/win32/api/sysinfoapi/nf-sysinfoapi-gettickcount64
14. AIDA64 – System Information, Diagnostics and Benchmarking Solution von FinalWire Ltd./Tamas Miklos: www.aida64.com
15. CPU-Z – System Information Software von Franck Delattre: www.cpuid.com/softwares/cpu-z.html
16. HWiNFO32/64 – Professional System Information and Diagnostics von Martin Malík: www.hwinfo.com
17. SIV – System Information Viewer von Ray Hinchliffe: www.rh-software.com
18. CrystalDiskInfo von Hiyohiyo: https://crystalmark.info/en/software/crystaldiskinfo
19. API-Funktion zum Erstellen eines benannten oder unbenannten Mutex-Objekts: https://learn.microsoft.com/en-us/windows/win32/api/synchapi/nf-synchapi-createmutexa

20. API-Funktion zum Öffnen eines benannten oder unbenannten Mutex-Objekts: https://learn.microsoft.com/de-de/windows/win32/api/synchapi/nf-synchapi-openmutexw
21. API-Funktion zum Freigeben des angegebenen Mutex-Objekts: https://learn.microsoft.com/en-us/windows/win32/api/synchapi/nf-synchapi-releasemutex
22. API-Funktion zum Freigeben eines geöffneten Objekt-Handles: https://learn.microsoft.com/en-us/windows/win32/api/handleapi/nf-handleapi-closehandle
23. GitHub-Quellcode der OpenSource-Applikation CrystalDiskInfo von Hiyohiyo: https://github.com/hiyohiyo/CrystalDiskInfo/blob/c46b2e8f212ee39935f41ee0ecab02011792503c/AtaSmart.cpp#L6842
24. Bekannte und häufig verwendete Microsoft-Sicherheitskennungen (SIDs): https://learn.microsoft.com/en-us/windows/win32/secauthz/well-known-sids
25. API-Funktion zum Initialisieren der Sicherheitsbeschreibung: https://learn.microsoft.com/en-us/windows/win32/api/securitybaseapi/nf-securitybaseapi-initializesecuritydescriptor
26. API-Funktion zum Initialisieren einer Zugriffssteuerungsliste: https://learn.microsoft.com/en-us/windows/win32/api/securitybaseapi/nf-securitybaseapi-initializeacl
27. API-Funktion zum Allokieren und Initialisieren einer Sicherheitskennung: https://learn.microsoft.com/en-us/windows/win32/api/securitybaseapi/nf-securitybaseapi-allocateandinitializesid
28. API-Funktion zum Hinzufügen einer Zugriffssteuerungsliste (ACL) zu einem Zugriffssteuerungseintrag (ACE): https://learn.microsoft.com/de-de/windows/win32/api/securitybaseapi/nf-securitybaseapi-addaccessallowedace
29. API-Funktion zum Setzen von Informationen in einer diskretionären Zugangskontrollliste (DACL): https://learn.microsoft.com/en-us/windows/win32/api/securitybaseapi/nf-securitybaseapi-setsecuritydescriptordacl
30. API-Funktion zum Freigeben einer Sicherheitsidentifizierung (DIS), die zuvor durch die AllocateAndInitializeSid-Funktion allokiert wurde: https://learn.microsoft.com/en-us/windows/win32/api/securitybaseapi/nf-securitybaseapi-freesid
31. Wikipedia-Artikel zur Beschreibung der Column Address Strobe Latency: https://de.wikipedia.org/wiki/Column_Address_Strobe_Latency

12 Externe Drittanbieter-Komponente für den Systemzugriff

Grundsätzlich existieren einige wenige Komponenten für den Systemzugriff, die sich um die Ermittlung von Systemdetails kümmern, ohne dass man selbst die vielen Möglichkeiten der Systemprogrammierung kennen muss. Unterschieden wird zwischen quelloffenen Komponenten und binären Komponenten ohne Quellcode.

Bei den quelloffenen Komponenten existiert in der Delphi-Welt im Prinzip nur eine Komponente, die sich *MiTeC System Information Component Suite* nennt und als reine Delphi-Komponente mit vollständigem Quellcode sehr umfassende Systemdetails liefert. Diese Komponente beschreiben wir in den nachfolgenden Unterkapiteln genauer.

Bei den binären Komponenten ohne Quellcode existieren zum Zeitpunkt dieser Markt-Recherche 3 Komponenten, die ohne vollständigen Quellcode ausgeliefert werden und auf einem eigenen Kernelmodus-Treiber basieren. Hier beschreiben wir in den nachfolgenden Unterkapiteln das *HWiNFO Software Development Kit,* da es insbesondere im Bereich der Sensoren sehr gut aufgestellt ist - bei gleichzeitig geringen Latenzen.

Grundsätzlich werden bei geschlossenen Komponenten Units und Headerdateien mitgeliefert, über die man mittels C++ auf die Komponenten zugreifen kann – aufgrund der abnehmenden Verbreitung von Delphi/Object Pascal ist diese Vorgehensweise durchaus nachvollziehbar. Hier hat man den zusätzlichen und durch den Hersteller i. d. R. nicht unterstützten Aufwand, eine Delphi-Anbindung durch manuelle Übersetzungen dieser Headerdateien oder anderer Units durchführen zu müssen. Es ist aber grundsätzlich möglich und mit ein wenig Verständnis für die Sprache C++ gut übersetzbar.

D. Espenschied, *Systemprogrammierung mit Delphi*,
https://doi.org/10.1007/978-3-658-43455-7_12

12.1 MiTeC System Information Component Suite

12.1.1 Einleitung

Die *MiTeC System Information Component Suite* vom tschechischen Entwickler Michal Mutl [1] enthält eine relativ komplexe Sammlung von Komponenten, Units und Demos für den Systemzugriff. Mit Systemzugriff ist die Verwendung von API-Funktionen, der Windows-Registrierung und anderen dokumentierten und zum Teil undokumentierten Funktionen gemeint. Viele Routinen benötigen nicht einmal Administratorrechte oder den erweiterten Kontext, um zuverlässige und verwertbare Ergebnisse bereitzustellen.

Auch wenn die Menge an Klassen und Demos recht hoch ist, wird versucht, jeden möglichen Aspekt der Systemprogrammierung abzudecken. Gleichzeitig bieten die mitgelieferte Online-Hilfe und Dokumentation eine detaillierte Auflistung aller Funktionen, und anhand der Demos sieht man sofort Ergebnisse.

Applikationen bündeln komplexere Themenschwerpunkte und die Master-Applikation MSI (MiTeC System Information) zeigt, was alles möglich ist. Dazu zählen dann zusätzlich Reports sowie das Speichern/Laden der Ergebnisse, was bei einer netzwerkweiten Datengenerierung und Auswertung vorteilhaft ist.

Hintergrundinformation

Zum aktuellen Zeitpunkt des Schreibens dieser Zeilen ist MSICS so aufgebaut, dass sämtliche Systemzugriffe nicht auf Kernel-Ebene stattfinden. Diese Ring 0-Zugriffsmöglichkeit haben wir ausführlich in diesem Buch beschrieben sowie die Vor- und Nachteile aufgeführt. MSICS macht davon keine Verwendung, was vom Hersteller durchaus gewollt ist, da MSICS als reine Object Pascal-Suite verstanden werden soll.

Daher muss man im Zweifel abwägen, ob die angebotenen Komponenten bzw. daraus zurückgewonnenen Daten ausreichend sind, und kann die Suite in jedem Fall (wenn auch ergänzend) einsetzen.

Da alles recht gut dokumentiert ist und viele Demos mitgeliefert werden, erhält man zusätzlich viel Input zu bestimmten Zugriffsverfahren und den Möglichkeiten, wie Systeminterna ermittelt werden können.

12.1.2 Klassenübersicht

Bei den bereitgestellten Klassen existieren einzelne Schwerpunkte und ein Großteil der Klassen (wenn es nicht gerade Thread-basierte Monitorklassen sind) beginnen mit „TMiTeC_“ gefolgt vom Schwerpunkt. Unterschieden wird dabei in den 4 Kategorien:

- Hauptklassen der Suite
- Monitorklassen (Geräte/Laufwerke)
- Thread-basierte Monitorklassen und
- forensische Klassen.

Auf alle Klassen im Detail einzugehen, würde relativ umfangreich und zu viel für dieses Buch sein. Daher zeigen wir nachfolgend einen Überblick der Klassen mit deren Funktion und verweisen für weitere Details auf die mitgelieferte Dokumentation, die als Hilfedatei (CHM) und Dokument (PDF) dem Paket beiliegen (Tab. 12.1).

Neben diesen Hauptklassen existieren zwei Monitorklassen, die für eine Überwachung bestimmter Schwerpunktthemen entwickelt wurden (Tab. 12.2).

Zusätzlich zu diesen relativ speziellen Monitorklassen existieren Thread-basierte Monitorklassen, die sich um die Überwachung von Prozessen, Threads, Systemmodulen, Netzwerkverbindungen Leistungsindikatoren und Systemhandeln kümmern – alles in Echtzeit (Tab. 12.3).

Der letzte Klassenblock entstammt ursprünglich aus einer separat vertriebenen Komponenten-Suite mit dem Namen *MiTeC Forensic Analysis Component Suite* (MFACS), die jedoch mangels Nachfrage nicht weiter fortgeführt wurde. Die hierin enthaltenen Klassen lassen sich daher dem Bereich der IT-Forensik zuordnen, wozu vorrangig Netzwerk- und USB-Historien gehören (Tab. 12.4).

Tab. 12.1 Klassenübersicht der Hauptklassen für die MiTeC System Information Component Suite

Klasse	Beschreibung
TMiTeC_SystemInfo	Kombiniert alle nachfolgenden Komponenten zu einer einzigen Komponente, um sie einfach zu verwenden
TMiTeC_AD	Ermittelt Details zu ActiveDirectory
TMiTeC_APM	Ermittelt Details zur erweiterten Stromversorgung (Power Management)
TMiTeC_BitLocker	Ermittelt Details zum BitLocker-Status und Wiederherstellungsschlüsseln
TMiTeC_BT	Ermittelt Bluetooth-Geräte mit dem sog. nativen Bluetooth Enumerator
TMiTeC_CPU	Ermittelt detaillierte Prozessor-Informationen
TMiTeC_Devices	Ermittelt Geräteinformationen vergleichbar mit dem Windows-Geräte-Manager
TMiTeC_Disk	Ermittelt Informationen über logische Laufwerke
TMiTeC_Display	Ermittelt Informationen zum Display-Adapter
TMiTeC_DriveContent	Untersucht und speichert bestimmte Laufwerksinhalte
TMiTeC_Engines	Ermittelt Informationen über verschiedene installierte Engines: - TMiTeC_DirectX für DirectX - TMiTeC_ASPI32 für ASPI32
TMiTeC_EventLog	Ermittelt Informationen aus der Windows-Ereignisanzeige (Event-Log)

(Fortsetzung)

Tab. 12.1 (Fortsetzung)

Klasse	Beschreibung
TMiTeC_Firewall	Ermittelt Einstellungen und Regeln der Windows-Firewall sowie Details zur Regelmanagement-Funktionalität
TMiTeC_Machine	Ermittelt Informationen über die Computerumgebung: - TMiTeC_BIOS für BIOS-Eigenschaften - TMiTeC_SMBIOS für geparste SMBIOS-Informationen - TMiTeC_TPM für TPM und dazugehörige Parameter
TMiTeC_Media	Ermittelt Informationen über Mediengeräte
TMiTeC_Memory	Ermittelt Speicherinformationen
TMiTeC_Monitor	Ermittelt Informationen über alle angeschlossenen Monitore
TMiTeC_MSProduct	Ermittelt einige installierte Microsoft-Produkte und deren Produktschlüssel
TMiTeC_MUS	Ermittelt verfügbare Windows-Updates
TMiTeC_Network	Ermittelt Informationen zu Netzwerkumgebung und Netzwerkadapter: - TMiTeC_NetResources für Netzwerkfreigaben, Sitzungen, geöffneten Dateien usw. - TMiTeC_Winsock für Winsock-Informationen - TMiTeC_TCPIP für TCP/IP Protokollkonfigurationsdetails
TMiTeC_OperatingSystem	Ermittelt detaillierte Informationen zum Betriebssystem, Gebietsschema, Zeitzone, Windows NT-spezifische Informationen, Hotfixes, Internet-Einstellungen usw. - TMiTeC_LocaleInfo für Gebietsschemadetails - TMiTeC_Internet für Interneteinstellungen des Betriebssystems - TMiTeC_Timezone für Zeitzonen-Einstellungen - TMiTeC_WEI für Details zum Windows-Leistungsindex (Windows Experience Index)
TMiTeC_Printers	Ermittelt die installierten Drucker und deren Eigenschaften
TMiTeC_ProcessList	Ermittelt die Listen der laufenden Prozesse, Dienste, Treiber und Fenster mitsamt deren Eigenschaften
TMiTeC_Security	Ermittelt installierte Antivirenprogramme, AntiSpyware und Firewalls
TMiTeC_Software	Ermittelt eine Liste der installierten Software
TMiTeC_Startup	Ermittelt eine Liste der Anwendungen, die während des Systemstarts gestartet werden
TMiTeC_Storage	Ermittelt S-ATA-, ATA-, ATAPI-, RAID-, SCSI-, USB- und Firewire-Speichergeräte mitsamt deren Parameter
TMiTeC_USB	Ermittelt USB-Anschlüsse und -Geräte mitsamt deren Parameter
TMiTeC_WIFI	Ermittelt verfügbare Wi-Fi-Netzwerke mit allen Parametern

Tab. 12.2 Klassenübersicht der Monitorklassen für die MiTeC System Information Component Suite

Klasse	Beschreibung
TMiTeC_DeviceMonitor	Erkennt und löst ein Ereignis aus, wenn ein USB-, Firewire- oder anderes Gerät oder ein Datenträger an den Computer angeschlossen oder von diesem getrennt wird
TMiTeC_DiskMonitor	Überwacht ein bestimmtes Laufwerk oder einen Pfad und löst ein Ereignis aus, wenn ein bestimmtes Ereignis eintritt

Tab. 12.3 Klassenübersicht der Thread-basierten Monitorklassen für die MiTeC System Information Component Suite

Klasse	Beschreibung
TSysProcMonThread	Überwacht laufende Prozesse in Echtzeit und liefert grundlegende Prozesseigenschaften, Threads, Prozessnutzung von Speicher- und Prozessor usw. Überwacht ebenfalls die System-Prozessornutzung, Frequenz, Speicher und stellt andere wichtige Systeminformationen bereit
TSvcListMonThread	Überwacht Dienste und Treiber in Echtzeit und stellt deren Eigenschaften bereit
TNetConMonThread	Überwacht Netzwerkverbindungen von Prozessen in Echtzeit und ermittelt deren Eigenschaften
TPerfMonThread	Überwacht Leistungszähler in Echtzeit und ermittelt deren Eigenschaften
THndListMonThread	Überwacht Systemhandles in Echtzeit und ermittelt deren Eigenschaften

Tab. 12.4 Klassenübersicht der forensischen Klassen für die MiTeC System Information Component Suite

Klasse	Beschreibung
TMiTeC_NetCreds	Ermittlung und Aufzählung von zwischengespeicherten Netzwerkanmeldeinformationen
TMiTeC_USBHistory	Ermittlung der USB-Historie, also welche USB-Geräte bisher am jeweiligen Computer angeschlossen waren
TMiTeC_WLANC	Ermittlung und Aufzählung bekannter Wi-Fi-Netzwerke (einschließlich Netzwerkschlüsseln)

12.1.3 Enthaltene Demos

Die unterschiedlichen Klassen werden durch diverse Demos erklärt, die jeweils für Free Pascal (FPC) und Delphi vorliegen. Dadurch lassen sich viele Fragen zur Verwendung beantworten, und im Zusammenspiel mit der Dokumentation kann man direkt verwertbare Ergebnisse sehen (Tab. 12.5).

Tab. 12.5 Demo-Übersicht der MiTeC System Information Component Suite (jeweils für FPC und Delphi)

Demo-Nummer	Beschreibung
1	Komplexe Ermittlung von Systeminformationen
2	Handhabung von Systeminformationsdateien (Komprimierung/Dekomprimierung/Verschlüsselung/Entschlüsselung), die von allen Demos und Klassen komponentenweit unterstützt werden
3	Installierte Software und Microsoft Produktauflistung
4	Darstellung der USB-Konfiguration mitsamt angeschlossenen Geräten
5	Darstellung der Massenspeicher-Konfiguration mitsamt angeschlossenen Geräten
6	Prozesse und Dienste
7	WMI-Systeminformationen
8	Geräte-Monitor
9	Verzeichnis-Überwachung (Monitor)
10	Erweiterte Energieverwaltung
11	Bluetooth-Geräte und deren Konfiguration
12	Browser für die Windows-Ereignisanzeige
13	Geräte-Manager
14	Prozessoren und deren Eigenschaften
15	Details zu Antivirus, AnsiSpyware und Firewall
16	Details zum Wi-Fi Netzwerk
17	Auflistung der Netzwerkschnittstellen mit Eigenschaften
18	Prozess-Echtzeitüberwachung
19	Prozess- und Systemüberwachung
20	Überwachung von Netzwerkverbindungen
21	Leistungszähler und deren Verwendung (Performance Counter)
22	Handles und deren Eigenschaften
23	Details zur Aufgabenplanung
24	Netzwerk-Zugangsdaten
25	USB-Verlauf (Historie der bisher angeschlossenen Geräte)
26	Bekannte Wi-Fi-Netzwerke
27	Windows-Firewall
28	Arbeiten mit Zertifikaten
29	Arbeiten mit Netzwerkdiensten
30	Monitor-Erkennung
31	Laufwerksinhalte
32	Verfügbare und installierte Windows-Updates

(Fortsetzung)

Tab. 12.5 (Fortsetzung)

Demo-Nummer	Beschreibung
33	GPU-Auslastung
34	Firmware und SMBIOS
35	Arbeiten mit der Netzwerk-Konfigurationsklasse
36	Arbeiten mit der TMiTeC_SMBIOS-Klasse
37	Windows 11-Konformitätstest

Die erste Demo zeigt bspw. die Verwendung der übergreifenden Klasse *TMiTeC_SystemInfo* und jede Klasse der Suite enthält die Prozedur *RefreshData,* mit der die eigentlichen Daten ermittelt werden. Innerhalb des Hauptformulars enthält die Demo ebenfalls eine Prozedur mit dem gleichen Namen, die Ergebnisse der Systemanalyse in die TreeView-Komponente überträgt (Abb. 12.1).

Man hat demzufolge die Wahl, einerseits während der DesignTime die Komponenten auf einem Formular zu platzieren und aus dem Code darauf zuzugreifen, oder andererseits die Komponenten zur Laufzeit zu erzeugen, die Daten mit *RefreshData* zu ermitteln, die Informationen weiter zu verarbeiten und die Komponenteninstanz wieder freizugeben – letztere Vorgehensweise zeigt die Demo 1 sehr gut übersichtlich auf.

In Demo 2 wird die Handhabung des Dateiformats „Structured Storage“ gezeigt, weil alle Klassen über die Funktionen *SaveToStorage* und *LoadFromStorage* verfügen, mit denen dieses Format gespeichert und wieder geladen werden kann. Das bietet sich dann an, wenn man eine andere Datenquelle als den lokalen PC weiterarbeiten möchte. Microsoft hat in [2] relativ ausführlich dieses Format beschrieben.

Hintergrundinformation

Structured Storage – auch als strukturierte Speicherung übersetzt – bietet Datei- und Datenpersistenz, indem eine einzelne Datei als eine strukturierte Sammlung von Objekten, die als Storages und Streams bekannt sind, behandelt wird.

Sinn und Zweck von Structured Storage ist es, die Leistungseinbußen und den Overhead zu reduzieren, die mit der Speicherung separater Objekte in einer einzelnen Datei verbunden sind. Das wird dadurch erreicht, indem definiert wird, wie eine einzelne Datei als strukturierte Sammlung von zwei Arten von Objekten – Storages und Streams – durch eine Standardimplementierung namens Compound Files behandelt werden kann. Dadurch kann der Benutzer mit einer Verbunddatei interagieren und sie so verwalten, als ob es sich um eine einzelne Datei und nicht um eine verschachtelte Hierarchie separater Objekte handelt.

Das Format lässt sich auf Microsoft COM-basierten Betriebssystemen verwenden, und richtet sich vorrangig an C und C++-Entwickler, aber auch COM-basierte Systementwickler. MSICS nutzt die Delphi-basierte Implementierung und damit alle Vorteile dieses Formates.

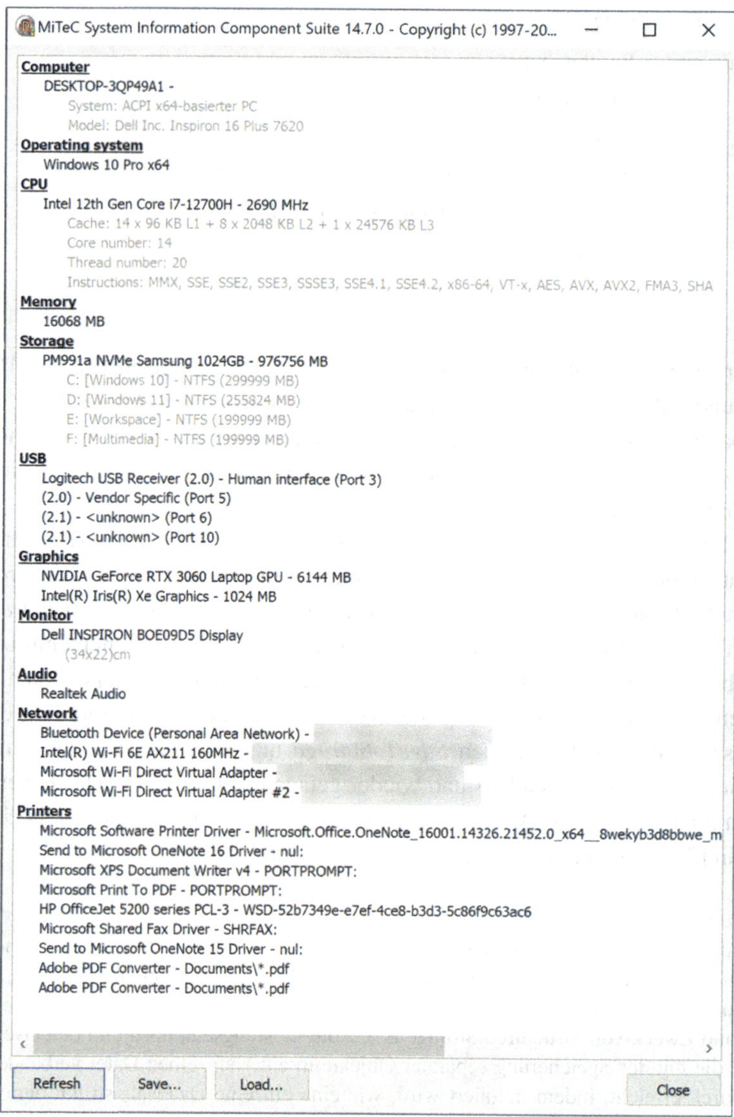

Abb. 12.1 Exemplarische Darstellung der Demo 1 für die Klasse TMiTeC_SystemInfo

12.1.4 Applikationen

Neben mehreren kleinen Demos für die Vielzahl von Einsatzmöglichkeiten und Komponenten existieren einige größere Projekte, die als Applikationen bezeichnet werden. Das Master-Projekt MSI (MiTeC System Information) wird auf der Herstellerhomepage parallel zur Delphi-Suite veröffentlicht [3] und basiert vollständig auf der MiTeC System Information Component Suite.

Tab. 12.6 Applikations-Übersicht der MiTeC System Information Component Suite

Applikation	Beschreibung
MSI	Master-Projekt mit dem gesamten Funktionsumfang der Suite für umfangreiche Systeminformationen
AD Explorer	ActiveDirectory-Explorer
WMI Explorer	WMI-Objekt-Explorer mit WQL-Abfragetool
GetSys	Konsolenanwendung mit Systeminformationen
Process Viewer	Werkzeug zur Untersuchung laufender Prozesse (inkl. Dienste und Treiber)
Version Info Editor	Werkzeug für die Bearbeitung von PE-Versionsinformationen
PerfView	Leistungszähler-Explorer

Neben der Ermittlung und Darstellung komplexer Systeminformationen kann die Applikation entweder einen kurzen Bericht oder einen vollständigen XML-Bericht speichern und die Daten im Format der strukturierten Speicherung ablegen (Tab. 12.6).

Die Master-Applikation MSI beinhaltet sämtliche Komponenten der Suite und zeigt, wie die Systemdetails ermittelt und optisch aufbereitet werden können. Diesen Ansatz kann man beliebig verwenden, oder als Basis für eigene Implementierungen benutzen (Abb. 12.2).

Über den Leistungszähler-Explorer (Performance Counter) lassen sich die Leistungsindikatoren umfangreich auswerten. Diese bieten eine allgemeine Abstraktionsebene und konsistente Schnittstelle für die Sammlung verschiedener Arten von Systemdaten. Dazu gehören etwa die Prozessor-, Arbeitsspeicher- und Datenträgerauslastung.

Die Einsatzszenarien sind weit gefächert und erlauben bspw. den Systemadministratoren, Systeme auf Leistungs- oder Verhaltensprobleme zu überwachen, oder auch Softwareentwicklern, um die Ressourcennutzung ihrer Programme zu untersuchen (Abb. 12.3).

Das Thema Windows Management Instrumentation (WMI) haben wir in Abschn. 5.2 bereits besprochen und innerhalb von MSICS wird mit dem WMI Explorer ein leistungsfähiges Werkzeug bereitgestellt, über das sich sämtliche Abfragen in der WMI Query Language (WQL) durchführen lassen. Über vordefinierte Favoriten erhält man Zugriff auf besonders wichtige Abfragen (linkes oberes Panel), die Abfrage selbst wird im Abfragebereich (rechtes oberes Panel) eingegeben bzw. übertragen, die Klassenvariablen und -Eigenschaften erscheinen im linken unteren Panel mitsamt Datentyp und die Ergebnisse werden mit den ermittelten Instanzen im rechten unteren Panel dargestellt (Abb. 12.4).

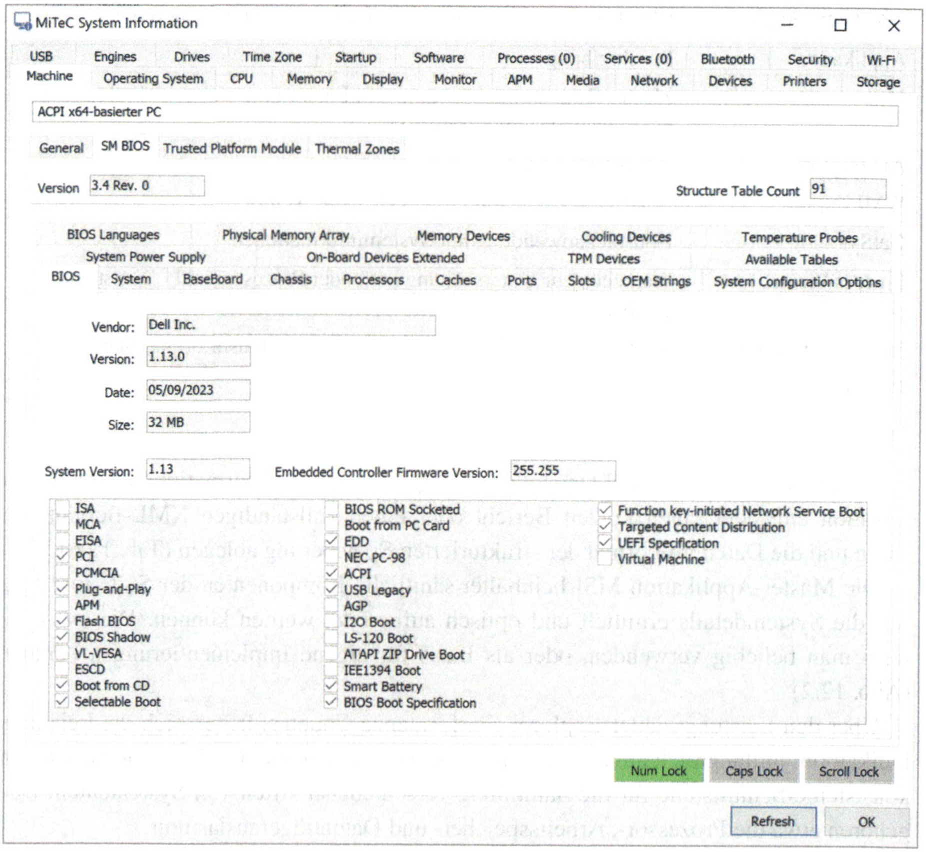

Abb. 12.2 Master-Projekt MSI mit allen in der Suite befindlichen Erkennungsroutinen

12.1.5 Lizenzierung

Zum aktuellen Zeitpunkt des Schreibens dieser Zeilen existieren 3 Lizenzmodelle, die unterschiedliche Entwicklergruppen ansprechen sollen. Während die „Single License“ für einen Entwickler mit 165 € die kleinste Variante darstellt, richtet sich die „Team License“ an 4 Entwickler mit insgesamt 565 €. Die größte Variante wird als „Site License“ bezeichnet, und erlaubt den Einsatz für unbegrenzte Entwicklermengen im Gesamtwert von 1065 €.

Jede Lizenzvariante schließt den vollständigen Quellcode mit ein (nicht nur die vorkompilierten DCUs in der Demo-Version) und ist lebenslang gültig. Das bedeutet, dass sämtliche Updates kostenlos an eine E-Mail-Adresse verschickt werden, was die Sache insofern planungssicher gestaltet, dass man bei zukünftigen Delphi-Versionen keine zusätzlichen Kosten für ein Upgrade der Komponente in die Hand nehmen muss.

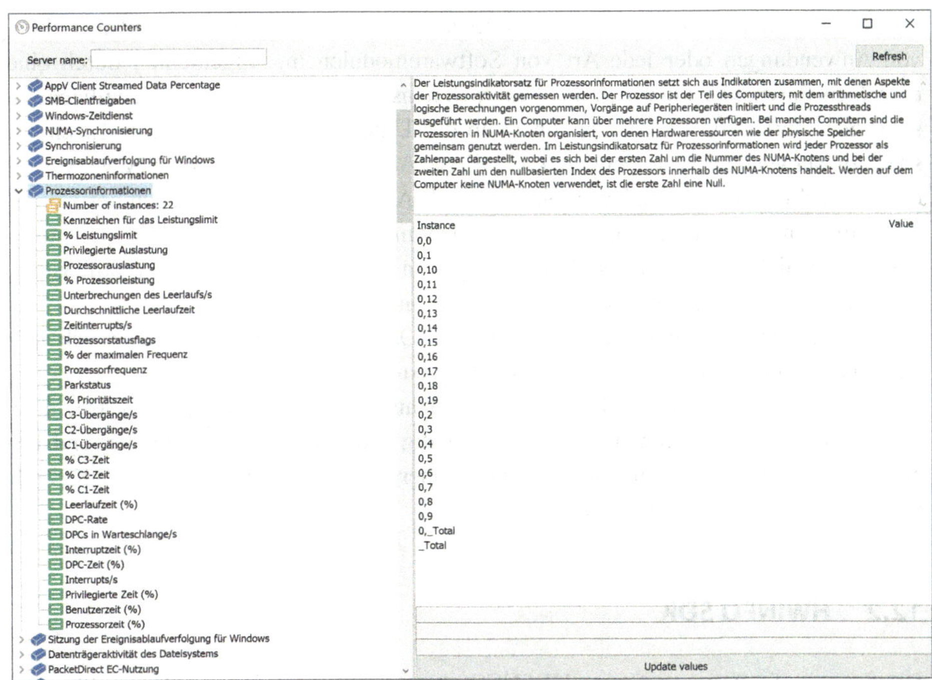

Abb. 12.3 Leistungszähler-Explorer für die Überwachung der Windows-Leistungsindikatoren

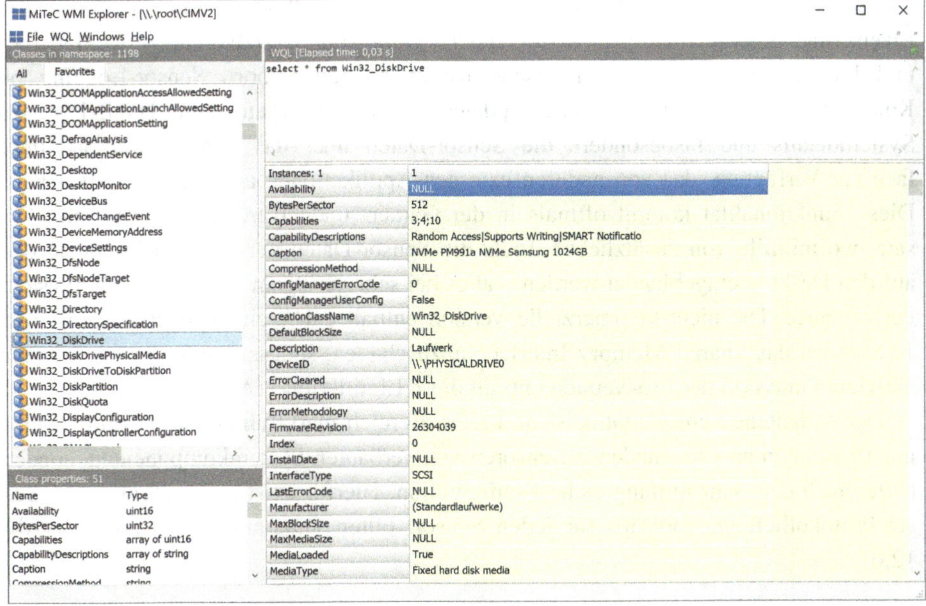

Abb. 12.4 WMI Explorer mit der Darstellung von WMI-Inhalten und Ausführung von WQL-basierten Befehlen

Die gekaufte Lizenz berechtigt den Entwickler, die Komponente für die Entwicklung von Anwendungen oder jede Art von Softwaremodulen im Allgemeinen durch einen einzelnen Entwickler innerhalb des Unternehmens, das die Einzel- oder Teamlizenz besitzt, oder durch alle Entwickler innerhalb des Unternehmens, das die Site-Lizenz besitzt, zu verwenden. Kommerziell kompilierte Anwendungen, die MSICS verwenden, dürfen ausdrücklich verkauft werden, und auch Änderungen am Quellcode der Komponente für den eigenen Gebrauch dürfen vorgenommen werden. Ebenfalls vorteilhaft ist, dass eine beliebige Anzahl von Anwendungen in beliebiger Stückzahl verkauft werden dürfen, ohne dass zusätzliche Laufzeitgebühren anfallen.

Im Gegenzug darf man den Komponenten-Quellcode nicht verbreiten (auch nicht Teile davon), oder daraus eigene Komponenten basteln, die man verkauft.

Die Lizenzbestimmungen befinden sich in ausführlicher Form auf der Herstellerhomepage und wenn man bedenkt, wie aufwendig und mit wie viel Recherche- und Testaufwand die Entwicklung eigener Routinen einhergehen würde, ist man mit MSICS relativ günstig und zufriedenstellend abgedeckt.

12.2 HWiNFO SDK

Die Systeminformationssoftware HWiNFO stammt vom slowakischen Entwickler Martin Malík, und geht bis zur DOS-Ära mit einer ursprünglichen DOS-Version zurück. Später folgte dann eine 32 Bit Windows-Version und dann ab Juni 2011 die 64 Bit Version.

Ab März 2021 wurde das Lizenzmodell umgewandelt in eine private kostenlose Lizenz und einer Pro-Lizenz, wobei erstere nicht kommerziell genutzt werden darf, und Funktionen wie der automatische Kommandozeilenreport, Sensor-Logging per Kommandozeile und automatische Updates fehlen. Außerdem stellt HWiNFO viele Systemdetails und insbesondere die Sensor-Daten über das Shared Memory Interface zur Verfügung, das von anderen externen Applikationen ausgelesen werden kann. Diese Funktionalität kommt oftmals in der Gamer- und Overclocker-Szene zum Einsatz, wo mithilfe von zusätzlichen Tools die Sensor-Daten per Echtzeit in Spiele oder auf den Desktop eingeblendet werden – alles bei sehr geringem Einfluss für die System-Performance. Die nicht-kommerzielle Version enthält daher einen Mechanismus, nach 12 Stunden das Shared Memory Interface abzuschalten, sodass man es manuell wieder aktivieren muss (in der Pro-Version entfällt diese Limitierung) (Abb. 12.5).

Der enthaltene Sensor-Status ist in diesem Bereich marktführend und ermittelt nicht nur Unmengen an verschiedenen Sensoren von verbauten Systemkomponenten, sondern bietet auch eine sehr umfangreiche Konfiguration. Hierfür existieren mitunter eine Sensor-Protokollierung, ToolTips für jeden Sensor, Filter, Diagramme und Alarme (Abb. 12.6).

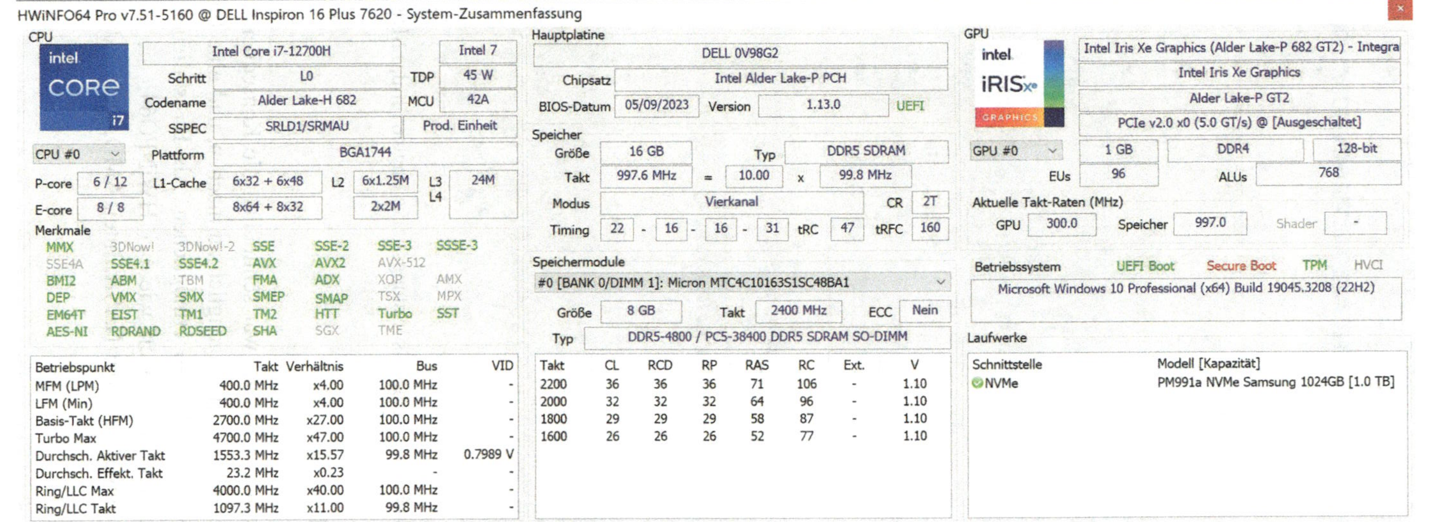

Abb. 12.5 HWiNFO64 System-Zusammenfassung als leistungsstarke Engine für das SDK

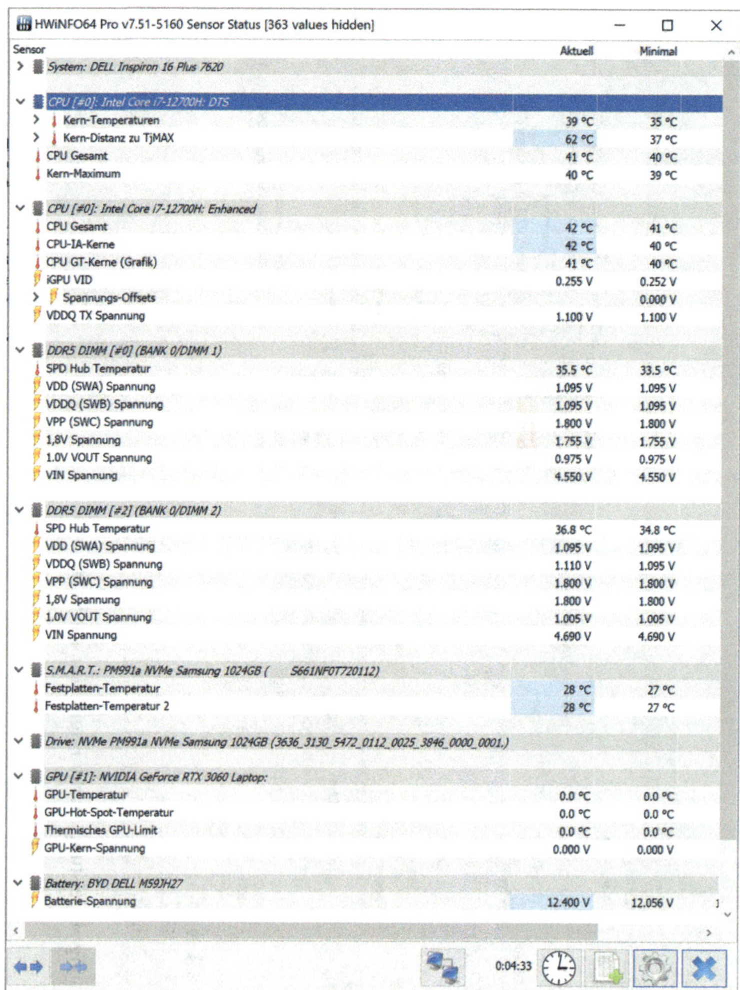

Abb. 12.6 HWiNFO64 Sensor-Status als leistungsstarke Engine für das SDK

12.2.1 Einleitung

Das Software Development Kit [4] war schließlich die Konsequenz, die zuverlässigen Systemfunktionen der Außenwelt zugänglich zu machen, und eine Integration in eigene (kommerzielle) Softwareprojekte zu ermöglichen. Als Basis dienen dieselben Erkennungs- und Überwachungsfunktionen wie bei HWiNFO64, die zuverlässig bei unzähligen Firmen – mitunter auch der NASA, Intel, AMD, Dell und Asus – zum Einsatz kommen.

Zusätzlich verfügt das SDK über eine einfache, vom Benutzer steuerbare Schnittstelle, läuft absolut ruhig im Hintergrund und führt auf Anfrage eine Bestandsaufnahme sowie Überwachung durch. Möglich sind zwei Arten von Ausgaben:

- als Ausgabedatei (CSV bzw. XML) für eine vollständige Hardware-Inventarisierung
- als direkter API-Satz für Sensorüberwachung und grundlegende Hardware-Inventarisierung

Im Vergleich zu den anderen Hersteller-Komponenten sticht es durch mehr und aussagekräftigere Systemdaten heraus, vor allem im Bereich der Hardware-Identifikation und den Sensoren. Viele Firmen sind auf das HWiNFO SDK umgestiegen, weil es wichtige System-Details liefert, die kaum ein anderes Tool liefert.

Gleichzeitig ist es kapazitätstechnisch sehr sparsam entwickelt worden, was durchaus als Relikt der damaligen DOS-Entwicklung bezeichnet werden kann. In Folge schätzen viele Benutzer, dass HWiNFO und auch das SDK keine Bloatware ist, sowie sehr effektiv und schnell arbeitet bei gleichzeitiger minimaler Ressourcennutzung. Diese Eigenschaften sind beim Monitoring sehr wichtig, weil überwachte Systeme so wenig wie möglich beeinflusst werden sollen. Hierbei wird versucht, den sog. Beobachtereffekt zu verhindern.

Hintergrundinformation

Für den Observer Effect oder auch Beobachtereffekt sollte man wissen, dass die aktiven Taktwerte für jeden einzelnen Prozessorkern durch das Auslesen des tatsächlichen Multiplikators jedes Kerns ermittelt werden. Das bedeutet, dass jeder Kern aktiv seinen eigenen Multiplikator ausliest. Wenn also ein bestimmter Kern schläft und HWiNFO seinen Multiplikator abfragt, muss eine (relativ kleine) Aufgabe auf ihm ausgeführt werden. Dafür wird der Kern aufgeweckt, sodass das ermittelte Ergebnis nicht den wahren Zustand des Kerns widerspiegelt, als ob HWiNFO ihn nicht abfragen würde. Dies ist der Beobachtereffekt, der jedoch auch sehr unterschiedlich sein kann, da moderne Prozessoren mehrere andere Technologien haben, die den tatsächlichen und den maximal erreichten Kerntakt beeinflussen (z. B. Turbo Boost). Der Boost-Takt hängt auch davon ab, wie viele Kerne gerade aktiv sind. Wenn also jemand eine aktive Abfrage aller Kerne durchführt, kann dies zu einem reduzierten Maximaltakt führen (der sog. Multi-Core-Turbo).

Die Funktion „Snapshot CPU Polling" ist eine weitere und noch bessere Option, da in diesem Fall die Prozessorparameter einschließlich der Taktfrequenz nicht vom Beobachtereffekt beeinflusst werden.

12.2.2 Erkennungsbandbreite

Ein Auszug der ermittelten Systemdetails besteht aus diversen Themenschwerpunkten, womit die Informationsfülle gut abschätzbar ist (Tab. 12.7).

Tab. 12.7 Themenschwerpunkte und mögliche Systemdetails des HWiNFO SDK

Thema	Mögliche Systemdetails
Computer	Computername, Marke, Betriebssystem, aktueller Benutzer
Prozessor(en)	Name, Typ, Geschwindigkeit, Stepping, QDF/SSPEC/OPN, TDP, Sockel, Cache, Bus, Betriebspunkte (Frequenzen, Multiplikatoren, Spannungen), ES/Produktion, Prozessorfähigkeiten, Übertaktungsparameter
Hauptplatine	Computer-Markenname, Hauptplatinen-Modell, Chipsatz, Steckplätze, Funktionen, BIOS-Informationen, LPC/SIO
Gesamtspeicher	Größe, maximaler/aktueller Takt, detaillierte Timings
Speichermodul(e)	FPM, EDO, SDRAM, DDR2, DDR3, FB-DIMM, DDR4, DDR5, EPP, XMP, detaillierte Informationen (Größe, Typ, Seriennummer, Timings, Merkmale)
Bus-Systeme	Vollständige Ermittlung und Aufzählung der Bus-Systeme PCI, PCI-X, AGP und PCI-Express
Grafikkarte(n)	Chipsatz, Kartenname/Modell, Größe/Typ des Grafikspeichers, Bus, Video-BIOS, Grafikkarten/Speicher-Taktfrequenz, Speicherbusbreite, Shader-Anzahl, Treiber
Monitor(e)	Physikalische Informationen einschließlich Seriennummer (falls vorhanden)
Laufwerke	ATA, ATAPI, SATA (AHCI, RAID), NVMe, detaillierte Informationen (Größe, Typ, Seriennummer, Merkmale), S.M.A.R.T. und ATA-Statistikanalyse
Audio	Kontroller, AC'97- und HDA-Codec, Treiberinformationen
Netzwerk(e)	Adapter, MAC-Adresse, Geschwindigkeit, Treiberinformationen
Schnittstellen	Seriell, Parallel, USB
Batterie(n)	Batteriedetails, Kapazität, Verschleißgrad, Statusüberwachung
Plug&Play/ACPI/SMBIOS	Plug&Play-Knoten, ACPI-Geräte, SMBIOS DMI (einschließlich Seriennummern der Komponenten – falls verfügbar)
Hardwareüberwachung	Temperaturen, Spannungen, Lüfterdrehzahlen, Strom, Leistung, Verbrauch, LPC/SIO, externe HW-Monitore, PMBus, IPMI, QST, ACPI, Apple SMC, S.M.A.R.T., einige Embedded-Kontroller, PSUs, UPS, Flüssigkeitskühlsysteme, WHEA (Windows Hardware Error Architecture)

12.2.3 Individualisierung

Das SDK ist keineswegs ein universelles Produkt, was grundlegend damit zusammenhängt, dass so gut wie jeder Kunde seine eigenen Anforderungen hat. Einige benötigen nur die Hardware-Inventur, andere nur die Sensor-Engine, oder Kombinationen aus beiden. Andere Kunden fordern bestimmte Optimierungen, und daher kann auch die API im gewissen Rahmen angepasst werden, je nachdem, wie die Anforderungen aussehen. Als Konsequenz erhält jeder Kunde sein eigenes angepasstes SDK. Die API bleibt vertraulich, damit die Kunden-Applikation mit dem SDK auf vertraulicher Basis kommunizieren kann und kein externer Entwickler diese Daten missbrauchen kann.

12.2.4 Bestandteile

Jeder Kunde erhält einige wenige Dateien mit der angepassten Funktionalität für diejenigen Anforderungen, die im Vorfeld definiert wurden:

- die Kerndateien HWiNFO32.DLL und HWiNFO64.DLL jeweils für 32 und 64 Bit-Systeme
- Headerdateien mit API-Deklarationen und -Definitionen
- API-Dokumentation, welche die API und deren Benutzung im Detail beschreibt
- einfache Beispiele in C++

Der Kernelmodus-Treiber ist in den DLLs enthalten und wird völlig automatisch behandelt, damit dies für den Kunden möglichst komfortabel ist. Wie wir in diesem Buch mehrfach beschrieben haben, werden für den Kernelmodus-Treiber Administratorrechte benötigt. Auch aus Sicherheitsgründen muss der Kernelmodus-Treiber ausschließlich mit Administratorrechten angesprochen werden, weil sonst eine Sicherheitslücke entstehen könnte. Dazu prüft der Treiber, dass der Aufrufer (als die Kundenapplikation) beim Öffnen einen Sicherheits-Token liefert, den nur ein Benutzer mit Administratorrechten beziehen kann.

12.2.5 SDK im Einsatz

Das SDK ist bei vielen Kunden im Hintergrund im Einsatz und es gibt viele Fälle, wo die Kenntnis nicht nach außen gelangt. Zwei Beispiele für einen nach außen hin gut kommunizierten SDK-Einsatz sollen hier beschrieben werden.

Die Software OCCT [5] kommt im Bereich der Benchmarks und Stabilitätstests zum Einsatz, wobei jede Komponente mit 6 leistungsstarken Tests beansprucht wird. Dadurch lassen sich kritische Komponenten überprüfen, wie bspw. Prozessoren, Arbeitsspeicher, Grafikkarte, Grafikspeicher und Stromversorgung. Hierzu zählen mitunter 3D-Tests, die auf der Unreal-Engine basieren und auftretende Artefakte erkennen.

Mit einer Monitoring-Funktion wird auf Basis des HWiNFO SDK auf die Sensordetails zugegriffen, um die Daten tabellarisch und grafisch darzustellen.

Anhand eines integrierten Benchmarks kann man seine Ergebnisse mit denen anderer Benutzer vergleichen. Dies ist auch für Übertaktungen hilfreich, um einen direkten Vergleich zum vorherigen Zustand zu ermitteln (Abb. 12.7 und 12.8).

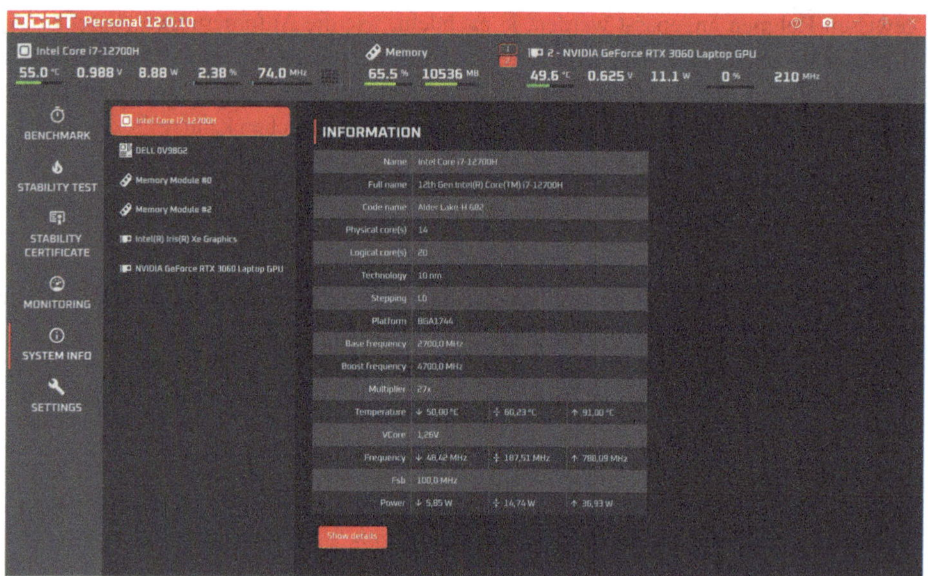

Abb. 12.7 Systeminformationen der Software OCCT basierend auf dem HWiNFO SDK

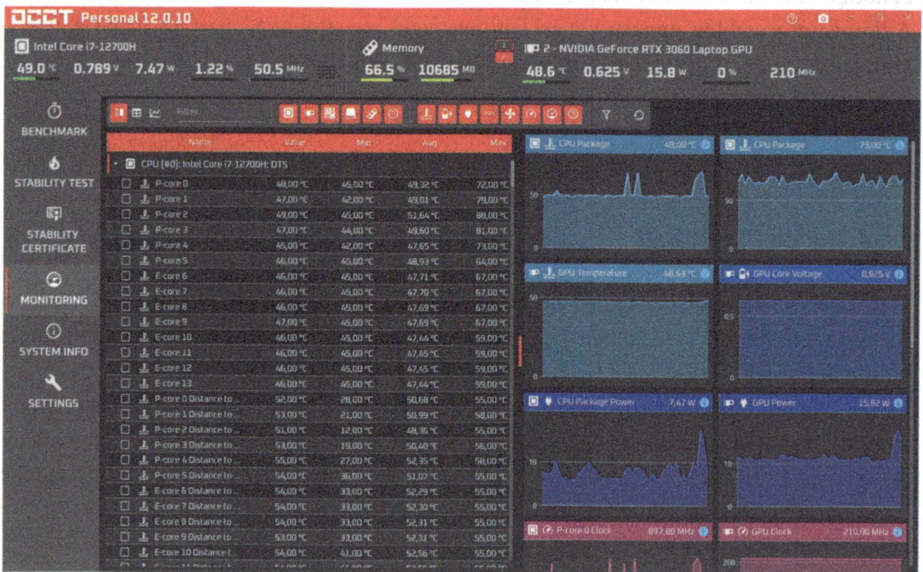

Abb. 12.8 Sensorüberwachung der Software OCCT basierend auf dem HWiNFO SDK

Die Software BenchMate [6] wird als reine Benchmark-Überwachungssoftware vertrieben, die sich sehr umfangreich mit der Leistungsbewertung befasst. Das Problem bei Benchmarks sind die Variablen der Umgebung. Hierzu zählen mitunter die Windows-Version, die Prozessor-Temperatur, korrekte Zeitmessungen und dadurch zuverlässige Ergebnisse.

Die Basis hierfür ist die Sicherheit und Zuverlässigkeit der verwendeten Timer (also Zeitgeber). Die von BenchMate überwachten Benchmarks werden durch eine Kombination aus einem benutzerdefinierten Treiber, zwei Hintergrunddiensten, dem BenchMate-Startprogramm und dem Client geschützt, um einen Zugriff mit böswilligen Absichten sowie unwissentlich verzerrten Ergebnissen zu verhindern.

BenchMate überwacht den Prozess des Benchmarks genau, um eine präzise Zeitmessung durch Low-Level-Zugriff auf die Timer-Hardware des Systems zu ermöglichen. Jeder Durchlauf wird mit bis zu drei unabhängigen Timern gemessen, was eine maximale Abweichung von nur 0,01 % und weniger als 10 ms ermöglicht. Außerdem werden alle Dateien und Plattformparameter für den Benchmark und seine Arbeitslasten automatisch validiert, um eine Manipulation von ausführbaren Dateien, Bibliotheken und Ressourcendateien zu verhindern. Die ausführbare Datei des Benchmarks, der ausgeführte Maschinencode und die Anwendungslogik bleiben während des gesamten Prozesses unangetastet. Abschließend erfasst BenchMate das Ergebnis automatisch, bevor es vom Benchmark angezeigt wird, und speichert es an einem sicheren Ort. Dadurch kann ein einfacher und einheitlicher Arbeitsablauf auch für nicht gewartete Legacy-Benchmarks angeboten werden.

Eine große Verbesserung trat mit dem Aufkommen des automatischen Hochladens von Ergebnissen auf Online-Plattformen ein. Das zeitraubende und fehleranfällige Einreichen von Formularen ließ sich dadurch mit einem einzigen Klick und einer Internetverbindung erledigen. Doch bis heute bieten nur wenige Benchmarks diese Funktionalität. Die Implementierung hängt auch stark von den Kenntnissen und der Pflege des Benchmark-Entwicklers ab und variiert daher in Bezug auf Sicherheit, Zuverlässigkeit und letztendlich Qualität. Darüber hinaus müssen alle Benchmarks regelmäßig aktualisiert werden, um eine aktuelle Hardware-Erkennung für eine ordnungsgemäße Einreichung zu gewährleisten. Dies war zwar ein wichtiger Schritt für das Benchmarking, bietet aber immer noch keinen gemeinsamen Nenner für den Vergleich der Ergebnisse verschiedener Online-Plattformen und Ranglisten.

HWBOT [7] als größte Ergebnisdatenbank der Welt hat diese Probleme seit vielen Jahren in Angriff genommen, um qualitativ hochwertige Ergebnisse aus verschiedenen und technisch unterschiedlichen Benchmarks zu liefern. Mit einem umfangreichen sowie aktuellen Regelwerk und einem gehobenem manuellen Validierungsprozess investieren die Moderatoren von HWBOT viel Zeit, um der Overclocking-Community eine faire Spielwiese für kompetitives Benchmarking zu bieten. Seit Juni 2019 gehört BenchMate ebenfalls dazu und hat einen neuen Benchmarking-Workflow entwickelt, der die Einreichung von Ergebnissen bei HWBOT direkt integriert (Abb. 12.9).

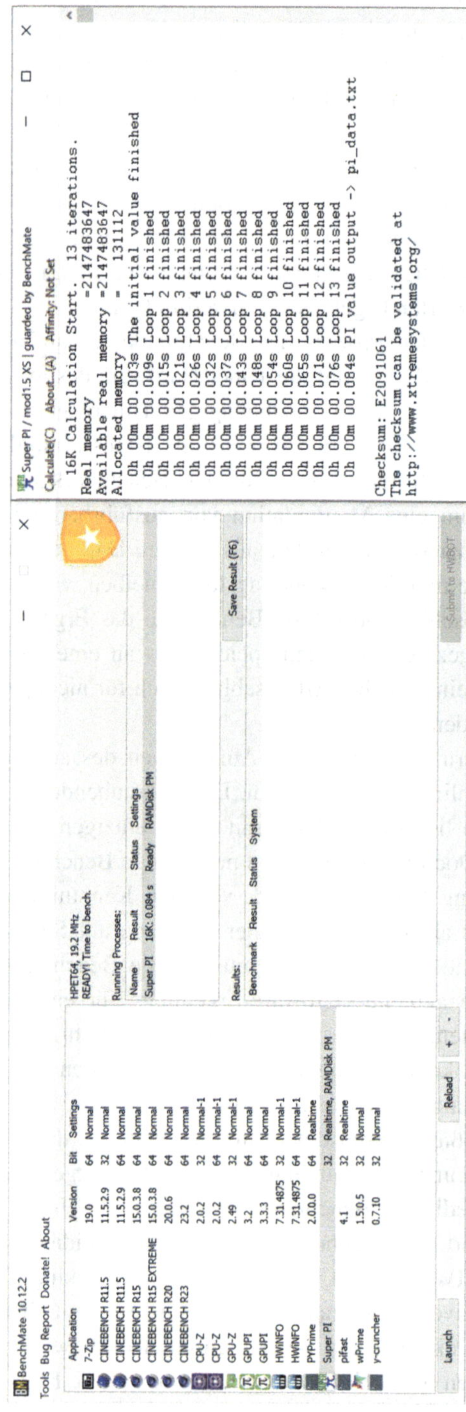

Abb. 12.9 BenchMate als Benchmark-Überwachungstool (hier für die PI-Berechnung „Super PI")

12.2.6 Lizenzierung

Das SDK wird auf einer Jahres-Basis bezahlt, die sich nach den Inhalten und dem Pflegeaufwand richtet. Genau wie in Abschn. 12.2.3 wird auch hier alles individuell auf den Kunden mit seinen Anforderungen zugeschnitten – daher existieren keine öffentlichen Preislisten.

In der Jahres-Basis sind sämtliche SDK-Updates und hochpriorisierte Unterstützung enthalten.

12.3 Zusammenfassung

Abschluss

Die *MiTeC System Information Component Suite* vom tschechischen Entwickler Michal Mutl stellt eine Vielzahl von Komponenten und Klassen bereit, um komplexe Systemdetails zu ermitteln und zu überwachen. Mitgelieferte Demos und Applikationen zeigen den praktischen Einsatz, der als Designtime-Komponente oder zur Laufzeit erfolgen kann.

Die Hilfe und Dokumentation beschreiben jede Klasse mit Funktionen und Eigenschaften, damit der Überblick nicht verloren geht.

Anhand der separat und parallel bereitgestellten Master-Applikation MSI lässt sich der gesamte Funktionsumfang überblicken, und hierzu gehören auch verschiedene Reports sowie die Speicherung der Ergebnisse. Dies geschieht im sog. Structured Storage-Format und kann ebenfalls wieder eingelesen werden, womit sich dann Systemdetails eines entfernten Computers untersuchen und weiterverarbeiten lassen.

Mit 3 Lizenzmodellen für unterschiedliche Entwicklergruppengrößen wird eine Abstufung vorgenommen, und lebenslange Updates der Lizenzen machen Zusatzkosten bei zukünftigen Delphi-Versionen überflüssig.

Das *HWiNFO SDK* als zuverlässige Alternative wird genau auf die Anforderungen des Kunden zugeschnitten und kommt mit DLLs sowie integrierten Kernelmodus-Treibern her, deren Handhabung komfortabel für den Benutzer abläuft. Die relativ hardwareseitige Ausrichtung ermöglicht viele Systemdetails, über die man normalerweise nur schwer herankommt und die gleichzeitig sehr zuverlässig sind.

Insbesondere für die Überwachung von Sensoren ohne Performance-Einbußen (Stichwort Latenz) ist das SDK für viele kommerzielle Anwendungen und auch die Gamer- und Overclocker-Szene interessant. Die als Freeware- und Pro-Version angebotene Version von HWiNFO64 bietet einen guten Überblick über die ermittelbaren Systeminterna.

Literatur

1. MiTeC System Information Component Suite von Michal Mutl: www.mitec.cz/msics.html
2. Microsoft-Beschreibung des Formates „Structured Storage“: https://learn.microsoft.com/en-us/windows/win32/stg/structured-storage-start-page
3. MiTeC System Information von Michal Mutl: www.mitec.cz/msi.html
4. HWiNFO32/64-Engine verpackt in einem SDK für eigene kommerzielle Projekte: www.hwinfo.com/sdk
5. OCCT-Benchmark und Stabilitätstestsoftware mit HWiNFO SDK-Integration: www.ocbase.com
6. BenchMate für Benchmarks und Leistungsbewertungen mit HWiNFO SDK-Integration: www.benchmate.org
7. HWBOT als Online Benchmark-Datenbank mit sehr vielen Details und Artikeln zum Benchmark-Schwerpunkt: www.hwbot.org

Ausblick 13

Wir haben auf den bisherigen Seiten einige Bereiche der Systemprogrammierung besprochen, und über Prozessoren, deren Modell-spezifische Register, den PCI-Bus und den System Management Bus gesprochen sowie im zentralen Thema einen eigenen Kernelmodus-Treiber entwickelt. Dabei wurden viele API-Funktionen der oberen Betriebssystemebene verwendet, aber auch auf Register und Ports auf der untersten Hardwareebene zugegriffen.

Mit den vorliegenden Kapiteln und dem geplanten Buchumfang ist das Thema Systemprogrammierung aber noch längst nicht vollständig behandelt – wenn man aufgrund der Vielseitigkeit und Möglichkeiten überhaupt von Vollständigkeit sprechen kann.

Daher gab es im Laufe des Schreibens dieser Zeilen und Programmieren der Beispielapplikation *PC Analyser* den einen oder anderen Gedanken, der mit mehr Zeit oder Platz bestimmt noch hätte besprochen werden können, aber spätestens bei einer potenziellen weiteren Buchauflage zum Tragen kommen würde.

Dazu zählen nicht nur das Lesen und Schreiben von Speicherbereichen, der CMOS-Zugriff auf die BIOS-Konfiguration mittels Port-Zugriffen und die Kommunikation mit seriellen & parallelen Schnittstellen – sondern drei weitere große Themenschwerpunkte.

Der erste Schwerpunkt stellt die Sensorik dar, wozu Temperaturen, Lüfterdrehzahlen und Spannungen von Systemkomponenten und den verbauten Sensorchips gehören. Im Zuge der Modell-spezifischen Register (MSR) für Prozessoren wird in Abschn. 9.5.1 bereits der Intel Thermal Monitor benutzt, um Temperaturen der Intel-Prozessorkerne zu ermitteln – dieses Thema lässt sich über den PCI-Bus auch für AMD-Prozessoren und anhand des Auslesens von Sensorbausteinen für Hauptplatinen bewerkstelligen. Ebenfalls würden sich in einer eigenen Sensor-Klasse die Sensoren von DDR5-Speicher ermitteln lassen, der Intel PCH-Sensor der Northbridge, sowie weitere Datenquellen als

D. Espenschied, *Systemprogrammierung mit Delphi*,
https://doi.org/10.1007/978-3-658-43455-7_13

Basis für System-Sensoren. Dazu könnten Grafikkarten-Sensoren über die Schnittstellen nVidia NVAPI und AMD ADL gehören, sowie Laufwerkssensoren via SMART (Self-Monitoring, Analysis and Reporting Technology).

Letztere Technologie stellt den zweiten Schwerpunkt dar, weil mittels SMART eine Technologie und ein Industriestandard etabliert wurde, um Gesundheitsdaten von Festplatten und SSDs (Solid State Drive) zu überwachen. Dies geschieht anhand sog. Attribute, wobei etwa die Roh-Lesefehlerrate, reallokierte Sektoren, unkorrigierbare Fehler aber auch statistische Details wie etwa die Einschaltvorgänge, Betriebsstunden und Temperatur auslesbar sind. Es lassen sich ebenfalls Tests ausführen, etwa ein kurzer oder langer Test bzw. der empfohlene Test nach einem Laufwerkstransport – der sog. Conveyance-Test (vergleichbar mit einem Kurztest), sowie ein selbst wählbarer Bereichstest – der sog. Selective-Test (vergleichbar mit dem Langtest).

Der dritte Schwerpunkt könnte die USB-Kommunikation darstellen, wobei wir über den PCI-Bus die USB-Kontroller mitsamt Basisadressen ermitteln und über Portzugriffe darauf zugreifen können. Wir können dadurch eine Kommunikation etablieren, die an Treibern und dem Betriebssystem vorbei agiert. Zusätzlich besitzen Intel- und nVidia-Kontroller eine optionale Funktion, und zwar die sog. EHCI- und xHCI- Debug-Fähigkeiten. Diese erlauben es, einen externen USB-Port am USB-Host Kontroller auszuwählen und diesen in den Debugging-Modus zu versetzen. Dadurch wird, um es einfacher auszudrücken, ein ganz neuer Kontroller der Hauptplatine hinzugefügt, der es ermöglicht, die genaue Kommunikation mit dem angeschlossenen Gerät zu sehen, ohne dass das Gerät weiß, was gerade passiert.

Teil V
Anhang

14 Beispielprogramm und Quellcodes

Wir entwickeln in diesem Buch eine Beispielapplikation mit dem Namen *PC Analyser,* die alle praktischen Elemente aus den Kapiteln enthält und die unter der Adresse https://github.com/DevidEspe/PCAnalyser.

herunterladbar ist. Die Applikation besteht aus dem Delphi-Projekt für die Benutzerebene und dem Visual Studio-Projekt für den Kernelmodus-Treiber und damit für die Kernelebene. Da wir über die verschiedenen Kapitel hinweg dieses Projekt kontinuierlich aufgebaut und erweitert haben, möchten wir in diesem Kapitel einen Überblick über die enthaltenen Dateien geben (Tab. 14.1).

Innerhalb Tab. 14.2 werden die Projektbestandteile für das Delphi-Projekt *PC Analyser* beschrieben.

Zusätzlich werden neben den beiden Projekten für Kernelmodus-Treiber und *PC Analyser*-Applikation alle Binaries in einem separaten Ordner bereitgestellt. Dadurch ist ein direktes Testen möglich, ohne die Entwicklungsumgebungen installieren und alles kompilieren zu müssen (Tab. 14.3).

D. Espenschied, *Systemprogrammierung mit Delphi,*
https://doi.org/10.1007/978-3-658-43455-7_14

Tab. 14.1 Kernelmodus-Treiber

Datei- bzw. Verzeichnisname	(D)atei/(V)erzeichnis	Beschreibung
Kernelmodus-Treiber	V	Hauptverzeichnis für das Visual Studio-Projekt und den Kernelmodus-Treiber
– Debug	V	32 Bit Debug-Binaries mit Log- und Ausgabedateien
– Release	V	32 Bit Release-Binaries mit Log- und Ausgabedateien
– ×64	V	Projektunterverzeichnis für 64 Bit-Binaries
– Debug	V	64 Bit Debug-Binaries mit Log- und Ausgabedateien
– Release	V	64 Bit Release-Binaries mit Log- und Ausgabedateien
PCANALYS.cpp	D	Quellcode des Kernelmodus-Treibers
PCANALYS.h	D	Headerdatei für den Kernelmodus-Treiber
PCANALYS.inf	D	von Visual Studio generierte Setup-Installationsdatei, die wir jedoch nicht verwenden
PCANALYS.sln	D	von Visual Studio generierte Solution-Datei, die Details zur Projektorganisation und Projektelemente enthält
Alle anderen Dateien	D	Visual Studio-Projektdateien

Tab. 14.2 Delphi-Projekt *PC Analyser (Quellcodes)*

Datei- bzw. Verzeichnisname	(D)atei/(V)erzeichnis	Beschreibung
PC Analyser-Projekt	V	Hauptverzeichnis für das Delphi-Projekt PC Analyser
– Win32	V	Projektunterverzeichnis für 32 Bit-Binaries
– Debug	V	32 Bit Debug-Binaries mit DCU-Dateien
– Release	V	32 Bit Release-Binaries mit DCU-Dateien
– Win64	V	Projektunterverzeichnis für 64 Bit-Binaries
– Debug	V	64 Bit Debug-Binaries mit DCU-Dateien
– Release	V	64 Bit Release-Binaries mit DCU-Dateien
JEDECVendors.pas	D	Hilfsklasse für die Hersteller von Speichermodulen
Mainform.dfm	D	Formulardatei für das Delphi-Hauptformular
Mainform.pas	D	Quellcodedatei für das Delphi-Hauptformular
PCAnalyser.dpr	D	Delphi-Projektdatei
PCAnalyser.dproj	D	Delphi-Projektdatei
PCAnalyser.res	D	Delphi-Ressourcendatei
PCANALYSx64.sys	D	Kompilierter 64 Bit Kernelmodus-Treiber
PCANALYSx86.sys	D	Kompilierter 32 Bit Kernelmodus-Treiber
PCIDevices.txt	D	Textdatenbank für PCI-Gerätenamen
PCISubDevices.txt	D	Textdatenbank für PCI-Untergerätenamen
PCIVendors.txt	D	Textdatenbank für PCI-Herstellernamen
ProcessorCacheAnd-Features.pas	D	Unterstützende Cache- und Fähigkeiten-Klassen für die Prozessorerkennung
ProcessorDB.pas	D	Fähigkeiten-Definitionen und Hilfsklasse für Prozessor-Datenbank
ProcessorMSR.pas	D	Definitionen für Modell-spezifische Register (MSR) für Intel- und AMD-Prozessoren
SMBIOSClass.pas	D	SMBIOS-Hauptklasse mit Auswertung der SMBIOS-Tabellen und -Strukturen
SMBIOSStructures.pas	D	SMBIOS-Strukturdefinitionen und Hilfsfunktionen für Ergebnislisten
SystemAccess.pas	D	Hauptklasse TSystemAccess sowie Unterklassen TProcessor, TPCIBus und TSMBus
SystemDefinitions.pas	D	Systemdefinitionen für Eingabe- und Ausgabepuffer bei Treiberzugriffen
WindowsClass.pas	D	Windows-Hauptklasse mit Auswertung der Windows-Version inkl. verschiedener Eigenschaften
Alle anderen Dateien	D	Delphi-Projektdateien

Tab. 14.3 Delphi-Projekt *PC Analyser (Binaries)*

Datei- bzw. Verzeichnisname	(D)atei/(V)erzeichnis	Beschreibung
PC Analyser-Binaries	V	Hauptverzeichnis für alle Binaries des Kernelmodus-Treibers und der PC Analyser-Beispielapplikation
PCAnalyser_x64.exe	D	64 Bit Release-Binary der Applikation PC Analyser
PCAnalyser_x86.exe	D	32 Bit Release-Binary der Applikation PC Analyser
PCANALYSx64.sys	D	Kompilierter 64 Bit Kernelmodus-Treiber
PCANALYSx86.sys	D	Kompilierter 32 Bit Kernelmodus-Treiber
PCIDevices.txt	D	Textdatenbank für PCI-Gerätenamen
PCISubDevices.txt	D	Textdatenbank für PCI-Untergerätenamen
PCIVendors.txt	D	Textdatenbank für PCI-Herstellernamen

Stichwortverzeichnis

D. Espenschied, *Systemprogrammierung mit Delphi*,
https://doi.org/10.1007/978-3-658-43455-7

9783658434540